FLOREN U.A.

POLITIK 2

Ein Arbeitsbuch für den Politik-Unterricht

Erarbeitet von

Franz Josef Floren, Brigitte Binke-Orth, Doris Frintrop-Bechthold,
Eberhard Hagen, Rainer Schmidt

Best.-Nr. 023925 4

Schöningh

Umschlagfotos: links: © Klaus Lipa; rechts: © dpa-Fotoreport/Michael Jung

Text- und Bildnachweise stehen direkt beim Material. Sollte trotz aller Bemühungen um korrekte Urheberangaben ein Irrtum unterlaufen sein, bitten wir darum, sich mit dem Verlag in Verbindung zu setzen, damit wir eventuell notwendige Korrekturen vornehmen können.

Website
www.schoeningh.de

E-Mail
info@schoeningh.de

© 2003 Schöningh Verlag
im Westermann Schulbuchverlag GmbH
Jühenplatz 1–3, D-33098 Paderborn

Alle Rechte vorbehalten. Dieses Werk sowie einzelne Teile desselben sind urheberrechtlich geschützt. Jede Verwertung in anderen als den gesetzlich zugelassenen Fällen ist ohne vorherige schriftliche Zustimmung des Verlages nicht zulässig.

Druck: westermann druck GmbH, Braunschweig

Druck   5   4   3   2   1   Jahr   07   06   05   04   03

ISBN 3-14-023925-4

Dieses Werk folgt der reformierten Rechtschreibung und Zeichensetzung.

Inhaltsverzeichnis

Vorwort **6**

1 Kein Interesse an Politik? – Jugend und Freizeit 7

Was machen Jugendliche in ihrer Freizeit? **8**
Methode: Graffitti zum Thema Musik **9**
Wie stellen sich Jugendliche ihre Zukunft vor? **13**
Interessieren sich Jugendliche für Politik? **16**
Methode: Simulationsspiel: Wie Robinson auf der Insel **19**
Methode: Befragung: Jugend und Politik **23**
Wo können sich Jugendliche engagieren? **27**

2 Haste Töne?! – Wie man mit Musik Geld verdienen kann 33

Jugendliche als Wirtschaftsfaktor **34**
Was geschieht am „Markt"? **45**
Verkaufsstrategien von Unternehmen **53**
Wem gehört der Song? – Ich stelle mir meine CDs selbst zusammen **61**

3 Wozu dient die Familie? – Von den Aufgaben und vom Wandel der Familie in der Gesellschaft 66

Wozu dient die Familie? **67**
Methode: Schreibgespräch zur Bedeutung der Familie **67**
Hat die Familie noch eine Zukunft? **71**
Immer Ärger mit den Eltern? **76**
Mehr Geld für Familien mit Kindern? **82**

4 TV total? – Fernsehzuschauer und Fernsehprogramme unter der Lupe 90

Leben mit der Medienflut **91**
Methode: Untersuchung eines Tagesablaufs (Zeitprotokoll) **95**
Das Fernsehen bleibt das „zentrale Medium" **96**
Kampf um Quoten und Gewinne im „dualen System" **102**
Nachrichten im Fernsehen – Welche Sender informieren am besten? **108**

Inhaltsverzeichnis

5 Information oder Manipulation? – Zeitungen und Zeitschriften in Deutschland 114

Journalisten entscheiden, was wichtig ist 116
Wie Journalisten „manipulieren" können 126
Methode: Projekt Zeitungsvergleich (vergleichende Inhaltsanalyse) 129
Wie weit reicht die Pressefreiheit? 130

6 Schöne neue Medienwelt?! – Wie die neuen Medien die Kommunikation und den Konsum Jugendlicher beeinflussen 138

Kommunikation total – Internet und Handy 139
Schöne neue Konsumwelt!? 146

7 Wer schützt den Verbraucher? – Rechte und Informationsmöglichkeiten 152

Vertrag ist Vertrag!? – Der Käufer und sein Recht 153
Umtausch ausgeschlossen? 162
Der Teufel steckt im Kleingedruckten! 165
Informationsmöglichkeiten für den Verbraucher: Verbraucherzentralen und Stiftung Warentest 168

8 Was soll der Gemeinderat tun? – Kommunalpolitik in der Klemme 172

Nicht nur Sonnenseiten! – Gemeinden zwischen Finanznot und Bürgerprotest 175
Gemeinden in Finanznot – Einnahmen und Ausgaben einer Gemeinde 178
Methode: Erkundungsprojekt „Politik in unserer Gemeinde" 184
Wie können Bürgerinnen und Bürger mitwirken? 188

9 Was bedeutet Demokratie? – Die politische Ordnung der Bundesrepublik Deutschland 191

Was heißt demokratisch? – Ansprüche an unsere politische Ordnung 192
Methode: Clustering: Was gehört zum Begriff „Demokratie"? 192
Unsere politische Ordnung: Wer bestimmt, was im Staat geschieht? 195

10 Wie funktioniert unser demokratisches System? – Von der Wahl bis zur Arbeit unserer Staatsorgane 208

Welche Bedeutung haben die Wahlen zum Bundestag? – Beteiligung in der Demokratie konkret 208
Wie arbeiten die Staatsorgane? – Bundestag, Bundesregierung und Bundespräsident in Aktion 221
Methode: Kurzvortrag nach Stichwortzetteln 221

11 Wird die Jugend immer krimineller? – Jugendliche und Rechtsordnung 240

Nimmt die Kinder- und Jugendkriminalität zu? 241
Beispiel: Ladendiebstahl 246
Methode: Erkundungsprojekt zum Problem des Ladendiebstahls in der eigenen Gemeinde 254
Rechtsordnung und Rechtsstaat 255
„Strafe muss sein" – Gerichte entscheiden 263
Methode: Besuch einer Gerichtsverhandlung 268

12 Miteinander leben – Nachbarn in Osteuropa auf dem Weg in die Europäische Union 269

Was ist Europa? 270
Deutschlands Nachbar Polen – Neue Partnerschaft nach den Schrecken der Vergangenheit 275
Die Nachbarn im Osten auf dem Weg in die Europäische Union 280
Wie funktioniert die Europäische Union? 286

13 Fragen kann doch jeder!? – Möglichkeiten und Probleme der Befragungsmethode und der Internetrecherche 294

Wer richtig fragt … 295
Unterschiedliche Formen grafischer Darstellung 302
Grafiken und Manipulation 305
Recherchieren im Internet 308

Methodischer Anhang 315

Vorbemerkung 315
Hinweise zur Unterrichtsmethode der *Expertenbefragung* 316
Hinweise zur *Analyse von Statistiken* 317
Hinweise zur Planung und Durchführung von *Befragungen* 320
Hinweise zur Arbeit mit *Karikaturen* 321
Hinweise zur Vorbereitung eines *Kurzreferates* 323

Glossar 325

Register 333

Vorwort

Der vorliegende Band ist der zweite in einer Reihe von drei Arbeitsbüchern zum Politik-Unterricht. Er erscheint hier in seiner fünften, vollständig neu bearbeiteten Fassung.
Das Buch ist ein **Arbeitsbuch:** Es stellt in didaktischer Strukturierung unterschiedliche Materialien (Texte, Statistiken, Grafiken, Bilder, Karikaturen) für die Erarbeitung im Unterricht zur Verfügung und ermöglicht unterschiedliche Arbeitsformen. Die Autoren haben auf eigene Darstellungen weitgehend verzichtet; sie möchten den Schülerinnen und Schülern die selbsttätige und kritische Auseinandersetzung mit Informationen und Meinungsäußerungen ermöglichen und haben sich daher darum bemüht, eine **Materialauswahl** zu treffen, die sowohl der Altersstufe der Schülerinnen und Schüler als auch der Sach- und Problemstruktur der Gegenstände entspricht.
Ein inhaltliche Grobstrukturierung der einzelnen *Kapitel* erfolgt durch *Abschnitte,* die durch entsprechende Überschriften gekennzeichnet sind. Die Materialien sind innerhalb der Kapitel durchnummeriert. Eine wichtige Funktion kommt den zahlreichen **Querverweisen** zu, durch die sich thematische Aspekte über die Kapitel- und Abschnittsgrenzen hinaus verbinden lassen.
Die einzelnen Kapitel enthalten oft mehr Abschnitte, die einzelnen Abschnitte zumeist mehr Materialien, als in der zur Verfügung stehenden Unterrichtszeit erarbeitet werden können. Das garantiert einerseits eine gründliche und umfassende Information und schafft andererseits die Möglichkeit zur *Auswahl,* zur *Schwerpunktsetzung* und zur *Vertiefung* bestimmter, für wichtig gehaltener Aspekte.
Die grafisch von den Materialien abgehobenen **Arbeitshinweise** sollten als wichtiges Steuerungsinstrument für die Unterrichtsarbeit genutzt werden. Sie bestehen aus

- *Erschließungshilfen,* die eng auf das jeweilige Material bezogen sind,
- Hinweisen zur Erschließung *gedanklicher Zusammenhänge,* zur Anregung von *Argumentation* und *Diskussion,*
- Vorschlägen für eine möglichst selbstständige, auf ein bestimmtes Ergebnis bezogene *Untersuchung* begrenzter Fragestellungen,
- Aufgaben (Zuordnung, Auswahlantworten) zur *Sicherung von Arbeitsergebnissen.*

Die *Handlungs- und Methodenorientierung des Unterrichts* wird darüber hinaus betont durch besonders markierte, ausführlich beschriebene und in den thematischen Zusammenhang des jeweiligen Kapitels einbezogene Modellbeispiele folgender **Unterrichtsmethoden:** Graffitti, Simulationsspiel, Befragung, Schreibgespräch, Zeitprotokoll, Erkundung, Clustering, Kurzvortrag, Besuch einer Gerichtsverhandlung (vgl. dazu S. 315ff.).
Der Förderung der Methodenkompetenz dient auch der **Anhang**, der Arbeitshilfen zu folgenden Bereichen der Unterrichtsarbeit enthält:

- Unterrichtsmethode der *Expertenbefragung,*
- Analyse von *Statistiken,*
- Planung und Durchführung von *Befragungen* (mit praktischen Hinweisen),
- Arbeit mit *Karikaturen,*
- Vorbereitung eines *Kurzreferates.*

Eine weitere Arbeitshilfe stellt das umfangreiche **Glossar** dar, in dem Begriffe, die in den Materialien mit einem * versehen sind, erläutert werden. Nähere Informationen zu weiteren Begriffen lassen sich über das ausführliche **Register** finden.

Für kritische Hinweise (gerichtet an den Schöningh-Verlag im Westermann Schulbuchverlag GmbH, Jühenplatz 1–3, 33098 Paderborn; Fax: 05251/127-860, E-Mail: info@schoeningh.de) sind die Autoren jederzeit dankbar.

1 Kein Interesse an Politik? – Jugend und Freizeit

(Foto: © dpa-Fotoreport/Tom Maelsa)

(Foto: © BilderBox/Erwin Wodicka)

(Foto: © dpa-Fotoreport/Oliver Berg)

(Foto: © ZB-Fotoreport/Peter Förster)

(Foto: © dpa-Fotoreport/Wolfgang Kumm)

1 Kein Interesse an Politik? – Jugend und Freizeit

Zur Orientierung

Heute verfügen Jugendliche in Deutschland über viel Freizeit. Was Jugendliche in ihrer Freizeit gerne machen, welche Vorstellungen sie von ihrer Zukunft haben und welche Bedeutung Politik und aktive politische Betätigung für sie haben, wird in diesem Kapitel näher untersucht.

Im ersten Abschnitt geht es um die Bedeutung, die Popmusik und Popstars für die Freizeitgestaltung und die Persönlichkeitsentwicklung Jugendlicher haben.

Im zweiten Abschnitt wird der Blick in die Zukunft gerichtet. Haben Jugendliche überhaupt klare Vorstellungen von der Zukunft oder interessieren sie sich nur für die Gegenwart? Wie möchten Jugendliche später leben – in einer Familie oder lieber allein oder in einer Wohngemeinschaft? Welche Vorstellungen haben sie von der Zukunft der Gesellschaft? Sorgen sie sich um die Zerstörung der Natur oder ist ein möglichst hoher Lebensstandard ihr wichtigstes Lebensziel?

Im dritten Abschnitt wird ausgehend von einem Planspiel, in dem das Überleben einer Gruppe Jugendlicher auf einer einsamen Insel simuliert wird, untersucht, was eigentlich Politik konkret bedeutet und warum jeder irgendwie von Politik betroffen ist. Ein Fragebogen gibt euch die Möglichkeit, das Interesse eurer Klasse, Jahrgangsstufe oder Schule an Politik in einer Befragung zu erheben und die Ergebnisse mit den Ergebnissen von Jugendstudien, die Aussagen für alle Jugendlichen in Deutschland machen, zu vergleichen.

Im vierten Abschnitt stellen wir euch einige Beispiele politischen Engagements Jugendlicher vor. Sie sollen euch anregen, über eigenes politisches Engagement nachzudenken und Möglichkeiten aktiver politischer Beteiligung zu suchen.

Was machen Jugendliche in ihrer Freizeit?

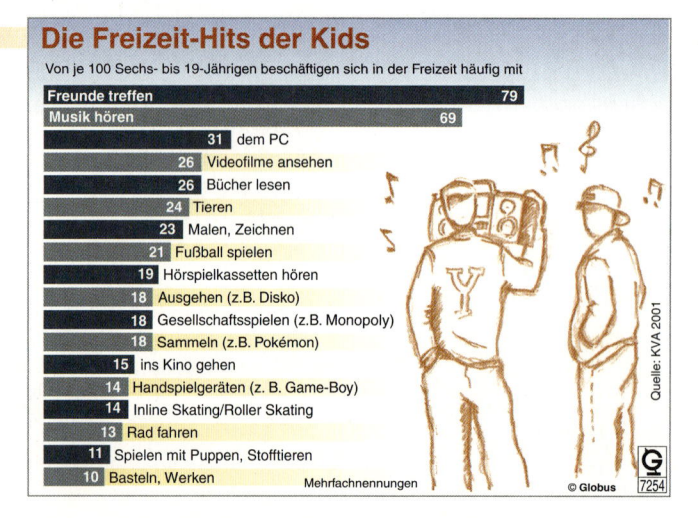

Einen erheblichen Teil ihrer Zeit verbringen Jugendliche in der Schule. Trotzdem bleibt ihnen noch genügend Zeit, über die sie in der Regel frei verfügen können. Im ersten Abschnitt dieses Kapitels soll untersucht werden, was Jugendliche am liebsten in der Freizeit machen und welche Bedeutung das Hören von Musik (CDs/Kassetten/Computer/Fernsehen/Konzerte) für sie hat.

M 1 Was machen Jugendliche in ihrer Freizeit?

Die Freizeit-Hits der Kids
Von je 100 Sechs- bis 19-Jährigen beschäftigen sich in der Freizeit häufig mit

Freunde treffen	79
Musik hören	69
dem PC	31
Videofilme ansehen	26
Bücher lesen	26
Tieren	24
Malen, Zeichnen	23
Fußball spielen	21
Hörspielkassetten hören	19
Ausgehen (z.B. Disko)	18
Gesellschaftsspielen (z.B. Monopoly)	18
Sammeln (z.B. Pokémon)	18
ins Kino gehen	15
Handspielgeräten (z. B. Game-Boy)	14
Inline Skating/Roller Skating	14
Rad fahren	13
Spielen mit Puppen, Stofftieren	11
Basteln, Werken	10

Mehrfachnennungen
Quelle: KVA 2001 © Globus 7254

Was machen Jugendliche in ihrer Freizeit?

1. In M 1 sind die Ergebnisse einer Untersuchung zu der Frage dargestellt, womit sich 6–19-Jährige „in ihrer Freizeit häufig beschäftigen". Zieht dazu auch die Statistiken M 2 a und c in Kap. 4 (S. 93f.) heran, die sich etwas genauer auf eure Altersstufe beziehen und nach Mädchen und Jungen unterscheiden, und stellt dann heraus, was euch besonders auffällt. Wo liegen die Schwerpunkte der Freizeitbeschäftigung? Gibt es Unterschiede zwischen Mädchen und Jungen? Welche Rolle spielen die Medien, insbesondere die Musik?

2. Vielleicht stellt ihr fest, dass die Untersuchungsergebnisse z.T. nicht eurer eigenen persönlichen Zeitverteilung entsprechen. Bedenkt dabei, dass es sich um Durchschnittsergebnisse handelt. Wenn ihr für eure Klasse das Freizeitverhalten untersuchen und mit den vorliegenden Untersuchungsergebnissen vergleichen wollt, könnt ihr das z.B. mit Hilfe eines „Zeitprotokolls" machen, wie es in M 3 in Kap. 4 (S. 95) vorgeschlagen und beschrieben wird.

Methode M 2 Jetzt ist Graffitti-Zeit: Meinungen zum Thema „Musik"

Musik spricht die Gefühle an. Sie hebt die Stimmung. Manchmal macht sie auch traurig. Es ist schwer, über Musik wie über einen Text zu sprechen. Aus diesem Grund haben wir die Grafitti-Methode gewählt, um euch anzuregen, über Musik nachzudenken und eure Gefühle zu erforschen. Teilt eure Klasse in kleine Gruppen von fünf oder sechs Schülerinnen und Schülern auf und stellt für jede Gruppe zwei oder drei Tische zusammen.

Material/Vorbereitung
- Jede Gruppe erhält einen großen Papierbogen und einen oder zwei Stifte.
- Auf jedem Bogen stehen die folgenden Satzanfänge:
  Wenn ich meine Lieblingsmusik höre…
  In meiner Freizeit…
  Musik erzeugt bei mir…
  Mit meinen Freunden…
  Meine Eltern…
  Meine Eltern erlauben…
  Von meinem Taschengeld kaufe ich…
  Anregungen bekomme ich durch…
  Wenn ich Musiksender wie VIVA einschalte,…
  Wenn ich allein zu Hause bin,…
  Am besten entspanne ich mich…
  …
  …
  …

(Die Satzanfänge können von euch beliebig fortgesetzt werden.)

Spielanleitung
Schaut euch die Bögen mit den Satzanfängen an. Jedes Gruppenmitglied vervollständigt einen Satz oder entwickelt selbst einen vollständigen Satz. Wenn niemand mehr einen Satz aufschreiben möchte, ist die erste Phase der Gruppenarbeit beendet.

Auswertung
Im zweiten Teil der Gruppenarbeit wertet jede Gruppe zunächst ihre Ergebnisse selbst aus. Die vervollständigten Sätze geben euch sicherlich Aufschluss über eure Einstellung zur Musik und über die Bedeutung, die Musik in eurer Freizeit hat. Entwickelt in eurer Gruppe Kriterien zur Analyse und Bewertung der Ergebnisse. Kriterien könnten z. B. sein:
- Was wird häufig genannt?
- Was ist überraschend?
- Welche Bedeutung hat das Fernsehen?
- …
- …

Am Ende der Gruppenarbeit sollt ihr ein kleines Protokoll eurer Arbeitsergebnisse (z. B. auf einer Folie) anfertigen. Zum Abschluss werden dann die Papierbögen in der Klasse aufgehängt. Jede Gruppe trägt ihre Ergebnisse im Plenum vor. Am Ende sollen die Gruppenarbeitsergebnisse auf Unterschiede und Gemeinsamkeiten untersucht werden.

(Autorentext)

M 3

Eine Boygroup mit Talent?

(Foto: Kai-Moritz Keller/ Neue Westfälische)

Talent und ein appetitliches Äußeres bescheinigte ein Journalist der Deutschen Presseagentur (dpa) O-Town in einem Porträt der Boygroup. [...]
Entdeckt wurden Ashley Angel, Trevor Penick, Erik-Michael Estrada, Dan Miller und Jacob Underwood bei der amerikanischen TV-Sendung „Making the Band" – ähnlich dem deutschen Format „Popstars". Schon bei ihrem ersten Fernsehauftritt begeisterten O-Town. Elf Millionen Zuschauer waren dabei, als die fünf Jungs musikalisch laufen lernten. Was die O-Town-Jungs jetzt noch reizt, wo sie doch beinahe in jedem zweiten Teenie-Kinderzimmer an der Wand hängen?
„Wir wollen nicht nur die siebenjährigen Mädchen, wir wollen auch ein etwas erwachseneres Publikum", verrät Ashley. Und: „Wir wollen international groß werden wie Michael Jackson. Der kann überall auftreten und ein Stadion ausverkaufen. Das wollen wir auch. Wir wollen die Menschen mit unserer Musik berühren."

(dpa, in: Neue Westfälische v. 13.1.2002)

M 4

Verliebt in O-Town

115 O-Town-Fans hielten den Konzert-Belastungen nicht stand und mussten aus der Menge gezogen werden.
(Fotos: Kai-Moritz Keller/ Neue Westfälische)

Was machen Jugendliche in ihrer Freizeit?

Mit bedeutungsschwangerer Miene tritt ein Tourbegleiter von O-Town vor das Mikrofon. „Der Ashley ist beim letzten Konzert über einen Teddybären gestolpert." Er stoppt, und ein Raunen des Entsetzens geht durch die Menge. „Es ist ihm aber glücklicherweise nichts passiert." Man hört geradezu die Steine von Teenagerherzen fallen. „Ich möchte euch deshalb bitten, eure Geschenke jetzt schon auf die Bühne zu werfen, die Jungs schauen sie sich dann hinterher an." Eine Unmenge von Blumen, Herzen und Plüschtieren ergießt sich auf die Bühne. Schnell kommen Ordner herbeigeeilt und packen die Gaben der Mädchen in blaue Tüten, die eine verdächtige Ähnlichkeit mit Müllsäcken haben. Bestimmt nur Einbildung.

Verliebt: Ann-Christin

Drei große O-Town-Fans

(Fotos: Christian Keller/ Neue Westfälische)

Ann-Christin Kuhn hat ein großes Herz ausgeschnitten und mit Ashleys Foto beklebt. Was O-Town besser können als N'Sync und all die anderen Boybands?
Ann-Christin ist sich nicht ganz sicher, doch schließlich fällt es ihr ein: „Die können toll singen und sind viel süßer." Die 14-jährige Stina Wolf hat eine Rose geworfen und gibt nun weitere Details über die Jungs aus Amerika preis: „Sie sind einfach nicht so arrogant."
Nach mehr als einer Stunde ist die Inszenierung vorbei und Anna Wehmeyer versucht den Erfolg von O-Town zu erklären: „Die sagen mit ihren Liedern, dass man sich nicht um das kümmern muss, was andere sagen, wenn man jemanden liebt."
Macht Liebe blind?

(Neue Westfälische v. 26.2.2002; Verf.: Christian Keller)

Starbücher für Fans: So fern und doch so nah

Ein echter Fan kennt den Lebenslauf seines Stars, seine Erfolge und auch Misserfolge. Er weiß Bescheid darüber, was seinen Star vorgeblich auszeichnet: seine Vorlieben und Abneigungen, seine Stärken und Schwächen, seine Träume und Wünsche.
Wichtige Informationsquellen bei dieser Star-Verehrung sind neben Zeitungsartikeln, TV-Beiträgen, Poster- bzw. Picture-Books und Quizbüchern die so genannten Fanbücher. In allen Preislagen findet man sie in Buchhandlungen – wenn nicht auf Sondertischen, dann in der Sparte Biografien –, aber noch viel mehr in Kaufhäusern und Supermärkten. Hohe Auflagen sind damit garantiert.
In Fanbüchern steht nicht nur der Star, sondern auch der Fan im Vordergrund. Seine Interessen und Bedürfnisse sollen bedient werden, indem Alltag und Lebenswelt des Stars mit der Realität des Fans verknüpft werden.
Bei den Büchern, die sich den Boygroups widmen, geschieht das oft sehr direkt: Immer wieder werden die Leser/innen aufgefordert, ihren Star mit eigenen Worten zu beschreiben, das schönste Konzerterlebnis zu erzählen, Fotos einzukleben o. Ä. Darüber hinaus gibt es Platz, sich mögliche Begegnungen mit seinem Star einfach zu erträumen: „Wie würdest du reagieren, wenn du die Backstreet Boys einmal wirklich treffen würdest? Was würdest du sagen? Was würdest du sie fragen? Mal dir deinen Traumtag aus!" Die so aufgebauten Fanbücher wirken wie eine Mischung aus vorgefertigtem Poesiealbum und Tagebuch: Informationen über die Stars und deren Selbstdarstellungen wechseln sich ungefähr zu gleichen Teilen ab mit Texten ihrer Verehrer. Diese Bücher fordern ihre Leser dazu auf, ‚intime' Gedanken und Gefühle zu offenbaren, und vermitteln ihnen den Eindruck, eine exklusive und private Beziehung zu ihrem Star zu haben. So beginnt „Das große Backstreet Boys Fanbuch" von Susanne Baumann mit den Worten:

1 Kein Interesse an Politik? – Jugend und Freizeit

„Top secret!
Dieses Backstreet-Boys-Fanbuch gehört _____
und darf von NIEMANDEM ohne meine ausdrückliche Erlaubnis geöffnet und gelesen werden."

(Lesebar – Stars, Helden, Vorbilder, Friedrich Verlag in Zusammenarbeit mit Klett, o.J., S. 28f.; Verf.: Claudia Rathmann)

Eine solche Extremform der Verquickung von Star- und Fanleben verschafft den Lesenden in verstärktem Maße eine Illusion von Intimität. Stars werden zu virtuellen Freunden, mit denen die Fans im Sinne einer Interaktion in Kontakt treten und die sie auf diese Weise in ihr Leben miteinbeziehen können.

Die Bearbeitung der Texte in M 3, M 4 und M 5 soll in Kleingruppenarbeit erfolgen. Erst am Ende der Gruppenarbeit überlegt ihr gemeinsam, in welcher Form ihr die Ergebnisse eurer Gruppenarbeit in der Klasse präsentiert. Es kann durchaus sinnvoll sein, für diese Aufgabe getrennte Jungen- und Mädchengruppen zu bilden.

1. Beschreibt, wie das Auftreten der Boygroup O-Town und die Wirkung auf die Fans in M 3 und M 4 dargestellt wird. Worauf beruht die beschriebene Wirkung?

2. Stellt zusammen, wie Starbücher für Fans angelegt sind (M 5). Inwiefern steht in Fanbüchern nicht nur der Star, sondern auch der Fan im Vordergrund?

3. Überlegt, warum Boygroups wie O-Town so viel Erfolg bei Jugendlichen und insbesondere bei Mädchen haben. Welche Gruppen oder Stars sprechen eher Jungen an?

4. Tauscht euch über eure Lieblingsstars aus. Welche Bedeutung haben sie für euch? Zieht auch M 1 aus Kapitel 2 (S. 34f.) hinzu.

5. Überlegt, warum Starbücher für Fans interessant sind. Kann eine zu starke Identifizierung mit den Stars auch Gefahren bergen?

6. Bereitet die Präsentation eurer Gruppenergebnisse in der Klasse vor. Dazu braucht ihr einen Bogen Papier, der die folgende Überschrift tragen soll: „Warum Jugendliche sich für Musikstars begeistern". Ihr notiert nur die Ergebnisse eurer Arbeit, die ihr in eurer Klasse vorstellen möchtet. Ihr solltet aber schon in der Gruppe üben, eure Ergebnisse mit Hilfe der notierten Stichwörter frei vorzutragen.

Musik vereint – und trennt

M 6 „Alles ist für mich ein Erlebnis."
(13-jähriges Mädchen)

Musik ist das Leitmedium der Jugendkultur. Ablösung bedeutet für 13-/14-jährige Jungen und Mädchen zuerst die Betonung der Unabhängigkeit von der Familie. Der Rückzug in das eigene Zimmer gehört ebenso dazu wie das Alleinsein und das Pflegen und Entwickeln einer eigenen persönlichen Sphäre der Intimität und der Geheimnisse. Die bewusst laut gestellte Musik schafft einen akustischen Schutzwall gegen unerwünschte Besucher.
Die Jugendlichen markieren Grenzen (das eigene Zimmer): „Jetzt bin ich lieber mal allein, ohne euch." Der Gebrauch von Lautstärke, das provokante Poster, ausgerechnet von diesen Backstreet Boys, die die Mutter so künstlich findet, gehören dazu. Dieser neue ruppige Stil ist nur vordergründig als Abkehr oder als Affront gegen die Eltern gemeint. Es ist ein Stil der demonstrativen* Selbstdarstellung im Sinne von: „Seht her, hört her, ich bin jetzt ein junger Mann, ich bin jetzt eine junge Frau. Ich bin nicht mehr das Kind von früher, *ich habe meinen eigenen Geschmack, er ist anders als eurer.*"
Nähe auf der Basis der gegenseitig respektierten Unabhängigkeit ist das Ziel. Es geht um eine Neuverhandlung der Familienbeziehungen, in denen die Jugendlichen mehr Unabhängigkeit und mehr Verantwortung für sich selbst erreichen wollen. Ablösung bedeutet für die Jungen und Mädchen den Abschied von ihrer Kindheit und die Suche nach ihrer Identität*

(Ekkehard Sander, Musik vereint – und trennt, Schüler 1998: Zukunft, Friedrich-Verlag, Seelze 1998, S. 106 f.)

als junge Frau bzw. als junger Mann. Musik hat hier Such- und Orientierungsfunktion. Die Jugendlichen selbst treffen die Auswahl der Filme, der Musik, der Zeitschriften und Bücher, die sie auf der Suche nach den für sie ‚heißen' Themen und Geschichten durchforsten.

1. Der Autor von M 6 versucht zu erklären, warum „Musik das Leitmedium der Jugendkultur" ist, und fasst diese Erklärung mit der Aussage zusammen, dass Musik für Jugendliche eine „Such- und Orientierungsfunktion" hat. Erläutert anhand des Textes möglichst mit eigenen Worten, was er damit meint, und sprecht darüber, ob ihr euren eigenen Umgang mit Musik auch so empfindet, wie das hier beschrieben wird.

2. Inwieweit kommt es eurer Erfahrung nach bei eurer „demonstrativen* Selbstdarstellung" durch Musik zu Streit mit den Eltern?

Wie stellen sich Jugendliche ihre Zukunft vor?

M 7

So stelle ich mir mein Leben vor

Ihr habt in den vorangehenden Materialien Informationen darüber bekommen, wie Jugendliche ihre Freizeit gestalten und welche Bedeutung Musik als Freizeitaktivität für sie hat. In M 7 wird nun der Blick in die Zukunft gerichtet. Es geht um eure eigenen Vorstellungen vom Leben und um eure Zukunftspläne. Ihr sollt euch über eure eigenen Interessenschwerpunkte, Vorlieben und Abneigungen Gedanken machen und euch auch mit euren Mitschülerinnen und Mitschülern darüber austauschen. Wie lebt ihr selbst als Jugendliche? Wie stellt ihr euch eure Zukunft vor? Welche Erwartungen habt ihr bezüglich eures Berufs, eurer Familie, der Gesellschaft, in der ihr lebt?

Wer bin ich? Was will ich erreichen?

evtl. Foto

Name:

Meine Interessen:

Meine Hobbys:

Was ich nicht mag:

Was will ich im Leben erreichen?

(Hier solltet ihr euch zu den genannten Lebensbereichen äußern; formuliert zu den angegebenen Bereichen jeweils einen Satz.)

Ich möchte

1. Beruf:
2. Familie:
3. Politik:
4. Umwelt:
5. Freizeit:
6. Geld:
7. Freunde:
8. Zeit:
9. Hobbys:

(Autorentext)

1. Die Tabelle in M 7 sollte jedem entweder als vergrößerte Kopie oder als selbst hergestelltes Plakat vorliegen. Jeder sollte sie zunächst alleine ausfüllen. Anschließend können die Plakate, wenn ihr das wollt, in der Klasse aufgehängt werden. Ihr könnt die Plakate aber auch am Ende der Stunde in eure Tasche packen. Wenn ihr eure Meinungen nur einem kleinen Kreis von Mitschülerinnen und Mitschülern mitteilen wollt, kann die Auswertung auch ausschließlich in Kleingruppen geschehen, so dass nicht einmal eure Lehrerin oder euer Lehrer einen genauen Einblick in eure Arbeit bekommen.

2. Wenn ihr euch für das Aushängen eurer Plakate entscheidet, dann solltet ihr zunächst einmal genügend Zeit haben, um euch alle Plakate in Ruhe anzuschauen. Daran anschließend könnt ihr folgende Aspekte untersuchen:
- Gibt es große Interessenunterschiede in eurer Klasse?
- Welche Hobbys habt ihr? Gibt es Gemeinsamkeiten mit den in M 1 befragten Jugendlichen oder weicht eure Freizeitgestaltung deutlich von den oben dargestellten Ergebnissen ab? Gibt es Unterschiede zwischen den Hobbys der Jungen und denen der Mädchen? Hier könnt ihr ggf. auch auf Ergebnisse zu der Bearbeitung von M 1 (Medienkonsum/Lieblingsbeschäftigungen) zurückgreifen, wenn ihr die entsprechenden Arbeitsaufträge bearbeitet habt.
- Wie stellt ihr euch eure Zukunft vor? Gibt es Übereinstimmungen und Unterschiede? Haben Mädchen und Jungen ähnliche Wünsche?

3. Die Auswertung von M 7 könnte auch Material für ein Referat, einen Bericht für eine Schülerzeitung oder auch ein Projekt im Rahmen der informationstechnologischen Grundbildung liefern. So könntet ihr z.B. die von euch festgestellten Ergebnisse mit den Ergebnissen der 14. Shell Jugendstudie (s. Kurzzusammenfassung in M 9) vergleichen. Die Shell-Jugendstudie hat einen repräsentativen Querschnitt aller Jugendlichen und jungen Erwachsenen (verschiedene Altersgruppen, Wohnorte, Schulen und Schulabschlüsse etc.) befragt, so dass die Ergebnisse für Jugendliche in ganz Deutschland aussagekräftig sind. Welche Gemeinsamkeiten und Unterschiede lassen sich feststellen? Welche Ursachen könnten die von euch festgestellten Unterschiede haben? Bedenkt dabei auch, dass es sich bei der Shell-Studie um Durchschnittsergebnisse für 12- bis 25-jährige „Jugendliche" handelt.

M 8

So sehen Jugendliche ihre Zukunft

Der Traum eines jeden ist es, glaube ich, reich zu werden. Allerdings ist dies eher ein Kindheitstraum. Wenn man älter wird, merkt man, dass das Leben hart ist und sich Träume nicht so einfach realisieren lassen. In den letzten Jahren bin ich realistischer geworden und habe meine Träume heruntergeschraubt. Da ich jedoch ein guter Schüler bin, hoffe ich auch, ein gutes Abitur zu machen. Danach wünsche ich mir einen gut bezahlten Job.

Elmar, 17 Jahre

Ich möchte glücklich in einer Familie leben und erfolgreich meinen Job durchführen.

Nils, 17 Jahre

Ich habe nur einen Wunsch, dass ich genug Geld habe, um nicht jede Nacht schwitzend verbringen zu müssen. Ich möchte nicht viel Geld haben, nur so viel, dass ich vernünftig leben kann. Auch möchte ich gerne eine kleine Familie mit vielleicht zwei Kindern haben. Es wäre toll, in einem kleinen Haus zu leben. Nach dem Abitur möchte ich für ein oder zwei Jahre nach Neuseeland oder Amerika gehen, um die Sprache besser zu erlernen. Später möchte ich dann studieren, um in dem Beruf meiner Mutter (Tierärztin) zu arbeiten. Ob mein Leben dann wirklich so aussehen wird, ist fraglich. Aber in meinen Träumen male ich es mir oft so aus.

Manila, 16 Jahre

Wie stellen sich Jugendliche ihre Zukunft vor?

> Nach dem Abitur würde ich gerne Sozialpädagogik studieren, um später als Tagesmutter bei der AWO zu arbeiten. Dann bekäme ich ein Einfamilienhaus von der AWO gestellt, in dem ich von 10 Uhr bis 18 Uhr Kinder betreuen würde, deren Eltern keine Zeit für sie haben. Somit hätte ich viel Zeit für meine eigenen Kinder. Meine Kinder würde ich gern im Alter von 25 bis 27 bekommen. Vorher, mit 24 Jahren, würde ich meinen Freund heiraten. Solange die Familie glücklich ist, wäre ich komplett zufrieden.
>
> *Ramona, 16 Jahre*

(Autorentext; Befragung von Schülerinnen und Schülern im März 2002)

> Für meine Zukunft stelle ich mir vor, dass ich einen sozialen Beruf ergreife. Ich möchte gern mit Menschen in Kontakt kommen und ihnen mit Rat und Tat zur Seite stehen. Dies wäre bei der Polizei der Fall. Gerechtigkeit zählt für mich sehr viel. Die lässt sich auch auf mein Privatleben übertragen. Ich möchte nicht nur ein Leben lang hinter dem Herd stehen, sondern ich möchte selbstständig sein. Ich möchte mich um meinen zukünftigen Mann und meine Kinder kümmern, aber der Job darf nicht zu kurz kommen. Engagiert zu arbeiten, Verständnis zu zeigen, das sind wohl die wichtigsten Eigenschaften, die man vorweisen muss, wenn man glücklich leben will.
>
> *Jana, 16 Jahre*

M 9 Ergebnisse der Shell-Jugendstudie 2002

Im Jahr 2002 veröffentlichte die Deutsche Shell eine Jugendstudie, in der über 2500 Jugendliche und junge Erwachsene im Alter von 12 bis 25 Jahren befragt wurden.
Heute sind Jugendliche höheren Leistungsanforderungen und Risiken ausgesetzt als noch vor zwanzig Jahren. Dennoch sieht die junge Generation die Zukunft positiv. Die Jugendlichen wissen, dass die moderne Gesellschaft ihnen Leistungsbereitschaft, Ausdauer und Anstrengungen abverlangt. Viele sind bereit, die Beharrlichkeit aufzubringen, die gesteckten Ziele zu erreichen. Das gilt besonders für diejenigen, die gute Voraussetzungen (Bildung, Unterstützung durch die Eltern, klare Lebensplanung und Selbstvertrauen) haben. Benachteiligt sind Jugendliche, die ein geringeres Bildungsniveau aufweisen. Sie haben schlechtere Chancen, ihre beruflichen Wünsche zu verwirklichen. Eine breite Übereinstimmung gibt es zwischen Jungen und Mädchen bezüglich der persönlichen Zukunftsplanung. Mädchen und junge Frauen sind heute ehrgeiziger, aber auch selbstbewusster. „Karriere machen" ist für sie genauso wichtig wie für die Jungen und jungen Männer. Gleichzeitig hat auch die Familie einen hohen Stellenwert. Die meisten wollen Beruf und Familie miteinander vereinbaren. 75% der weiblichen und 65% der männlichen Befragten meinen, eine Familie zum „Glücklichsein" zu brauchen. Über zwei Drittel wollen später eigene Kinder haben.

(Autorentext nach www.shell-jugendstudie.de, Presseinformationen)

---

1. Die Äußerungen der Jugendlichen in M 8 sind sehr unterschiedlich. Dennoch lassen sich bei einer Reihe von Äußerungen Gemeinsamkeiten feststellen. Arbeitet diese Gemeinsamkeiten heraus.

2. Vergleicht die Meinungen der Jugendlichen in M 8 mit euren eigenen Vorstellungen von der Zukunft. Gibt es mehr Gemeinsamkeiten oder mehr Unterschiede?

3. In M 9 werden in einer kurzen Zusammenfassung zentrale Ergebnisse einer großen Jugendstudie aus dem Jahr 2002 dargestellt. Vergleicht die hier dargestellte Einschätzung der Zukunftssicht Jugendlicher mit den bisher von euch festgestellten Ergebnissen (vgl. Arbeitshinweis 3. zu M 7).

Interessieren sich Jugendliche für Politik?

Thema der vorangehenden Abschnitte war die persönliche Lebensgestaltung Jugendlicher in Gegenwart und Zukunft. In den nächsten Abschnitten geht es um das politische Interesse Jugendlicher. Interessieren Jugendliche sich heute für Politik und sind sie bereit, sich politisch zu engagieren?

Um euch dieses Thema spielerisch näher zu bringen, haben wir an den Anfang dieses Abschnitts ein Planspiel gestellt, in dem es um das Überleben einer Schulklasse auf einer einsamen Insel geht. Wenn ihr euch die Zeit nehmt, dieses Planspiel im Unterricht durchzuführen, dann erfahrt ihr auf spielerische Weise, was das Zusammenleben der Menschen mit Politik zu tun hat. Grundlage dieses Planspiels ist ein Ausschnitt aus dem Buch „Herr der Fliegen" des englischen Schriftstellers und Nobelpreisträgers (1983) William Golding.

Das Buch schildert die Schwierigkeiten einer englischen Schulklasse, nach einem Flugzeugabsturz auf einer einsamen Insel zu überleben. In Europa tobt der Erste Weltkrieg. Für die Jungen ergeben sich ungeahnte Schwierigkeiten, die Situation zu bewältigen. Das Buch ist sehr spannend. Es wurde in viele Sprachen übersetzt, verfilmt und als Theaterstück aufgeführt. Vielleicht habt ihr Lust, das Buch (Taschenbuchausgabe erschienen im Fischer Taschenbuch Verlag) zu lesen oder den Film zu sehen. Viele Schulen verfügen über eine Videoaufzeichnung des Films in englischer oder deutscher Sprache. Übrigens: William Golding bekam den Nobelpreis für dieses Buch.

M 10

Einsam auf einer unbewohnten Insel

(Zeichnung: Susanne Kuhlendahl/ Verlagsarchiv Schöningh)

(Inhaltsangabe zu „Herr der Fliegen" von William Golding; Autorentext)

Eine Gruppe englischer Schuljungen gerät infolge eines Flugzeugunfalls auf eine unbewohnte Insel im Pazifischen Ozean. Kein Erwachsener überlebt. Zunächst erscheint der Verlust zivilisatorischer Ordnungsprinzipien leicht zu bewältigen: Auf der Insel gibt es Wasser, Früchte, sogar wilde Schweine, die erlegt werden können. Ralph lässt Hütten bauen, erkundet die Insel, richtet einen Wachdienst für das Signalfeuer ein. Der gute Anfang aber führt in eine Krise.

Interessieren sich Jugendliche für Politik?

M 11

Wahl eines Anführers

(Zeichnung: Susanne Kuhlendahl/ Verlagsarchiv Schöningh)

Ralph, einer der Jungen, fand eine große Muschel.

Piggy schnappte nach Luft und fuhr mit der Hand vorsichtig über das glitzernde Etwas in Ralphs Armen.
„Ralph!"
Ralph blickte auf.
„Damit können wir die andern herbeirufen, und dann halten wir eine Versammlung ab. Wenn die uns hören, kommen sie bestimmt –"
Er strahlte Ralph an.
„Du hast sicher gleich schon daran gedacht, deshalb hast du sie auch rausgefischt, was?"
Ralph strich sein blondes Haar zurück.
„Wie bläst man da drauf?" […]
Ralph nahm die Muschel von den Lippen.
„Donnerwetter!"
Seine Stimme klang wie ein Flüstern im Vergleich zu dem rauen Ton des Muschelhorns. Er hob das Horn an die Lippen, holte tief Luft und blies noch einmal.
[…]
„Das hört man bestimmt meilenweit."
Ralph hatte wieder Luft bekommen und stieß mehrmals kurz hintereinander in das Muschelhorn.
„Da kommt schon einer", rief Piggy. […]

Nach und nach kommen die Jungen zusammen.

Merridew wandte sich an Ralph.
„Sind überhaupt keine Erwachsenen hier?"
„Nein."
Merridew setzte sich auf einen Stamm und blickte in die Runde.
„Dann müssen wir uns selbst um uns kümmern."
Geborgen an Ralphs Seite, ließ Piggy sich schüchtern vernehmen: „Deshalb hat Ralph ja eine Versammlung einberufen. Damit wir was unternehmen können."
[…]
Dann sprach Jack.
„Wir müssen was zu unserer Rettung unternehmen."

Ein Stimmengewirr war die Antwort. Einer der Kleinsten, Henry, sagte, er wolle nach Hause. „Halt die Klappe", sagte Ralph mit unbeteiligter Stimme. Er hob das Muschelhorn hoch. „Ich glaub, wir brauchen einen Anführer, dann geht das besser."

„Einen Anführer! Ja, einen Anführer!"

„Das mache ich am besten", sagte Jack mit ganz selbstverständlicher Anmaßung, „ich bin Kapitelsänger und Klassensenior. Und ich kann das hohe C singen."

Erneutes Stimmengewirr.

„Also gut", sagte Jack, „ich –"

Er zögerte. Der Dunkelhaarige, Roger, gab endlich seine Zurückhaltung auf.

„Am besten, wir stimmen ab."

„Ja!"

„Wir wählen unsern Anführer!"

„Au ja! Los, wir stimmen ab!"

Eine Wahl, das war wie ein Spielzeug, fast so unterhaltend wie das Muschelhorn. Jack versuchte aufzubegehren, aber die Versammlung leitete jetzt nicht mehr der allgemeine Wunsch nach einem Anführer, man wollte Ralph einfach als Anführer ausrufen. Keiner hätte dafür einen Grund anzugeben vermocht; Intelligenz hatte bisher nur Piggy bewiesen, und die offensichtliche Führerpersönlichkeit war Jack. Aber wie Ralph so dasaß, umgab ihn etwas Ruhiges, das ihn aus den andern heraushob; weiter sprach für ihn sein anziehendes Äußeres; und hinter ihm stand, zwar unausgesprochen, aber umso wirksamer, die Zauberkraft des Muschelhorns. Er hatte geblasen, er hatte auf der Plattform auf sie gewartet mit dem zerbrechlichen Ding auf den Knien, er war etwas ‚Besonderes'.

„Der mit der Muschel!"

„Ralph! Ralph!"

„Der mit dem Trompetendings soll den Anführer machen!"

Ralph gebot mit der Hand Schweigen.

„Also gut. Wer stimmt für Jack?"

Missmutig hoben die vom Chor die Hand.

„Wer stimmt für mich?"

Alle, außer den Jungen vom Chor und Piggy, reckten sofort die Hände in die Höhe. Dann hob auch Piggy widerwillig die Hand.

Ralph zählte ab.

„Dann bin ich also Anführer."

Die Versammlung brach in Beifallsrufe aus, in die sogar die Jungen vom Chor einfielen; Schamröte der Erniedrigung verdeckte die Sommersprossen auf Jacks Gesicht. Er sprang auf, überlegte es sich dann anders und setzte sich wieder hin, während die Plattform noch von zustimmenden Rufen widerhallte. Ralph blickte ihn an und wollte ihn versöhnen.

„Der Chor untersteht natürlich dir."

(William Golding, Herr der Fliegen, übers. von Hermann Stiehl, S. Fischer Verlag, Frankfurt/M. 1987, S. 22, 23, 28, 30f.)

---

1. Beschreibt die Situation, in der sich die Jungen befinden (M 10).

2. Sucht die Informationen heraus, die uns der Autor über die einzelnen Jungen gibt (M 11).

3. Warum halten sie eine Versammlung ab? Zu welchem Ergebnis führt diese Versammlung?

4. Entwickelt Überlegungen, wie sich möglicherweise das Verhältnis zwischen Ralph und Jack entwickeln könnte.

5. Diskutiert, ob es sich um eine gelungene Wahl eines Anführers handelt.

6. Bildet euch ein Urteil darüber, ob die Gruppe überhaupt einen Anführer braucht.

Interessieren sich Jugendliche für Politik?

Methode — M 12 — Ein Simulationsspiel: Wie Robinson auf der Insel

In dem Planspiel geht es nicht darum, die Situation, in der sich die Jungen befinden, möglichst romangetreu nachzuspielen. Deshalb ist es für eine gelungene Durchführung des Spiels nicht notwendig, das Buch zu kennen. Die von Golding in seinem Roman geschaffene Situation bietet vielmehr nur einen Handlungsrahmen, der euch viele Spielräume für eigene Entscheidungen lässt.

Spielsituation

Ihr habt als Schulklasse einen Flugzeugabsturz überlebt. Ihr seid in einer vergleichbaren Situation wie die Jungen in dem Roman von Golding. Das könnte der Anfang für eine spannende Geschichte sein. Es könnte aber auch Schwierigkeiten geben, die ihr nicht vorhersehen könnt. Es gibt Frischwasser, Früchte und sogar wilde Schweine auf der Insel. Allerdings handelt es sich in eurem Spiel um eine gemischte Schulklasse, da es sehr wahrscheinlich auch in eurer Klasse Jungen und Mädchen gibt, die an dem Spiel teilnehmen sollen.
Die Hauptaufgabe der Überlebenden ist es, das Zusammenleben aller zu organisieren.

Spielschritte

Gruppenbildung

Finde dich mit anderen deiner Klasse zusammen, die mit dir eine Gruppe bilden. Es sollte sich um nicht mehr als fünf Schülerinnen und Schüler handeln. Ihr solltet überlegen, ob ihr reine Jungen- und Mädchengruppen oder gemischte Gruppen bildet. Es könnte auch interessant sein, die Ergebnisse von Jungen- und Mädchengruppen zu vergleichen. In diesem Spiel stehen die Gruppen nicht in Konkurrenz zueinander, sondern jede Gruppe plant das Überleben der gesamten Klasse auf der Insel.
Es ist eure Aufgabe, die Versorgung mit Lebensmitteln sicherzustellen, einen Schlafplatz einzurichten, das Signalfeuer (für vorbeifahrende Schiffe) zu unterhalten, aber auch Konflikte zu vermeiden bzw. zu regeln. Ihr müsst entscheiden, auf welche Weise Entscheidungen gefällt werden, ob einer für die anderen entscheidet oder ob alle Entscheidungen gemeinsam getroffen werden.

Erkundung der Insel

Ihr konntet alle wohlbehalten die Insel betreten. Einige von euch haben sogar ihr Gepäck retten können. Ihr verfügt also über genügend Kleidung, über Taschenmesser, Taschenlampen, ja sogar Bücher und Schreibzeug stehen zu eurer Verfügung.
Zunächst macht ihr einen Erkundungsgang, um die Insel kennen zu lernen. Ihr müsst entscheiden, wo ihr euch niederlassen wollt und wie ihr euch vor Regen und wilden Tieren schützen könnt. Ihr solltet bei der Wahl des Lagerplatzes auch überlegen, wie ihr euch mit Nahrung und Wasser versorgen wollt.
Jede Gruppe bekommt einen Plan der Insel in vergrößerter Kopie und einen Protokollbogen. Diesen findet ihr etwas weiter unten. Er sollte euch auch in vergrößerter Kopie, evtl. auf einer Wandzeitung, vorliegen. Hier haltet ihr alle Entscheidungen fest, die ihr im Laufe des Planspiels trefft.

1 abgestürztes Flugzeug
2 Landepunkt/Strand
3 Felsgipfel
4 Quelle eines kleinen Flusses
5 großes Waldgebiet mit Wild und Geflügel

Alles andere ist Sand und Gestein, im Flusstal Wiese.

1 Kein Interesse an Politik? – Jugend und Freizeit

Zeichnet euren Lagerplatz auf der Karte ein. Notiert die Gründe, die zur Entscheidung für einen bestimmten Lagerplatz geführt haben, auf dem *Protokollbogen* (1.).

Wer entscheidet was?

Wie ist es euch mit der Entscheidung über die Wahl des Lagerplatzes ergangen? Konntet ihr schnell Einigkeit erzielen oder ist es zu Konflikten gekommen? Wie seid ihr damit umgegangen?

Notiert eure Erfahrungen in Stichworten auf dem *Protokollbogen* (2.).

In „Herr der Fliegen" kommt es zu erheblichen Rivalitäten zwischen Ralph und Jack, die zu tragischen Ereignissen führen. Beide kämpfen um die Macht. Jack schreckt vor nichts zurück, um die Macht an sich zu reißen, auch nicht vor einem Mord. Nach und nach wechseln seine ehemaligen Gegner aus Angst zu ihm über. In seinem Roman zeigt Golding, wozu Machtmissbrauch letztlich führen kann und wozu Menschen fähig sind, wenn sie von Diktatoren unter Druck gesetzt werden.

Ihr habt sicherlich eine andere Vorstellung von der Regelung des Zusammenlebens auf der Insel. Ihr wollt die Zeit bis zu eurer Rettung (vielleicht einige Monate) körperlich gesund und als Freunde überstehen. Deshalb müsst ihr Vereinbarungen treffen, die euer Zusammenleben vernünftig regeln. Dabei muss einerseits die Arbeit organisiert werden, damit das Überleben gesichert ist. Andererseits muss vereinbart werden, wie Entscheidungen getroffen werden: Wer entscheidet z.B. über die Verteilung der Arbeit? Soll (wie in „Herr der Fliegen") ein Anführer gewählt werden? Wie wird seine Macht kontrolliert? Was geschieht bei Machtmissbrauch? Wie können Konflikte vermieden werden? Wie können sie geregelt werden?

Überlegt, welche Aufgaben täglich erledigt werden müssen. Denkt daran, dass ihr eine Planung für eine Klasse mit ca. 30 Schülerinnen und Schülern entwickelt. Notiert eure Ergebnisse auf eurem *Protokollbogen* (3.).

Im Anschluss daran überlegt ihr, ob ihr zur Vorbereitung von Entscheidungen und zur Regelung von Konflikten Anführer oder Teamchefs – oder wie auch immer ihr eure Führungspersonen nennen möchtet – wählen wollt.

Was macht ihr, wenn eure Führungspersönlichkeit ihr Amt nicht gut ausführt? Wie wollt ihr Entscheidungen über die Verteilung der notwendigen Aufgaben treffen? Was passiert, wenn einige nicht mitmachen wollen? Wie werden Konflikte geregelt? Eure Ergebnisse notiert ihr wieder auf eurem *Protokollbogen* (4.).

Auswertung des Planspiels

Gliederung des Protokollbogens

1. Wahl der Lagerstätte:

   Gründe: . . . .

2. Erfahrungen bei der Entscheidung für die Lagerstätte:

   . . . .

3. Aufgaben, die erledigt werden müssen:

   . . . .

4. Regelung des Zusammenlebens:

   Wahl einer Führungsperson: Ja / Nein

   Gründe: . . . .

   Wie wird die Führungsperson kontrolliert?

   . . . .

   Wie werden Entscheidungen getroffen?

   . . . .

   Was geschieht mit Arbeitsverweigerern?

   . . . .

   Wie werden Konflikte geregelt?

   . . . .

(Zeichnungen: Susanne Kuhlendahl/ Verlagsarchiv Schöningh)

1. Vergleich der Ergebnisse:

Die Gruppenarbeit dauert sicherlich eine Schulstunde. Wenn ihr keine Doppelstunde zur Verfügung habt, könnt ihr die Ergebnisse der Gruppenarbeit erst in der nächsten Stunde vergleichen. Damit alle auch wirklich die Ergebnisse der anderen Gruppen sehen können, bietet es sich an, die Bögen an der Wand zu befestigen. Ihr solltet jetzt untersuchen, welche Elemente die einzelnen Vereinbarungen enthalten, worin sie sich gleichen und worin sie sich auch unterscheiden.

2. Was hat das Inselspiel mit Politik zu tun?

Ein Inselspiel in einem Kapitel über „Jugend und Politik"? Was hat denn das Spiel mit Politik zu tun? Was meint ihr? Ist die Lage der Jugendlichen politisch? Wenn ja, in welchen Situationen?

Zum Abschluss des Planspiels sollt ihr überlegen, wie der Begriff „Politik" definiert werden könnte. Was ist politisch? Worum geht es in der Politik?

(Autorentext)

M 13 — Politik – eine Begriffsklärung

„Politik" kommt von dem griechischen Wort „Polis". So bezeichneten die Griechen im Altertum die fest organisierten Gemeinwesen, die von ihnen zuerst in einzelnen Siedlungen und kleinen abgegrenzten Gebieten zur Ordnung ihres Zusammenlebens entwickelt wurden. „Polis" kann deshalb mit „Stadt, Staat" übersetzt werden. Entsprechend versteht man unter Politik häufig alles menschliche Handeln,
- das auf die Ordnung und Gestaltung des Zusammenlebens, insbesondere des öffentlichen Lebens in einem Staat bzw. einer Stadt oder Gemeinde, gerichtet ist oder
- durch das Verhältnis verschiedener Staaten zueinander geregelt wird.

Um Politik in diesem Sinne handelt es sich z.B., wenn verschiedene Parteien um den größten Einfluss in einem Staat kämpfen oder verfeindete Länder versuchen, Streitigkeiten auf friedlichem Wege zu regeln *(Politik im engeren Sinne)*.

Aber nicht nur im öffentlichen Leben eines Staates oder zwischen verschiedenen Staaten kann es unterschiedliche Interessen geben, können Konflikte auftreten, müssen Regeln des Zusammenlebens gefunden werden. So etwas gibt es auch überall, wo Menschen miteinander zu tun haben, d.h. in den verschiedenen Bereichen und Einrichtungen der Gesellschaft wie z.B. der Familie, einer Jugendgruppe oder der Schule. Deshalb kann der Begriff Politik auch weiter gefasst werden und nicht nur auf den Staat und das öffentliche Leben, sondern auch auf die Regelung menschlichen Zusammenlebens in den verschiedenen Bereichen und Einrichtungen der Gesellschaft bezogen werden *(Politik im weiteren Sinne)*.

Wenn man in diesem Sinne Fragen des Zusammenlebens in einer Schulklasse, einer Jugendgruppe oder einem Betrieb als politische Fragen begreift, muss jedoch berücksichtigt werden, dass solche Gruppen und Institutionen in starkem Maße durch ihren jeweiligen sachlichen Zweck bestimmt werden, zu dem sie entstanden sind oder gebildet werden: bei der Schulklasse Unterricht und Erziehung, bei der Jugendgruppe vielleicht gemeinsames Spiel, beim Betrieb die Güterproduktion.

(Autorentext)

M 14 — Politik bedeutet Streit

Politik bedeutet Streit, genauer Wettstreit der Meinungen. Politik bedeutet aber auch Ausgleich widerstreitender Interessen. Die Leute, die Politik machen, also alle Wähler und die Vertreter der Gemeinde-, Landes- und Bundesebene, müssen das Wohl aller im Auge haben. Was das ist und welcher Weg dorthin führt, ist oft umstritten. Um politische Lösungen wird daher oft erbittert gerungen.

(Friedemann Bedürftig/Dieter Winter/Birgit Rieger, Das Politikbuch, Ravensburg 1994, S. 10)

M 15

Meinungen von Jugendlichen zum Thema „Jugend und Politik"

> Mittlerweile finde ich Politik recht interessant, da ich noch kurz vor den Wahlen 18 werde und mein Wahlrecht auch nutzen möchte. Deshalb muss ich sehen, welche Partei meine Ansichten am besten vertritt.
>
> *Christina, 17 Jahre*

> Ich würde gern mehr von Politik verstehen, aber vieles spricht mich einfach nicht an. Ich denke, durch gutes Politikverständnis könnte man auch einiges ändern, aber ich wüsste nicht, was ich dazu beitragen sollte.
>
> *Jan, 17 Jahre*

> Nach den ganzen Spendenaffären habe ich kein richtiges Vertrauen mehr in die Parteien. Meiner Meinung nach sind viele Politiker einfach unfähig und werden trotzdem gewählt.
>
> *Nikolaus, 16 Jahre*

> Ich habe nicht viel Vertrauen in die Politik. Leider habe ich das Gefühl, dass es in der Politik nur um Macht geht und dass den Politikern die Menschen bzw. das Volk nicht gerade viel bedeuten. Das finde ich schade.
>
> *Manila, 16 Jahre*

> Da ich politisch sehr interessiert bin und auch in der Schule Aufgaben der Schülervertretung übernehme, kann ich mir vorstellen, später politisch aktiv zu sein. Vielleicht auch über die kommunale Ebene hinaus. In den Nachrichten verfolge ich politische Diskussionen und Themen und diskutiere auch mit Bekannten darüber. Ich finde es sehr wichtig, dass sich junge Menschen und Schüler für die Politik interessieren.
>
> *Joachim, 17 Jahre*

> Egal, für welche Partei man sich entscheiden würde, keine würde halten, was sie verspricht. Reden können die alle, aber was soll man davon halten? Ich bin da eher vorsichtig…
>
> *Sabrina, 16 Jahre*

> Politik ist ein wichtiger Bestandteil des Lebens. Man muss sich nicht direkt beteiligen in Parteien etc., jedoch sollte man schon etwas interessiert sein und z.B. an den Wahlen teilnehmen.
>
> *Jan, 17 Jahre*

> Da ich wenig Ahnung von Politik habe, kann ich mich nicht groß dazu auslassen. Als Jugendlicher kommt man nur an Informationen, wenn man sich selbst darum kümmert. Vielen fehlt aber das Interesse und sie sind zu faul, um sich selbst etwas anzueignen. So mache ich das auch.
>
> *Ramona, 16 Jahre*

(Autorentext; Befragung von Schülerinnen und Schülern, Mai 2002)

Interessieren sich Jugendliche für Politik?

1. Erklärt den Unterschied zwischen Politik im engeren und Politik im weiteren Sinne (M 13). Erläutert, welche Seite des Politischen in M 14 besonders hervorgehoben wird.

2. Zeigt auf, inwiefern sich die Aussagen von M 13 und M 14 über das Politische auf das Simulationsspiel (M 12) anwenden lassen. Welche Merkmale von Politik werden im Planspiel dargestellt?

3. Sucht weitere Beispiele für Politik im engeren und weiteren Sinne.

4. Erläutert die in M 15 wiedergegebenen Meinungen über Politik und die angegebenen Begründungen. Untersucht, in welchen Aussagen eher eine Nähe und in welchen Aussagen eher eine Distanz zum Ausdruck kommt. Setzt euch mit den einzelnen Aussagen auseinander, nehmt Stellung.

Methode — M 16   Wir machen eine Befragung

Ihr habt in den vorausgehenden Materialien Informationen darüber bekommen, dass Politik in vielen Lebensbereichen eine Rolle spielt. Wenn wir von Politik sprechen, dann ist nicht nur das Verhältnis einzelner Staaten zueinander gemeint, sondern das menschliche Zusammenleben insgesamt und die daraus resultierenden Probleme. Die Probleme unserer Zeit unterscheiden sich natürlich deutlich von den Problemen der Kinder auf der einsamen Insel. Um herauszufinden, welche Probleme eure Altersgruppe als besonders groß empfindet, empfehlen wir euch, eine Befragung an eurer Schule durchzuführen.

Warum wir euch die Durchführung einer Befragung vorschlagen

In M 15 habt ihr Aussagen einzelner Jugendlicher über das Interesse an Politik kennen gelernt. Diese Meinungen sind nicht repräsentativ*. (Der Begriff „repräsentativ" wird im Glossar näher erklärt.) Die Statistik in M 17 dagegen enthält repräsentative Daten, die von der Deutschen Shell im Jahre 2002 veröffentlicht wurden (Jugend 2002, 14. Shell Jugendstudie; vgl. M 9). Befragungen werden häufig gemacht, um Informationen über die Meinungen oder das Verhalten von Menschen zu gewinnen. Aus diesem Grunde legen wir großen Wert darauf, dass ihr nicht nur Ergebnisse von Befragungen in Form von Statistiken kennen lernt, sondern auch Hintergrundinformationen über diese in den Sozialwissenschaften so häufig angewandte Forschungsmethode erhaltet und in die Lage versetzt werdet, eine eigene kleine Befragung durchzuführen.

Wir schlagen euch vor, dass ihr, bevor ihr euch mit den Ergebnissen der Shell-Jugendstudie beschäftigt, zunächst eine eigene Befragung zum Thema „Interesse Jugendlicher an Politik" durchführt. Wenn ihr dann anschließend die Ergebnisse der Untersuchung in M 17 bearbeitet, könnt ihr schon auf eigene Erfahrungen mit Befragungen zurückgreifen.

Was ihr über die Befragungsmethode wissen müsst

Bevor ihr mit eurer Befragung beginnt, müsst ihr euch erst einmal intensiver mit der Methode der Befragung auseinander setzen. Sonst besteht die Gefahr, dass eure Ergebnisse nicht sehr aussagekräftig sind.

• In Kapitel 13 (S. 294ff.) sind ausführliche Informationen über wichtige Gesichtspunkte der Befragungsmethode enthalten. Wenn ihr dieses Kapitel schon bearbeitet habt, wisst ihr schon ziemlich genau, worauf ihr bei eurer eigenen Untersuchung achten müsst.

• Der Anhang dieses Buches (S. 320f.) enthält einen Text über wichtige Gesichtspunkte der Befragungsmethode. Auch auf der Grundlage dieses Textes könnt ihr euch auf die eigene Befragung vorbereiten. Ihr müsst nicht unbedingt alle Informationen verwenden. Auf jeden Fall solltet ihr auch die konkreten Empfehlungen durcharbeiten, die zur Planung und Durchführung einer Befragung gegeben werden.

Was ihr vor der Durchführung der Befragung beachten und entscheiden müsst

Zuerst müsst ihr überlegen, wen ihr befragen wollt. Am einfachsten ist es sicherlich, wenn ihr Schüler und Schülerinnen der eigenen Schule befragt. Dann könnt ihr auch mit der Unterstützung der Klassenlehrer und Klassenlehrerinnen rechnen. Die Schulleitung muss aber auf jeden Fall vor der Durchführung der Befragung den Fragebogen genehmigen. Die Entscheidung, ob ihr mündliche Interviews durchführt oder einen Fragebogen zur schriftlichen Beantwortung erstellt, hängt vom Umfang der Fragen und vom Umfang der Befragung ab. Wenn ihr einen Fragebogen erstellt, solltet ihr auch überlegen, ob eure Anwesenheit bei der Befragung notwendig ist oder ob ihr den Fragebogen Lehrkräften, die in der Klasse unterrichten, übergeben könnt.

Ihr müsst euch ferner genau überlegen, wie viele Klassen ihr befragt, denn die Auszählung nimmt erhebliche Zeit in Anspruch. Vielleicht wollt ihr auch eine Zufallsstichprobe* machen.

Ihr könnt den nebenstehenden Fragebogen als Muster verwenden, ihn abändern oder ergänzen. Wenn ihr ihn durch eigene Fragen ergänzt, lernt ihr auch die Probleme kennen, die mit der Erstellung eines Fragebogens verbunden sind. Ihr könnt auch Fragen stellen, die sich auf konkrete politische Ereignisse beziehen, die zu der Zeit, in der ihr dieses Kapitel behandelt, relevant sind.

Wie der Fragebogen ausgewertet wird

Wir schlagen euch vor, diese Befragung per Hand auszuzählen. Wenn ihr euch im Rahmen der informations- und kommunikationstechnologischen Grundbildung mit dem Thema „Befragung" beschäftigt

Fragebogen zum Thema „Jugend und Politik"

I. Fragen zur Person

1. Alter: .... Jahre
2. Geschlecht: männlich ☐   weiblich ☐

II. Interesse an Politik

1. Wie sehr interessierst du dich für Politik?
   stark ☐   mittelmäßig ☐   gering ☐   überhaupt nicht ☐

2. Findest du es wichtig, an Wahlen teilzunehmen?
   ja, auf jeden Fall ☐   nur bei einigen Wahlen ☐   nein ☐   weiß nicht ☐

III. Wie groß ist dein Vertrauen in die folgenden Institutionen oder Personen?

Vertrauen	hoch	mittelmäßig	gering
Bundesregierung	☐	☐	☐
Parteien	☐	☐	☐
Gerichte	☐	☐	☐
Bürgerinitiativen	☐	☐	☐
Greenpeace*	☐	☐	☐
Lehrer/Lehrerinnen	☐	☐	☐
Eltern	☐	☐	☐
Politiker/Politikerinnen	☐	☐	☐

IV. Wie wichtig sind folgende Probleme?

	wichtig	weniger wichtig	unwichtig
Umweltzerstörung	☐	☐	☐
Arbeitslosigkeit	☐	☐	☐
Frieden	☐	☐	☐
berufliche Chancen	☐	☐	☐
Rechtsradikalismus/Fremdenhass	☐	☐	☐
wirtschaftliche Entwicklung	☐	☐	☐
Zuwanderung	☐	☐	☐

oder im Politikunterricht mit Grafikprogrammen arbeiten möchtet, könnt ihr die Befragung natürlich auch mit dem Computer auswerten. Hinweise dazu findet ihr in Kapitel 13 (S. 296ff.).

Bevor ihr nun die Fragebogen auswertet, solltet ihr sie zunächst auf Vollständigkeit kontrollieren.

Unvollständige Fragebögen müssen evtl. aussortiert werden. Alle Fragen des Musterfragebogens auf S. 24 lassen sich durch Strichlisten auswerten, durch die die Häufigkeit bestimmter Antworten festgestellt wird. Anschließend könnt ihr dann berechnen, wie häufig eine Frage mit „ja" oder „nein" u.a. beantwortet wurde, indem ihr den prozentualen Anteil der Ja- oder Nein-Antworten an der Gesamtzahl der Antworten auf eine bestimmte Frage berechnet. Wenn ihr z.B. insgesamt 120 Antworten auf eine bestimmte Frage habt, von denen sich 40 in dem Kästchen „ja, auf jeden Fall" befinden, dann berechnet ihr den Anteil folgendermaßen: 40 x 100 : 120 = 33,3 %.

Auch die Antworten in III. und IV. könnt ihr mit Hilfe einer Strichliste auswerten und danach eine Rangfolge der am häufigsten genannten Probleme (z.B. sortiert nach den drei jeweils genannten Kategorien) erstellen.

Abschließend werden die Ergebnisse interpretiert. Wie ist das Interesse der von euch befragten Schülerinnen und Schüler an Politik einzuschätzen? In wen haben sie viel oder wenig Vertrauen? Was sind für sie die größten Probleme? Wo sehen sie kaum Probleme? Ihr könnt die Ergebnisse eurer Befragung auch schriftlich aufbereiten und z.B. in einer Schülerzeitung veröffentlichen. Wenn ihr mehr Zeit zur Verfügung habt (z.B. im Wahlpflichtunterricht der differenzierten Mittelstufe), dann könnt ihr den Klassenlehrern oder Klassenlehrerinnen der von euch befragten Klassen einen Brief schreiben, in dem ihr die Ergebnisse der Befragung mitteilt. Ihr könnt aber auch die Ergebnisse in den Klassen selbst vorstellen.

(Autorentext)

(Zeichnung: Susanne Kuhlendahl/Verlagsarchiv Schöningh)

M 17 Interesse an Politik – aus der 14. Shell Jugendstudie

Im Jahre 2002 wurden von der Deutschen Shell, die in regelmäßigen Abständen Jugendstudien durchführt, über 2500 Jugendliche zu verschiedenen Themen befragt. Ein Teil der Befragung bezog sich auch auf das Interesse Jugendlicher an Politik. Es wurden Jugendliche im Alter von 15 bis 24 Jahren befragt. Die Ergebnisse von 2002 wurden mit den Ergebnissen anderer Jahre verglichen.

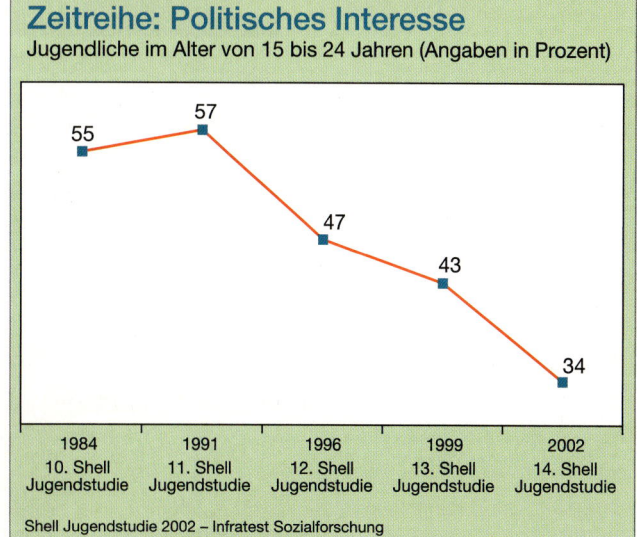

(Deutsche Shell [Hg.], Jugend 2002 – Die 14. Shell Jugendstudie, Fischer Taschenbuch Verlag, Frankfurt/Main 2002, S. 92)

1 Kein Interesse an Politik? – Jugend und Freizeit

M 18a Zu wem habe ich Vertrauen[1]?

Personengruppe auf der Liste	„Vertraue ich sehr"		„Kenne ich nicht"/ „Kann ich nicht beurteilen"	
	10–12 Jahre	*13–15 Jahre*	*10–12 Jahre*	*13–15 Jahre*
Ärzte/Ärztinnen	(1) 46%	(1) 40%	9%	7%
Polizisten/Polizistinnen	(2) 39%	(2) 21%	16%	19%
Tierschützer(innen)	(3) 28%	(5) 12%	24%	34%
Lehrer(innen)	(4) 26%	(6) 11%	5%	6%
Nachbarn (Erwachsene)	(5) 25%	(8–9) 9%	8%	14%
Trainer(in) im Sport	(6) 23%	(3) 18%	26%	31%
Pfarrer/Pastor(in)	(7) 22%	(4) 13%	37%	45%
Umweltschützer(in)	(8) 19%	(10) 7%	25%	33%
Bademeister(in)	(9) 17%	(8–9) 9%	26%	26%
Bundeskanzler(in)	(10) 12%	(12) 5%	33%	40%
Erwachsene im Kinder-/Jugendtreff	(11) 10%	(11) 6%	35%	37%
Nachrichtensprecher(innen) im TV	(12) 9%	(7) 10%	28%	29%
Moderator(innen) im TV (Talk-Shows)	(13–14) 6%	(13–14) 2%	31%	32%
Politiker(innen)	(13–14) 6%	(15) 1%	38%	38%
Verkäufer(innen)	(15) 2%	(13–14) 2%	34%	37%

(Kinder und Jugendliche: 10 –18 Jahre, n = 1.024)

[1] Die vorgegebenen Antwortmöglichkeiten reichten in vier Abstufungen von „vertraue ich sehr" bis „vertraue ich gar nicht" und enthielten zudem die Möglichkeit, „kann ich nicht beurteilen" und „kenne ich nicht" anzukreuzen.

(Jürgen Zinnecker/Imbke Behnken/Sabine Maschke/Ludwig Stecher, null zoff & voll busy – Die erste Jugendgeneration des neuen Jahrhunderts, Leske + Budrich Verlag, Opladen 2002, S. 58 u. schrift. Mitteilung v. 27.2.03)

M 18b

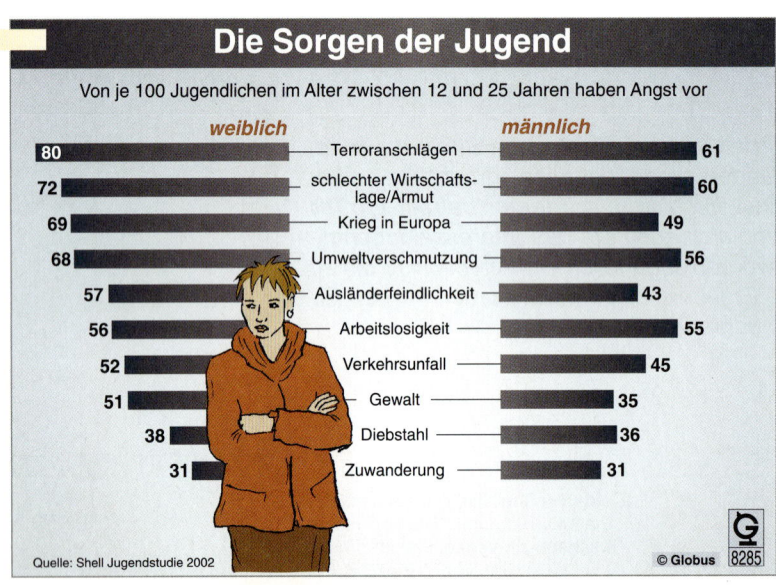

Die Sorgen der Jugend

Von je 100 Jugendlichen im Alter zwischen 12 und 25 Jahren haben Angst vor

weiblich		männlich
80	Terroranschlägen	61
72	schlechter Wirtschaftslage/Armut	60
69	Krieg in Europa	49
68	Umweltverschmutzung	56
57	Ausländerfeindlichkeit	43
56	Arbeitslosigkeit	55
52	Verkehrsunfall	45
51	Gewalt	35
38	Diebstahl	36
31	Zuwanderung	31

Quelle: Shell Jugendstudie 2002

1. Erklärt, auf welche Weise die in M 17 und M 18 dargestellten Ergebnisse verschiedener empirischer Untersuchungen zustande gekommen sind (siehe dazu auch die Hinweise zur Methode der Befragung im Anhang, S. 320).

2. a) Beschreibt, wie sich das politische Interesse von Jugendlichen und jungen Erwachsenen in den letzten 12 Jahren entwickelt hat. Warum bereitet diese Entwicklung vielen Sorge?
b) Bei der Befragung wurde nicht näher erläutert, was mit „politischem Interesse" konkret gemeint sein kann. Woran denkt ihr, wenn ihr nach eurem eigenen politischen Interesse gefragt werdet?
c) Das Befragungsergebnis (M 17) bezieht sich auf den Durchschnitt der 12- bis 25-Jährigen. Führt in eurer Klasse eine einfache Befragung durch („Würdest du dich als politisch interessiert bezeichnen?") und bedenkt beim Vergleich des Ergebnisses mit M 17, dass politisches Interesse bei jüngeren Jugendlichen im Allgemeinen geringer ausgeprägt ist als z.B. bei jungen Erwachsenen (woran liegt das?).

3. In M 18 a geht es um das in bestimmte Personengruppen gesetzte Vertrauen. Stellt fest, welche Gruppen großes, welche geringes Vertrauen genießen. Stimmt das mit euren Beurteilungen überein? Ihr könnt dazu leicht eine Befragung in eurer Klasse durchführen.

4. Achtet bei der Auswertung von M 18 a auch darauf,
– ob es bei den beiden Altersgruppen deutliche Unterschiede in der „Rangfolge" der Personengruppen gibt,
– wie sich die Prozentwerte insgesamt bei den beiden Altersgruppen unterscheiden (auch in der Spalte „kenne ich nicht/kann ich nicht beurteilen") und
– welche Gründe es für diese Unterschiede geben kann.

5. Untersucht das Befragungsergebnis in M 18 b. Welche der aufgeführten Probleme bedrücken euch selbst am meisten? Geht auch ihr davon aus, dass „Mädchen im Allgemeinen sensibler Probleme wahrnehmen und ihre Sorgen zum Ausdruck bringen" als Jungen (so die Auffassung der Wissenschaftler, die diese Befragung durchgeführt haben)?

Wo können sich Jugendliche engagieren?

Es gibt viele Jugendliche, die bereit sind, sich politisch zu engagieren, die dies aber nicht in den Jugendorganisationen der Parteien machen möchten. Sie suchen nach Möglichkeiten politischen und gesellschaftlichen Engagements, die ihren eigenen Vorstellungen entsprechen. Deshalb stellen wir euch in diesem Abschnitt eine Reihe von Möglichkeiten vor, wie ihr euch politisch beteiligen könnt und auch einen besseren Einblick in politische Zusammenhänge bekommt.

M 19 Eine Liste ohne Anspruch auf Vollständigkeit:

Was man tun kann **1 Sich informieren**

– mit anderen über Politik sprechen
– eine Tageszeitung lesen
– in Rundfunk und Fernsehen die Nachrichten verfolgen
– die Bürgerfragestunde in öffentlichen Gemeinderatssitzungen nutzen
– Auskunft bei Behörden holen
– bei Parteien, Bürgerinitiativen und von Verbänden Informationsmaterial besorgen
– politische Versammlungen – z. B. Bürgerversammlungen – besuchen
– Experten befragen
– Befragungen vor Ort durchführen: Umfragen, Erhebungen, Beobachtungen
– aus dem Internet Informationen holen

1 Kein Interesse an Politik? – Jugend und Freizeit

2 Die eigene Meinung zum Ausdruck bringen

- Leserbriefe an Zeitungen schreiben
- das Gespräch mit Gemeinderäten suchen
- an Abgeordnete schreiben
- in Versammlungen seine Meinung sagen, auch durch Beifall oder Protest
- die Öffentlichkeit über Zeitungen, Rundfunk, Fernsehen auf Missstände aufmerksam machen
- sich an Unterschriftensammlungen beteiligen
- Eingaben und Beschwerden an Behörden schicken
- Petitionen bei den Parlamenten im Land, im Bund und in der Europäischen Union vorbringen

3 Sich organisieren

- in Jugendgruppen eintreten
- gemeinsam mit anderen Aktionen vor Ort, etwa eine Demonstration, organisieren
- eine Bürgerinitiative gründen oder in einer Initiative mitarbeiten
- Mitglied in einer Gewerkschaft werden
- in einer Partei mitarbeiten oder in sie eintreten

4 Politische Verantwortung übernehmen

- öffentlich zu einer Sache stehen, z. B. bei Demonstrationen
- sich bei Wahlen als Kandidat aufstellen lassen: für den Jugendgemeinderat, den Gemeinderat, den Kreistag, usw.
- in öffentlichen Ausschüssen und Beiräten, z. B. des Gemeinderats, mitarbeiten
- ein Ehrenamt übernehmen

(Zeitfragen – Politische Bildung für berufliche Schulen, Ernst Klett Schulbuchverlag, Stuttgart 2000, S. 99; Verf.: Paul Ackermann)

---

1. Untersucht die Liste der Möglichkeiten, wie man sich politisch betätigen kann. Welche kommen für eure Altersstufe eher, welche weniger in Frage? Welche erfordern größeren, welche geringeren (oder kaum nennenswerten) Aufwand? Welche habt ihr selber schon einmal genutzt oder nutzt sie?

2. Zieht an dieser Stelle auch die Informationen in M 16 und M 17 aus Kap. 8 (S. 189f.) hinzu; dort werden zahlreiche Möglichkeiten für Kinder und Jugendliche aufgezeigt, auf die Gestaltung des Zusammenlebens und der Politik innerhalb der eigenen Gemeinde Einfluss zu nehmen.

M 20 Politisches Engagement in Schule und Unterricht: Schülerinnen und Schüler gestalten Gemeinschaft

„Wir können in unserer Schule etwas bewirken!" – die Anne-Frank-Schule Hamm als „Gerechte Gemeinschaft"

In der Mensa der Anne-Frank-Schule eröffnet Rafael aus Klasse 10 vor knapp 40 Mitschülern die Sitzung der Just Community: „Ich begrüße die Schüler, die anwesenden Lehrer, die Sozialarbeiterin und den Hausmeister". Routiniert und souverän prüft er die Anwesenheit der jeweils zwei Abgeordneten aus jeder Klasse, bevor die Mitglieder der achtköpfigen Vorbereitungsgruppe aktiv werden: In einem Sketch stellen sie eine Szene in einem müllverdreckten Klassenzimmer nach und sind damit beim Thema.

Wo können sich Jugendliche engagieren?

Acht Schülerinnen und Schüler aus verschiedenen Jahrgangsstufen moderieren die Sitzung der Just Community.

(Foto: Anne-Frank-Schule)

„Der Müll in der Schule war bereits Gegenstand der vorangegangenen Sitzung, weil sich Schüler und Lehrer gleichermaßen darüber ärgerten. Wir möchten alle Anwesenden bitten, sich jetzt zu überlegen, wo und warum euch der Müll in unserer Schule stört." Die anwesenden Schüler bilden sechs Gruppen, denen sich jeweils ein Erwachsener anschließt – gemeinsam bearbeiten sie die Aufgabe. Ein Sprecher aus jeder Gruppe stellt anschließend die Ergebnisse vor. In der Diskussion, die die Schüler der Vorbereitungsgruppe zielgerichtet moderieren, werden Gründe für das Müllproblem gesammelt und Lösungsmöglichkeiten benannt. Es wird nun Aufgabe der Abgeordneten sein, die Ergebnisse in ihre Klassen zu tragen, dort zu diskutieren und Überzeugungsarbeit zu leisten.

Mit dem Ansatz der Just Community macht die Anne-Frank-Schule ihren Namen zum Programm. 1987 entschied sich die Hauptschule, am nordrhein-westfälischen Modellversuch „Demokratie und Erziehung in der Schule" teilzunehmen. […]
Die Just Community-Sitzungen finden je nach Dringlichkeit etwa acht Mal im Schuljahr statt; eine Lehrerin begleitet die Vorbereitungsgruppe bei der Planung. Die Themen ergeben sich unmittelbar aus Problemen, die das Zusammenleben in der Schulgemeinschaft mit sich bringt: Die Schüler verhandeln hier ebenso den Wunsch nach einem selbstverwalteten Pausenkiosk wie den Umgang mit Gewalt auf dem Schulhof. Die anwesenden Lehrerinnen und Lehrer beteiligen sich an den Diskussionen. Sie bringen ihre Meinungen und Stimmen gleichberechtigt ein.

Schüler können Gemeinschaft gestalten

In den Sitzungen der Just Community verantworten die Vorbereitungsgruppen einen Diskussionsprozess, der sie unmittelbar etwas angeht. Das ist ganz deutlich zu spüren. Ernsthaft und selbstbewusst treten jüngere wie ältere Schüler auf und weisen Erwachsene darauf hin, wenn sie sich nicht an die Gesprächs-Regeln halten. Hier agieren und entwickeln sich Persönlichkeiten mit eigenen Standpunkten. Bei den Mitschülern werden sie akzeptiert und respektiert; wohl nicht zuletzt, weil sich durch die wechselnden Vorbereitungsteams früher oder später jeder einbringt und sich eine Kultur des Zuhörens und Aushandelns entwickelt hat. Das war allerdings nicht immer so: „Die ersten zwei Jahre waren hart; wir überschätzten die Fähigkeit der Schüler, in einem demokratischen Gremium agieren zu können", erinnert sich Jutta Brambring als ehemalige Koordinatorin des Modellversuchs. „Damals hätten wir nie gedacht, dass das an einer Hauptschule möglich ist." Natürlich müssen die Lehrer die Schüler auch heute immer wieder motivieren – doch beherrschen die Schüler das 1 x 1 der Sitzungsgestaltung.

„Die Arbeit lohnt sich", sagt Marc, „weil wir damit Dinge verändern können, die uns nicht passen." Siham und Afan pflichten ihm bei: „Wir können in unserer Schule etwas bewirken!" Diese sonst so seltene Erfahrung direkter Einflussnahme durch demokratische Prozesse ist allerdings nur unter einer entscheidenden Voraussetzung möglich: Schulleiter Werner Averbeck macht deutlich, dass auch die Lehrer die Schüler ernst nehmen, ihre Standpunkte akzeptieren und respektieren müssen. „Wir müssen uns selbst immer wieder zurücknehmen und die Schüler ihre Lösungen selbst finden lassen, statt die Probleme für die Schüler lösen zu wollen."

(Podium Schule – eine Schriftenreihe der Bertelsmann-Stiftung, 1/2000, S. 2)

1. Die Anne-Frank-Schule ist mehrfach für ihre Arbeit im Rahmen von „Just Community" ausgezeichnet worden. Erläutert, in welcher Form die Schülerinnen und Schüler in der Anne-Frank-Schule in die Lösung von Problemen einbezogen werden und welche Rolle ihre Lehrerinnen und Lehrer spielen (M 20).

2. Wie beurteilt ihr diese Art der Beteiligung von Schülerinnen und Schülern an schulischen Entscheidungen? Könnte dieses Modell dazu beitragen, Schülerinnen und Schüler zu politischem Engagement zu motivieren?

3. Nicht nur Schulen, sondern auch andere öffentliche Einrichtungen arbeiten im Rahmen von „Just Community". Wenn ihr euch für weitere Beispiele interessiert, findet ihr im Internet unter dem Stichwort „Just Community" zahlreiche Beispiele, die euch auch Anregungen für die eigene Schule geben können.

M 21

Eine Schülerin engagiert sich im Jugendparlament

Verena (14) macht beim Jugendforum mit:
„Ich will die Interessen der anderen vertreten"

Wetzlar (Lahn-Dill-Kreis). Verena Stamborski ist einer Werbeveranstaltung zum Opfer gefallen. Referentin Petra Kaiser vom Jugendbildungswerk Wetzlar hatte im Herbst 1999 wie an allen Lehranstalten der Stadt auch in der Kestnerschule das Jugendforum vorgestellt. Junge Leute treffen sich regelmäßig in diesem Gremium, um ihre eigenen Interessen zu formulieren und den politischen Entscheidungsträgern zukommen zu lassen. „Das hörte sich interessant an, Wetzlar verändern zu können", erinnert sich die heute 14-Jährige. An einem „Koordinationstreffen" nahm sie teil – und blieb dabei. Heute ist die Schülerin im Vorstand des Jugendforums.

„Ich übernehme meistens die Führung", erzählt Verena locker. Gerade hat sie eine Arbeitsgruppensitzung hinter sich gebracht. „Natürlich haben die AGs Sprecher." Aber wenn die mal nicht da sind, dann ist Verenas Stunde gekommen.

Anwesenheitslisten ausfüllen, die Sitzung moderieren, für Ruhe sorgen, die Leute zum Mitmachen bringen, neue Termine festlegen, Ansprechpartner suchen, für Projekte werben, Kontakte pflegen: das Arbeitsspektrum der 14-Jährigen geht weit über die „normale" Zuständigkeit eines Vorstandsmitglieds hinaus.

Im Vorstand des Jugendforums, dem Jugendrat, sind Schüler von allen Wetzlarer Schulen dabei. Verena spricht dort für ihre Schule, die Kestnerschule. „Wenn Jugendliche mit Ideen zu mir kommen, dann gebe ich die weiter." Zum Beispiel die Idee mit einem weiteren Sprungbrett im Freibad. „Ich vertrete nicht so sehr meine eigenen Interessen, sondern die der anderen." Erfolg hat das Jugendforum durchaus: Auf die Forderungen der jungen Leute hin wurden in den drei Jugendhäusern in der Kernstadt Internet-Cafés eingerichtet. Im Stadthaus diskutierten Schüler, Eltern und Lehrer über das Thema „Gewalt an Schule", allein organisiert von der zuständigen AG. Bei Dalheim wird gerade eine Downhill-Biking-Strecke gebaut.

Warum sie im Jugendforum mitmacht? „Ich habe manchmal das Gefühl, dass Jugendliche nicht so wichtig sind in Wetzlar." Deshalb mischt sich Verena ein. Zum Beispiel rund um die Planungen für die Bebauung des Bahnhofsviertels mit dem neuen Mittelhessencenter. Ein eigener Jugendraum da oder eine Halfpipe für die Skater ... das wär's!

(© Zeitungsgruppe Lahn-Dill, Wetzlar)

Wo können sich Jugendliche engagieren?

> **1.** Untersucht, mit welcher Zielsetzung die Stadt Wetzlar ein Jugendforum eingerichtet hat (M 21).
>
> **2.** Arbeitet heraus, welche Aufgaben Verena übernommen hat und wie sie den Erfolg ihrer Tätigkeit einschätzt.
>
> **3.** Jugendforen gibt es in vielen Städten. Erkundigt euch in eurer Gemeinde oder im Internet (Suchmaschine: „Jugendforum" oder „Kinderforum") nach Jugendforen in eurer Nähe (s. auch M 17 in Kap. 8, S. 189).
>
> **4.** Wenn es in eurer Gemeinde noch kein Jugendforum gibt, könntet ihr auch die Einrichtung eines solchen Forums anregen, indem ihr z.B. dem Bürgermeister eurer Gemeinde einen Brief schreibt.

M 22a

Ein Greenteam, was ist das?

Wusstest du, dass bei Greenpeace auch Leute in deinem Alter mitmachen können? Natürlich düsen Kinder oder Jugendliche noch nicht im Schlauchboot hinter Walfängern her. Man kann sich aber auch ohne gefährliche Aktionen für die Umwelt stark machen und es ist trotzdem spannend und macht Spaß.

Wenn du zwischen 10 und 15 Jahre alt bist, kannst du mit deinen Freunden/Freundinnen ein Greenteam gründen. Das geht schon zu dritt mit einem Erwachsenen im Schlepptau (nur falls Hilfe nötig ist).

Und klar, dass Greenpeace die Greenteams unterstützt: mit Material, mit Aktionsideen, mit Tipps und Tricks. Auch die Greenpeace-Gruppen in vielen Städten helfen den Greenteams bei ihren Projekten. Selbstverständlich entscheidet ihr selbst, an welchem Thema ihr arbeiten und wie lange (oder wie kurz) ihr ein Greenteam bleiben wollt.

Greenteams gibt es in Deutschland schon eine ganze Menge – genauer gesagt: Es gibt über 1500 Greenteam-Gruppen!

Ihr möchtet am liebsten gleich loslegen? Aber ihr wisst noch nicht wie? Euch fehlt noch eine packende Aktionsidee?

Dann klickt euch weiter zu *Kids in Aktion*. Da haben wir eine ganze Reihe von Aktionen gesammelt, die euch zeigen, wie ihr ein Thema angehen könnt.

Außerdem findet ihr dort Grundrezepte für Flugblätter, Infostände und was es sonst noch alles zu tun und zu bedenken gibt.

(http://www.greenpeace.org)

M 22b

Die Gruppe „Anakonda" aus Hamburg

Steffen geht vorsichtig durch das Wasser. Er blickt den Fluss entlang und macht ein zufriedenes Gesicht. „Ein toller Fluss ist das jetzt. Ein richtig schönes Biotop! Hier blühen jetzt wieder Blumen, und es gibt auch wieder Fische und Libellen." Steffen und seine vier Mitarbeiter vom Hamburger Greenteam „Anakonda" haben gut gearbeitet. „Früher hat es hier schlimm ausgesehen. Es ist ein sehr schmutziger Bach gewesen. Es hat kaum Tiere und Pflanzen gegeben."

Die Gruppe hat sich ein Jahr lang um „ihren" Bach gekümmert. Steffen, Katharina, Urte, Laura und Jonas haben Säcke voll Müll aus dem Bach geholt. Sie haben Wasserproben genommen. Diese Proben haben sie analysiert. Sie haben Pflanzen identifiziert. Sie haben Tiere gezählt. Nun können sie vergleichen: Wie ist es am Bach früher gewesen, und wie ist es heute? Ganz klar: Die Situation hat sich verbessert. Aber auch heute müssen sie noch sauber machen. An diesem Wochenende hat die Gruppe viel Abfall aus dem Bach geholt: einen verrosteten Kochtopf, einen kaputten Plastikeimer, einen Fahrradschlauch, viele Cola-Dosen, Flaschen und Scherben. „Ich verstehe nicht, dass Menschen so gedankenlos sind", sagt

1 Kein Interesse an Politik? – Jugend und Freizeit

(Foto: Ronald Frommann/laif)

Katharina. Steffen hat einen seltenen Käfer entdeckt. Er sucht den Namen in einem Biologiebuch. „Bei dieser Arbeit lernt man sehr viel", sagt er, „und die Arbeit macht Spaß."

„Im letzten Jahr sind wir auch zu McDonalds gegangen", sagt Steffen. „Wir haben mit dem Chef gesprochen. McDonalds benutzt viel Verpackungsmaterial, dass den Müllberg schnell wachsen lässt. Es ist möglich, die gleichen Produkte wie jetzt zu verkaufen, ohne dass man so viel Abfall produziert. Aber der Chef von McDonalds hat uns gar nicht richtig ernst genommen."

Andere Gruppen in Deutschland

In Süddeutschland hat ein Greenteam im letzten Jahr eine Straße, die von vielen Autos befahren wird, blockiert. Sie haben weniger Autoverkehr für ihren Stadtteil gefordert. Eine andere Gruppe hat sich in ihrer Stadt mit allen Schlachtern unterhalten. Sie haben die Schlachter gefragt, woher die Tiere kommen, wie die Bauern die Tiere halten und ob die Tiere Chemikalien zu fressen kriegen. Einige Schlachter haben nicht geantwortet. Andere haben der Gruppe angeboten, mit ihnen zusammen zu einem Bauernhof zu fahren. In den Sommerferien fahren sie zu einem Bauernhof. Dann können sie selbst sehen, wie die Bauern die Tiere behandeln.

(Text: Ronald Frommann, JUMA 1/95; http://www.goethe.de/gr/dub/schule/greent.htm)

---

1. Stellt über die Internetadresse der Umweltschutzorganisation Greenpeace (M 22 a; „Kids in Aktion") fest, welche konkreten Möglichkeiten sich für „Greenteams" bieten, und beschreibt das Beispiel der Hamburger Gruppe „Anakonda" (M 22 b). Wie beurteilt ihr solche Möglichkeiten, sich für den Umweltschutz zu engagieren?

2. Stellt eine Liste anderer euch bekannter Jugendorganisationen zusammen und erkundigt euch (vor Ort, im Internet) nach den Aktivitäten dieser Gruppen. Überprüft auch, ob diese Jugendorganisationen sich politisch engagieren.

M 23

Zum Abschluss: 10 Worte

(Autorentext)

Zum Abschluss der Unterrichtseinheit zum Thema „Jugend und Politik" soll sich jeder noch einmal zum Thema äußern können. Dazu teilt ihr euch noch einmal in Gruppen von fünf oder sechs Schülern und Schülerinnen auf. Zunächst arbeitet jeder für sich zu folgender Aufgabenstellung: **Schreibt auf ein Blatt Papier 10 Wörter, die eure Einstellung zum Thema „Wie soll die Jugend leben?" darstellen.** Die aufgeschriebenen Wörter werden dann anschließend in der Gruppe vorgestellt. Dann wird eine gemeinsame Liste der wichtigsten Wörter erstellt. Zum Abschluss werden die Listen in der Klasse ausgehängt und miteinander verglichen.

2 Haste Töne?! – Wie man mit Musik Geld verdienen kann

Die Gruppe „Natural" bei einer Autogrammstunde
(Foto: © dpa-Fotoreport/ Peter Kneffel)

(Foto: © dpa-Bildarchiv/Farnsworth)

MEGA PLATTEN & CD BÖRSEN
10. MÄRZ
Messe KÖLN
HALLE 5 / 11-17 UHR
Eingang Messeturm
24. MÄRZ
Messe FRANKFURT
HALLE 6 / 11-17 UHR
NIEDERLANDE:
20. & 21. APRIL
JAARBEURS UTRECHT
10.00 - 18.00 Uhr (Samstag)
10.00 - 17.00 Uhr (Sonntag)
arc
www.mmmarc.com
E-mail: info@mmmarc.com
Tel.: 00 31 229 213891

Vinyl West record shop
An + Verkauf
LP / CD
Sammlungen
Archive
Rotebühlstr. 59
70178 Stuttgart
Tel: 0711 628554
Fax: 0711 6153531
www.vinyl-west.de

eBay
www.ebay.de
Das können Sie auch!

Sie suchen supergünstig CDs oder Vinyls, uralte Scheiben oder neue Hits? Hier spielt die Musik! Bei eBay, dem größten Online-Marktplatz der Welt, gibt es insgesamt über eine Million Angebote – also auch viel Schönes für Ihre Ohren. Und falls Sie selbst ein paar Schätzchen los werden möchten: Bei www.ebay.de findet so gut wie alles seine Fans. Klingt das nicht nach 'ner runden Sache?

2 Haste Töne?! – Wie man mit Musik Geld verdienen kann

Zur Orientierung

*Bei der Bearbeitung des Kapitels 1 zum Thema Jugend und Politik habt ihr euch auch mit der Frage beschäftigt, warum **Musik für Jugendliche** so wichtig sein kann. Immerhin gehören „Musik hören" und „In die Disko gehen" zu den Lieblingsbeschäftigungen von Jugendlichen. Viele Jugendliche interessieren sich auch für Musikstars, und manche verehren sie zum Teil geradezu leidenschaftlich.*

*In diesem Kapitel wollen wir stärker der Frage nachgehen, wie wichtig die **Musikbranche für die Wirtschaft** ist. Das bedeutet aber nicht, dass ihr als Jugendliche keine Rolle spielt – im Gegenteil! Aber welcher Art ist eure Rolle in dem wirtschaftlichen Geschehen rund um die Musik? Dabei richten wir unser Hauptaugenmerk auf die Popmusik.*

*Warum lohnt es sich, Jugendliche so intensiv zu „umwerben", und welche Strategien werden dabei angewendet? Wie kann man mit Musik Geld verdienen – auch ohne ein „Popstar" zu sein? Am Beispiel Musik gewinnt ihr Einsichten in **wichtige gesellschaftliche, wirtschaftliche und politische Zusammenhänge.** Dabei lernt ihr grundlegende Fachbegriffe und Sachverhalte kennen: z.B. Kaufkraft, Meinungsführerschaft, Markt, Wirtschaftskreislauf, Marketing und Werbung, Urheberrecht u.a.m.*

Zu diesen und zu anderen Gesichtspunkten könnt ihr einiges in Erfahrung bringen; aber ihr seid ja gerade bei diesem Thema auch selbst „Fachleute" mit Sachverstand. Vielleicht habt ihr Interesse daran, uns Rückmeldungen zu diesem Kapitel zu geben und uns für die weitere Gestaltung dieses Kapitels Hinweise zukommen zu lassen.

Jugendliche als Wirtschaftsfaktor

Wie wichtig ist euch Popmusik?

M 1

Sind die Kids noch „all right"?

Sinkende Umsätze, fehlende Stars, Musik-Klau aus dem Netz – auf der Popkomm* war die Krise der Plattenbranche das beherrschende Thema. DIE WOCHE ging auf Ursachenforschung in der Zielgruppe: Spielt Pop in eurem Leben überhaupt eine Rolle?

[…]

DIE WOCHE *Worauf kommt es euch eigentlich an im Pop? Spielt so etwas wie Haltung und Glaubwürdigkeit eine Rolle?*

JAN S. *Für mich ist es wichtig, ob einer voll für das einsteht, was er macht. Gerade Hip Hop lebt ja extrem von seiner Echtheit, vom eigenen Style und der individuellen Erfahrung und Wahrnehmung des Künstlers. Das kann gar nicht am Reißbrett entstehen. Und wenn doch, ist es für mich kein Hip Hop mehr.*

SOPHIA *Es ist schon klar, dass 'N Sync oder die Backstreet Boys wenig bis gar nichts mit ihren Songs zu tun haben. Ernst zu nehmen ist das nicht. Aber das muss auch nicht sein. Ich will mich mit Musik in erster Linie unterhalten und nicht pausenlos drüber nachdenken.*

MARCUS *Ich finde solche so genannten Bands nicht mal unterhaltsam, sondern die pure Verarschung. Die Musik, die Texte, das ganze Styling – das ist ein Witz und es kommt auch bei immer mehr Leuten so rüber. Ich kann mir nicht vorstellen, dass die Jungs Spaß haben bei dem, was sie da tun.*

Jugendliche als Wirtschaftsfaktor

JAN SCHURIG *(15)*
aus Mügeln.
Hobbys:
Basketball und Breakdance.
Hört: Hip Hop.
Hört nicht: Boygroups.
Liest: Hip-Hop-Magazine und Stephen King.

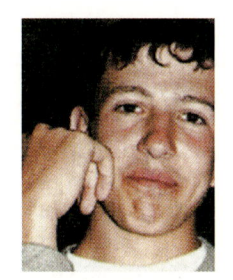

MARCUS RÜHLAND *(14)*
aus Dresden.
Hobbys:
Musikhören, Musikmachen, Plattenauflegen.
Hört: House und Trance.
Hört nicht: Rock und Boygroups.
Liest: Rave-Magazine.

MARIA ZISCHKAU *(13)*
aus Pulsnitz.
Hobbys: Singen und Tanzen.
Hört: „Alles, was cool ist."
Hört nicht:
Schlager und Volksmusik.
Liest:
„Wenig, ab und zu die ‚Bravo'."

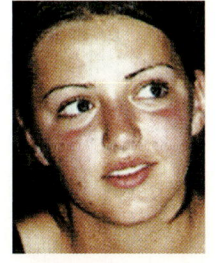

JAN KLOTZ *(15)*
aus Mügeln
Hobbys:
Musikhören, Gitarrespielen.
Hört: Heavy Metal und Goth-Rock.
Hört nicht: Hip Hop.
Liest: Fanzines und Fachmagazine.

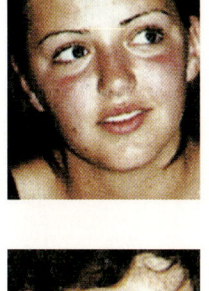

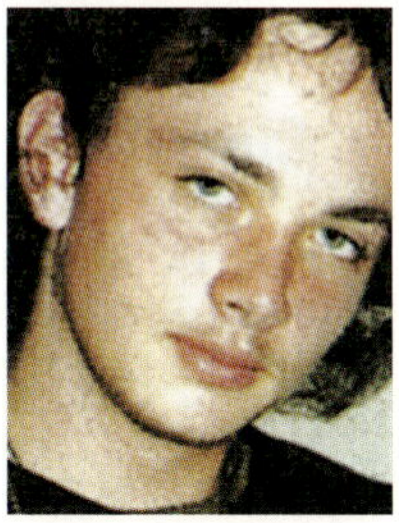

SOPHIA WEIS *(14)*
aus Leipzig.
Hobbys:
Sport, insbesondere Tennis.
Hört: Echt.
Hört nicht: Volksmusik.
Liest: Jugendromane,
„Bravo Girl" und „Mädchen".

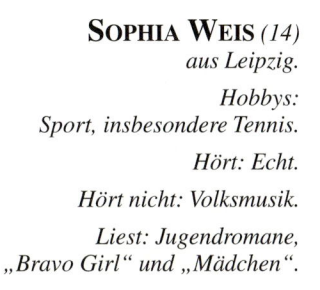

SOPHIA Die müssen das tun, was ihnen ihr Manager sagt. Robbie Williams war es ja irgendwann zu blöd, bei Take That nur den Clown zu spielen. Jetzt darf er er selbst sein und machen, was er wirklich will, und das ist toll.

LISA Also spricht eigentlich nichts dagegen, dass Popstars prinzipiell das tun, was sie wollen, statt das, was ihnen andere vorschreiben. […]

DIE WOCHE *Habt ihr das Gefühl, dass die Musik, die auf den Markt kommt, irgendetwas mit euch und eurem Leben zu tun hat?*

SOPHIA Ein paar Lieder gibt es schon, die in bestimmten Phasen ganz wichtig sind. Auch wenn es schnulzig klingt, aber „My Heart Will Go On" von Celine Dion war sehr wichtig für mich. Ganz unabhängig vom „Titanic"-Film. Das hat so ein gewisses Feeling in mir ausgelöst. Und es ist schön, wenn Songs das können.

LISA Ich war mit elf, zwölf mal anfällig für so einen Kitsch. Da habe ich auch Poster an die Wand gehängt und Bands angehimmelt. Heute sehe ich das ganz realistisch. Wer Musik macht, will vor allem eins: Geld verdienen. Und das wenigste, das an Musik rauskommt, hat irgendwas mit meinem Leben zu tun.

JAN S. Du hörst die falsche Musik. Ich finde im Hip Hop schon mein Leben wieder.

JAN K. Für mich ist Black Metal und Death Metal unbedingt mehr als nur Musik. Das ist ein wichtiger Teil meines Lebens – die Klamotten, die man trägt, die Kneipen, in die man geht, überhaupt wie man so drauf ist.

MARIA Das ist aber die Ausnahme. Es ist gut, dass es Popmusik gibt, aber ich kenne wenige in meinem Alter, für die das eine zentrale Rolle spielt im Leben.

[…]

DIE WOCHE *Kauft ihr euch viele Platten?*

SOPHIA Ich nehm mir die Songs meistens im Radio auf. Mit 20 Euro Taschengeld im Monat kannst du dir ja nicht drei Singles im Monat kaufen.

LISA Ich nehm mir das auf oder leih mir die Single und brenn sie. Nur wenn mir ein Lied wirklich wahnsinnig gut gefällt, hol ich mir die Single.

DIE WOCHE *Ihr redet nur von Singles. Kauft denn keiner mal ein Album?*

SOPHIA Alben kaufe ich mir fast nie. Da sind drei gute Songs drauf, der Rest ist Müll. Höchstens mal eine Compilation, da müssen dann aber mindestens zehn gute Songs drauf sein, sonst lohnt sich das nicht.

LISA Alben sind nur was für ganz treue Fans von irgendeiner Band.

MARCUS Und nur ganz wenige sind ein absolutes Muss. Wie das Album von Gigi D'Agostino oder die letzte von Paul van Dyk.

SOPHIA Aber tendenziell kenn ich jetzt niemanden, der sich ungehört zum Beispiel das neue Album von Madonna kauft, nur weil es von Ma-

2 Haste Töne?! – Wie man mit Musik Geld verdienen kann

Lisa Raschel (14) aus Leipzig.

Hobbys: Tanzen, Keyboardspielen.

Hört: „Alles außer Volksmusik".

Liest: „Bravo" und „Bravo Girl".

donna ist. Da müssen schon vorher erst mal zwei, drei Singles okay sein, und dann überlegt man es sich vielleicht.

Die Woche *Wie haltet ihr euch denn auf dem Laufenden?*

Lisa Fernsehen und Radio. Ich höre sehr viel Radio. Eigentlich den ganzen Tag.
Jan S. Ich lese Zeitschriften, manchmal sogar die „Bravo", obwohl die meistens ziemlich hinterher sind mit allem und man außerdem viel Mist mitkaufen muss, wenn man im Grunde nur den einen interessanten Bericht lesen will.

Die Woche *Seht ihr MTV und Viva?*

Sophia MTV ist ganz okay, Viva ist mir zu künstlich und aufgesetzt. Die Moderatoren machen so einen auf jung, frech und flippig, das wirkt total unecht und anbiedernd. Da komme ich mir verarscht vor. Warum können die nicht mal einen ganz normalen jungen Menschen da hinstellen, der ein Programm für ganz normale junge Menschen macht?
Lisa Ich empfang das gar nicht, und ich bin auch nicht traurig darüber.

Die Woche *Seid ihr denn generell glücklich in der Zeit, in der ihr lebt?*

Jan S. Unbedingt. Die Musik, die Mode, das ist alles weitaus besser als in früheren Jahrzehnten. Allein schon, weil sich im deutschen Hip Hop so viel getan hat seit den frühen Neunzigern. Vorher gab es das gar nicht. Das mag ich mir wirklich nicht vorstellen.
Sophia Ich habe ja schon gesagt, dass ich gerne in der Hippie-Zeit gelebt hätte. Andererseits muss die Jugend, wenn ich Sie so reden höre, früher ziemlich anstrengend gewesen sein.

(DIE WOCHE v. 18.8.2000, S. 40ff.; Moderation: Christian Seidl, Tobias Schmitz)

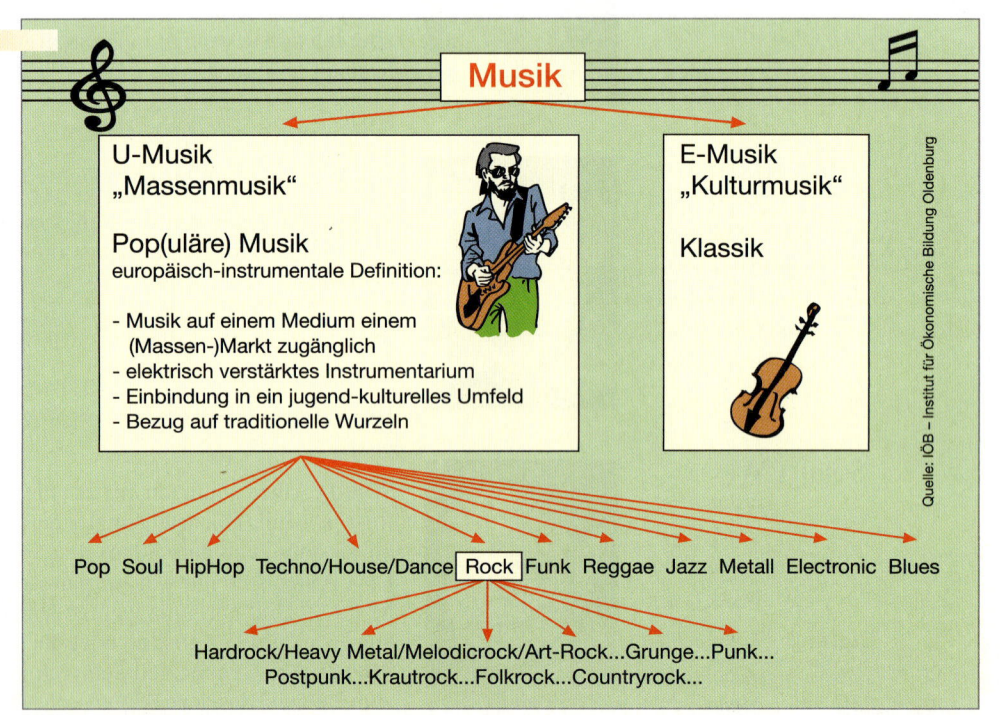

M 2 Musik – ein Einordnungsversuch

Musik

U-Musik „Massenmusik"

Pop(uläre) Musik
europäisch-instrumentale Definition:
- Musik auf einem Medium einem (Massen-)Markt zugänglich
- elektrisch verstärktes Instrumentarium
- Einbindung in ein jugend-kulturelles Umfeld
- Bezug auf traditionelle Wurzeln

E-Musik „Kulturmusik"

Klassik

Pop | Soul | HipHop | Techno/House/Dance | Rock | Funk | Reggae | Jazz | Metall | Electronic | Blues

Hardrock/Heavy Metal/Melodicrock/Art-Rock...Grunge...Punk...
Postpunk...Krautrock...Folkrock...Countryrock...

Ursprüngliche Bedeutung der Abkürzungen:
U-Musik: Unterhaltungsmusik
E-Musik: ernste Musik

(© IÖB – Institut für Ökonomische Bildung Oldenburg; leicht gekürzt)

Quelle: IÖB – Institut für Ökonomische Bildung Oldenburg

Jugendliche als Wirtschaftsfaktor 37

a) **HipHop-Posse**

Give me five! Street-Kombi aus dunkelmeer Kapuzenjacke mit aufgenähten Nummern (Triple Five Soul, 90 Euro) und weitlich gestreifter Trainingshose (Fishbone, 19,95 Euro); HipHop-Bag von Dunlop; Schlüsselband von H&M

Pastell-Power! Softgelbes Graffiti-Netzshirt und rosa Kapuzenjacke zum Zusammenmischen (Triple Five Soul, ca. 80 Euro); beides Triple Five Soul) zum ultralangen Jeansrock (ca. Euro, Kopftuch mit Kettchen (H&M, 24,90 Euro)

Schräg! Das asymmetrische Printshirt (C&A, 15 Euro) zupft, großen Rock mit Com- mixing am Bund und Zipp am Saum (2nd Sky, ca. 35 Euro)

Auf Durchzug gescheitert: graues Ballonkleid mit Saumgummi zum Zusammenziehen (Bardanat, Triple Five Soul, ca. 85 Euro) plus Kapuzenjacke mit Zipp (Fishbone, 24,95 Euro; Kopftuch von Levi's, Bag von C&A)

Boarding time! Lässiges Printshirt (Fishbone, 19,95 Euro) mit Logo-Kappi (ca. 35 Euro) und megacooler Skater-Jeans (ca. 85 Euro; beides Triple Five Soul)

b) **Cliquen Style**

... steht auf Pop, Gothic, HipHop ...pie? Wir zeigen, welcher Look ... dir und deinen Freunden passt!

Blues Brother! Stretchiges Seventies-Jeans-Jackett mit Nadelstreifen und Stickern (59,90 Euro), blaues Shirts (7,90 Euro) und Used-Jeans (39,90 Euro; alles von H&M)

Topstar! Genial getarntes Netzshirt mit Jeansstern-Print (28 Degrees, ca. 40 Euro) plus Denim-Pants mit Schrägtaschen und Bügelfalten (Smog, 30 Euro)

Pop-Group

Let's dance! Supercooler Jeans-Catsuit mit langem Zipp und Strass-Steinchen im Gürtel-Look (Hot Lips, ca. 89 Euro) zum neongrünen Logo-Top (Killah Babe, ca. 20 Euro)

ART-ig! Tank mit malerischem Face-Print (Miss Sixty, ca. 17 Euro), neongelbe Bikerjacke (Firewall, ca. 80 Euro) und türkisblaue Stretch-Jeans mit Glitter (New Yorker, ca. 60 Euro)

c) **Hippie-Kommune**

Flower-Power! Grafitti Blümchenblue (New Yorker, 25 Euro), Jeansrock mit verschlungenen Außennähten (Bardanat, ca. 80 Euro) und bunter Bastbeutel (H&M, ca. 10 Euro; Blüte von C&A)

Freche Flicken! Verspieltes Rüschenblüschen (Gap, ca. 35 Euro), witzige Patchworkhose aus Cord (Fishbone, 19,95 Euro) und passender Patchworkgürtel (C&A, 9 Euro; Batiktasche von 3 Suisses)

Very sixty! Gestreiftes Tunika-Hemd mit breitem Kragen (H&M, ca. 30 Euro) und Cordhose mit Knieverstärkung (Sabotage, ca. 85 Euro; Armreif von H&M, 3,90 Euro)

Rhythm & Blues! Jeans-Jackett (44,90 Euro) und passende Jeans-Pants (49,90 Euro) plus Polohemd in Hellblau (14,90 Euro; alles von H&M)

Kelly-Copy! Lang-Jackett im Wildleder-Look mit Zotteln im Kragen und Bündchen (C&A, 50 Euro), Illa Streublümchen-Bluse (Dr. say, 20,90 Euro) und Batik-Jeans mit "fetzigen" Seitennähten (Freesoul, ca. 34 Euro; Gürtel von C&A, Jeans-Tasche von Levi's)

Mädchen 13

(Mädchen, Heft 6 v. 27.2.2002, S. 10, 12, 13)

1. Wie wichtig ist die Popmusik? Diese Frage war für die Zeitung DIE WOCHE im Jahr 2000 die zentrale Fragestellung für ein Interview mit Jugendlichen zwischen 13 und 17 Jahren aus ganz Deutschland. Dieses Interview ist in einem Jugend-Feriencamp in Grömitz an der Ostsee geführt worden. M 1 gibt Auszüge daraus wieder.
a) Im ersten Teil des Interviews, den wir hier ausgelassen haben, diskutieren die Jugendlichen darüber, welches Angebot an Popmusik (Gruppen, Stars, Stile) seinerzeit (2000) vorhanden war, was davon die Jugendlichen interessant oder weniger interessant fanden, welche Richtungen und Gruppen sie bevorzugten usw. Führt zu Beginn der Arbeit an diesem Kapitel eine ähnliche Diskussion (Meinungsaustausch) über die aktuelle Situation in eurer Klasse durch.
b) Untersucht die Interviewäußerungen der Jugendlichen zu folgenden Fragen und diskutiert dazu jeweils auch eure eigenen Auffassungen:
● Wie wichtig ist es, dass die einzelnen Bands „für das einstehen, was sie machen"?
● Welche Bedeutung hat die Musik, die gerade auf dem Markt ist, für das eigene Leben?
● Wie halten sich die Jugendlichen in Sachen Popmusik auf dem Laufenden?
c) Führt in eurer Schule zu diesem Thema Interviews mit Mitschülerinnen und Mitschülern durch, wertet diese aus und veröffentlicht die Ergebnisse in der Schulzeitung oder auf der Jugendseite der regionalen Tageszeitung. Fordert zu Leserbriefen auf!

2. Für welche Musikrichtungen finden sich Fans in eurer Klasse? Wie begründen sie ihre Anhängerschaft (vgl. auch Kap. 1)?

3. Nennt für die in dem Schaubild M 2 angeführten Richtungen ganz konkrete Musikbeispiele.

4. In dem Interview wird auf einzelne Musikrichtungen und entsprechende Kleidung hingewiesen. Seht euch die Fotos in M 2 an; sie sind einer Jugendzeitschrift entnommen und zeigen an Beispielen, wie eben ein Pop-Anhänger, ein HipHoper oder ein Hippie-Anhänger aussieht und welche Musik sie hören.
a) Wenn ihr genau hinschaut, seht ihr, dass nicht nur verschiedene Kleidungsstile und Musikrichtungen präsentiert werden. Es werden noch andere Informationen gegeben. Welche Absichten werden mit diesen Seiten in einer Jugendzeitschrift ganz offensichtlich auch verfolgt?
b) Gibt es an eurer Schule Schüler oder Schülerinnen, die aufgrund ihrer Kleidung diesen Musikrichtungen eindeutig zuzuordnen sind?

Wer beeinflusst wen?

Die vorangegangenen Materialien haben gezeigt, dass die Mitgliedschaft in Gruppen oder die Beziehungen zu Menschen im unmittelbaren Umfeld von ganz entscheidender Bedeutung sind für persönliche Meinungen und für das eigene Verhalten.
Auf solche Zusammenhänge gehen die folgenden Materialien näher ein. Einiges wird euch vielleicht bekannt vorkommen.

M 3
Bezugsgruppenmodell

Menschen leben nicht für sich allein. Zwischen einzelnen Personen und Gruppen bestehen vielfältige Beziehungen und Abhängigkeiten. Eine besondere Bedeutung hat für Jugendliche die so genannte „Peer Group". Darunter versteht man die *Gruppe der Gleichaltrigen*. Gerade für junge Menschen ist die Mitgliedschaft in einer Gruppe von Gleichaltrigen oft wichtiger als die Beziehungen zu anderen Personen.
So kann es z.B. viel wichtiger sein, was eine Klassenkameradin oder ein Klassenkamerad über die neue Hose und das neue Hemd sagt als die Meinung der Eltern. Mit den Gleichaltrigen im Einklang zu leben, von ihnen akzeptiert zu werden, ist ein angestrebtes Ziel aller Jugendlichen.
Die Freundesgruppe besitzt, wie man in Untersuchungen festgestellt hat, für Jugendliche die größte Bedeutung in Bezug auf Fragen des Geschmacks (z.B. Kleidung, Musik) oder auf

Verhaltensweisen, zum Beispiel im Hinblick auf Freizeitverhalten, bis hin zu den Essensgewohnheiten. Darüber hinaus ist jeder Mensch eingebunden in seine Familie. Hier muss er Rücksicht nehmen auf seine Eltern und Geschwister, beeinflusst diese wiederum und wird selbst beeinflusst.

Auch die Eltern sind wieder eingebunden in Bezugsgruppen. Dazu zählen beispielsweise die Arbeitskollegen, mit denen sie auch privat Kontakt haben, und die Freunde und Nachbarn. Jeder steht letztlich in einer mehrfachen Beziehung und wechselseitigen Abhängigkeit zu anderen Personen und Gruppen.

(Autorentext)

M 4

Sarahs Vorbild macht Mode – „Meinungsführerschaft"

In ihrer Klasse gilt Sarah als besonders modebewusst. Sie weiß immer, was man im Moment trägt, was ein absolutes „Muss" und „in" ist. Sie ist damit für manchen neuen Modestil „Trendsetterin". Außerdem ist sie wegen ihrer Freundlichkeit in der Klasse sehr beliebt und fast alle wollen auch zu anderen Themen Sarahs Meinung hören. Sie gibt in gewisser Weise „den Ton an".

Solche Personen werden von Fachleuten auch als *„Meinungsführer"* bezeichnet und viele Unternehmen und Firmen setzen auf solche Personen, um ihre Güter besser an den Mann oder an die Frau zu bringen, z.B. in der Werbung.

Meinungsführer können aber auch bekannte Persönlichkeiten des gesellschaftlichen Lebens sein: Sportler, Schauspieler, Sänger oder DJs.

2 Haste Töne?! – Wie man mit Musik Geld verdienen kann

Den Beeinflussungsprozess durch Meinungsführer muss man sich so vorstellen:

1. Massenmedien wie Radio, Fernsehen, Zeitschriften, Werbefernsehen senden Kaufimpulse an den Konsumenten aus. Manche Personen sind für diese Werbebotschaften empfänglicher als andere. Sie sind, wie in unserem Beispiel Sarah, immer auf dem Laufenden. Sie wissen, welche neuen Produkte gerade auf dem Markt sind, was gerade „in" ist. Diese Personen kaufen auch bestimmte Produkte eher als andere und sind somit Vorreiter für andere Personen.

2. Aber damit nicht genug. Meistens sind solche Meinungsführer auch noch besonders kontaktfreudig und gesellig. Sie halten mit ihrem Wissen nicht hinter dem Berg und beeinflussen damit ihre Mitmenschen ganz erheblich.

So wie Sarah für die Mode in der Klasse zuständig ist, gilt Ben als besonders informiert über den Musikmarkt. Er kennt unglaublich viele Popstars, Boy-Groups, Girl-Groups; ihn kann man alles fragen, was die Musikszene angeht, wer gerade ein neues Album plant, wer auf Tournee ist, wer mit wem einen neuen Song aufnimmt. Er könnte eigentlich genauso gut DJ in einer Disko sein. Sarah und Ben beeinflussen somit bei entsprechenden Käufen zweifellos ihre Freunde. Das gilt auch für andere Bereiche. Jeder kennt in seinem Umfeld Personen, die für bestimmte Gebiete als besonders sachverständig angesehen werden und die man um Rat fragen kann.

(Autorentext)

M 5a
„Eigentlich lege ich doch einfach nur CDs auf ..."

Das Türklingeln weckt mich, der Paketdienst steht vor der Tür. Fünf dicke Packen Vinyl werden mir überreicht, na, wenigstens arbeiten die Promoabteilungen der Plattenfirmen noch ordentlich. Es ist Samstag, also schnell an den Technics und reingehört, vielleicht kann ich das ein oder andere heute Abend im Club gleich spielen. Die neue „XY" ist auch dabei, aber auch einiges Unbekannte. Zum Glück gibt's die beigelegten Infozettel und Fachmagazine. Nebenher VIVA gucken, ohne Ton, nur um zu checken, was gerade in der Heavy-Rotation läuft. Und die neueste Media-Control Top 100-Liste muss ich mir auch noch aus dem Internet besorgen. Oh, der Track kommt gut, griffige Hookline, den werde ich 'mal zum Aufwärmen zwischen elf und zwölf auflegen. Mal sehen, wie viele diesmal nach dem Titel und Label fragen. Manche sind aber auch wirklich verrückt. Letztens kommt einer an und fragt mich, was ich denn zu Hause für 'ne Anlage stehen habe und welches Mischpult ich benutze, er wollte es halt auch mal probieren. Und, ungelogen, am nächsten Wochenende sehe ich den Typen mit dem exakt gleichen Fabu-Shirt, das ich am vorherigen Samstag anhatte. Gibt's das, ist das jetzt Prominenz?

(Foto: © ZB-Fotoreport/Klaus Franke)

(IÖB – Institut für Ökonomische Bildung, Oldenburg 1999)

Jugendliche als Wirtschaftsfaktor   41

M 5b

Britney Spears

1. Mit welchen Bezugsgruppen hast du persönlich es zu tun? Fertige – ähnlich wie in M 3 – ein Schaubild an, mit dem du deine Bezugsgruppen vorstellst.

2. Verdeutliche, wie unterschiedliche Erwartungen (z. B. Kleidung/Musik hören) zu möglichen Konflikten zwischen den unterschiedlichen Bezugsgruppen führen können.

3. Wie kannst du einen Zusammenhang herstellen zwischen dem Bezugsgruppenmodell und den in M 2 dargestellten „Cliquen"?

4. Erläutere den Beeinflussungsprozess, der im „Meinungsführermodell" (M 4) beschrieben wird, und entwirf zur Verdeutlichung ein Schaubild.

5. Nenne Bereiche, in denen es für dich auch „Meinungsführer" gibt; für wen bist du selbst „Meinungsführer"?

6. Erkläre, was M 5a und M 5b mit dem „Meinungsführermodell" zu tun haben.

2 Haste Töne?! – Wie man mit Musik Geld verdienen kann

Wofür Kinder und Jugendliche ihr Geld ausgeben

M 6a

KidsVerbraucherAnalyse 2001: Kinder und Jugendliche im Alter von 6 bis 19 Jahren verfügen über eine Kaufkraft von über 16 Milliarden Euro

Die Kaufkraft der Kinder und Jugendlichen in Deutschland hat 2001 ein neues Rekord-Niveau erreicht: Im Vergleich zum Vorjahr haben die 6- bis 17-jährigen Kinder und Jugendlichen 6,5 Prozent mehr Geld zur Verfügung. Die Summe aus durchschnittlich monatlich verfügbarem Geld, Geldgeschenken und Spartguthaben hat damit um 0,63 Milliarden Euro auf 10,40 Milliarden Euro zugenommen. Dies ist eines der Ergebnisse der KidsVerbraucher-Analyse 2001, die gemeinsam von der Verlagsgruppe Lübbe, der Bauer Verlagsgruppe und dem Axel Springer Verlag präsentiert wird. Zum ersten Mal wurden in diesem Jahr auch 18- und 19-jährige Jugendliche befragt und die Grundgesamtheit der Studie damit um zwei Jahrgänge erweitert. Die rund 11 Millionen 6- bis 19-jährigen Kinder und Jugendlichen in Deutschland verfügen insgesamt über eine Kaufkraft von 16,44 Milliarden Euro.

Im Rahmen der Untersuchung wurden von Mitte Januar bis Mitte März 2001 insgesamt 3082 Kinder und Jugendliche sowie deren Eltern befragt, um das Konsum- und Medienverhalten der jungen Zielgruppe repräsentativ darzustellen. Die KidsVerbraucherAnalyse zeigt: Die 6- bis 19-jährigen Kinder und Jugendlichen gehören für die Werbung treibende Wirtschaft inzwischen zu einer der interessantesten Zielgruppen. Ihre Interessen und Wertvorstellungen unterliegen einem kontinuierlichen Wandel.

Monatlich verfügen die Kinder und Jugendlichen im Alter von 6 bis 19 Jahren über einen Betrag von durchschnittlich 56 Euro, der sich aus Taschengeld, Geldgeschenken und Jobben bzw. Berufstätigkeit zusammensetzt. Rund 75 Prozent aller Jungen und Mädchen bekommen zu Weihnachten Geldgeschenke, zum Geburtstag sogar 80 Prozent. Rund 80 Prozent der Kinder und Jugendlichen geben an, zu sparen. Die Zielgruppe mit dem meisten Sparguthaben sind die 16- bis 19-jährigen Mädchen. Sie verfügen über durchschnittlich 940 Euro, ihre männlichen Altersgenossen liegen knapp dahinter (900 Euro).

„Die Kinder und Jugendlichen sind heute so selbstständig wie nie zuvor. Dies zeigt sich unter anderem bei finanziellen Angelegenheiten", so Thomas Brümmer, Leiter der Anzeigenabteilung der Verlagsgruppe Lübbe. „Die Eltern lassen ihre Kids schon früh Erfahrungen mit dem eigenen Geld machen." Die Befragung der Eltern zeigt, dass 75 Prozent der 6- bis 19-Jährigen ihr Taschengeld eigenständig ausgeben dürfen. Bei selbstständigen größeren Anschaffungen (über 50 Euro) kommt allerdings das Alter zum Tragen. Während von den 6- bis 12-Jährigen lediglich 3 Prozent eigenständig über Ausgaben in dieser Höhe entscheiden dürfen, wird bereits jedem Dritten der 13- bis 15-Jährigen dieser Freiraum zugestanden. Bei den 16- bis 19-Jährigen sind es rund 80 Prozent. Während bei den Kleinsten Süßigkeiten und Schokolade an erster Stelle stehen, geben die 13- bis 19-Jährigen ihr Geld für Dinge aus der Erwachsenenwelt aus: die Jungen vor allem für Getränke, Disko, Kino und CDs; die Mädchen außerdem für Kleidung und Körperpflege.

Das äußere Erscheinungsbild gewinnt für die Kinder und Jugendlichen mit zunehmendem Alter stark an Bedeutung. Schminken und Kosmetik sind Themen, die für die Mädchen bereits im frühen Teenager-Alter wichtig werden. Mehr als die Hälfte der weiblichen Teenies im Alter von 16 bis 19 Jahren verwenden Lippenstift, Wimperntusche, Lidschatten, Make-up und Nagellack bereits regelmäßig. Auch die 13- bis 19-

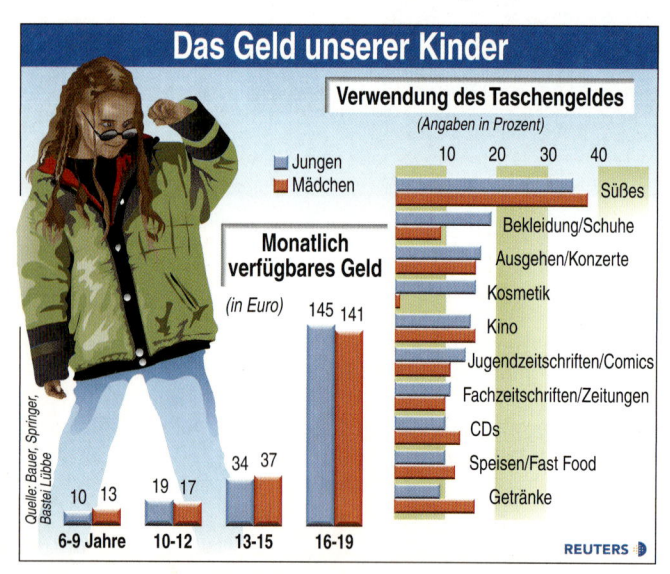

jährigen Jungen legen immer mehr Wert auf ihr Styling. 67 Prozent verwenden häufig Deo-Mittel, 61 Prozent Stylingprodukte für die Haare und 34 Prozent Duftwasser. [...]
Geräte und Zubehör aus der Unterhaltungselektronik gehören für die Kinder und Jugendlichen inzwischen zur „Standardausrüstung": Fernsehapparat, Hifi-Anlage, Game-Boy und CD-Player sind für 40 Prozent selbstverständlich. Der PC spielt in der Freizeitgestaltung eine wichtige Rolle, die spielerische Komponente steht allerdings insbesondere für die Jungen im Vordergrund. Über einen eigenen Internet-Zugang verfügen lediglich 15 Prozent der 6- bis 19-Jährigen. Dennoch nutzen 35 Prozent dieses Medium häufig oder ab und zu. Beim Surfen im Internet haben die Mädchen (36 Prozent) die Jungen (34 Prozent) inzwischen überholt. Equipment aus dem Bereich PC und PC-Zubehör steht auf der Wunschliste der Kinder und Jugendlichen weiterhin ganz oben: Jeder Dritte wünscht sich einen PC, jeder Vierte einen eigenen Internetzugang. [...]

(Pressemitteilung/News der Firma Axel Springer Verlag AG vom 19.7.2001 [Archiv])

M 6b
Ergebnisse der Kids-VerbraucherAnalyse

1. Im Zeitraum von .... wurden insgesamt ....
.... befragt, um ....

2. Die 6- bis 19-jährigen Kinder und Jugendlichen gehören deshalb für die Werbung treibende Wirtschaft zu einer der interessantesten Zielgruppen, weil
   a. sie über .... verfügen.
   b. ihre Interessen und Wertvorstellungen .... unterliegen.
   c. sie heute so .... wie nie zuvor sind.

3. Monatlich verfügen die Kinder und Jugendlichen im Alter von 6 bis 19 Jahren über
....

4. Die Sparguthaben belaufen sich bei den .... und bei den
....

5. Die 13- bis 19-Jährigen geben ihr Geld für Dinge aus der Erwachsenenwelt aus:
   die Jungen ....
   die Mädchen ....

6. Geräte und Zubehör aus der Unterhaltungselektronik sind für .... Prozent der Kinder und Jugendlichen selbstverständlich.
   Der PC ....
   Einen Internetzugang ....

7. Warum ist es für die Werbung treibende Wirtschaft besonders interessant, dass die Interessen und Wertvorstellungen von Kindern und Jugendlichen einem „kontinuierlichen Wandel" unterliegen? (Denkt dabei auch an Musikrichtungen und Kleidungsstile/M 2 und M 3.)
....
....
....
....

Stellt aus M 6 a die wichtigsten Aussagen stichwortartig zusammen und übertragt M 6 b mit den entsprechenden Ergänzungen in eurer Heft. Die „KidsVerbraucherAnalyse" (KVA) erscheint jährlich; Berichte über die jeweils neueste KVA findet ihr im Internet, wenn ihr den Suchbegriff „Kids-Verbraucher-Analyse" eingebt (ein Bericht über die KVA 2002 findet sich z.B. unter der Adresse www.bauermedia.com/presse/september2002/kidsVa2002.php). Vgl. auch M 11 a in Kap. 6, S. 148, und M 1 in Kap. 13, S. 295.

(Autorentext)

M 7a

Immer nur vom Feinsten …?

Herr M. hat ein Problem. Seit in der letzten Woche der familiäre CD-Player den Geist aufgegeben hat, kennt sein Sohn Max kein anderes Thema mehr. Ein neues Gerät muss her, und zwar das modernste. Just am gleichen Tag hatte er ihm eine Anzeige aus seiner favorisierten Musikzeitschrift gezeigt und erklärt, dass es nun top-aktuelle Geräte gebe, die CDs nicht nur ab-, sondern auch bespielen könnten. Dann könne man doch endlich das veraltete Tapedeck wegschmeißen, das in letzter Zeit sowieso nur noch Ärger gemacht habe. Herrn M. geht das alles zu schnell, vor allem, wenn er einen Blick auf den doch happigen Preis wirft. Ihm hätte sowieso der alte Plattenspieler gereicht, obwohl er nach kurzem Nachdenken zugeben muss, die Lieblingssongs der Jugendzeit ohne lästiges Knistern und Knacken genießen zu können, das möchte er auch nicht mehr missen. Und wenn man jetzt auf CD seine eigenen Kollektionen kreieren [erfinden, schaffen] könnte, das hätte schon was. Aber andererseits, wann hat er schon die Zeit, sich mit so etwas intensiv zu beschäftigen? Und außerdem bräuchte er dringend ein neues Autoradio, die Arbeitskollegen machen sich schon lustig über das alte Teil. Na, vielleicht geht er am Wochenende mal ins Fachgeschäft und informiert sich. Britta, seine Tochter, liegt ihm ja auch schon seit längerem in den Ohren mit dem tragbaren Mini-Disc-Player. Der gehöre halt irgendwie zum Rekorder, den sie zum letzten Geburtstag geschenkt bekommen hat. Alle in der Klasse hätten jetzt so ein Teil, und die Fernsehwerbung sei total cool. Und überhaupt, wie praktisch das Teil sei, man könne sich damit frei bewegen, und der Vater könne so beispielsweise beim Joggen oder Angeln problemlos Musik hören. Als würde er darauf Wert legen, und überhaupt, ist so ein Teil erst einmal im Haushalt, sieht er es sowieso nur noch aus der Ferne. Na, mal sehen, ist ja auch bald Weihnachten …

(IÖB – Institut für ökonomische Bildung Oldenburg)

M 7b

Einfluss auf familiäre Kaufentscheidungen

Kinder und Jugendliche verfügen nicht nur über eine enorme Kaufkraft und bestimmen zu einem großen Teil selbst darüber, wie sie ihr Geld ausgeben, sie reden auch ein gewichtiges Wort mit, wenn es darum geht, für die gesamte Familie etwas anzuschaffen. Nach Schätzungen des Instituts für Jugendforschung in München ist der Wert der von ihnen beeinflussten Einkäufe mindestens dreimal so hoch wie ihre eigentliche Kaufkraft. Besonderen Einfluss üben Kinder über 12 Jahre und Jugendliche beim Erwerb von Computern, Fernsehern und HiFi-Anlagen aus, denn sie kennen sich bestens in der Unterhaltungselektronik aus.

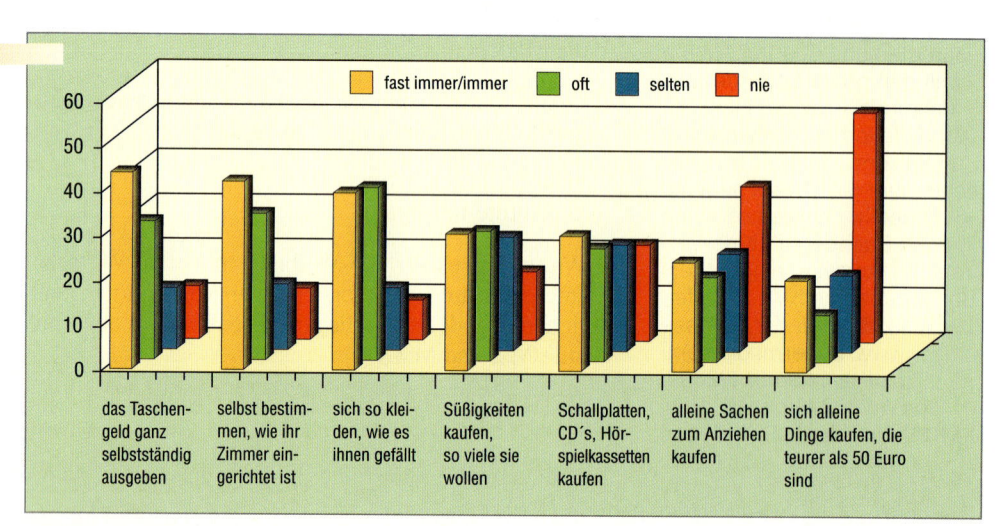

(Autorentext)

M 8a

Welche Konsumentscheidungen Kinder und Jugendliche treffen

(Eigene Grafik)

Was geschieht am „Markt"?

M 8b

Welche Unterhaltungselektronik Kinder und Jugendliche besitzen oder sich wünschen

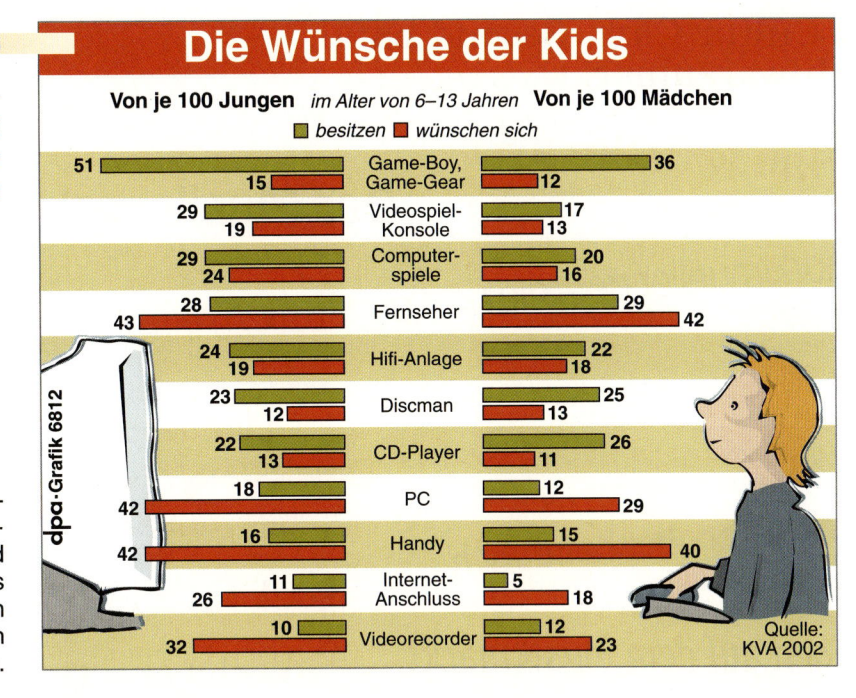

Die Wünsche der Kids

Von je 100 Jungen *im Alter von 6–13 Jahren* **Von je 100 Mädchen**

■ besitzen ■ wünschen sich

	Jungen besitzen	Jungen wünschen		Mädchen besitzen	Mädchen wünschen
Game-Boy, Game-Gear	51	15		36	12
Videospiel-Konsole	29	19		17	13
Computerspiele	29	24		20	16
Fernseher	28	43		29	42
Hifi-Anlage	24	19		22	18
Discman	23	12		25	13
CD-Player	22	13		26	11
PC	18	42		12	29
Handy	16	42		15	40
Internet-Anschluss	11	26		5	18
Videorecorder	10	32		12	23

dpa-Grafik 6812 — Quelle: KVA 2002

Die Zahlenwerte zum Medienbesitz betreffen den *Durchschnitt* bei 6 – 13-Jährigen und liegen daher niedriger als z.B. für die Altersstufen von 12 bis 15 Jahren (s. M 2 in Kap. 4, S. 93 u.).

Den Materialien 7 und 8 sind Aussagen über Konsumentscheidungen Jugendlicher und über ihren Einfluss auf familiäre Kaufentscheidungen zu entnehmen.

1. Verdeutlicht das Problem, vor dem Herr M. steht (M 7a).

2. Lest dazu M 7b. Wie sieht es in eurer Familie aus? Dürft ihr mit entscheiden, was angeschafft wird? Wie wird entschieden, welche Geräte z.B. der Unterhaltungselektronik oder des Computerbereichs gekauft werden?

3. Zu der Frage: „Welche Konsumentscheidungen treffen Kinder und Jugendliche?" ist im Rahmen der KidsVerbraucherAnalyse eine Untersuchung durchgeführt worden. Die Ergebnisse könnt ihr dem Schaubild M 8a entnehmen. Entsprechen die in der Untersuchung ermittelten Angaben in etwa auch euren Konsumentscheidungen? Führt dazu in der Klasse eine Umfrage durch! Wie muss der Fragebogen aussehen, den ihr einsetzen wollt?

4. M 7b und M 8a ist zu entnehmen, dass das Interesse Jugendlicher im Bereich der Unterhaltungselektronik besonders groß ist. Belegt diese Aussage anhand der M 8b zu entnehmenden Werte. Auch hierzu könnt ihr in der Klasse eine vergleichbare Befragung durchführen.

Was geschieht am „Markt"?

M 9

Was ist eigentlich ein „Musikmarkt"?

a) Schlagzeilen im Internet

Experten diskutieren über den Online-Musikmarkt

Musikmarkt Plauen – die besten Musikinstrumente im Vogtland

2 Haste Töne?! – Wie man mit Musik Geld verdienen kann

Music & Cultur Club, Second hand, Gebrauchtwarenmarkt

Musikmarkt Online

Austrian Musikmarkt

Der Musikmarkt in München

musikmarktmueller.de – die richtige Musik zu Ihrem Event

Microsoft drängt in den Musikmarkt

Gebraucht-Musikmarkt

Eine deutsche Entwicklung revolutioniert den Musikmarkt

Musikmarkt-Branchenhandbuch

Musikmarkt wächst nicht wie erhofft

Bewegungen auf dem Musikmarkt
(Autorentext)

Wichtigster Musikmarkt schrumpft

(Foto: © dpa/Fuehler)

b) Märkte, Märkte, Märkte

Jede und jeder von euch hat sicher ganz bestimmte Vorstellungen von einem Markt und viele werden an den ein- oder zweimal in der Woche stattfindenden Wochenmarkt denken, auf dem viele Händler ihre Verkaufsstände aufgebaut haben und ihre Waren anbieten: Gemüse, Käse, Obst, Fleisch, Blumen, Backwaren; oder an den Flohmarkt, auf dem man alles Mögliche „loswerden" oder finden kann. Vielleicht nutzen auch einige von euch diese Gelegenheit, das schmale Portmonee zu füllen oder nach alten Schätzen zu suchen.
Doch was ist nun ein Musikmarkt? Wer bietet was wo an? Wer ist „Käufer"?
In den oben dargestellten Schlagzeilen gibt es einige Hinweise: Es wird von einem „Gebraucht-Musikmarkt" gesprochen, von einem „Online-Musikmarkt", von einem „Musikmarkt Plauen", auf dem man die „besten Musikinstrumente im Vogtland" finden kann, aber auch „Microsoft drängt in den Musikmarkt" und der „wichtigste Musikmarkt schrumpft" sogar!
Am besten ist es wohl, wir machen uns zunächst einmal klar, wann man überhaupt von einem „Markt" spricht und was dort eigentlich stattfindet.

Wer trifft sich auf einem Markt?

Da Menschen nicht alles selbst herstellen können oder zur Verfügung haben, was sie möchten, suchen sie Gelegenheiten, es

Was geschieht am „Markt"?

Anbieter → Markt ← Nachfrager
Anbieter → Markt ← Nachfrager
Anbieter → Markt ← Nachfrager

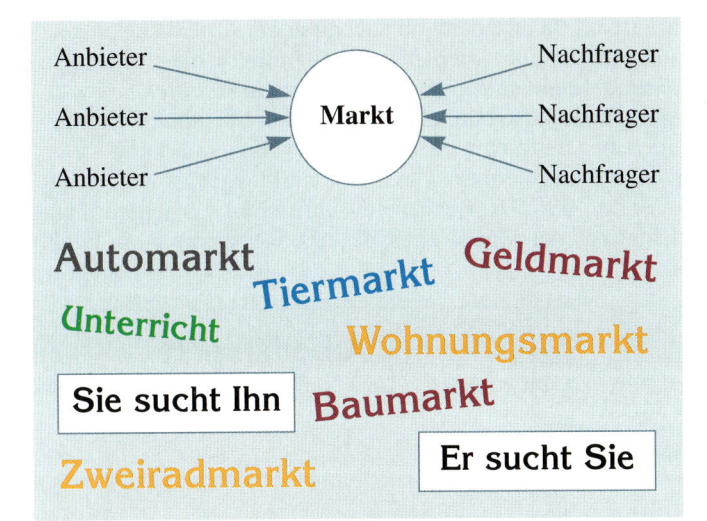

Automarkt Tiermarkt Geldmarkt
Unterricht Wohnungsmarkt
Sie sucht Ihn Baumarkt
Zweiradmarkt Er sucht Sie

Im Schnäppchen-Markt Ihrer Zeitung.
Dienstags oder freitags.
24 Stunden online mit vielen weiteren Angeboten unter:
www.elfert-immobilien.de
In der Automarkt-Halle.

zu erwerben. Und wenn sie Menschen finden, die das Gesuchte anbieten und verkaufen wollen, treffen sich Käufer *(Nachfrager)* und Verkäufer *(Anbieter)*, um ihre Wünsche zu verwirklichen. Damit ist schon ein Markt entstanden: Es treffen sich Menschen, die bestimmte Güter haben wollen, um sie zu gebrauchen oder zu konsumieren *(Konsumenten)*, und Menschen, die diese Güter anbieten und hergestellt haben *(Produzenten)*. Andere bieten z. B. ihre Arbeitskraft an, um durch ihre Arbeit (z. B. bei der Produktion von Gütern) Geld zu verdienen. Anbieter auf einem Markt wollen so hohe Preise wie möglich erzielen, um möglichst viel zu verdienen. Die Nachfrager wollen qualitativ hochwertige Produkte zu einem günstigen Preis kaufen. Und wenn sie sich einig geworden sind, dann wechselt der Eigentümer. Der neue Besitzer darf nun das erworbene Gut so nutzen, wir er es möchte, und der „Verkäufer" darf mit dem Geld des Käufers wieder andere Güter kaufen: *Die Verfügungsrechte haben getauscht.*

Wo befinden sich Märkte?

Nun finden solche Kaufakte nicht nur an ganz konkreten Orten statt. Sehr viele Märkte sind gar *nicht an einen geografischen Ort* gebunden und greifbar, z. B. der Arbeitsmarkt* oder der Musikmarkt. Der Ort, wo Angebot und Nachfrage aufeinander treffen, ist manchmal eher als ein Treffpunkt in Gedanken zu verstehen. Auch dort, wo zwei Personen z. B. am Telefon ein Geschäft tätigen, entsteht ein Markt. Wenn ein Jubilar zu seinem 60. Geburtstag eine Sängerin auftreten lassen will, die von einer Band begleitet wird, und er deshalb bei einer Künstleragentur anruft und am Telefon die Sängerin engagiert, hat auf dem Musikmarkt eine Tauschaktion stattgefunden, ohne dass sich Personen gegenübergestanden haben. Oder wenn jemand im Internet seine alten Schallplatten anbietet und dafür einen Käufer findet, der diese per Mausklick bestellt, hat eine Tauschaktion stattgefunden, ohne dass sich Käufer und Verkäufer gegenübergestanden haben. Ein Markt ist also kein konkreter Ort, sondern eher ein *Verfahren, ein Mechanismus, der die Art und Weise angibt, wie* in einer arbeitsteiligen Wirtschaft *Güter gegen Geld* getauscht werden.

Was wird auf einem Musikmarkt angeboten, was wird auf einem Musikmarkt nachgefragt?

Legen wir einmal alles fest, was irgendwie mit Musik zu tun hat: CDs, Platten, Kassetten, Musikvideos, Sängerinnen und Sänger, Bands, Musikagenturen (die u. a. Künstler vermitteln und Konzerte organisieren), Bücher, Zeitschriften, Musiksender in Rundfunk und Fernsehen, Instrumentenbauer, Geschäfte für Equipment (z.B. Lautsprecher, Mikrofone, Verstärker), Fanartikel usw. Es scheint gar kein Ende nehmen zu wollen! Es passiert unglaublich viel auf dem Musikmarkt: Da können *Sachgüter* gehandelt werden (z.B. CDs, Zeitschriften, Instrumente), *Dienstleistungen** angeboten und nachgefragt werden (musikalische Gestaltung der Geburtstagsparty durch einen berühmten Discjockey), da kann ein Investor* Geld in die Produktion eines Musikalbums investieren (er stellt Kapital zur Verfügung und hofft darauf, dass das Album so gut verkauft wird, dass er viel Geld daran verdient) und ein Handwerker stellt seine *Arbeitskraft* gegen Geld zur Verfügung, wenn er

2 Haste Töne?! – Wie man mit Musik Geld verdienen kann

für das Rockkonzert eine Bühne aufbaut. Je nachdem, ob Sachgüter oder Dienstleistungen, ob Kapital (z.B. Aktien, Spareinlagen, Kredite) oder Immobilien* umgeschlagen werden, sprechen wir z.B. von einem *Gütermarkt*, einem *Kapitalmarkt*, einem *Immobilienmarkt*, einem *Arbeitsmarkt** usw. Es ist also gar nicht so einfach möglich, „den Musikmarkt" genau einzugrenzen, denn die Beispiele haben deutlich gemacht, dass der Musikmarkt an vielen Märkten beteiligt ist. Selbst z.B. beim Sachgütermarkt des Musikmarktes gibt es wieder viele „Teilmärkte": Es können die Märkte für CDs, Bücher Zeitschriften usw. wiederum unterteilt werden, z.B. nach Stilrichtungen der Musik: Klassik, Jazz, Rock, Hip Hop, Funk, Soul usw.

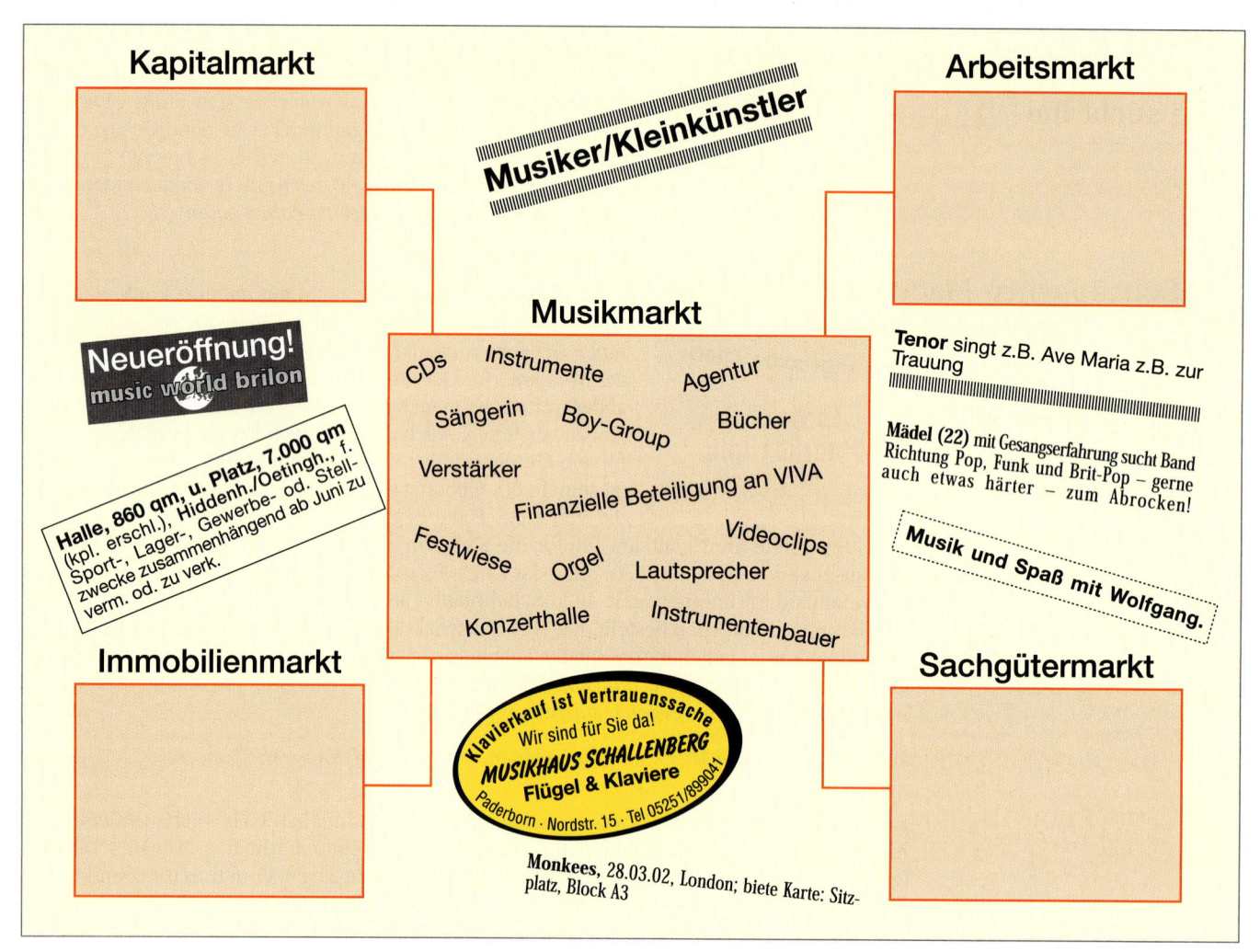

Kapitalmarkt

Arbeitsmarkt

Musiker/Kleinkünstler

Musikmarkt

CDs   Instrumente   Agentur
Sängerin   Boy-Group   Bücher
Verstärker
Finanzielle Beteiligung an VIVA
Festwiese   Videoclips
Orgel   Lautsprecher
Konzerthalle   Instrumentenbauer

Neueröffnung! music world brilon

Halle, 860 qm, u. Platz, 7.000 qm (kpl. erschl.), Hiddenh./Oetingh., f. Sport-, Lager-, Gewerbe- od. Stellzwecke zusammenhängend ab Juni zu verm. od. zu verk.

Tenor singt z.B. Ave Maria z.B. zur Trauung

Mädel (22) mit Gesangserfahrung sucht Band Richtung Pop, Funk und Brit-Pop – gerne auch etwas härter – zum Abrocken!

Musik und Spaß mit Wolfgang.

Klavierkauf ist Vertrauenssache
Wir sind für Sie da!
MUSIKHAUS SCHALLENBERG
Flügel & Klaviere
Paderborn · Nordstr. 15 · Tel 05251/899041

Monkees, 28.03.02, London; biete Karte: Sitzplatz, Block A3

Immobilienmarkt

Sachgütermarkt

Wer darf am Marktgeschehen teilnehmen?

Es kann nicht jeder so ohne weiteres Marktteilnehmer werden und sein. Es müssen ganz bestimmte *Spielregeln* beachtet werden, die in einer Gesellschaft aufgestellt worden sind, um z.B. das Marktgeschehen zu regulieren. Und je besser das Regelsystem ist, desto wirkungsvoller und reibungsloser funktioniert das Marktgeschehen. Denn solche Spielregeln vermindern z.B. die Unsicherheit für die am Wirtschaftsprozess eines Landes Beteiligten, wenn jeder weiß, woran er sich zu halten hat und woran andere sich zu halten haben. Rechtliche Bestimmungen z.B. sind solche Spielregeln. Darf eine Boy-Group, die aus 15- und 16-jährigen Jugendlichen besteht, eigentlich Verträge abschließen? Zählen ihre Auftritte und Reisen nicht zur „Kinderarbeit", die durch das Jugendarbeitsschutzgesetz zunächst einmal generell verboten ist? Wer entscheidet über die Verwendung der Einkünfte? Wie lange darf ein Open-Air-Live-Konzert dauern, ab wie viel Uhr darf noch wie laut gesungen werden? Wer z. B. die Bedingungen zum Markteintritt (z.B. Alter, Lizenzen* u.Ä.) nicht erfüllt oder sich an die aufgestellten Spielregeln (z.B. festgelegte Anzahl von Auftritten, Erledigung der Autogrammpost, kein Alkohol und keine Drogen, Einhalten von Ruhezeiten) nicht hält, darf seine Leistungen erst gar nicht anbieten, wird evtl. mit Geldbußen bestraft oder scheidet aus dem Markt aus.

Wer z.B. ein Open-Air-Konzert veranstalten will, muss Genehmigungen einholen, Platzgebühren bezahlen, Sicherheitsvorkehrungen treffen, für öffentliche Toiletten sorgen, Sanitätsräume und -personal beschaffen u.v.a.m., sonst darf er dieses Ereignis gar nicht „anbieten", und wenn die Besucher nicht wüssten, dass darauf geachtet wird, dass all diese Vorschriften auch beachtet werden, würden sie sehr wahrscheinlich dieses Konzert nicht besuchen und kein Geld dafür ausgeben.

(Autorentext)

1. Du kommst nach Hause und erzählst, dass ihr euch im Politikunterricht mit dem „Musikmarkt" beschäftigt. Deine Geschwister oder Eltern fragen sofort nach: „Was ist denn ein Musikmarkt?" Was müssten sie auf jeden Fall wissen, damit sie die grundlegenden Sachverhalte über Märkte und ihre Funktion verstehen? Entwirf einen Stichwortzettel für einen kleinen Vortrag (M 9a und b). Folgende Stichworte sollen auf jeden Fall darin vorkommen (die Reihenfolge musst du selbst bestimmen):

2. In dem Schaubild zum „Musikmarkt" (M 9b, S. 48) sind Beispiele für Tauschaktionen angeführt. Versuche sie den Teilmärkten Kapitalmarkt, Arbeitsmarkt, Immobilienmarkt und Sachgütermarkt zuzuordnen und ergänze sie um eigene Beispiele. Sieh dir dazu am besten den Kleinanzeigenteil einer Musikzeitschrift an. Dort findest du viele weitere Beispiele. Übertrage das Schaubild in dein Heft.

Marktteilnehmer   Arbeitsmarkt   „Markt als Mechanismus"   Kapitalmärkte   Produzenten

Nachfrager   Spielregeln   Anbieter   Dienstleistungen   Konsumenten   Verfügungsrechte

Ein Modell verschafft Überblick: der Wirtschaftskreislauf

M 10

Auf dem Musikmarkt fließt viel Geld!

Auf dem Musikmarkt passiert allerhand! CDs, Instrumente, Bücher, alles Mögliche wird zum Verkauf angeboten und gekauft. Agenturen bieten ihre Dienste an, Künstler wollen vermittelt werden, Konzerte finden statt, Eintrittskarten müssen gedruckt und verkauft werden, Werbekampagnen werden gestartet. Manchmal sind Eintrittskarten so schnell verkauft, dass nicht alle Interessenten eine Karte kaufen können. Wenn man aber bereit ist, ein bisschen mehr Geld zu zahlen, findet man auch jemanden, der bereit ist, seine eigene, bereits erworbene Karte abzugeben.

Wie kann man eigentlich feststellen, wie viel Geld von wo nach wo fließt bzw. geflossen ist, wer was bekommen hat und was verdient worden ist?

2 Haste Töne?! – Wie man mit Musik Geld verdienen kann

Ökonomische Modelle

Biologielehrer im Gymnasium lehren die Grundlagen der Anatomie mit Nachbildungen des menschlichen Körpers aus Plastik. Diese Modelle haben alle wichtigen Organe – das Herz, die Leber, die Nieren und so fort. Das Modell ermöglicht es dem Lehrer auf einfache Weise zu zeigen, wie die wichtigsten Körperteile zusammenpassen. Selbstverständlich sind diese Plastik-Modelle keine wirklichen menschlichen Körper, und niemand würde das Modell als eine lebende Person ansehen. Derartige Modelle sind vereinfacht und lassen viele Einzelheiten weg. Trotz dieses Abstands zur Wirklichkeit ist das Studium des Modells nützlich, um zu lernen, wie der menschliche Körper funktioniert.

(Zeichnung: © Marie Marcks/Heidelberg)

Auch Ökonomen gebrauchen Modelle, um etwas über die Welt zu lernen. Aber statt Plastik werden bei der Modellierung Diagramme und Gleichungen verwendet. Wie im Plastikmodell des Biologielehrers fehlen viele Einzelheiten, damit man das Wesentliche besser sieht. So wie das Modell des Biologielehrers nicht alle Muskeln und Kapillaren des Körpers enthält, zeigt auch das ökonomische Modell nicht jede Einzelheit der Volkswirtschaft. Und zwar werden die Details ausgeschlossen, die für die Un-

In den Wirtschaftswissenschaften wendet man dafür ein ganz bestimmtes Verfahren an: Wie in der Physik, der Chemie oder der Biologie soll ein **Modell** dabei helfen, bestimmte Abläufe oder Entwicklungen zu durchschauen, nachzuvollziehen oder auch vorauszuberechnen (lies dazu die Information in der Randspalte).

Um das Marktgeschehen besser untersuchen und darstellen zu können, ist das **Kreislaufmodell** (bereits im 18. Jahrhundert von François Quesnay, Leibarzt der Marquise de Pompadour) entwickelt worden, mit dem die wechselseitigen Beziehungen der Geld- und Güterströme aufgezeigt werden können. Man kann damit darstellen, wer wofür Geld bekommt und wer wofür Geld bezahlt.

Was passiert in einer Volkswirtschaft? Millionen von Menschen sind wirtschaftlich aktiv: Sie kaufen, verkaufen, arbeiten, stellen Leute ein, produzieren usw. Auch ihr seid „Wirtschaftssubjekte" – so nennen Ökonomen die Teilnehmer am Wirtschaftsleben –, und zwar sehr wichtige! Ihr wisst ja, wie bedeutend die Kaufkraft von Kindern und Jugendlichen eingeschätzt wird (s. M 6a).

Worin bestehen nun eure wirtschaftlichen Aktivitäten? Ihr bildet mit euren Familien eine Wirtschaftseinheit, die **„Privater Haushalt"** genannt wird, und die wirtschaftliche Tätigkeit der Haushalte wird als **Konsum** bezeichnet. Konsum heißt übersetzt: Verbrauch. In deinem Haushalt werden täglich viele Dinge gebraucht und verbraucht: Haushaltsgeräte, Fernseher, CD-Player, Computer, Mineralwasser, Obst, Strom, Brot, Wurst, Käse u.v.a.m. Nicht alle Menschen in der Bundesrepublik leben in Familien. Manchmal leben ältere Menschen allein oder zu zweit oder auch junge Menschen, die nicht mehr bei den Eltern wohnen wollen oder können (sog. Singles). Der Anteil derjenigen Menschen, die nicht in einer Familie leben, nimmt ständig zu. Deshalb wird nicht von der Wirtschaftseinheit „Familie" gesprochen, sondern von „Haushalten", egal wie viele Personen ihnen angehören.

Die Haushalte kaufen die gewünschten Güter von den unterschiedlichsten **Unternehmen**, die sie hergestellt haben **(Produktion)** und zum Kauf anbieten. Die Unternehmen bilden eine weitere Wirtschaftseinheit, die im Kreislaufmodell erfasst wird.

Woher stammt das Geld für die Konsumausgaben? Wenn man sehr vereinfacht (siehe „Ökonomische Modelle"), kann man sagen, dass sie das Geld von den Unternehmern bekommen,

Wirtschaftseinheit **Haushalte**	Wirtschaftseinheit **Unternehmen**
Stätten des Güterverbrauchs Verbrauchswirtschaften	Stätten der Gütererzeugung Produktionswirtschaften

(Fotos: Westermann Tegra, aus: Conto 7, Westermann, Braunschweig 2001, S. 94)

tersuchung einer bestimmten Frage unbedeutend sind; die Realität wird vereinfacht, um unser Verständnis von der Wirklichkeit zu verbessern. So arbeitet die Biologie, die Physik – und eben auch die Ökonomie (Wirtschaftswissenschaften). Man muss also stets eine Entscheidung darüber treffen, was als wesentlich und was als vernachlässigbar anzusehen ist.

(Nach: Gregory Mankiw, Grundzüge der Volkswirtschaftslehre, Schäffer-Poeschel, Stuttgart 2001, S. 24 f.)

und zwar für die Arbeit, die sie leisten, für ein Grundstück, das sie vermieten, oder für Geld, das sie ihnen leihen.

Zwischen den Haushalten und den Unternehmen bestehen also folgende Beziehungen: Die Haushalte beziehen von den Unternehmen **Konsumgüter** und zahlen dafür Konsumausgaben. Das dazu notwendige Einkommen erhalten die Haushalte dafür, dass sie den Unternehmen ganz bestimmte Leistungen anbieten; z.B. arbeiten sie dort, vermieten an sie Grundstücke oder leihen ihnen für die Produktion Geld und bekommen dafür Zinsen. Sie „verkaufen" an die Unternehmen die sog. **Produktionsfaktoren:*** Arbeit, Boden* und Kapital*.

Diese Beziehungen kann man grafisch in einem Kreislaufmodell darstellen. Es gibt aber so viele Haushalte und Unternehmen in einer Volkswirtschaft, dass man sie nicht alle einzeln erfassen kann. Das ist auch nicht nötig, denn es sollen ja die wirtschaftlichen Aktivitäten *zwischen* den Unternehmen und den Haushalten erfasst werden, und deshalb fasst man alle Haushalte und alle Unternehmen zu *jeweils einer Einheit* (einem „Sektor") zusammen.

Haushalte und Unternehmen haben auf zweierlei Märkten miteinander zu tun. Auf den **Gütermärkten** sind die Haushalte Käufer (sie kaufen Waren und Dienstleistungen*) und die Unternehmen sind Verkäufer. Die Haushalte geben Geld aus für den Kauf von Waren und Dienstleistungen von den Unternehmen. Auf den **Faktormärkten** (Produktionsfaktoren*) sind die Haushalte Verkäufer (sie verkaufen den Gebrauch ihrer Arbeitskraft, ihrer Grundstücke und Gebäude sowie ihres Kapitals* bei der Herstellung von Gütern), und die Unternehmen sind Käufer. Die Unternehmen verwenden die Einnahmen aus den Güterverkäufen teilweise dazu, um die Produktionsfaktoren zu bezahlen (z.B. die Arbeitskräfte zu entlohnen).

Im Kreislaufmodell könnt ihr den Verlauf dieser zwei unterschiedlichen Ströme verfolgen: den Verlauf der *Güterströme* und den der *Geldströme*.

Der einfache Wirtschaftskreislauf

Für die Erarbeitung von M 10 solltet ihr euch etwas Zeit nehmen. Ziel der Erarbeitung ist, dass jede(r) von euch die fett gedruckten Begriffe selbstständig und mit eigenen Worten erläutern kann.

(Aus: Gregory Mankiw, Grundzüge der Volkswirtschaftslehre, Schäffer-Poeschel, Stuttgart 2001, S. 27)

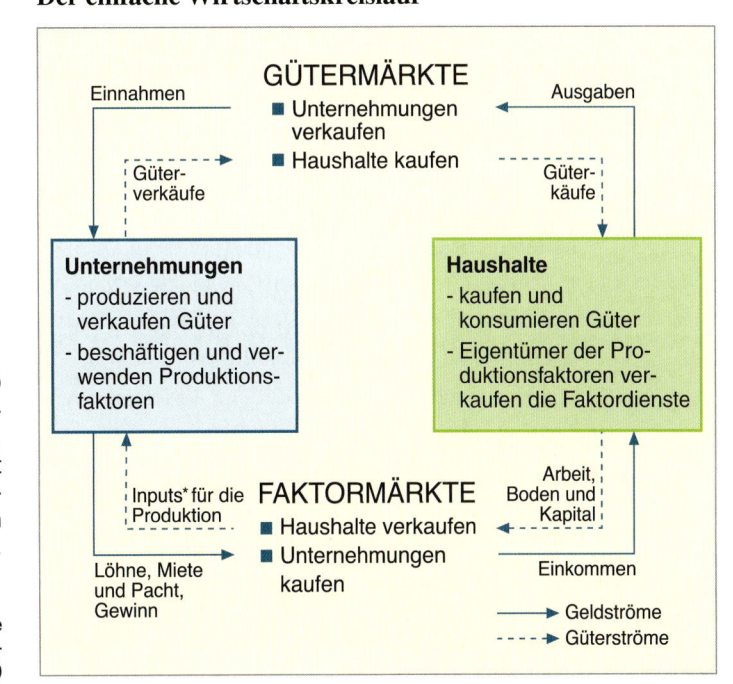

Dieses Kreislaufdiagramm, das nur die zwei Sektoren „Haushalt" und „Unternehmen" betrachtet, ist sehr vereinfacht. Am wirtschaftlichen Geschehen sind auch noch andere Einheiten beteiligt, z. B. der „Staat" oder das „Ausland".

Es gibt Modelldarstellungen, in denen auch sie erfasst sind, doch wir wollen uns auf diese beiden Sektoren beschränken. Ihr sollt erst einmal das Grundmodell kennen lernen und dafür reichen diese zwei Sektoren aus.

(Autorentext)

M 11
Mit Britney Spears im Wirtschaftskreislauf

(Foto: © dpa-Fotoreport/Bettina Schwarzwälder)

Was hast du mit Britney Spears im Wirtschaftskreislauf zu tun?

Wir gehen von folgender Situation aus:
Britney geht auf Tournee und macht auch in Deutschland im Dortmunder Westfalen-Stadion Station! Unter den Fans setzt eine große Euphorie ein! Leider gibt es nicht genügend Karten für die vielen Jungen und Mädchen, die das Konzert besuchen wollen – also ist Eile geboten! Du hast doppeltes Glück – deine Patentante „sponsert" dich und du bekommst tatsächlich bei der Kartenverkaufsstelle – bei der du dich schon vier Stunden vor Öffnung anstellst und dann noch einmal zwei Stunden in einer Schlange stehst – eine Eintrittskarte. Innerhalb weniger Tage sind die 60.000 Karten verkauft. Drei Monate später findet das Konzert statt!

Rund um dieses Ereignis finden fast unzählige wirtschaftliche Aktivitäten statt. Einige davon sind hier aufgelistet. Versuch einmal die Beispiele in dem auf der folgenden Seite angeführten Wirtschaftskreislaufdiagramm unterzubringen (Kopie anfertigen oder ins Heft übertragen!), indem du die jeweilige Ziffer des Beispiels einem mit einem Buchstaben benannten Pfeil zuordnest (es gibt mehrere Möglichkeiten).

Wir beschränken uns hier auf die *Geldströme,* zur besseren Übersichtlichkeit lassen wir die Güterströme außer Acht.

Dazu musst du auf jeden Fall M 10 erarbeitet haben!

1. Die Musikagentur von Britney betreibt gezielte Werbung für die Tournee und lässt Schülerinnen und Schüler Postwurfsendungen austragen. Du bist dabei.
2. Du kaufst eine Eintrittskarte für das Konzert von Britney Spears.
3. Die Kartenverkaufsstelle musste für den Kartenverkauf Aushilfskräfte einstellen und zahlt ihnen den entsprechenden Lohn.
4. Für das Konzert kaufst du dir neue Schuhe und einen neuen Rucksack.
5. Vor und nach dem Konzert steigen die Verkaufszahlen von Britney Spears-CDs enorm.
6. Für das Konzert muss die Rasenfläche besonders strapazierfähig sein: Die Gärtner erhalten mehr Geld, weil sie Überstunden machen.
7. Der Stadionbetreiber „heuert" zusätzliche Sicherheitskräfte an.
8. Britney will für das Konzert eine besonders gute Kondition haben und ihre Konzertagentur stellt dafür einen Konditionstrainer ein.
9. Am Konzertabend kaufst du dir zum Andenken ein besonders „heißes" Poster von Britney.

Achtung: Sonderfälle!!!!

10. Nach dem überaus erfolgreichen Konzert überweist Britneys Musikagentur der eigens für dieses Konzert beauftragten Marketingfirma* einen stolzen Betrag. (Warum taucht diese wirtschaftliche Aktivität in unserem Kreislaufbild nicht auf?)
11. Nach diesem Konzert macht Britney erst einmal Pause und faulenzt eine ganze Woche. Nach diesem Stress will sie so normal wie möglich leben und macht sogar ihre Einkäufe im Supermarkt selbst. Zeichne den Geldstrom für diese Aktion in das Kreislaufdiagramm ein.

Verkaufsstrategien von Unternehmen

Der „Britney-Wirtschaftskreislauf"

```
        h
      d
            g
  U ←   a    → H
      e
            b
        f
            c
        i
```

(Autorentext)

Verkaufsstrategien von Unternehmen

Ihr habt in den vorangegangenen Materialien erfahren, dass Kinder und Jugendliche über eine enorme Kaufkraft verfügen und ganz maßgeblich auch mitbestimmen, welche Produkte in den Familien gekauft werden. Deshalb haben viele Unternehmen ein großes Interesse daran, euch als Kunden zu gewinnen. Um ihren Absatz zu erhöhen, steht den Marketingabteilungen* eine große Palette ganz unterschiedlicher Möglichkeiten zur Verfügung. Im Folgenden sollt ihr euch mit drei für die Musikbranche ganz besonders bedeutsamen Verkaufsstrategien beschäftigen: mit der **Werbung, mit Jugend- und Musikzeitschriften** und mit **Musiksendern** im Fernsehen.

Werbung/Promotion

M 12

Von AIDA gefesselt werden

Mit AIDA ist hier auf keinen Fall die berühmte italienische Oper von Verdi gemeint – AIDA ist ein Konzept, mit dem u. a. Werbefachleute erreichen wollen, dass ihre Werbestrategien Erfolg haben, und das heißt: Der Absatz steigt!
Dies ist maßgebliches Ziel von Werbung: Bedürfnisse, Wertschätzungen und Einstellungen möglicher Kunden sollen planmäßig beeinflusst werden mit dem Ziel, eine Kaufentschei-

dung zu treffen. Dabei richtet sich Werbung stets auf eine Zielgruppe, deren Gefühle und Verstand angesprochen werden sollen, und zwar durch sprachliche und optische Mittel.

Dabei wird häufig ein einfaches Schema angewendet, das die Prozesse, die Werbung beim Konsumenten bewirken soll, in ihrer Abfolge beschreibt:

A	= attention	=	Aufmerksamkeit wecken
I	= interest	=	Interesse auf Produkt lenken
D	= desire of possession	=	Besitzwunsch anregen
A	= action	=	zum Handeln, Kauf bringen

Die Werbung will an erster Stelle deshalb Aufmerksamkeit wecken, weil sie den Verbraucher für die Werbebotschaft zugänglich machen soll.

Durch verschiedene Reize, die wir mit den Sinnesorganen aufnehmen, wie z.B. Töne, Bilder und Worte, soll in uns eine innere Spannung oder Erregung entstehen.

Die Werbung benutzt hauptsächlich drei Gruppen von Reizen:

- emotionale Reize, die Gefühle ansprechen,
- gedankliche Reize und
- gegenständliche Reize

Emotionale Reize

Erzeugt werden diese in der Werbung durch erotische Abbildungen sowie Motive, die auf dem Kindchenschema aufbauen. *Erotische Abbildungen* sprechen die sexuellen Gefühle an. Sie sind besonders geeignet, unsere Aufmerksamkeit zu wecken, weil sie sich kaum abnutzen und immer neu wirken. Sie wirken auf fast jeden, unabhängig vom Alter, Geschlecht, von der Bildung usw. Das „*Kindchenschema*" beruht auf Abbildungen von kleinen Kindern mit großem runden Kopf und strahlenden Kulleraugen. Solche Bilder lösen emotionale Reize aus, weil sie sich an „Mutter- und Beschützergefühle" wenden.

Gedankliche Reize

Sie entstehen vor allem dann, wenn durch die Werbebotschaft Widersprüche und Überraschungen ausgelöst werden. Der Verbraucher wird zur gedanklichen Verarbeitung der Information angeregt. Ein Beispiel für gedankliche Reize sind ungewohnte Schreibweisen oder die Einordnung von Wörtern in völlig andere Zusammenhänge oder eine ungewöhnliche Kombination von Bild und Produkt.

In Untersuchungen wurde festgestellt, dass gedankliche Reize den emotionalen Reizen unterlegen sind.

Gegenständliche Reize

Größe, Farbe, Helligkeit, Lautstärke der Werbung sind Reize, die ebenfalls unsere Aufmerksamkeit wecken. Farbige Anzeigen oder Plakate regen mehr an als nichtfarbige. Mehrfarbig gestaltete Werbung hat wiederum eine größere Wirkung als einfarbige. Die Wirkung ist auch von der Größe abhängig. Eine große Anzeige wird häufiger beachtet als eine kleine.

(Autorentext)

M 13a

„Cross-Promotion"

Unter „Promotion" versteht man in der Betriebswirtschaft* eine Förderung des Absatzes durch besondere Werbemaßnahmen. Das können z. B. Sonderaktionen eines Unternehmens sein wie z. B. Preisausschreiben, Tage der offenen Tür mit Grillen und „Hüpfburg", Rücknahmeaktionen u. a. m.

Von „Cross-Promotion" spricht man, wenn bei Werbemaßnahmen zwei oder mehrere „Produkte" miteinander gekoppelt werden, wenn z. B. berühmte Tenöre Boxkämpfe mit Popsongs begleiten oder wenn ein bestimmter Autotyp den Namen einer berühmten Popband bekommt. Auf diesem Wege werden zwei „Produkte" gleichzeitig verkauft und es wird für sie gleichzeitig geworben.

Bei dieser Art der Absatzförderung sind Musikstars wegen ihres Bekanntheitsgrades besonders bevorzugte Werbepersonen. Hierbei spielt sicher auch das euch schon bekannte „Meinungsführermodell" (vgl. M 4 und M 5) eine große Rolle.

(Autorentext)

M 13b

Britney und Pepsi

Pepsi Frühjahrsaktion mit Britney Spears

Mit *Britney Spears* hat *Pepsi* für heiße Weihnachten gesorgt – noch heißer wird allerdings das Frühjahr. Denn seit Mitte Februar steht die „Queen of Pop" wieder lebensgroß in allen Supermärkten. Im aufreizenden Outfit ziert sie sämtliche 1,5- und 2-Liter-PET-Flaschen der Marken Pepsi, Pepsi Light und Pepsi Max. Auch die Käufer von Multipacks haben wieder Grund zur Freude: Als Gratiszugabe erhalten sie eine CD mit einem neuen, exklusiv für *Pepsi* aufgenommenen Song „Right now – Taste of Victory", dem Trailer zu „Crossroads", dem neuen Film der Pop-Prinzessin, einem Interview, Fotogalerien und einem Bildschirmschoner.

Als absolutes Highlight verlost *Pepsi* Karten für die Premiere von „Crossroads", den sie am 08. März 2002 in Köln persönlich präsentiert. Außerdem ist erneut auf allen Flaschen eine kostenlose Hotline angegeben, unter der sich Britney-Fans verschiedene Songs kostenlos als Klingeltöne fürs Handy laden können. Dank einer Kooperation von *Pepsi* und *Loop* lassen sich die Sounds jetzt per SMS abrufen. Bei der letzten Aktion nutzten über 1,1 Mio. begeisterte Verbraucher den Gratis-Service.

(ots, in: Pop 100-Nachricht vom 05.03.2002)

M 14a

Wenn die Musik zur Nebensache wird

Wie die vorangegangenen Materialien gezeigt haben, nutzen viele Künstler die Werbung, um auf sich und ihre Musik aufmerksam zu machen, aber auch, um durch Werbung für ganz andere Produkte einen „schönen Batzen" dazuzuverdienen. Mittlerweile gibt es aber einen neuen Trend in der Branche: Musikstars „verkaufen" nicht nur ihre Musik, sondern sie bieten noch andere eigene Produkte an. Sie gründen zusätzliche Firmen, z. B. Kleider oder Kosmetikfirmen, und die entsprechenden Produkte werden dann in Boutiquen oder speziellen Shops verkauft. Und wer dann auf Puff Daddy oder Jennifer Lopez steht, kann das auch gleich mit dem entsprechenden Outfit oder dem passenden Parfüm nach außen kundtun.

(Autorentext)

2 Haste Töne?! – Wie man mit Musik Geld verdienen kann

M 14b Wenn das Musikgeschäft zum Nebenverdienst wird

HIPHOP goes Versace – US-Rap-Stars machen mit Mode Millionen

MODE-RAP
Ton in Ton: Model im Leder-Outfit bei der Fashion Week 2001 in New York

STADT-TARZAN
Macho-Styling bei der Sean-John-Show in New York

LEISETRETER
Wu-Wear versorgt die Szene sogar mit Schuhen

DIE DIVA
Sean Combs alias Puff Daddy alias P. Diddy – nicht nur Rapper, sondern auch neuer, preisgekrönter Modezar

(Fotos: Michael O'Neill/ Corbis Outline, Retna)

Schuld ist mal wieder Puff Daddy, also P. Diddy, wie der New Yorker Multimillionär (bürgerlicher Name: Sean Combs) neuerdings genannt werden will. Musikalisch setzt der erfolgverwöhnte Produzent und Rapper auf bewährte Klänge, seine preisgekrönte Modelinie Sean John hingegen ist der Verkaufshit unter trendbewussten Promis, Rap-Stars, Großstadtkindern und solchen, die es gern wären.

280 Millionen Mark Umsatz erhofft sich Combs im dritten Geschäftsjahr von Sean John. Mit den Platten verdiente der Chef von Bad Boy Entertainment im vergangenen Jahr 130 Millionen Mark. Die Schneiderkollegen des Konkurrenten Rocawear prognostizierten 216 Millionen Mark für 2001. Schlabberhosen-Pionier Fubu konnte 1998 bereits 756 Millionen Mark einstreichen, Tendenz steigend.

So was spricht sich rum: Fast täglich gründet ein anderer Rap-Superstar eine eigene Kleiderfirma, die mehr Geld verspricht als das Musikbusiness. Der Kampf um die Charts verlagert sich in die hippen Boutiquen der Metropolen, denn auch Jay-Z (Rocawear), der Wu-Tang-Clan (Wu Wear), Russell Simmons (Phat Farm), Snoop Dogg (Big Snoop Dogg) und andere HipHopper versuchen, den Profit auf dem Textilmarkt einzustreichen. „Aus der Urban Wear ist allein in Amerika ein 1,6-Milliarden-Mark-Business geworden", schätzt Marshall Cohen, Präsident des US-Marktforschungsinstituts NPD. […]

Dass Musiker zeitgenössische Mode prägen, ist nicht neu. Dass sie diese aber verkaufen, sehr wohl. Bei Events wie der Oscar-Verleihung oder den MTV-Awards scheint dem Millionenpublikum die Hülle inzwischen wichtiger als der künstlerische Beitrag. Wer trägt was, lautet die Gretchenfrage. […]

Verkaufsstrategien von Unternehmen

Straßenpreise? Weit gefehlt. Exquisite Stücke wie etwa eine cremefarbene Lammfellweste oder eine Hose aus Echsenleder kosten mindestens 1000 Mark. Die Kollektion als Spiegel von Champagner-Lifestyle und Erfolg der Hamptons-Neureichen. Für die Kids auf der Straße bleibt die Massenware: vom T-Shirt bis zu den Feinripp-Boxershorts – alles Sean John. Preislich schenken sich die angesagten Labels nichts: Eine Baggy-Jeans kostet in Deutschland mindestens 140 Mark, egal ob Rocawear, Fubu, Karl Kani, Sean John, Tripple 5 Soul oder Outkast Clothing eingestickt ist.

„Wer den Kids die Klamotten verkauft, macht das dicke Geschäft"
(Schowi)

Der Massive-Töne-Rapper betreibt einen Club, eine Plattenfirma, jetzt auch das Fashion-Label Traphic

„Wer den Kids die Klamotten verkauft", vermutet Jean-Christoph Ritter, alias Schowi (s. Foto), Chefrapper der Massiven Töne, Clubbetreiber und seit kurzem Inhaber einer Modelinie, „macht das dicke Geschäft. In Zeiten von MP3 und Internet gibt niemand Geld für Musik aus."

Vorbild Puffy? „Weder musikalisch noch stilistisch", entgegnet Schowi, „aber das Imperium des auf 500 Millionen Dollar geschätzten Puffy beeindruckt schon." Besonders einen Schwaben.

(Jörg Rohleder, in: Focus Nr. 38/2001, S. 219f.)

---

1. M 12 stellt euch das Werbekonzept AIDA vor, bei dem mit ganz unterschiedlichen „Reizgruppen" gearbeitet wird, um Aufmerksamkeit zu erlangen und letztendlich zum Kauf zu bewegen. Erläutert die „Reize" im Einzelnen und zeigt bei den angeführten Beispielen, mit welchen „Reizen" hier gearbeitet wird. Manchmal sind in einer Anzeige auch mehrere zu finden.

2. Geht selbst auf die Suche nach Werbeanzeigen in der Musikbranche, untersucht ihre „Machart" und stellt eine Collage zusammen.

3. Verdeutlicht an den in M 13b dargestellten Beispielen, was unter Cross-Promotion (M 13a) zu verstehen ist. Sucht nach weiteren Beispielen.

4. M 14 macht auf eine neue Entwicklung in der Musikbranche aufmerksam. Auch hier geht es wieder um die Schaffung von „Erwerbsquellen".
a) Stellt zunächst einmal diese Entwicklung allgemein vor.
b) Listet die angeführten Modefirmen und die entsprechenden Sänger auf und ergänzt – wenn möglich – die jeweiligen Umsatzbeträge.
c) Welche der genannten Firmen sind euch bekannt? Kennt ihr weitere Firmen einzelner Gruppen oder Sängerinnen/Sänger (auch für andere Produkte)?

5. Nehmt Stellung zu der Aussage von Schowi: „Wer den Kids die Klamotten verkauft, macht das dicke Geschäft" (siehe Foto).

6. Was würden Jan S., Lisa und Sophia (siehe M 1) zu den „zusätzlichen Erwerbsquellen" sagen?

Jugend- und Musikzeitschriften und Musikfernsehen

M 15a

Eine kleine Auswahl

M 15b
Jugend- und Musikzeitschriften in Deutschland

Titel der Publikation	Druckauflage	Verkaufte Exemplare in Deutschland (pro Ausgabe)
Bravo	1.111.282	781.601
Bravo-Girl	662.817	442.732
Gute Zeiten, Schlechte Zeiten-Magazin	382.397	250.389
MAD	146.703	58.231
Mädchen	533.976	307.297
Popcorn	597.232	418.361
Raveline	79.851	53.972
16	302.289	164.581
Stafette	102.667	84.767
Sugar	514.037	306.443
Top of the Pops	314.731	222.350
Treff-Schülermagazin	61.355	55.825
Wendy	284.315	183.284
Yam	575.483	344.749

(Informationsgemeinschaft zur Feststellung der Verbreitung von Werbeträgern e.V. [IVW], Auflagenliste 3/02)

M 16
Jugendzeitschrift und Konsum

(VIVA BamS in BILD am SONNTAG v. 11.8.2002, S. 3)

Bravo ist die meistgelesene Jugendzeitschrift in Deutschland und Marktführer. Mit ihren Ausgaben *Bravo-Girl, Bravo Screenfun* und *Bravo Sport* werden durch die verkauften Exemplare etwa ein Viertel aller Jugendlichen erfasst. Zum weitesten Leserkreis (durch Weiterreichen und Verleihen) gehört sogar die Hälfte aller Jugendlichen. Die Leser werden zu einer *Bravo-Familie,* deren Mitglieder sich verbunden fühlen. Monatlich gehen Tausende von Leserbriefen ein.

Bravo bezeichnet sich selbst als den „Weg zum jungen Käufer" (Kroeber-Riel, Konsumentenverhalten, 1990, S. 658). Offen wird zum Konsum angeregt. Da werden Tipps gegeben, welche Deos oder Slipeinlagen am besten geeignet sind, wenn man sich „dem nächsten Kaufrausch hingibt". Wie in vielen anderen Jugendzeitschriften auch wird den Jugendlichen gezeigt, was man trägt, wenn man „in" sein will, wenn man zeigen will, welche Musikrichtung man favorisiert, welche neuen Musikalben auf dem Markt sind, welche Kosmetik am besten zu welchem Typ passt und wie man sich schminken muss, damit man das „Beste" aus seinem Typ herausholt, welche Boy- oder Girl-Group gerade „spitze" ist, wo sie auftritt und welche Alben man unbedingt haben muss. Ein großer Teil der jeweiligen Artikel ist eine Kombination von Werbung und Information. Einen besonderen Stellenwert nehmen in einigen Zeitschriften erste sexuellen Erfahrungen und Probleme ein. Es werden Erfahrungsberichte geliefert, Anleitungen gegeben, Fotos gezeigt und für besonders schwierige Fälle gibt es ein Expertenteam, das sich jeder Frage annimmt, sowohl schriftlich als auch – in besonderen Notfällen – über eine hotline oder im Internet. Da kann man ganz im Vertrauen über alle Sorgen reden und sich über die Sorgen anderer informieren. Das verbindet und schweißt zusammen – eben wie in einer richtigen Familie, in der man über alles reden kann.

(Autorentext)

M 17
Die „doppelte Ökonomie" des Musikfernsehens

Die Entwicklung der Musikvideos ist sehr eng mit den Absatzschwierigkeiten der Tonträgerindustrie und den Maßnahmen zu deren Überwindung verbunden. Hinzu kommt, dass seit Mitte der Siebzigerjahre das Radio als Werbeträger für aktuelle Pop- und Rockmusik immer mehr an Bedeutung verliert, so dass neue Wege zum Publikum beschritten werden mussten. Die Antwort der Musikindustrie sind die Musikkanäle, die zu einem hohen Anteil Videoclips und Werbung senden.

Musikvideos sind in der Regel nichts anderes als Werbefilme, sog. Promos, d.h. Absatzförderer. Ihr Ursprung liegt in den Sechzigerjahren, als von der Unterhaltungsindustrie filmisch vorfabrizierte Fernsehauftritte von Rockstars zu Demonstrations- und Promotionszwecken hergestellt wurden. Sie wurden umso wichtiger, je weniger eine Musikpräsentation an einen Live-Auftritt von Stars gebunden war. Bereits in dieser Zeit wurden solche Videoclips auch im Fernsehen gezeigt (in Deutschland: Beat Club). Die Musikspartenkanäle radikalisierten [verschärften] dieses Konzept erfolgreich: ein Rund-um-die-Uhr-Fernsehprogramm nur mit Musik und Werbung, das äußerst kostengünstig produziert werden kann. Der Sender stellt den Sendeplatz zur Verfügung, die Wirtschaft liefert das Produkt beinahe zum Nulltarif. Das für den Anbieter lukrative [Gewinn bringende] System der „doppelten Ökonomie" entsteht: Die Programmelemente haben Werbefunktion; die Werbung, den Clips […] nachempfunden, erreicht Programmcharakter. Insofern ist MTV kein Werbeumfeld, vielmehr ein grenzenloses Werbefeld […].

Programm (Ökonomie 1) und Werbung (Ökonomie 2) sind aufeinander abgestimmt […]: „Popmusik in Form von Clips ist pures Excitement, Fernsehen in Form von MTV ist totale Werbung". Der Sender präsentiert Single-Auskopplungen bzw. Videoclips mehr oder minder bekannter Stars im sog. „heavy-rotation"-Verfahren (häufige Wiederholung) und verhilft ihnen damit zum Charterfolg. Tonträger-, Konsumgüter- und Sendereigenwerbung durchdringen sich. […]

(Klaus Neumann-Braun/A. Schmidt, McMusic – Einführung, in: Klaus Neumann-Braun [Hg.], VivaMTV – Popmusik im Fernsehen, Suhrkamp, Frankfurt/M. 1999, S. 11f.)

---

1. M 15a zeigt Titelseiten einer kleinen Auswahl von Jugend- und Musikzeitschriften und bietet eine Übersicht über die gängigsten Zeitschriften in dieser Branche. Sind sie euch bekannt? Welche werden von euch gelesen?

2. Schreibt auf, aus welchen Gründen diese Zeitschriften gekauft werden. Führt dazu eine Befragung in der Klasse durch.

3. a) In M 16 wird beschrieben, worin eine Hauptaufgabe z.B. der Jugendzeitschrift BRAVO gesehen wird. Erarbeitet zunächst die Hauptaussage und nehmt dazu Stellung.
b) Der letzte Satz des Textes ist eher „ironisch" gemeint. Warum?

4. Neben den Pop-Magazinen spielen die Musikfernsehsender ebenfalls eine wichtige Rolle.
● Welche seht ihr am liebsten und warum?
● Beschreibt, worin die „doppelte Ökonomie des Musikfernsehens" gesehen wird (M 17).

5. Betrachtet zum Abschluss dieses Abschnitts (M 12 – M 17) die beschriebenen Verkaufsstrategien, Angebote und Entwicklungen noch einmal unter einem kritischen Gesichtspunkt: Welche Probleme sind mit diesen Aspekten des Musikmarktes verbunden, z.B. im Hinblick auf euer Konsumverhalten, die Entwicklung eurer Interessen, eure Persönlichkeitsentwicklung? Welche Fähigkeiten müsste man entwickeln, um solche Probleme zu vermeiden? Inwiefern können die Informationen dieses Kapitels bei der Entwicklung hilfreich sein?

Wem gehört der Song? – Ich stelle mir meine CDs selbst zusammen!

In mehreren Materialien dieses Kapitels habt ihr Hinweise darauf gefunden, dass in der Musikindustrie Unzufriedenheit über die wirtschaftliche Situation herrscht. In diesem Zusammenhang wird auf ganz bestimmte technische Entwicklungen hingewiesen. Was hat es damit auf sich? Welche Zusammenhänge bestehen hier?

M 18

Auf dem Datenhighway ist die Hölle los!

[…] Seit dem Auftauchen des Datenformats MP3 ist das Internet zu einem gigantischen Umschlagplatz für Musik geworden. Auf Tausenden von legalen und illegalen Webseiten werden Musikdateien aller Art kostenlos bereitgestellt. […] Zu den legalen Seiten zählen zum Beispiel die homepages zahlreicher unbekannter Bands, die noch keinen Plattenvertrag haben und die Rechte an ihrem Material selbst besitzen. Das Internet bietet ihnen die Möglichkeit, „hörbare" Werbung in eigener Sache zu machen. Auch einige der etablierten Bands bieten ihren Fans Songs zum Nulltarif.

Im World Wide Web existieren aber wesentlich mehr illegale Angebote von MP3-Dateien auf unzähligen homepages von Musikfans. Sie stellen aktuelle Neuerscheinungen ebenso ins Netz wie rare Livemitschnitte und Bootlegs*. […]

Es ist nicht sonderlich schwer, die Stücke aus der eigenen CD-Sammlung als MP3-Files ins Netz zu stellen. Mit so genannten CD-Rippern lässt sich ein Song von einer normalen Audio-CD als wav-Datei auf die Festplatte kopieren und mithilfe eines Encoders in das MP3-Format umwandeln. […] Plattenfirmen wie etwa Sony bezeichnen das Internet bereits als den „Superhighway des Diebstahls" und sehen sich von einer gigantischen copyright-Piraterie bedroht. […]

Die Musikindustrie arbeitet gerade fieberhaft daran, der Kopierwut der Musikfans einen Riegel vorzuschieben. Und die Zeit drängt, denn noch nie zuvor war es für den Konsumenten so einfach, Musik in CD-Qualität zu duplizieren, wodurch der Branche erhebliche finanzielle Verluste entstehen.

(Th. Folge, Auf dem Datenhighway ist die Hölle los, in: Diabolo Nr. 4/1999, S. 40f.)

M 19

Fragebogen

1. **Verfügst du über eigene Möglichkeiten, Musik-CDs zu brennen?**
   - ☐ a) ja
   - ☐ b) nein

2. **Welche Geräteform wird zur Vervielfältigung benutzt?**
   - ☐ a) aufnahmefähiger CD-Player
   - ☐ b) CD-Brenner (Computer)

3. **Hast du die Möglichkeit, die CD-Cover annähernd originalgetreu zu kopieren (z.B. scannen)?**
   - ☐ a) ja
   - ☐ b) nein

4. **Wenn du selbst Musik-CDs vervielfältigst, für wen fertigst du noch Kopien an?**
- ☐ a) Familienangehörige
- ☐ b) gute Freunde
- ☐ c) Bekannte
- ☐ d) für jeden, der mich darum bittet

5. **Wenn du für andere Personen Kopien „brennst", nimmst du dafür Geld?**
- ☐ a) nein
- ☐ b) ja, zur Deckung der Kosten (Rohling ausgenommen)
- ☐ c) ja, für einen kleinen Zusatzverdienst, im Durchschnitt (pro CD) _____

6. **Falls du nicht kopieren kannst: Hast du die Möglichkeit, dir von anderen Personen Kopien deiner Wunsch-CDs anfertigen zu lassen oder solche zu erwerben?**
- ☐ a) nein
- ☐ b) ja, von guten Freunden oder Familienangehörigen
- ☐ c) ja, von anderen Personen

7. **Bezahlst du für diese Kopien?**
- ☐ a) ja
- ☐ b) nein
- ☐ c) wenn ja, wie viel im Durchschnitt (pro CD)? _____

8. **Lädst du dir Musik aus dem Internet?**
- ☐ a) ja
- ☐ b) nein
- ☐ c) wenn ja, …

… welche Quellen benutzt du (z.B. offizielle Anbieter, allgemeine Angaben)?

Lädst du Musik herunter, die auch auf Tonträgern erhältlich ist?
- ☐ a) ja
- ☐ b) nein

Bezahlst du etwas dafür?
- ☐ a) ja
- ☐ b) nein
- ☐ c) wenn ja, wie viel? _____

9. **Hast du eine eigene Homepage im Internet?**
- ☐ a) ja
- ☐ b) nein

10. Wenn ja, bietest du die Möglichkeit des Musikdownloads auf deinen Seiten an?

- ☐ a) ja
- ☐ b) nein
- ☐ c) wenn ja, welche Art von Musik? _____
  _____
- ☐ d) warum? _____
  _____

11. Ist der Preis von ca. 15 Euro für eine Musik-CD gerechtfertigt?

- ☐ a) ja, weil _____
  _____
- ☐ b) nein, weil _____
  _____

(Nach: IÖB – Institut für Ökonomische Bildung Oldenburg)

M 20 Wann „verbrennt man sich die Finger"? Ein Interview

Urheberrecht: Der Urheber (Verfasser) eines Werkes hat das Recht zu bestimmen, ob und wie sein Werk zu veröffentlichen ist; ihm ist es vorbehalten, vor Veröffentlichung des Werkes, seiner Beschreibung oder seines wesentlichen Inhalts den Inhalt öffentlich mitzuteilen (§ 12 UrhG). Er hat auch das Recht, eine Entstellung oder andere Beeinträchtigungen des Werkes zu verbieten, die geeignet sind, seine berechtigten geistigen oder persönlichen Interessen am Werk zu gefährden (§ 14 UrhG). Der Urheber hat alleinigen Zugang zu Werkstücken zur Herstellung von Vervielfältigungsstücken oder Bearbeitung des Werkes (§ 25 UrhG).

(Interview: Lutz Hofmann, in: Prisma, Wochenmagazin zur Zeitung, Prisma-Verlag, Düsseldorf, Nr. 15/2002, S. 6)

Die großen Plattenkonzerne wehren sich mit Händen und Füßen gegen Raubkopien. Aber was ist eigentlich legal, was ist strafbar? Prisma sprach mit Dr. Gabriele Pietzko von der Kanzlei Pietzko, Köln, die sich auf das Urheberrecht (s. Randspalte) spezialisiert hat.

PRISMA: *Ist das Kopieren von Musik für den eigenen Bedarf erlaubt?*
GABRIELE PIETZKO: Ja, für private Zwecke! Dafür dürfen auch Musiktitel unterschiedlicher CDs neu zusammengestellt werden. Als Obergrenze gilt die Herstellung von maximal sieben Vervielfältigungsstücken für das persönliche Musikbedürfnis.
PRISMA: *Macht es beim Kopieren einen Unterschied, ob die Platte/CD mir gehört oder nicht?*
PIETZKO: Nein, vielmehr kommt es darauf an, ob zur Herstellung einer Kopie eine legal erworbene Original-CD oder eine Raubkopie verwendet wird. Selbst wenn die legal erworbene CD von einem Freund stammt, ist die Herstellung einer Kopie zum privaten Gebrauch rechtmäßig und nicht zu beanstanden
PRISMA: *Stichwort Eigenbedarf: Gehört hierzu auch die Familie?*
PIETZKO: Ja, das Urheberrecht setzt nur einen privaten, keinen eigenen privaten Gebrauch voraus. Ein privater Gebrauch wird deshalb auch dann bejaht, wenn die Kopie für Personen erfolgt, zu denen ein persönliches Verhältnis (Freunde, Familienangehörige) besteht.
PRISMA: *Darf man kopierte Musik an Dritte verschenken oder verkaufen?*
PIETZKO: Nein, die Weitergabe einer kopierten Musik-CD an Dritte, zu denen keine persönliche Verbundenheit besteht, gilt als urheberrechtliche Verbreitung, die nicht mehr von dem Herstellungsrecht zum privaten Gebrauch gerechtfertigt wird.
PRISMA: *Was ist grundsätzlich verboten?*
PIETZKO: Kopierte Musik-CDs zum Download ins Internet zu stellen, sie dritten Personen zum Kauf, Tausch oder Miete anzubieten oder für Dritte CDs gegen Entgelt zu brennen.
PRISMA: *Mit welchen Strafen muss in so einem Fall gerechnet werden?*
PIETZKO: Die illegale Herstellung oder Verbreitung kopierter Musik-CDs kann mit Freiheitsstrafe bis zu drei Jahren oder Geldstrafe geahndet werden. Darüber hinaus können Schadensersatzansprüche geltend gemacht werden.

2 Haste Töne?! – Wie man mit Musik Geld verdienen kann

M 21
Umsatzverluste durch CD-Piraterie

Umsatzverluste durch CD-Piraterie

Umsonst-Songs aus dem Internet und schwarzgebrannte CDs sorgen in der Musikbranche für Katerstimmung. Nach einer Studie der Gesellschaft für Konsumforschung wurde im vergangenen Jahr auf 182 Millionen CD-Rohlinge Musik kopiert. Zudem wurden 492 Millionen Songs illegal aus dem Netz heruntergeladen. Der Absatz des drittgrößten Musikmarktes der Welt ging um 8,4 Prozent zurück

32,8 Mio. CD-Downloads (15 Songs ≈ 1 CD)
244,1 Mio. gekaufte CDs (264,6 Mio. im Vorjahr)
182 Mio. kopierte CDs

Quelle: Gesellschaft für Konsumforschung

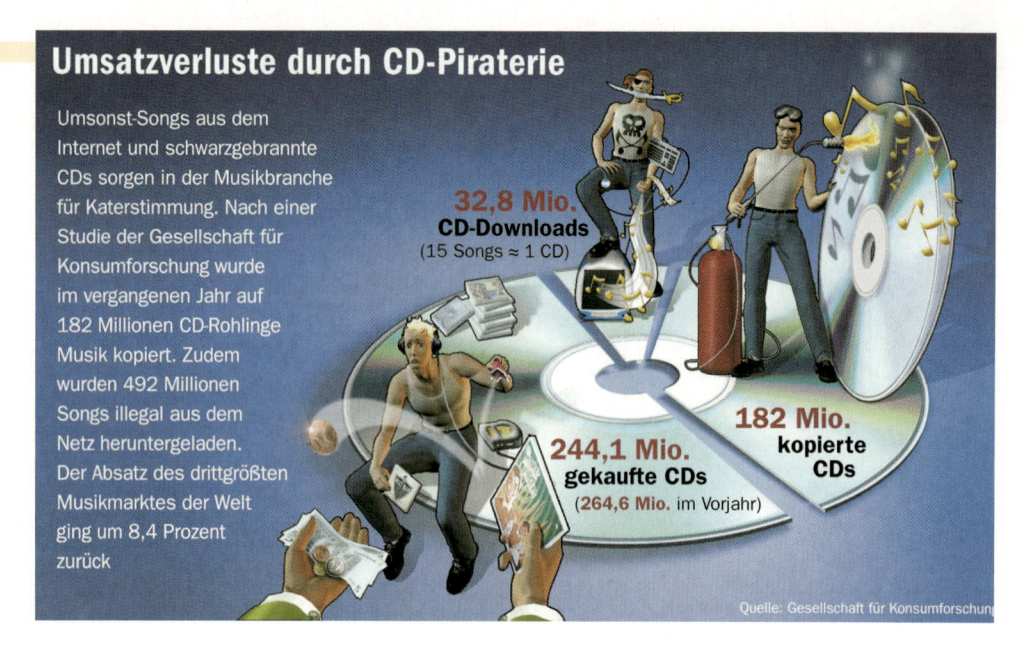

(© Martin Künsting/STERN/Picture Press)

M 22a
„Die CD-Brenner stoppen" – Industrie und Politik gehen gemeinsam gegen das Kopieren vor

Wirtschaft und Politik unternehmen einen neuen Anlauf, um Musikschnorrern das Handwerk zu legen. Gemeinsam wollen sie das Brennen einer CD erschweren, nach Möglichkeit sogar ganz verhindern (s. M 22b). [...] „Entertainment zum Nulltarif darf es nicht geben", betonte der Europa-Chef der Bertelsmann Music Group, Thomas M. Stein.
Seit CD-Brenner „in vielen Kinderzimmern zur Grundausstattung" zählten und Rohlinge 5
weniger als eine Kugel Eis kosteten, „bricht uns der Umsatz in gefährlichen Dimensionen weg", beklagte Stein. Die Musikindustrie habe im vergangenen Jahr durch privates Kopieren etwa 500 Millionen Euro eingebüßt. Gleichzeitig seien in Deutschland 133 Millionen CD-Rohlinge mit Musik gefüllt worden. Die Bundesregierung müsse [...] die „Online-Piraterie" eindämmen. Die kinderleichte Vervielfältigung von Tonträgern gelte es durch 10
technische Schutzsysteme zu stoppen.

Die existieren zum Teil schon. Es gibt nur ein Problem: Nicht alle CD-Player kommen mit den kopiergeschützten Silberlingen klar. Das wiederum ruft Verbraucherschüt- 15
zer und die Elektroindustrie selbst auf den Plan. [...]
Wirtschaft und Politik sind entschlossen, „kostenlose Raubkopien" nicht mehr hinzunehmen und CD-Brenner zu stoppen. 20
„Wir wollen den Diebstahl geistigen Eigentums nicht weiter zulassen", sagte der Mindener CDU-Bundestagsabgeordnete Steffen Kampeter in der Bundestagssitzung zur Lage der Rock- und Pop-Musik. [...] 25

Die Zeiten für Musikschnorrer werden härter. Die Firma optimal media production GmbH (Mecklenburg-Vorpommern) stellt Musik-CDs und CD-Roms mit einem Schutzring her. Damit soll das Abspielen und Kopieren im Computer unterbunden werden.

(Foto: © dpa-Fotoreport/Bernd Wüstneck)

(Dietmar Kemper, in: Westfälisches Volksblatt v. 7.3.2002)

Wem gehört der Song? – Ich stelle mir meine CDs selbst zusammen!

M 22b

Das neue Urheberrecht – eine „Gratwanderung"

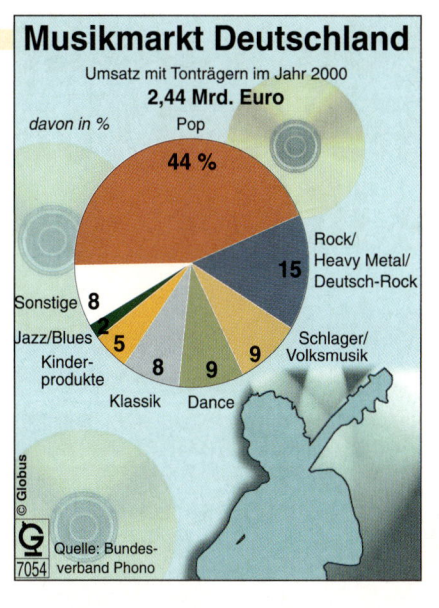

Musikmarkt Deutschland
Umsatz mit Tonträgern im Jahr 2000
2,44 Mrd. Euro
davon in %
- Pop 44 %
- Rock/Heavy Metal/Deutsch-Rock 15
- Schlager/Volksmusik 9
- Dance 9
- Klassik 8
- Kinderprodukte 5
- Jazz/Blues 5
- Sonstige 8

© Globus 7054
Quelle: Bundesverband Phono

Die Industrie dringt seit geraumer Zeit darauf, „die brennenden Probleme", so Gerd Gebhardt, Vorsitzender der Phonoverbände, durch eine Verschärfung des Urheberrechts zu lösen. Eine EU-Richtlinie* gibt es bereits dafür, sie harrt in Deutschland noch der Umsetzung in nationales Recht. Mit einem entsprechenden Gesetzentwurf, der Ende Februar 2003 in zweiter Lesung im Bundestag behandelt wurde, versucht das Justizministerium eine Gratwanderung. Es will einerseits das Urheberrecht stärken und Kopieren, das „unmittelbar oder mittelbar Erwerbszwecken dient", unter Strafe stellen. Auch wer Programme zum Knacken von Kopierschutz herstellt oder vertreibt, soll mit Geldbußen oder sogar Gefängnis bestraft werden. Aber privates Überspielen von CD auf CD will die Bundesregierung weiterhin dulden. Auch gelte der „Grundsatz der Verhältnismäßigkeit", sagt Maritta Strasser, Specherin des Justizminieriums. Schulhof-Täter dürften nicht verfolgt werden. Die Industrie verspreche sich dennoch „viel von dem Gesetz".

Marktforscher indes bezweifeln, ob dies der richtige Weg ist. Der verstärkte Einsatz von Schutzsoftware würde für die Firmen nur Kosten verursachen und zu Frust bei den Kunden führen, weil Nutzungsmöglichkeiten eben doch eingeschränkt würden, etwa indem nur noch eine oder zwei Kopien von einer CD möglich sind, meinen Forscher von Microsoft. Dies treibe nur noch mehr Musikfans in die Arme von illegalen Tauschbörsen, deren „Produkte" erstens kostenlos und zweitens unbegrenzt einsetzbar seien.

(Frankfurter Rundschau Nr. 299 vom 24.12.2002, S. 9; Verf.: Frank-Thomas Wenzel)

---

1. Erklärt mit Hilfe von M 18, was eigentlich MP3s und CD-Brenner sind und warum diese technischen Entwicklungen von der Musikindustrie als „Bedrohung" angesehen werden.

2. Mit dem Fragebogen (M 19) sollt ihr ermitteln, wie verbreitet tatsächlich in eurer unmittelbaren Umgebung (Klasse/Schule) das „Downloaden" von Musik und das CD-Brennen ist. Überlegt, nach welchen Gesichtspunkten ihr die Ergebnisse auswerten wollt (z.B. Alter, Geschlecht), und fügt entsprechende Kategorien ein. Führt dann die Befragung anonym durch und präsentiert die Ergebnisse in eurer Schulzeitung, evtl. nach dieser Unterrichtsreihe im Zusammenhang mit einem informativen Bericht über dieses Problem.

3. Lest das Interview mit Frau Dr. Gabriele Pietzko (M 20) sorgfältig durch und entscheidet nun, welches Verhalten bei den im Fragebogen formulierten Fragen erlaubt und welches „illegal" ist.

4. Erklärt, was unter „Urheberrecht" zu verstehen ist und warum Popstars sich auf dieses Recht berufen können.

5. M 21 könnt ihr entnehmen, welche Auswirkungen die Industrie der CD-Piraterie zuschreibt (vgl. M 13, S. 150).
a) Ermittelt zunächst, wie viele CDs im Vergleich zum Vorjahr weniger verkauft worden sind, und rechnet aus, welcher Umsatzverlust sich aus diesem Rückgang ergibt.
b) Rechnet aus, wie viel Geld in die Musikindustrie geflossen wäre, wenn die kopierten CDs regulär im Geschäft gekauft worden wären.

6. Erläutert, welche Forderungen die Musikindustrie an die Wirtschaft und Politik stellt und welches Problem sich ergibt (M 22a). Stellt heraus, welche gesetzliche Neuregelung des Urheberrechts erfolgen soll und warum das zugrunde liegende Problem offenbar so schwierig zu lösen ist (M 22b). Erkundigt euch, ob das Gesetz inzwischen verabschiedet wurde und wie die endgültige Regelung zum „Raubkopieren" aussieht (www.bmj.de).

3 Wozu dient die Familie? – Von den Aufgaben und vom Wandel der Familie in der Gesellschaft

Familie in Mexiko
(Foto: © Peter Menzel)

Jüdische Familie
(Foto: © KNA-Bild)

Familie in Peru
(Foto: © KNA-Bild)

Familie in Äthiopien
(Foto: © Shawn G. Henry)

Familie in Mali
(Foto: © Peter Menzel)

Zur Orientierung

Die Fotos auf der Titelseite dieses Kapitels zeigen, dass es Familien überall auf der Welt gibt. Sie können euch zum Nachdenken darüber anregen, warum das so ist und worin die gemeinsamen Merkmale und die Aufgaben von Familien liegen. Zu diesen beiden Fragen gibt der erste Abschnitt dieses Kapitels einige Hinweise (M 1 – M 5). Im zweiten Abschnitt wollen wir etwas eingehender darstellen, wie sich die Familie in Deutschland (wie auch in anderen modernen Industrieländern) verändert hat und wie es zu der in Deutschland nicht selten zu hörenden, besorgten Frage kommt, ob die Familie noch eine Zukunft hat. (M 6 – M 11)

Der dritte Abschnitt ist dem Zusammenleben in der Familie gewidmet; er gibt Hinweise auf Arten und Ursachen von möglichen Konflikten zwischen euch und euren Eltern und auf Möglichkeiten, wie ihr damit umgehen könnt. (M 12 – M 17)

Der letzte Abschnitt geht auf die lebhafte öffentliche Diskussion darüber ein, warum es notwendig erscheint, dass der Staat und die Gesellschaft Familien mit Kindern in noch stärkerem Maße fördern, als das bisher der Fall war. (M 18 – M 28)

Wozu dient die Familie?

Methode — „Schreibgespräch": Was bedeutet mir meine Familie?

Bevor ihr euch mit den in M 1 und M 2 wiedergegebenen Äußerungen von Jugendlichen und einer Darstellung zu den Aufgaben der Familie befasst, solltet ihr vielleicht einmal ganz spontan formulieren, was die Familie für euch persönlich bedeutet (bisher und in Zukunft), welche Vorstellungen und welche (positiven und vielleicht auch problematischen) Erfahrungen ihr damit verbindet usw. Ihr könnt das am besten in der Form eines „Schreibgesprächs" tun:

Jede(r) von euch schreibt ihre/seine Äußerung (einen Begriff, einen verkürzten oder kurzen Satz) in großer Schrift auf ein DIN A 5-Blatt. Die einzelnen Blätter werden dann nebeneinander gelegt (auf einem Tisch oder auf dem Fußboden), so dass ihr zusammen feststellen könnt, welche verschiedenen Standpunkte und Beurteilungen es gegeben hat, welche davon ggf. mehrfach oder besonders häufig vorkommen usw.

Vielleicht könnt ihr – ggf. nach einer Diskussion – auch ein kurzes zusammenfassendes Ergebnis dieses Schreibgesprächs an der Tafel festhalten, das ihr dann später mit den Informationen in M 1 und M 2 vergleichen könnt.

(Autorentext)

M 1 Die Aufgaben der Familie

Die Aufgaben (Funktionen), welche die Familie für ihre Mitglieder und für die gesamte Gesellschaft erfüllt, haben sich im Laufe der Geschichte gewandelt. So war z.B., als es noch keine allgemeine Schulpflicht gab, die Familie weitgehend für die Bildung und Ausbildung der Kinder zuständig; und solange es noch keine Kranken- und Rentenversicherung* gab, musste die Familie allein für die Krankheitskosten aufkommen und für die Alterssicherung sorgen. Heute lassen sich im Allgemeinen vier Aufgaben der Familie unterscheiden:

● Die Familie ist der wichtigste Bereich, in dem Kinder geboren werden und aufwachsen. Sie sorgt dafür, dass die Gesellschaft nicht ausstirbt, dass sie sich immer wieder herstellt. Inwieweit die Familie in Deutschland dieser Aufgabe gerecht wird, davon wird später (M 6, M 8) die Rede sein.

● Die Eltern in der Familie sorgen durch ihre Arbeit dafür, dass die Kinder das erhalten, was sie zum Leben und Aufwachsen unbedingt brauchen: Nahrung, Wohnung, Kleidung,

Schutz vor Gefahren usw. Die Eltern sichern also die äußeren Lebensbedingungen, die „Existenz" der Kinder und ihre eigene.
- Über die äußeren Lebensbedingungen hinaus kümmern sich die Eltern aber auch darum, dass ihre Kinder die Fähigkeiten erwerben, die man braucht, um mit den Mitmenschen umgehen und mit ihnen leben zu können. Anders ausgedrückt: Durch ihre Erziehung machen die Eltern ihre Kinder zu „sozialen" Wesen.
- Die Familie ist eine „Kleingruppe", in der die Beziehungen der Mitglieder besonders eng und vertraulich sein können. Sie stellt einen privaten, überschaubaren und verlässlichen Raum dar, in den Kinder und Eltern sich zurückziehen können, um Probleme und Spannungen zu besprechen und zu verarbeiten, die sich in der oft schwierigen und belastenden Umwelt (z.B. in der Schule, im Beruf) ergeben können.

(Autorentext)

M 2a
Was junge Leute über ihre Familie sagen

„Auch abgesehen von finanziellen Gründen wohne ich sehr gerne zu Hause bei meinen Eltern. Mit den beiden kann ich einfach über alles reden. Sie versuchen mir immer zu helfen. Mein Vater versucht sich sogar in meine Matheaufgaben reinzufuchsen, wenn ich mal nicht weiter weiß."
(w, 16 Jahre)

„Mit meinen Eltern verstehe ich mich gut. Ab und zu kriselt es mal, aber das gehört dazu. Beim Thema Schule geraten wir uns ehesten in die Haare. Meine Mutter will, dass ich noch mehr für die Schule tue."
(w, 17 Jahre)

„Eine Grundregel meiner Eltern ist, sich nicht hängen zu lassen, wenn es mal nicht so läuft. Und wenn ich Probleme habe, kann ich immer kommen und darüber reden. Meine Familie ist eigentlich das wichtigste im Leben, weil die auch hinter einem steht, wenn man mal Probleme hat. Die Eltern haben Lebenserfahrung und sind deshalb in der Lage zu helfen. Aber bei bestimmten Dingen ziehe ich ein Gespräch mit meinen Freundinnen vor."
(w, 15 Jahre)

„Hilfreich war, dass meine Eltern immer gesagt haben, ich soll mich hinter die Schule klemmen. Jetzt kann ich das gut gebrauchen. Ich hatte damals keine Lust, aber die haben mir geholfen. Die wichtigste Regel bei uns in der Familie war, dass man immer alles erzählt. Das habe ich auch meistens gemacht, bis auf Kleinigkeiten."
(m, 19 Jahre)

„Mir wurde durch meine Eltern, meine Oma und meine Lehrer vermittelt, dass man immer vernünftig und selbstbewusst auftreten soll, dass man immer höflich ist, dass man immer wissen muss, mit wem man spricht und welchen Ton man anschlagen muss. Meine Familie bestärkt mich meistens in meinen Entscheidungen und behindert mich nicht."
(m, 15 Jahre)

„Mit den Eltern gibt es auch mal Spannungen, weil man einen intensiven Kontakt hat, sich mehr mit ihnen beschäftigt. Bei mir ist es so, dass ich das meiste dann recht schnell auch wieder vergesse. Die Mutter ist ein bisschen nachtragender, aber das gibt sich dann nach einem Tag auch wieder."
(m, 19 Jahre)

„Ich kann stolz auf meine Eltern sein. Immerhin haben sie einen großen Anteil daran, was ich jetzt bin."
(m, 22 Jahre)

(Jugend 2000, Die 13. Shell Jugendstudie, Bd. 2, Leske + Budrich Verlag, Opladen 2000, S. 23-28)

„Meine Eltern haben mich schon frühzeitig zu Selbstständigkeit und Hilfsbereitschaft erzogen und auch vermittelt, dass man Verantwortung übernehmen muss."
(w, 20 Jahre)

Wozu dient die Familie?

M 2b

Zu wem haben Sie Vertrauen?		Was ist für Sie das Wichtigste im Leben?				Wie war Ihre Erziehung?	
(Mehrfachnennungen möglich)		(Mehrfachnennungen möglich)				(Mehrfachnennungen möglich)	
Eltern	95	Familie	62	Spaß	19	liebevoll	63
Freunde	91	Freundschaft	51	Geld	13	liberal	24
Geschwister	83	Gesundheit	46	Freizeit	12	streng	9
Ärzte	72	Liebe	44	Sex	6	nachlässig	3
Lehrer	49	Karriere	21			gar nicht	1
Politiker	12	Gerechtigkeit	20				

(Emnid-Umfrage bei 1000 Jugendlichen für den SPIEGEL Nr. 28 v. 12.7. 1999, S. 101; Angaben in Prozent)

1. Dass es Familien überall auf der Welt gibt, hat offenbar etwas damit zu tun, dass diese besondere Form des Zusammenlebens am besten dafür geeignet ist, bestimmte Aufgaben zu übernehmen, deren Erfüllung für das Leben in einer Gesellschaft notwendig ist.
Beschreibt mit eigenen Worten, welche unterschiedlichen Aufgaben die Familie heute für ihre Mitglieder und für die Gesellschaft erfüllt. Für zwei der aufgeführten Aufgaben (Funktionen) gibt es in den Sozialwissenschaften folgende Fachbegriffe: Sozialisationsfunktion, Reproduktionsfunktion. Ordnet diese Begriffe der Darstellung in M 1 zu und erläutert sie.

2. Der Text gibt im letzten Abschnitt Hinweise darauf, warum gerade die besondere Form der Familie dafür geeignet ist, die Funktion des „Spannungsausgleichs" (und auch die Sozialisationsfunktion) zu erfüllen. Erklärt diese Darstellung mit eigenen Worten.

3. Untersucht die Äußerungen der jungen Leute (M 2a) und die Ergebnisse der repräsentativen Umfrage (M 2b) zur Bedeutung und Einschätzung der Familie: Auf welche in M 1 genannten Aufgaben nehmen sie Bezug? Wie verhalten sich die Äußerungen zu den Ergebnissen eures „Schreibgesprächs"?

M 3

Familien in der amtlichen Statistik

Was eine Familie ist, ist nicht so einfach zu bestimmen, wie es scheint. Im Allgemeinen meinen wir, dass wir es mit einer Familie zu tun haben, wenn ein Ehepaar mit seinen eigenen oder angenommenen unmündigen oder unverheirateten Kindern zusammenlebt. In Anlehnung an den im Grundgesetz verankerten Familienbegriff zählt das Statistische Bundesamt neben *Ehepaaren mit Kindern* aber auch *Ehepaare ohne Kinder sowie allein erziehende Mütter und Väter, die mit ihren Kindern im gleichen Haushalt* wohnen*, zu den Familien („Kernfamilien"; vgl. M 4); ob allein Erziehende mit oder ohne (nicht-ehelichen) Partner leben, spielt dabei keine Rolle. Diese Definition bildet für das Statistische Bundesamt die Grundlage für die seit den 70er-Jahren veröffentlichten Ergebnisse des Mikrozensus* über das Zusammenleben der Menschen in Deutschland. Neben dieser Familien-Statistik enthält der Mikrozensus seit 1996 aber auch eine Statistik nach „Lebensformen", in der z.B. „Paare mit Kindern" (also nicht nur „Ehepaare mit Kindern") erfasst werden (vgl. M 5).
Immer wieder hört man auch die Begriffe „Kleinfamilie" und „Großfamilie", die streng genommen nicht gleichzusetzen sind mit den Begriffen „kleine Familie" und „große Familie". Die Kleinfamilie entspricht der Kernfamilie (s.o.), ganz gleich, wie viele Kinder sie hat. Wenn eine Kernfamilie (auch eine „Ein-Eltern-Familie") zusammen mit einer anderen Kernfamilie (z.B. den Großeltern der Kinder) oder mit Verwandten in einem Haushalt lebt, spricht man von einer Großfamilie, die also dann häufig nicht nur zwei (wie die Kleinfamilie), sondern mehr Generationen umfasst. Wegen der Abgrenzungsprobleme geraten aber die Begriffe Kleinfamilie und Großfamilie wissenschaftlich immer mehr außer Gebrauch.

(Autorentext)

3 Wozu dient die Familie? – Von den Aufgaben und vom Wandel der Familie in der Gesellschaft

a) b) e) c) d)

(Fotos: Günter Schlottmann/ Verlagsarchiv Schöningh)

(Foto: © Keystone)   (Foto: dpa)   (Foto: vario-press)

M 4

(Schmidt-Zahlenbilder)

Gesamtzahl der Familien: 22,4 Mio (= 62,9 Mio Menschen = rd. 77% der gesamten Bevölkerung der BRD 2001)
Insgesamt 21,1 Mio ledige Kinder leben in Deutschland mit ihren Eltern oder einem Elternteil unter einem Dach als Familie zusammen. Wegen der heute zum Teil weit ins Erwachsenenleben hineinreichenden Zeiten der Ausbildung und der Berufsfindung gehören dazu auch viele „Kinder", die längst volljährig sind (6,0 Mio). Von den Minderjährigen stehen 10,5 Mio im Schulalter zwischen 6 und 18 Jahren; 4,6 Mio sind noch nicht schulpflichtig. Diese insgesamt 15,1 Mio Kinder und Jugendlichen unter 18 Jahren verteilen sich auf 9,2 Mio Familien.

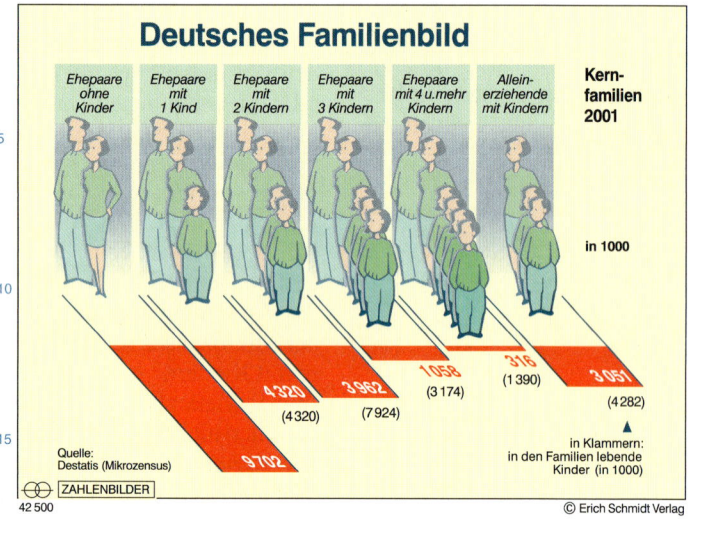

Deutsches Familienbild

Kernfamilien 2001, in 1000

Ehepaare ohne Kinder	Ehepaare mit 1 Kind	Ehepaare mit 2 Kindern	Ehepaare mit 3 Kindern	Ehepaare mit 4 u. mehr Kindern	Alleinerziehende mit Kindern
9702	4320 (4320)	3962 (7924)	1058 (3174)	316 (1390)	3051 (4282)

in Klammern: in den Familien lebende Kinder (in 1000)

Quelle: Destatis (Mikrozensus)
© Erich Schmidt Verlag

Hat die Familie noch eine Zukunft?

M 5 **Bevölkerung im April 2001 nach Lebensformtypen**
Deutschland

Ergebnisse des Mikrozensus – Bevölkerung am Familienwohnsitz; Konzept der Lebensformen

Statistisches Bundesamt 2002 - 15 - 0134

- Allein Erziehende ohne Partner/in: 7%
- Sonstige Personen: 2%
- Allein Lebende: 17%
- Paare ohne Kinder: 27%
- Paare mit Kindern: 47%
- 81,5 Mill.

Weitere detaillierte Informationen zur Verteilung der Bevölkerung auf verschiedene Lebensformtypen findet man im Internet unter der Adresse www.destatis.de/presse/deutsch/pk/2002/mikrozensus2001b.htm.

(© Statistisches Bundesamt, Wiesbaden 2002)

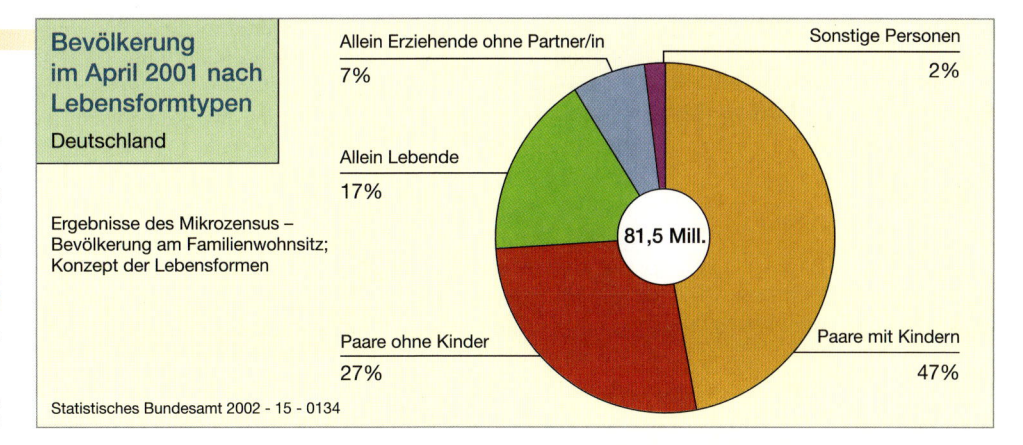

1. „Was eine Familie ist, ist nicht so einfach zu bestimmen", heißt es in M 3. Stellt fest, welche begrifflichen Abgrenzungen die amtliche Statistik (zum Begriff Mikrozensus s. Glossar) dazu getroffen hat, und ordnet die Fotos den verschiedenen Familienformen zu. Warum stellt die Abb. d) keine Großfamilie (im strengen Sinne; vgl. M 3) dar?

2. Der Statistik M 4 könnt ihr entnehmen, wie sich die verschiedenen Familienformen in Deutschland 2001 verteilen. Könnte man sagen, dass deutlich weniger als die Hälfte aller Familien (im amtlichen Verständnis) der Vorstellung von einer „normalen" (vollständigen) Familie entsprechen?

3. Überprüft durch eigene Berechnungen, ob folgende Aussagen zutreffen:
- Über 44 % aller Familien hatten 2001 keine Kinder.
- Fast jede zweite Ehepaarfamilie mit Kindern war eine Familie mit Einzelkind.
- Nur rd. 7 % der Ehepaar-Familien bzw. rd. 14 % der Ehepaarfamilien mit Kindern hatten mehr als zwei Kinder.
- Fast jede 4. (24 %) der Familien mit Kindern hatte nur einen Elternteil.

4. Vielleicht könnt ihr herausfinden, wie der Zeitungsleser in der Karikatur (S. 70) auf die Zahl 1,7 kommt (die Zeitungsmeldung bezieht sich auf Familien mit Kindern. Wie müsste sie lauten, wenn auch die kinderlosen Ehepaare in die Rechnung einbezogen würden?). – Was versteht der zweite Kaffeetrinker nicht?

5. Achtet auf den Unterschied zwischen den Darstellungen M 4 und M 5: Was wird als Familie (M 4), was als „Lebensformtyp" (M 5) bezeichnet? Inwiefern sind in den Kategorien „Paare ohne Kinder" und „Paare mit Kindern" (M 5) auch Nicht-Familien (im Sinne der amtlichen Statistik) enthalten?

Hat die Familie noch eine Zukunft?

„Seit Mitte der 60er-Jahre ist die Familie in beiden Teilen Deutschlands – wie auch in anderen hochentwickelten Industriegesellschaften – ausgeprägten Wandlungsprozessen unterworfen. Nach Ansicht zahlreicher Wissenschaftler machen Ehe und Familie eine Krise durch; vereinzelt ist sogar vom „Tod der Familie" die Rede. Andere wenden sich gegen das „dauernde Krisengerede" und betonen die Kontinuität und Stabilität der Familie. Und was die Situation noch schwieriger und unübersichtlicher macht: Beide Seiten stützen sich auf empirische Daten." (Rüdiger Peuckert, Familienformen im sozialen Wandel, Opladen 1999, S. 9)

Im Folgenden haben wir einige der wichtigsten Daten ausgewählt. Wenn ihr sie gründlich analysiert, könnt ihr euch ansatzweise ein eigenes Urteil zu der Frage bilden, ob man eher vom „Tod" oder von der „Stabilität" der Familie sprechen sollte.

M 6

Die Zahl der Geburten sinkt weiter

a) Die Zahl der Geburten geht weiter zurück. Von den Frauen, die 1935 geboren wurden, blieben nur 9 % kinderlos. Vom Geburtsjahrgang 1950 hatten 15,8 % keine Kinder und vom Geburtsjahrgang 1960 blieben 26 % ohne Kinder (Schätzung für den Geburtsjahrgang 1965: 32 %). Um die Zahl der Sterbenden pro Jahr auszugleichen, müsste die deutsche Durchschnittsfrau 2,1 Kinder zur Welt bringen. Das war zuletzt 1970 der Fall. 1975 lag die Zahl bereits bei 1,45 und heute (2002) bei 1,36. Damit hat Deutschland nach Italien und Spanien (beide 1,25) sowie Griechenland (1,34) die niedrigste Geburtenrate in ganz Europa. In Irland (1,90), Frankreich (1,86), Norwegen (1,80), Finnland (1,70) und Großbritannien (1,66) liegt die Geburtenrate deutlich höher; in den USA liegt sie bei 2,6. Der Rückgang der durchschnittlichen Kinderzahl ist hauptsächlich durch die wachsende Zahl der Frauen bedingt, die kinderlos bleiben (s.o.). Die Zahl der Frauen mit zwei Kindern ist dagegen mit rd. einem Drittel seit vielen Jahren (Geburtsjahrgänge 1940 bis 1965) konstant geblieben, und auch die Frauen mit vier und mehr Kindern machen in diesem Zeitraum konstant rd. 8 % aus.

(Autorentext nach: iwd – Informationsdienst des Instituts der deutschen Wirtschaft Köln, Nr. 8 v. 20.2.2003, S. 4f.)

b) Vor zwei Generationen hieß es ja: „Kinder kriegen die Leute immer." Da stimmte dieser Spruch noch. Heute wird die Entscheidung fürs Kind von vielen Faktoren abhängig gemacht: Zunächst muss die Partnerschaft stimmen. Dann kommt die Frage: Wollen wir Kinder? Nächste Frage: Wann? Erst muss die Berufslaufbahn passen, vor allem auch die der Frau. Dann wird abgewägt, wie es finanziell aussieht, wenn einer längere Zeit auf den Beruf verzichtet. Da schieben viele das Kinderkriegen so lange auf, bis sich schon wieder eine neue Paar-Konstellation ergibt, und dann ist das Entscheidungsfenster wieder vorbeigerauscht.

(Klaus Hurrelmann, in: Focus Nr. 31/2001, S. 126)

M 7

Wie die Mütter seit 1961 älter und seltener wurden

Lebendgeborene nach dem Alter der Mütter je 1000 Frauen gleichen Alters — 25-Jährige, 32-Jährige, 39-Jährige (1961, 1970, 1980, 1990, 1999)

Wie die Haushalte seit 1950 schrumpften

Einpersonenhaushalte, Haushalte mit drei Personen, Haushalte mit fünf und mehr Personen (1950, 1961, 1970, 1980, 1990, 1999)

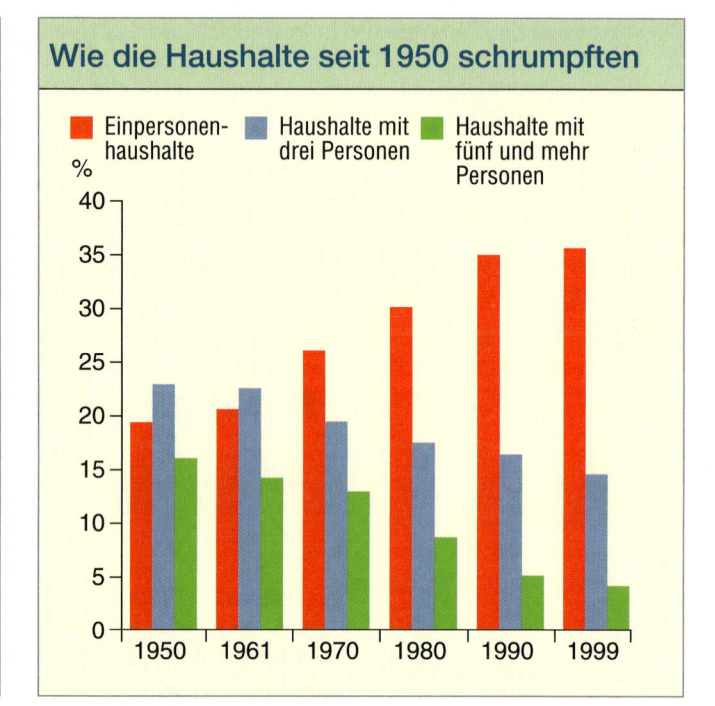

(Grafiken: Gisela Breuer; Quelle: DIE ZEIT v. 15.11.2001, S. 15)

Im Jahr 2001 betrug der Anteil der Einpersonenhaushalte an der Gesamtzahl (38 124) der Haushalte 36 % (1950: 19,4 %), der Anteil der Haushalte mit drei Personen 14,7 % (1950: 23,5%) und der Anteil der Haushalte mit 5 und mehr Personen 4,4 % (1950: 16,1 %).

Hat die Familie noch eine Zukunft?

M 8

Deutsche Lebenskurve
Bevölkerung in Deutschland in Millionen

1950	1960	1970	1980	1990	2000	2010	2020	2030	2040	2050
69,3	73,1	78,1	78,4	79,8	82,0	81,5	80,3		78,0	

Vorausberechnung ab 2010

bei einer jährlichen Zuwanderung von 200 000 Menschen: 81,1 – 78,8 – 74,5 – 70,4

bei einer jährlichen Zuwanderung von 100 000 Menschen: 75,2 – 70,5 – 65,0

Einwohner im Alter von:

	1950	2000	2050 (100 000)	2050 (200 000)
60 Jahren und älter	14,6 %	22,4	37,4	35,8
20 bis unter 60	55,0	56,2	46,7	47,9
unter 20 Jahren	30,4	21,4	15,9	16,3

Quelle: Stat. Bundesamt / © Globus 6470

Bei dem „**Generationenvertrag**" handelt es sich um ein Verfahren zur Finanzierung der Renten: Die jeweilige junge, arbeitende Generation finanziert durch ihre Beiträge in die Rentenversicherung die laufenden Renten der aus dem Berufsleben ausgeschiedenen Älteren (Umlageverfahren). Sie erhält dadurch ihrerseits den Anspruch auf den Bezug einer Rente im Alter, die dann von der nächsten Beitragszahler-Generation finanziert wird.

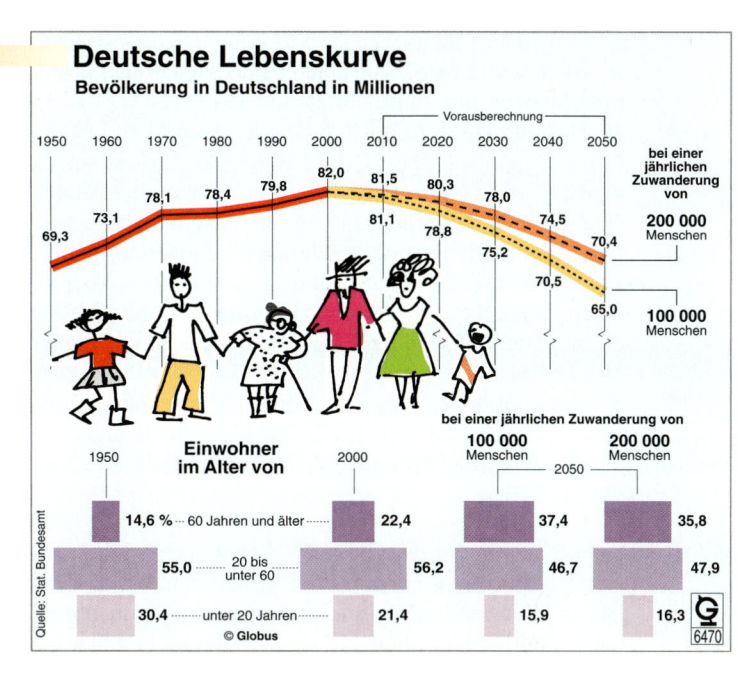

Im Jahr 2001 setzte sich der Trend der Bevölkerungsentwicklung deutlich fort. Die Zahl der Geburten ging gegenüber dem Vorjahr um 3,9 % zurück, es wurden 91 000 weniger Kinder geboren, als Menschen starben (im Vorjahr lag dieses „Geburtendefizit" bei 72 000). Die Zahl der Eheschließungen (389 Tsd.) ging mit 6,8 % gegenüber dem Vorjahr (419 Tsd.) am stärksten seit 1992 zurück.

---

1. Beschreibt die Entwicklung der Geburtenrate in Deutschland (M 6a). Welche der in M 1 genannten Aufgaben erfüllt die Familie offenbar nicht mehr?

2. Die „Geburtenrate" gibt die durchschnittliche Kinderzahl im Verhältnis zur Gesamtzahl aller Frauen eines Landes an (für Deutschland 1,3). Worauf bezieht sich im Unterschied dazu die Durchschnittszahl 1,7 in M 4 (Karikatur)?

3. In M 6b wird auf eine veränderte Einstellung zur Elternschaft als Grund für die niedrige Geburtenrate hingewiesen. Erläutert diese Veränderung näher und analysiert dazu auch die Grafik M 7a.

4. Die Hinweise in M 6b sind erklärend, nicht kritisierend gemeint. Welche gesellschaftliche Entwicklung und welche berechtigten Interessen von Frauen stehen hinter der beschriebenen veränderten Einstellung?

5. Die Geburtenentwicklung spiegelt sich auch in der Größe der Haushalte wider (M 7b). Beschreibt, wie sich die drei dargestellten Haushaltsgrößen in den letzten 50 Jahren entwickelt haben. Der Anteil der nicht dargestellten Zwei-Personen-Haushalte stieg von 25,3 % (1950) auf 33,4 % (1999). Der Anteil der Vier-Personen-Haushalte verringerte sich von 16,2 % (1950) auf 11,5 % (1999).

6. Erklärt, warum die in M 6a beschriebene Geburtenentwicklung zwangsläufig zu einer abnehmenden Bevölkerungszahl führt und wie sich diese Entwicklung (M 8) auf das Verhältnis zwischen der jüngeren, erwerbstätigen Bevölkerung und den Rentnern auswirkt.

7. Erläutert, was es mit dem viel besprochenen „Generationenvertrag" auf sich hat und inwiefern er durch die in der Grafik dargestellte Bevölkerungsentwicklung in Gefahr gerät.

M 9
Vielfalt der Lebensformen

Seit den späten 60er-Jahren ist in Deutschland – spät, aber heftig im Vergleich zu anderen Ländern – das eingetreten, was Soziologen als „Pluralisierung der Lebensformen" bezeichnen.

● Mittlerweile leben in Deutschland etwa 5 Mio. Erwachsene und Kinder in *Nichtehelichen Lebensgemeinschaften* (in Ostdeutschland relativ mehr als im Westen, auch häufiger mit Kindern).

- Gut 7 Mio. Menschen sind *Alleinerziehende* oder deren Kinder im Haushalt.
- Mehr als 13 Mio. Menschen leben allein (davon sind gut 6 Mio. „*Singles*" im besten Familienlebensalter zwischen 25 und 55).
- Nimmt man dazu noch die *kinderlosen Ehepaare*, die *Paare mit getrennten Wohnungen* („living apart together"), die „*Wochenend-Ehen*"-und die *Stief-Familien* […], so wird erkennbar, wie vielgestaltig die Lebensformen der Menschen seit den 70er-Jahren geworden sind. Es kann keine Rede mehr davon sein, dass Lebensformen außerhalb der „normalen" Familie unnormale „Abweichungen" darstellen. Nicht einmal unkonventionell kann man sie mehr nennen, so häufig sind sie geworden. – Aber man sollte die Kirche im Dorf lassen. Noch bilden die „bürgerlichen Familien" die relative Mehrheit. 2001 lebten in Deutschland ca. 36 Mio. Menschen in Familien, bestehend aus Ehepaaren mit Kindern im Haushalt (vgl. M 4 / M 5).
- Hinzu kommt, dass immer mehr Menschen in ihrer Biografie zwischen unterschiedlichen Lebensformen wechseln: Sie leben nacheinander z.B. als Single, als Verheiratete, als geschiedene Alleinerziehende und dann wieder in „Nichtehelicher Lebensgemeinschaft".

(Stefan Hradil, Individualisierung und Optionsgesellschaft; Rede zur SPD-Programmdebatte am 12.2.2001; www.spd-parteitag.de)

M 10 Trennung im Trend

(Focus Nr. 49 v. 3.12.2001, S. 53; Zahlen für Gesamtdeutschland: westdeutsche und ostdeutsche Bundesländer bzw. ehemalige DDR)

Geht man von der derzeitigen Scheidungshäufigkeit aus, werden in Deutschland fast zwei Fünftel aller Ehen noch vor der Silberhochzeit, also innerhalb von 25 Jahren, geschieden. Die in allen modernen Industrieländern zu beobachtende Zunahme der Scheidungszahlen hat vielfältige Ursachen, auf die wir hier nicht näher eingehen können. Sie hängen zum einen damit zusammen, dass Werte wie Selbstbestimmung und Selbstverwirklichung gegenüber Werten wie Pflichterfüllung und dauerhafte, feste Bindung an Bedeutung gewonnen haben und dass religiöse Bindungen und Überzeugungen weitgehend verloren gegangen sind. Zum anderen führen gerade die gestiegenen Ansprüche an die gefühlsmäßige Harmonie der ehelichen Partnerschaft und die Hoffnung auf ideale Beziehungen zu schnelleren Trennungen, wenn sich diese Erwartungen im konfliktreichen Alltag nicht erfüllen.
(Autorentext)

Die Scheidung muss von den Eltern beantragt werden, sie wird vor einem Familiengericht verhandelt und entschieden. Früher entschieden die Richter immer auch darüber, wer das Sorgerecht über das Kind oder die Kinder bekommt. Heute ist es so, dass es nach der Scheidung beim gemeinsamen Sorgerecht bleibt, außer ein oder beide Elternteile beantragen das alleinige Sorgerecht. Nach der Scheidung hat derjenige Elternteil, bei dem sich das Kind gewöhnlich aufhält, das Recht zur alleinigen Entscheidung in Angelegenheiten des täglichen Lebens (Ausgehzeiten, Taschengeld, Aufräumen, Arztbesuch usw.). Bei Dingen, deren Regelung für das Kind von erheblicher Bedeutung sind (Schulwechsel, Aufenthalt im Ausland, Operationen usw.), müssen sich die Eltern absprechen und – wie es im Juristendeutsch heißt – über die Entscheidung „Einvernehmen erzielen". Wenn bei Trennungen Kinder betroffen sind, wird häufig ein so genanntes Mediationsverfahren durchgeführt, dessen Ziel es ist, die Familie in der Trennungskrise zu begleiten und den Eltern die Chance zu geben, weiter mit-

Zahlen in Tausend

geschiedene Ehen, gesamt: 73,4 (60); 118,7 (70); 141,0 (80); 154,8 (90); 197,5 (01)

betroffene minderjährige Kinder: 67,3 (60); 103,9 (70); 125,0 (80); 118,3 (90); 153,5 (01)

Hat die Familie noch eine Zukunft?

einander im Gespräch zu bleiben. Die Kinder können ab 14 Jahren entscheiden, bei welchem Elternteil sie leben wollen; wenn sie jünger sind, müssen ihre Wünsche berücksichtigt werden.

Es gibt viele Gefühle, die Kinder nach einer Trennung der Eltern überfallen können: Wut, Enttäuschung, Einsamkeit und Verzweiflung. Die Sorgen in sich reinzufressen und dicht zu machen ist verständlich, aber kein guter Weg. Sich jemandem anvertrauen und einfach reden, reden, reden hilft meistens. Wenn keine beste Freundin oder bester Freund da ist, helfen Beratungsstellen weiter.

(Let's talk about… Familienleben – Das Magazin für Jugendliche, Friedrich Verlag, Seelze o.J., S. 27)

1. In M 9 heißt es, dass immer noch 37 Mio Menschen (rd. 46 %) in „traditionellen" Familien mit Kindern leben (vgl. M 3). Auf welche Lebensformen verteilen sich die übrigen Menschen (vgl. M 4, M 5)?

2. Das „Vorübergehende vieler Lebensformen", von dem in M 9 die Rede ist, hängt sehr stark mit dem Anwachsen der Scheidungszahlen zusammen. Analysiert dazu die Grafik M 10 und versucht die Gründe für die dargestellte Entwicklung, die im Text angesprochen und die häufig mit dem Begriff der „Individualisierung*" zusammengefasst werden, etwas näher zu erläutern.

3. Beschreibt, in welcher Form Kinder von Scheidungen betroffen sind. Wie erleben die meisten Kinder die Trennung ihrer Eltern? Wie kann sich das auf die Situation dieser Kinder in der Schule auswirken? Was könnten Mitschüler/innen tun, um diese Situation zu erleichtern?

Vielleicht habt ihr Interesse daran, zu einigen der Daten und Fakten, die ihr in den letzten Materialien kennen gelernt habt, eine eigene kleine Untersuchung durchzuführen, um zu sehen, inwieweit die Verhältnisse in eurem eigenen Lebens- und Erfahrungsbereich den „repräsentativen*" Daten für ganz Deutschland entsprechen. Dazu könnte jede(r) von euch mit Hilfe des folgenden Erhebungsbogens die entsprechenden (anonymen) Angaben in drei oder mehreren Familien sammeln, und ihr könntet sie im Unterricht für die ganze Klasse auswerten, indem ihr die angefügten Formulierungen (M 11, Auswertungshilfe) vervollständigt.

M 11 Familie heute – Befragungsergebnisse

Auswertungshilfe:
1. Durchschnittliche Personenzahl pro Familie: …
2. Durchschnittliche Kinderzahl pro Familie: …
3. In … von … Familien sind die Eltern verheiratet.
4. In … von … Familien sind die Eltern geschieden.
5. In … von … Familien sind … Mütter und … Väter allein erziehend.
6. In … von … Familien sind … Väter berufstätig.
7. In … von … Familien sind … Mütter berufstätig.
8. Folgende Personen leben noch in den Familien: …

(Xaver Fiederle [Hg.], P wie Politik, Band 1, Schöningh Verlag, Paderborn 2000, S. 63)

	Familie 1	Familie 2	Familie 3
1. Wie viele Personen gehören zur Familie?			
2. Wie viele Kinder leben in der Familie?			
3. Die Eltern sind verheiratet.			
4. Die Eltern sind geschieden.			
5. Mutter/Vater ist allein erziehend.			
6. Der Vater ist berufstätig.			
7. Die Mutter ist berufstätig.			
8. Folgende Erwachsene (neben den Eltern) leben noch in der Familie:			

Immer Ärger mit den Eltern?

(Foto: © Martin Brockhoff)

M 12
Worüber es Streit gibt

Mit Ungehorsam, Faulheit und Radau bringen noch immer die meisten Kinder ihre Eltern auf die Palme. Das ist das Ergebnis einer Umfrage der Zeitschrift „Eltern" unter 1855 Kindern im Alter zwischen 7 und 17 Jahren.
Immerhin 34,8 Prozent der Kinder gaben an, überhaupt keinen Ärger mit ihren Eltern zu haben. An der Spitze der Ärgernisse stehen Lügen (28,4 Prozent), Faulheit (26,7) und schlechte Noten (26,4). Zigaretten und Alkohol sind für 19,2 Prozent der Eltern ein rotes Tuch. Viele Kinder haben in Streitpunkten durchdachte Gegenargumente parat: So stoßen elterliche Vorurteile gegen Computerspiele auf Unverständnis: „Sie meinen, dadurch würde ich total plemplem. Das stimmt aber nicht. Mit dem Computer lernt man logisch denken", erläutert ein 13-Jähriger. [...]
Mit unverständlichen Verboten müssen nur noch wenige Kinder leben. „Wenn ich unpünktlich nach Hause komme, ist der Ofen aus. Sie meinen, eines Tages fänden sie mich entführt und vergewaltigt am Bahndamm", erzählt eine 12-Jährige.
(Neue Westfälische v. Dez. 1996)

Francis, 14 Jahre: 
„Nach der fünf in Englisch habe ich mich ganz schön mies gefühlt. Zu Hause habe ich mich erst einmal nicht getraut etwas davon zu erzählen. Heute Abend will aber die Lehrerin anrufen."

Leonie, 15 Jahre: 
„Eigentlich darf ich nicht in den Jugendklub gehen. Mein Vater meint, dort hängen immer so zwielichtige Typen herum. Heute Abend ist wieder Fete."

Andrea, 16 Jahre: 
„Mit meiner Mutter kann ich über meine Probleme gut reden. Aber alles will ich ihr doch nicht sagen. Sicher fragt sie mich heute wieder aus."

(Xaver Fiederle [Hg.], P wie Politik, Band 1, Schöningh Verlag, Paderborn 2000, S. 46; Fotos: Bavaria)

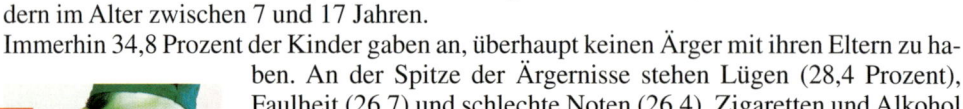

Immer Ärger mit den Eltern?

M 13a

Auseinandersetzungen oder zumindest unterschiedliche Meinungen kommen in den besten Familien vor. Darum geht es: Lautstärke der Musik – Freunde – Höhe des Taschengeldes – zu erledigende Hausarbeit – Ausgehzeit – Mode – Rauchen, Alkohol, Drogen – Körperschmuck (Piercings, Tattoos, Schminke).

(Let´s talk about... Familienleben – Das Magazin für Jugendliche, Friedrich Verlag, Seelze o.J., S. 22, 28; Verf.: Reiner Wanielik)

Was erwarte ich von meinen Eltern? Sie sollen ...	Was erwarten meine Eltern von mir? Ich soll ...
mich in Ruhe lassen	mehr mit ihnen reden
nicht dauernd fragen, was los ist	sie informieren, mit wem ich wohin gehe
sich mehr um mich kümmern	auch mal auf sie zugehen
meine Freunde akzeptieren	meine Freunde vorstellen
sich für meine Musik interessieren	die Musik etwas leiser hören
die Schulnoten nicht so wichtig nehmen	die Schule etwas ernster nehmen
mir mehr Freiheiten geben	nicht immer alles fordern
weniger Verbote aussprechen	einsehen, wenn ich falsch liege
mir mehr zutrauen	ihnen mehr trauen
nicht so besorgt sein	ihre Sorgen ernst nehmen
sich nicht über meine Klamotten aufregen	etwas mehr auf meine Kleidung achten
sich mehr mit sich selbst beschäftigen	etwas mit ihnen unternehmen
...	...

M 13b

„Klare Absprachen treffen"

(Let´s talk about... Familienleben – Das Magazin für Jugendliche, Friedrich Verlag, Seelze o.J., S. 28)

Wie kommst du als Tochter oder Sohn zu einer akzeptablen Lösung bei Konflikten? Nehmen wir einmal die leidige Hausarbeit als Beispiel. Niemand ist versessen auf Hausarbeit, auch die Eltern nicht. Die meisten Eltern verlangen von ihren Kindern einen Beitrag zur Hausarbeit. So selbstverständlich dies auch scheinen mag, die Diskussion über das Wann und Wie hält oft alle in Atem. Wichtig ist, dass klare Vereinbarungen zwischen dir und deinen Eltern getroffen sind, wer was wann wie macht. Hilfreich ist es, wenn diese Abmachungen sichtbar in der Wohnung hängen, weil sie sonst schnell vergessen werden. Es wird meist unterschiedliche Meinungen geben über das Wie und Wann.

(Foto: Verlag Dr. Neufang)

M 13c „Weil ich ein Mädchen bin ..."

„O Mann, dieses ewige Gerede von der Gleichberechtigung – ich kann es nicht mehr hören," meint der 17-jährige Sven. „Dabei ist das Thema doch schon seit Ewigkeiten im Grundgesetz geregelt: Männer und Frauen sind gleichberechtigt. Seit 1994 steht da sogar, dass der Staat die tatsächliche Gleichberechtigung von Männern und Frauen durchsetzen und Nachteile beseitigen will. Das reicht ja wohl!"
„Mit so einem Obermacho soll ich noch länger gehen?", regt sich die 15-jährige Rita auf. „Was meinst du wohl, warum dieser Zusatz nötig war. Nichts ist geregelt! Sieh dir doch nur mal an, wie es in meiner Familie mit der Hausarbeit aussieht: Meine Mutter schimpft immer, dass alles an ihr hängen bleibt und

(Foto: Martin Brockhoff)

3 Wozu dient die Familie? – Von den Aufgaben und vom Wandel der Familie in der Gesellschaft

mein Vater kaum etwas tut, obwohl sie 20 Stunden in der Woche berufstätig ist. „Dein Vater hat das eben nicht gelernt", sagt sie zu mir, wenn ich sie frage, warum sie sich das gefallen lässt. Ich flippe aber total aus, wenn ich sehe, dass meine Mutter es auch nicht viel anders macht als meine Oma früher. Mein Bruder muss vielleicht mal den Müll wegbringen, Getränkekisten holen oder ähnliche „männliche" Tätigkeiten. Ich soll aber selbstverständlich bei allem helfen, was sie im Haushalt tut. Weil ich ein Mädchen bin. Was nützt denn da das Grundgesetz …?"

(Zeitlupe Nr. 37: Familie; hg. von der Bundeszentrale für politische Bildung, Bonn 1999, S. 14; Verf.: Bernd Werdich)

1. In M 12 und M 13 a werden mögliche Ursachen und Anlässe für Streit zwischen Eltern und Kindern genannt. Inwieweit entsprechen die Angaben euren eigenen Erfahrungen?

2. M 13 b weist auf eine wichtige Voraussetzung für Konfliktlösungen zur „leidigen Hausarbeit" hin. Für wie wichtig haltet ihr diese Empfehlung?

3. Betrachtet zu M 13 c zunächst die beiden Fotos und äußert euch spontan zu den beiden dargestellten Szenen.

4. Beschreibt das grundsätzliche Problem, um das es in Ritas Bericht (M 13 c) geht. Berichtet über eure eigenen Erfahrungen dazu und sprecht über Möglichkeiten, die „geschlechtsspezifische Arbeitsteilung" zu verändern.

In M 13 wurden Kompromisslösungen für Konflikte in der Familie empfohlen. Aber wahrscheinlich wird es nicht bei allen Streitfällen solche Lösungen geben. Im Folgenden (M 14) könnt ihr an drei Beispielen die Möglichkeiten und Grenzen von Kompromissbildung untersuchen und diskutieren.

M 14
Sind alle Konflikte durch Kompromisse lösbar?

a) „Warum musst du denn unbedingt in die Disko?" Maries Mutter ist sauer. Am Mittwoch findet im Jugendtreff der Gemeinde eine große Disko statt und ihre Tochter Marie (14) will auf jeden Fall dorthin gehen. Dabei hat sie am Donnerstag Schule und ausgerechnet an diesem Tag wird die letzte Mathearbeit geschrieben. Seit einer Viertelstunde streiten sich die beiden schon über dieses Problem. „Hör mir doch wenigstens ein einziges Mal zu! Ich kann mich ja mittags gut vorbereiten, dann werde ich das Ding schon schaukeln", entgegnet Marie.
„Ich kenn das doch, du vertrödelst doch immer nur deine Zeit. Nein, Marie, du wirst nicht dorthin gehen. Du weißt genau, auf diese Arbeit kommt es an. Du machst, was ich sage, und bleibst zu Hause." „Immer hast du was an mir herumzunörgeln. Ich gehe doch, denn ich habe bei allen Vorbereitungen mitgeholfen. Außerdem hast du ja keine Ahnung von Mathe – ist doch superleicht". „Nein, Marie, Schule geht vor. Du kannst in deinem Leben noch oft genug in die Disko gehen. Kein Wort mehr, sonst kannst du am Samstag auch die Fete bei Christian vergessen".
Marie bricht in Tränen aus und schreit: „Lass mich doch in Ruhe! Du hast ja keine Ahnung von mir und wie wichtig gerade diese Disko für mich ist!" Wütend und enttäuscht knallt sie die Tür hinter sich zu…
Nach einer längeren Gesprächspause greifen Maries Eltern das Thema wieder auf. Sie wollen einen Familienrat abhalten. Es soll eine Lösung gefunden werden, die für beide Seiten akzeptabel ist. Alle können Lösungen vorschlagen, die gemeinsam bewertet werden. Zusammen entscheiden sie, welches die beste Lösung ist. Keiner soll als Verlierer den Familienrat verlassen.
Maries Vorschlag: „Ich lerne am Dienstag mit der Katrin für die Arbeit. Sie ist die Beste in Mathe, die kann mir nochmal alles super erklären."

Vaters Vorschlag: „Du bleibst nur bis 20 Uhr in der Disko, dann bist du am nächsten Morgen fit für die Arbeit."
Mutters Vorschlag: „Du willst doch schon lange ins Disneyland. In den Ferien fahren wir an einem Wochenende hin. Dafür verzichtest du auf die Disko."

b) Familie Lutz hat Glück gehabt, sie hat eine größere Wohnung gefunden. Endlich können Silke (14 Jahre) und Jens (13 Jahre) ein eigenes Zimmer bekommen. Das Problem ist nur: Außer dem größten Raum, dem Wohnzimmer, gibt es zwei gleich große und einen sehr viel kleineren, der außerdem das Fenster zum Hinterhof hat. Wer soll in den kleinen Raum ziehen (in dem die Schlafzimmermöbel der Eltern keinen Platz haben)?

(Bernd Werdich, in: Zeitlupe Nr. 37 – Familie, hg. von der Bundeszentrale für politische Bildung, Bonn 1999, S. 10f.)

c) Die 15 jährige Tochter möchte sich ein Tatoo (Tätowierung) auf die Schulter und einen Ring in den Nabel machen lassen. Sie braucht dazu die Erlaubnis der Eltern. Diese wollen sie nicht geben.

1. Analysiert das Konfliktbeispiel M 14a. Versetzt euch in die Rollen von Marie und ihren Eltern und überlegt, wie eine Lösung aussehen könnte, mit der alle Beteiligten „leben können".

2. Erklärt, warum die beiden Beispiele M 14b und c im Hinblick auf eine Kompromisslösung anders gelagert sind als Maries Diskobesuch. Welche Vorschläge habt ihr für die „Lösung" dieser Fälle?

Dass Eltern häufig andere Vorstellungen von eurem Verhalten haben, beruht meistens nicht darauf, dass sie einfach „dagegen sind", sondern dass sie ihre Pflicht zur Erziehung wahrnehmen müssen und sich dabei an bestimmten Wertvorstellungen und Zielen orientieren. Die beiden folgenden Materialien können euch dabei helfen, solche Erziehungsziele besser zu verstehen und euch bewusst zu machen, inwieweit eure eigenen Vorstellungen davon abweichen.

M 15

Erziehen – aber wie?

Überall, wo Menschen in Gruppen zusammen leben, müssen sie lernen, sich so zu verhalten, dass dieses Zusammenleben für sie und die anderen mit möglichst wenigen Konflikten abläuft. Eltern versuchen ihren Kindern das beizubringen, was sie ihrer Meinung nach brauchen, um im Leben anerkannt zu werden, um Zufriedenheit und Erfolg zu haben in der Familie, im Beruf und in der Freizeit.

Erziehungsziele

Verglichen mit früheren Generationen erziehen viele Eltern heute partnerschaftlicher: Kindern werden größere Freiheiten und mehr Mitspracherechte zugestanden. Manche Eltern sind immer häufiger bereit, mit ihren Kindern vieles zu besprechen und ihr erzieherisches Verhalten ihnen gegenüber zu begründen. Nicht mehr nur Anpassung und Unterordnung, sondern Selbstständigkeit und Kritikfähigkeit werden oft als die vorrangigen Erziehungsziele angegeben. Nach Ansicht vieler Erwachsener sollten Kinder dazu erzogen werden, dass sie beispielsweise hilfsbereit, höflich und bescheiden sind, den Eltern gehorchen und ältere Menschen besonders achten. Erziehungsziele entsprechen in der Regel den Werten, die die Eltern mit einem positiven sozialen und moralischen Verhalten verbinden.
In der Erziehung geht es nicht darum, alles richtig zu machen. Entscheidend ist die Bereitschaft, aus Erfahrungen zu lernen: aus den eigenen wie aus denen anderer. Erziehung funktioniert nie nach einem Patentrezept.

Macht einen Zeitsprung von 20 Jahren und stellt euch vor, ihr hättet selbst Kinder! Die folgenden Beispiele, die ihr auch im Rollenspiel fortsetzen könnt, verlangen von euch Entscheidungen als Eltern.

1. Beispiel:

Ihr habt mit Familie im Urlaub eine Ferienwohnung gemietet. Bei der Aufgabenverteilung in der Familie wurde besprochen, dass die beiden Kinder für den Müll zuständig sind. Anders als zu Hause gibt es bei diesem Haus nur eine Mülltonne. Getrennte Müllentsorgung (Glas, Papier, Bio-Müll) ist etwa 300 Meter entfernt möglich. Das ist den Kindern zu umständlich.

2. Beispiel:

Die Tochter (12) plant eine Geburtstagsfete mit Mädchen und Jungen aus der Klasse. Das Nachbarmädchen, mit dem sie manchmal Hausaufgaben macht und das ihr vor Mathe-Arbeiten hilft, will sie aber nicht einladen, da es in der Klasse eine Außenseiterin („Streberin") ist.

3. Beispiel:

Der 6-jährige Sohn spielt häufig mit seinen Freunden auf dem Spielplatz in der Siedlung Fußball. Wegen des Abendessens soll er im Sommer spätestens um 18.30 Uhr zu Hause sein. Er kommt 20 Minuten später, weil er „bei dem wichtigen Spiel" nicht früher weggehen konnte.

(Zeitlupe Nr. 37 – Familie, hg. von der Bundeszentrale für politische Bildung, Bonn 1999, S. 10f.; Verf.: Bernd Werdich)

---

1. In M 15 wird eine Reihe elterlicher Erziehungsziele genannt und darauf hingewiesen, dass sich das Erziehungsverhalten der Eltern im Laufe der Jahre geändert hat. Welche der genannten Erziehungsziele werden im Verhalten eurer Eltern spürbar? Vergleicht dazu auch die Verhaltenserwartungen der Eltern in der Gegenüberstellung S. 77o.

2. Der in M 15 vorgeschlagene Rollenwechsel kann vielleicht zum besseren Verständnis zwischen euch und euren Eltern beitragen und euch zum Nachdenken über eure eigenen Vorstellungen anregen. Diskutiert die drei Beispiele. Seid ihr euch in der Klasse weitgehend über die zu treffenden Entscheidungen einig oder gibt es deutliche Unterschiede in der Beurteilung?

M 16

Erziehungsziele – Welche sind besonders wichtig?

Im Folgenden findet ihr einen alphabetisch geordneten Katalog von 18 Erziehungszielen, den ihr für eine interessante Umfrage verwenden könnt:
- Jeder von euch kreuzt an, welche Ziele er für „besonders wichtig", „wichtig" und „unwichtig" hält, und befragt danach seine Eltern nach demselben Muster.
- Jeder ordnet die 18 Ziele entsprechend dem Befragungsergebnis in die drei Gruppen (besonders wichtig, wichtig, unwichtig) und vergleicht die eigene Liste mit der seiner Eltern.
- Wertet eure Fragebögen in der Weise aus, dass ihr feststellt, welche 5 (oder 10) Ziele von euch bzw. von euren Eltern die meisten Kreuzchen in der Spalte „besonders wichtig" erhalten haben, und ordnet diese Ziele dann nach der Häufigkeit (Rangfolge). Vergleicht euren Rangfolgekatalog mit dem eurer Eltern.
- Interessant wäre auch festzustellen, wie die Rangfolge der 5 am meisten mit „unwichtig" beurteilten Ziele aussieht.

Immer Ärger mit den Eltern?

	besonders wichtig	wichtig	unwichtig
Anpassungsfähigkeit	☐	☐	☐
Ehrlichkeit	☐	☐	☐
Fleiß	☐	☐	☐
Gehorsam	☐	☐	☐
gutes Benehmen	☐	☐	☐
Höflichkeit	☐	☐	☐
Hilfsbereitschaft	☐	☐	☐
Kreativität	☐	☐	☐
Kritikfähigkeit	☐	☐	☐
Offenheit	☐	☐	☐
Ordnung	☐	☐	☐
Pünktlichkeit	☐	☐	☐
Sauberkeit/Reinlichkeit	☐	☐	☐
Selbstständigkeit	☐	☐	☐
Sparsamkeit	☐	☐	☐
Toleranz	☐	☐	☐
Verantwortungsgefühl gegenüber Mitmenschen	☐	☐	☐
Zuverlässigkeit	☐	☐	☐

(Autorentext)

M 17

Erziehungsziele und Erziehungsmittel

Die 14-jährige Julia lebt mit ihrer Mutter in einer kleinen Wohnung. Da die Mutter vor kurzem eine Vollzeit-Arbeitsstelle annehmen musste, vereinbarte sie mit Julia, dass diese bestimmte kleinere Aufgaben im Haushalt übernimmt. Das funktionierte bisher oft nicht, weil Julia die Aufträge vergaß, keine Lust dazu hatte oder so lange mit Freunden zusammen war, dass keine Zeit blieb, die Arbeit zu erledigen.
Die Mutter kritisiert auch, dass Julia so unordentlich ist. Nicht nur in Julias Zimmer bricht regelmäßig „das Chaos" aus, sondern sie lässt auch im Wohnzimmer, das der Mutter als Schlafzimmer dienen muss, alles liegen. Die Mutter ist sehr „sauer", wenn sie nach der Arbeit erst einmal eine halbe Stunde oder mehr aufräumen muss. Früher machte ihr das nichts aus, aber jetzt …! Als die Mutter ihrer Freundin ihr Leid klagt, hört sie von dieser: „Das ist Erziehungssache!" „Ich möchte aber, dass sich im Zusammenleben mit Julia eine Art Partnerschaft entwickelt", erwidert die Mutter. Wer bestimmte Erziehungsziele erreichen will, muss geeignete Erziehungsmittel verwenden. Wer von einem Kind absoluten (blinden) Ge-

horsam und Unterordnung verlangt, wird es mit harten Strafen, Drohungen und Befehlen zu verwirklichen versuchen.

Welche der folgenden Erziehungsmittel sollte die Mutter Julias für die angestrebte partnerschaftliche Erziehung einsetzen?

(Zeitlupe Nr. 30/1994, hg. von der Bundeszentrale für politische Bildung, S. 9; Verf.: Bernd Werdich)

- Liebesentzug
- loben
- Vorbild sein
- tadeln
- drohen
- überzeugen
- strafen
- fördern
- unterstützen
- schlagen
- helfen
- befehlen

1. In M 17 geht es um die Frage, welche Methoden/Mittel Eltern einsetzen (sollten), um ihre Kinder zu einem bestimmten Verhalten zu erziehen. Beschreibt die als Beispiel gegebene Situation und benennt unter den genannten 12 „Erziehungsmitteln" fünf, die ihr für besonders sinnvoll haltet, und fünf, die ihr für unangebracht haltet.

2. Überlegt: Ist das, was ihr für „sinnvoll" haltet, identisch mit dem, was ihr für „wirkungsvoll" haltet (entsprechend „unangebracht" = wirkungslos?)?

3. Die in der Liste genannten „Erziehungsmittel" sind sehr allgemein formuliert; „strafen" kann man z.B. auf sehr verschiedene Weise. Bei welchen weiteren Begriffen müsste man konkrete Angaben machen, um beurteilen zu können, ob dieses Erziehungsmittel sinnvoll (angemessen/wirkungsvoll) ist?

Mehr Geld für Familien mit Kindern?

M 18

Braucht Sonja einen Zuschuss zu den Kosten der Klassenfahrt?

Die Schulleitung eines Stuttgarter Gymnasiums zeigte sich hilfsbereit. Weil die Eltern der 13-jährigen Sonja die 317 Euro Fahrtkosten für den geplanten Ausflug ins Schullandheim nach Südtirol nicht aufbringen konnte, bot die Schule Unterstützung aus dem Sozialfonds an. Die Eltern lehnten zunächst ab: „Das können wir doch nicht machen", erklärte Vater Siegfried Stresing. „Andere Familien haben viel weniger als wir."

Tatsächlich gehört die Familie Stresing zu den Besserverdienern. Siegfried Stresing bekommt als Geschäftsführer des Familienrates Baden-Württemberg monatlich 3677 Euro brutto, dazu 715 Euro Kindergeld – macht knapp 4400 Euro. Netto bleiben ihm jeden Monat 3016 Euro.

Doch davon die Familie zu ernähren ist ein wahrer Balanceakt. Denn Siegfried und Resi Stresing haben fünf Kinder. Ihr Kinderreichtum macht sie arm. Siegfried Stresing: „Das ist keine Klage, sondern eine nüchterne Rechnung."

Nach Abzug aller Fixkosten in Höhe von 2070 Euro, darunter 873 Euro Ratenzahlungen für das Haus bei Stuttgart plus Nebenkosten von 253 Euro, bleiben der Familie pro Tag lediglich 30 Euro für sieben Personen zum Leben.

Die Kinder, drei Jungen und zwei Mädchen zwischen 4 und 13 Jahren, tragen meist gebrauchte Kleidung.

Manchmal lassen sich die Eltern zu Neuanschaffungen erweichen, so kauften sie Sonja eine Jeansjacke für 90 Euro, die sie sich schon lange gewünscht hatte.

Die einzige Zeitung im Haus ist bereits abbestellt, das Telefonieren für alle darf im Monat nicht mehr als 30 Euro kosten. Die Urlaubsreise fällt aus.

Mehr Geld für Familien mit Kindern? **83**

Unter der Rubrik „Vereine/Freizeit" haben die Stresings monatlich 107 Euro veranschlagt, darunter neben 93 Euro für die Musikschule […] nur läppische Beiträge wie 1 Euro Harmonikaklub, 3 Euro Schulförderverein, 1,50 Euro Jugendherbergswerk, 5 Euro Partei.

Das Auto, monatliche Kosten einschließlich Steuer und Schutzbrief 224 Euro, braucht der Familienvater, um zur Arbeit nach Stuttgart zu kommen, Einkäufe zu erledigen oder die Kinder irgendwohin zu bringen.

[…] Deshalb fordert er einen höheren Familienlastenausgleich*, der die tatsächlichen Mehrkosten deckt: „Ich möchte nur, dass uns der Staat so viel lässt, dass wir ordentlich leben können."

(Aus: Nüchterne Rechnung, DER SPIEGEL, Nr. 44/1996, S. 52; in Euro umgerechnet)

(Foto: Joachim E. Röttgers/Graffiti)

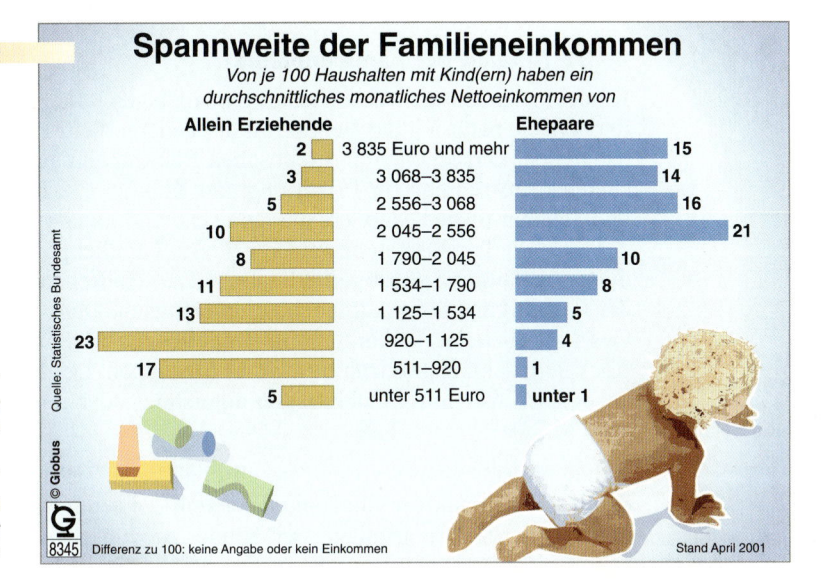

Haushaltseinkommen:
Einkommen aller Mitglieder eines Haushalts*

Nettoeinkommen:
Einkommen nach Abzug von Steuern und Beiträgen zur Sozialversicherung*

M 19

Spannweite der Familieneinkommen
Von je 100 Haushalten mit Kind(ern) haben ein durchschnittliches monatliches Nettoeinkommen von

Allein Erziehende	Einkommen	Ehepaare
2	3 835 Euro und mehr	15
3	3 068–3 835	14
5	2 556–3 068	16
10	2 045–2 556	21
8	1 790–2 045	10
11	1 534–1 790	8
13	1 125–1 534	5
23	920–1 125	4
17	511–920	1
5	unter 511 Euro	unter 1

Quelle: Statistisches Bundesamt
Differenz zu 100: keine Angabe oder kein Einkommen
© Globus 8345 — Stand April 2001

1. Analysiert den Bericht über die Familie Stresing und erklärt, wie es kommen kann, dass Vater Stresing trotz eines relativ hohen Einkommens kaum die Kosten für Sonjas Schulfahrt aufbringen kann. Der Bericht kann euch veranlassen, bei eurer eigenen Planung von Klassenfahrten daran zu denken, dass es unter euren Mitschülerinnen und Mitschülern nicht wenige gibt, deren Eltern viel schlechter gestellt sind als die Familie Stresing (die meisten haben zwar nicht so viele Kinder, aber auch kein so gutes Einkommen wie Herr Stresing) (vgl. M 19).

2. M 19 zeigt, dass die monatlichen Familieneinkommen (netto = nach Abzug von Steuern und Beiträgen zur Sozialversicherung*) sehr unterschiedlich sind. Zu welcher Gruppe gehört Familie Stresing? Was würde der Kostenbeitrag zu Sonjas Klassenfahrt (s. M 18) für die meisten Alleinerziehenden-Familien bedeuten?

3. Die Aussagekraft der Statistik M 19 ist sehr eingeschränkt. Was müsste man wissen, wenn man beurteilen will, ob eine „Familie mit Kind(ern)" mit z.B. 3000 Euro gut oder schlecht auskommen kann?

3 Wozu dient die Familie? – Von den Aufgaben und vom Wandel der Familie in der Gesellschaft

M 20

Staatliche Familienförderung

a) Familie und Staat – was sagt das Grundgesetz?

Artikel 6 Grundgesetz

(1) Ehe und _____ stehen unter dem besonderen Schutze der staatlichen _____ .

(2) Pflege und _____ der Kinder sind das natürliche _____ der Eltern und die zuvörderst ihnen obliegende _____ . Über ihre Betätigung wacht die staatliche _____ . […]

(4) Jede _____ hat Anspruch auf den Schutz und die _____ der Gemeinschaft.

Aufgabe:
Ordne die folgenden Begriffe den richtigen Stellen des Lückentextes zu und nimm dabei das Grundgesetz* zu Hilfe: *Mutter, Erziehung, Familie, Gemeinschaft, Ordnung, Recht, Pflicht, Fürsorge.*

(RAAbits Sozialkunde/Politik, Mai 2001, Raabe Verlag, Bonn, Material S. 20)

b) Die Aufgabe der Familienpolitik

Kinder in der heutigen Gesellschaft großzuziehen ist keine einfache Aufgabe. Einerseits bereichern sie natürlich das Leben, auf der anderen Seite sind Eltern in besonderem Maße finanziellen, körperlichen und seelischen Belastungen ausgesetzt. Sie benötigen ein ausreichendes Einkommen für Ernährung und Kleidung, bezahlbare Wohnungen, Kindergärten und Schulen sowie besondere medizinische und soziale Einrichtungen. Deshalb unterstützt der Staat die Familien in besonderer Weise. Familienpolitik hat die Aufgabe, für die Gründung von Familien günstige Bedingungen zu schaffen und bereits existierende Familien bei der Bewältigung ihrer Aufgaben zu unterstützen. Ohne Familien mit Kindern hätte unsere Gesellschaft keine Zukunft. Familienpolitische Maßnahmen sollen deswegen auch den Rückgang der Geburtenzahlen (vgl. M 6) stoppen. Der Staat fördert Familien, indem er sie entweder direkt mit Geldbeiträgen unterstützt oder ihnen Steuererleichterungen gewährt (vgl. M 23).

(Wolfgang Mattes u.a., Politik erleben, Schöningh Verlag, Paderborn 2001, S. 55; Verf.: Karin Herzig)

„Ohne Jugend hätten Staat und Gesellschaft keine Zukunft. […] Der freiheitliche Staat gibt damit seine Zukunft in die Hand der Familie. […] Der Staat baut auf die Bereitschaft der Menschen, Ehen zu gründen, sich Kinder zu wünschen und diese in der Geborgenheit familiärer Zuwendung zu erziehen."

(Paul Kirchhof, ehem. Bundesverfassungsrichter)

Am Ende von M 18 heißt es, dass Herr Stresing vom Staat einen höheren „Familienlastenausgleich*" fordert. Aus M 20 könnt ihr entnehmen, woraus die Verpflichtung des Staates resultiert, Familien in besonderer Weise zu fördern und einen Ausgleich für die durch die Kindererziehung entstehenden Kosten zu gewährleisten. Macht deutlich, warum der Staat (die gesamte Gesellschaft) ein Interesse daran haben muss, dass junge Menschen die Bereitschaft entwickeln, Familien zu gründen und Kinder zu haben (vgl. dazu auch M 1).

Im Folgenden wollen wir nach einer kurzen Information über die Kostensituation von Familien mit Kindern (M 21 – M 22) die Maßnahmen näher darstellen, mit denen der Staat bisher die Familien entlastet (M 24 – M 25), und schließlich kurz auf die in den letzten Jahren lebhafter gewordene Diskussion über die Notwendigkeit einer deutlich verstärkten Familienförderung eingehen (M 26 – M 28).

Mehr Geld für Familien mit Kindern?

M 21
Wenn das erste Kind kommt …

Die Kosten für ein Kind (in Euro)	pro Monat	pro Jahr	18 Jahre
Nahrungsmittel, Getränke	103	1.236	22.248
Miete	82	984	17.712
Bildung, Unterhaltung, Freizeit	53	636	11.448
Verkehr, Telefon	48	576	10.368
Kleidung, Schuhe	48	576	10.368
Energie	39	468	8.424
Gesundheits- und Körperpflege	18	216	3.888
Uhren, Schmuck, Reisen	16	192	3.456
Möbel, Haushaltsgeräte	15	180	3.240
gesamt	422	5.064	91.152

(Autorentext)

(Wolfgang Mattes u.a., Politik erleben, Schöningh Verlag, Paderborn 2001, S. 54; Verf.: Karin Herzig)

Ann-Kathrin Sauer erwartet ein Baby. „Jetzt werden wir eine richtige Familie", freut sich ihr Mann Patrick. Doch beide machen sich auch Gedanken, wie es finanziell nach der Geburt des Kindes für sie aussehen wird. Ann-Kathrin arbeitet als Kauffrau für Bürokommunikation in einem Software-Unternehmen. Patrick ist in einer Elektro-Großhandlung im Verkauf tätig. Dort verdient er 1.580 Euro netto im Monat. Sie bewohnen eine Zwei-Zimmer-Wohnung und bezahlen dafür 520 Euro im Monat einschließlich aller Nebenkosten.
Ann-Kathrin: Wenn das Baby da ist, dann möchte ich zwei Jahre lang erst mal nicht arbeiten gehen und mich ganz um das Kind kümmern. Wir bekommen ja vom Staat zwei Jahre lang Erziehungsgeld* in Höhe von ca. 300 Euro. Ach ja … und Kindergeld* in Höhe von ca. 135 Euro bekommen wir ja auch noch.
Patrick: Dafür fällt dein Verdienst aus. Das sind immerhin 1.150 Euro im Monat. Da werden wir uns einschränken müssen.
Ann-Kathrin: Dabei hatte ich so gehofft, in eine größere Wohnung ziehen zu können. Wir haben doch nur die zwei Zimmer. Wo soll denn das Baby schlafen?
Patrick: Am Anfang könnte es doch bei uns schlafen. Du hast aber Recht, es hilft alles nichts: Wir brauchen eine Drei-Zimmer-Wohnung.
Ann-Kathrin: Das wird teuer … Eine so große Wohnung bekommen wir nicht unter 750 Euro mit allen Nebenkosten. Aber meine Kollegin erzählte mir, dass wir dann vielleicht Wohngeld* beantragen können. Dazu müssten wir im Wohnungsamt einen Antrag ausfüllen. Wenn unser Einkommen unter einer bestimmten Grenze liegt, erhalten wir einen Zuschuss zu unserer Miete. Trotzdem werden wir im Monat weniger Geld für uns beide zur Verfügung haben als jetzt. Wenn ich nur an die vielen Anschaffungen für ein Baby denke, z.B. Kinderwagen, Kleidung und vieles mehr … Ich habe neulich gelesen, dass ein Kind etwa 400 Euro im Monat kostet – eine ganz schöne Summe.

M 22
Zu hohe Belastung für Familien mit Kindern

Der Augsburger Wirtschaftsprofessor Heinz Lampert ist Mitglied des Wissenschaftlichen Beirats des Bundesfamilienministeriums. Er und seine Kollegen haben ausgerechnet, wie viel Familie und Staat die Erziehung von Kindern innerhalb von 18 Jahren kostet. Das Ergebnis: Fast immer liegt der Anteil, den die Familien tragen, höher als der Anteil, den die öffentliche Hand (der Staat) übernimmt.
Bei einem Ehepaar mit einem Kind zum Beispiel summieren sich die gesamten Aufwendungen auf rund 366 000 Euro. Davon trägt der Staat ein Drittel: direkt in Form von Kindergeld* oder Erziehungsgeld* und indirekt als Steuerfreibetrag (s. M 23) oder kostenlose Mitversicherung in der Krankenkasse.
Den größten Teil jedoch, rund 240 000 Euro, muss die Familie selbst aufbringen: 78 000 Euro kostet die Kleidung oder Ernährung der Sprösslinge, mit 162 000 Euro haben die Wissenschaftler den Zeitaufwand bewertet, den die Eltern über die Jahre hinweg in die Betreuung der Kleinen investieren: fürs Windelnwechseln, Wäschewaschen oder Essenzubereiten.
Je nach Familientyp können diese privaten Kosten Summen bedeuten, mit denen leicht ein schickes Eigenheim zu finanzieren ist: Bis zu 457 000 Euro entspricht der Erziehungsaufwand für ein Ehepaar mit drei Kindern.
Diesen Aufwand können sich die meisten Familien nur erlauben, wenn sie auf jeden Euro achten – und auf allerlei Annehmlichkeiten verzichten, die für viele Kinderlose selbstver-

ständlich sind, wie den Sardinientrip. „Es ist nicht zu begründen", kritisiert die Sachverständigenkommission des Bundesfamilienministeriums im 10. Kinder- und Jugendbericht, „dass Eltern weniger Möglichkeiten haben sollen als Menschen aus der kinderlosen Vergleichsgruppe, erholsamen Urlaub zu machen, sich Bücher zu kaufen oder ins Theater zu gehen." […]
Am härtesten trifft es allein erziehende Mütter: Ihr Pro-Kopf-Einkommen fällt mit knapp 460 Euro 64 Prozent geringer aus als das der kinderlosen Paare.
Mütter ohne dazugehörige Väter sind die Verlierer der bisherigen Familienpolitik, mit Abstand weisen allein Erziehende die höchsten Sozialhilfequoten* auf. Jede vierte, die ohne Partner zwei Kinder versorgt, bezieht Hilfe zum Lebensunterhalt. Von den drei Millionen Sozialhilfeempfängern ist inzwischen jeder dritte ein Kind.

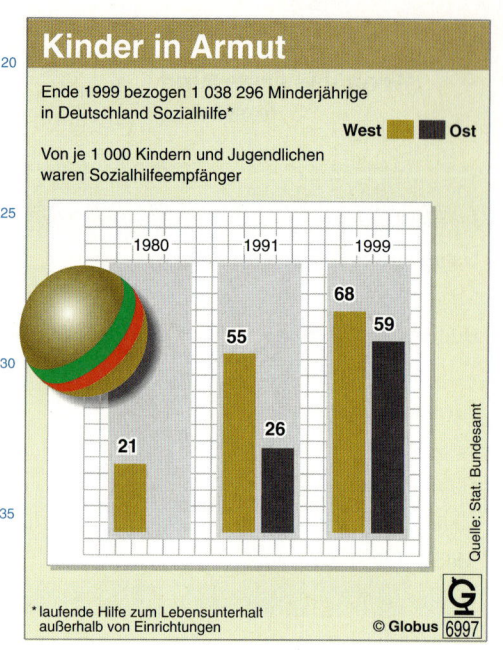

(DER SPIEGEL Nr. 15 v. 9.4.2001, S. 106f.)

Kinder in Armut

Ende 1999 bezogen 1 038 296 Minderjährige in Deutschland Sozialhilfe*

West / Ost

Von je 1 000 Kindern und Jugendlichen waren Sozialhilfeempfänger

	1980	1991	1999
West	21	55	68
Ost		26	59

* laufende Hilfe zum Lebensunterhalt außerhalb von Einrichtungen

Quelle: Stat. Bundesamt

© Globus 6997

---

1. Macht deutlich, welche Veränderungen der Lebenssituation sich für ein Paar nach der Geburt eines Kindes ergeben (M 21).

2. M 21 und M 22 enthalten Angaben über die Kostenbelastung von Familien mit Kindern. Bedenkt dabei, dass es sich zum einen um Schätzungen und zum anderen um Durchschnittszahlen* handelt.
● Wovon kann es z.B. abhängen, ob sich im Einzelfall die Kosten für ein Kind von den in M 21 angegebenen Durchschnittszahlen unterscheiden? Liegen eurer Meinung nach die Kosten für zwei Kinder genau doppelt so hoch wie die für ein Kind?
● Stellt fest, ob in M 23 die Kosten für Ernährung und Kleidung eines Kindes (bis zum 18. Lebensjahr) höher oder niedriger eingeschätzt werden als in der Tabelle M 22.

● In M 23 wird für die „gesamten Aufwendungen" (für ein Kind bis zum 18. Lebensjahr) ein dreimal so hoher Betrag genannt wie in der Tabelle in M 22. Stellt fest, was der Wissenschaftliche Beirat in seine Berechnung mit einbezogen hat. Wie könnte er vorgegangen sein, um die Höhe dieses Teils der gesamten Aufwendungen zu schätzen?

3. Im Zusammenhang dieses Abschnitts ist nur von der Kostenbelastung durch Kinder die Rede. Inwiefern sehen Eltern eigene Kinder nicht nur unter diesem Gesichtspunkt? Warum empfinden sie ihre Kinder in aller Regel auch als eine (in Geld nicht messbare) Bereicherung (M 20 b, Z. 1/2)?

Mehr Geld für Familien mit Kindern?

M 23

Kindergeld – Kinderfreibeträge

Monatliches Kindergeld (ab 1.1.2002)

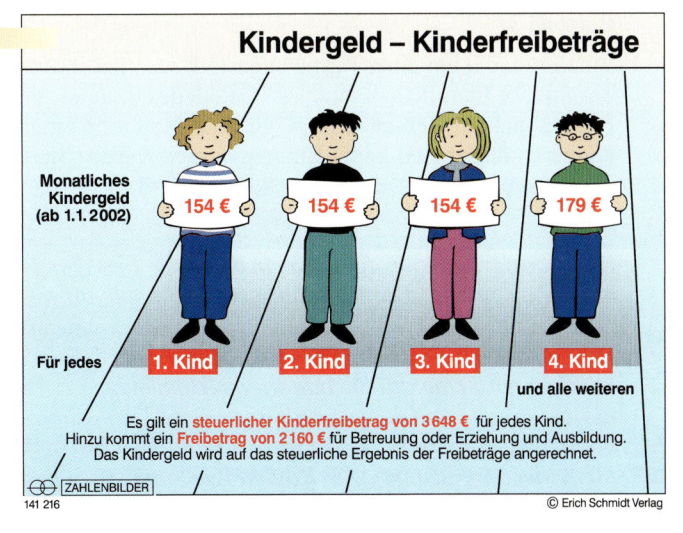

1. Kind	2. Kind	3. Kind	4. Kind und alle weiteren
154 €	154 €	154 €	179 €

Für jedes

Es gilt ein **steuerlicher Kinderfreibetrag von 3 648 €** für jedes Kind. Hinzu kommt ein **Freibetrag von 2 160 €** für Betreuung oder Erziehung und Ausbildung. Das Kindergeld wird auf das steuerliche Ergebnis der Freibeträge angerechnet.

ZAHLENBILDER
141 216
© Erich Schmidt Verlag

Neben dem Kindergeld gibt es eine Reihe weiterer staatlicher Leistungen an Familien (z.B. Erziehungsgeld*). Unter steuerlichen „Freibeträgen" versteht man bestimmte Beträge, die man vom steuerpflichtigen Einkommen abziehen kann, für die man also keine Steuern zu zahlen braucht. Die gesamten staatlichen Leistungen an Familien stiegen von 31 Mrd Euro im Jahre 1992 auf rd. 50 Mrd Euro im Jahre 2001 an. Drei Viertel davon machten das Kindergeld und die steuerlichen Entlastungen aus.

M 24
Internetrecherche: Hilfen für die Familie – drei Beispiele

In dieser Übung sollt ihr euch einmal selbst auf die Suche machen und herausbekommen, mit welchen besonderen rechtlichen Regelungen oder Förderungen der Staat den Familien hilft. Stellt euch vor, folgende Personen würden euch bitten, ihnen in ihrer Situation eine Beratung zu geben, welche Rechte sie haben und welche Fördermöglichkeiten für sie in Frage kommen.

Beispiel 1:

Eine Frau ist gerade schwanger geworden. Sie arbeitet bei einer Firma, der es wirtschaftlich nicht gut geht. Nun fürchtet sie, dass sie entlassen wird, sobald ihr Chef erfährt, dass sie ein Kind erwartet.

Aufgabe:

Klärt, welcher Kündigungsschutz während und nach der Schwangerschaft für die Frau besteht. Sucht dazu die Homepage des Bundesministeriums für Familie, Senioren, Frauen und Jugend auf (www.bmfsfj.de). Klickt euch von dort auf folgende Seiten: Politikbereiche, Familie, Ratgeber, Staatliche Hilfen für Familien (PdF-Anlage), Schwangerschaft und Mutterschutz, Mutterschutz (Kündigungsschutz während der Schwangerschaft).

Beispiel 2:

Ein allein erziehender Vater ist verzweifelt: Sein Sohn liegt mit einer fiebrigen Grippe im Bett. Der Vater müsste zu Hause bei seinem Sohn bleiben, um ihn zu pflegen, doch sein Chef sieht dies nicht ein. Er könne nicht einfach zu Hause bleiben. Und wenn, dann solle er sich eben einen Tag seines Jahresurlaubs nehmen.

Aufgabe:

Klärt, ob der Vater Urlaub nehmen muss oder ob ihm ein oder mehrere freie Tage zustehen, um sein krankes Kind zu pflegen. Sucht dazu die Homepage des Bundesministeriums für Familie, Senioren, Frauen und Jugend auf (www.bmfsfj.de). Klickt euch von dort auf folgende Seiten: Politikbereiche, Familie, Ratgeber, Staatliche Hilfen für Familien (PdF-Anlage), Familien mit jüngeren Kindern, Freistellung von der Arbeit zur Pflege kranker Kinder.

3 Wozu dient die Familie? – Von den Aufgaben und vom Wandel der Familie in der Gesellschaft

Beispiel 3:

Eine Frau, die bei einer Firma angestellt war, hat ihren Beruf aufgegeben, als sie ein Kind bekam. Die Familie lebt nun vom Gehalt des Mannes. Während ihrer Berufstätigkeit hat die Frau monatlich Rentenbeiträge gezahlt. Nun arbeitet sie schon drei Jahre nicht mehr und konnte in dieser Zeit keine Rentenbeiträge zahlen. Sie fürchtet, dass in ihrer Rente einmal ein entsprechend großes „Loch" klaffen wird.

Aufgabe:

Klärt, ob der Frau für die Jahre, in denen sie Erziehungsarbeit geleistet hat, nicht doch einmal Rente zusteht. Die Frau überlegt sich auch, ob sie, da ihr erstes Kind in den Kindergarten geht, ihre Arbeit bei der Firma wieder aufnehmen könnte. Vielleicht bekommt das Paar aber auch ein zweites Kind. Gebt zu diesen Plänen eine Stellungnahme hinsichtlich ihrer späteren Rente ab! Sucht dazu die Homepage des Bundesministeriums für Familie, Senioren, Frauen und Jugend auf (www.bmfsfj.de). Klickt euch von dort auf folgende Seiten: Politikbereiche, Familie, Ratgeber, Staatliche Hilfen für Familien (PdF-Anlage), Ältere Menschen, Anrechnung von Kindererziehungszeiten in der gesetzlichen Altersversorgung.

(RAAbits Sozialkunde/Politik,
Mai 2001, Raabe Verlag, Bonn 2001,
S. 33)

---

1. M 23 vermittelt einen Eindruck von der Art und dem Umfang der bestehenden staatlichen Familienförderung. Welche Bedeutung haben Kindergeld und „Steuerfreibeträge"?

2. Anhand von M 24 könnt ihr euch mit Hilfe des Internets selbstständig über einige weitere Maßnahmen der Familienförderung informieren.

M 25

Sollen gut verdienende Singles und Ehepaare mehr zahlen?

„Da schau, deine Putzfrau – fünf Kinder! Wovon die sich diesen Luxus leisten können!"
(Zeichnung: Jupp Wolter/CCC, www.c5.net)

(Zeichnung: Burkhard Mohr/CCC, www.c5.net)

Ja,

sagen Familie Neumann, drei Kinder, und Susanne Baumann, allein erziehende Mutter eines Kindes:

„Wir fordern mehr Geld vom Staat. Schließlich ziehen wir die Kinder groß, ohne die ein Staat keine Zukunft hätte. Wir haben viele höhere Ausgaben. Der Staat soll uns nicht die Kinder bezahlen, aber er muss verhindern, dass wir gegenüber den vielen, die sich den Luxus der Kinderlosigkeit leisten, benachteiligt werden. Das müsste von den gut verdienenden kinderlosen Erwachsenen durch höhere Abgaben finanziert werden. Ist doch gerecht, oder?"

Nein,

sagen das kinderlose Ehepaar Huber und der Single Uwe Becker:

„Eltern wissen, dass Kinder eine finanzielle Einschränkung bedeuten, sie nehmen das aber gerne in Kauf, weil sie viel Schönes gewinnen. Viele kinderlose Ehepaare wollen

Mehr Geld für Familien mit Kindern?

(Wolfgang Mattes, Politik erleben, Schöningh Verlag, Paderborn 2001, S. 56)

Kinder, können aber keine bekommen. Sollen sie dafür auch noch vom Staat zur Kasse gebeten werden? Niemand, der sich für Kinderlosigkeit entscheidet, darf dafür bestraft werden. Auch wir sorgen mit unseren hohen Steuern, die wir dem Staat zahlen müssen, für soziale Gerechtigkeit. Schließlich finanzieren wir schon jetzt einen Teil der Sozialausgaben, die den Bedürftigen zukommen."

M 26

(Zeichnung: Gerhard Mester/CCC, www.c5.net)

1. Familienpolitik ist ein besonders schwieriges Feld der Politik. Den vorangehenden Materialien habt ihr entnehmen können, worum es dabei hauptsächlich geht. Da familienpolitische Maßnahmen aus Steuermitteln bezahlt werden müssen, die steuerliche Belastung der Bevölkerung nach allgemeiner Ansicht aber nicht erhöht werden soll, ist Familienpolitik immer auch eine Frage der gerechten Verteilung von Lasten zwischen Kinderlosen und Elternfamilien. Setzt euch mit den Argumenten auseinander, die in der Gegenüberstellung (M 25) formuliert werden, und bezieht dabei auch den Gesichtspunkt der Bevölkerungsentwicklung (M 6, M 20b) mit ein.

2. Vor den Bundestagswahlen 2002 haben die großen Parteien „die Familie entdeckt" (vgl. die Karikatur M 26) und unterschiedliche Vorschläge für eine deutlich verbesserte Familienförderung gemacht. Nach näheren Einzelheiten dieser Vorschläge bzw. nach der weiteren Verfolgung dieser Pläne könnt ihr euch z.B. über die Internetadressen der großen Parteien (www.cdu.de; www.spd.de) oder bei den örtlichen Bundestagsmitgliedern erkundigen.

4 TV total? – Fernsehzuschauer und Fernsehprogramme unter der Lupe

(Zeichnung: Susanne Kuhlendahl/Verlagsarchiv Schöningh)

Leben mit der Medienflut

Zur Orientierung

„Das Fernsehen hat die Einstellungen, die Lebensgewohnheiten und den Alltag der Menschen verändert. ... Die Einführung des Fernsehens muss aus heutiger Sicht als das wichtigste Kultur- und Medienereignis der letzten 50 Jahre gewertet werden."
(Horst W. Opaschowski, Deutschland 2001, Hamburg 2001, S. 122)

Die ersten beiden Abschnitte dieses Kapitels wollen euch zum Nachdenken darüber anregen, welche Bedeutung die Medien* und insbesondere das Fernsehen für euer Leben haben, wie sehr euer Alltag und eure Freizeit vom Umgang mit diesem Medium bestimmt werden und welche Programme ihr am liebsten einschaltet.

Wie z.B. der heftige Streit um die Rechte an Fußballübertragungen zeigt, geht es beim Fernsehen auch um Riesengeschäfte. Im dritten Abschnitt wollen wir der Frage nachgehen, welche Bedeutung vor allem die Werbeeinnahmen für das öffentlich-rechtliche und das private Fernsehen haben und worum es beim „Kampf um Quoten" geht.

Für die politische Bildung von Jugendlichen und Erwachsenen sind insbesondere die Nachrichtenprogramme der Fernsehsender von großer Bedeutung. Welche informieren uns am besten? Gibt es Unterschiede zwischen den Informationssendungen des öffentlich-rechtlichen und denen des privaten Fernsehens? Der vierte Abschnitt gibt euch Hinweise dazu, wie ihr diese Fragen selbst untersuchen könnt.

Leben mit der Medienflut

M 1

Medienumgang als „Fulltimejob"?

a)

(Foto: AP Photo/Paul Sakuma)

b)

(Zeichnung: Erich Rauschenbach/CCC, www.c5.net)

c) Generation@

Die Vielzahl neuer und auch alter Medien erzeugt eine Flut von Informationen, die empfangen und verarbeitet werden müssen. Beim Lernen wie bei der Arbeit oder im Alltag versuchen wir in zunehmendem Maße, viele Dinge zugleich zu erledigen: beim Autofahren etwa, wenn wir gleichzeitig das Handy benutzen, Radio hören und auf den Verkehr achten, oder in der Freizeit, wenn wir am Computer eine E-Mail lesen, nebenbei telefonieren, Musik hören und mit einem Auge den Fernseher im Blick haben.

[...] Nach den aktuellen Ergebnissen einer repräsentativen Untersuchung des BAT-Freizeit-Forschungsinstituts kündigt sich „inmitten von TV, PC, E-Mail und Internet im Zeichen von @ eine neue Generation an: die Generation @. Sie surft in 90 Sekunden um die Welt, telefoniert in allen Lebenslagen, zappt wie im Fernsehen durch das Leben, steht ständig unter Strom und geht den Mitmenschen nicht selten auf die Nerven." Diese Jugendlichen wollen nichts verpassen und müssen deshalb immer mehr Informationen verarbeiten. [...]

Eine große Verhaltensstudie über amerikanische Kinder und Jugendliche belegt, dass der Medienumgang zum „Fulltimejob" geworden ist: Mehr als fünf Stunden täglich beschäftigen sie sich mit PC, TV, Hi-Fi oder Video, wobei sie meist von frühem Alter an alleine sind oder allein gelassen werden. Fast jeder Fünfte nutzt die Medien gleichzeitig: Da läuft beispielsweise der Fernseher im Hintergrund, während man am Computer sitzt, oder man liest und hört gleichzeitig Musik.

(Psychologie heute Nr. 6/2000, S. 28; Verf.: Florian Rötzer)

(Zeichnung: Verlagsarchiv Schöningh)

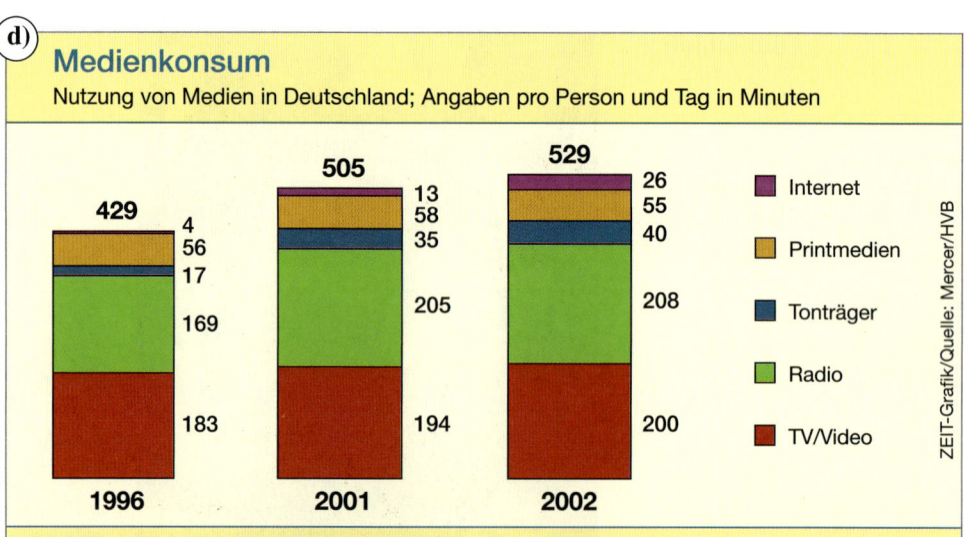

d) Medienkonsum

Nutzung von Medien in Deutschland; Angaben pro Person und Tag in Minuten

	1996	2001	2002
Gesamt	429	505	529
Internet	–	13	26
Printmedien	56	58	55
Tonträger	17	35	40
Radio	169	205	208
TV/Video	183	194	200
(weitere)	4	–	–

ZEIT-Grafik/Quelle: Mercer/HVB

Der Medienkonsum in Deutschland nimmt weiter zu. Im vergangenen Jahr ließ sich jeder Bundesbürger im Schnitt 8 Stunden und 25 Minuten am Tag unterhalten und informieren – vor allem durch Radio und Fernsehen. Nach einer Untersuchung von HypoVereinsbank und der Managementberatung Mercer werden es im Jahr 2006 knapp neun Stunden sein.

(Grafik: Thyrso A. Brisólla; Quelle: DIE ZEIT Nr. 25 v. 23.6.2002, S. 25)

Leben mit der Medienflut

M 2
Freizeit und Medien – Was eine Untersuchung besagt

a) Nichtmediale Freizeitaktivitäten Jugendlicher „täglich/mehrmals pro Woche", in %	2001 (n = 2.018)	Mädchen (n = 982)	Jungen (n = 1036)	12–13 Jahre (n = 519)	14–15 Jahre (n = 510)
sich mit Freunden/Leuten treffen	88	89	87	88	88
Sport treiben	69	63	74	74	72
nichts tun, sich ausruhen	60	62	59	59	65
einen Einkaufsbummel machen	20	25	14	21	21
etwas mit der Familie unternehmen	17	16	17	24	18
zu Sportveranstaltungen gehen	16	13	19	16	17
auf Partys gehen	15	17	13	6	12
malen, basteln	15	20	11	26	10
selbst Musik machen	15	16	15	15	16
sich künstlerisch betätigen/malen/Musik machen	–	–	–	–	–
in Disko gehen	11	12	10	3	4
in Bücherei/Bibliothek gehen	6	7	5	8	5

Seit März 2002 liegen zu M 2 auch die Ergebnisse der JIM-Studie 2002 vor. Für die Freizeitaktivitäten (Tab. a) zeigen sie kaum Unterschiede. Beim Medienbesitz (Tab. b) zeigt sich, obwohl der Abstand nur ein Jahr beträgt, bei einzelnen Medien eine deutliche Steigerung.
Im Einzelnen:

Hifi-Anlage/CD: 88 (M: 90, J: 85)
Handy: 82 (M: 87, J: 77)
Fernsehgerät: 66 (M: 62, J: 70)
Einzelner CD-Player: 51 (M: 50, J: 52)
Computer/PC: 46 (M: 39, J: 54)
Videorekorder: 31 (M: 28, J: 35)
Spielkonsole: 35 (M: 22, J: 48)
Internetzugang: 27 (M: 20, J: 35)
Mini-Disc: 17 (M: 17, J: 17)
MP3-Player: 7 (M: 3, J: 11)
DAT-Rekorder: 2 (M: 2, J: 2)

b) Medienbesitz Jugendlicher in %	2001 (n = 2.018)	Mädchen (n = 982)	Jungen (n = 1.036)	12–13 Jahre (n = 519)	14–15 Jahre (n = 510)
Hifi-Anlage/Stereoanlage mit CD-Player	86	87	85	80	88
Mobiltelefon oder Handy	74	80	69	57	78
Fernsehgerät	64	60	66	60	60
Computer bzw. PC	49	40	58	44	49
einzelner CD-Player	46	47	46	54	48
Videorekorder	32	26	37	23	30
Spielkonsole für den Fernseher	32	18	46	38	38
Internetzugang, also Modem bzw. ISDN-Anschluss	25	16	33	17	26
Mini-Disc-Rekorder	15	16	15	18	12
MP3-Player	7	4	10	4	8
DAT-Rekorder	2	1	2	2	1
nichts davon	1	1	1	1	0

4 TV total? – Fernsehzuschauer und Fernsehprogramme unter der Lupe

Ergebnisse 2002:

Fernsehen:	94 (M: 94, J: 95)
Musik-CDs/MC hören:	97 (M: 95, J: 91)
Radio hören:	95 (M: 91, J: 80)
Computer nutzen:	69 (M: 62, J: 77)
Zeitung lesen:	56 (M: 57, J: 55)
Zeitschriften lesen:	43 (M: 43, J: 42)
Bücher lesen:	38 (M: 49, J: 27)
Video ansehen:	20 (M: 15, J: 26)
Hörspielkassette anhören:	12 (M: 15, J: 8)
Comics lesen:	11 (M: 7, J: 15)
ins Kino gehen:	2 (M: 2, J: 2)

Für Tab. d) ergaben sich 2002 kaum Änderungen.

c) Mediennutzung Jugendlicher „täglich/mehrmals pro Woche", in %	2001 (n = 2.018)	Mädchen (n = 982)	Jungen (n = 1.036)	12–13 Jahre (n = 519)	14–15 Jahre (n = 510)
fernsehen	93	92	93	95	94
CD/MC hören	91	94	89	89	91
Radio hören	82	89	74	75	83
Computer nutzen	64	56	72	62	68
Zeitung lesen	54	50	57	37	52
Zeitschriften/Magazine lesen	45	47	44	47	49
Bücher lesen	39	45	33	47	39
Videos ansehen	20	17	23	24	21
Comics lesen	12	7	18	22	12
Hörspielkassetten hören	11	12	10	17	13
ins Kino gehen	4	3	5	3	3

d) Gesprächsthemen mit Freundinnen/Freunden „täglich/mehrmals pro Woche", in %	2001 (n = 2.018)	Mädchen (n = 982)	Jungen (n = 1.036)	12–13 Jahre (n = 519)	14–15 Jahre (n = 510)
Über das Fernsehen, das Fernsehprogramm	53	51	55	54	58
Über Handys und alles, was mit diesem Thema zusammenhängt	44	45	42	45	48
Über Zeitschriften oder das, was in Zeitschriften steht	35	39	31	46	38
Über Zeitungen oder das, was in der Zeitung steht	33	33	33	33	30
Über Computer- und Videospiele	32	10	53	44	35
Über Internet bzw. Onlinedienste	31	24	38	31	37
Über andere Dinge, die mit dem Computer zu tun haben	26	11	40	25	34
Über das Radio, das Radioprogramm	21	24	18	24	20
Über Bücher	11	12	10	20	8

(Sabine Feierabend/Walter Klingler, Medien- und Themeninteressen Jugendlicher – Ergebnisse der JIM-Studie 2001 zum Medienumgang Zwölf- bis 19-Jähriger. In: Media-Perspektiven Nr. 1/2002, S. 9ff.)

Quelle: Medienpädagogischer Forschungsverbund Südwest: JIM 2001.

Leben mit der Medienflut

1. Im ersten Abschnitt dieses Kapitels geht es um die Frage, welche Stellung die Medien und insbesondere das Fernsehen im Leben von Jugendlichen eures Alters einnehmen. Setzt euch dazu zunächst mit den Darstellungen in M 1 (Text und Abbildungen) auseinander. Was will M 1a zum Ausdruck bringen? Handelt es sich bei M 1b um eine Übertreibung? Trifft, was in M 1c über amerikanische Kinder und Jugendliche berichtet wird, auch auf euch zu?

2. M 2 gibt Ergebnisse einer großen wissenschaftlichen Untersuchung über die Freizeitinteressen von Jugendlichen und die Bedeutung, die die Medien dabei haben, wieder. Wir schlagen euch vor, euch in vier Gruppen aufzuteilen, von denen sich jede einer der vier Tabellen in M 2 widmet und einen Kurzbericht über die wichtigsten Gesichtspunkte vorbereitet, die man der jeweiligen Statistik entnehmen kann. Achtet dabei vor allem darauf,

- wie sich die Untersuchungsergebnisse schwerpunktmäßig auf die in der linken Seitenspalte genannten Bereiche verteilen,
- welche Unterschiede sich ggf. zwischen Jungen und Mädchen feststellen lassen, und
- inwieweit es Unterschiede zwischen den beiden Altersgruppen gibt.

In eurem Bericht könnt ihr auch darauf eingehen, wo eurer Meinung nach die Gründe für bestimmte Ergebnisse (z.B. zu den Unterschieden zwischen Jungen und Mädchen) liegen und ob euch bestimmte Ergebnisse aufgrund eurer eigenen Erfahrungen einsichtig oder aber eher überraschend erscheinen.

Methode — M 3 Untersuchung eines Tagesablaufs – Zeitprotokoll

Wir schlagen euch vor, eine eigene Untersuchung über die Zeiten vorzunehmen, die ihr im Laufe eines Tages auf verschiedene Tätigkeiten verwendet. Dabei könntet ihr z.B. nach dem nebenstehenden Muster verfahren, an einem bestimmten Tag genau „Buch zu führen" und die entsprechenden Zeiten (in Minuten oder in Stunden) zusammenzuzählen. Sinnvoll wäre es, sich dabei nur auf Werktage zu beziehen, das „Protokoll" aber vielleicht an zwei verschiedenen Tagen zu führen und den Durchschnittswert für beide Tage dann von allen Mitschülern zu sammeln. Ermittelt sodann den Durchschnittswert der Klasse für jede Tätigkeit und vergleicht das Ergebnis, soweit möglich, mit M 2.
Bedenkt bei der Diskussion des Klassenergebnisses auch, inwieweit eure Klasse als „repräsentativ*" für Schüler/Jugendliche dieses Alters gelten kann (z.B. im Hinblick auf die Verteilung Mädchen/Jungen, auf die Mitgliedschaft in Sportvereinen usw.).

	Uhrzeit (z.B.: 12 = 11.00 bis 12.00 Uhr)																							
	1	2	3	4	5	6	7	8	9	10	11	12	13	14	15	16	17	18	19	20	21	22	23	24
Schlafen																								
Essen																								
Schule																								
Hausaufgaben																								
Sport																								
Musik hören																								
Freunde																								
Lesen																								
Fernsehen/Video																								
Spiele																								
Familie																								
Computer																								
Gruppe/Verein (außer Sport)																								
Klavierstunden o. Ä.																								

4 TV total? – Fernsehzuschauer und Fernsehprogramme unter der Lupe

Noch zwei praktische Hinweise:

1. Für das „Zeitprotokoll" solltet ihr relativ genaue Eintragungen in das Schema machen und euch dabei nach den Stundeneinheiten (= Kästchen) richten. Wenn ihr z.B. von 13.20 Uhr bis 13.40 Uhr zu Mittag gegessen, danach bis 14.10 Uhr Musik gehört und dann bis 16.15 Uhr die Hausaufgaben erledigt habt, könnte die Eintragung so aussehen (in Minuten):

2. Um das Durchschnittsergebnis der Klasse anschaulich darzustellen, solltet ihr die errechneten Werte (Gesamtzeit aller Schüler für eine Tätigkeit dividiert durch die Zahl der Schüler) in ein Säulendiagramm umsetzen (z.B.: vertikale Zeitachse: 2 cm pro Stunde; horizontale Tätigkeitsachse: 1,5 cm pro Tätigkeit).
(Autorentext)

Uhr:	14	15	16	17
Essen	20			
Musik hören	20	10		
Hausaufgaben			50	60	15

Das Fernsehen bleibt das „zentrale Medium"

M 4

Zehn Lebensjahre vor dem Fernsehschirm – Fernsehen als „Leitmedium" für Jugendliche
(iwd v. 30.11.2000, S. 8)

Tag für Tag verbringen Erwachsene in Deutschland im Schnitt über drei Stunden vor dem Fernseher. Im Laufe eines 75-jährigen Lebens sitzt ein Zuschauer so gut zehn Jahre vor dem Bildschirm. Dabei liegt Deutschland in Sachen TV-Konsum im internationalen Vergleich noch im Mittelfeld.
Kein Zweifel: Trotz Internet und Computer ist das Fernsehen immer noch das zentrale Medium der Gegenwart. In 99 Prozent der deutschen Haushalte steht ein solches Gerät, nur etwa 1,5 Millionen Menschen verweigern sich dem magischen Viereck. [...]

Auch im Jahr 2000 erwies sich das Fernsehen als dominierendes Leitmedium für Jugendliche im Alter von zwölf bis 19 Jahren. Rund 61 Prozent aller Jugendlichen saßen an einem durchschnittlichen Wochentag zumindest kurz vor dem Fernsehgerät. Die durchschnittliche *Sehdauer* betrug 118 Minuten, die *Verweildauer* (tatsächliche Nutzungszeit) lag bei 188 Minuten. [...]

> Gemessen wird die „Nutzungszeit" entweder als *Sehdauer* in Minuten und dokumentiert dann den Durchschnittswert *aller* Personen einer Zielgruppe (Altersgruppe), d.h. auch derjenigen, die nicht ferngesehen haben. Oder sie wird als *Verweildauer* in Minuten gemessen und beschreibt dann den Durchschnittswert nur derjenigen Personen einer Zielgruppe, die tatsächlich zur angegebenen Zeit ferngesehen haben.

Fernsehnutzung Jugendlicher
Jahresvergleich nach Alter

	Tagesreichweite* in %		Sehdauer in Min.		Verweildauer in Min.	
	12–15 Jahre	16–19 Jahre	12–15 Jahre	16–19 Jahre	12–15 Jahre	16–19 Jahre
1992	65	52	112	85	169	161
1998	67	56	127	107	186	185
1999	67	56	127	114	186	198
2000	66	55	124	111	181	197

BRD gesamt; Quelle: AGF/GfK Fernsehforschung

Jüngere Jugendliche im Alter von zwölf bis 15 Jahren sehen häufiger, aber kürzer fern, während sich ältere (16 bis 19 Jahre) etwas seltener, dann aber länger dem Fernsehen widmen. Wie Kinder und Erwachsene sehen auch Jugendliche am Wochenende (Freitag bis Sonntag) intensiver fern als an gewöhnlichen Werktagen. [...]

● Ca. 60 % der 12- bis 19-Jährigen schaltet täglich das Fernsehen ein und sieht dann durchschnittlich etwa drei Stunden fern.
● Demgegenüber schalten täglich 75 % der Gesamtbevölkerung ab 14 Jahren das Fernsehen ein und sehen dann durchschnittlich etwa 4,5 Stunden fern.

Das Fernsehen bleibt das „zentrale Medium"

- Zwischen den beiden Gruppen der 12- bis 15-Jährigen und der 16- bis 19-Jährigen ist ein deutlicher Unterschied festzustellen:
Die Sehdauer nimmt bei den Älteren ab, und die Verweildauer nimmt zu. Das bedeutet: Bei den 16- bis 19-Jährigen sehen weniger fern. Aber die Intensität des Fernsehkonsums nimmt bei den Nutzern zu.
- Die Sehdauer von Mädchen und Jungen zeigt nur geringe Unterschiede.
- Bei Jugendlichen, die ein eigenes Fernsehgerät besitzen, verlängert sich die tägliche Verweildauer um etwa 30 Minuten gegenüber denen ohne eigenen Fernsehapparat.
- Der Fernsehkonsum ist abhängig von der Jahreszeit: Er liegt in den Wintermonaten signifikant höher.
- Der Fernsehkonsum ist abhängig von der Tageszeit: Die Kernzeit ist die Zeitzone von 18.00 bis 21.00 Uhr, in der etwa 40 % aller Jugendlichen vor dem Bildschirm sitzen.

(Jugend und Gesellschaft. Nachrichten, Daten, Analysen. Hrsg. von der Kath. Sozialethischen Arbeitsstelle Hamm und der AG für Gefährdetenhilfe und Jugendschutz in der Erzdiözese Freiburg, Nr. 2/2001, S. 1 - 3; Verf.: Thomas Becker)

M 5
An der Spitze der Hitliste: Daily Soaps

Ein Blick auf die Hitliste der meistgesehenen Sendungen der 10- bis 15-Jährigen zeigt große Unterschiede zwischen den Präferenzen von Mädchen und Jungen: Zu den zehn beliebtesten Sendungen im ersten Halbjahr 2000 zählten für die *Jungen* Spielfilme wie „Das fünfte Element" oder „Independence Day", Fernsehshows wie „Wetten, dass ... ?" oder Sportsendungen. Die Rangliste der *Mädchen* wird eindeutig dominiert von „Gute Zeiten, schlechte Zeiten": Achtmal tauchten Folgen dieser Daily Soap in den Top Ten auf. Der umfassendere Blick auf die fünfzig meistgesehenen Sendungen der 10- bis 15-jährigen Mädchen unterstreicht diese Tendenz: 46-mal GZSZ, ... und dann noch „Wetten, dass ... ?" und „Wer wird Millionär?".

In der Rangliste der beliebtesten Programmkategorien führen bei den 12- bis 19-Jährigen die Daily Soaps (30 %) vor den Genres Comic/Zeichentrick (29 %) und Sitcoms/Comedy (27 %). Von geringerer Bedeutung sind die Kategorien Krimi/Mystery (15 %) und Musiksendungen (12 %), gefolgt von Info/Nachrichten (11 %).

Die (abendliche) Zeit vor dem Fernseher ist das eine – oder, wie Christel, eine 15-jährige Schülerin, sagt: „Wenn die Soap läuft, habe ich für niemanden Zeit. Da bin nur ich und die Soap."

„Das andere" – das sind die Gespräche am folgenden Tag in der Schule oder im Betrieb: Natürlich über „Gute Zeiten, schlechte Zeiten" und die anderen Soaps, aber auch über Big Brother und TV Total. 56 % der Jugendlichen geben an, sie würden zumindest mehrmals pro Woche über das Fernsehen und/oder einzelne Programmangebote mit anderen reden (vgl. M 2d).

Die Hintergründe, warum Mädchen so massenhaft Daily Soaps nutzen, sind vielschichtig. Zunächst hängt es mit dem Angebot zusammen. Während im sonstigen Fernsehprogramm und insbesondere im Kinderfernsehen Männerfiguren dominieren, ist bei den Daily Soaps das Zahlenverhältnis von Frauen- und Männerfiguren meist ausgeglichen. Zahlenmäßig sind sie sogar präsenter als Hauptakteure.

Die Soap-Frauen sind meist berufstätig, in einen Freundeskreis und Liebesbeziehungen eingebunden. Hier spiegeln sich die Orientierung und die Realität von Mädchen oftmals eher wieder als in den sonstigen Angeboten.

(Jugend und Gesellschaft [= M 4], S. 4; Verf.: Thomas Becker)

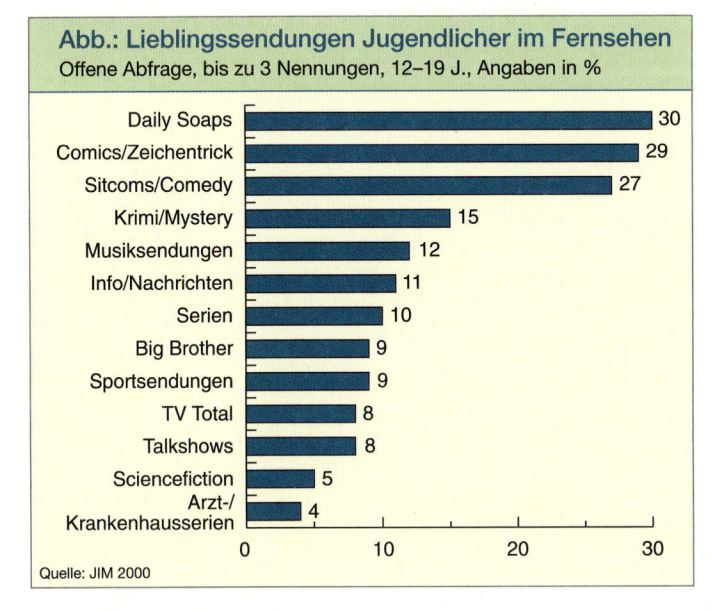

Die Ergebnisse der JIM-Studie 2002 zeigen ähnliche Daten zu den Lieblingssendungen wie unten stehende Grafik, aber auch die deutlichen Unterschiede zwischen Mädchen und Jungen, z.B. bei:

Daily Soaps	(M: 83, J: 15)
Comics/Zeichentrick	(M: 18, J: 56)
Sitcoms/Comedy	(M: 37, J: 26)
Sportsendungen	(M: 5, J: 29)

Abb.: Lieblingssendungen Jugendlicher im Fernsehen
Offene Abfrage, bis zu 3 Nennungen, 12–19 J., Angaben in %

Kategorie	%
Daily Soaps	30
Comics/Zeichentrick	29
Sitcoms/Comedy	27
Krimi/Mystery	15
Musiksendungen	12
Info/Nachrichten	11
Serien	10
Big Brother	9
Sportsendungen	9
TV Total	8
Talkshows	8
Sciencefiction	5
Arzt-/Krankenhausserien	4

Quelle: JIM 2000

4 TV total? – Fernsehzuschauer und Fernsehprogramme unter der Lupe

1. Mit M 4 wollen wir uns etwas näher dem Bereich des Fernsehens zuwenden. Der Bericht liefert zur Bedeutung des Fernsehens wichtige Daten und Fakten, die ihr mit eigenen Worten erläutern solltet.
Dazu müsst ihr euch darüber informieren, was die Fernsehforscher unter den Begriffen „Reichweite*", „Sehdauer" und „Verweildauer" verstehen. Wie kommt der Bericht zu der Aussage, dass das Fernsehen das „Leitmedium für Jugendliche" ist und dass der Mensch „gut zehn Jahre seines Lebens vor dem Bildschirm sitzt"? Sind ältere Jugendliche nun eigentlich mehr mit Fernsehen beschäftigt als jüngere oder weniger?

2. Berichtet über eure eigenen Vorlieben bei der Auswahl von Fernsehsendungen und vergleicht mit den Angaben in M 5.

3. M 5 gibt einige Hinweise, warum „Soap Operas" insbesondere bei Mädchen den ersten Platz auf der „Hitliste" der beliebtesten Fernsehsendungen einnehmen. Erläutert, inwiefern sich in solchen Sendungen die „Orientierung und die Realität von Mädchen" besser widerspiegelt als in anderen Sendungen. Vielleicht könnt ihr andere oder weitere Gründe für die Beliebtheit von z.B. „Gute Zeiten, schlechte Zeiten" nennen.

M 6a
Was Fernsehen für Zuschauer bedeuten kann

Welche Funktionen* kann das Fernsehen für Zuschauer erfüllen?	Von Bedeutung für mich:		Ich bewerte diese Funktion:	
	Ja	Nein	positiv	negativ
1. Meinen Horizont erweitern: Bildungs- und Qualifikationsfunktion				
2. Mich mitreden lassen:				
3. Mich „weiterbringen":				
4. Mich „dazugehören" lassen:				
5. Meine Wichtigkeit betonen:				
6. Mir Spaß und Abwechslung bringen:				
7. Mich Unangenehmem ausweichen lassen:				
8. An die Stelle anderer Dinge treten, die ich vermisse:				

Aufgabe 1: In der Tabelle ist zu 1. der Begriff für die (mit der Formulierung „meinen Horizont erweitern") gemeinte Funktion angegeben. Ordne den Zeilen 2. – 8. die folgenden Funktionsbegriffe zu und erläutere näher, was jeweils gemeint ist, bevor du entscheidest, ob die betr. Funktion für dich von Bedeutung ist.

- ☐ Ersatzfunktion
- ☐ Integrationsfunktion*
- ☐ Informationsfunktion
- ☐ Prestigefunktion
- ☐ Fluchtfunktion
- ☐ Unterhaltungs- und Entspannungsfunktion
- ☐ Meinungsbildungsfunktion

Aufgabe 2: Welche Funktionen hältst du für überwiegend positiv und Gewinn bringend, welche sind deines Erachtens negativ oder problematisch? Kreuze die jeweilige Antwort an (3. und 4. Spalte).

(RAAbits Sozialkunde/Politik, August 1996, Raabe Verlag, Bonn 1996, M 15)

Das Fernsehen bleibt das „zentrale Medium"

M 6b

(Zeichnung: Peter Leger; © Stiftung Haus der Geschichte, Bonn)

M 6c

(Zeichnung: Jupp Wolter/ CCC, www.c5.net)

„Siehst du, Maria, die Presse, die Grünen – alles nur Schwarzmalerei und Horror. Das Leben ist ganz anders und wunder-, wunderschön!"

1. Das Fernsehen kann zweifellos bestimmte Wirkungen beim Zuschauer erzeugen, es kann bestimmte Aufgaben („Funktionen") erfüllen.
Verständigt euch darüber, welche Fachbegriffe für die acht Formulierungen in M 6a zutreffen, und tragt sie in die leeren Zeilen der Kopie des Materials ein, die euch euer Lehrer/eure Lehrerin zur Verfügung stellen sollte („Aufgabe 1"). Auf welche Funktionen verweisen die beiden Karikaturen M 6b/c?

2. Überprüft, welche der genannten Funktionen für euch selbst von Bedeutung sind (Antwortkästchen „ja" oder „Nein", 1. und 2. Spalte, ankreuzen) und stellt dann fest, welche Funktionen für euch (eure Klasse) die größte bzw. die geringste Bedeutung haben.

3. Beurteilt die einzelnen Funktionen entsprechend dem Hinweis in M 6a („Aufgabe 2") und versucht auch zu begründen, warum ihr eine bestimmte Funktion für „positiv" oder „negativ" haltet. Stellt auch hier das Ergebnis für die ganze Klasse fest.

M 7

Hauptmotiv Langeweile? – Warum Schüler den Fernseher einschalten

(Quelle: Medienpädagogischer Forschungsverbund Südwest – Fernsehen: Wie Schüler es sehen; http://www.mpfs.de/bild/h4-04.gif)

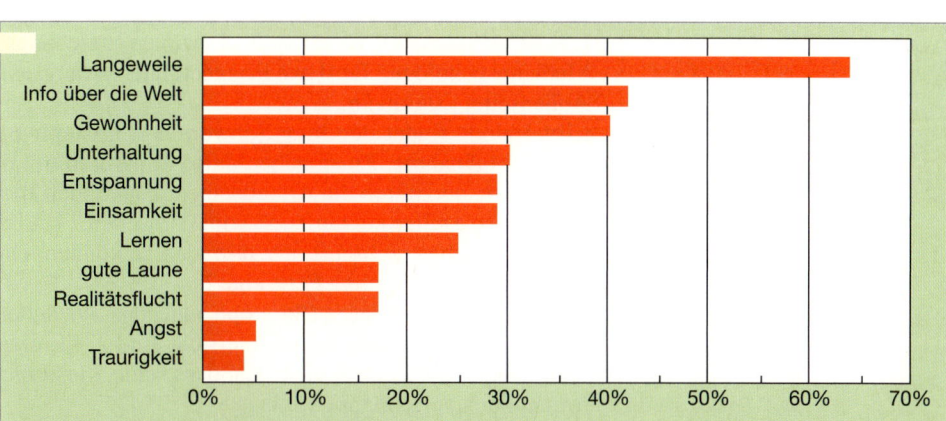

Befragte: 500 Schüler/innen im Alter von 12–17 Jahren; zu den elf Vorgaben konnten die Befragten angeben, ob sie aus diesem Anlass häufig oder selten fernsehen; Mehrfachnennungen

4 TV total? – Fernsehzuschauer und Fernsehprogramme unter der Lupe

M 8 Fernsehen, nein danke!

M 8a

Einer Minderheit der Deutschen ist das TV-Programm egal

Und es gibt sie doch. Leute, die sich dem angeblichen Zentralmedium der modernen Informationsgesellschaft entziehen, Leute, die nicht pünktlich um 20 Uhr zur Tagesschau schalten oder sonntags fiebrig die Einfahrt der Boliden im Formel-1-Spektakel auf RTL verfolgen.

Über zwei Millionen Deutsche leben ohne Glotze, ihre Zahl hat sich laut Statistik in den vergangenen drei Jahren verdoppelt. Zwar zählen die TV-Verweigerer bei insgesamt rund 58 Millionen Guckern, die im Schnitt täglich 190 Minuten Programm konsumieren, zu einer Minderheit, aber es ist eine qualifizierte. […]

Der Münsteraner Kommunikationswissenschaftler Peter Sicking hat die Bildschirm-Abstinenzler in seiner Studie „Leben ohne Fernsehen" zum größten Teil der Gruppe der „aktiven TV-Verschmäher" zugeordnet, das sind Personen, die viele Hobbys und Freunde haben und denen schlicht die Zeit zum Fernsehen fehlt. Des Weiteren machte der Experte „bewusst-reflektierte TV-Verachter" aus, die aus weltanschaulichen Motiven (etwa Anthroposophen*) asketisch* wurden sowie schließlich „suchtgefährdete Ex-TV-Junkies", die per Totalentzug ihrer Abhängigkeit entkommen wollen. Über die Hälfte der Verweigerer sind Akademiker, leben in Großstädten und verfügen über gute Einkommen. […]

(Süddeutsche Zeitung v. 2.1.2002, S. 35)

M 8b

Sorge um das Kinderwohl

Familie Bopp im Westerwald, bei der es sich schon vor zehn Jahren ausgeflimmert hat, bekam bereits zweimal Besuch vom Gebührenmann. Der habe „geguckt wie ein Auto", erzählt Claudia Bopp, als er merkte, dass für ihn „nichts zu holen" war. Die gelernte Diplomkauffrau und der Lehrer üben sich ihren drei Kindern zuliebe in Verzicht. „Wir haben einfach Besseres zu tun, als uns vor die Kiste zu setzen", bescheidet die resolute Mutter alle Zweifler. Als „entschiedene Christin" möchte sie den Nachwuchs insbesondere vor der „lockeren Moral des Vorabendprogramms" bewahren – vorerst zumindest.

Die Sorge um das Kinderwohl ist mit Abstand der häufigste Grund für TV-Abstinenz. Pädagogen beklagen den Verlust der natürlichen Fantasie durch zu viel TV-Konsum, Lehrer leiden unter dem „Montags-Syndrom": aggressiven Schülern, die nach zwei bewegungslosen Tagen ihre Motorik nicht mehr in den Griff bekommen. Sind über 400 Bildschirm-Tote an einem Fernsehwochenende verantwortlich für die Verrohung der lieben Kleinen? Wissenschaftler diskutieren – Eltern handeln und ziehen den Stecker.

[…] Vor striktem TV-Entzug jedoch warnen Erziehungswissenschaftler wie der Hamburger Medienpsychologe* Jan-Uwe Rogge; totaler Zwangsentzug könne die behüteten Zwerge zu Außenseitern stempeln.

„Total blöd" findet der Jung-Schweriner Christoph Büdke, 11, die pädagogisch gut gemeinte Maßnahme. Zwar stehen dufte Radtouren mit den Schwestern und Eltern auf dem Programm, und durch die Altbauetage tönen täglich Blockflöte und Klavier, aber: „Bei uns in der Klasse reden sie nur noch vom Fernsehen." Und die seltenen Glotz-Exzesse bei Oma und Opa reichen nicht aus, um mitreden zu können. Die Mitschüler sind baff: „Ey, Mann, wie hältst'n das aus ohne Fernseher?"

Als peinlich empfindet es Christoph auch, dass die anderen glauben, die Eltern könnten sich kein Gerät leisten. Sogar im Unterricht sind TV-Ereignisse häufig ein Thema. Der Junge wird dann den Eindruck nicht los, dass seine Klassenkameraden „ganz nebenbei mehr Informationen aufschnappen" als er.

(SPIEGEL special Nr. 8/1995, S. 134f.; Verf.: Beate Lakotta)

Das Fernsehen bleibt das „zentrale Medium"

M 9

Zu viel Zeit vor der Glotze?

Beantworte die folgenden Fragen anhand der Skala von 1 bis 5:

1 = überhaupt nicht
2 = selten
3 = manchmal
4 = oft
5 = immer

Auswertung:
(Meine Fernsehgewohnheiten)

Zähle deine Punkte zusammen.

10 bis 20 Punkte:
Du bist ein normaler Fernsehnutzer. Manchmal schaust du vielleicht ein bisschen zu viel fern, insgesamt aber hast du die Sache im Griff.

21 bis 35 Punkte:
Du siehst oft zu viel fern. Du solltest dir überlegen, welche Auswirkungen das auf dein Leben hat.

36 bis 50 Punkte:
Dein Fernsehkonsum ist ein echtes Problem. Du musst lernen, weniger zu glotzen.

(Landeszentrale für politische Bildung Baden-Württemberg [Hg.], Politik und Unterricht Nr. 1/2002, S. 40, 13)

---

1. Wie oft stellst du fest, dass du länger ferngesehen hattest, als du eigentlich wolltest?
   1 ☐   2 ☐   3 ☐   4 ☐   5 ☐

2. Wie oft siehst du lieber fern, als dich mit deinen Freunden / Freundinnen zu treffen?
   1 ☐   2 ☐   3 ☐   4 ☐   5 ☐

3. Wie oft beschweren sich deine Freunde oder deine Familie, dass du zu viel Zeit vor der Glotze hängst?
   1 ☐   2 ☐   3 ☐   4 ☐   5 ☐

4. Wie oft schaltest du zu Hause zuerst den Fernseher an, bevor du irgendetwas anderes machst?
   1 ☐   2 ☐   3 ☐   4 ☐   5 ☐

5. Wie oft gibst du deinen Fernsehkonsum viel niedriger an, als er in Wirklichkeit ist?
   1 ☐   2 ☐   3 ☐   4 ☐   5 ☐

6. Wie oft ertappst du dich dabei, dass du dich aufs Fernsehen freust?
   1 ☐   2 ☐   3 ☐   4 ☐   5 ☐

7. Wie oft wirst du sauer, wenn dich jemand beim Fernsehen stört?
   1 ☐   2 ☐   3 ☐   4 ☐   5 ☐

8. Wie oft bist du am nächsten Morgen hundemüde, weil du wieder bis spät in die Nacht geglotzt hast?
   1 ☐   2 ☐   3 ☐   4 ☐   5 ☐

9. Wie oft willst du die Zeit reduzieren, die du mit Fernsehen verbringst, und scheiterst dabei?
   1 ☐   2 ☐   3 ☐   4 ☐   5 ☐

10. Wie oft guckst du lieber Fernsehen, als dich zu verabreden?
    1 ☐   2 ☐   3 ☐   4 ☐   5 ☐

---

1. Stellt fest, welche Rolle nach M 7 Langeweile und Gewohnheit bei der Fernsehnutzung von Schülerinnen und Schülern spielen und ob diese Motive auch bei euch selbst so verbreitet sind. Versucht die angegebenen Motive den in M 6a genannten Funktionen zuzuordnen.

2. Stellt aus den Berichten M 8 a und b die unterschiedlichen Gründe zusammen, aus denen so genannte „Totalverweigerer" überhaupt nicht fernsehen. Verdeutlicht insbesondere, warum Eltern Bedenken gegen den Fernsehkonsum ihrer Kinder haben und was dagegen eingewandt wird. Nehmt aus eurer Sicht Stellung zu den aufgeführten Argumenten für und gegen den „Totalverzicht".

3. Überlegt, warum übermäßiger Fernsehkonsum im Allgemeinen als schädlich beurteilt wird (vgl. dazu auch M 8b). Wie wirkt er sich auf euer Leben aus? Anhand von M 9 kann jede(r) von euch feststellen, ob er/sie zu den „Vielsehern" gehört, die ihr Fernsehverhalten ändern sollten.

4 TV total? – Fernsehzuschauer und Fernsehprogramme unter der Lupe

Kampf um Quoten und Gewinne im „dualen System"

M 10

Fernsehen „öffentlich-rechtlich" und „privat"

Rundfunk – darunter verstehen die Experten Hörfunk und Fernsehen – wurde in der Bundesrepublik Deutschland *bis Mitte der 80er-Jahre* ausschließlich von den öffentlich-rechtlichen Veranstaltern *ARD und ZDF* angeboten. Ein wichtiger Grund für das Monopol* war der Mangel an terrestrischen (erdgebundenen) Frequenzen. Durch *neue Entwicklungen wie Kabel- und Satellitentechnologie* war aber bereits seit den 70er-Jahren immer deutlicher abzusehen, dass dieser Übertragungsengpass bald beseitigt und damit Platz auch für private Anbieter sein würde.
Die Gesetzgebungskompetenz für den Rundfunkbereich liegt in Deutschland bei den einzelnen Ländern. […]
Ein Staatsvertrag aller Länder kam erst dann zustande, nachdem das Bundesverfassungsgericht 1986 die duale Rundfunkordnung, also das Nebeneinander von öffentlich-rechtlichen und privaten Sendern, grundsätzlich anerkannt und die Aufgabenverteilung innerhalb dieses Systems genauer festgelegt hatte.
Seither gilt Folgendes:

● Der **öffentlich**[1]**-rechtliche**[2] *Rundfunk,* zu dem die zehn zur ARD zusammengeschlossenen Landesrundfunkanstalten wie Bayerischer oder Westdeutscher Rundfunk, das Zweite Deutsche Fernsehen (ZDF), das Deutschland-Radio, die Kulturprogramme 3sat und ARTE, die Spartenkanäle Phoenix und Der Kinderkanal sowie der Auslandssender Deutsche Welle (DW) gehören, unterliegt einer *gesellschaftlichen Kontrolle,* was konkret heißt: Alle wichtigen Gruppen wie Kirchen, Gewerkschaften oder Arbeitgeber entsenden eigene Vertreter in die so genannten *Rundfunkräte,* die als oberste Entscheidungsorgane Programme und Finanzen der Sender kontrollieren. Diese Konstruktion soll gewährleisten, dass die *verschiedenen Meinungen* innerhalb der Gesellschaft auch im Programm zu Wort kommen und der Rundfunk nicht einseitig den Interessen *einer* Gruppe dient.

Der öffentlich-rechtliche Rundfunk hat die *Pflichtaufgabe zur „Grundversorgung".* Das heißt: Bereitstellung eines *inhaltlich umfassenden Angebotes* ohne Blick auf wirtschaftliche Erfordernisse oder Einschaltquoten. Ziel ist dabei, den Bürgern die *Meinungs- und politische Willensbildung in der demokratischen Ordnung* zu ermöglichen.
Allerdings: Der „klassische Rundfunkauftrag" umfasst nach Auffassung der Verfassungsrichter nicht nur Information, Kultur und Bildung, sondern *auch Unterhaltung* und ist deshalb nicht als „Mindestversorgung" zu verstehen.

---

[1] Öffentlich bedeutet, dass diese Anstalten Einrichtungen der Gesellschaft sind, also nicht dem Staat oder einem privaten Eigner gehören. Sie verwalten sich selbst.
[2] Rechtlich bedeutet, dass ihr Bestand und ihre Organisation per Gesetz oder in Staatsverträgen geregelt und somit rechtlich abgesichert sind.

Kampf um Quoten und Gewinne im „dualen System" **103**

(Zeichnung: Burkhard Mohr/CCC, www.c5.net)

(Wirtschaft und Unterricht. Hrsg. vom Institut der Deutschen Wirtschaft, Jg. 22, Nr. 1 v. 29.2.96, Köln 1996, S. 1f.)

Damit der öffentlich-rechtliche Rundfunk diese Aufgabe erfüllen kann, darf er sich über *Gebühren seiner Zuhörer und -seher* finanzieren.

● Der **private Rundfunk** unterliegt dagegen nicht so strengen Vorgaben. Er braucht *nicht das gesamte Spektrum möglicher Programme* anzubieten. Er ist beispielsweise nicht verpflichtet, auch Minderheiten mit besonderen Programmangeboten zu bedienen. […] Da sie *allein auf Werbeeinnahmen angewiesen* sind, brauchen sie möglichst viele Zuschauer, um möglichst viel Geld für ihre Werbespots einzunehmen. Hohe Zuschauerzahlen lassen sich erfahrungsgemäß aber nur mit *massenattraktiver Unterhaltung* wie Spielfilmen, Shows, Sport und Serien erzielen.

Auch die Privatsender unterliegen der *gesellschaftlichen Kontrolle*. Dafür wurden in jedem Bundesland so genannte *Landesmedienanstalten* gegründet. Dies sind praktisch „Rundfunkräte auf Länderebene". Denn eine solche Landesmedienanstalt ist für alle Privatsender in dem jeweiligen Bundesland zuständig. Ähnlich wie bei den öffentlich-rechtlichen Rundfunkanstalten setzen sich die obersten Entscheidungsorgane der Landesmedienanstalten aus den Vertretern wichtiger gesellschaftlicher Gruppen zusammen.

Wer einen Sender gründen will, muss bei der für das jeweilige Bundesland zuständigen Landesmedienanstalt eine *Lizenz* beantragen. Es wird dann geprüft, ob die Anforderungen des dort geltenden Landesmediengesetzes vom Antragsteller erfüllt werden. Ist dies der Fall, wird die Sendeerlaubnis erteilt.

Danach überwacht die Landesmedienanstalt, ob von den Privatsendern auch die *gesetzlichen Bestimmungen* zu Programmgestaltung, Jugendschutz und Werbung eingehalten werden.

M 10 gibt einen informativen Überblick über die wichtigsten Aspekte, die man kennen muss, wenn man die Stellung, die Aufgaben und die Realität des Fernsehens heute richtig beurteilen will.

1. Beschreibt, wie es in Deutschland zur Entwicklung eines „dualen" Rundfunk- und Fernsehsystems kam. Welche Fernsehsender hatten bis 1985 das „Monopol" (waren also die alleinigen Anbieter von Fernsehsendungen)?

2. Beschreibt den Unterschied zwischen „privater" und „öffentlich-rechtlicher" Struktur der Medien.

3. Die öffentlich-rechtlichen Fernsehanstalten dürfen sich ganz überwiegend aus Fernsehgebühren ihrer Zuschauer finanzieren. Dafür haben sie aber die „Pflichtaufgabe zur Grundversorgung". Erläutert, was es mit diesem Auftrag, den das Bundesverfassungsgericht festgelegt hat, auf sich hat (zu den Aufgaben der Massenmedien in einer demokratischen Gesellschaft vgl. auch Kap. 5, M 19).

4. Inwiefern befinden sich die privaten Sender in einer deutlich anderen Situation als die öffentlich-rechtlichen? Wie wirkt sich diese Situation auf das Programmangebot (dazu später Näheres in M 23) aus? Inwieweit duldet das Bundesverfassungsgericht die im Vergleich zu den öffentlich-rechtlichen Sendern geringere Meinungsvielfalt in den privaten Sendern?

5. Über die Zulassung privater Sender entscheidet die jeweilige „Landesmedienanstalt". Erläutert die Zusammensetzung und die Aufgabe dieser Institution.

4 TV total? – Fernsehzuschauer und Fernsehprogramme unter der Lupe

M 11

Privatfernsehen lebt von der Werbung – Zeiten, Produkte, Preise

„Bleiben Sie dran" – „Wir sind gleich wieder hier" – „In wenigen Minuten sehen Sie…"
Jeder kennt diese Formulierungen, die zu den Routinesätzen der Moderatoren/innen bei den privaten Fernsehsendern zählen. Jeder weiß, jetzt kommt Werbung.

Werbezeiten

Die privaten Sender dürfen *bis zu 20 % ihrer Sendezeit* mit Werbung füllen. *Pro Stunde sind das 12 Minuten.* Über den ganzen Tag verteilt, bei einer Gesamtsendezeit von 24 Stunden, können also bis zu 4,8 Stunden Werbung gesendet werden. Die Sender können ihren Kunden sehr unterschiedliche Angebote machen: Werbespots zu besten Sendezeiten für viel Geld oder Werbemöglichkeiten zu relativ niedrigen Preisen, allerdings zu Zeiten, in denen erfahrungsgemäß nur wenige Zuschauer vor dem Fernseher sitzen. Die Quote bestimmt den Preis (vgl. M 13). *Die öffentlich-rechtlichen Sender* dürfen *pro Tag 20 Minuten* mit Werbung füllen und müssen diese *vor 20.00 Uhr senden.* Sie müssen ihre Werbung in den besten Sendezeiten platzieren, um einen möglichst hohen Preis zu erzielen. Nach 20.00 Uhr ist Werbung in den öffentlich-rechtlichen Programmen nicht mehr erlaubt. Einzige Ausnahme stellt zurzeit das *Sponsoring* von Sendungen dar. Darunter versteht man, dass eine Firma eine Sendung teilweise oder ganz finanzieren kann und dafür im Vor- und/oder Abspann der Sendung erwähnt werden kann. Dabei darf nur der Firmenname und/oder das Firmenkennzeichen genannt bzw. gezeigt werden, ohne dass für bestimmte Produkte der Firma geworben wird. Die zeitliche Einblendung darf fünf Sekunden nicht überschreiten.

Die „Werbe-Hit-Liste"

Bei den Werbeeinspielungen handelt es sich fast ausschließlich um Werbung für Konsumgüter und Dienstleistungen*. Sie sollen möglichst zielgruppenorientiert gesendet werden. Hauptzielgruppe sind Personen unter 50 Jahren. Aber auch Senioren, Jugendliche und sogar Kinder sollen gezielt angesprochen werden. Von den insgesamt ausgestrahlten Werbespots beziehen sich
- 14 Prozent auf Produkte der Körperpflege und Kosmetik,
- 13 Prozent auf Nahrungsmittel,
- 10,5 Prozent auf Süßwaren,
- 10 Prozent auf Waschmittel, Medien und Freizeit,
- 5-7 Prozent auf Mundpflege und Heißgetränke.

Bei allen Sendern richtet sich der Preis nach der Zahl der Zuschauer. Recheneinheit ist der *„Tausenderkontaktpreis"*

(Bundeszentrale für politische Bildung [Hg.], Zeitlupe Nr. 31/1995, Bonn 1995, S. 14; Verf.: Klaus Peter Vogel)

Von 1988 bis 1994 hatte sich die Zahl der Werbespots im Fernsehen auf 1,11 Millionen (pro Tag also über 3000 Spots = 19 Stunden Werbung täglich) verdoppelt. Im Jahr 2000 betrug die Zahl der Spots 2,5 Millionen; das bedeutete 16 767 Stunden Fernsehwerbung (täglich fast 46 Stunden, verteilt auf alle Sender).

(Autorentext)

Die Spotpreise variieren nach Sender, Sendung, Tageszeit und der Altersstruktur der Zuschauer. Das ZDF zum Beispiel hat viele ältere Zuschauer, die für Werbetreibende nicht so interessant scheinen, weil ihre Markentreue ausgeprägter ist als

(Zeichnung: Kochlowski)

bei Jüngeren. 2002 lag der Jahresdurchschnittspreis für einen 30 Sekunden-Spot beim ZDF bei 16 448 EUR. Dem Preis, den die Sender für einen 30-Sekunden-Spot nehmen, um 20.10 Uhr oder 23.30 Uhr, liegt die Erwartung zugrunde, dass zu einer gewissen Zeit eine gewisse Zahl von Zuschauern mit einer gewissen Altersstruktur vor dem Fernseher sitzen wird, aber in Wahrheit ist natürlich fast alles ungewiss. Die Sender geben keine Quotengarantie und kein Geld zurück, bezahlt ist bezahlt.

(SPIEGEL special, Nr. 8/1995, S. 121; ergänzt)

In M 10 wurde dargestellt, dass und warum die Werbeeinnahmen für die privaten Sender die einzige Einnahmenquelle sind. Vergleicht die Einnahmen von privaten und öffentlich-rechtlichen Sendern (M 11) und verschafft euch einen Überblick über die Werbezeiten und die wichtigsten Gütergruppen, für die im Fernsehen geworben wird. Wovon hängt im Einzelnen die Höhe der Werbepreise ab?

M 12

Werbung muss weh tun!

[...] In den vergangenen ein, zwei Jahren wurden immer wieder Umfragen zur Fernsehwerbung gemacht, und es zeigte sich: Die meisten Menschen ärgern sich über die Kommerz*-Clips. Sei es aufgrund der Vielzahl, sei es aufgrund der Unterbrechungen von Spielfilmen oder sei es aufgrund der häufigen Wiederholung eines Reklamefilms innerhalb kürzester Zeit. [...]

„Mehr als die Hälfte der Interviewten sagt, sie würden bei Beginn der Werbeblöcke umschalten", sagt der Werbefachmann Andreas Kühner, doch wenn man sich die repräsentativen* Daten über die Einschaltquoten anschaue, sehe man, dass es in Wirklichkeit nur ein verschwindend geringer Teil ist. „Unsere Forschung ist nicht an der Meinung eines Menschen interessiert, sondern an seinem tatsächlichen Verhalten." Und auch dazu gibt's inzwischen viele Studien, die mehrheitlich feststellen: Die Wahrscheinlichkeit, dass jemand ein Produkt kauft, erhöht sich mit der Häufigkeit der Werbespots im Fernsehen. Selbst bei Menschen, die sich negativ über die ewig langweiligen Waschmittel-Filmchen oder Mini-Putz-Dramen äußern, könne man in ausführlichen Interviews feststellen, dass sie durchaus beim Kauf beeinflusst wurden, sagt Kühner [...]. Denn eines, so Kühner, sei inzwischen klar: Die meisten Zuschauer ärgern sich, wenn während eines spannenden Westerns auf einmal der Melitta-Mann oder die Maggi-Familie auftaucht. Doch gerade dieser Bruch erzeuge Aufmerksamkeit und verspreche die erwünschte Wirkung. „Wenn die Spots nicht auffallen, bekommt sie doch keiner mit." Das Motto heißt: Werbung muss weh tun! [...]

(Zeichnung: Pepsch Gottscheber/CCC, www.c5.net)

(Michael Bitala, in: Süddeutsche Zeitung v. 11/12.11.1995, S. 28)

106   4 TV total? – Fernsehzuschauer und Fernsehprogramme unter der Lupe

In M 12 geht es um die Frage, ob sich Fernsehzuschauer so sehr über die Werbeunterbrechungen von Sendungen (z.B. von Spielfilmen) ärgern, dass sie diese Werbeblocks abschalten, oder ob sie eben doch nicht abschalten und sich so durch die Werbung in ihrem Kaufverhalten beeinflussen lassen. Warum glaubt der Werbefachmann Andreas Kühner trotz anderslautender Umfragen an die Wirksamkeit der Fernsehwerbung? Wie ist er zu seiner Auffassung gekommen? Warum hält Kühner gerade „Unterbrecher-Werbung" für besonders wirksam? Berichtet dazu auch über eure eigenen Erfahrungen.

M 13
„Die Quote ist das ein und alles"

Als auf dem Fernsehschirm das erste und zweite Fernsehprogramm und später ein drittes flimmerte, waren Einschaltquoten noch ohne Belang. Erst seit kommerzielle* Fernsehanbieter sich im harten Wettbewerb um die Werbeetats der Markenproduzenten behaupten müssen, ist die Quote zur Ikone (Heiligenbild) der modernen Fernsehgesellschaft geworden. Zuschauerzahlen und Zielgruppenanteile bestimmen über die Einschaltpreise für Sekundenspots, über Rabatte* und Renditen*. Der Fernsehzuschauer interessiert nur noch als Konsument. Die Quote lässt sich für alles missbrauchen. Aber sie ist die Währung, mit der allein der Werbemarkt funktioniert. Panik brach aus, als die mit der Quotenmessung beauftragte Gesellschaft für Konsumforschung (GfK; s. M 16) durch einen Computerfehler 600 Testfamilien lediglich den Programmen von RTL und RTL 2 zurechnete. Werbekunden buchten ihre Spots behende von Pro Sieben auf RTL, und die Pro-Sieben-Sprecherin stöhnte, der Schaden sei „nicht wiedergutzumachen": „Das Geld ist weg."
„Die Quote ist bei uns nun mal das ein und alles", sekundierte ihr der RTL-Medienforscher Stephan Klebe, „sie ist die Grundlage für jede Programmentscheidung." Dort, wo die Quote regiert, ist der Zuschauer nur noch eine Marionette der werbetreibenden Industrie und der Journalist der Pausenclown zwischen den Werbespots.

(Ernst Elitz, Der Journalist als Clown, in: SPIEGEL special Nr. 8/1995, S. 22, 24)

M 14a

(Zeichnung: Burkhard Mohr/CCC, www.c5.net)

M 14b

(Zeichnung: Olaf Rademacher/DIE ZEIT)

Kampf um Quoten und Gewinne im „dualen System" 107

1. In M 13 heißt es, die Quote sei zur Ikone (d.h. zum Heiligenbild, vor dem man betet) der modernen Fernsehgesellschaft geworden. Erläutert anhand des Textes, wie es dazu gekommen ist. Näheres über die Entwicklung und Bedeutung der Einschaltquoten könnt ihr über die Internetadresse www.einschaltquoten.net erkunden (z.B. auch interessante Beispiele für die Bedeutung, die bestimmte Zielgruppen/Altersgruppen für Programmentscheidungen der Sender haben: www.einschaltquoten.net/Hintergründe/Zielgruppen/body_zielgruppen.html).

2. „Der Fernsehzuschauer interessiert nur noch als Konsument" (M 13). Überlegt: Als was sollte er sonst noch interessieren?

3. Erläutert die Aussageabsicht der beiden Karikaturen (M 14 a/b) und bezieht sie auf passende Textstellen in M 13.

M 15

Die größten TV-Sender
Marktanteile (Einschaltquoten) im Jahr 2002 in %

Sender	%
RTL	14,6
ARD	14,2
ZDF	13,8
3. Programme	13,1
SAT.1	9,9
ProSieben	7,1
Kabel 1	4,5
RTL II	3,9
Vox	3,3
Super RTL	2,4

© Globus Quelle: GfK

Die öffentlich-rechtlichen Sender, deren Marktanteile 2001 bei 13,9% (ARD) und 13,2% (ZDF) gelegen hatten, konnten 2002 vor allem von dem gestiegenen Interesse an Nachrichten und Sportsendungen profitieren. So bescherten die Olympischen Winterspiele ebenso wie die Fußball-Weltmeisterschaft gute Quoten. Marktführer RTL (2001: 14,7%) punktete mit neuen Gerichtsshows, Bewährtem wie „Wer wird Millionär?" und Neuem wie Unterhaltungsshows der 80er-Jahre. SAT 1 verlor 0,2 Prozentpunkte und ProSieben 0,9 Prozentpunkte gegenüber dem Vorjahr.
(Globus)

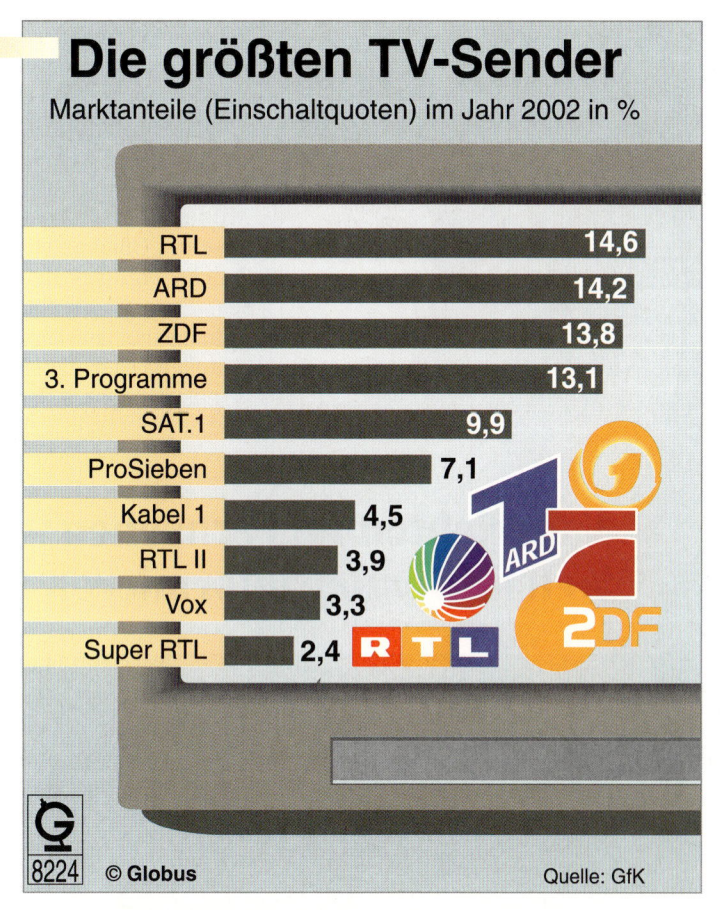

Zum Vergleich:

TV-Sender: Marktanteile 1992

Öffentl.-rechtl. Sender
ARD	21,7
ZDF	21,2
Dritte Programme	8,0

Privatsender
RTL	16,9
SAT 1	13,1
ProSieben	6,8
Kabel 1	0,4
Eurosport	0,5

Marktanteil gibt den Anteil eines Senders an der Zahl derjenigen Zuschauer wieder, die in einem bestimmten Zeitraum das Fernsehen genutzt haben (Beispiel: „Wetten dass,…" hatte einen Marktanteil von 54%. Dies heißt, dass mehr als jeder zweite Zuschauer, der zum Zeitpunkt der Ausstrahlung dieser Sendung vor dem Fernsehapparat gesessen hat, das ZDF eingeschaltet hatte).

Wenn man die Quoten z.B. eines Jahres für einen bestimmten Sender zusammenrechnet, spricht man von den „Marktanteilen", die dieser Sender z.B. innerhalb eines Jahres erreicht hat (also von den Anteilen, die dieser Sender an den Sehzeiten aller Fernsehzuschauer hat). Stellt fest, welche Entwicklung sich in dieser Hinsicht in den 90er-Jahren vollzogen hat (M 15).

M 16

Wer misst, wer zahlt, wer schaltet ein?

Hinter der „Quote" stecken 4540 Haushalte, die von der Gesellschaft für Konsumforschung (GfK) repräsentativ* nach folgenden Auswahlkriterien ausgewählt wurden: Alter, Bildung, Zahl der Kinder, Haushaltsgröße, Anzahl der Fernseher und Videogeräte, Empfangsart, Bundesland. In jedem Testhaushalt ist am Fernsehgerät ein Mikrocomputer installiert, das „GfK-Meter", das alle Ein-, Um- und Abschaltungen erfasst. Über eine Infrarot-Fernbedienung muss sich der Zuschauer mit seiner jeweiligen Personentaste anmelden, wenn er fernsieht. Die Daten werden dem Zentralrechner in Nürnberg übermittelt.

Die GfK-Haushalte bekommen im Monat eine Aufwandsentschädigung von 13 Mark. Die Personen aus den Testhaushalten dürfen nicht mit Journalisten sprechen, haben untereinander keinen Kontakt. Ihre Adressen sind streng geheim. Die GfK misst seit zehn Jahren und hat zum 1. Januar 1995 den Vertrag mit der Arbeitsgemeinschaft Fernsehforschung (AGF) bis zum Jahr 2000 verlängert. In der AGF sind die Sender ARD, ZDF, RTL, Sat 1, Pro 7, Kabel 1 und RTL 2 zusammengeschlossen. 42 Millionen Mark kostete die Modernisierung des GfK-Systems. Unter anderem wird seit dem 1. Januar auch die Zuschauergruppe der Drei- bis Fünfjährigen ausgewiesen. Experten fürchten, dass sich kleine Kinder nicht ordnungsgemäß beim GfK-Meter anmelden und die ermittelten Daten daher ungenau sein könnten.
(STERN Nr. 9/1995, S. 30)

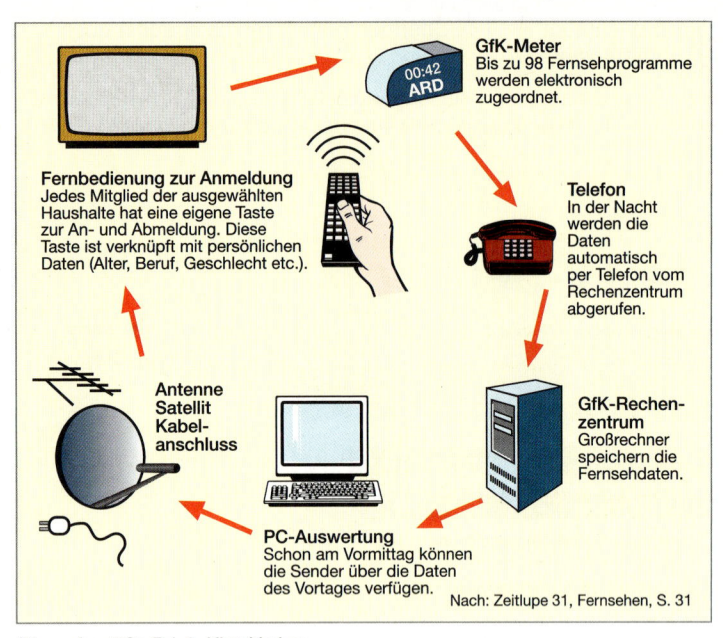

(Neue Anstöße Bd. 2, Klett Verlag, Stuttgart 2001, S. 118)

Nachrichten im Fernsehen – Welche Sender informieren am besten?

M 17

TV-Nachrichten, nein danke?

TV - NEWS: „NEIN DANKE!"
Zwei Drittel der Jugendlichen sehen keine TV-Nachrichten
Von je 100 Befragten haben „gestern Abend keine TV-Nachrichten gesehen":

Gesamtbevölkerung
Alle Befragten — 49

Altersgruppen
14 bis 29 Jahre — 66
30 bis 49 Jahre — 54
50 Jahre und mehr — 35

Repräsentativbefragung von 3.000 Personen ab 14 Jahren im Februar/März 1996 in Deutschland
British-American Tobacco / Freizeit-Forschungsinstitut 1996

In einer großen Umfrage wurden 3000 Personen in Deutschland unter anderem gefragt, wie stark sie die Massenmedien zur Information über aktuelle Politik nutzen. Das Ergebnis zum Themenbereich Interesse an Fernsehnachrichtensendungen durch Jugendliche veranlasste den Leiter der Untersuchung, Professor Dr. Horst W. Opaschowski, zu dem folgenden Kommentar:
„Nachrichten verlieren immer mehr Anhänger bei der jungen Generation. Diese Entwicklung kann Gesellschaft und Politik nicht gleichgültig lassen. Fast zwei Drittel der Jugendlichen in Deutschland (66%) haben am gestrigen Fernsehabend keine einzige Nachrichtensendung gesehen."

(Wolfgang Mattes u.a., Politik erleben, Schöningh Verlag, Paderborn 2001, S. 95)

Nachrichten im Fernsehen – Welche Sender informieren am besten?

M 18

Wenden sich die jüngeren Zuschauer von „Tagesschau" und „heute" ab?

Im Wettbewerb um die Aufmerksamkeit der Fernsehnachrichten-Zuschauer spüren die öffentlich-rechtlichen Sender den demografischen* Faktor – und dies in doppelter Weise: Die jüngeren Zuschauer werden in ihrem Anteil an der Gesamtbevölkerung weniger; darüber hinaus wenden sie sich von den Fernsehnachrichten der Öffentlich-Rechtlichen ab und denen der Privaten zu.

Nach den Daten der Nürnberger GfK-Fernsehforschung, die in Deutschland als Basis für die Zuschauerforschung dienen, sehen sich die öffentlich-rechtlichen Anstalten bei einem Blick auf *alle* Zuschauer in der Gunst des Publikums vorn: Unter den acht hier verglichenen Fernsehnachrichten rangierten 2000 ARD-*Tagesschau* und ZDF-*heute* vor RTL-*aktuell* und RTL-*Nachtjournal*, gefolgt von ZDF-*heute-journal* und ARD-*Tagesthemen*, vor den Sat-1-Nachrichten und den Pro-Sieben-Nachrichten.

Ein anderes Bild bietet sich, schlüsselt man die Zuschauer nach Altersgruppen auf. Die Drei- bis Dreizehn-Jährigen können vernachlässigt werden, weil sie abends nicht vom Kinderkanal auf die Nachrichten umschalten.[…] Verglichen mit den Marktanteilen bei *allen* Zuschauern verlieren die öffentlich-rechtlichen Nachrichtensendungen bei den 14- bis 29-Jährigen durchweg an Aufmerksamkeit. 2000 rückten RTL-*aktuell* und RTL-*Nachtjournal* vor die ARD-*Tagesschau*, gefolgt von den Pro-Sieben-Nachrichten und den Sat-1-Nachrichten – vor ZDF-*heute*, ARD-*Tagesthemen* und ZDF-*heute-journal*. Das ist der Befund des Jahres 2000. Nicht minder bemerkenswert ist die Entwicklung von 1997 bis 1999. Tendenziell sind auch in diesem Zeitraum die Marktanteile bei 14- bis 29-jährigen Zuschauern der Fernsehnachrichten bei den Öffentlich-Rechtlichen gefallen und bei den Privaten gestiegen.

Marktanteile an Fernsehnachrichten 2000

bei allen Zuschauern:
- ARD-Tagesschau: 33,3
- ZDF-heute-Sendung: 21,9
- RTL aktuell: 19,8
- RTL-Nachtjournal: 14,7
- ZDF-heute-journal: 13,3
- ARD-Tagesthemen: 12,1
- Sat.1 Nachrichten: 9,4
- ProSieben Nachrichten: 3,8

bei den 14- bis 29-Jährigen:
- RTL aktuell: 16,5
- RTL-Nachtjournal: 15,1
- ARD-Tagesschau: 13,1
- ProSieben Nachrichten: 9,0
- Sat.1 Nachrichten: 7,5
- ZDF-heute-Sendung: 6,3
- ARD-Tagesthemen: 4,8
- ZDF-heute-journal: 4,4

SZ-Grafik: A. Beck; Quelle: GfK-Fernsehforschung

(Süddeutsche Zeitung v. 11.4.2001, S. 21; Grafik: A. Beck)

M 19

Noch kein Interesse bei 13- bis 14-Jährigen?

Da der Stellenwert von Politik und Politischem für diese Altersgruppe noch gering ist, wird verständlicherweise auch politische Fernsehinformation noch kaum wahrgenommen. Sie ist ihr zu uninteressant, in der Vermittlung zu unverständlich und „langweilig". Ein 13-Jähriger erklärt: „Nachrichten, Politiksendungen [sind] für mich eher nicht, eher für Erwachsene". Attraktiver sind für die Jüngeren die Angebote des Infotainments* (s. M 20). Die dort thematisierten menschlichen Schicksale nachzuvollziehen, fällt ihnen nicht schwer, und die unterhaltsame Aufbereitung dieser Sendungen tut das ihre dazu. Allerdings gibt es auch in dieser Altersgruppe Mädchen und Jungen, die gern über Politisches und Weltgeschehen informiert wären. Sie fühlen sich jedoch schlecht bzw. nicht bedient, da es keine auf ihr Alter und ihre Verständnisfähigkeiten zugeschnittenen informativen Angebote gibt. So wünscht sich ein 13-jähriges Mädchen eine Informationssendung im Stil der Kindernachrichtensendung „logo" (ZDF/KIKA), nur „nicht so für Kinder, sondern für Jugendliche".

Mit zunehmendem Alter der Heranwachsenden wird ihr Horizont zusehends breiter. Sachverhalte können auch abstrakt erfasst werden, eine direkte Verbindung von Ereignissen und Vorgängen zum eigenen Alltag ist nicht mehr unbedingt notwendig. Etwa im Alter von 14 bis 15 Jahren verfestigen sich sowohl die Interessen als auch die Sehgewohnheiten der Jugendlichen. […] Ab diesem Zeitpunkt lassen sich die Heranwachsenden grob in zwei Grup-

4 TV total? – Fernsehzuschauer und Fernsehprogramme unter der Lupe

(Susanne Eggert, Fernsehen als Informationsmedium Jugendlicher: Präferenzen und Barrieren, in: Media Perspektiven Nr. 2/2001, S. 79)

pen unterteilen: Auf der einen Seite die Gruppe derer, die an Politischem und gesellschaftlich Relevantem nur wenig bis gar kein Interesse zeigt und nur sich selbst im Blick hat. Auf der anderen Seite steht die Gruppe mit einer sozialen Orientierung, die auf dem Laufenden darüber sein möchte, was um sie herum und in der Welt geschieht.

---

1. Beschreibt das Ergebnis der Befragung, über die in M 17 berichtet wird. Worauf führt ihr das von Prof. Opaschowski beklagte Verhalten der jüngeren Altersgruppen zurück? Haben sie kein Interesse? Sind Nachrichtensendungen für sie zu langweilig oder zu schwer verständlich?

2. Analysiert, welche Unterschiede in der Nutzung von Fernsehnachrichten sich nach M 18 zwischen der Gesamtheit der Zuschauer und den 14- bis 29-Jährigen feststellen lassen. Ihr könnt euch dabei auf die vier Hauptnachrichtensendungen (Tagesschau, heute, RTL aktuell, SAT 1-Nachrichten) beschränken. Beachtet, worauf sich die Prozentzahlen in der Grafik beziehen.
Worauf führt ihr die festgestellten Unterschiede zurück?

3. Die Befragungsergebnisse zu M 17 und M 18 beziehen sich auf den Durchschnitt der Altersgruppe der 14- bis 19-Jährigen. M 19 geht etwas spezifischer auf eure Altersstufe ein. Entspricht, was dort gesagt wird, euren eigenen Einstellungen, Interessen und Erfahrungen? Worauf ist es eurer Meinung nach zurückzuführen, ob man zu der einen oder anderen der beiden (in Z. 17ff.) genannten Gruppen gehört?

M 20

„Infotainment" und „Boulevardisierung"?

(Zeichnung: Peter Butschkow/ Baaske Cartoons Müllheim)

Unter dem Schlagwort „Infotainment" setzen die Nachrichtensendungen des Privatfernsehens offenbar auf weniger Politik- und mehr Sportberichterstattung. Zu diesem Ergebnis gelangt der Bonner Informationsdienst „Medien Tenor", der alle Beiträge von „RTL Aktuell" und „18.30" (Sat.1) zwischen Januar und Juli dieses Jahres mit denen von „Tagesthemen" (ARD) und „heute journal" (ZDF) verglich. Dabei ließ der Dienst in seiner Analyse die „Tagesschau" der ARD und „heute" vom ZDF unberücksichtigt. Begründung: Sie seien in der Art der Präsentation mit den Sendungen der Privaten nicht vergleichbar. Während hier News von einem Anchorman (Moderator) gewichtet und kommentiert werden, verlesen bei „Tagesschau" und „heute" Sprecher die Nachrichten.
Weitere Ergebnisse der Studie waren: Das öffentlich-rechtliche Fernsehen berichtete vor allem über Staat, Gesellschaft und Wirtschaft. Weit mehr als die Hälfte der Beiträge drehten sich um Themen aus diesen Bereichen (Moderationen, Berichte und Meldungen wurden jeweils als eigene Beiträge gezählt). Die Nachrichtenredaktionen von RTL und Sat.1 hingegen maßen der politischen Berichterstattung eine geringere Bedeutung bei.
(Welt am Sonntag v. 21.7.1996, S. 51)

Boulevard-Zeitungen haben ihren Namen daher, dass sie nicht im Abonnement, sondern auf der Straße (frz.: boulevard) verkauft werden. Daher werben sie mit großen Schlagzeilen. Sie wenden sich an das breite Publikum und erreichen ihre hohen Auflagen mit einer Mischung aus Sensationsberichten, Artikeln über menschliche Schicksale (Human Interest), über Prominente, Sex, Katastrophen und Kriminalität. Der Gefühlswert der Beiträge übertrifft deutlich den sachlichen Informationswert. Dem Fernsehen wird in letzter Zeit vorgeworfen, Informationssendungen nach diesem Muster zu stricken (Boulevardisierung).
(Neue Anstöße Bd. 2, Klett Verlag, Stuttgart 2001, S. 122; Verf.: Peter Lambertz)

Nachrichten im Fernsehen – Welche Sender informieren am besten?

M 21 Wie die Zuschauer die Nachrichtensendungen bewerten

Prozentsatz der Zuschauer, die diesen Bewertungen „voll und ganz" zustimmen	Tagesschau	heute	RTL Aktuell	SAT. 1 18:30	Pro 7 Nachrichten
Gibt einen vollständigen Überblick über alle wichtigen Tagesereignisse	91	86	70	65	57
Berichtet klar und verständlich	89	84	65	61	59
Ist eine Nachrichtensendung, auf die man sich verlassen kann	86	79	49	41	40
Hat sachkundige Reporter und Korrespondenten	86	80	57	48	47
Gibt die Dinge so wieder, wie sie wirklich sind	85	77	51	47	47
Trennt klar zwischen Nachricht und Meinung	77	70	46	39	40
Ist kritisch und hinterfragt die Dinge	72	64	48	40	37
Bringt zu viel Buntes und Vermischtes, statt sich auf wichtige Ereignisse zu konzentrieren	9	9	21	21	19
Wirkt locker und frisch	39	45	66	58	53
Ist etwas steif und trocken	23	15	6	6	7
Übertreibt gelegentlich, um den Sensationswert einer Meldung zu steigern	7	8	30	28	21
Bringt oftmals nur die halbe Wahrheit	6	6	12	13	8

Quelle: ARD/ZDF-Trend, Winter 2000 (Wolfgang Darschin/Camille Zubayr, Die Informationsqualität der Fernsehnachrichten aus Zuschauersicht, in: Media Perspektiven Nr. 5/2001, S. 243)

1. Erläutert mit eigenen Worten, was gemeint ist, wenn man im Hinblick auf die Nachrichtensendungen insbesondere des Privatfernsehens sagt, sie seien im Stile von Boulevardzeitungen gestaltet und stellten sich als „Infotainment" (Wortverbindung aus „Information" und „Entertainment") dar. Bezieht euch dabei sowohl auf die Inhalte der Sendungen und die Zeit, die jeweils auf bestimmte Inhalte verwendet wird, als auch auf die Art, wie die Sendungen präsentiert werden (M 20).

2. Analysiert die Befragungsergebnisse in M 21 zur Einschätzung der genannten Nachrichtensendungen. In welchen Bereichen liegen deutliche Unterschiede zwischen der Bewertung privater und der öffentlich-rechtlicher Nachrichtensendungen? Unterscheidet dabei nach den Inhalten der Nachrichten und der Art, wie sie dargeboten (präsentiert) werden.

4 TV total? – Fernsehzuschauer und Fernsehprogramme unter der Lupe

M 22 Wir führen eine eigene Untersuchung durch

Vergleich von Nachrichtensendungen	Öffentlich-rechtlicher Sender	Privatsender
Aufmacher (erste Nachricht)		
Welche Themen?		
Reihenfolge der Themen		
Dauer der einzelnen Meldungen (Minuten)		
Wie werden Nachrichten aufbereitet/präsentiert? (kurze Meldung, Hintergrundbericht, Kommentar, Reporter vor Ort, Fotos etc.)		
Was fällt dir bei der Sendung auf?		
Sind die Beiträge eher informativ oder eher unterhaltend?		

(Autorentext)

Mithilfe des Schemas könnt ihr je eine Nachrichtensendung von ARD oder ZDF mit einer Nachrichtensendung von RTL oder SAT 1 unter den angegebenen Gesichtspunkten vergleichen. Wenn die Sendungen im Unterricht abgespielt werden können, könnt ihr die Auswertung vielleicht in Gruppenarbeit vornehmen, braucht aber wohl zwei Unterrichtsstunden für die gesamte Untersuchung. Ansonsten wäre die Untersuchung auch als Hausarbeit möglich. Dann müsstet ihr die Einzelergebnisse in der Klasse zusammenfassen.

M 23 Was die Sender anbieten und wie die Zuschauer die Programme bewerten

M 23a

Sendezeitanteile einzelner Programmsparten 2001 bei ARD/ZDF und RTL/SAT 1/ProSieben in %

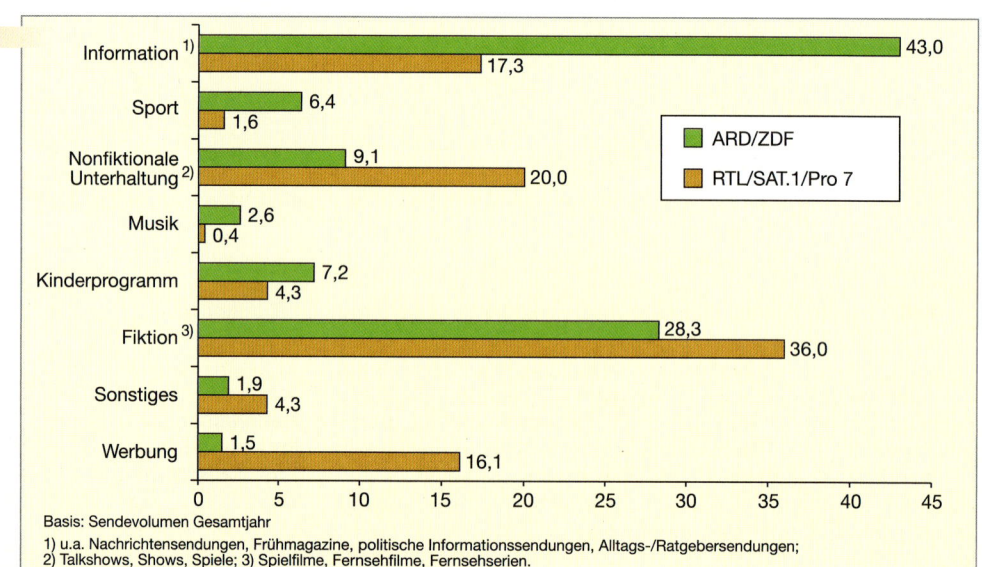

Programmsparte	ARD/ZDF	RTL/SAT.1/Pro 7
Information [1]	43,0	17,3
Sport	6,4	1,6
Nonfiktionale Unterhaltung [2]	9,1	20,0
Musik	2,6	0,4
Kinderprogramm	7,2	4,3
Fiktion [3]	28,3	36,0
Sonstiges	1,9	4,3
Werbung	1,5	16,1

Basis: Sendevolumen Gesamtjahr
1) u.a. Nachrichtensendungen, Frühmagazine, politische Informationssendungen, Alltags-/Ratgebersendungen;
2) Talkshows, Shows, Spiele; 3) Spielfilme, Fernsehfilme, Fernsehserien.

(Udo Michael Krüger/Thomas Zapf-Schramm, Öffentlich-rechtliches und privates Fernsehen: Unterschiede bleiben bestehen, in: Media Perspektiven Nr. 4/2002, S. 179)

Nachrichten im Fernsehen – Welche Sender informieren am besten?

M 23b Wie die Zuschauer die Programmangebote beurteilen

Der Sender…	Das Erste	ZDF	RTL	SAT 1	Pro 7
bringt ausführliche und gründliche Berichte über die Tagesereignisse	76,0	70,2	46,1	40,0	29,6
hat sachkundige Korrespondenten	75,0	71,2	44,0	39,1	29,6
bietet einen schnellen Überblick über das Wichtigste vom Tage	72,5	69,5	52,9	45,2	36,5
ist wichtig für die politische Meinungsbildung	54,0	43,4	17,0	16,2	10,5
ist ein unverzichtbarer Bestandteil der Kultur in Deutschland	49,1	40,7	17,6	17,4	12,6
spricht die ganze Familie an	46,6	49,0	48,7	43,9	38,1
hat ein kompetent gemachtes Sportprogramm	34,9	36,7	31,3	38,6	9,8
macht ein gutes Vorabendprogramm	33,2	31,5	34,6	27,2	25,5
ist zum Entspannen ideal	27,3	30,3	45,4	35,9	35,4
vermittelt Spaß und gute Laune	26,4	31,4	50,5	40,6	42,2
bringt Sendungen, die mir auch am Tag danach noch durch den Kopf gehen	25,4	21,9	18,6	13,9	14,7
bringt zu viele Wiederholungen	25,3	22,0	23,4	22,3	17,0
zeigt viele gut gemachte Spielfilme	24,1	29,6	48,6	40,7	49,7
zeigt Shows, bei denen echt was los ist	17,6	31,2	48,1	36,8	24,3
ist nur auf Einschaltquoten aus	14,1	16,5	59,3	52,5	46,1
macht auch gute Daily Soaps	13,3	9,2	26,0	18,3	14,7
bringt Talkshows, in denen die Menschen bloßgestellt werden	8,3	7,1	43,4	35,3	29,0
nimmt es mit der Wahrheit nicht so genau	6,3	6,9	26,2	16,5	15,2

Quelle: ARD/ZDF-Trend, Winter 2001 (Wolfgang Darschin/Heinz Gerhard, Tendenzen im Zuschauerverhalten – Fernsehgewohnheiten und Programmbewertungen im Jahr 2001, in: Media Perspektiven Nr. 4/2002, S. 163)

1. Aus der Statistik M 23 a könnt ihr entnehmen, welche Anteile die verschiedenen Arten von Sendungen („Programmkategorien", „Sparten") an den Programmen der vier bis fünf größten Fernsehsender haben.
• Versucht für die einzelnen Arten von Sendungen konkrete Beispiele zu nennen.
• Welche Unterschiede in der Programmaufteilung zwischen den öffentlich-rechtlichen und den privaten Sendern fallen besonders auf?

2. Untersucht die in M 23b wiedergegebenen Bewertungen der Programmangebote und stellt die offensichtlichsten Unterschiede zwischen ARD und ZDF einerseits und den privaten Sendern andererseits deutlich heraus (unter einigen Gesichtspunkten werden beide Sendergruppen auch gleich bewertet). Versucht auf dem Hintergrund eurer Erkenntnisse aus der Arbeit an diesem Kapitel das Ergebnis des Vergleichs zu erklären.

3. Vergleicht auch die Statistik zu den „Marktanteilen" der Sender (M 15) mit M 23b. Wie beurteilt ihr das Verhalten der Zuschauer bei der Wahl der Fernsehprogramme? Inwieweit richten sich eurer Meinung nach die Programmgestalter nach den Wünschen und dem Geschmack der Zuschauer? Inwieweit sollten sie das eurer Meinung nach tun?

5 Information oder Manipulation? – Zeitungen und Zeitschriften in Deutschland

(Foto: ZENIT/Langrock)

Zur Orientierung

„Was wir wissen, wissen wir aus den Medien." Wenn diese Aussage, die wir in M 3 näher erläutern, zutrifft, dann kommt es entscheidend auf die „Medienmacher", also auf die Journalisten an, dass wir ein korrektes Bild der Wirklichkeit erhalten. Von welchen Maßstäben sich Journalisten bei der notwendigen Auswahl der Nachrichten leiten lassen, das wollen wir im ersten Abschnitt dieses Kapitels untersuchen.

Der Zwang, aus der Fülle der Nachrichten eine Auswahl zu treffen, ist für jeden Journalisten unvermeidbar. Problematisch ist es jedoch, wenn Journalisten versuchen, das Interesse und die Meinungsbildung der Leser absichtlich in eine bestimmte Richtung zu lenken, und wenn sie dies auf eine Weise tun, die ihre Leser nicht durchschauen können; dann spricht man von „Manipulation". Darum geht es im zweiten Abschnitt, in dem wir auch auf die besondere Stellung der BILD-Zeitung eingehen.

Dass staatliche Stellen die Möglichkeiten der freien Berichterstattung durch die Medien nicht beschränken dürfen (Pressefreiheit), ist ein wesentliches Element der freiheitlichen demokratischen Ordnung. Aber auch Journalisten müssen die Grenzen beachten, die durch die allgemeinen Gesetze gegeben sind: die Pflicht zu wahrheitsgemäßer Darstellung und zur Achtung der Persönlichkeitsrechte. Was das im Einzelnen bedeutet und welche Probleme damit verbunden sind, diesen Fragen wollen wir im letzten Abschnitt nachgehen.

M 1a
Lesefaule Jugend

Deutsche Tageszeitungen verlieren immer mehr junge Leser. In der Zielgruppe der 14- bis 29-Jährigen hätten viele Zeitungen teils dramatische Einbußen hinnehmen müssen, stellt eine im Juni 2001 veröffentlichte Marktanalyse des Axel Springer Verlags fest. So sind bei der „Süddeutschen Zeitung" nur noch 19,1 Prozent der Leser zwischen 14 und 29 Jahre alt (1993 noch 27,2 Prozent). Bei der „Frankfurter Allgemeinen Zeitung" ging die Quote von 24,5 auf 18,2 Prozent zurück, bei der „Welt" von 20,8 auf 17,4 Prozent. Allerdings sank zwischen 1993 und 2000 der Anteil dieser Altersguppe an der Gesamtbevölkerung ebenfalls – von 25,5 auf 20,9 Prozent.

(Fonds Magazin Nr. 4/2001, S. 8)

M 1b
Tageszeitung sehr beliebt – Mehr als die Hälfte der Jugendlichen sind Stammleser

Acht von zehn Bundesbürgern älter als 14 Jahre lesen eine Tageszeitung. Nach der gestern veröffentlichten Untersuchung auf Grundlage der Media-Analyse 2001 erzielen die Zeitungen in Deutschland eine Reichweite von 77,9 Prozent und damit so viele Leser wie im Vorjahr (78,0 Prozent), teilte der Bundesverband Deutscher Zeitungsverleger (BDZV) in Berlin mit.
Die Lust an der täglichen Zeitungslektüre nimmt der Studie zufolge mit ansteigendem Alter deutlich zu. Doch auch bei jungen Leuten findet die Zeitung trotz der elektronischen Konkurrenz Stammleser. So greifen von den 14- bis 19-Jährigen die Hälfte (55,4) regelmäßig zur Zeitung (2000: 55,1). Bei den 20- bis 29-Jährigen sind es 66,1 Prozent. Im Vergleich zur Media-Analyse 2000 sind die Werte für alle Zeitungsgattungen konstant geblieben. So erreichen die regionalen Abo-Zeitungen 67,8 Prozent der Leser, die überregionalen Blätter werden von 5,4 Prozent gelesen. Etwa ein Fünftel greift täglich zur Kaufzeitung.

(dpa, in: Westfälisches Volksblatt v. 18.9.2001, Seite Wirtschaft)

M 2

Zu viel Politik in Tageszeitungen

Der Anteil der täglichen Zeitungsleser unter den 14- bis 29-Jährigen hat sich seit Ende der Siebzigerjahre von 75 auf 53 Prozent verringert. Das berichtete der Meinungsforscher Rüdiger Schulz vom Institut Allensbach auf dem Deutschen Zeitungskongress in Mainz. Schulz machte für diese Entwicklung vor allem den Siegeszug des kommerziellen Fernsehens und des Internets verantwortlich: „Wenn Jugendliche sich künftig mit Infoschnipseln begnügen, die sie aus dem Internet herunterladen, ist die Zukunft der Zeitung bedroht."
Selbst nach Schulprojekten, bei denen versucht werde, jungen Leuten das tägliche Zeitunglesen nahe zu bringen, bleibe eine emotionale (gefühlsmäßige) Distanz. 61 Prozent aller Schüler erklärten nach solchen Projekten, in den Zeitungen stehe zu viel über Politik. 50 Prozent führten aus, viele Wörter seien ihnen unbekannt. 32 Prozent der Befragten gaben an, die Sätze seien ihnen zu lang. […]
Die Entschlüsselung des gedruckten Wortes mache Mühe, so der Meinungsforscher. Und diese Mühe stehe im Konflikt mit dem „Fun-Charakter" der Angebote des Privatfernsehens und des Internets.

(AP, in: Frankfurter Rundschau v. 20.10.2000)

---

1. Die beiden Zeitungsberichte M 1 a/b enthalten Umfrageergebnisse, die sich zu widersprechen scheinen (s. die Überschriften). Untersucht die angegebenen Daten genauer: Worauf beziehen sich die jeweiligen Prozentzahlen? Von welchen Tageszeitungen ist jeweils die Rede (zum Unterschied zwischen „regionalen" und „überregionalen" Tageszeitungen s. später M 11)? Lassen sich die beiden Nachrichten miteinander vereinbaren?

2. Stellt durch eine kurze Befragung/Abstimmung fest, wie hoch in eurer Klasse der Prozentsatz derer ist, die mehr oder weniger regelmäßig (täglich oder doch wenigstens mehrmals in der Woche) in der Tageszeitung lesen und um welche Art der Tageszeitung (regional – überregional) es sich handelt.

3. „Zeitung lesen" ist ein sehr weiter Begriff. Wie verteilt sich die Lektüre der Zeitungsleser unter euch auf folgende Teile (Sparten) der Tageszeitung: Nachrichten über die „große" Politik, Nachrichten über lokale Ereignisse, Sportnachrichten, Nachrichten zum Kino-, Fernseh- und Rundfunkprogramm bzw. über „Stars" aus der Film- und Musikszene?

4. M 2 berichtet darüber, dass Jugendliche die Zeitungslektüre – vor allem im Hinblick auf Politiknachrichten – für zu „anstrengend" halten und daher zunehmend auf andere Medien ausweichen. Wie beurteilt ihr dieses Problem? Untersucht gemeinsam einen aktuellen Zeitungsbericht im Hinblick auf die in M 2 von den Jugendlichen genannten Schwierigkeiten (zu lange Sätze, zu viele Fremdwörter usw.).

Journalisten entscheiden, was wichtig ist

M 3

„Alles, was wir wissen, wissen wir aus den Medien"
(Interview mit dem Soziologie-Professor Niklas Luhmann)

● *Herr Professor Luhmann, Sie behaupten in Ihrem Buch „Die Realität der Massenmedien", dass wir alles, was wir über die Gesellschaft und die Welt, in der wir leben, wissen, aus den Medien wissen. Überschätzen Sie damit die Medien nicht?*
LUHMANN: Vielleicht ein bisschen. Es gibt natürlich einen persönlichen Lebenskreis, über den man Bescheid weiß, ohne etwas in der Zeitung gelesen zu haben. Aber wenn man sich im öffentlichen Raum orientiert, kann man ohne Medienwissen gar keine Verständigung erreichen. Manche beklagen das als Verlust von Unmittelbarkeit. Aber oft weiß man gar nicht, wie stark etwas, das wir wissen, durch die Medien vermittelt ist, wenn man es nicht mit direkt bekannten Objekten oder Personen zu tun hat. Wir sind kaum in der Lage, das medienvermittelte Wissen von dem selbst erfahrenen wirklich zu trennen.

• *Die Medien haben sich also schon immer in unser Wissen eingeschlichen?*
LUHMANN: Ja. Um herauszufinden, wie wir die Dinge ohne Medien sehen würden, könnte man höchstens Kinder untersuchen, die noch nicht lesen können und keinen Fernseher zu Hause haben. Aber auch das wäre natürlich problematisch. […]

• *Es sind also für Sie die Medien, die unser Alltagswissen produzieren. Bürden Sie damit den Journalisten nicht viel auf? Und sprechen Sie den Medien nicht sehr viel Macht zu?*
LUHMANN: Den Ausdruck Macht würde ich in diesem Zusammenhang nicht verwenden. Bei Macht denke ich immer an Drohmacht in dem Sinne: Wenn du dies nicht tust, dann musst du mit den und den Konsequenzen rechnen. Zeitungen und Fernsehsender dagegen beschäftigen sich mit der Herstellung von Fakten. In ihnen geht es um Fragen wie: Was kommt in unserer Zeitung auf die erste Seite? Was wollen wir senden und was nicht?

(Praxis Schulfernsehen – psf – Nr. 249/1997, S. 54)

M 4a

(Zeichnung: Burkhard Mohr/CCC, www.c5.net)

M 4b

(Paul Ackermann, Bürgerhandbuch, Wochenschau Verlag, Schwalbach 1998, S. 49)

„Papa, wenn ein Baum im Wald umfällt und die Medien sind nicht dabei gewesen, um darüber zu berichten, ist der Baum dann wirklich umgefallen?"

1. Erläutert, wie der bekannte (inzwischen verstorbene) Soziologe Niklas Luhmann zu der in der Überschrift zitierten Aussage kommt (M 3), und versucht euer Unterrichtsgespräch einmal daraufhin zu überprüfen, inwieweit die Gesprächsinhalte (Fakten, Zusammenhänge, Deutungen) durch Medien (dazu gehören auch Schulbücher) „vermittelt" sind. Interpretiert und erörtert dazu auch die Darstellungen der beiden Karikaturen (M 4 a/b).

2. Luhmann weist darauf hin, dass die Fakten, die wir kennen, durch Journalisten überhaupt erst „hergestellt" werden (Z. 20). Wie meint er das? Welche Verantwortung kommt damit auf die Presse- und Fernseh-Journalisten zu? Vgl. dazu auch den nächsten Abschnitt.

5 Information oder Manipulation? – Zeitungen und Zeitschriften in Deutschland

*Im folgenden kurzen Abschnitt wollen wir etwas genauer untersuchen, nach welchen Gesichtspunkten (Kriterien = Entscheidungsmaßstäben) Journalisten aus der täglichen Flut der Nachrichten diejenigen auswählen, die veröffentlicht werden sollen. Es geht hier also noch nicht um die Frage, ob Journalisten die Meinung ihrer Leser, Zuschauer usw. mit bestimmten Mitteln in einer bestimmten Richtung beeinflussen (s. M 14ff.), sondern um die **notwendige** Auswahl (Selektion) aus der Überfülle der Nachrichten. Allerdings beeinflusst auch diese Auswahl zwangsläufig das Bild, das sich die Menschen von der gesellschaftlichen, wirtschaftlichen und politischen Wirklichkeit machen.*

M 5

Welches Ereignis taugt zur Nachricht?

Als vor wenigen Jahren in dem afrikanischen Land Sudan eine Hungersnot ausbrach, berichteten große Zeitschriften und zahlreiche Fernsehbeiträge darüber und riefen zu Spendenaktionen auf. Viele Kinder konnten so vor dem Hungertod gerettet werden. Auch in anderen Teilen der Erde verhungern täglich Menschen, werden Opfer von Kriegen oder erleiden sonst ein schreckliches Schicksal. Der Unterschied: Wenn die Massenmedien nicht darüber berichten, nimmt die Weltöffentlichkeit die Ereignisse nicht zur Kenntnis.

Nur ein Bruchteil dessen, was den Medien an Informationen und Meinungsäußerungen zur Verfügung steht, kommt beim Leser, Zuhörer und Zuschauer an. Nicht alle Meldungen, die von Nachrichtenagenturen, Korrespondenten und Redakteuren beschafft werden, können veröffentlicht werden. Man kann daher „Journalisten als Schleusenwärter" oder „Torhüter" bezeichnen, d.h. sie können entscheiden, welche Informationen aus dem Nachrichtenstrom durchgelassen werden. Nachrichten werden also gesiebt, gefiltert, bearbeitet, gemacht.

(Paul Ackermann, Bürgerhandbuch, Wochenschau Verlag, Schwalbach i. Taunus 1998, S. 42)

(Zeichnung: Gudrun Schecker)

dpa steht in aller Welt für **unabhängige, zuverlässige, aktuelle** und **umfassende Nachrichten** – und das 24 Stunden am Tag, 365 Tage im Jahr!

(www.dpa.de)

Blick in die Zentralredaktion der Deutschen Presse-Agentur (dpa). Aus Tausenden von Meldungen aus aller Welt werden hier diejenigen ausgewählt und bearbeitet, die an die Medien weitergeleitet werden. Von ca. 500 000 Wörtern, die dpa täglich in Berichten erhält, werden ca. 100 000 an die Kunden in den Zeitungs- und Fernsehredaktionen weitergegeben.

(Foto: dpa, Stephan Jansen)

M 6
Nachrichtenagenturen in Zahlen

Agentur	Umfang der Textdienste pro Tag	Zahl der Kunden		Zahl der Redakteure in Deutschland
		Presse	Rundfunk	
dpa	> 100.000 Wörter* (300–500 Meldungen)	160	184	375
AP	60.000 Wörter (250 Meldungen)	158	34	65
AFP	45.000 Wörter (220 Meldungen)	44	33	38
Reuters	110.000 Wörter (450 Meldungen)	70	50	105
ddp/ADN	50.000 Wörter (500 Meldungen)	50	60	80

* beide Angaben beziehen sich auf den Basisdienst; je Landesdienst tägl. etwa 70-120 Meldungen
Alle Angaben: Auskünfte der Chefredaktionen/Geschäftsführungen

(SAGE & SCHREIBE, Heft 7/1997)

AP = Associated Press
AFP = Agence France-Presse
ddp/ADN = deutscher depeschen dienst/Allgemeiner Deutscher Nachrichtendienst

1. Erklärt, warum man Journalisten auch als „gate keeper" (Torhüter, Schleusenwärter) bezeichnet und welche Bedeutung in dieser Hinsicht den Nachrichtenagenturen zukommt (M 5, M 6).

2. Worüber staunt der Zeitungsleser in der Karikatur (M 5)? Welche weitere Schleuse (nach der Nachrichtenagentur) haben die Zeitungsnachrichten passiert, wenn sie beim Leser ankommen?

3. Vor allem größere Tageszeitungen sind nicht nur auf Nachrichtenagenturen angewiesen, sondern verfügen auch über eigene Korrespondenten in aller Welt. Vergleicht z.B. die erste Seite einer großen überregionalen und einer regionalen Zeitung miteinander. Wie verteilen sich jeweils die Quellenangaben auf diese beiden Nachrichtenquellen (in Klammern zu Beginn jedes Berichtes steht entweder die Abkürzung der Agentur oder der Name bzw. die Abkürzung des eigenen Korrespondenten)?

4. Auf welche Weise Zeitungsredaktionen die ihnen von den Nachrichtenagenturen zugeleiteten Meldungen auswählen und verwerten, ob sie sie einfach übernehmen oder sie verändern, mit welchen Überschriften sie sie versehen usw., das könnt ihr an ganz konkreten Beispielen selbst überprüfen: Im Internet (z.B. www.yahoo.de) findet ihr täglich aktuelle Originalmeldungen von Nachrichtenagenturen (insbesondere von dpa). Druckt am besten einige dieser Meldungen, die ihr für wichtig oder interessant haltet, aus und überprüft dann am nächsten Tag euch zugängliche Tageszeitungen. Stellt fest, wie sie mit den von euch ausgewählten Nachrichten umgegangen sind und welche Unterschiede es in dieser Beziehung ggf. zwischen verschiedenen Zeitungen gibt.

M 7
„Und, und, und..."

06.00 Uhr morgens. In Oberbayern ist ein Hai aufgetaucht. Und Russlands Außenminister befindet sich zu Gesprächen in Havanna. Und wilde Elefanten trampelten zwei Menschen im Süden Sumatras nieder. Und der Dollar ist in Tokio gestiegen. Und Malaysia kauft 18 russische MIG-Kampfflugzeuge. Und Zahnschmerzen werden häufig durch Kummer verursacht. Und in Russland ist die nukleare Umweltgefährdung erheblich. Und Auto überschlug sich – zwei Tote. Und mit jeder Meldung wächst die unendliche Weltchronik der Nachrichtenagenturen an diesem – wie an jedem anderen – Morgen im Mai, das Chaos fügt sich stumm und im Minutentakt in die Ordnung ihrer Monitore und zergliedert sich dort bereitwillig zu Wortgruppen unter Überschriften.

Und in Tibet wurden die Bilder des Dalai Lama verboten. Und in Birma wurde ein Konsul wegen Besitzes von Fax und Telefon verurteilt. Und der deutsche Großhandel segelt in die Flaute. Und in Detmold entstehen Jugendherbergen mit Kuschelecke und Pizza aus dem Steinofen. Und die Erzeugerpreise liegen 0,5 Prozent unter dem Vorjahr. Aber noch ist der Tag nicht erwacht, noch fehlt sein Versprechen für die nächsten 24 Stunden, ohne das kein Morgen sich zu grauen traut. Denn seit die Nachrichtenagenturen der Welt die Ordnung geben und den Lauf der Dinge atemlos verfolgen, ist jeder Tag verpflichtet, Katastrophen und andere Höhepunkte vorab auf sein Programm zu setzen. Das schuldet er der Spannung und dem besseren Überblick. Und Verschärfung der Bonner Sparmaßnahmen wird gefordert. Und mindestens 480 Tote bei Schiffsunglück auf dem Victoria-See. Und Vietnam protestiert gegen deutsche Kritik an Hanoi. […] Jugendliche überfielen Elfjährigen und wollten ihn anzünden. Und Kritik an Rettungsaktion nach Schiffsunglück auf Victoria-See. Und fünf nordkoreanische Boote in Südkoreas Gewässer vorgedrungen. Und weltweit gibt es 3,8 Millionen Sudetendeutsche. Und […]

(Christian Bommarius, Wie eine Nachricht entsteht. In: Kursbuch 125, Die Meinungsmacher, Rowohlt Berlin-Verlag, Berlin 1996, S. 2f.)

M 7 bietet ein konkretes Beispiel für die Zahl und die Unterschiedlichkeit der Nachrichten, die in einer Zeitungsredaktion innerhalb weniger Stunden eintreffen können. Entscheidet euch einmal ganz spontan: Welche fünf der 20 Nachrichten würdet ihr für eine Veröffentlichung auswählen, wenn ihr als Journalisten darüber zu entscheiden hättet? Überlegt auch, warum ihr euch für bestimmte Nachrichten entscheidet, für andere nicht.

M 8
Grundsätze der Nachrichtenauswahl

Jeden Tag passieren auf der Welt unendlich viele Dinge. In keiner Zeitung oder Nachrichtensendung kann über alles berichtet werden. Selbst wenn das technisch möglich wäre, so wäre doch niemand in der Lage, so viel zur Kenntnis zu nehmen. Also ist es die Aufgabe der Medien, schon vorher auszuwählen, was überhaupt berichtet werden soll.
Welche Ereignisse verdienen es, zur Nachricht zu werden? Journalisten sortieren Informationen nach so genannten Nachrichtenfaktoren. Entscheidend ist das Besondere an einem Ereignis, das es von den vielen anderen Ereignissen, die sonst noch an einem Tag passieren, als etwas Außergewöhnliches hervorhebt. Je nach Medium können die Nachrichtenfaktoren unterschiedlich sein. Das Grundprinzip der Auswahl ist die Frage: Was interessiert die Leser, Hörer oder Zuschauer? Interessant ist immer das, was die Leser, Hörer oder Zuschauer unmittelbar betrifft. Ein gängiges Auswahlschema ist das so genannte

- „GUN-Prinzip" (siehe Kasten).

Das GUN-Prinzip

G = Gesprächswert

Gesprächswert hat ein Ereignis, über das man spricht, diskutiert, sich ärgert oder sich freut. Beispiele für einen hohen Nachrichtenwert sind

- *Außergewöhnlichkeit:* „Hund beißt Mann" ist keine Nachricht, „Mann beißt Hund" ist eine Nachricht!
- *Personenbezug:* Über bekannte Personen wird häufiger berichtet. Wenn Joschka Fischer mit dem Jogging anfängt oder aufhört, ist das eine Nachricht; wenn der nur wenigen bekannte Nachbar das Gleiche tut, interessiert das kaum jemanden, ist also keine Nachricht.
- *Negativität:* „Schlechte Nachrichten sind gute Nachrichten." Je schlimmer ein Ereignis ist, desto eher wird darüber berichtet. Unfälle sind alltäglich und nur dann eine Nachricht, wenn es besonders viele, besonders junge Opfer oder im Ausland deutsche Opfer gegeben hat.
- *Nähe,* vor allem geografische Nähe: Was in der eigenen Stadt passiert, interessiert die meisten mehr als ein Ereignis in Usbekistan.

U = Unterhaltung

Ein Ereignis, das in Verbindung mit der eigenen Lebenswelt steht, das verblüfft oder amüsiert, hat ebenfalls einen hohen Nachrichtenwert. Ausschlaggebend ist die Nähe zur eigenen Lebenssituation, den eigenen Wünschen und Sehnsüchten. So genannte Boulevardthemen, wie *Sex and Crime*, verkaufen sich besonders gut und sind deshalb für Zeitungen wichtig, die in erster Linie am Kiosk verkauft werden.

N = Neuigkeit *(oder Überraschung)*

Je unerwarteter ein Ereignis eintritt, desto eher wird es zur Nachricht. Der Rücktritt der Gesundheitsministerin hat einen höheren Nachrichtenwert als die wöchentliche Pressekonferenz des Verteidigungsministers.

(Politik & Unterricht Heft 1/2002, hg. von der Landeszentrale für politische Bildung Baden-Württemberg, Stuttgart 2002, S. 49)

1. Erläutert die im GUN-Prinzip zusammengefassten „Nachrichtenfaktoren". Wie ist es zu erklären, dass für die Nachrichtenauswahl nicht so sehr die Frage entscheidend ist, ob ein Ereignis „an sich" z.B. in politischer oder wirtschaftlicher Hinsicht große Bedeutung hat, sondern die Frage, ob es für die Leser „interessant" genug ist? Warum stoßen vor allem „negative" Nachrichten auf das besondere Interesse der Leser?

2. Neben den GUN-Prinzipien gibt es u.a. noch das Kriterium des „Nutzwertes" einer Nachricht/Information für den Leser. Welche Art von Nachrichten haben einen unmittelbaren praktischen Nutzen für die Leser und werden daher auch gern gelesen?

M 9 „When a dog bites a man that's not news. But when a man bites a dog that is certainly news."

Neapel (Reuter). Für Anna und Salvatore Romano war es eine Nacht wie viele andere, eigentlich. Sie schliefen, als sich zum Samstag hin krachend der Boden unter ihnen auftat und sie samt Doppelbett eine Etage tiefer in der Garage ihres Wohnblocks in Neapel landeten. Dank Matratze und Kissen blieben die Romanos unverletzt. Doch derart war das Getöse, dass die Nachbarn an ein Erdbeben glaubten. Nach dem Zwischenfall evakuierte die Feuerwehr das Haus bis zu einer baupolizeilichen Überprüfung.
(Westfalenblatt, 6.2.1989; Verf.: Tamas Csiki)

Hanau (dpa). Mit einem Biss ins rechte Ohr seines Angreifers hat sich jetzt in Hanau ein Grieche gegen einen Räuber gewehrt. Er war von einem 34-jährigen drogenabhängigen US-Soldaten auf der Straße angegriffen worden, der es auf seine Geldbörse abgesehen hatte. Der Grieche wehrte sich erbittert und biss dem Räuber im Kampf einen Teil seiner rechten Ohrmuschel ab, der verschwunden blieb.
(Westfalenblatt, 11.1.1992)

Albstadt (dpa). Glimpflich ist eine Autofahrt mit einem Hund hinter dem Steuer in Albstadt-Tailfingen verlaufen. Das „Frauchen" hatte ihren Wagen auf einer abschüssigen Straße geparkt. Als sie ausstieg, sprang ihr vier Monate alter Dobermann „Castor" auf den Fahrersitz und berührte den Automatikhebel. Das Auto rollte davon und prallte gegen einen parkenden Pkw. „Castor" blieb unverletzt.
(Westfalenblatt, 4.11.1988)

London. – Endlich ist die „klassische" Zeitungsmeldung da: Weil er den Hund seines Nachbarn gebissen hatte, ist der Engländer Shaun Desborough (25) zu rund 600 Mark Strafe verurteilt worden. Vor Gericht gab er zu, die Promenadenmischung gebissen zu haben, nachdem das Tier ihn angekläfft und bei einem Beruhigungsversuch gebissen hatte.
(Aachener Volkszeitung, 4.8.1989)

Hamburg (ddp). Mit besonderem Erfindungsgeist hat ein Einbrecher in einem Hamburger Haarstudio versucht, seiner Festnahme zu entgehen: Er setzte eine lange schwarze Perücke auf, zog einen weißen Kittel an und ließ sich regungslos in einer Anprobekabine nieder. Polizeibeamte, die die eingetretene Eingangstür des Geschäftes bemerkt hatten, ließen sich dennoch nicht täuschen, erkannten aber immerhin die „varietéreife Leistung" des 38-Jährigen an.
(Süddeutsche Zeitung, 23.9.1989)

5 Information oder Manipulation? – Zeitungen und Zeitschriften in Deutschland

Auf der S. 44 der „Süddeutschen Zeitung" vom 13. Dezember 2002 („NRW-Panorama") standen u.a. Meldungen mit diesen Schlagzeilen:

Pizzawirt bedroht Beamten mit Messer
Hagen

Mann fährt Politesse an
Dortmund

Mordversuch im Bordell
Detmold

Pommesverkäufer trat Kunden: Geldstrafe
Düsseldorf

Bauer setzt Belohnung für gestohlene Gans aus
Krefeld

M 10a

„S'lohnt nicht – nur innere Verletzungen …"

(Zeichnung: Lothar Schneider)

M 10b

(Zeichnung: Gerhard Mester/CCC, www.c5.net)

---

1. Überlegt: Was könnte die betroffenen Journalisten bewegt haben, mit den in M 9 wiedergegebenen Berichten die Spalten ihrer Zeitung zu füllen? Nach welchen Kriterien könnten sie sich entschieden haben (vgl. M 8)?

2. Übertriebene Darstellung gehört zum Wesen von Karikaturen (s. S. 321f.). Was wollen M 10a und b zum Ausdruck bringen? Auf welche „Nachrichtenfaktoren" nehmen sie Bezug?

3. In M 28 heißt es, dass die Bedeutung der Nachrichtenfaktoren „je nach Medium unterschiedlich" sein kann. Das bezieht sich nicht nur auf den Unterschied z.B. zwischen Zeitung und Fernsehen, sondern auch auf den Unterschied zwischen einer Abonnementszeitung und einer „Boulevardzeitung" (M 11a). Analysiert und vergleicht dazu die beiden Beispiele M 11b (FAZ und „Bild") oder (noch besser) ein oder zwei Seiten zweier aktueller Ausgaben entsprechender Zeitungstypen im Hinblick auf die Nachrichtenauswahl und die zugrunde liegenden „Nachrichtenfaktoren".

M 11a
Zeitungsgattungen in Deutschland

Boulevard-Zeitungen haben ihren Namen daher, dass sie nicht im Abonnement, sondern auf der Straße (frz.: boulevard) verkauft werden. Daher werben sie mit großen Schlagzeilen. Sie wenden sich an das breite Publikum und erreichen ihre hohen Auflagen mit einer Mischung aus Sensationsberichten, Artikeln über menschliche Schicksale (Human Interest), über Prominente, Sex, Katastrophen und Kriminalität. Der Gefühlswert der Beiträge übertrifft deutlich den sachlichen Informationswert.

(Neue Anstöße für den Politik- und Sozialkundeunterricht, Band 2, Klett Verlag, Stuttgart 2001, S.122; Verf.: Peter Lambertz)

Tageszeitungen (lokale) berichten über Politik, Wirtschaft, Kultur und Sport. Sie behandeln viele regionale Themen.

Tageszeitungen (überregionale/nationale) berichten ausführlich über Politik, Wirtschaft, Kultur und Sport. Überregionale Zeitungen werden in der Regel in ganz Deutschland gelesen.

Nachrichtenmagazine illustrieren lebendig geschriebene Berichte und Kommentare mit vielen Fotos.

Sonntagszeitungen erscheinen nur einmal in der Woche am Sonntag. Sie behandeln aktuelle Themen und Hintergründe.

Boulevardzeitungen sind auffällig bunt gestaltet. Sie berichten über Skandale, Klatsch, Tragödien.

Wochenzeitungen schreiben aufgrund des wöchentlichen Erscheinens mehr zu den Hintergründen und ordnen aktuelle Themen in größere Zusammenhänge ein.

(Politik & Unterricht Heft 1/2002, hg. von der Landeszentrale für politische Bildung Baden-Württemberg, Stuttgart 2002, S. 33)

M 11b

[Frankfurter Allgemeine Zeitung für Deutschland, Samstag, 15. Februar 2003, Nr. 39/7 R]

5 Information oder Manipulation? – Zeitungen und Zeitschriften in Deutschland

M 12 Deutschlands Zeitungslandschaft im Jahr 2002

	Anzahl	Auflage in Millionen
lokale und regionale Abo-Zeitungen	331	16,1 Mio.
Wochenzeitungen	24	1,8
überregionale Zeitungen	10	1,7
Straßenverkaufszeitungen	8	5,4
Sonntagszeitungen	7	4,5

Quelle: BDZV © Globus

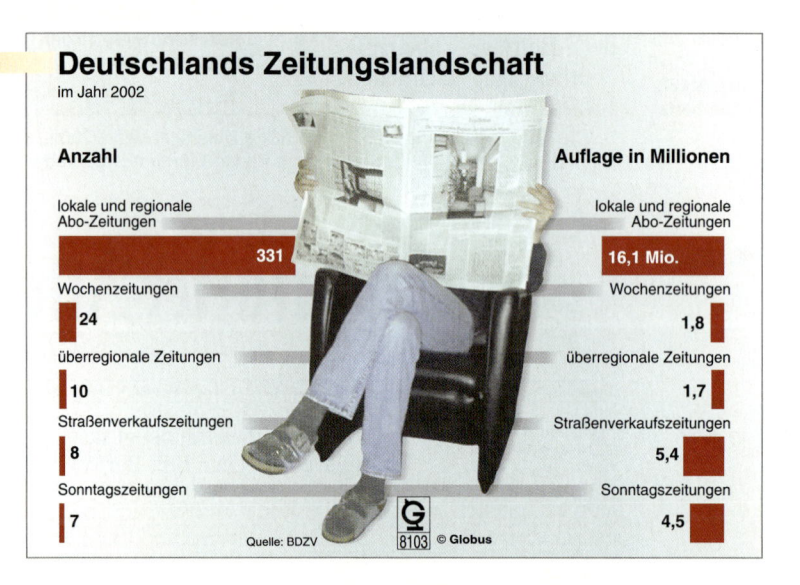

1. Informiert euch über die Unterscheidung der verschiedenen „Zeitungsgattungen" (M 11 a; vgl. auch das Foto auf S. 114) und vergleicht dann die beiden Beispiele einer überregionalen Tageszeitung und einer Boulevard-Zeitung (M 11 b). Vielleicht könnt ihr auch zwei aktuelle Ausgaben (vom selben Tag) dieser Zeitungstypen in den Unterricht mitbringen. Vgl. dazu M 17.

2. M 12 gibt eine kurze Übersicht über die Zahl und die Auflagenhöhe der verschiedenen Arten von Zeitungen und Zeitschriften („Printmedien"), die es in Deutschland gibt (vgl. M 11 a). Stellt fest, welche „regionalen" und „lokalen" Zeitungen es in eurer Gegend gibt. Vielleicht kann an einem bestimmten Tag jede/jeder von euch alle Zeitungen und Zeitschriften, die in der eigenen Familie regelmäßig gelesen werden, in einem Exemplar in den Unterricht mitbringen, um die „gedruckte Vielfalt" anschaulich zu präsentieren (reine Programmzeitschriften und Fachzeitschriften sind hier nicht gemeint).

M 13

**Die „unheimliche Macht"
der „Bild"-Zeitung**

(Foto: Lebeck/PICTURE PRESS)

(Foto: action press)

(Foto: © dpa-Fotoreport/
Franz-Peter Tschauner)

(Foto: Markus Ulmer/
action press)

Was ist das für eine Macht, die von den Mächtigen, den Schönen und den Berühmten so beäugt wird? Wie ein Schwamm saugen die „Bild"-Chefs jeden Morgen die Geschichten auf, die 33 Regionalredaktionen anbieten. 800 fest angestellte und Hunderte freie Journalisten halten die Maschine unter Dampf. Am legendären „Balken", dem Monitor- und Schreibtischverhau im zentralen Produktionsraum, wird ein „Bild"-Provinzfürst nach dem anderen per Lautsprecher zugeschaltet. Kein Ort der Republik, so heißt es, liegt weiter als 30 Minuten vom nächsten „Bild"-Reporter entfernt. Wer es mit seiner Story bis in die Bundesausgabe schafft, hat schon am Morgen danach mehr als sechs Millionen Menschen erreicht. Insgesamt hat „Bild" fast so viele Leser wie „Wetten, dass …?" Zuschauer. Auch wenn unter ihnen solche mit Abitur klar in der Minderheit sind, spricht „Bild" alle Bevölkerungsschichten an, ist in Ministerien und Redaktionen ebenso Pflichtlektüre wie in Chefetagen. […]
Eine unheimliche Macht. Die Hamburger Boulevardstrategen erreichen noch weit mehr Menschen, als ihr Blatt lesen. Weil es zwar immer mehr Medien gibt, diese aber immer weniger recherchieren. Die Fast-Food-Redaktionen recyceln tagtäglich das „Bild"-Material, private Radio- und Fernsehstationen plappern es nach. Eine gute Zeile, ein gutes Thema kann so bis zu 80 Prozent der erwachsenen Deutschen erreichen. Irgendwann kommen auch die ernst zu nehmenden Zeitungen und Sendungen nicht mehr daran vorbei. „Bild" legt nach, am Wochenende verdickt die „Bild am Sonntag" (BamS) die Geschichte. „Bild, BamS, Glotze", sagt Kanzler Gerhard Schröder, wenn er von der Macht der Medien spricht – oft genügt das Erste: Der Rest kommt von ganz allein.
„Bild", „Bild am Sonntag" und die ebenfalls zur „roten Gruppe" zählende Berliner „B.Z." regieren nicht das Land. Aber die Regierenden haben mehr als nur Respekt vor ihrem Einfluss. Außenminister Joschka Fischer sagt gelegentlich im kleinen Kreis: Gegen die rote

Gruppe bei Springer könne man „in Deutschland nur schwer Wahlen gewinnen. Und dauerhaft kannst du gegen die auch kaum regieren".

„Bild", beobachtet ein Berliner Insider, sei ein Blizzard, also ein Naturphänomen von großer Zerstörungskraft: „Einen kann man überstehen. Aber nicht jeden Tag einen." Der „Bild"-Blizzard kann jeden Winkel der Republik erreichen. [...]

Niemand ist vor „Bild" sicher. Egal, ob er Politik macht oder Schlager, Bankgeschäfte oder Sport.

(stern Nr. 50/2000, S. 33)

1. Beschreibt die besondere Stellung der „Bild"-Zeitung in der deutschen „Presselandschaft" (M 13; „Bild" erscheint täglich in rd. 4,3 Mio Exemplaren; die zweitgrößte überregionale Tageszeitung, die Süddeutsche Zeitung, erreicht eine tägliche Auflage von rd. 440 Tsd., die größte Regionalzeitung in NRW, die Westdeutsche Allgemeine Zeitung, eine Auflage von rd. 550 Tsd.). Wie ist es zu erklären, dass eine „Bild"-Nachricht „bis zu 80% der erwachsenen Deutschen erreichen" kann (M 13)?

2. „Bild" gilt wegen der Kürze und Oberflächlichkeit der Nachrichten, wegen der am „Sensationsgehalt" ausgerichteten Nachrichtenauswahl und seines zu Übertreibungen und Einseitigkeiten neigenden Darstellungsstils nicht gerade als seriöse oder anspruchsvolle Zeitung. Warum ist sie trotzdem „in Ministerien, Redaktionen und Chefetagen Pflichtlektüre"? Worin besteht ihre „unheimliche Macht" (M 13)?

Wie Journalisten „manipulieren" können

*In diesem Abschnitt geht es nicht mehr um die Notwendigkeit und die Problematik der **Auswahl** von Nachrichten (s. dazu M 5), sondern um die bewussten Versuche von Journalisten, ihre Leser (Zuschauer, Hörer) durch die Art der Berichterstattung in einer bestimmten Richtung zu beeinflussen (sie zu **„manipulieren"**).*

M 14
Manipulative Methoden

(Heinz Kaiser u.a., Zukunft gestalten – Politik, Kieser, Neusäß 1996, S. 96)

Manipulation kann schon mit der Entscheidung über die Platzierung einer Nachricht beginnen: Soll sie ein Gegengewicht zu einer öffentlich verbreiteten, von der Redaktion nicht geschätzten Meinung bilden, wird sie zum „Aufmacher" hochgezogen und mit einer entsprechenden Schlagzeile versehen. Für arglose Leserinnen und Leser entspricht die Höhe ihrer Buchstaben der Bedeutsamkeit der Ereignisse; kritische Leser wissen: Die Buchstabengröße bezeugt nur die von der Redaktion zuerkannte Bedeutung und die beabsichtigte Wirkung. Ein anderer Trick ist der manipulative Gebrauch von Begriffen.

Zum Beispiel werden Begriffe umgekehrt: Ein militärischer Überfall wird zur „Befriedungsaktion", Gefangenenmord heißt: „auf der Flucht erschossen", politische Häftlinge werden „Kriminelle", Regierungsgegner nennt man „Volksverhetzer", der Verteidigungsminister wird zum „Kriegsminister".

Eine Bewertung des Inhalts liegt auch vor, wenn Beschäftigte „entlassen", „freigestellt" oder „gefeuert" werden, wenn ein Ereignis als „Niederlage", „Schlappe", „Debakel", „Teilerfolg", „Achtungserfolg" oder „Rückschlag" dargestellt wird. Man liest und hört auch häufig: „Nach Ansicht der Experten..." oder „Beobachter sind der Ansicht...", also Worte, die beim Empfänger Vertrauen einflößen sollen.

Wie Journalisten „manipulieren" können 127

Wie man mit wenigen Worten einen Text manipulieren kann, sehen Sie hier:
Man schreibt nicht: „X sagte…", sondern: „X ließ sich dazu hinreißen zu sagen…", „X, der wegen seiner politischen Uneinsichtigkeit bekannt ist, sagte…", „X sagte erstaunlicherweise…".
Politische Gegner stempelt man als „radikal", „fanatisch", „faschistisch", „Ultras", „extrem" ab.
Selbst mit den kleinen Anführungszeichen kann manipuliert werden. Welchen Eindruck gewinnen Sie, wenn Sie lesen: „…er hielt dies für eine ‚gute' Lösung" oder „…er hielt dies für eine gute Lösung"?

(Willi Dieckerhoff u.a., Mitentscheiden – Mitverantworten, Verlag Stam, Köln-Porz, 11. Aufl. 2000, S. 185f.)

---

1. M 14 – M 16 weisen auf verschiedene Mittel hin, mit denen Journalisten „Manipulationen" vornehmen können. Versucht zunächst die erste der in M 14 genannten beiden Möglichkeiten näher und konkreter zu erläutern (vgl. M 15). Nehmt dazu neben dem Beispiel aus M 15b die Titelseiten verschiedener aktueller Tageszeitungen zu Hilfe. Können Schlagzeilen auch „Totschlagzeilen" (vgl. M 15a/b) sein?

2. M 14 nennt als zweite Methode den „manipulativen Gebrauch von Begriffen". Erläutert dazu die genannten Beispiele und überprüft einen aktuellen Zeitungsbericht (z.B. über eine Parteiveranstaltung) auf „Manipulationen durch Wortwahl" hin.

M 15a
(Zeichnung: Pit Flick/ CCC, www.c5.net)

BILD – UNABHÄNGIG · ÜBERPARTEILICH
Boris, du Großmaul
4:6, 6:7 – Stich machte ihn fertig

M 15b
Volltreffer
(Zeichnung: Reinhold Löffler/ CCC, www.c5.net)

M 16
Wodurch unterscheiden sich Meinungen von Nachrichten?

Meinungen dürfen in den Medien nicht fehlen, denn in einer freien Presse sollen unterschiedliche Ansichten über wichtige Fragen zum Ausdruck kommen. Die Leser der Zeitungen – wie auch die Zuhörer und Zuschauer in Rundfunk und Fernsehen – können sich mit diesen Meinungen auseinander setzen und ein eigenes Urteil bilden.

Eine *Nachricht* ist eine Information, die Mitteilung einer Neuigkeit, die für eine große Zahl von Menschen interessant oder wichtig ist. Sie soll so abgefasst sein, dass sie auf die sechs W-Fragen Antworten gibt:

- Was geschah?
- Wann geschah es?
- Wie geschah es?
- Wo geschah es?
- Wer war daran beteiligt?
- Warum geschah es?

Wenn zusätzliche Informationen diese Fragen erläutern, wenn Hintergründe aufgedeckt und Zusammenhänge mit anderen Sachverhalten beschrieben werden, wird aus der Nachricht ein *Bericht*.

In *Kommentaren* (lateinisch: Erläuterung, Auslegung, Anmerkung) drücken Journalisten ihre eigene Meinung über Ereignisse oder Sachverhalte aus. Sie bewerten Nachrichten und zeigen aus der Sicht des kommentierenden Journalisten mögliche Folgen und Auswirkungen auf. Während Nachrichten sachlich beschreibend sein sollen, können Kommentare von der Kritik bis zur Zustimmung – etwa zu Politikern und ihren Aktivitäten – reichen.

Der Unterschied zu den Nachrichten soll auch durch die Art und Weise, wie Kommentare präsentiert werden, erkannt werden können. In Zeitungen und Zeitschriften werden sie deshalb durch den Standort und die Schrift von den übrigen Teilen abgehoben. In vergleichbarer Weise geschieht dies auch im Rundfunk, indem ein Kommentar durch den Sprecher angekündigt und der Name des Kommentators genannt wird. Im Fernsehen werden Kommentare darüber hinaus durch optische Zeichen von den Nachrichten abgehoben.

In der Praxis wird die *Trennung von Nachricht und Kommentar* allerdings in vielen Fällen nicht eingehalten. So sind nicht selten Zeitungsberichte verdeckt mit kommentierenden, d. h. wertenden Aussagen durchsetzt. Nicht zuletzt drücken Boulevardzeitungen (wie die BILD-Zeitung) mit knalligen und gefühlsbetonten Überschriften Stimmungen und Meinungen aus (s. M 11b und M 13 sowie das Foto auf S. 114). Mit solchen emotionalen Aufreißern gelingt es ihnen, Interesse bei einem großen Leserkreis zu wecken.

Auch in den Nachrichtensendungen des Rundfunks und des Fernsehens wird die notwendige Unterscheidung zwischen Information und Meinung aufgehoben, wenn Nachrichten und Berichte bewusst durch kommentierende Einleitungen oder Zusammenfassungen eingerahmt und bewertet werden.

(Horst Becker/Jürgen Feick/ Herbert Uhl, Leitfragen Politik, Klett, Stuttgart 1998, S. 92f.)

Bundesverfassungsgericht verbietet Käfighaltung

Karlsruhe, 7. Juli:

Das Bundesverfassungsgericht hat entschieden, dass die Käfighaltung von Legehennen ein Verstoß gegen das Tierschutzgesetz ist und zukünftig verboten wird. Damit dürfen ab sofort keine neuen Legebatterien mehr gebaut werden. Bis zum Jahr 2012 haben alle Legebatterien in der Hühnerhaltung zu verschwinden.

Wichtiger Tag im Kampf für den Tierschutz

von Philipp Hau, Berlin:

Das Bundesverfassungsgericht hat eine kluge Entscheidung getroffen. Dieser Beschluss setzt der größten Tierquälerei von Nutztieren in den letzten Jahrzehnten endlich ein Ende.
Bleibt nur zu hoffen, dass sich das Verbot der Käfighaltung von Hennen auch in den anderen europäischen Ländern durchsetzen wird. Bis dahin ist es allerdings noch ein weiter Weg.

(Wolfgang Mattes u.a., Politik erleben, Schöningh, Paderborn 2001, S. 99)

„Tarnungsmanöver"

(Zeichnung: Luis Murschetz/CCC, www.c5.net)

Wie Journalisten „manipulieren" können

M 16 will auf einen wichtigen Grundsatz hinweisen, gegen den Journalisten nicht selten verstoßen. Erläutert, was der Karikaturist zum Ausdruck bringen will und warum es so wichtig ist, dass Journalisten zwischen Berichterstattung (Information) und eigener Bewertung der berichteten Vorgänge so streng wie möglich unterscheiden. Untersucht aktuelle Zeitungstexte auf dieses Problem hin und stellt fest, ob ein „Kommentar" deutlich als solcher markiert und ggf. auch grafisch von einem „Bericht" abgesetzt ist. Vergleicht dazu die beiden Beispiele (M 16, Rand).

Methode M 17 Wir vergleichen zwei Zeitungstypen

(Foto: © Keystone)

Zum Abschluss dieses Abschnittes schlagen wir euch ein Projekt zum Vergleich zweier oder mehrerer Zeitungen vor. Die folgenden Hinweise zu den einzelnen Arbeitsschritten können euch die Arbeit an dem Projekt wesentlich erleichtern.

Um den Informationswert von Nachrichten und Berichten beurteilen zu können, müssen Form und Inhalt der Berichterstattung untersucht werden. Dabei kann in folgenden Arbeitsschritten vorgegangen werden:

1. Schritt: Auswahl der zu vergleichenden Medien

Ihr könnt z. B. eure Lokalzeitung mit der BILD-Zeitung oder beide mit einer überregionalen Zeitung vom gleichen Tage vergleichen. Dabei solltet ihr euch auf einen bestimmten Teil der Zeitung, z.B. die erste(n) Seite(n), beschränken.

2. Schritt: Festlegung der Vergleichsgesichtspunkte

Was ihr im Vergleich untersuchen werdet, hängt davon ab, was ihr herausfinden wollt. Wenn ihr z. B. wissen möchtet, welche Zeitung den informativsten Sport-, Politik- oder Wirtschaftsteil hat, vergleicht ihr anders als bei der Frage, wie sachlich oder reißerisch, objektiv oder manipulativ eine Zeitung berichtet. Wichtige Vergleichsgesichtspunkte können sein:

a) Umgang und Häufigkeit der Berichterstattung zu einem Ereignis, Problem oder Vorhaben, zu Themengebieten wie Politik, Wirtschaft, Kultur usw. Messt den Umfang in Quadratzentimetern (cm²).

b) Die Trennung von Nachricht und Meinung (Meldung und Kommentar).

c) Die Vollständigkeit von Informationen. Nach einer Faustregel muss ein vollständiger Bericht Antwort auf sechs W-Fragen geben: WAS ist WANN, WO, WIE und WARUM geschehen und WER war am Geschehen in welcher Weise beteiligt? Insbesondere: Wird auch über „die andere Seite" informiert?

d) Die Zuverlässigkeit der Informationen. Zweifel sind angebracht, wenn die Informanten nicht genannt werden und die Einzelheiten nicht nachgeprüft werden können.

e) Die Sprache und Form der Berichterstattung:
- Wie werden die Meldungen platziert und damit gewichtet?
- Werden Ausdrücke benutzt, die beschönigen oder übertreiben und so in verborgener Parteinahme Gefahren überspielen oder „hochkochen"?

3. Schritt: Vergleich

Die ausgewählten Zeitungen werden unter den festgelegten Gesichtspunkten systematisch verglichen. Die Ergebnisse sollten überschaubar auf einer Felder-Tafel zusammengetragen werden.

(Heinz Kaiser/Otto/Rohlfing/Weinbrenner, Zukunft gestalten – Politik, Kieser, Neusäß 1996, S. 97)

Wie weit reicht die Pressefreiheit?

Bei der Lektüre von Tageszeitungen und Zeitschriften wird sich jede Leserin und jeder Leser schon einmal gefragt haben, ob die Presse eigentlich über alles, auch über die privaten Angelegenheiten von Personen, berichten darf, ohne Rücksicht darauf, welche Folgen solche Berichte für die betroffenen Personen haben können. Damit ist eine sehr wichtige Frage angesprochen, die ganz wesentlich mit dem Verständnis des politischen Systems zu tun hat, in dem wir leben und das wir Demokratie nennen. Aus den folgenden Materialien könnt ihr entnehmen, wie wichtig die Pressefreiheit einerseits für das Funktionieren einer Demokratie ist und inwieweit ihr andererseits durch die demokratische Verfassung auch bestimmte Grenzen gesetzt sind.

M 18

Art. 5 GG – das Grundrecht und was dazugehört

(1) Jeder hat das Recht, seine Meinung in Wort, Schrift und Bild frei zu äußern und zu verbreiten und sich aus allgemein zugänglichen Quellen ungehindert zu unterrichten. Die Pressefreiheit und die Freiheit der Berichterstattung durch Rundfunk und Film werden gewährleistet. Eine Zensur findet nicht statt.

Drei Freiheiten – ein Verbot			
Meinungsfreiheit	**Informationsfreiheit**	**Pressefreiheit**	**Zensurverbot**
– Meinungen frei äußern – Meinungen frei verbreiten in Wort, Schrift und Bild	– sich frei aus rechtlich zugänglichen Quellen informieren – andere ungehindert informieren und unterrichten können	– ungehinderte Arbeit der Presse – freie Berichterstattung in den gedruckten und in den elektronischen Medien	– keine inhaltliche Kontrolle durch staatliche Behörden – Vorzensur – keine Verpflichtung durch den Staat auf eine bestimmte Berichterstattung
Einschränkungen			

(2) Diese Rechte finden ihre Schranken in den Vorschriften der allgemeinen Gesetze, den gesetzlichen Bestimmungen zum Schutze der Jugend und in dem Recht der persönlichen Ehre.

In diesem Abschnitt beschreiben wir die Informations- und Meinungsfreiheit als ein Grundrecht, das sich aus mehreren einzelnen Rechten zusammensetzt. Diese Rechte kann jeder in Anspruch nehmen, sei er z.B. Zeitungsleser oder Zeitungsmacher. Sie schützen den einzelnen Menschen vor Übergriffen des Staates, aber auch die Medien, deren Aufgabe es ist, Informationen und Meinungen zu verbreiten.

Zum Grundrecht der Informations- und Meinungsfreiheit gehören:

● Die Freiheit, seine eigene Meinung in unterschiedlichen Formen („in Wort, Schrift und Bild") zu äußern und zu verbreiten. Diese Meinungsfreiheit steht Deutschen, Ausländern und „juristischen Personen" (z. B. privaten Unternehmen, eingetragenen Vereinen) zu. Auf diese Weise soll sichergestellt werden, dass in der Öffentlichkeit unterschiedliche Meinungen geäußert werden können. Hierzu gehört auch das Recht sich politisch zu betätigen und seine Meinung frei zu äußern und zu verbreiten.

Wie weit reicht die Pressefreiheit?

- Die Freiheit, sich „aus allgemein zugänglichen Quellen" ungehindert zu informieren. Der Staat darf diese Informationsfreiheit nicht durch besondere Maßnahmen (z.B. durch Verbot von Zeitungen) einschränken.
- Die Freiheit der Berichterstattung in der Presse. Zur Presse werden hier alle Druckerzeugnisse gerechnet, die in regelmäßigen Abständen, sei es täglich, wöchentlich, monatlich oder in anderen zeitlichen Folgen, erscheinen. Diese *Pressefreiheit* sichert jedem Einzelnen das Recht zu, seine Meinung in den gedruckten Massenmedien zu verbreiten.

Zur Pressefreiheit gehört auch die ungehinderte Berichterstattung durch den Rundfunk einschließlich des Fernsehens und im Film, also in allen *elektronischen Massenmedien*. Wie in den gedruckten Medien darf hier die Arbeit nicht durch den Staat, darüber hinaus auch nicht durch einzelne einflussreiche Gruppen in der Gesellschaft, beeinträchtigt werden.

- Das *Verbot der Zensur*. Damit ist es dem Staat und seinen Behörden verboten, die Berichterstattung in den Massenmedien vorab zu kontrollieren, also eine Vorzensur auszuüben.

(Horst Becker/Jürgen Feick/Herbert Uhl, Leitfragen Politik, Klett, Stuttgart 1998, S. 85f.)

M 19
Was bedeutet die Pressefreiheit für die demokratische Ordnung?

Das Bundesverfassungsgericht hat in seinen Urteilen die Informations- und Meinungsfreiheit, also eine freie Berichterstattung durch Presse, Rundfunk und Fernsehen, als eine Grundlage der demokratischen Ordnung in der Bundesrepublik Deutschland bezeichnet. Dieses Grundrecht wird als Voraussetzung für die Beteiligung der Bürger am politischen Leben bezeichnet. Art. 5 und Art. 20 GG bilden somit eine Einheit.

Massenmedien in der Demokratie – Aufgaben		
Informationen verbreiten	**Meinungen vorstellen**	**Kontrolle ausüben**
– Informationen sammeln und verbreiten – Politik öffentlich machen: „Öffentlichkeit herstellen"	– Meinungen formulieren und verbreiten – zur Meinungsbildung in der Öffentlichkeit beitragen	– Missstände in der Gesellschaft aufdecken – Machtausübung in Politik und Gesellschaft kontrollieren
Aus einem Urteil des Bundesverfassungsgerichts		
„Eine freie, nicht von der öffentlichen Gewalt gelenkte, keiner Zensur unterworfene Presse ist ein Wesenselement des freiheitlichen Staates … Soll der Bürger politische Entscheidungen treffen, muss er umfassend informiert sein, aber auch die Meinungen kennen und gegeneinander abwägen können, die andere sich gebildet haben."		

(Horst Becker/Jürgen Feick/Herbert Uhl, Leitfragen Politik, Klett, Stuttgart 1998, S. 88f.)

Im Grundgesetz wird die Pressefreiheit als Teil des Grundrechtes der „freien Meinungsäußerung" (der „Meinungsfreiheit") gesehen. Versucht mithilfe von M 18 zunächst zu beschreiben (und möglichst an konkreten Beispielen zu erläutern), was im Einzelnen mit den Begriffen und Bestimmungen des Grundgesetzartikels (Art. 5 Abs.1) gemeint ist, und dann zu erklären (M 19), warum die Informations- und Meinungsfreiheit so besonders wichtig für die demokratische Ordnung ist. Welche Aufgaben hat die freie Presse in einem demokratischen Staat? Welche Gefahren gäbe es, wenn in einem Staat die Presse einer staatlichen Zensur unterworfen wäre, wie das z. B. in der früheren DDR der Fall war?

M 20a

Lügt die Presse wie gedruckt? – Auch für Journalisten gelten die „allgemeinen Gesetze"

Grenzenlose Pressefreiheit könnte dazu führen, dass grenzenlos in der Presse Lügen verbreitet und Geheimnisse ausgeplaudert würden. Nach dem Artikel 5, Absatz 2 des Grundgesetzes finden die Meinungs- und Pressefreiheit „ihre Schranken in den allgemeinen Gesetzen, in den Gesetzen zum Schutz der Jugend und in dem Recht der persönlichen Ehre." Wer zum Beispiel jemanden verleumdet, kann sich nicht auf die Meinungs- und Pressefreiheit berufen. Auch hierbei muss man sich an die bestehenden Gesetze halten. […]
Wir können in der Regel nicht überprüfen, ob die Informationen, welche die Massenmedien uns liefern, der Wahrheit entsprechen oder nicht. Nach Ansicht von Journalisten kommt die dreiste Lüge in den Massenmedien eher selten vor. Es gibt sie, aber sie wird auch oft – und dann zum Schaden des Senders oder der Zeitung – als Falschmeldung entlarvt. Viel häufiger ist die Übertreibung, das Aufbauschen eines eher alltäglichen Ereignisses zu einer Sensation. Ein normales Unwetter kann sehr schnell zu einem zerstörerischen Orkan werden. Unter dem Konkurrenzdruck und dem Erfolgszwang neigen die Medien dazu, sensationeller und publikumswirksamer zu berichten als die Konkurrenz.

(Wolfgang Mattes u.a., Politik erleben, Schöningh Verlag, Paderborn 2001, S. 103)

M 20b

Ein Baby mit zwölf Gesichtern

Weil die so genannten deutschen „Regenbogenzeitschriften" nicht abwarten wollten, bis der zu erwartende Sohn von Prinzessin Stephanie von Monaco wirklich auf die Welt kam, präsentierten sie ihren staunenden Leserinnen das stolze Mutterglück schon vorab, mal kahl, mal blond, mal mit Segelohren. Schnellster Geburtshelfer war „Die Aktuelle" gewesen, die das Kind kurz nach der Zeugung und mehr als fünf Monate vor der Niederkunft schon den Leserinnen bildlich vorstellte.

(Nach: SPIEGEL Spezial: Die Journalisten, Nr. 1, 1995, S. 125f.)

„Frei erfunden"

Das Landgericht München verurteilte im Sommer 1993 die Blitz-Illu zum Schadenersatz, weil diese Postille einen Bericht über Ikea-Regale völlig „frei erfunden" hatte. Baby Sabine, so die Blitz-Illu, war angeblich an den aus einem Ikea-Regal ausströmenden Giftgasen erstickt: „Die Eltern ahnten nicht, dass sie der kleinen Sabine den Tod ins Zimmer stellten… Die zarten Lungen des Säuglings wurden von den ätzenden Gasen buchstäblich zerfressen. Eines Nachts gab der junge Körper auf, die Lungen versagten. Sabine erstickte qualvoll." Angeblich sei aus den Ikea-„Billy"-Regalen 400-mal mehr Formaldehyd ausgeströmt als zulässig. Doch der von Blitz-Illu benannte Zeuge, Diplomingenieur Helmut Scholz vom Umweltinstitut München, hatte nie mit der Zeitschrift gesprochen. Fast alle von Blitz-Illu gemachten Aussagen waren falsch. Und Ikea hatte das Nachsehen. Denn irgendetwas bleibt schließlich in den Köpfen der Verbraucher hängen.

(Udo Ulfkotte, So lügen Journalisten, C. Bertelsmann Verlag, Gütersloh 2001, S. 152f.)

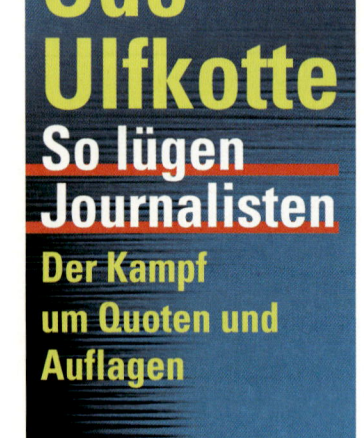

M 21

Tatsachenbehauptung und Meinungsäußerung – „Schmähkritik" ist unzulässig

Wer als Bürger, also auch als Journalist, eine Tatsachenbehauptung über einen anderen aufstellt oder verbreitet, die ihn verächtlich machen oder in der öffentlichen Meinung herabwürdigen kann, macht sich der *üblen Nachrede* schuldig, wenn sich die Wahrheit der Behauptung nicht nachweisen lässt (Beispiel: *„In der Bundesregierung sitzt ein Landesverräter"*). Tut er dies sogar wider besseres Wissen, erfüllt er den Tatbestand der *Verleumdung*. Eine *Beleidigung* im strafrechtlichen Sinne setzt hingegen keine Tatsachenbehauptung vo-

raus, sondern kann bereits durch das Äußern oder Verbreiten einer Meinung, eines Werturteils, zustande kommen (Beispiel: *„Der Bürgermeister ist ein Pfeifenkopf"*).
Tatsachen dürfen also nur behauptet werden, wenn sich ihr Wahrheitsgehalt in einem gerichtlichen Verfahren durch Beweisaufnahme beweisen lässt – sonst macht man sich strafbar, selbstverständlich auch der Journalist. Ob es sich um beweispflichtige Tatsachenbehauptungen oder um unabhängig von ihrem Wert oder ihrer Richtigkeit geschützte Meinungsäußerungen handelt, die einen Beitrag zum geistigen Meinungskampf in einer die Öffentlichkeit wesentlich berührenden Frage darstellen, ist deshalb so häufig strittig, weil für beides unterschiedliche Maßstäbe angelegt werden: Was Artikel 5 (s. M 18) des Grundgesetzes unter Umständen als Meinungsäußerung rechtfertigt, lässt er als falsche Tatsachenbehauptung nicht zu.

Wird das Alter eines Menschen mit „über 30" angegeben, so lässt sich der Wahrheitsgehalt dieser Aussage überprüfen, also Tatsachenbehauptung. Wird hingegen ein 32 Jahre alter Mensch als „ziemlich alt" oder „relativ jung" bezeichnet, wird deutlich, dass es sich dabei um verschiedene Beurteilungsmaßstäbe handelt – aus der Sicht eines Kindes und eines Greises. Wir haben es in diesem Fall mit einer subjektiven Wertung zu tun. […]

Die Meinungsäußerungsfreiheit muss jedoch sachbezogen bleiben. Als *unzulässige Schmähkritik* hat der Bundesgerichtshof beispielsweise die in einer Illustrierten-Reportage enthaltenen Aussagen über eine Fernsehansagerin gewertet, sie sehe aus wie eine „ausgemolkene Ziege" und bei ihrem Anblick werde den Zuschauern „die Milch sauer". Während es mehrere Gerichte für zulässig gehalten haben, einen Hauseigentümer aufgrund seines Verhaltens gegenüber den Mietern als „Wohnungs-Hai", Vorstandsmitglieder des Deutschen Tischtennisbundes als „Clique" und das DEUTSCHLANDMAGAZIN als „rechtsradikales Hetzblatt" zu bezeichnen, ist es durch das Grundgesetz nicht gerechtfertigt, den politischen Gegner „Gesindel", einen Minister einen „Oberfaschisten" und einen Reinigungsmittelhändler einen „Halunken" zu nennen.

(Hermann Meyn, Massenmedien in Deutschland, UVK Medien Verlagsgesellschaft, Konstanz 1999, S. 60–62)

1. „Dreiste Lügen kommen eher selten vor", heißt es in M 20a. Analysiert dazu die beiden Beispiele (M 20b) und versucht zu erklären, warum solche Fälle hauptsächlich im Bereich der „Regenbogenpresse*" vorkommen.

2. Die in M 21 dargestellten Unterscheidungen zwischen Tatsachenbehauptungen und Meinungsäußerungen sowie insbesondere zwischen erlaubten und strafbaren Meinungsäußerungen (letztere werden als „Schmähkritik" bezeichnet) sind für die alltägliche Pressearbeit von erheblicher Bedeutung. Verdeutlicht diese Unterscheidungen und erklärt, warum die Grenze zur „Schmähkritik" nur sehr schwer und nur in jedem Einzelfall zu bestimmen ist. Vergleicht die in M 21 genannten gerichtlich für erlaubt erklärten Beispiele mit den für ungerechtfertigt erklärten (Z. 23ff.).

3. Erklärt, inwiefern die in M 21 beschriebenen Bewertungsmaßstäbe und -probleme gerade auch für Schülerzeitungsredakteure von großer Bedeutung sein können.

M 22
Persönlichkeitsrecht und Privatsphäre

Alle Menschen haben ein Recht auf Schutz ihrer Privatsphäre; andererseits gesteht das Bundesverfassungsgericht in einem Urteil der Öffentlichkeit ein Informationsinteresse bei Personen des öffentlichen Lebens zu. Nach den Pressegesetzen der einzelnen Bundesländer können sich Betroffene gegen falsche Berichterstattungen mit *Schadensersatzklagen* und *Gegendarstellungen* wehren.

5 Information oder Manipulation? – Zeitungen und Zeitschriften in Deutschland

(Zeichnung: Burkhard Mohr/CCC, www.c5.net)

Die Medien müssen sich auch Zurückhaltung auferlegen und das Persönlichkeitsrecht beachten, wenn sie über *Straftaten* berichten. Bis zur rechtskräftigen Verurteilung von Beschuldigten gilt die *Unschuldsvermutung*. Sie soll ein faires Verfahren sichern.
● Einerseits ist ein Betroffener vor einer möglicherweise völlig unberechtigten Bloßstellung in der Öffentlichkeit zu bewahren, vor einer Rufschädigung, die selbst durch einen späteren Freispruch nicht mehr rückgängig zu machen ist.
● Auf der anderen Seite steht in einer Demokratie die Aufklärungspflicht der Medien, ohne deren Veröffentlichung vieles unter der Decke bliebe.
Der Gesetzgeber hat für die *Bildberichterstattung* zwei spezielle Schranken errichtet. Für die Aufnahme von militärischen Anlagen, Gerichtsverhandlungen und pornografischen Abbildungen bestehen gesetzliche Fotografierverbote. Ferner schützt das *Recht am eigenen Bild*, verankert im Kunst-Urheber-Gesetz von 1907, den Bürger davor, ohne Einwilligung fotografiert zu werden.
Wenn es sich um *Personen der Zeitgeschichte* (zum Beispiel aus den Bereichen der Politik, des Showgeschäftes und des Sports) und um Informationen handelt, die für die demokratische Willensbildung in der Gesellschaft von Bedeutung sind, darf in die *Privatsphäre* eingegriffen werden (denn private Affären können einen Politiker erpressbar machen). Ob das öffentliche Informationsinteresse überwiegt, hängt auch von der Bedeutung der Information ab. Ende 1995 entschied der Bundesgerichtshof, von Prominenten dürften, wenn sie sich unbeobachtet fühlen müssten, zum Schutz ihrer Privatsphäre auch an öffentlich zugänglichen Orten keine Fotos gemacht werden. Das Gericht entschied damit zugunsten der monegassischen Prinzessin Caroline. Fotografen der FREIZEIT REVUE hatten von ihr Bilder gemacht, als sie ihren Freund im hinteren Bereich eines sonst ungenutzten Gartenlokals küsste. Als Person der Zeitgeschichte habe die Prinzessin hingegen Fotos hinnehmen müssen, wenn sie sich mit ihrem Freund in einem vollbesetzten Restaurant aufgehalten hätte, betonte der BGH.

(Zusammengestellt aus: Wolfgang Mattes u.a., Politik erleben, Schöningh Verlag, Paderborn 2001, S. 103; Hermann Meyn, Massenmedien in Deutschland, UVK Medien Verlagsgesellschaft, Konstanz 1999, S. 66 und Informationen zur politischen Bildung Nr. 260/1998, S. 9)

M 23

Ein „Menschen verachtendes Blatt"

Es vergeht kein Tag, ohne dass zum Beispiel „Bild Berlin" der Leserschaft die Beteiligten eines Unfalls, eines Prozesses, irgendeiner Tragödie mit großen Fotos zum Fraß vorwirft. Eine Viertelseite füllt das Foto von Christian S. neben der Schlagzeile: „Ich habe eine nette Oma totgefahren. Was ist mein Leben jetzt noch wert?" Verdächtige werden nicht dann zu Mördern, wenn sie verurteilt sind, sondern wenn „Bild" sie dazu erklärt: „Anna (7) in Schultoilette vergewaltigt. Er war's" steht dann da und ein Pfeil und ein Bild, und im Text ist schon vom „Beweis seiner Schuld" die Rede.
Jeder Beteiligte wird abgebildet und trotz eines Alibi-Balkens über seinen Augen (den auch nicht alle bekommen) mit Vornamen, abgekürztem Nachnamen und Ortsangabe für sein Umfeld eindeutig identifizierbar.
„Weil sie sich mit ihrem Freund amüsierte – diese Berliner Mutter ließ ihren Sohn verhungern", „Dominik (15) erhängte sich auf dem Dachboden" – sie alle dürfen wir sehen. Es reicht schon, eine blinde Hündin ausgesetzt haben zu sollen, um mit Foto an den „Bild"-Pranger gestellt zu werden.
[…] Wenn es sein muss, wie vor einigen Monaten in Bremen, wird täglich neu gegen „Schein-Asylanten" gehetzt. Sexualstraftätern wird konsequent das Mensch-Sein abge-

Wie weit reicht die Pressefreiheit?

sprochen; sie sind „Monster", deren Leben „im Knast schöner" wird, „beinahe wie im Hotel". Die Leser verstehen, ohne dass „Bild" es hinschreiben müsste: Ihre Zeitung kämpft täglich für die Todesstrafe für Kinderschänder und -mörder.
Nein, neu ist das alles nicht. Das ist es ja: Im Kern ist die „Bild"-Zeitung unter dem neuen Chefredakteur Diekmann die alte. Ein entsetzliches, Menschen verachtendes Blatt. […] Der „Frankfurter Rundschau" erzählt Diekmann: „Ich bin ein Streiter für journalistische Sorgfalt, gegen die Verluderung der Sitten." Jeder Reporter müsse selbst entscheiden, wo die Grenzen sind, aber er sage ihnen: „Lieber haben wir dreimal das Bild nicht, als dass wir den Angehörigen der Opfer zu nahe treten. Schließlich sind das Menschen, die ohne eigenes Zutun ins Licht der Öffentlichkeit gerückt sind." Das ist ein Satz, der so atemberaubend ist, dass er in jedes Schulbuch gehört. Und daneben der „Bild"-Artikel samt Foto von dem Maurer, der in seinem Dachstuhl verbrannt ist. Oder der „Bild"-Artikel samt Foto von dem dreizehnjährigen Unfallopfer: „Tot, weil er eine Sekunde nicht aufgepasst hat". Oder der „Bild"-Artikel samt Foto von dem Vizebürgermeister, der sich „in Pfütze totgefahren" hat. Oder der „Bild"-Artikel samt Foto von dem Achtzehnjährigen, der nach einem Unfall auf regennasser Straße im Auto seines besten Freundes starb.

(Frankfurter Allgemeine Sonntagszeitung Nr. 25 v. 23.6.2002, S. 31; Verf.: Stefan Niggemeier)

---

1. In M 22 geht es um eine weitere Grenze der Pressefreiheit: das Persönlichkeitsrecht und den Schutz der Privatsphäre. Inwiefern geht es auch hier um einen Konflikt zwischen zwei Rechten (Rechtsgütern), die beide durch das Grundgesetz gesichert sind (vgl. M 18)?

2. Untersucht einen der fast täglich in der Lokalpresse erscheinenden Berichte über einen Strafprozess. Wird das Persönlichkeitsrecht des/der Angeklagten in der Darstellung ausreichend berücksichtigt?

3. Der Anteil, den Fotos an Pressedarstellungen – auch in Tageszeitungen – haben, ist in den letzten Jahren erheblich größer geworden. Was hat es mit dem „Recht am eigenen Bild" auf sich? Welche Bestimmungen gelten hier für „Personen der Zeitgeschichte"? (M 22)

4. In M 23 wird heftige Kritik an der „Bild"-Zeitung (vgl. M 13) geübt. Stellt heraus, was der Autor der „Bild"-Zeitung im Hinblick auf die Wahrung der in M 22 aufgeführten Persönlichkeitsrechte vorwirft und inwiefern die genannten Beispiele gegen die vom „Bild"-Chefredakteur selbst genannten Prinzipien verstoßen. Untersucht selbst eine oder mehrere aktuelle Ausgaben der „Bild"-Zeitung unter den hier genannten Gesichtspunkten (vgl. auch M 11b, das Foto S. 114 und M 26).

M 24

Selbstkontrolle durch Presserat

Um sich nicht vom Staat bevormunden zu lassen und gleichzeitig für eine verantwortungsbewusste Nutzung ihrer Freiheit zu sorgen, hat die Presse selbst eine Institution gebildet, die freiwillig arbeiten und etwas Ähnliches wie ihr moralisches Gewissen sein soll. In der Bundesrepublik entstand 1956 der Deutsche Presserat. Ihm gehören an:
- zehn Journalisten, benannt vom Deutschen Journalisten-Verband und der Industriegewerkschaft Medien,
- ebenso viele Verleger, entsandt vom Bundesverband Deutscher Zeitungsverleger und dem Verband Deutscher Zeitschriftenverleger.

An den Presserat (Postfach 1447, 53004 Bonn) kann sich jeder wenden. Er ist frei von staatlichem Einfluss. Seine Aufgaben sind u.a.:
- Missstände im Pressewesen festzustellen und auf deren Beseitigung hinzuwirken,
- Beschwerden über einzelne Blätter zu prüfen und gegebenenfalls Rügen auszusprechen.

[…]

Der Presserat kann die Beachtung seiner Beschlüsse nicht erzwingen, sondern ist auf die freiwillige Anerkennung seiner Maßnahmen angewiesen. Seine Bedeutung steht und fällt mit dem Maß an Autorität, das er sich durch seine Tätigkeit zu verschaffen mag. [...]
Die meisten Zeitungen und Zeitschriften haben sich freiwillig zum Abdruck der *Rügen* verpflichtet, die ihnen das Selbstkontrollorgan erteilt, lösen dieses Versprechen aber nicht immer ein. Kritiker halten den Presserat insgesamt für einen „zahnlosen Löwen" wegen seiner fehlenden Sanktionsmöglichkeiten*. Sie bezweifeln seine Wirksamkeit und halten die gesetzlichen Bestimmungen für ausreichend, um einem Missbrauch der Pressefreiheit vorzubeugen. Auch wenn Selbstkontrollorgane wie der Deutsche Presserat kein Reparaturbetrieb des Journalismus sein können, so erscheinen sie zumindest als geeignet, Diskussionen über Maßstäbe journalistischen Handelns in Gang zu halten.

(Hermann Meyn, Massenmedien in Deutschland, UVK Medien Verlagsgesellschaft, Konstanz 1999, S. 72, 76)

M 25
Publizistische Grundsätze (Pressekodex; Fassung vom 20.6.2001)

1. Die Achtung vor der Wahrheit, die Wahrung der Menschenwürde und die wahrhaftige Unterrichtung der Öffentlichkeit sind oberste Gebote der Presse.
2. Zur Veröffentlichung bestimmte Nachrichten und Informationen in Wort und Bild sind mit der nach den Umständen gebotenen Sorgfalt auf ihren Wahrheitsgehalt zu prüfen. Ihr Sinn darf durch Bearbeitung, Überschrift oder Bildbeschriftung weder entstellt noch verfälscht werden. Dokumente müssen sinngetreu wiedergegeben werden. Unbestätigte Meldungen, Gerüchte und Vermutungen sind als solche erkennbar zu machen.
Symbolfotos müssen als solche kenntlich sein oder erkennbar gemacht werden.
3. Veröffentlichte Nachrichten oder Behauptungen, insbesondere personenbezogener Art, die sich nachträglich als falsch erweisen, hat das Publikationsorgan, das sie gebracht hat, unverzüglich von sich aus in angemessener Weise richtigzustellen.
4. Bei der Beschaffung von personenbezogenen Daten, Nachrichten, Informationen und Bildern dürfen keine unlauteren Methoden angewandt werden. [...]
8. Die Presse achtet das Privatleben und die Intimsphäre des Menschen. Berührt jedoch das private Verhalten öffentliche Interessen, so kann es im Einzelfall in der Presse erörtert werden. Dabei ist zu prüfen, ob durch eine Veröffentlichung Persönlichkeitsrechte Unbeteiligter verletzt werden. Die Presse achtet das Recht auf informationelle Selbstbestimmung und gewährleistet den redaktionellen Datenschutz.
9. Es widerspricht journalistischem Anstand, unbegründete Behauptungen und Beschuldigungen, insbesondere ehrverletzender Natur, zu veröffentlichen.
10. Veröffentlichungen in Wort und Bild, die das sittliche oder religiöse Empfinden einer Personengruppe nach Form und Inhalt wesentlich verletzen können, sind mit der Verantwortung der Presse nicht zu vereinbaren.
11. Die Presse verzichtet auf eine unangemessen sensationelle Darstellung von Gewalt und Brutalität. Der Schutz der Jugend ist in der Berichterstattung zu berücksichtigen.
12. Niemand darf wegen seines Geschlechts oder seiner Zugehörigkeit zu einer rassischen, ethnischen, religiösen, sozialen oder nationalen Gruppe diskriminiert werden.
13. Die Berichterstattung über Ermittlungsverfahren, Strafverfahren und sonstige förmliche Verfahren muss frei von Vorurteilen erfolgen. Die Presse vermeidet deshalb vor Beginn und während der Dauer eines solchen Verfahrens in Darstellung und Überschrift jede präjudizierende (vorverurteilende) Stellungnahme. Ein Verdächtiger darf vor einem gerichtlichen Urteil nicht als Schuldiger hingestellt werden. Über Entscheidungen von Gerichten soll nicht ohne schwerwiegende Rechtfertigungsgründe vor deren Bekanntgabe berichtet werden. [...]
16. Es entspricht fairer Berichterstattung, vom Deutschen Presserat öffentlich ausgesprochen Rügen abzudrucken, insbesondere in den betroffenen Publikationsorganen.

(Publizistische Grundsätze [Pressekodex], Richtlinien für die Publizistische Arbeit nach Empfehlungen des Deutschen Presserats, in: Jahrbuch 2002 des Deutschen Presserats, Hg.: Trägerverein des Deutschen Presserats, Bonn-Konstanz 2002, S. 225ff.)

M 26
Der Presserat rügt ...

Wegen einer Verletzung von Ziffer 9 wurde die „tageszeitung" (taz) gerügt. Sie hatte in einem Kommentar den bayerischen Ministerpräsidenten Edmund Stoiber mit einem KZ-Aufseher verglichen. Die BILD-Zeitung wurde gerügt, weil in einem Kommentar englische Fußballfans verunglimpft wurden. So hatte der Kommentator für englische Fußballanhänger unter anderem die Formulierung „aufgedunsener, rot gebratener Tommysack" mit „BSE-Wampe" benutzt. Damit habe die BILD-Zeitung nicht nur ehrverletzende (Ziffer 9), sondern auch diskriminierende Behauptungen (Ziffer 12) aufgestellt, urteilte das Publizistische Selbstkontrollorgan.

In weiteren Fällen sah der Presserat einen eindeutigen Verstoß gegen Ziffer 13 der Publizistischen Grundsätze. [...] So hatten die BILD-Zeitung und der „Express" in Köln vorverurteilend über einen mutmaßlichen Vergewaltiger berichtet. Der von beiden Blättern als „Taxi-Monster" bezeichnete junge Mann wurde jeweils mit Fotos und vollständig identifizierbar dargestellt. Der Kölner Express wurde außerdem für seine Berichterstattung über einen stadtbekannten Karnevalisten gerügt. Im Rahmen einer ganzen Artikelserie war der Mann – ohne vor Gericht angeklagt worden zu sein – in detaillierten Berichten des sexuellen Missbrauchs und des Drogenkonsums bezichtigt worden. Zur Beurteilung dieses Falles griff der Beschwerdeausschuss noch einmal auf Ziffer 8 des Pressekodex (Schutz der Intimsphäre) zurück.

(www.presserat.de)

1. Erläutert, welche Aufgabe sich der „Presserat" gesetzt hat und auf welche Weise er sie erfüllen will. Welche Wirksamkeit können „Rügen" entfalten, die vom Presserat zur Ahndung von Verstößen gegen die „Publizistischen Grundsätze" ausgesprochen werden? (M 24)

2. M 25 enthält die wichtigsten Grundsätze, nach denen sich die Journalisten bei ihrer Arbeit richten sollen („Pressekodex"; vollständiger Text: www.presserat.de/site/pressekod/kodex/). Versucht zu jedem dieser Grundsätze eine stichwortartige Überschrift zu formulieren. Welche dieser Grundsätze wurden in den Materialien M 20 – M 24 indirekt schon angesprochen?

3. Stellt fest, inwiefern in den in M 26 dargestellten Fällen gegen den Pressekodex verstoßen wurde. Unter der Internetadresse (www.presserat.de/site/pressekod/kodex) wird unter der Rubrik „Ein Fall für den Presserat" monatlich ein aktueller Verstoß mit der entsprechenden Rüge des Presserates dokumentiert. Auch eine Übersicht über alle Fälle des laufenden und des vergangenen Jahres könnt ihr dort finden und feststellen, welche Zeitungen davon betroffen waren.

6 Schöne neue Medienwelt?! –
Wie die neuen Medien die Kommunikation und den Konsum Jugendlicher beeinflussen

(Foto: plus 49/VISUM/Marc Steinmetz)

(DER SPIEGEL Nr. 51 v. 14.12.1998, Cover)

(Foto: action press)

Zur Orientierung

In diesem Kapitel wollen wir der Frage nachgehen, wie bestimmte neue Medien – insbesondere Handy, Computer und Internet – Einfluss nehmen auf die Kommunikation und den Konsum Jugendlicher.
Zunächst sollt ihr euch mit dem gewandelten Kommunikationsverhalten auseinander setzen. Viele von euch besitzen bereits ein Handy und benutzen es auf vielfältige Weise. Ob diese Nutzung immer sinnvoll ist und welche Probleme sich daraus ergeben können, soll an unterschiedlichen Materialien verdeutlicht werden.
Aber nicht allein die Kommunikation hat sich im Lauf der letzten Jahre verändert, auch das Konsumverhalten wandelt sich unter dem Einfluss der neuen Medien. Ganz gezielt werden über das Handy und den Computer Kaufangebote an Jugendliche herangetragen. Ohne ein Geschäft zu betreten, könnt ihr euch eine breite Palette von Waren scheinbar problemlos besorgen. Ob man die Waren auch bezahlen kann, ist eine andere Sache. Das Handy kann so für viele schnell zur „Schuldenfalle" werden, aus der man nicht oder nur mühsam herauskommen kann.
Im letzten Abschnitt soll an unterschiedlichen Beispielen gezeigt werden, wie zwielichtige Personen die neuen Medien für betrügerische und oft auch kriminelle Aktivitäten missbrauchen. Angeregt durch die Materialien sollt ihr der Frage nachgehen, wie man den Missbrauch eindämmen kann.

Kommunikation total

M 1

Surfer auf dem Sofa

Schon 1997 sah Microsoft-Berufsvisionär Bill Gates das Zusammenwachsen von PC und Fernseher voraus. Auf diese Weise sollte das damals noch nicht so verbreitete Internet auch in die Wohnzimmer der Computerabstinenzler einziehen. Der sichtbare Fortschritt seither erschöpfte sich im gelegentlichen Verkünden technischer Standards durch Sender und Industrie. Doch in diesem Herbst soll es in Deutschland endlich losgehen: Das digitale Fernsehen markiert mit seinen interaktiven Komponenten und der potenziellen Öffnung zum World Wide Web den ersten Schritt zur Kombination der Geräte. Rechtzeitig wurde nun ein entsprechender Browser für den Fernseher fertig, damit auch vom Sofa gesurft werden kann.
Microsoft hat übrigens mit dem, was in den kommenden Wochen in Deutschland ansteht, nur wenig zu tun. Vielmehr sind es einerseits die großen Sender wie ARD, ZDF und RTL, die inhaltlich für das interaktive Fernsehvergnügen sorgen wollen. Und andererseits sind es gleich reihenweise bekannte Hardware-Hersteller, die mit den so genannten Set-Top-Boxen sicherstellen, dass die Fernsehgeräte der Privathaushalte für die neue Epoche gerüstet sind. […]
Für die mittelfristige Verschmelzung von „Compi" und „Flimmerkiste" spricht indes nicht nur, dass Bill Gates gern und auch merkwürdig oft Recht behält. „Es kommt nicht wirklich darauf an, was die Leute heute wollen, es kommt eher darauf an, was sie morgen wollen", sagt Peter Scharpfenecker vom Bonner Kommunikationsdienstleister More Virtual Agency. In der Tat sprechen einige Faktoren dafür, dass die Verbraucher ihre unbestimmte Meinung zur Kombination von Fernseher und Rechner ändern könnten. Da ist nicht zuletzt der zwar stetig sinkende, doch noch immer recht üppige Preis von Computer und Internetanschluss,

der als wesentlicher Faktor der so genannten digitalen Kluft* in der Gesellschaft gilt. Weiterhin hoch ist die Zahl derjenigen, die daheim keinen Zugang zum Internet haben und dessen Anschaffung auch nicht planen. Laut einer Studie von Emnid waren es im Mai dieses Jahres 50,1 Prozent der Bevölkerung. Das Ausmaß der Enthaltsamkeit vom Netz dürfte abnehmen, müsste statt eines teuren und komplizierten PC nur ein relativ preiswertes und leicht bedienbares Zusatzgerät zum ohnehin vorhandenen Fernseher gekauft werden. […] Auch mittelfristig würden eingefleischte Computerfreaks und berufliche Anwender weiterhin mit dem PC arbeiten. Doch für die eher passiv eingestellten „Haushaltsbenutzer" würden Computer und Fernseher rasch verschmelzen – zum Fernseher. Wenn dann noch das Telefon mit dem TV verbunden wird, ist sowieso alles parat.

(Martin Farrent, in: Rheinischer Merkur Nr. 34/2002, S. 15; weitere Informationen unter: www.realplayer.de)

---

1. Arbeitet anhand von M 1 heraus, worin der besondere Reiz des neuen Gerätes für seinen Besitzer liegen soll.

2. Diskutiert darüber, aus welchen Gründen die Industrie mit Hochdruck an der Fertigstellung des neuen Gerätes arbeitet.

3. Schreibt einen Artikel für die Schülerzeitung, mit dem ihr den Lesern die unterschiedlichen Nutzungsmöglichkeiten des Gerätes vorstellt. Zur Verdeutlichung solltet ihr auch ein entsprechendes Schaubild entwerfen.

M 2a
Reden mit dem und über das Handy

Bald haben alle eines: Drei von vier Teenies verfügen inzwischen über ein eigenes Mobiltelefon in der Tasche. Das ergab eine Studie des Medienpädagogischen Forschungsverbundes Südwest zum Mediennutzungsverhalten von 12- bis 19-Jährigen (s. M 2, S. 93 u.). Vor einem Jahr besaß gerade knapp die Hälfte der Jugendlichen ein Handy. Auch die Internet-Nutzung hat zugenommen. Nahezu gleich geblieben ist dagegen der Anteil der Jugendlichen (49 Prozent), die einen Computer ihr eigen nennen. 41 Prozent von ihnen gehen mehrmals pro Woche online. Dabei wollen die Jugendlichen vor allem E-Mails schreiben, zweitrangig ist die Suche nach Informationen.
Immerhin wissen die Jugendlichen, dass die allzeitige Erreichbarkeit Geld kostet. 72 Prozent zahlen die Handy-Gespräche mit einer so genannten Prepaid-Karte, die sie abtelefonieren. 28 Prozent verfügen über einen festen Vertrag.
Wenn Jugendliche miteinander plaudern, gibt es Lieblingsthemen: meist übers Fernsehen – selten (11 Prozent) über Bücher, lautet das Umfrage-Ergebnis. 53 Prozent der Teenies unterhalten sich mit Freunden mehrmals pro Woche über Fernseh-Sendungen. Es folgen Gespräche über Handys (44 Prozent) und Themen wie Zeitschriften, Zeitungen, Computerspiele und das Internet (s. M 2, S. 94 u.).

(dpa, in: Westfalen-Blatt [Bielefeld] Nr. 229 / 2.10.2001, S. 1)

M 2b
Es ist Donnerstag, 5. Stunde – Physik

Frau Schneider erklärt den Schülerinnen und Schülern die Funktionsweise des Ottomotors. Einige Schüler sind gelangweilt im Physiksaal. Ihre Gedanken beschäftigen sich mit vielen Dingen, aber nicht mit dem Physikunterricht. Jan prüft auf seinem Handy, ob jemand ihm eine SMS geschickt hat. Leider Fehlanzeige. Schon fängt er an, Ulla, die zwei Reihen hinter ihm sitzt, eine Message zu schreiben. Er möchte sie fragen, was sie nach der Schule macht und ob sie mit ihm vielleicht noch ein Eis essen gehen würde. Auch Niklas hat sein Handy dabei. Er hat das neueste Modell mit total guten Spielen drauf. Also spielt er unter dem Tisch. Ulla bastelt an neuen SMS-Abkürzungen.

Begriffserläuterung:
EMS = Enhanced Messaging Service; Kommunikationsservice zwischen elektronischen Medien zur Übertragung von Text, Bild und Ton

„Die 6. Stunde fällt aus! Gleich nach der Stunde werde ich meine Mutter anrufen, damit sie mich früher abholt!", denkt Heike. Manuela und Tim sind ins Gespräch vertieft: „Bald werden unsere Handys noch komfortabler sein – wie kleine Computer, bei denen die Inhalte über das Internet ständig ausgetauscht werden können. Der Arndt hat sogar schon ein Handy mit EMS-System, mit dem er Klingelmelodien, Bilder und Animationen verschicken kann!"
Plötzlich ist eine elektronische Melodie durch den ganzen Physiksaal zu hören. Fast alle Schüler schauen schuldbewusst zu ihrer Schultasche. Wessen Handy war das?
Klar, das von Christian, der hat noch so ein altes Ding ohne Vibrationsalarm. Zielsicher geht Frau Schneider auf ihn zu …

(Horst Gabriel, in: Casting 2002 – Schülerwettbewerb zur politischen Bildung, Bundeszentrale für politische Bildung, Bonn 2002, S. 6)

M 3

Handywahn an Schulen

(Zeichnung: Karl Gerd Striepecke/CCC, www.c5.net)

1. Lest beide Texte (M 2a/b) und sprecht in eurer Klasse darüber, warum so viele Schülerinnen und Schüler ein Handy besitzen und es sogar mit in die Schule nehmen. Sprecht auch darüber, warum viele Schülerinnen und Schüler kein Handy besitzen und in welche Schwierigkeiten sie u.U. deshalb kommen können. Was will die Karikatur M 3 zum Ausdruck bringen?

2. Sammelt Handy-Werbeanzeigen, setzt euch kritisch mit ihren Versprechungen auseinander und vergleicht sie mit der Realität.

3. Ihr könnt auch einen Fragebogen entwerfen und in eurer Schule unter den Schülerinnen und Schülern eurer Jahrgangsstufe eine anonyme Umfrage durchführen,

- ob sie ein Handy besitzen oder nicht,
- welche Rolle die Werbung beim Kauf eines Handys spielt,
- warum sie (k)ein Handy besitzen und, gegebenenfalls, wozu sie es nutzen,
- welche Argumente gegen eine Handy-Nutzung in der Schule sprechen,
- ob es Gründe für eine Nutzung von Handys in der Schule gibt,
- wie hoch der finanzielle Aufwand ist und wer die Kosten trägt,
- …

6 Schöne neue Medienwelt?!

M 4a Im „Kommunikationszeitalter"

(Zeichnung: Jan Tomaschoff/CCC, www.c5.net)

M 4b

(Zeichnung: Til Mette/PICTURE PRESS)

M 4c

(Zeichnung: Til Mette/PICTURE PRESS)

M 4d

(Zeichnung: Gerhard Mester/CCC, www.c5.net)

M 4e

(Zeichnung: Chlodwig Poth)

Kommunikation total 143

M 5 Im Handy-Rausch

Von je 100 Bundesbürgern (14 bis 64 Jahre) besitzen ein Handy

Jahr	1998	1999	2000	2001	2002
	18	28	46	65	71

Von je 100 Handy-Besitzern (2002) nutzen

- SMS, Kurznachrichten: 79
- Mailbox: 43
- Vibrationsalarm: 38
- Adressbuch mit gespeicherten Tel.-Nr.: 33
- Große Auswahl Klingelzeichen, Anrufmelodien: 32
- Taschenrechner: 31
- Spiele: 30
- Rufumleitung: 28
- Terminkalender: 18
- Makeln, Anklopfen: 17
- Währungsumrechnung: 13
- Freisprecheinrichtung (mit Kopfhörer): 12
- Freisprecheinrichtung (im Auto): 12
- E-Mail-Funktion: 10
- EMS Nachrichten mit Grafiken, Tönen u.a.: 8
- Internet (WAP): 6

© Globus 8161   Quelle: Allensbach   Mehrfachnennungen

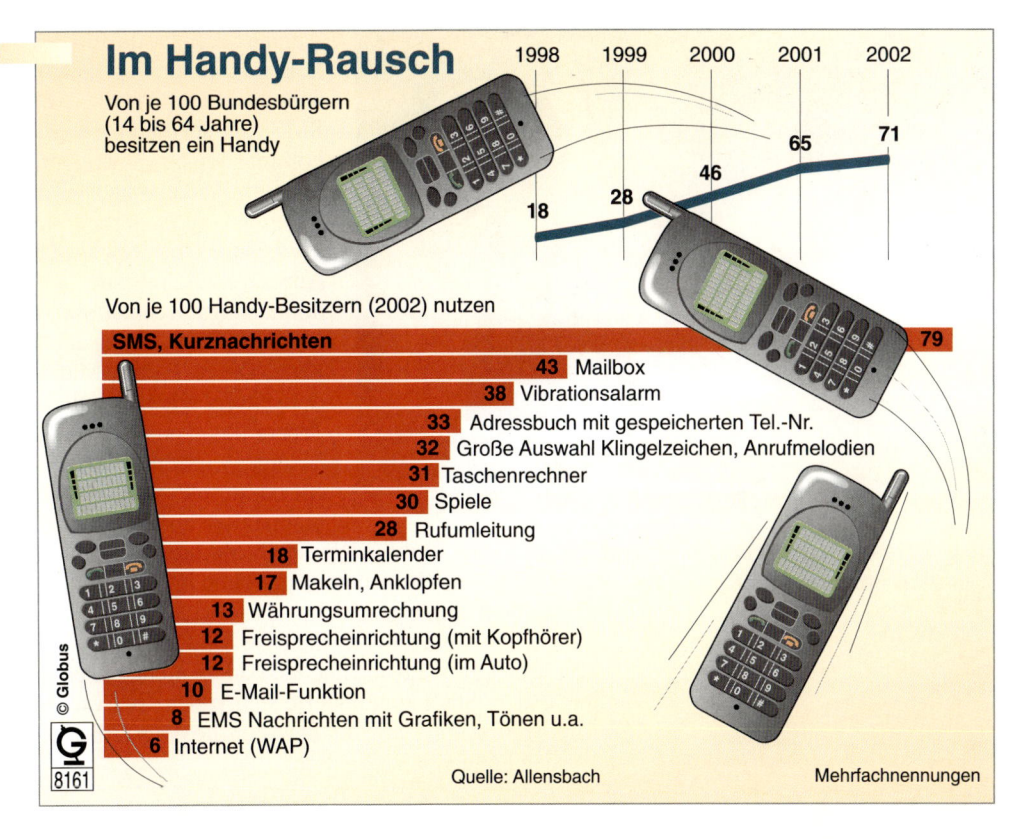

1. Beschreibt die Darstellung der Karikaturen (M 4 a-e) und erläutert, was die Zeichner jeweils zum Ausdruck bringen wollen (zum Charakter von Karikaturen s. Anhang, S. 321f.). Handelt es sich nur um Scherze oder geht es um wirkliche Probleme unserer „Informations- und Kommunikationsgesellschaft"?

2. Listet Gründe dafür auf, warum viele Menschen lieber per SMS oder Internet-Chat miteinander kommunizieren als durch ein persönliches Gespräch.

3. Stellt die Vor- und Nachteile dieser Form der Kommunikation zusammen und diskutiert darüber.

4. Analysiert die Daten in der Grafik (M 5; vgl. M 2b, S. 93) und fasst die Ergebnisse in einem Text zusammen, den ihr in eurer Schülerzeitung veröffentlichen könnt.

Freizeit + Handy = Stress?

M 6 Freizeitstress: Tschüs, ich muss weiter

Uff! Chorprobe vorbei. Anna schaltet ihr Handy wieder ein. Fünf neue Nachrichten. „Hallo, hier spricht Teresa, hast du vergessen, dass wir heute Abend zu Ulfs Party gehen wollten?! Wann treffen wir uns?" „Biiiep". „Hi, Andreas am Apparat, wir haben das Training auf morgen früh 10 Uhr verlegt!" „Biiiep". „Anke hier, sag mal, bist du schon bei der Probe, oder warum ist dein Handy aus?" „Biiiep". „Hallo, wo bist du …?" Anna hält das Handy von ihrem Ohr weg. Gerade mal drei Stunden hatte sie das Ding ausgeschaltet. […]

6 Schöne neue Medienwelt?!

Anna ist beliebt, ihre charmante Art kommt gut an, sie hat viele Bekannte und ist dauernd unterwegs. Das Handy spielt dabei eine zentrale Rolle. Anna quatscht ständig oder verschickt SMS. Es sei denn, sie hat Probe oder Training. Aber das kommt samstags selten vor, denn dieser Tag ist für Freunde reserviert. Wie überhaupt ihre gesamte Zeit für irgendwas oder irgendwen reserviert ist.

Sie besitzt einen abgegriffenen Terminkalender mit riesigem Adressverzeichnis, der vollgekritzelt ist [...]: dienstags und donnerstags Tennistraining, freitags Theater-AG, montags (vor einer Aufführung auch samstags) Chorprobe, dazwischen Kino, Dates, Partys. Manchmal sind sogar „Sammeltermine" notwendig, wie ihre gute, aber inzwischen genervte Freundin Teresa das nennt: Zum Beispiel verabredet sie sich mit vier Leuten gleichzeitig für einen Film. Oder sie geht an einem Tag auf mehrere Partys, auch wenn sie keine Lust hat. So muss sie niemandem absagen, denn das fällt ihr schwer. [...]

Früher galt Anna in ihrer Klasse als altkluge Streberin, kaum jemand wollte etwas mit ihr zu tun haben. Ihre Eltern hatten sie schon im Kleinkindalter zum Musikunterricht, zum Ballett und in Sportkurse geschickt. Als sie in die Schule kam, wurde erwartet, dass sie nur Topnoten schrieb. Anna gab das tüchtige Mädchen, aber insgeheim war sie unglücklich, fühlte sich einsam. Oft heulte sie nachts, konnte nicht einschlafen. [...] Als Anna mit ihren Eltern in eine andere Stadt zog, änderte sich vieles. Sie war in ihrer neuen Klasse voll akzeptiert. Warum, weiß Anna selbst nicht. Aber die Angst, dass sie plötzlich wieder zur Außenseiterin werden könnte, ist geblieben.

Freizeitstress mit dem Handy
(Foto: © dpa-Bildarchiv/Frank Kleefeldt)

(Katja Franke, Freizeitstress: Tschüs, ich muss weiter; in: Brigitte.youngmiss.de)

1. Listet aus dem Text die Vor- und Nachteile eines Terminkalenders auf, wie Anna ihn hat. Diskutiert darüber, ob für euch mehr die Vorteile oder mehr die Nachteile überwiegen.

2. Verdeutlicht, warum Anna niemandem absagen kann, und findet im Text dafür Belege.

M 7a
Wie hältst du's mit dem Internet?

Beantworte die folgenden Fragen anhand der Skala von 1 bis 5:

1 = überhaupt nicht   4 = oft
2 = selten   5 = immer
3 = manchmal

1. Wie oft stellst du fest, dass du länger gesurft hast, als du eigentlich wolltest?
1 ☐   2 ☐   3 ☐   4 ☐   5 ☐

2. Wie oft surfst, chattest oder mailst du lieber, als dich mit deinen Freunden oder Freundinnen zu treffen?
1 ☐   2 ☐   3 ☐   4 ☐   5 ☐

3. Wie oft beschweren sich deine Freunde oder deine Familie, dass du zu viel Zeit im Internet verbringst?
1 ☐   2 ☐   3 ☐   4 ☐   5 ☐

Kommunikation total **145**

4. Wie oft schaust du zuerst, ob du eine E-Mail bekommen hast, bevor du etwas anderes machst?
   1 ☐   2 ☐   3 ☐   4 ☐   5 ☐

5. Wie oft antwortest du ausweichend, wenn man dich fragt, was du im Internet machst?
   1 ☐   2 ☐   3 ☐   4 ☐   5 ☐

6. Wie oft ertappst du dich dabei, dass du dich aufs Surfen, Chatten oder Mailen freust?
   1 ☐   2 ☐   3 ☐   4 ☐   5 ☐

7. Wie oft wirst du sauer oder aggressiv, wenn dich jemand stört, während du online bist?
   1 ☐   2 ☐   3 ☐   4 ☐   5 ☐

8. Wie oft bist du am nächsten Morgen hundemüde, weil du wieder bis spät in die Nacht im Internet warst?
   1 ☐   2 ☐   3 ☐   4 ☐   5 ☐

9. Wie oft willst du die Zeit, die du online bist, reduzieren und scheiterst dabei?
   1 ☐   2 ☐   3 ☐   4 ☐   5 ☐

10. Wie oft surfst, chattest oder mailst du lieber, als dich zu verabreden?
    1 ☐   2 ☐   3 ☐   4 ☐   5 ☐

(Politik & Unterricht Nr. 1/2002, S. 46)

M 7b „Ist Karli da?"

"IST KARLI DA?" — "EIGENTLICH NICHT. ER IST IM INTERNET."

(Zeichnung: Michael Ammann/Baaske Cartoons Müllheim)

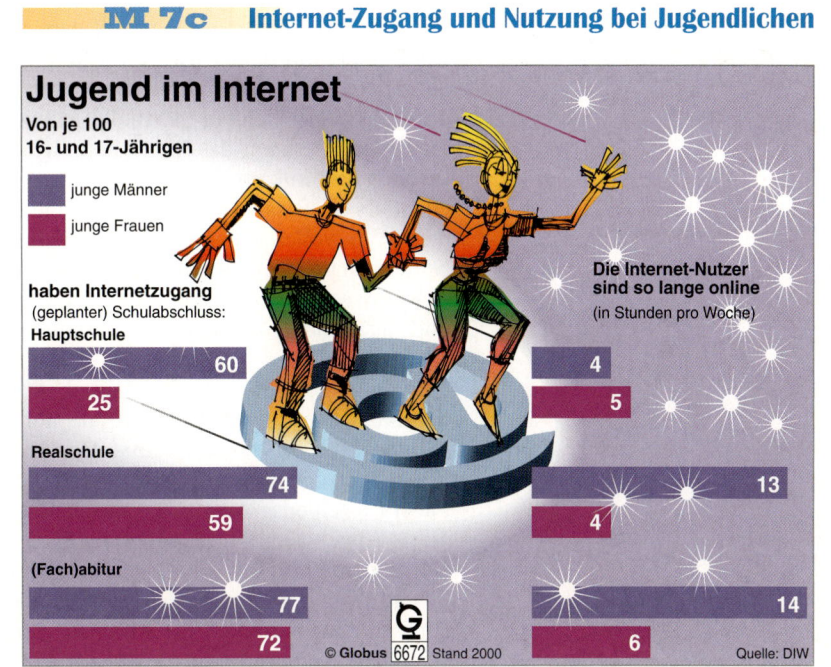

M 7c Internet-Zugang und Nutzung bei Jugendlichen

Jugend im Internet
Von je 100 16- und 17-Jährigen

- junge Männer
- junge Frauen

haben Internetzugang
(geplanter) Schulabschluss:

Hauptschule: 60 / 25
Realschule: 74 / 59
(Fach)abitur: 77 / 72

Die Internet-Nutzer sind so lange online (in Stunden pro Woche)

Hauptschule: 4 / 5
Realschule: 13 / 4
(Fach)abitur: 14 / 6

© Globus 6672 Stand 2000 Quelle: DIW

1. Wenn ihr die Befragungsergebnisse für eure Klasse (für die Internet-Nutzer in eurer Klasse) auswerten wollt, könnt ihr für jede der Fragen den Mittelwert berechnen, und das geht so: Wenn z.B. – bei 20 Beantwortern der ersten Frage – 2 die Wertung „1", einer die Wertung „2", 10 die Wertung „3", 5 die Wertung „4" und einer Wertung „5" angekreuzt haben, dann ergibt sich der Mittelwert, indem man die Häufigkeiten mit den jeweiligen Werten multipliziert ($2 \cdot 1 + 1 \cdot 2 + 10 \cdot 3 + 5 \cdot 4 + 2 \cdot 5$) und die Summe (64) durch die Zahl der Beantworter (20) teilt; der in diesem Beispiel sich ergebende Mittelwert 3,2 zeigt an, dass ihr „im Durchschnitt" dazu neigt, länger zu surfen, als ihr eigentlich wollt. Bei der Auszählung und Berechnung könnt ihr die Tafel zu Hilfe nehmen. Jede(r) Einzelne kann auf diese Weise sein persönliches Verhalten mit dem des „Durchschnitts" vergleichen.

2. Erläutert und diskutiert, was die Karikatur M 7b zum Ausdruck bringen will.

3. Analysiert die Grafik M 7c und diskutiert insbesondere über das unterschiedliche Internet-Verhalten von Jungen und Mädchen, das ihr vielleicht auch bei eurer Befragung zu M 7a festgestellt habt.

4. Experten warnen oft davor, dass zu häufige Nutzung des Internets zur Sucht werden kann. Eine provozierende Frage: Unter welchen Bedingungen wärest du bereit, einen Monat lang auf das Internet zu verzichten?

Schöne neue Konsumwelt!?

M 8

4Kidz und Deutsche Bank bieten Kindern eigene Konten im Web

Das Kinderportal 4Kidz hat gemeinsam mit der Deutschen Bank 24 ein elektronisches Taschengeldkonto im Internet gestartet. Die Zielgruppe für Bank4Kidz sei zwischen sechs und zwölf Jahren alt, teilte der Portalbetreiber Kidz Vision AG mit. In dieser Altersklasse bedarf es schon einiger Erklärungen: e-Cash sei englisch, bedeute auf deutsch so viel wie elektronisches Bargeld und klinge allemal besser als e-Barg, wird auf der Webseite von 4Kidz.de den Online-Kunden von morgen erklärt.

Das Taschengeldkonto basiert auf dem Onlinezahlungsmittel e-Cash der Deutschen Bank. Bei Bank4KidZ überweisen die Eltern den gewünschten Betrag vom Konto der Hausbank auf das virtuelle Konto ihrer Kinder bei der Deutschen Bank 24. Mit der e-Cash-Software wird das reale Geld in „virtuelle Münzen" umgewandelt. Die Überweisung des Geldes durch die Eltern auf das Bank4Kidz-Konto ist nur mit einem Passwort möglich. Geschützt sei auch das Einkaufen im Netz. Die jugendlichen Internetnutzer benötigen für Bank4KidZ ebenfalls ein Passwort. Diese können jederzeit von den Eltern gesperrt oder verändert werden. „Wir wollen unseren Kunden in allen Altersgruppen die Vorteile des e-Commerce mit bequemen und sicheren Webzahlungsmitteln eröffnen. Mit Bank4KidZ bieten wir als erste Bank ein e-Paymentverfahren an, dass die Basis für erfolgreichen e-Commerce im Kinder- und Jugendlichenbereich bildet", sagte Herbert Walter, Sprecher des Vorstandes der Deutschen Bank 24.

Der jugendliche Nutzer kann ausschließlich im portaleigenen Shop Produkte kaufen und bezahlen. Diese sind bei 4KidZ.de auf einer e-Commerce-Plattform unter dem Namen „Shop4KidZ" zusammengefasst. Das Angebot umfasst Gesellschafts- und Computerspiele, Mal- und Zeichenbedarf, Schul- oder Sportartikel von Kooperationspartnern wie Nintendo, Faber Castell oder Revell. Das Taschengeldkonto ist Unternehmensangaben zufolge nur für 4kidz-Angebote geöffnet und kann nicht überzogen werden.

Neben dem virtuellen Konto beinhaltet die Zusammenarbeit zwischen der Deutschen Bank 24 und KidZ Vision auch den Aufbau eines digitalen Edutainment-Angebotes. Es soll Kindern und Jugendlichen die Themen Geld und Finanzen auf spielerische und leicht verständliche Art vermitteln. Das 4Kidz-Portal wird […] seit Mai 2000 betrieben.

(Alexander Becker; URL: www.net-business.de/startup/fullstory.html?id=978961550.1)

Schöne neue Konsumwelt!? **147**

M 9

NETCWORLD

- Computer
- Internet
- Games
- Handy & Co.
- E-Mail: networld@BRAVO.de

Mobiles Zubehör
+ Fettes EXTRA für DEIN Handy

(((GAMECOVER

Willst Du Dein Nokia-Handy in einen kleinen Gameboy verwandeln? Dann musst Du Deinen Handy-Akku nur gegen diese Mini-Spielekonsole austauschen – schon stehen Dir zwölf Spiele wie Tetris oder Frog zur Auswahl, die Du dank der vier Steuertasten bequem spielen kannst. Während des Zockens bleibst Du natürlich weiterhin telefonisch voll erreichbar. Das GameCover eignet sich für die Nokia-Modelle 3310, 3330 sowie 3410. Gesehen bei www.handyzubehoer.de für nur 12,97 Euro.

(((HANDYPEN

Du sitzt im Unterricht und möchtest von Deinen Freunden SMS-Nachrichten empfangen können, ohne dass jemand etwas mitbekommt? Kein Problem mit dem HandyPen! Dieser elegant aussehende Kugelschreiber beginnt zu blinken, sobald jemand auf Deinem Handy anruft oder Dir eine SMS schickt (Wirkungsradius 1,5 Meter) – unauffälliger geht's nicht! Er funktioniert bei allen Mobiltelefonen und kostet nur 4,90 Euro. Gesehen bei www.pearl.de.

EXTRA

Cooles HANDY-Hologramm

BRAVO

An ... blasen entstehen, kannst Du sie einfach zur Seite wegdrücken.

So sehen Nokia 8210 (l.) und Siemens M55 mit den Hologrammen aus

SCREENFUN

Jetzt am Kiosk: die neue BRAVO ScreenFun 4/2003 ● 10 Spiele-Vollversionen auf CD: „Unreal" und neun weitere Games ● dazu Handylogos, SMS-Software, Wallpapers u.v.m. ● Mach Urlaub im Heft – mit sexy Girls: „DoA Xtreme Beach Volleyball" ● Stylisch: der „Advance SP" ● Spielspaß: „Metroid Prime", „Devil May Cry 2", „Golden Sun 2" und „Panzer Dragoon Orta".

(Aus: BRAVO Nr. 13/2003, S. 17)

6 Schöne neue Medienwelt?!

M 10

(Top of the Pops Nr. 6/2002, S. 59;
© Headhunter-Berlin)

M 11a

5 Milliarden Euro Kaufkraft

(http://www.wuv.de/news/archiv/4/a37601/index.html; aj)

Trotz schlechter wirtschaftlicher Lage haben die deutschen Kinder noch mehr Taschengeld zur Verfügung als im vergangenen Jahr. Die Kaufkraft der 6,37 Millionen Sechs- bis 13-Jährigen in Deutschland beträgt nach der jüngsten „KidsVerbraucherAnalyse 2002" […] 5,12 Milliarden Euro – drei Prozent mehr als im vergangenen Jahr. Durchschnittlich verfügt ein Kind dieser Altersgruppe über 18 Euro im Monat. […] 90 Prozent der Kinder legen einen Teil des Geldes auf ein Sparkonto zurück – im Durchschnitt sind dort Beträge von 485 Euro pro Kind gehortet. Insgesamt 1957 Kinder zwischen sechs und 13 wurden für die aktuelle Welle zu ihrem Konsum- und Medienverhalten befragt. Auf der Wunschliste der Kinder steht ganz oben ein eigenes Handy (41 Prozent), besonders bei den 10- bis 13-Jährigen (47 Prozent) ist der Wunsch sehr ausgeprägt. Getoppt wird dies noch von dem Wunsch nach einem eigenen Fernseher (42 Prozent bei der Gesamtgruppe). 35 Prozent wollen einen eigenen PC, 27 Prozent einen Videorekorder, 20 Prozent einen Fotoapparat. […]

M 11b „Die Kunden heranführen" – von MMS zu UMTS

UMTS ist die Abkürzung, die sich hinter dem Begriff „Universal Mobile Telecommunications System" verbirgt und „Mobilfunk der dritten Generation" verspricht. Das UMTS-Handy soll – mehr als noch die heutigen MMS-tauglichen Geräte – zum Kommunikationszentrum avancieren und mittels seiner Internet-Kompatibilität Online-Einkäufe, den Empfang von E-Mails und auch den Download von Filmen in Fernsehqualität ermöglichen.

GPRS (General Packet Radio Service) ermöglicht eine unmittelbare Verbindung zum Internet für die mobile Datenübertragung.

Zweieinhalb Jahre nach der 50-Milliarden-Euro-Versteigerung der UMTS-Mobilfunklizenzen rüstet sich die Industrie zum Start der neuen Handy-Generation (s. Foto S. 138 u.r.). Im Spätsommer schalten die großen zwei – Vodafone und T-Mobile – ihre Netze an. Erstmals seit langem weht ein Hauch Optimismus durch die krisengeschüttelte Branche.
Auslöser des Stimmungsumschwungs sind die kleinen, leicht unscharfen Farbfotos, die sich neuerdings Hunderttausende per Handy zuschicken. Der Bildnachrichtendienst Multimedia Messaging Service, kurz MMS genannt, „krempelt die Handy-Welt total um", schwärmt Jürgen von Kuczkowski, Chef von Vodafone D2. „Texte mögen interessant sein, aber erst die Fotos packen die Leute emotional. So führen wir die Kunden an UMTS heran."
Der Bilderboom ist nur ein Vorreiter für zahllose neue mobile Dienste. Mit Handys wie dem Nokia 7650 lassen sich 15-sekündige Szenen aufnehmen und versenden. [...] Im März 2003 kommt das erste Handy auf den Markt, das Kinotrailer aus dem Internet herunterladen kann. Im Herbst schließlich soll die Video-Telefonie folgen – nur möglich über das Turbo-Netz UMTS. Die Kunden müssen dafür nicht tiefer in die Tasche greifen als für die heutigen Datendienste per GPRS, verspricht René Obermann. „Höhere Preise wären den Kunden nicht zuzumuten."
(Focus Nr. 8 v. 17.2.2003, S. 170)

---

1. Stellt in Arbeitsgruppen aus eurer Sicht Vor- und Nachteile eines elektronischen Taschengeldkontos zusammen, wie es die Deutsche Bank 24 im Kinderportal 4Kidz anbietet (M 8). Tauscht eure Arbeitsergebnisse untereinander aus und diskutiert darüber.

2. Wie erklärt ihr euch, dass man mit dem elektronischen Geld der „Bank 24" nur Produkte bestimmter Firmen kaufen kann? Diskutiert darüber und haltet eure Ergebnisse anschließend schriftlich fest.

3. Macht eine anonyme Befragung in eurer Klasse und ermittelt so, was der Einzelne pro Monat an Taschengeld erhält und wofür er es verwendet. Vergleicht die Daten eurer Befragung mit M 11 a sowie mit den Daten aus M 6 a, S. 42f., und M 8 b, S. 45.

4. Diskutiert darüber, warum Kinder und Jugendliche für Firmen besonders wichtig sind (M 9–11), und haltet eure Arbeitsergebnisse an der Tafel fest. Wie schätzt ihr die in M 11 b beschriebenen neuen Möglichkeiten ein?

M 12a „Hilfe, die Handy-Rechnung!"

Jeder kennt es, jeder hat es, jeder braucht es: das Handy. Ob im Supermarkt, an der Bushaltestelle oder in der Disko, irgendwo läuft es immer. Von Bach bis Madonna klingelt, fiept, vibriert es überall. Doch was ist am Monatsende mit den Rechnungen? Die möchte man am liebsten ungesehen in den Papierkorb werfen. Oder gibt es etwa irgendjemanden, bei dem sich der Magen beim Öffnen des elenden Wischs nicht verkrampft? [...]
Das Handy erfreut sich immer größerer Beliebtheit. Einige nutzen es für die kleine Plauderei am Telefon, andere haben es für den Notfall, und wieder andere verschicken mehr oder minder wichtige Kurznachrichten per SMS. Schnell kann es da passieren, dass am Monatsende der ein oder andere Euro zu viel auf der Rechnung steht. Was nun? Werden die Eltern angepumpt oder das Sparschwein geschlachtet? [...]

(Simone Haserodt, in: Cellesche Zeitung vom 18.07.2001)

M 12b Handys können zur Schuldenfalle werden

Bundesverbraucherministerin Renate Künast rät allen, die Handys zu Weihnachten verschenken möchten, sowohl die finanziellen als auch mögliche gesundheitliche Risiken mitzubedenken. Das Problem der Verschuldung junger Menschen durch Handy-Nutzung nimmt weiter zu, so die Ministerin. [...]
(URL: http://www.golem.de/0112/17460.html)

6 Schöne neue Medienwelt?!

(Stadtspiegel Bottrop vom 07.03.2001)

Marina Mohrenstecher, Verbraucherzentrale Bottrop:
„Handys sind für Jugendliche die neue Einstiegsdroge in Sachen Schulden." Sie kennt Fälle, in denen 14-Jährige sogar drei Verträge hatten – die sie gar nicht besitzen dürfen, denn sie sind nicht geschäftsfähig. Sicher ist: Erwachsene ermöglichen ihnen diesen Besitz.

1. Lest die Texte M 12 a/b und erörtert – in Gruppen- oder Partnerarbeit –, inwieweit man aus eurer Erfahrung in Situationen kommen kann, wie sie in den Texten dargestellt werden.
- In welchen Fällen kann die Benutzung des Handys Jugendliche in eine Schuldenfalle führen?
- Wie lässt sich das vermeiden?

2. Diskutiert darüber, welche Konsequenzen die Verschuldung für Jugendliche hat.

3. Informiert euch bei der Verbraucherzentrale des Landes NRW (www.vz-nrw.de) oder beim Essener Verein „Schuldnerhilfe" (www.schuldnerhilfe.org) darüber, welche Ratschläge sie verschuldeten Jugendlichen geben können.

M 13 Musikbranche sucht Hilfe gegen CD-Brenner

Um rund 10,2% auf 2,49 Mrd. Euro ging 2001 der Umsatz der im Bundesverband der Phonografischen Industrie vertretenen Unternehmen zurück. Und diese repräsentieren über 90% des Gesamtmarktes. Als Hauptprobleme werden, wie schon im Vorjahr, das massenhafte CD-Brennen und Internetpiraterie ausgemacht. Laut einer von der Branche bei der GfK in Auftrag gegebenen Studie haben rund 17 Millionen Personen Musik auf 182 Mill. Leer-CD gebrannt. Verkauft wurden dagegen nur 173,4 Mill. bespielte CD-Alben nach 195,1 Mill. im Vorjahr.

Alarmierend für die Musikindustrie sind auch die Zahlen, die die GfK über den Online-Musikmarkt herausgefunden hat. Rund fünf Mill. Nutzer […] sollen knapp 492 Mill. Lieder aus den zahlreichen Internet-Musiktauschbörsen heruntergeladen – und dann oft auf CD gebrannt – haben. Damit haben sich Befürchtungen bestätigt, dass das Vorgehen des US-Musikverbandes RIAA gegen die mittlerweile geschlossene Online-Börse Napster nicht den illegalen Download stoppen konnte. Im Gegenteil, er wächst und die Musikfans wurden nur in die Arme zahlreicher anderer Tauschringe getrieben. […]

Der Verkauf von CD-Singles fiel von 51,1 Mill. auf 48,6 Mill. Stück. Sie sind, da billiger, besonders bei Jugendlichen beliebt, die gerade den Top-Hit ihres Lieblingsstars haben wollen. Gerade hier, so Gebhardt, ist das illegale Angebot im Internet besonders hoch. […]

(Axel Postinett, in: Handelsblatt v. 22.3.2002, S. 18)

CD-Markt bricht ein:
Verkauf von Ton- und Bildträgern in Deutschland, in Millionen Stück

	2000	2001
CD	195,1	173,4
Single	51,1	48,6
MC	19,2	20,2
LP	0,8	1,0
MD	0,2	0,1
DVD-A/SACD	0,0	0,1

2002 ging der Umsatz erneut um 10 % zurück.

1. Diskutiert darüber, ob es gerechtfertigt ist, statt eine CD oder DVD zu kaufen, die betreffenden Musikstücke bzw. Filme aus dem Internet herunterzuladen und schwarz auf CD zu brennen. Vergleicht dazu auch M 20–M 22 aus Kapitel 2 (S. 63ff.). Beschreibt die Situation, die sich für die Musikbranche in den letzten Jahren ergeben hat (M 13; vgl. M 21 und M 22, S. 64f.).

2. Bildet Arbeitsgruppen und stellt zusammen, wer an der Herstellung und dem Vertrieb einer CD bzw. DVD beteiligt ist. Übertragt eure Ergebnisse in eine Mindmap.

3. Recherchiert im Internet Musik- und Informationsangebote (z.B. www.eyedoo.de). Welche Zielgruppen sollen mit Hilfe welcher Mittel angesprochen werden?

4. Inwieweit unterscheiden sich Internet-Musikseiten von den Angeboten im Musikfernsehen und in den einschlägigen Musik- und Jugendzeitschriften?

Schöne neue Konsumwelt!?

M 14 Geschäftemacherei und Betrug im Internet

M 14a

1,86 Euro pro Minute – Warnung vor SMS-Versand über einen 0190-Dialer*

Eine dreiste Art, die SMS-Sucht der Internet-Surfer auszunutzen, wählt der Anbieter von GeileLogos.de. Sobald man auf den Seiten gelandet ist und eine SMS verschicken möchte, muss sich der Nutzer die Zugangssoftware von StarDialer herunterladen.
Ist dies geschehen, wechselt der PC die Verbindung zum Internet und wählt sich über den installierten Dialer ein. Diese Verbindung kostet 1,86 Euro pro Minute. Und erst dann kann der Kunde SMS verschicken. Gibt es ein Problem, bietet GeileLogos.de eine Kundenhotline an, die über die Nummer 01 90 / 09 30 83 04 43 50 zu erreichen ist. Dieser „Service" wird mit 3,63 Euro die Minute berechnet.
Der SMS-Versand über das Internet wurde zwar eingeschränkt, doch gibt es immer noch einige Anbieter, die einen kostenlosen Versand anbieten. […]

(Verf.: Daniel Reese; http://www.teltarif.de)

M 14b

Zweifelhafter Spendenaufruf per E-Mail

Ein obskurer Spendenaufruf eines „Flutopfer Sächsische Schweiz e.V." kursierte im August 2002 im deutschsprachigen Internet. Unter der Betreffzeile „Solidarität mit den Flutopfern" bittet die Organisation per E-Mail um Spenden, die angeblich Flutopfern in der Region Sächsische Schweiz zukommen sollen, darunter Einwohnern von Pirna, Bad Schandau und Wesenstein.
Die E-Mail gibt zwar eine Kontonummer an, weitere Informationen über die Tätigkeiten des Vereins, eine Telefonnummer oder die Adresse der Homepage fehlen jedoch. Burkhard Wilde, Geschäftsführer vom „Spenden-TÜV", dem Deutschen Zentralinstitut für soziale Fragen (DZI), kennt die Organisation ebenfalls nicht. Er empfahl im Gespräch mit heise online Zurückhaltung gegenüber solchen Aufrufen. […]

(Verf.: Jo Bager; http://www.heise.de)

M 14c

Betrüger und E-Commerce

Internet-Delikte		Delikte nach Schadenshöhe	
Börsenmanipulation	1,2%	0,8%	Mehr als 10.000 US-$
Sonstige Betrugsarten	4,6%	1,2%	5.000 bis 10.000 US-$
Kreditkartenbetrug	4,8%	2,9%	2.500 bis 4.999 US-$
Nicht ausgelieferte Produkte	22,3%	12,4%	1.000 bis 2.499 US-$
Auktionsbetrug	64,1%	16,8%	500 bis 999 US-$
Sonstiges	3,0%	35,6%	100 bis 499 US-$

(e-Business, Magazin für die Internet-Wirtschaft Nr. 07/2001, S. 88)

---

1. Diskutiert in eurer Klasse über die Geschäftemacherei von Anbietern von 0190-Nummern, wie sie in M 14a beschrieben werden. Stellt ggf. aus eurem eigenen Erfahrungsbereich weitere Beispiele für solches Verhalten zusammen.

2. Immer wieder werden zwielichtige Personen im Internet aktiv. Arbeitet heraus, worin das Verwerfliche der in M 14b beschriebenen Aktivitäten liegt.

3. Erarbeitet die statistischen Daten in M 14c und fasst eure Arbeitsergebnisse zu M 14a-c in einem kurzen Zeitungsartikel zusammen.

4. Welche Maßnahmen sollten eurer Meinung nach ergriffen werden, um betrügerischen und kriminellen Personen im Internet das Handwerk zu legen? Betrachtet dabei auch kritisch die Durchsetzungsmöglichkeiten eurer Vorschläge.

7 Wer schützt den Verbraucher? – Rechte und Informationsmöglichkeiten

(Zeichnung: Susanne Kuhlendahl/Verlagsarchiv Schöningh)

Zur Orientierung

In diesem Kapitel erfahrt ihr Näheres über die gesetzlichen Bestimmungen, die den Verbraucher schützen sollen, und über die Einrichtungen, die der Verbraucheraufklärung dienen und Informationsmöglichkeiten anbieten.
Im **ersten** Abschnitt geht es um die Fragen: Was ist ein Kaufvertrag? Unter welchen Bedingungen kommt ein Kauf bzw. Verkauf zustande? Was gilt es zu beachten?
Kann man einen einmal getätigten Kauf auch wieder rückgängig machen? Unter welchen Bedingungen ist das möglich? Mit diesen Fragen beschäftigt sich der **zweite** Abschnitt „Umtausch ausgeschlossen?".
Während verschiedene Gesetze die Rechtmäßigkeit von Kaufverträgen regeln, können einzelne Verkaufspartner noch zusätzliche „Allgemeine Geschäftsbedingungen" erheben, die sie für ihre Verkäufe geltend machen. Welche Probleme damit verbunden sein können, wird im **dritten** Abschnitt deutlich: „Der Teufel steckt im Kleingedruckten".
Oft weiß der einzelne Verbraucher aber nicht so genau Bescheid und ist sicherlich froh, wenn ihm jemand mit „Rat und Tat" und Beratung zur Seite steht. Im **vierten** Abschnitt erfährt ihr deshalb etwas über „Informationsmöglichkeiten für den Verbraucher".

Vertrag ist Vertrag!? – Der Käufer und sein Recht

M 1 Vertrag ist Vertrag – oder nicht?

Quiz

1
a ☐ Mit jedem Kauf, den wir tätigen, kommt ein Vertrag zustande.
b ☐ Ein Vertrag kommt erst zustande, wenn ich etwas unterschreibe.
c ☐ Eine mündliche Zusicherung beider Seiten ist das Mindeste für das Zustandekommen eines Vertrages.

2
a ☐ Anbieter (Händler) und Käufer sind im Alltag gleichberechtigte Partner.
b ☐ Der Käufer ist bei Vertragsabschluss besser gestellt, weil er mehr Rechte hat und der Händler seine Ware schließlich verkaufen will.
c ☐ Meist diktiert im Alltag der wirtschaftlich Stärkere die Vertragsbedingungen.

3
Ein Kaufvertrag kommt zustande, wenn
a ☐ ein Angebot erfolgt ist.
b ☐ ein Angebot erfolgt ist und dieses angenommen wurde.

4
Kaufverträge können
a ☐ schriftlich
b ☐ mündlich
c ☐ per Handschlag
d ☐ mit Mimik und Gesten
e ☐ stillschweigend abgeschlossen werden.

5
Ein abgeschlossener Kaufvertrag kann
a ☐ jederzeit ohne Angabe von Gründen
b ☐ jederzeit mit Angabe von Gründen
c ☐ normalerweise nicht
d ☐ nur innerhalb einer Woche nach Abschluss
e ☐ überhaupt nicht
f ☐ bei Vorliegen gewisser Voraussetzungen aufgelöst werden.

6

Schriftliche Kaufvertragsformulare des Händlers sind für den Käufer

a ☐ vorteilhaft, weil er die Bedingungen des Verkäufers erkennt.
b ☐ belanglos, weil daraus keine Folgen erwachsen.
c ☐ von Nachteil, soweit sie im Kleingedruckten seine Rechte beschränken.
d ☐ und für den Verkäufer bei einem Ratenverkauf sinnvoll, da dort z.B. Betrag, Anzahl und Fälligkeit der einzelnen Raten festgehalten werden.

7

a ☐ Jeder Mensch kann unabhängig von seinem Alter Kaufverträge abschließen.
b ☐ Man muss zunächst 21 Jahre alt sein.
c ☐ Der Käufer muss mindestens 18 Jahre alt sein.
d ☐ Jugendliche ab 14 können jederzeit Kaufverträge abschließen.
e ☐ Kinder und Jugendliche zwischen 7 und 18 Jahren können nur begrenzt Verträge abschließen.

8

Kaufverträge sind ungültig oder können dies werden, wenn

a ☐ die Kreditzinsen unangemessen hoch sind.
b ☐ die gleiche Ware in einem anderen Geschäft nur die Hälfte kostet und der Käufer deshalb aus dem Vertrag heraus will.
c ☐ der Käufer betrogen wurde.

(Stiftung Verbraucherinstitut [Hg.], Verbraucherbildung in der Schule, Volk und Wissen, Berlin 1993, S. 176)

Wie gut wisst ihr schon Bescheid? Versucht die richtigen Antworten zu geben. Auch mehrere Lösungen können richtig sein! Im Laufe der Arbeit an den folgenden Materialien könnt ihr eure Ergebnisse dann entweder bestätigen oder korrigieren.

M 2
Was ist ein Kaufvertrag?

(Nach: Stiftung Verbraucherinstitut [= M 1], S. 177; Zeichnungen: Susanne Kuhlendahl/Verlagsarchiv Schöningh)

Ob wir im Kaufhaus einkaufen, eine Zeitung wortlos am Kiosk kaufen oder ein Kleid beim Emma-Versand bestellen, es kommt immer ein gültiger Kaufvertrag zustande. Wichtig ist, dass von zwei Seiten übereinstimmende Willenserklärungen abgegeben werden: dem Anbieter einer Ware (er möchte etwas verkaufen) sowie ihrem möglichen Käufer (er möchte etwas kaufen). Ob diese Willenserklärungen mündlich, schriftlich oder telegrafisch geäußert werden, ist im Prinzip belanglos; es gibt natürlich Geschäfte, bei denen die Einhaltung einer bestimmten Form ratsam ist (z. B. bei Grundstückskäufen o. Ä.).

a) b) c) d)

Überprüft, ob in den hier dargestellten vier Fällen ein Kaufvertrag zustande kommt.

Vertrag ist Vertrag!? – Der Käufer und sein Recht

155

M 3

Sonderangebote – etwas ganz Besonderes!

Schon lange wünscht sich Familie Mobilo ein schnurloses Telefon. Immer diese Lauferei, wenn das Telefon klingelt, wie ärgerlich! Besonders, wenn man gerade im Keller oder im Garten ist! Deshalb freut sich Frau Mobilo auch sehr, als sie eines Morgens in der Tageszeitung ein Werbeblatt einer Kaufhauskette findet, in dem ein schnurloses Telefon – mit Anrufbeantworter und anderen Extras – für einen sehr günstigen Preis abgebildet ist!

Nichts wie hin! „Solange der Vorrat reicht" stand dabei.

Mit dem Bus fährt sie in die Stadt und eilt zum Kaufhaus. Doch enttäuscht muss sie feststellen, dass „ihr Telefon aus dem Werbeblatt" bei den ausgestellten Apparaten nicht dabei ist bzw. zu einem höheren Preis angeboten wird.

Wo ist denn hier eine Verkäuferin oder ein Verkäufer? – Ach, da ist ja jemand! Frau Mobilo trägt ihr Anliegen vor und bekommt diese Antwort:

„Also nein, liebe Frau, zu dem Preis verkaufen wir dieses Telefon hier nicht!"

„Ja, aber, es steht schwarz auf weiß in dem Werbeblatt! Als besonderes Schnäppchen! Bringen Sie mich doch bitte zu Ihrem Abteilungsleiter!"

Wie würdest du dich in solch einem Fall verhalten? Wie muss deiner Meinung nach diese Situation geklärt werden? – Zur Kontrolle: Die Spiegelschrift in der Randspalte links unten enthält eine Antwort auf diese Frage.

(Autorentext; Zeichnungen: Susanne Kuhlendahl/Verlagsarchiv Schöningh)

Klärung:

Dies sind Beispiele aus Werbeblättern, wie ihr sie sicherlich auch schon häufiger in euren Tageszeitungen oder in den Briefkästen gefunden habt. Rein juristisch nehmen sie eine „Sonderstellung" ein, denn es ist zu unterscheiden zwischen einem Angebot und einer Aufforderung zu einem Angebot.

Preislisten, Annoncen in der Zeitung, Kataloge oder auch Warenangebote im Schaufenster werden nicht als Angebote des Anbieters angesehen; sie sind juristisch nichts anderes als eine Aufforderung an den möglichen Käufer, seinen Kaufwunsch zu äußern und dabei sein Angebot zu machen. Der Händler kann nun diese Willenserklärung annehmen oder auch nicht, das heißt, der Kunde kann die Ware nicht zu dem angegebenen Preis verlangen.

Schnurloses Telefon mit Anrufbeantworter

Gesprächsdaueranzeige, Anschluss bis zu 8 Mobilteilen, Ansage von Tag und Uhrzeit auf allen Nachrichten

SCHNÄPPCHEN! Nur solange der Vorrat reicht!

149.-

Solange der Vorrat reicht!

Abgabe nur in haushaltsüblichen Mengen

7 Wer schützt den Verbraucher? – Rechte und Informationsmöglichkeiten

Eine Grundvoraussetzung für das Zustandekommen von Verträgen ist die Geschäftsfähigkeit. Diese Geschäftsfähigkeit hängt u.a. auch vom Alter ab. Kinder unter 7 Jahren sind nicht geschäftsfähig; Kinder und Jugendliche zwischen 7 und 18 Jahren sind eingeschränkt geschäftsfähig (s. dazu M 21 in Kap. 11, S. 260f.). Unter ganz bestimmten Bedingungen können einmal geschlossene Verträge auch unwirksam sein oder angefochten werden. In verschiedenen Gesetzen, z. B. im **Bürgerlichen Gesetzbuch (BGB)**, im *Gesetz über den Widerruf von Haustürgeschäften und ähnlichen Geschäften* oder im **Verbraucherkreditgesetz** gibt es dazu entsprechende Bestimmungen, von denen die wichtigsten in M 5 und M 6 wiedergegeben werden. Mit ihrer Hilfe könnt ihr die folgenden Fallbeispiele bearbeiten (vgl. die Arbeitshinweise).

In M 4 findet ihr zehn konkrete „Vertragsfälle", deren Wirksamkeit strittig ist.

1. Lest sie durch und bildet euch zunächst ein eigenes Urteil.

2. Anschließend (S. 158) findet ihr zu sechs Fällen Beurteilungen, die Experten verfasst haben. Versucht diese „Lösungen" den konkreten Fällen zuzuordnen und nehmt zur Beweisführung die Auszüge aus den Gesetzestexten (M 5a/b) und die zusätzlichen Materialien (M 6a/b) zu Hilfe.

3. Verfasst für die restlichen vier Fälle mithilfe der angefügten Materialien selbst „Expertenurteile". Weitere kommentierte Fälle aus der Praxis finden sich auf der Internetseite „checked4you" (s. S. 170) unter dem Stichwort „Trends + Shopping".

M 4 „Dieser Vertrag ist ungültig!"

1) Ein junger dynamischer Vertreter hat Omas beste Freundin Elfriede im Nachbarhaus aufgesucht. Er „bequatscht" sie zwei Stunden lang. Vom Wetter, der Unsicherheit mit den Renten heutzutage, Krankheiten der alten Leute bis schließlich hin zu Zeit sparenden Haushaltsgeräten vom elektrischen Messer bis zur vollelektronischen Waschmaschine.
Als er schließlich geht, hat Elfriede S., der es mit ihren 80 Jahren zum Schluss etwas zu anstrengend wurde, einen Staubsauger zu 450 Euro gekauft. Dabei hat sie nur eine kleine 1 1/2-Zimmerwohnung und eine kleine Rente. Oma Lindemann ist empört, zumal der gleiche Staubsauger im Geschäft nur 330 Euro kostet.

2) Maria, 6 Jahre alt, kauft sich vom Wechselgeld eine Riesentafel Schokolade für 2,80 Euro. Können die Eltern vom Geschäftsinhaber das Geld zurückverlangen?

3) Thomas, 15 Jahre alt, wollte schon immer ein Mofa haben, wie auch seine anderen Schulkameraden. Als seine Eltern nicht im Hause sind, holt er sich sein Sparbuch aus dem Schreibtisch der Vaters und hebt 450 Euro ab. Von diesem Geld kauft er ein kaum gebrauchtes Mofa vom Händler. Damit seine Eltern den Kauf nicht so schnell mitbekommen, stellt er das Mofa bei seinem Freund unter. Nach 14 Tagen rutscht er mit dem Mofa auf nassen Blättern aus und prallt gegen einen Laternenpfahl. Das Mofa ist leicht beschädigt und nicht mehr fahrbereit. Da Thomas eine Platzwunde am Kopf hat, die genäht werden muss, erzählt er notgedrungen seinen Eltern die ganze Geschichte.
Die Eltern sind empört, dass der Händler ihrem Jungen ein derart gefährliches Zweirad verkauft hat, und fordern ihn auf, sofort den Kaufpreis herauszugeben. Wer muss für das beschädigte Mofa haften?

4) Michaels Mathematiklehrer hat für die Klasse 30 Taschenrechner bestellt. Da im Lehrerzimmer viel Hektik herrschte, als er das Bestellformular ausfüllte, hat er aus Versehen eine Null zu viel gemalt. Muss er 300 Taschenrechner abnehmen und einen Privatverkauf organisieren?

Vertrag ist Vertrag!? – Der Käufer und sein Recht

5) Das Lokal im Erdgeschoss von Oma Lindemanns Haus hat aufgrund einer Verordnung von den Behörden die Auflage bekommen, um ein Uhr nachts zu schließen, damit die Lärmbelästigung durch die Gäste für die Anwohner in zumutbaren Grenzen bleibt. Kurz nach eins wird noch ein Gast hereingelassen, der eine Flasche Champagner bestellt. Als der Wirt die Rechnung präsentiert, meint der Gast, er müsse nicht zahlen, weil der Wirt ihm ja gar nichts mehr hätte ausschenken dürfen.

(Zeichnung: Susanne Kuhlendahl/Verlagsarchiv Schöningh)

6) Großrazzia am Hauptbahnhof Köln! Die Polizei ist erfolgreich und ertappt Udo, den lang gesuchten Dealer, auf frischer Tat! Er hat noch Ware bei sich, seine Hosentaschen stecken voller Geld! Als die Polizei nicht nur den Stoff, sondern auch sein Geld beschlagnahmen will, protestiert er: „Das ist verdientes Geld! Geld gegen Ware!"

7) Michael hat sich einen Kassettenrekorder gekauft. Ein günstiges Angebot befand sich im Schaufenster, und da hat er schnell zugeschlagen. Abends merkt er jedoch in seinem Zimmer, dass der Klang nicht besonders gut ist. Nach einer kurzen Überprüfung stellt er fest, dass er einen Mono-Rekorder gekauft hat. Am nächsten Tag bringt er den Rekorder ins Geschäft zurück und sagt:
„Das war ein Irrtum meinerseits. Und außerdem haben Sie mich auch nicht darauf hingewiesen, dass dies kein Stereo-Rekorder ist. Ich habe halt nur den günstigen Preis gesehen. Doch das Monogerät will ich nicht behalten."

8) Oma Lindemann wird eines Tages auf der Straße von einer jungen Frau angesprochen. Ob sie sich für Schallplatten interessiere? Mozart? Volkslieder? Oma Lindemann bejaht. Ob sie denn die Schallplatten gerne billig einkaufen wolle? Auch hier stimmt Oma Lindemann natürlich zu. „Dies ist eine soziologische Untersuchung. Wir wollen das Einkaufsverhalten untersuchen!", sagt die junge Frau. Schließlich will sie noch wissen, wo Oma Lindemann wohnt. Und ihren Namen? Oma Lindemann gibt bereitwillig Auskunft. Ist ja schließlich eine gute Sache. Schließlich wird sie gebeten, noch eine Unterschrift zu geben. Sozusagen als Bestätigung ihrer Auskunftsbereitschaft. Kein Problem! Oma Lindemann bekommt noch einen kleinen Zettel in die Hand gedrückt. Beim Abendessen liest Oma Lindemann den Zettel und fällt aus allen Wolken: Mit ihrer Unterschrift ist sie eine zweijährige Mitgliedschaft in einem Buchclub eingegangen.

9) Lindemanns haben vor drei Jahren ein Darlehen bei einer Teilzahlungsbank aufgenommen, zum effektiven Jahreszins von 28,9 %. Da lesen sie eines Tages in der Zeitung, dass vergleichbare

(Zeichnung: Susanne Kuhlendahl/Verlagsarchiv Schöningh)

Darlehen zu diesem Zeitpunkt zu einem Jahreszins von nur 12,3 % vergeben wurden. Außerdem steht im Vertrag noch manches andere, was ihnen spanisch und teuer vorkommt.

10) Seit dem Gespräch mit Oma steht Michael auf dem Standpunkt, er könnte sein Leben jetzt allein regeln. Schließlich wird er bald 14 Jahre alt. Und außerdem ist er des ständigen Hineinredens in seine Pläne und Angelegenheiten überdrüssig. Diese Selbstständigkeit muss, damit es auch jeder in der Familie mitbekommt, nach außen gezeigt werden: zum Beispiel durch eigenständige Kaufentscheidungen. Also her mit dem lang ersehnten Briefmarkenposten für nur 15 Euro! Und der Stereo-Radio-Rekorder? 240 Euro. Das übersteigt doch Michaels augenblickliche Finanzkraft. Trotzdem! 50 Euro Anzahlung, der Rest wird in Raten zu 10 Euro monatlich fällig. Doch beim Abendbrot: „Du spinnst wohl völlig ... wertloser Ramsch ... das machst du alles sofort wieder rückgängig!" Herr Lindemann tobt. Und Michael?

(1, 4, 5, 7, 8, 9, 10 aus: Stiftung Verbraucherinstitut [Hg.], Verbraucherbildung in der Schule, Volk und Wissen, Berlin 1993, S. 180-182; 3 aus: Verbrauchererziehung in der Sek. I, hg. vom Landesinstitut für Curriculumentwicklung, Lehrerfortbildung und Weiterbildung, Neuss S. 78f.; 2, 6: Autorentext)

Lösungen

a) Glück gehabt! Schreib-, Tipp- oder Rechenfehler gehören zu den typischen Irrtümern, die eine Anfechtung nach § 119 BGB begründen.

b) Ein Rücktritt vom „Vertrag" kann nicht erfolgen. Die behördliche Vorschrift ist nicht erlassen worden, um Bestellungen für Champagner zu vermeiden, sondern um die anwohnenden Nachbarn vor Lärm zu schützen. Die Verordnung ist daher kein Verbotsgesetz, der Kunde muss folglich die vertraglichen Pflichten aus seiner Bestellung erfüllen und die Zeche zahlen.

c) In diesem Fall ist der Vertrag nichtig (unwirksam). – Ein Rechtsgeschäft ist sittenwidrig, wenn es nach Inhalt, Beweggrund oder Zweck gegen das „Anstandsgefühl" aller billig und gerecht „Denkenden" verstößt. Diese Umschreibung hilft für die Praxis jedoch kaum weiter. Es ist auch Vorsicht anzuraten, den Begriff der „Sittenwidrigkeit" als Argument heranzuziehen. Nicht alles, was wir als „ungerecht" empfinden, ist deshalb schon gleich sittenwidrig. Letztlich kann nur mithilfe einer Fülle von einzelnen Fällen oder Fallgruppen, die in der Rechtsprechung bereits entschieden wurden, einigermaßen zuverlässig beurteilt werden, ob ein Vertrag sittenwidrig im Sinne des § 138 BGB ist.
Im vorliegenden Fall liegt ein „auffälliges Missverhältnis" zwischen Leistung und Gegenleistung vor. Ob „Wucherzinsen" vorliegen, muss immer im Einzelfall entschieden werden. Als Richtschnur gilt etwa das Doppelte und mehr des normalen Zinssatzes bei Vertragsabschluss im Vergleich zum Schwerpunktzinssatz der Deutschen Bundesbank. Grundsätzlich ist Vorsicht anzuraten, wenn die Kreditaufnahme nicht bei einer normalen Bank oder Sparkasse erfolgt.

d) Ganz selten ist ein „Irrtum", also das, was wir landläufig als „irren" bezeichnen, auch wirklich ein Irrtum im Sinne des § 119 des BGB, der dem Betroffenen das Recht zur Anfechtung des Vertrages gibt. Falsche Vorstellungen, die sich der Käufer gemacht hat, fallen nicht darunter.

e) … hat Glück: Sie kann ihre Vertragserklärung widerrufen und ist dann nicht mehr an den Kaufvertrag gebunden. In solchen Fällen, wo ein Vertreter unangemeldet an der Haustür erscheint, muss dieser dem Kunden nämlich eine schriftliche Widerrufsbelehrung aushändigen, die den Namen und die Anschrift des Widerrufsempfängers enthält und auf die zweiwöchige Widerrufsmöglichkeit hinweist.
Entspricht die Belehrung nicht den gesetzlichen Anforderungen, so ist der Widerruf sogar noch bis zu 6 Monate nach Aushändigung und vollständiger Bezahlung der Ware möglich. All dies regelt das Haustürwiderrufsgesetz.

f) In dieser Situation liegt der typische Fall einer arglistigen Täuschung vor. Wenn ein Irrtum durch das Vorspiegeln falscher Tatsachen erweckt oder aufrechterhalten wird, liegt ein Anfechtungsgrund nach § 123 BGB vor. Die Anfechtungsfrist beträgt in diesen Fällen ein Jahr nach Erlangung der Kenntnis über die Täuschung. Die Werberin hat falsche Tatsachen vorgespiegelt und wahre Tatsachen unterdrückt. Sie hat vorsätzlich gehandelt, denn sie wusste, dass sie täuscht. – Wäre … auf der Straße von dem Werber angesprochen worden und hätte sie direkt etwas gekauft, so könnte sie ebenfalls widerrufen. Dann würde nämlich das Haustürwiderrufsgesetz greifen.

(Autorentext)

M 5 Auszüge aus dem Bürgerlichen Gesetzbuch (BGB)

§ 104
(Geschäftsunfähigkeit)

Geschäftsunfähig ist:
1. wer nicht das siebente Lebensjahr vollendet hat;
2. wer sich in einem die freie Willensbestimmung ausschließenden Zustande krankhafter Störungen der Geistestätigkeit befindet, sofern nicht der Zustand seiner Natur nach ein vorübergehender ist.

§ 105
(Nichtigkeit der Willenserklärung)

(1) Die Willenserklärung eines Geschäftsfähigen ist nichtig.
(2) Nichtig ist auch eine Willenserklärung, die im Zustand der Bewusstlosigkeit oder vorübergehenden Störung der Geistestätigkeit abgegeben wird.

§ 106
(Beschränkte Geschäftsfähigkeit Minderjähriger)

Ein Minderjähriger, der das siebente Lebensjahr vollendet hat, ist nach Maßgabe der §§ 107 bis 113 in der Geschäftsfähigkeit beschränkt.

§ 107
(Einwilligung des gesetzlichen Vertreters)

Der Minderjährige bedarf zu einer Willenserklärung, durch die er nicht lediglich einen rechtlichen Vorteil erlangt, der Einwilligung seines gesetzlichen Vertreters.

§ 108
(Vertragsschluss ohne Einwilligung)

(1) Schließt der Minderjährige einen Vertrag ohne die erforderliche Einwilligung des gesetzlichen Vertreters, so hängt die Wirksamkeit des Vertrags von der Genehmigung des Vertreters ab.
(2) Fordert der andere Teil den Vertreter zur Erklärung über die Genehmigung auf, so kann die Erklärung nur ihm gegenüber erfolgen; eine vor der Aufforderung dem Minderjährigen gegenüber erklärte Genehmigung oder Verweigerung der Genehmigung wird unwirksam. Die Genehmigung kann nur bis zum Ablaufe von zwei Wochen nach dem Empfange der Aufforderung erklärt werden; wird sie nicht erklärt, so gilt sie als verweigert.
(3) Ist der Minderjährige unbeschränkt geschäftsfähig geworden, so tritt seine Genehmigung an die Stelle der Genehmigung des Vertreters.

§ 109
(Widerrufsrecht des anderen Teils)

(1) Bis zur Genehmigung des Vertrags ist der andere Teil zum Widerrufe berechtigt. Der Widerruf kann auch dem Minderjährigen gegenüber erklärt werden.
(2) Hat der andere Teil die Minderjährigkeit gekannt, so kann er nur widerrufen, wenn der Minderjährige der Wahrheit zuwider die Einwilligung des Vertreters behauptet hat; er kann auch in diesem Falle nicht widerrufen, wenn ihm das Fehlen der Einwilligung bei dem Abschluss des Vertrags bekannt war.

§ 110
(„Taschengeldparagraph")

Ein von dem Minderjährigen ohne Zustimmung des gesetzlichen Vertreters geschlossener Vertrag gilt als von Anfang an wirksam, wenn der Minderjährige die vertragsmäßige Leistung mit Mitteln bewirkt, die ihm zu diesem Zwecke oder zu freier Verfügung von dem Vertreter oder mit dessen Zustimmung von einem Dritten überlassen worden sind.

§ 119
(Anfechtbarkeit wegen Irrtums)

(1) Wer bei der Abgabe einer Willenserklärung über deren Inhalt im Irrtume war oder eine Erklärung dieses Inhalts überhaupt nicht abgeben wollte, kann die Erklärung anfechten, wenn anzunehmen ist, dass er sie bei Kenntnis der Sachlage und bei verständiger Würdigung des Falles nicht abgegeben haben würde.
(2) Als Irrtum über den Inhalt der Erklärung gilt auch der Irrtum über solche Eigenschaften der Person oder der Sache, die im Verkehr als wesentlich angesehen werden.

§ 123
(Anfechtbarkeit wegen Täuschung oder Drohung)

(1) Wer zur Abgabe einer Willenserklärung durch arglistige Täuschung oder widerrechtlich durch Drohung bestimmt worden ist, kann die Erklärung anfechten.
(2) Hat ein Dritter die Täuschung verübt, so ist eine Erklärung, die einem anderen gegenüber abzugeben war, nur dann anfechtbar, wenn dieser die Täuschung kannte oder kennen musste. Soweit ein anderer als derjenige, welchem gegenüber die Erklärung abzugeben war, aus der Erklärung unmittelbar ein Recht erworben hat, ist die Erklärung ihm gegenüber anfechtbar, wenn er die Täuschung kannte oder kennen musste.

§ 134
(Gesetzliches Verbot)

Ein Rechtsgeschäft, das gegen ein gesetzliches Verbot verstößt, ist nichtig, wenn sich nicht aus dem Gesetz ein anderes ergibt.

§ 138
(Sittenwidriges Rechtsgeschäft; Wucher)

(1) Ein Rechtsgeschäft, das gegen die guten Sitten verstößt, ist nichtig.
(2) Nichtig ist insbesondere ein Rechtsgeschäft, durch das jemand unter Ausbeutung der Zwangslage, der Unerfahrenheit, des Mangels an Urteilsvermögen oder der erheblichen Willensschwäche eines anderen sich oder einem Dritten für eine Leistung Vermögensvorteile versprechen oder gewähren lässt, die in einem auffälligen Missverhältnis zu der Leistung stehen.

§ 312
(Widerrufsrecht bei Haustürgeschäften)

(1) Bei einem Vertrag zwischen einem Unternehmer und einem Verbraucher, der eine entgeltliche Leistung zum Gegenstand hat und zu dessen Abschluss der Verbraucher
1. durch mündliche Verhandlungen an seinem Arbeitsplatz oder im Bereich einer Privatwohnung,
2. anlässlich einer vom Unternehmer oder von einem Dritten zumindest auch im Interesse des Unternehmers durchgeführten Freizeitveranstaltung oder
3. im Anschluss an ein überraschendes Ansprechen in Verkehrsmitteln oder im Bereich öffentlich zugänglicher Verkehrsflächen bestimmt worden ist (Haustürgeschäft), steht dem Verbraucher ein Widerspruchsrecht gemäß § 355 zu. […]

§ 355
(Widerrufsrecht bei Verbraucherverträgen)

(1) Wird einem Verbraucher durch Gesetz ein Widerrufsrecht nach dieser Vorschrift eingeräumt, so ist er an seine auf den Abschluss des Vertrags gerichtete Willenserklärung nicht mehr gebunden, wenn er sie fristgerecht widerrufen hat. Der Widerruf muss keine Begründung enthalten und ist in Textform oder durch Rücksendung der Sache innerhalb von zwei Wochen gegenüber dem Unternehmer zu erklären; zur Fristwahrung genügt die rechtzeitige Absendung.
(2) Die Frist beginnt mit dem Zeitpunkt, zu dem dem Verbraucher eine deutlich gestaltete Belehrung über sein Widerrufsrecht, die ihm entsprechend den Erfordernissen des eingesetzten Kommunikationsmittels seine Rechte deutlich macht, in Textform mitgeteilt worden ist, die auch Namen und Anschrift desjenigen, gegenüber dem der Widerruf zu erklären ist, und einen Hinweis auf den Fristbeginn und die Regelung des Absatzes 1 Satz 2 enthält. Sie ist vom Verbraucher bei anderen als notariell beurkundeten Verträgen gesondert zu unterschreiben oder mit einer qualifizierten elektronischen Signatur zu versehen. […]
Ist der Fristbeginn streitig, so trifft die Beweislast den Unternehmer.
(3) Das Widerrufsrecht erlischt spätestens sechs Monate nach Vertragsschluss. Bei der Lieferung von Waren beginnt die Frist nicht vor dem Tage ihres Eingangs beim Empfänger.

M 6a Erläuterungen

Minderjähriger:	Jugendlicher im Alter von 7 bis 17 Jahren
Geschäftsfähigkeit:	die Fähigkeit, ab 18 Jahre einen gültigen Vertrag schließen zu können
gesetzliche Vertreter:	z.B. Eltern, Vormund
Willenserklärung:	Äußerung gegenüber einer anderen Person mit der Absicht, eine Rechtsfolge herbeizuführen, z.B. einen Gegenstand zum Kauf anbieten
Wirksamkeit von Verträgen:	Gültigkeit von Verträgen; der Vertrag ist in Ordnung
Widerruf:	einen Vertrag wieder rückgängig machen wollen
vertragsmäßige Leistung:	Erfüllung der Pflicht aus dem Vertrag; z.B. der Verbraucher bezahlt und nimmt die Ware ab, der Verkäufer liefert und nimmt das Geld

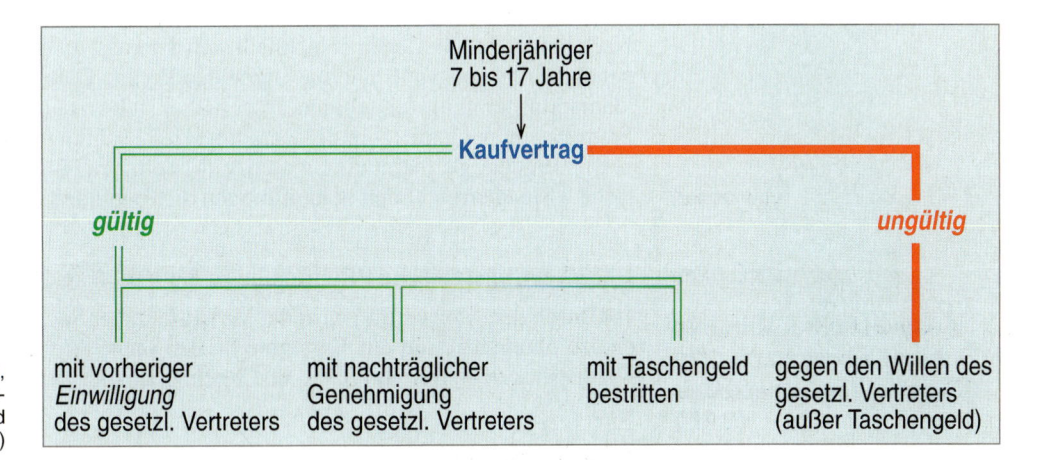

(Verbrauchererziehung in der Sek. I, hrsg. vom Landesinstitut für Curriculumentwicklung, Lehrerfortbildung und Weiterbildung, Neuss, S. 78f.)

Minderjähriger 7 bis 17 Jahre → Kaufvertrag

gültig
- mit vorheriger *Einwilligung* des gesetzl. Vertreters
- mit nachträglicher *Genehmigung* des gesetzl. Vertreters
- mit Taschengeld bestritten

ungültig
- gegen den Willen des gesetzl. Vertreters (außer Taschengeld)

M 6b Beispiele für die Nichtigkeit oder Anfechtbarkeit von Verträgen

Beispiele	Gründe
Verkauf einer Wohnung per Handschlag	Verstoß gegen die Formvorschriften
6-Jährige kauft Spielzeug	Verträge mit Geschäftsunfähigen
Rauschgifthandel	gesetzeswidrige Verträge
mündlich vereinbarter Preis 250.000 Euro, notariell vereinbarter Preis 130.000 Euro; Ziel: Steuerersparnis	Scheingeschäfte
Auto gegen Bier	Scherzgeschäfte
anstelle von 100 Kühlschränken wurden versehentlich 1.000 bestellt	Irrtum
ein Unfall-Moped wird als unfallfrei verkauft	arglistige Täuschung
Zwang zur Unterschrift unter einer Kündigung	widerrechtliche Drohung

(Franz Josef Kaiser/Hans Kaminski [Hg.], Wirtschaft und Betrieb, Cornelsen, Berlin 1993, S. 54)

Umtausch ausgeschlossen?

M 7a

„Das ist ja kaputt – das tausche ich um"

Thomas hat sich schon lange für ein bestimmtes Paar Joggingschuhe entschieden. Deshalb freut er sich sehr, als seine Mutter ihm endlich erlaubt, sich nun die gewünschten Schuhe zu kaufen.
Zielgerichtet verlangt er in dem Sportgeschäft seine „Marke", probiert sie kurz an und freut sich, dass dieses Paar im Preis heruntergesetzt ist. „Da hab' ich aber Glück gehabt", denkt er und kann gar nicht schnell genug nach Hause kommen, um die Schuhe dort stolz „vorzuführen".
„Mensch, die sehen ja echt super aus!", meint Klaus, als er sie prüfend in den Händen hält. „Aber sieh doch einmal hier, hier ist ja ein Riss!"
Thomas bekommt einen Schrecken: „Wo? Zeig' her!"
Tatsächlich, an einer Stelle am rechten Schuh sind Leder und Sohle nicht richtig verschweißt.
„Was mach ich nun? Vielleicht waren sie deshalb im Preis heruntergesetzt!", befürchtet Thomas. „Die Verkäuferin sagte noch zu mir: ‚Heruntergesetzte Ware ist vom Umtausch ausgeschlossen'. Von einem kaputten Schuh hat sie aber nichts gesagt! So eine Gemeinheit!"
Nach längerem Überlegen entschließt sich Thomas, zu einer Verbraucherberatungsstelle zu gehen, denn – das weiß Thomas durch den Politik-Unterricht – dort wird ja auch eine „Reklamationsberatung" angeboten. Dort will er sich erst einmal „schlau machen". Klaus, sein Freund, geht auch mit. – In der Beratungsstelle schildert Thomas seinen Fall. „Ach, das ist ja ganz eindeutig", meint die Beraterin. „Mit einigen Hinweisen könnt ihr den Fall bestimmt lösen." Sie überreicht den beiden Jungen die folgenden Informationen (M 7b).

(Autorentext)

M 7b

Ansprüche bei Mängeln einer Sache nach dem Bürgerlichen Gesetzbuch (BGB)

§ 433 Vertragstypische Pflichten beim Kaufvertrag.

(1) Durch den Kaufvertrag wird der Verkäufer einer Sache verpflichtet, dem Käufer die Sache zu übergeben und das Eigentum an der Sache zu verschaffen. Der Verkäufer hat dem Käufer die Sache frei von Sach- und Rechtsmängeln zu verschaffen.
[…]

§ 434 Sachmangel.

(1) Die Sache ist frei von Sachmängeln, wenn sie bei Gefahrübergang die vereinbarte Beschaffenheit hat. Soweit die Beschaffenheit nicht vereinbart ist, ist die Sache frei von Sachmängeln,
1. wenn sie sich für die nach dem Vertrag vorausgesetzte Verwendung eignet, sonst
2. wenn sie sich für die gewöhnliche Verwendung eignet und eine Beschaffenheit aufweist, die bei Sachen der gleichen Art üblich ist und die der Käufer nach der Art der Sache erwarten kann.
[…]

§ 437 Rechte des Käufers bei Mängeln.

Ist die Sache mangelhaft, kann der Käufer, wenn die Voraussetzungen der folgenden Vorschriften vorliegen und soweit nicht ein anderes bestimmt ist,
1. nach § 439 Nacherfüllung verlangen,
2. nach den §§ 440, 323 und 326 Absatz 5 von dem Vertrag zurücktreten oder nach § 441 den Kaufpreis mindern und
3. nach den §§ 440, 280, 281, 283 und 311a Schadensersatz oder nach § 284 Ersatz vergeblicher Aufwendungen verlangen.

§ 438 Verjährung der Mängelansprüche.

(1) Die in § 437 Nr. 1 und 3 bezeichneten Ansprüche verjähren […]
3. im Übrigen in 2 Jahren.
[…]

§ 439 Nacherfüllung.

(1) Der Käufer kann als Nacherfüllung nach seiner Wahl die Beseitigung des Mangels oder Lieferung einer mangelfreien Sache verlangen.
[…]

§ 441 Minderung.

(1) Statt zurückzutreten, kann der Käufer den Kaufpreis durch Erklärung gegenüber dem Verkäufer mindern.
[…]

§ 442 Kenntnis des Käufers.

(1) Die Rechte des Käufers wegen eines Mangels sind ausgeschlossen, wenn er bei Vertragsschluss den Mangel kennt. […]

---

1. Thomas und Klaus haben aufgrund der Informationen schnell eine Lösung des Problems gefunden, wenn auch kleine Spitzfindigkeiten zu beachten waren. Auf jeden Fall hat es ihnen richtig Spaß gemacht. Sie gehen zum Sportgeschäft zurück und fragen nach der Verkäuferin. Stellt in einem Rollenspiel ein mögliches Gespräch dar!

2. Versucht auch die folgenden Fallbeispiele (M 8a – c) zu lösen.

M 8 Fallbeispiele

M 8a Der Rock mit dem Webfehler

Sandra will sich in der Boutique Mario einen Rock kaufen. Sie sieht ein großartiges Modell und ist erstaunt, dass es nur 10 Euro kostet. Die Verkäuferin teilt ihr mit, dass der Rock einen Webfehler hat und deshalb so billig ist. Sandra findet, dass der Webfehler nicht stark auffällt, und nimmt den Rock mit. Zu Hause zeigt sie ihn sofort ihrer Freundin Claudia. Claudia findet den Rock altmodisch und hält es für unmöglich, mit einem solchen Webfehler herumzulaufen.
Sandra gefällt der Rock nun nicht mehr. Sie geht zur Boutique Mario und will den Rock umtauschen. Die Verkäuferin weigert sich, Sandra besteht auf der Rückgabe des Kaufpreises, weil der Rock fehlerhaft ist.
Kann Sandra die Rückgabe des Kaufpreises verlangen?

M 8b Sabine und der Plattenspieler

Sabine hat sich Geld zusammengespart und kauft sich den lang ersehnten Plattenspieler. Sie probiert ihn zu Hause natürlich gleich aus. Aber schon nach Abspielen einiger Platten muss sie feststellen, dass der Plattenspieler unregelmäßig läuft. Wütend packt sie den Plattenspieler zusammen, geht zurück ins Geschäft und will einen neuen Apparat. Hat Sabine dazu das Recht? Wie wird sich der Händler verhalten?

(M 8a und b aus: Verbrauchererziehung in der Sekundarstufe I, hrsg. vom Landesinstitut für Curriculumentwicklung, Lehrerfortbildung und Weiterbildung, Neuss o.J., S. 76, 86)

164 7 Wer schützt den Verbraucher? – Rechte und Informationsmöglichkeiten

M 8c

> VIELEN DANK!
>
> HERZLICHEN GLÜCKWUNSCH ZUM GEBURTSTAG!
>
> OH, DIE HABE ICH DOCH SCHON!
>
> MACHT NICHTS, TAUSCH ICH UM!
>
> ICH MÖCHTE DIE CD UMTAUSCHEN.
>
> DAS GEHT NICHT.
>
> SIE MÜSSEN SIE UMTAUSCHEN, DENN BEI MEINEN ELTERN HABEN SIE DAS AUCH GETAN!

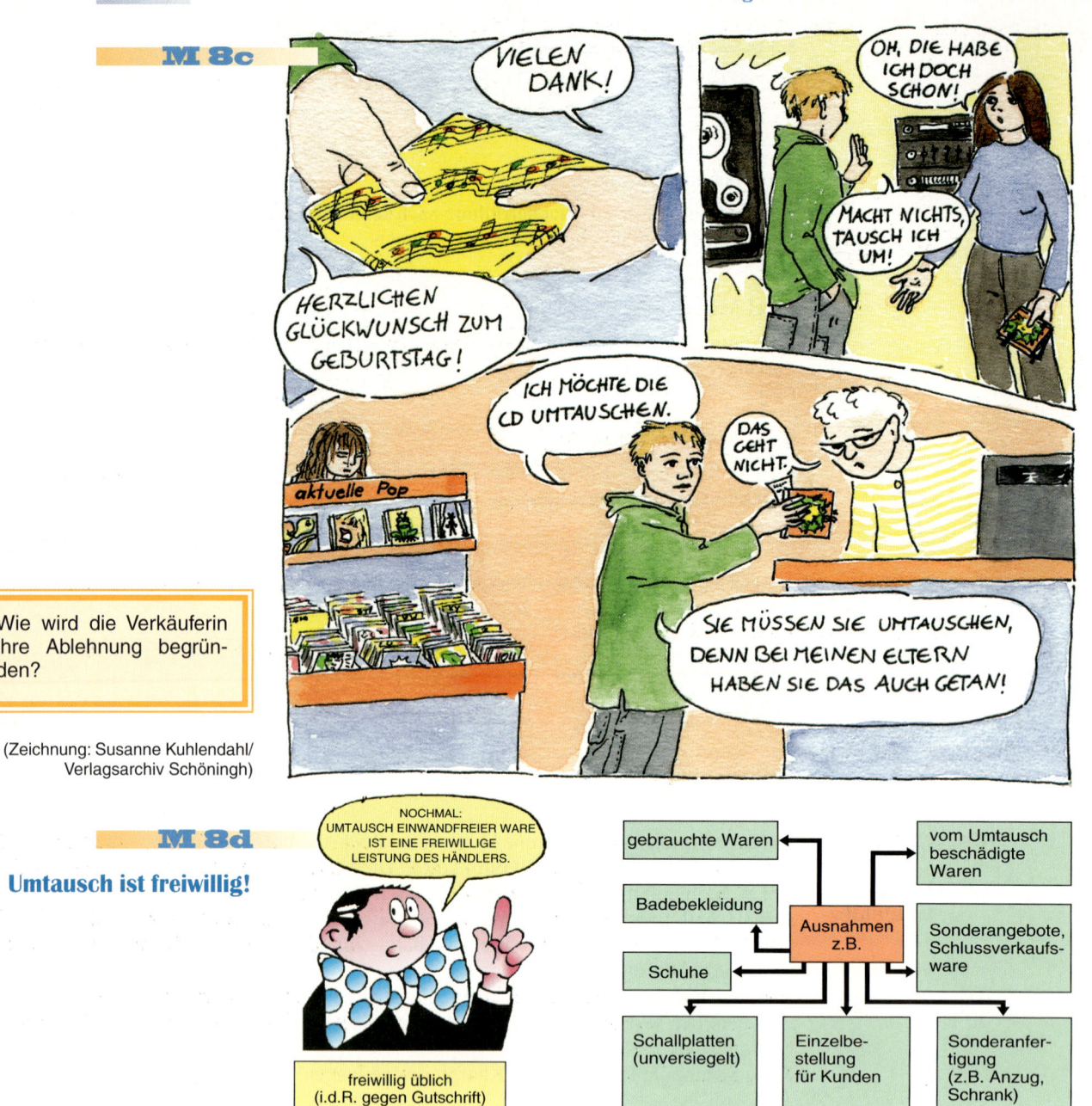

Wie wird die Verkäuferin ihre Ablehnung begründen?

(Zeichnung: Susanne Kuhlendahl/Verlagsarchiv Schöningh)

M 8d

Umtausch ist freiwillig!

> NOCHMAL: UMTAUSCH EINWANDFREIER WARE IST EINE FREIWILLIGE LEISTUNG DES HÄNDLERS.

freiwillig üblich (i.d.R. gegen Gutschrift)

Ausnahmen z.B.:
- gebrauchte Waren
- vom Umtausch beschädigte Waren
- Badebekleidung
- Sonderangebote, Schlussverkaufsware
- Schuhe
- Schallplatten (unversiegelt)
- Einzelbestellung für Kunden
- Sonderanfertigung (z.B. Anzug, Schrank)

(Nach: Merkblatt einer Verbraucherberatungsstelle, aus: Verbrauchererziehung in der Sek. I, Hrsg. Landesinstitut für Curriculumentwicklung, Lehrerfortbildung und Weiterbildung, Neuss, S. 98)

Freundliche Händler nehmen die Ware oft zurück, auch wenn sie eigentlich in Ordnung ist, aber dem Käufer doch nicht gefällt. Sie können einen Umtausch nicht verlangen. Sie wissen ja, Vertrag ist Vertrag. Beim Umtausch darf man sich eine andere Ware aussuchen, den Kaufpreis erhält man meist nicht zurück. Ein Umtauschrecht besteht aber nur, wenn der Händler dies beim Kauf versprochen hat, zum Beispiel auf dem Kassenbon. Bei Sonderangeboten oder im Schlussverkauf kann man fast nie umtauschen.

Der Teufel steckt im Kleingedruckten!

M 9

Allgemeine Geschäftsbedingungen

Warum gibt es Allgemeine Geschäftsbedingungen?

Für alle Rechtsprobleme sind ausreichende Regelungen im „Bürgerlichen Gesetzbuch" (BGB) enthalten. Allgemeine Geschäftsbedingungen (AGB) sind darum eigentlich nicht notwendig. Die Anbieter verwenden sie, um die Rechte der Käufer einzuschränken. Es gibt jedoch auch gesetzlich nicht geregelte Vertragstypen, z. B. Leasing*, Time-Sharing*, so dass dort die grundlegenden Rechte und Pflichten in AGB geregelt werden. Auch gibt es klarstellende Klauseln oder den Verbraucher geringfügig tangierende Klauseln, die durchaus sinnvoll sind (z. B. Nachbesserungsvereinbarung* bei Kaufverträgen).

Was sind Allgemeine Geschäftsbedingungen?

Sie sind …
… vorformulierte Vertragsbedingungen,
… die in einer Vielzahl von Verträgen verwendet werden (Vordrucke).

Wann erlangen sie Gültigkeit?

Sie sind gültig, wenn der Käufer …
… bei Abschluss des Vertrages ausdrücklich auf sie hingewiesen wird und …
… sie deutlich einsehen und gut lesen kann und …
… mit ihnen einverstanden ist. Das Einverständnis wird allerdings unterstellt, d. h., wer nicht einverstanden ist, muss das äußern.

Allgemeine Geschäftsbedingungen sind also keine Gesetze und fallen auch nicht vom Himmel. Der Käufer muss sie nicht akzeptieren!

Was kann der Käufer tun?

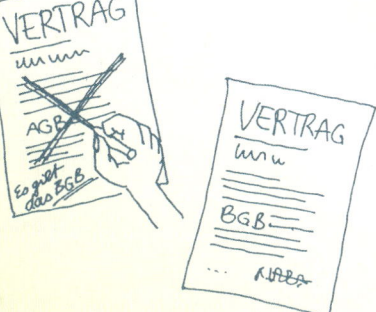

Der Käufer kann …
… sie ändern oder streichen lassen, denn persönliche Vereinbarungen haben immer Vorrang.

Ist der Anbieter mit der Änderung oder Streichung einverstanden, …
… gelten die für den Käufer günstigeren gesetzlichen Regelungen.

M 10

Das AGB-Gesetz

Grundsatz 1:

Die allgemeinen Geschäftsbedingungen dürfen nicht gegen die Grundgedanken des „Bürgerlichen Gesetzbuches" verstoßen.

Grundsatz 2:

Der Käufer darf durch die Allgemeinen Geschäftsbedingungen nicht unangemessen benachteiligt werden.

Allgemeine Geschäftsbedingungen sind zum Beispiel unwirksam, wenn sie …

… das Rücktrittsrecht des Käufers bei Lieferverzug ausschließen.

… alle oder einzelne Rechte wie Wandelung, Minderung oder Ersatzlieferung ausschließen und ausschließlich repariert (nachgebessert) werden soll. Die Gewährleistungsrechte können jedoch zunächst auf Nachbesserung beschränkt werden. Misslingt diese, treten die übrigen Gewährleistungsrechte wieder in Kraft. Darauf ist im Kleingedruckten zu verweisen.

… einzelne Teile der Ware aus der Gewährleistung ausschließen.

… die alleinige Haftung auf den Hersteller abwälzen. Auch dies ist zunächst möglich. Misslingt jedoch die Nachbesserung, treten auch hier wieder die Gewährleistungsrechte in Aktion!

… Transport- oder Materialkosten, Arbeitslöhne für die Nachbesserung dem Käufer aufbürden.

… eine Beseitigung der Mängel von der vorherigen vollständigen Bezahlung abhängig machen.

… die Gewährleistungsansprüche auf weniger als 2 Jahre verkürzen. Für so genannte „offensichtliche" Mängel (also Fehler, die deutlich sichtbar sind) kann die Anzeigefrist bis auf 14 Tage verkürzt werden!

… Preiserhöhungen vorbehalten.

Der Teufel steckt im Kleingedruckten!

M 11
Verstöße gegen das AGB-Gesetz – Beispiele aus der Praxis

1) „Ansprüche auf Wandelung[1], Minderung[2] sowie alle Schadensersatzansprüche seitens des Käufers sind grundsätzlich ausgeschlossen, soweit gesetzlich zulässig."

2) „Die Gewährleistung des Auftraggebers beschränkt sich auf Nachbesserung. Ansprüche auf Wandelung[1], Minderung[2] und Schadensersatz wegen Nichterfüllung auf Folgeschäden sind ausgeschlossen."

3) „Unter Ausschluss des Rechts auf Rücktritt oder Minderung und weiterer Ansprüche des Käufers hat die Lieferfirma zunächst das Recht zur Nachbesserung und sodann zum Umtausch mangelfreier, gleichartiger und gleichwertiger Gegenstände."

4) „Für alle von ihr gelieferten Gegenstände leistet die Lieferfirma die handelsübliche Garantie derart, dass sie unter Ausschluss der Ansprüche auf Rücktritt und Minderung während der gesetzlich bestimmten Gewährleistungsfrist sämtliche Schäden und Fehler kostenlos beseitigt, die nachweisbar auf Mängel der Herstellung oder des verarbeiteten Materials zurückzuführen sind."

5) „Rechte des Bestellers:
Der Käufer kann Beanstandungen innerhalb von 3 Tagen nach Lieferung schriftlich geltend machen. Angemeldete Mängel werden kostenlos durch einwandfreie Ausbesserung oder Austausch des betreffenden Teiles beseitigt."

6) „Mängelrügen können nur innerhalb einer Woche nach Erhalt der Kaufsache schriftlich geltend gemacht werden."

7) „Eine Überschreitung der Termine von 4 Wochen bis zur Abholung der Sachen kann erfolgen. Wird eine Überschreitung des Liefertermins zur Abholung der Sachen wirksam, so gilt auch hier zusätzlich eine Nachfrist von 4 Wochen als vereinbart."

8) „Schadensersatz wegen Nichtlieferung bzw. Rücktritt, Spätlieferung oder Schlechtlieferung wird von uns nur geleistet, soweit unser Lieferant uns Ersatz leistet."

9) „Der Käufer ist nicht berechtigt, auch bei rechtzeitiger und begründeter Rüge oder aus anderen Gründen, vereinbarte Zahlungen zurückzuhalten oder zu kürzen."

10) „Der Verkäufer ist berechtigt, unter schriftlicher Erklärung vom Vertrag zurückzutreten, wenn der Käufer falsche Angaben über Person, Beschäftigungsverhältnis, Vermögenslage gemacht hat."

11) „Für den Fall von Zahlungsrückständen räumt der Käufer dem Verkäufer das Recht ein, die Wohnung und Räume des Käufers jederzeit zu betreten, in welchem sich die vom Verkäufer gelieferten Gegenstände befinden."

(M 9, 10, 11 aus: Ralf Liedtke u. a., Im Dschungel des Kleingedruckten; © Verbraucherzentralen NRW und Hamburg, Stiftung Verbraucherinstitut, 3. Aufl. 1993, S. 68 – 72)

[1] Wandelung: Rückgängigmachung des Kaufes
[2] Minderung: Herabsetzung des Kaufpreises

---

1. Kläre: Was versteht man unter Allgemeinen Geschäftsbedingungen, und wann erlangen sie Gültigkeit? (M 9)

2. Im AGB-Gesetz (M 10) werden Grundsätze aufgestellt, die den Verbraucher bei Verträgen schützen sollen. Überprüfe, welche Grundsätze bzw. gesetzlichen Bestimmungen von den „Verstöße(n) gegen das AGB-Gesetz – Beispiele aus der Praxis" (M 11) verletzt werden.

3. Untersucht Kaufverträge, die eure Eltern abgeschlossen haben, auf die ihnen zugrunde liegenden AGB.

Informationsmöglichkeiten für den Verbraucher: Verbraucherzentralen und Stiftung Warentest

Als Thomas (s. M 7a, S. 162) bemerkte, dass seine neu erstandenen Jogging-Schuhe defekt waren, wusste er zum Glück, dass er sich bei einer **Verbraucherberatungsstelle** *über seine eventuellen Umtauschrechte informieren konnte. Verbraucherberatungsstellen haben aber noch andere Aufgaben.*
So hätte Thomas sich z. B. auch vor seinem Kauf in einer Vorkaufsberatung über das Marktangebot, über Qualitätsunterschiede und Preise von Jogging-Schuhen informieren können. **Die Stiftung Warentest** *veröffentlicht z.B. in einer eigenen Zeitschrift Ergebnisse ihrerseits durchgeführter Tests unterschiedlichster Produkte. Diese Testzeitschrift liegt z. B. auch in Verbraucherberatungsstellen aus.*

M 12

Welche Aufgaben hat eine Verbraucherberatungsstelle?

„Mein Fernseher hat den Geist aufgegeben. Dabei ist er erst vier Monate alt. Was kann ich tun?"

„Kann ich mal vorbeikommen? Ich verstehe die Heizkostenabrechnung nicht!"

„Können Sie mir sagen, welche Hausratsversicherung besonders preisgünstig ist?"

„Ich möchte mich zum Ernährungstraining anmelden."

„Ich brauche einen neuen Kühlschrank. Welcher ist denn gut und verbraucht wenig Strom?"

„Nachdem mein Mann arbeitslos ist, können wir die Raten für den Kredit nicht mehr bezahlen. Können Sie uns helfen?"

„Können Sie mir sagen, in welchen Haushaltsreinigern kein Formaldehyd drin ist?"

* Angebot nicht in allen Beratungsstellen erhältlich.
(Verbraucher-Zentrale NRW – Landesarbeitsgemeinschaft der Verbraucherverbände e.V., Düsseldorf 1997)

Was wir Ihnen bieten:

→ **Informationen vor dem Kauf**
Übersicht über das Marktangebot, Beurteilung von Qualitäten, Preisen und Umweltverträglichkeit von Produkten oder Dienstleistungen

→ **Rechtsberatung und -vertretung**
Verbraucherrechte gegenüber Händlern, Handwerkern und Herstellern vor und nach einem Kauf bzw. Vertragsabschluss

→ **Budget- und Entschuldungsberatung**
Hilfe beim Auskommen mit dem Einkommen und bei Problemen mit der Ratenzahlung. Rechtliche Überprüfung von Gläubigerforderungen.

→ **Kreditberatung und Entschuldungshilfe**
Wie ein Kredit – auch rechtlich – zu beurteilen ist, Hilfe bei Problemen mit der Ratenzahlung

→ **Energieberatung**
Wie sich Energie und Geld sparen lassen: Wissenswertes zu Haushaltsgeräten, Heizungsanlagen, Wärmedämmung

→ **Abfall- und Umweltberatung***
Umweltbewusst einkaufen, Wasser sparen und schützen, Abfall vermeiden und umweltgerecht entsorgen, Klima schützen

→ **Ernährungsberatung***
Tipps für eine vollwertige und preiswerte Ernährung, Hilfe bei Lebensmittelreklamationen, Information bei aktuellen Problemen im Lebensmittelbereich

→ **Versicherungsberatung***
Welche Versicherungen sind sinnvoll? Welchen Schutz bieten sie? Was dürfen sie kosten? Wie kann man kündigen?

→ **Bau- und Wohnberatung***
Gesund wohnen, ökologisch bauen und renovieren! Beratung zu Grundrissen, zu Bau- und Wohnmaterialien sowie zur Nutzung von Wohnraum. Wohnen mit Kindern und Wohnen im Alter.

Informationsmöglichkeiten für den Verbraucher: Verbraucherzentralen und Stiftung Warentest **169**

In den Sprechblasen in M 12 sind Fragen und Wünsche formuliert, die häufig in Verbraucherberatungsstellen zu hören sind. Ordnet diese den einzelnen angeführten Aufgabenbereichen zu. Drei Bereiche werden nicht angesprochen. Entwerft dafür selbst „Sprechblasen".

M 13

Hier gibt's bereits Beratungsstellen:

Hm, die Verbraucher-Zentrale… schon mal gehört? Vielleicht mal mit der Schule da gewesen? Oder in der Zeitung irgendwas von gelesen? Wie dem auch sei, man sollte eigentlich immer wissen, wer dahinter steckt, wenn man Internet-Seiten besucht. Diese hier sind von der Verbraucher-Zentrale (sagen wir im Weiteren der Kürze halber: VZ) in Nordrhein-Westfalen. Was wir machen? Offiziell liest sich das so: „Die Verbraucher-Zentralen sind anbieterunabhängige, überwiegend öffentlich finanzierte, gemeinnützige Organisationen. Ziel ihrer Arbeit ist es, Verbraucherinnen und Verbraucher in Fragen des privaten Konsums zu informieren, zu beraten und zu unterstützen." Etwas anders formuliert: Die VZ hat die Aufgabe, Menschen, die beim Einkauf oder bei Vertragsabschlüssen Tipps brauchen oder sogar „übers Ohr gehauen" wurden, zu beraten, zu helfen oder – noch besser – dafür zu sorgen, dass so etwas gar nicht erst passiert. Wer schon vorher möglichst gut Bescheid weiß, ist eben besser gewappnet. Dabei kann es um alles Mögliche ge-

Im Internet kann man auf dieser Karte jeden einzelnen Ort anklicken und erfährt dann alles Nähere über die betr. Beratungsstelle (Lage, Öffnungszeiten usw.): http://www.vz-nrw.de/SES55307414/doc27A.html

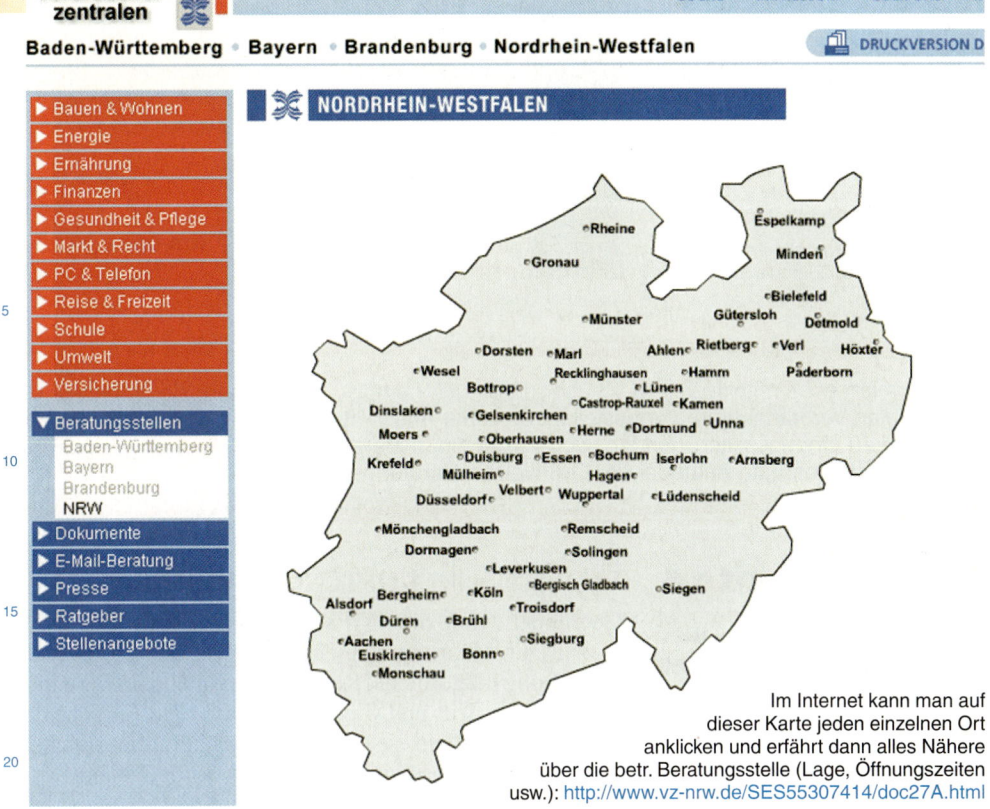

In diesen Orten Nordrhein-Westfalens finden Sie Beratungsstellen der Verbraucher-Zentrale Nordrhein-Westfalen. Sollte Ihnen der Weg dorthin zu weit sein, können Sie unsere Broschüre zu Verbraucherfragen und unsere Monatszeitung „Verbraucher Aktuell" auch per Post beziehen. Eine aktuelle Broschürenliste, einen Prospekt über den Verbraucher-Pass oder ein Probeexemplar von „Verbraucher Aktuell" erhalten Sie bei:

Verbraucher-Zentrale NRW e.V., Mintropstraße 27, 40215 Düsseldorf
Im Internet finden Sie unser aktuelles Angebot unter:
http://www.verbraucherzentrale.de.

(Verbraucher-Zentrale NRW e.V. [Hg.], VerbraucherZentrale über 50-mal in NRW, Informationsbroschüre, Düsseldorf 1997)

hen, wie man an den Themenkategorien dieser site ja sieht: Vom Burger bis zum Handy, von der Ferienreise bis zum Girokonto. [...] Dabei werden unsere Veröffentlichungen, Aktionen usw. nicht durch Werbung, Sponsoring oder ähnliche Maßnahmen finanziert. Ihr werdet auch auf „checked 4you" keine Werbung finden.

(http://www.checked4you.de/ SES23482252/media1097A.swf)

Informiert euch mithilfe von M 13 über die in NRW eingerichteten Verbraucherberatungsstellen. Stellt die Anschrift und die Öffnungszeiten der für euch zuständigen Beratungsstelle fest und erkundet vor Ort, welche Beratungsleistungen sie anbietet. Ein spezielles Angebot für Jugendliche enthält die abgebildete Internet-Jugendseite der Verbraucherzentrale NRW: www.checked4you.de

---

M 14

Stiftung Warentest – was sie ist und wie sie arbeitet

Die Aufgaben der STIFTUNG WARENTEST

Gegründet wurde die STIFTUNG WARENTEST 1964 von der Bundesregierung als Institut zur Durchführung vergleichender Waren- und Dienstleistungsuntersuchungen. Sie ist – als Stiftung bürgerlichen Rechts – eine unabhängige Einrichtung. Deshalb kann ihr niemand vorschreiben, was und wie getestet wird. Die Aufgabe der Stiftung ist es, Markttransparenz herzustellen, indem sie „die Öffentlichkeit über objektivierbare Merkmale des Nutz- und Gebrauchswertes sowie der Umweltverträglichkeit" von Produkten und Dienstleistungen unterrichtet. Außerdem gehört es zu ihren Aufgaben, die Verbraucher über die Möglichkeiten einer optimalen Haushaltsführung, über eine rationale Einkommensverwendung und über gesundheits- und umweltbewusstes Verhalten aufzuklären. Produkte und Dienstleistungen werden nach wissenschaftlichen Methoden geprüft. In ihren Publikationen informiert die Stiftung die Öffentlichkeit über die Ergebnisse der Untersuchungen.

Was getestet wird

Die Stiftung vergleicht und bewertet inzwischen jährlich rund 2.000 Produkte in etwa 130 Warenuntersuchungen. Das Testprogramm umfasst nahezu alle Konsumgüter, vor allem aus den Bereichen

- Unterhaltungselektronik
- Körperpflege/Arzneimittel
- Lebensmittel
- Foto/Optik
- Informationstechnik
- Fahrzeuge
- Haushaltsgeräte
- Heimwerken/Garten.

Informationsmöglichkeiten für den Verbraucher: Verbraucherzentralen und Stiftung Warentest

Seit 1964 hat die Stiftung in rund 3.300 Warenuntersuchungen etwa 66.000 Produkte geprüft.
Ein weiterer Arbeitsschwerpunkt sind die jährlich rund 100 Dienstleistungstests, hauptsächlich aus den Bereichen

- Privatfinanzen
- Versicherungen
- Freizeit und Reisen
- Öffentliche Dienstleistungen
- Gesundheit.

Insgesamt sind seit der Gründung der Stiftung rund 900 Dienstleistungsuntersuchungen durchgeführt worden. Ein Testbericht fasst die Ergebnisse der Waren- und Dienstleistungsuntersuchungen zusammen. Er enthält bei Warentests in der Regel und bei Dienstleistungsprüfungen immer dann, wenn es sinnvoll und möglich ist, Qualitätsurteile, also eine bewertende Benotung des geprüften Angebots.

Publikationen >> test >> FINANZtest >> Sonderpublikationen

Die Zeitschrift test erscheint monatlich mit einer durchschnittlichen Auflage von 630.000 Exemplaren. Davon werden rund 530.000 Exemplare an Abonnenten geliefert und rund 100.000 test-Hefte durchschnittlich im Einzelhandel verkauft.
Das test-Heft kostet 3,60 € und ein Jahresabonnement 38,40 €.
Die Zeitschrift FINANZtest erscheint monatlich mit einer durchschnittlichen Auflage von rund 310.000 Exemplaren. Rund 250.000 Exemplare gehen an Abonnenten, rund 60.000 Exemplare werden durchschnittlich im Einzelhandel verkauft.
Das FINANZtest-Heft kostet 3,80 € und ein Jahresabonnement 40,80 €.
Die Stiftung Warentest gibt zahlreiche Sonderpublikationen heraus. Das sind Sonderhefte zu den Periodika sowie Ratgeber, Bücher und Software. Einige Themenbeispiele aus jüngerer Zeit:

test SPEZIAL: Diäten Software: Archiv-CD-ROM
Internet test EXTRA: Das digitale Bild

Elektronische Medien >> Internet

Alle seit Januar 2000 in test und FINANZtest veröffentlichten Beiträge sind in voller inhaltlicher Tiefe im Internet vorhanden. Alle Inhalte sind interaktiv aufbereitet. Der Nutzer kann in den Tabellen Informationen ein- und ausblenden, sie nach ausgewählten Kriterien neu sortieren und über eigene Gewichtungen seinen individuellen Testsieger ermitteln. Die vollständigen Ergebnisse eines Tests inklusive einer umfassenden interaktiv nutzbaren Tabelle und dem ausführlichen Testbericht kosten maximal 2 Euro. Daneben gibt es ein umfassendes kostenloses Internetangebot. Es beinhaltet kompakte Ergebnistabellen zu ausgewählten Tests, aktuelle Meldungen aus den Zeitschriften und von der Online-Redaktion, Specials zu aktuellen Themen und Downloads von Programmen.
Eine komfortable Suchfunktion ermöglicht den schnellen Zugriff auf sämtliche Informationen zu einem Thema. Dabei werden neben Test und Reports auch sämtliche Meldungen, Infodokumente und Produkte gefunden. Mit monatlich 16 Mio. Seitenabrufen stößt das Internetangebot auf ein großes und ständig wachsendes Interesse.

Die Internetadresse lautet:
www.stiftung-warentest.de

Herausgeber und Verlag:
STIFTUNG WARENTEST
Lützowplatz 11–13
10785 Berlin
Telefon: 0 30 - 26 31 - 0
Telefax: 0 30 - 26 31 - 27 27

(Stiftung Warentest [Hg.]: informiert, Dezember 2002)

---

1. Erläutert die Zielsetzung der „Stiftung Warentest" und beschreibt ihre Arbeit (M 14).

2. Warum erscheinen in der „test"-Zeitschrift keine Anzeigen gewerblicher Unternehmen?

3. Was unterscheidet die „Stiftung" von einem „normalen" Unternehmen?

8 Was soll der Gemeinderat tun? – Kommunalpolitik in der Klemme

(Foto oben links: Günter Schlottmann/Verlagsarchiv Schöningh)
(Foto oben rechts, Mitte links und unten: Sören Pollmann/Verlagsarchiv Schöningh)
(Foto Mitte: Stadt Bielefeld)
(Foto Mitte rechts: dpa)

Zur Orientierung

Die Politik einer Stadt oder Gemeinde beeinflusst in vielerlei Hinsicht die Lebensverhältnisse der dort wohnenden und arbeitenden Menschen.

Zahlreiche Bürgerinnen und Bürger sind in ihrer Kommune (das Wort ist vom lateinischen „communis" = gemeinsam abgeleitet und entspricht dem deutschen Wort „Gemeinde") politisch aktiv. Sie setzen sich aus unterschiedlichen Interessen und auf unterschiedliche Weise für die Gestaltung ihres Stadtbezirks oder ihrer Gemeinde, also ihres unmittelbaren Lebensumfeldes, ein.

In der Bundesrepublik Deutschland gibt es allein mehr als 225.000 ehrenamtlich tätige gewählte Gemeindevertreter, die sich mit den Problemen der Städte, Gemeinden und Kreise auseinander setzen und für die Bürgerinnen und Bürger wichtige Entscheidungen treffen.

Jede Stadt, jeder Stadtteil und jede kleinere Gemeinde – sie alle haben aber ihren eigenen Charakter und bieten unterschiedliche Bedingungen für ihre Einwohner und Bürger, auch wenn sie vielfach gleiche Probleme haben und gleiche Aufgaben erfüllen müssen.

Im Mittelpunkt dieses Kapitels steht daher ein **Erkundungsprojekt,** *in dem ihr das politische Leben in* **eurer Gemeinde** *erkunden, also untersuchen könnt, was politisch in eurer Gemeinde geschieht, wer die Politik eurer Gemeinde gestaltet und wie Bürgerinnen und Bürger an dieser Gestaltung beteiligt sind.*

Zunächst wollen wir uns aber mit einigen Fragen allgemeiner Art beschäftigen: Was bedeutet eine Stadt für die dort lebenden Menschen? Wie reagieren Einwohner auf unliebsame politische Entscheidungen? Wie setzt sich ein Gemeindehaushalt zusammen, welche Ausgaben und welche Einnahmen hat eine Gemeinde? Welche Aufgaben hat eine Gemeinde?

Anschließend findet ihr einige **Vorschläge für eure Erkundung,** *die ihr am besten in arbeitsteiligen Gruppen plant und ausführt. Um die Arbeit eurer Gemeindevertretung und der Gemeindeverwaltung, die Ergebnisse der letzten Kommunalwahl in eurer Gemeinde oder die Beteiligung der Bürgerinnen und Bürger an politischen Entscheidungen genauer zu erkunden, solltet ihr möglichst viele Informationsquellen nutzen, euch also zum Beispiel im Rathaus bzw. im Bezirksamt informieren, Politikerinnen und Politiker interviewen, Berichte der Tageszeitungen auswerten, das Internet nutzen usw. Den einzelnen vorgeschlagenen Erkundungsbereichen haben wir verschiedene Informationsmaterialien zugeordnet, die an Beispielen zeigen, welche für die Kommunalpolitik wichtigen Gremien und Regelungen ihr jeweils kennen solltet, und die ihr nutzen könnt, um eure Erkundungen gezielt vorzubereiten.*

M 1

Ein Bürgermeister begrüßt Neubürgerinnen und Neubürger seiner Stadt

Liebe Neubürgerinnen, liebe Neubürger!

Willkommen in E.! Wir freuen uns, Sie als neue Bürgerinnen und Bürger in unserer Stadt begrüßen zu dürfen. Den Anmeldungen zufolge darf ich hier mehr als 380 Gäste begrüßen.

Wer neu in einer Stadt ist, benötigt viele Hinweise und Tipps. Ob Sie ein Haus bauen wollen, die richtige Schule oder einen Kindergartenplatz für ihre Kinder suchen, auf

(Fotos: Ingrid Fleer)

den Hund gekommen sind, heiraten wollen, Nachwuchs bekommen haben, ein Gewerbe anmelden möchten, Ihr Dach begrünen wollen, eine Mülltonne brauchen, einen Baum fällen müssen usw. – Wir sind für Sie da.

Planen und Bauen

Städte sind der sichtbare Ausdruck und der Raum des sozialen, wirtschaftlichen, kulturellen und politischen Handelns einer Gesellschaft. Menschen haben ein Anrecht auf gesunde und sozialgerechte Lebensbedingungen jetzt und in der Zukunft.

Um für alle attraktive Bedingungen zum Wohnen, Arbeiten, Lernen, Einkaufen, aber auch zum Erholen, für sportliche Aktivitäten und zum Vergnügen zu schaffen, muss sorgfältig mit den dafür geeigneten und verfügbaren Flächen im Stadtgebiet umgegangen werden. Insbesondere bei der Planung neuer Wohngebiete sucht die Verwaltung den engen Kontakt zu den Bürgern.

Bildung

Im Vergleich zu anderen Städten unserer Größenordnung verfügen wir über ein leistungsfähiges Angebot im Bereich Bildung und Weiterbildung. Ein gutes Angebot fast aller Schularten wird vorgehalten: 4 Grundschulen, 1 Sonderschule, 1 Realschule, 1 Hauptschule und 1 Gymnasium.

Sport und Freizeit

Sport macht eine Stadt lebendig. Unsere Sport- und Freizeitmöglichkeiten sind sehr vielfältig: An die 20 Sportvereine (Golf, Segelfliegen, Reiten, Schwimmen, Fußball, Handball, Volleyball, Badminton, Schach usw.) sowie mehrere private Anbieter stehen für ein abwechslungsreiches Angebot. Sprechen Sie die Sportvereine an, Auskunft gibt Ihnen Ihre Stadtverwaltung.

Soziale Angebote und Einrichtungen

Die Integration aller sozialen Gruppen wird getragen und unterstützt durch ein Netzwerk stadtteilorientierter sozialer Einrichtungen und Vorhaben.
Ehrenamtliches und bürgerschaftliches Engagement sind hierbei die wichtigsten Stützpfeiler. [Er nennt Beispiele.]
Die Betreuung alter Menschen und auch unseres Nachwuchses liegt uns sehr am Herzen.

Kultur

Wir bieten vielfältige Möglichkeiten zur kreativen Bildung und Freizeitgestaltung, ein umfangreiches Kulturprogramm, das von vielen Gruppen, Vereinen und Institutionen und von städtischen Kultureinrichtungen erarbeitet und durchgeführt wird. [Beispiele]

Liebe Neubürgerinnen und Neubürger,

beteiligen Sie sich Ihren Neigungen entsprechend aktiv an der Gestaltung der Stadt. Gehen Sie auf Mitbürger zu. Ich bin sicher, dass Sie sich hier schnell wohl fühlen werden.

(Aus: Klaus Rieke: Entwurf der Begrüßungsrede zum Neubürgerempfang 2002 der Stadtverwaltung Enger; Auszüge)

Untersucht die Begrüßungsansprache des Bürgermeisters (M 1):

1. Notiert, in welchen Fällen sich die Bürgerinnen und Bürger an die Stadtverwaltung wenden können.

2. Der Bürgermeister nennt Bereiche, die für die Lebensqualität seiner Stadt besonders wichtig sind. Überlegt, warum diese Bereiche so wichtig sind und wie eine Stadtverwaltung diese Bereiche fördern kann.

3. Versucht einzuschätzen, was der Bürgermeister mit seiner Rede beabsichtigt, und klärt, wozu er die Neubürgerinnen und Neubürger aufruft.

4. Stellt zusammen, was eine Stadt eurer Meinung nach für ihre Bürger leisten sollte.

Nicht nur Sonnenseiten! – Gemeinden zwischen Finanznot und Bürgerprotest

M 2

Streichen, kürzen, schließen ... – Beispiel: Bielefeld

(Fotos: Andreas Frücht)

Sparmöglichkeiten: Die Verwaltung schlägt unter anderem die Schließung des Theaters am Alten Markt, des Abenteuerspielplatzes Baumheide, der Stadtteilbibliothek Brodhagen und des Jugendzentrums Kamp vor.

8 Was soll der Gemeinderat tun? – Kommunalpolitik in der Klemme

Es geht um die größten Sparmaßnahmen in der Geschichte Bielefelds. Um den städtischen Haushalt wieder ins Lot zu bringen, sollen bis zum Jahr 2005 rund 65,9 Millionen Euro eingespart werden: durch Kürzungen in fast allen Bereichen der Stadt. Gestern sind die Beratungen der Streichliste in die heiße Phase gegangen. Mitgliedern des Finanzausschusses wurden konkrete Sparvorschläge der Verwaltung vorgestellt.

Die Streichliste umfasst hunderte von Kürzungsvorschlägen für fast alle Ämter, Dienststellen, Betriebe und Einrichtungen der Stadt. Die Summen reichen […] bis zu einer Million Euro, die die Schließung des *Theaters am Alten Markt* (TAM) sparen soll.

1.550 Euro im Jahr verspricht man sich durch Gebührenerhöhungen für *Trauungen* außerhalb des Rathauses, 38.600 Euro im Jahr soll die Zentralisierung der Postfrankierung in der Stadtverwaltung bringen. Mit 92.000 Euro pro Jahr soll die Abschaffung von Prämien im Energiesparwettbewerb zu Buche schlagen, die Zuschüsse für den *Schulbauernhof* sollen um jährlich 15.000 Euro gekürzt werden.

Einsparungen von insgesamt 2 Mio. Euro hat die Verwaltung aus der Schließung der *Jugendzentren Hanning, Stricker und Kamp* errechnet. Der Verkauf städtischer Grundstücke könnte 6,3 Mio. Euro in die Stadtkasse spülen. […] Gedacht ist auch an […] den Wegfall der *Bekleidungskostenpauschale* für Bezieher von Sozialhilfe (insgesamt 2,8 Mio. Euro).

Zur Diskussion gestellt hat die Verwaltung auch *Parkgebühren für Rathausmitarbeiter und Lehrer*, die Zentralisierung von Kindergartenplätzen für unter Dreijährige, die Aufgabe der *Stadtteilbibliotheken* Brake und Brodhagen oder die Reduzierung der Zuschüsse an die *Kunsthalle* und das Museum Huelsmann. […]

(Sebastian Kaiser, in: Neue Westfälische Bielefeld Nr. 34 v. 9./10.2.2002, S. 1)

M 3
Marktschule sammelte Unterschriften für den Erhalt des Jugendzentrums „Stricker"

„Stricker dicht – mit uns nicht!", unter diesem Motto startete die Schülervertretung der Brackweder Marktschule eine Unterschriften-Aktion gegen die mögliche Schließung des Kinder- und Jugendzentrums Stricker. 300 Unterschriften wurden jetzt an Stricker-Leiter Thomas Jung übergeben.

Gut eine Woche hatten der Schülersprecher Selim Usta und sein Stellvertreter Ibrahim Köklüce gemeinsam mit den Klassensprechern der Marktschule Unterschriften von Mitschülern und Lehrern gesammelt. „Wir haben rund 340 Schüler an der Marktschule und 300 Unterschriften sind zusammen gekommen – das ist ein gutes Ergebnis", meint SV-Lehrer Andreas Lehmann. Zurzeit gebe es nur noch drei städtische Jugendzentren und die müssten auch dringend erhalten bleiben.

Viele der Marktschulen-Schüler verbringen ihre Freizeit regelmäßig im Stricker. „Wir machen dort Breakdance, veranstalten Schuldiskos, spielen Billard, kickern oder surfen im Internet", so Schülersprecher Selim Usta. „Außerdem nutzen viele von uns die Angebote der Beratungswerkstatt, wo sie lernen können, Bewerbungen und Lebensläufe zu schreiben." Diese Möglichkeiten wollen sich die Schüler nicht nehmen lassen und fordern daher: „Spart woanders, aber nicht auf unserem Rücken!" […]

(Neue Westfälische Bielefeld Nr. 42 v. 19.2.2002, Lokales S. 1; Verf.: Natalie Bürgel)

M 4
Demo gegen Streichliste der Stadt

„Das soziale Netz muss tragfähig bleiben!" Unter diesem Motto trafen sich jetzt mehr als 150 Vertreterinnen und Vertreter zahlreicher Bielefelder Einrichtungen und Dienste der Jugend- und Wohlfahrtsverbandsarbeit.

Der Grund: die so genannte Liste der Grausamkeiten, eine Streichliste, mit der die Stadt in Zukunft mehr als 60 Millionen Euro einsparen will. Davon entfallen laut Bielefelder Jugendring mehr als 50 Prozent auf soziale Leistungen, die Menschen in dieser Stadt dringend benötigen.

Nicht nur Sonnenseiten! – Gemeinden zwischen Finanznot und Bürgerprotest

Bunte Plakate: Fantasievoll und kreativ protestieren Kinder und Jugendliche.
(Foto: Wolfgang Prüssner/Neue Westfälische)

Erregte Diskussion: Oberbürgermeister Eberhard David unterbrach die Ratssitzung und diskutierte mit den Protestlern.
(Foto: Andreas Frücht)

Klare Worte: Jasmin Skirde (rechts, 12) von der Lutherschule
(Foto: Wolfgang Prüssner/ Neue Westfälische)

„Auf Kosten von Kindern, Familien, Jugendlichen, alten und behinderten Menschen wird versucht, Haushaltslöcher zu stopfen. Die Maßnahmen reichen von der Streichung der Bekleidungskostenpauschale für Sozialhilfeempfänger bis hin zur Schließung ganzer Jugendzentren. Dies ist eindeutig der falsche Platz zum Sparen", kritisiert der Jugendring.
Deshalb vereinbarten die Teilnehmer eine ganze Reihe von Protestaktionen. So soll am 28. Februar, 14 Uhr, also zu Beginn der Haushaltsplanberatungen, eine große Veranstaltung auf dem Rathausplatz stattfinden. [...]
Die Protestaktionen sollen auf jeden Fall auch nach dem 28. Februar weitergehen, und zwar so lange, bis die Kürzungen vom Tisch sind. So will das Aktionsbündnis z. B. alle Bielefelder aufrufen, sich Protestplakate ins Fenster zu hängen.

(Neue Westfälische Bielefeld Nr. 42 v. 19.2.2002, S. 2)

1. Untersucht die Sparvorschläge der Stadt Bielefeld (M 2): Welche Bevölkerungsgruppen sind von der jeweiligen Maßnahme betroffen? Welche „Streichungen" oder Kürzungen haltet ihr aus eurer Sicht für eher, welche für weniger oder gar nicht erträglich? Begründet eure Auffassung.

2. Erläutert die Gründe, aus denen sich die SV einer Schule mit einer Unterschriftenaktion gegen die geplante Schließung eines Jugendzentrums (s. M 2) wendet (M 3). Wie wichtig wären für euch die genannten Angebote des Zentrums? Gibt es in eurer Gemeinde entsprechende Angebote?

3. Die Protestaktion, über die in M 4 berichtet wird, wendet sich insbesondere gegen die „Streichung" oder Kürzung „sozialer Leistungen". Versucht mit Hilfe eurer Lehrerin/eures Lehrers konkreter zu erläutern, was damit im Einzelnen gemeint ist (vgl. Arbeitshinweis 1).

4. Die Demonstranten können die Erfüllung ihrer Forderungen nicht erzwingen. Auf wen wollen sie Einfluss ausüben? Worauf könnte der Bürgermeister (s. Foto) in der Diskussion mit den Demonstranten hingewiesen haben? Wie beurteilt ihr die Erfolgsaussichten der Protestaktionen?

8 Was soll der Gemeinderat tun? – Kommunalpolitik in der Klemme

Gemeinden in Finanznot – Einnahmen und Ausgaben einer Gemeinde

Städte und Gemeinden benötigen viel Geld, um ihre Vorhaben erfüllen und ihre Aufgaben erledigen zu können. Sie müssen also – wie ihr gesehen habt – mit den Finanzmitteln, die ihnen zur Verfügung stehen, sparsam umgehen. Der Rat und die Verwaltung müssen genau prüfen und abwägen, wie sie die knappen Gelder zweckmäßig verteilen.

M 5

Der Haushaltsbaum – ein Symbol für die Geldflüsse in unserer Stadt

Die weite **Krone** des Baumes mit ihren Ästen und Zweigen symbolisiert die vielfältigen **Aufgabenbereiche**, in die das Geld fließt.

Der Baum in der freien Natur zieht seine Kraft aus dem verflochtenen **Wurzelwerk** – dies steht für die verschiedenen **Einnahmequellen** einer Stadt.

(Aus: Bürgerhaushalt 2002, Broschüre der Stadt Hamm, S. 6)

Ordnet die folgenden Begriffe dem Wurzelwerk bzw. der Krone zu (vorher Kopien anfertigen!):

Steuern – Jugend – Feuerwehr/Rettungsdienst – Soziales – Beiträge – Verkaufserlöse – Zinsen und Tilgung* – Gebühren – Abfallentsorgung – Kultur – Straßen – Sport – Zuweisungen* – Allgemeine Verwaltung – Kredite – Schulen

Gemeinden in Finanznot – Einnahmen und Ausgaben einer Gemeinde **179**

M 6

Woher kommt eigentlich das Geld der Stadt Hamm?

Unser städtischer Haushalt finanziert sich vorwiegend aus eigenen Steuern, einem festen Anteil an Bundes- und Landessteuern sowie Finanzzuweisungen des Landes, den so genannten Schlüsselzuweisungen. Diese sollen den Gemeinden eine gewisse Grundfinanzausstattung für die kommunalen Aufgaben geben, denn die eigenen Finanzmittel reichen hierfür in der Regel nicht aus.

Daneben gibt es Einnahmen, die für eine konkrete Gegenleistung der Stadt erhoben werden. Hier sind insbesondere die Gebühren zu nennen. Eine Gebühr kann nur dann gefordert werden, wenn der Bürger eine bestimmte öffentliche Leistung wie z.B. die Abfallentsorgung, die Straßenreinigung oder die Entwässerung in Anspruch genommen hat.

Weitere städtische Einnahmen sind u.a. Verkaufserlöse, Mieten, Bußgelder, Ersätze sozialer Leistungen, Zuschüsse und Zinsen. Sie sind einzeln betrachtet jedoch von geringerer finanzieller Bedeutung.

Unsere Einnahmeschätzungen für 2002 sehen so aus:	in Mio Euro	in %
Steuern (Grund-, Gewerbe-, Vergnügungs-, Hundesteuer u. Ä.)	72,8	19,50
Steuerbeteiligungen	57,6	15,41
Schlüsselzuweisungen u. Ä.	84,5	22,61
Verwaltungs- und Benutzungsgebühren	63,8	17,08
Sonstige laufende Einnahmen	94,9	25,40
	373,6	100,00

(Aus: Bürgerhaushalt 2002, Broschüre der Stadt Hamm, S. 13f.)

„Was ich schon immer sagte: viel zu kurz!"
(Zeichnung: Hans Joachim Gerboth)

1. Die Lösung der Aufgabe zu M 5 ist an dieser Stelle nicht ganz einfach, weil euch möglicherweise einige der Begriffe (z.B. Zinsen und Tilgung, Gebühren, Zuweisungen, Kredite) nicht hinreichend vertraut sind. Erläutert diese Begriffe zunächst (ggf. mit Hilfe eurer Lehrerin/eures Lehrers) und nehmt dann die entsprechenden Zuordnungen vor. Was soll durch die Darstellung des Zusammenhangs von Einnahmen und Ausgaben in der Gestalt eines Baums zum Ausdruck kommen?

2. Macht euch im Hinblick auf M 6 zunächst klar, dass es in Deutschland drei staatliche Ebenen gibt (Bund, Länder, Gemeinden) und dass auf jeder dieser Ebenen Steuern eingenommen werden. Woher stammen im Einzelnen die steuerlichen und die sonstigen Einnahmen, die einer Gemeinde zur Verfügung stehen? Erläutert dazu auch die Darstellung der Karikatur: Auf welches Verhältnis zwischen den drei Ebenen will sie hinweisen? Zum Problem der „Finanzkrise" der Gemeinden s. später M 8ff.

M 7 Wofür wird das Geld ausgegeben?

a) Am Beispiel der Stadt Hamm kann man feststellen, wie sich die Gesamtausgaben auf einzelne Aufgabenbereiche (Dezernate) verteilen und was einzelne Maßnahmen (z.B.: Parkanlagen, Spielplätze, Sportstätten) kosten.

	in Mio Euro	in %
Zentrale Dienste	18,5	6,26
Jugend, Soziales und Gesundheit	112,2	37,93
Finanzen, Controlling, Liegenschaften, Abfallwirtschaft	31,2	10,57
Ordnung, Recht, Umwelt	26,3	8,90
Kultur, Bildung, Sport, Bezirksangelegenheiten	30,7	10,40
Stadtplanung, Bauwesen, Wohnen	76,6	25,92
	295,5	100,00

Beispiel: Sachausgaben für öffentliche Anlagen (in Euro)	
Park- und Gartenanlagen	**1.132.570**
darunter:	
für Unterhaltungsarbeiten	219.860
für Geräte	81.550
für Abfallbeseitigung	100.720
für Erstattungen an den Abfallwirtschafts- u. Stadtreinigungsbetrieb Hamm (u.a. Fahrzeugeinsatz)	361.180
Öffentliche Spielplätze	**105.920**
darunter:	
für Unterhaltungsarbeiten	81.810
für Abfallbeseitigung	12.780
Unterhaltung städt. Sportstätten	**163.610**

(Aus: Bürgerhaushalt 2002, Broschüre der Stadt Hamm, S. 13f.)

b)

Gemeinden schießen zu

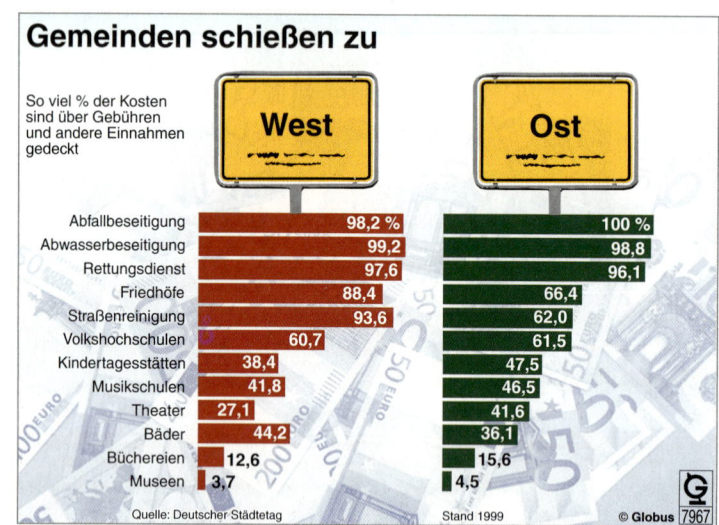

So viel % der Kosten sind über Gebühren und andere Einnahmen gedeckt

	West	Ost
Abfallbeseitigung	98,2	100
Abwasserbeseitigung	99,2	98,8
Rettungsdienst	97,6	96,1
Friedhöfe	88,4	66,4
Straßenreinigung	93,6	62,0
Volkshochschulen	60,7	61,5
Kindertagesstätten	38,4	47,5
Musikschulen	41,8	46,5
Theater	27,1	41,6
Bäder	44,2	36,1
Büchereien	12,6	15,6
Museen	3,7	4,5

Quelle: Deutscher Städtetag, Stand 1999, © Globus 7967

Wenn Städte und Gemeinden nach dem Prinzip der Kostendeckung arbeiten würden, dann müssten die Bürger für die Nutzung öffentlicher Einrichtungen oft deutlich tiefer in die Tasche greifen. Die Gebühr für einen Platz in einer Kindertagesstätte in den neuen Ländern müsste mehr als doppelt so teuer sein; eine Theaterkarte in den alten Ländern müsste fast das Vierfache kosten, wenn die Aufwendungen mit den Gebühren oder den Eintrittspreisen gedeckt werden sollten. Es gibt allerdings auch gute Gründe, warum die Städte und Gemeinden vor allem bei kulturellen Einrichtungen erheblich zuschießen. Deren Angebot soll nämlich auch jenen Bürgern zugänglich sein, die nur über geringe Einkünfte verfügen. Anders sieht die Rechnung bei den kommunalen Entsorgungsunternehmen aus. Dort gilt das Verursacherprinzip. Das heißt: Die Kosten werden denen aufgebürdet, bei denen der Müll anfällt.

(Globus)

Gemeinden in Finanznot – Einnahmen und Ausgaben einer Gemeinde 181

1. Anhand von M 7a könnt ihr in etwa abschätzen, wie sich die Ausgaben einer Stadt auf einzelne Aufgabenbereiche verteilen, wohin das meiste Geld fließt usw. Vielleicht könnt ihr für jeden der aufgeführten Bereiche den einen oder anderen genannten Begriff durch einige konkrete Beispiele genauer erläutern. Zu welchem „Dezernat" gehören z.B. die Ausgaben für die Ausstattung eurer Schule mit Geräten usw.? Wo werden die Kosten für die städtische Kläranlage verbucht? Bei welchem Dezernat müssen Sozialhilfeberechtigte ihren Antrag stellen?

2. Um euch ein besseres Bild zu machen, solltet ihr die konkreten Angaben für die im zweiten Teil von M 7a aufgeführten Beispiele in monatliche Beträge umrechnen. Welche Beträge findet ihr überraschend hoch oder niedrig?

3. Für viele Leistungen der Gemeinde müssen die Bürgerinnen und Bürger Gebühren bezahlen; ihr selbst bezahlt z.B. Eintritt für den Besuch des städtischen Schwimmbades, eines städtischen Museums usw. Erklärt anhand von M 7b, inwieweit diese Gebühren die eigentlichen Kosten nicht voll abdecken, in welchen Bereichen die „Kostendeckung" am höchsten, in welchen sie am geringsten ist und warum die Städte bei der Gebührenerhebung so unterschiedlich verfahren.

M 8
Eine schwierige Aufgabe: der „Haushaltsausgleich"

Ein wichtiger Grundsatz für die Haushaltswirtschaft einer Stadt ist der sog. Haushaltsausgleich. Er ist vom Gesetzgeber vorgeschrieben und fordert, dass eine Stadt höchstens so viel ausgeben darf, wie sie an Einnahmen erhält.
Wenn man bedenkt, dass viele Einnahmen und Ausgaben nicht direkt von der Stadt beeinflusst werden können, wird schnell klar, dass der Haushaltsausgleich durchaus eine sehr 5 schwierige Aufgabe sein kann: So ist beispielsweise die Höhe der Gewerbesteuereinnahmen* ganz wesentlich von der allgemeinen Wirtschaftslage abhängig und nicht etwa nur vom geltenden Steuerhebesatz. Umgekehrt gibt es auf der Ausgabeseite zum Beispiel bei gesetzlich geregelten Zahlungsverpflichtungen oft nur geringe Einsparmöglichkeiten. Wenn die wesentlichen Einnahmen und Ausgaben sich gegenläufig entwickeln, kann es leicht zu 10 einer finanziellen Schieflage kommen. Mit genau diesen Problemen kämpfen die meisten Städte und Gemeinden in unserem Land bereits seit Mitte der 90er-Jahre. Auch bei der Stadt Hamm haben rückläufige Steuereinnahmen und steigende Ausgaben – insbesondere in den Bereichen Jugend und Soziales – erstmals 1996 dazu geführt, dass das Haushaltsjahr trotz aller Anstrengungen nicht mehr ausgeglichen abgeschlossen wer- 15 den konnte. In solchen Ausnahmesituationen greift ein vom Gesetzgeber vorgeschriebener Krisenmechanismus: Wenn eine Stadt den Haushaltsausgleich nicht mehr erreichen kann, muss sie ein so genanntes 20 Haushaltssicherungskonzept aufstellen und von der Aufsichtsbehörde genehmigen lassen. Dies ist ein Katalog von Maßnahmen, die dazu führen sollen, dass die Einnahmen und die Ausgaben sich zukünftig wieder decken. Um dieses Ziel zu erreichen, kommen auf 25 der einen Seite Sparmaßnahmen in Betracht wie beispielsweise die Streichung von freiwilligen Leistungen oder die Senkung von Standards. Auf der anderen Seite kann das Haushaltssicherungskonzept aber auch Maßnahmen enthalten, mit denen Mehreinnahmen er- 30 zielt werden sollen, wie z.B. Steuererhöhungen.

(Aus: Bürgerhaushalt 2002, Broschüre der Stadt Hamm, S. 4)

(Zeichnung: Jan Tomaschoff/ CCC, www.c5.net)

8 Was soll der Gemeinderat tun? – Kommunalpolitik in der Klemme

Sinkende Einnahmen der Gemeinden

M 9 Statistisches Bundesamt: Kommunen mit fast 4 Mio. Euro im Defizit

Städte vor finanziellem Kollaps

Bayerische Landeshauptstadt pleite?

Kommunen in der Krise
Angaben in Milliarden Euro

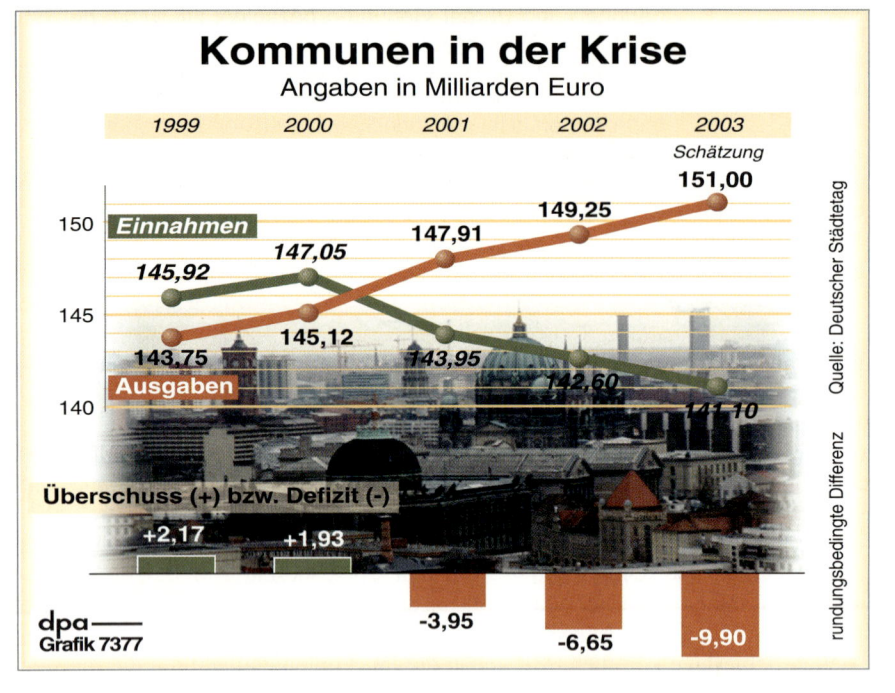

	1999	2000	2001	2002	2003 Schätzung
Einnahmen	145,92	147,05	147,91	149,25	151,00
Ausgaben	143,75	145,12	143,95	142,60	141,10
Überschuss (+) bzw. Defizit (−)	+2,17	+1,93	−3,95	−6,65	−9,90

Quelle: Deutscher Städtetag
rundungsbedingte Differenz
dpa Grafik 7377

Der Deutsche Städtetag fürchtet, dass sich die „katastrophale Finanzlage" der Gemeinden in diesem Jahr zuspitzen wird. Die Verbandspräsidentin, Petra Roth (CDU), rechnet damit, dass sich das kommunale Gesamtdefizit im Vergleich zu 2002 um fast die Hälfte auf 9,9 Mrd. Euro erhöht. Selbst ein Defizit in zweistelliger Milliardenhöhe könne man nicht ausschließen. […] Der Wegbruch der Gewerbesteuer* habe sich 2002 fortgesetzt. Die Einbußen seit 2000 bezifferte sie auf insgesamt 3,8 Mrd. Euro. In vielen Städten habe der Rückgang mehr als 30% betragen.

(Handelsblatt v. 28.1.2003, S. 4; Verf.: Axel Schrinner/ Reinhard Uhlmann)

„Bund und Länder haben den Kommunen immer mehr Aufgaben aufgebürdet, ohne ihnen das Geld dafür zu geben. Deshalb müssen wir dringend von Aufgaben und Ausgaben entlastet werden, besonders bei der Sozialhilfe*."

Petra Roth, Oberbürgermeisterin der Stadt Frankfurt am Main
(in: Süddeutsche Zeitung Nr. 170 vom 25. Juli 2002, S. 5)

„Steuersenkungsgesetze und eine verhaltene wirtschaftliche Entwicklung haben die kommunalen Kassen leergefegt. […] In einzelnen Städten, die mit ihren Steuereinnahmen von größeren Unternehmen abhängig sind, waren die Einnahmeausfälle dramatisch."

Innenministerium des Landes NRW
(Bericht über die Entwicklung der Kommunalfinanzen, Januar 2002; www.im.nrw.de/bue/doks/kommfinbericht_2001.pdf)

---

1. Erklärt, was mit dem Begriff „Haushaltsausgleich" gemeint ist und aus welchen Gründen es den meisten Gemeinden seit einigen Jahren schwer fällt, ihren Haushalt auszugleichen. Zu welcher Maßnahme müssen die Gemeinden in einer solchen Situation greifen? In welcher Weise wird eine solche Haushaltssicherungsmaßnahme in der Karikatur kommentiert?

2. In M 9 wird auf die beiden Gründe, die in M 8 für die Finanzkrise der Gemeinden schon kurz genannt wurden (Erweiterung der Aufgabenbereiche einerseits, geringere Steuereinnahmen andererseits), noch einmal gesondert hingewiesen. Erläutert insbesondere das Problem der zurückgehenden Steuereinnahmen (zur Gewerbesteuer s. Glossar). Inwiefern hängt die Höhe der Steuereinnahmen nicht nur von den Steuergesetzen (die Steuertarife* wurden durch eine Steuerreform im Jahre 2000 gesenkt), sondern auch von der „wirtschaftlichen Entwicklung" (der „Konjunktur") ab?

3. Beschreibt, wie sich die Finanzen der Kommunen in den letzten Jahren entwickelt haben (Grafik).

Gemeinden in Finanznot – Einnahmen und Ausgaben einer Gemeinde

M 10
Was gehört zu den „Pflichtaufgaben" der Gemeinden?

Das Grundgesetz der Bundesrepublik Deutschland gibt den Städten und Gemeinden ein *Recht auf Selbstverwaltung*, in Artikel 28 Absatz 2 heißt es:

> Die *Gemeinden* haben das Recht, „alle Angelegenheiten der örtlichen Gemeinschaft im Rahmen der Gesetze in eigener Verantwortung zu regeln".

Die Städte und Gemeinden können also selbst bestimmen, wie sie die besonderen Angelegenheiten ihrer örtlichen Gemeinschaft eigenverantwortlich regeln und welche Aufgaben sie dazu übernehmen. Sie müssen dabei aber die Bundes- und die Landesgesetze beachten; d. h., sie müssen auch bestimmte gesetzlich vorgeschriebene Pflichtaufgaben übernehmen.

Zu den gesamten *Aufgaben einer Gemeinde* gehören also:

→ *freiwillige Selbstverwaltungsaufgaben* (z.B.: Einrichtung und Unterhaltung von Spielplätzen, Museen, Theatern, Jugendzentren, Partnerschaften mit anderen Städten)

und

→ *pflichtige Selbstverwaltungsaufgaben* (z.B. die Einrichtung und Verwaltung von Schulen aller Schultypen, die Abfall- und die Abwasserbeseitigung, Bau und Unterhaltung von Gemeindestraßen, die Jugend- und die Sozialhilfe).

Daneben müssen die Gemeinden im Auftrag des Bundes oder des Landes bestimmte Aufgaben, die in allen Gemeinden einheitlich erledigt werden müssen, übernehmen (so genannte *übertragene Aufgaben*), zum Beispiel: Bauaufsicht, Melderecht, Zivilschutz.
Nicht alle Gemeinden müssen alle Pflichtaufgaben selbst und in gleicher Weise wie andere Gemeinden erfüllen. Kleinere und mittlere Gemeinden und Städte wären dazu allein oft gar nicht in der Lage (Beispiele: Musikschulen, Hallenbäder, Pflege von Naturparks, Krankenhäuser, Entsorgung des Abfalls usw.). Solche Aufgaben übernehmen oft die großen kreisangehörigen Städte oder die Kreise mit ihrer Kreisverwaltung, z.T. auch benachbarte kreisfreie Städte.

Zur Information:
In Nordrhein-Westfalen gibt es 23 kreisfreie Städte, 31 Kreise und 373 kreisangehörige Gemeinden. Dabei werden drei Größenklassen unterschieden:

● bis zu 25.000 Einwohner (Gemeinde, in NRW insgesamt 221),

● 25.000 bis unter 60.000 Einwohner (Mittlere kreisangehörige Stadt, in NRW insgesamt 117),

● über 60.000 Einwohner (Große kreisangehörige Stadt, in NRW insgesamt 35).

(Autorentext)

---

1. Überlegt, a) warum es sinnvoll ist, dass Gemeinden sich selbst verwalten, und b), warum sie nicht völlig frei dabei sind. Prüft dazu die genaue Formulierung des Grundgesetzartikels (M 10).

2. Erklärt, welche Arten von Aufgaben einer Gemeinde es gibt und worin sie sich unterscheiden (M 10).

3. Stellt unter diesem Gesichtspunkt fest, welche Aufgaben der Bürgermeister in seiner Begrüßungsrede (M 1) genannt hat und – falls ihr in einer kleineren Gemeinde wohnt – welche Aufgaben eurer Gemeinde eine größere Stadt eures Kreises oder die Kreisverwaltung übernommen hat.

4. Über die unten abgebildete Internetseite könnt ihr ggf. weitere Informationen zum Thema Kommunalpolitik einholen.

(http://www.nrw.de/index_ie.shtml)

Erkundungsprojekt „Politik in unserer Gemeinde"

Die Erkundung könnt ihr so beginnen, dass jede bzw. jeder von euch zunächst aus ihrer bzw. seiner Sicht einen Steckbrief eurer Gemeinde erstellt (Erkundung 1) und ihr dann in einem zweiten Schritt untersucht, was in den Tageszeitungen über eure Gemeinde berichtet wird (Erkundung 2). Danach könnt ihr in arbeitsteiligen Gruppen näher erkunden, wie die Selbstverwaltung eurer Gemeinde organisiert ist, wer an der Gestaltung des politischen Geschehens in eurer Gemeinde beteiligt ist und wie die Gemeindevertretung arbeitet (Erkundung 3).

Methode — Erkundung 1: Ein Steckbrief meiner Gemeinde

Bevor ihr das politische Geschehen und die Arbeit der Politikerinnen und Politiker in eurer eigenen Gemeinde genauer untersucht, solltet ihr einen ersten Steckbrief eurer Gemeinde zusammenstellen. Die notwendigen Informationen könnt ihr direkt bei der Bürgerberatung im Rathaus oder in den Stadtteilbüros erhalten. Einiges steht sicher auch in der Tageszeitung und auf der Homepage eurer Gemeinde.

> Aufgabe: Gestalte einen Steckbrief deiner Gemeinde, der Auskunft zu folgenden Punkten gibt:

1. Name der Gemeinde
2. Adresse des Rathauses und Internetadresse
3. Bundesland, in dem sich die Gemeinde befindet
4. Anzahl der Einwohner und Größenklasse/ Bezeichnung der Gemeinde:
5. Zugehörigkeit zu Kreis …
6. Name der Bürgermeisterin/des Bürgermeisters
7. Größe des Gemeinderates
8. Sport- und Freizeitangebote
9. angebotene Schulformen
10. wichtige Wirtschaftsbranchen
11. bekannte soziale Einrichtungen
12. typische Kulturangebote
13. Sehenswürdigkeiten
14. wichtige Daten der Ortsteil-/Stadtgeschichte
15. berühmte Personen

Methode — Erkundung 2: Was geschieht in unserer Gemeinde? Wir untersuchen den Lokalteil der Tageszeitung

Untersucht eine Woche lang den Lokalteil eurer regionalen Zeitung: Was wird über für eure Gemeinde wichtige Ereignisse, Entwicklungen und Probleme und über die Politik eurer Gemeinde berichtet?

1. Sammle dazu Artikel, die dir besonders wichtig erscheinen, für eine Wandzeitung in eurer Klasse oder für deinen eigenen Hefter. Du kannst auch Fotos von Politikerinnen und Politikern eurer Gemeinde hinzufügen.

2. Überlegt gemeinsam, in welchen Artikeln deutlich wird,
a) was die Einwohner von der Gemeinde und ihren Politikerinnen und Politikern erwarten,
b) welche Pläne und Ziele die Gemeindepolitikerinnen und -politiker haben und für wichtig halten. Tauscht eure Meinungen darüber aus, wie ihr die Erwartungen und die Pläne einschätzt.

3. Wähle ein dir wichtig erscheinendes Problem oder einen interessanten Fall aus, über den vermutlich noch mehrfach berichtet wird, und dokumentiere die weitere Berichterstattung in deinem Hefter.

4. Eventuell könnt ihr eine Lokalredakteurin / einen Lokalredakteur in den Unterricht einladen oder die Lokalredaktion besuchen und euch genauer über die Möglichkeiten und die Schwierigkeiten der Berichterstattung über das lokalpolitische Geschehen informieren.

Methode

Erkundung 3: Wer gestaltet die Politik in unserer Gemeinde? – Die Arbeit unseres Gemeinderates und unserer Gemeindeverwaltung und die politische Beteiligung der Bürgerinnen und Bürger

In diesem Teil könnt ihr die Selbstverwaltung eurer Gemeinde, also die Arbeit eurer Gemeindevertretung und die Möglichkeiten der Bürgerinnen und Bürger, sich an der Gestaltung der Politik in der Gemeinde zu beteiligen, genauer erkunden.

Dazu haben wir hier einige *Erkundungsvorschläge* zusammengestellt. Für die einzelnen Erkundungsbereiche haben wir jeweils einige *Materialien* angefügt, anhand derer ihr euch (in der Vorbereitung oder auch begleitend zu eurer Erkundung) über wichtige Gremien, Regelungen und Bedingungen, die die Arbeit aller Kommunen bestimmen, informieren könnt. Überlegt, welche in den Materialien gebotenen Informationen und welche dort angesprochenen Fragestellungen ihr für die Erkundung eurer eigenen Gemeinde nutzen könnt.

1. Wenn ihr erkunden wollt, *wer* an der Gestaltung der Politik in eurer Gemeinde *beteiligt* ist, welche Bedeutung und welche Aufgaben die Bürgermeisterin bzw. der Bürgermeister, der Rat und seine Ausschüsse sowie die Verwaltung dabei haben und wie der Arbeitsbereich dieser Personen und Gremien aussieht, könnt ihr euch deren Zusammenwirken anhand des Schaubildes (M 11) veranschaulichen. (Ihr könnt das Schaubild in euer Heft übertragen und es um Informationen ergänzen, die ihr während eurer Erkundung bekommt.)

2. Wenn ihr in Erfahrung bringen wollt, wie die letzte *Kommunalwahl in eurer Gemeinde* ausgegangen ist, könnt ihr am hier vorgestellten Beispiel der Sitzverteilung im Rat der Stadt Spenge (M 12) erproben, wonach ihr gezielt fragen könnt.
Fertigt dann eine Liste von Erkundungsfragen zu den Kommunalwahlergebnissen in eurer Gemeinde an.

Zum Beispiel:

*Zu welchem Ergebnis hat die **Ratswahl** geführt? Welche Parteien sind im Rat vertreten? Sind Vertreter unabhängiger Wählergemeinschaften in den Rat gewählt worden?*

*Welches Ergebnis brachte die **Bürgermeisterwahl**? Gab es eine Stichwahl? Welcher Partei gehört der Bürgermeister an? Hat diese Partei auch die Stimmenmehrheit im Rat?*

Welche Parteien und Wählergemeinschaften stimmen häufiger gemeinsam Ratsbeschlüssen zu?

*Wie hoch war die **Wahlbeteiligung**? Wie viele Wahlberechtigte gab es?...*

M 13 informiert darüber, wer wählen darf und wer gewählt werden kann.

3. Um die *inhaltliche Arbeit eures Gemeinderates* genauer zu erkunden, könnt ihr auf eure gesammelten Zeitungsberichte zurückgreifen und euch im Bürgerbüro die Tagesordnungen der letzten und der nächsten Ratssitzung besorgen oder euch direkt bei Ratsmitgliedern nach *wichtigen aktuellen Themen* erkundigen.
Versucht für ein Thema herauszufinden, welche unterschiedlichen Auffassungen und Interessen Mitglieder des Gemeinderates vertreten und welche Argumente sie für ihre Position anführen.

4. Falls ihr erkunden wollt, wie *Bürgerinnen und Bürger* eurer Gemeinde – neben den Bürgermeisterwahlen und den Gemeinderatswahlen – an der politischen Willensbildung und an Entscheidungen des Rates teilnehmen können und die *Beteiligungsmöglichkeiten* nutzen, könnt ihr euch mit den Materialien M 14 bis 16 einen Überblick über garantierte Mitsprachemöglichkeiten und Formen der Bürgerbeteiligung verschaffen, um so die Beteiligung in eurer Gemeinde gezielter erfragen zu können.
Eventuell könnt ihr auch das Kinder- und Jugendparlament eures Kreises oder eurer Stadt oder ein ähnliches Forum (M 15 und M 16) aufsuchen und erkunden, in welchen Punkten die Kinder und Jugendlichen aktiv werden.

5. Wenn es euch interessiert, mehr über die *Finanzlage eurer Gemeinde* zu erfahren, erfragt bei eurer Gemeinde, wie sich ihre Einnahmen und Ausgaben zusammensetzen und wie sie sich in den letzten drei Jahren entwickelt haben (vgl. dazu M 5-9). Ihr könntet dann zum Beispiel eine kleine selbst gestaltete Tabelle zur Finanzlage eurer Gemeinde anfertigen, in der ihr die eurer Meinung nach wichtigsten Einnahmen und Ausgaben eurer Gemeinde darstellt.

6. Bereitet eine *Befragung von Gemeindevertreterinnen/-vertretern* oder auch einen *Besuch einer Ratssitzung* vor.

Überlegt, wen ihr in den Unterricht einladen könntet oder wen ihr interviewen möchtet. Die Befragung wollt ihr sicher gründlich vorbereiten. Tipps für die Vorbereitung eines Interviews findet ihr im Anhang (S. 316).
Die *Ergebnisse eurer Erkundung* könnt ihr in ganz unterschiedlichen Formen *dokumentieren* und in der Klasse *präsentieren*; zum Beispiel in Form eines ausführlicheren Gemeindesteckbriefes, einer Collage, eines Vortrags, einer Begrüßungsrede des Bürgermeisters, der zum Beispiel Besucher aus der Patenstadt über seine Gemeinde informieren möchte, eines selbst verfassten Streitgesprächs von Gemeindevertretern, die ihre unterschiedlichen Auffassungen in einer Ratssitzung vortragen, usw. M 16 in Kapitel 10 bietet einige Tipps für die Vorbereitung der Präsentationen.

(Autorentext)

M 11

Kommunalverfassung Nordrhein-Westfalen

Öffentlichkeit

Die Sitzungen des Rates sind öffentlich. Der Rat kann aber beschließen, in bestimmten Angelegenheiten (z.B. bei Beratungen über Personalentscheidungen) die Öffentlichkeit auszuschließen.

Fraktionen

Fraktionen sind freiwillige Vereinigungen von Mitgliedern des Rates. Meistens bilden diejenigen Ratsmitglieder eine Fraktion, die einer gemeinsamen Partei angehören.

Bezirksvertretungen

In kreisfreien Städten muss für jeden Stadtbezirk eine Bezirksvertretung gewählt werden.

(Eigene Grafik, nach: Die neue Kommunalverfassung in NRW, Hrsg.: Innenministerium des Landes Nordrhein-Westfalen, Düsseldorf 1994)

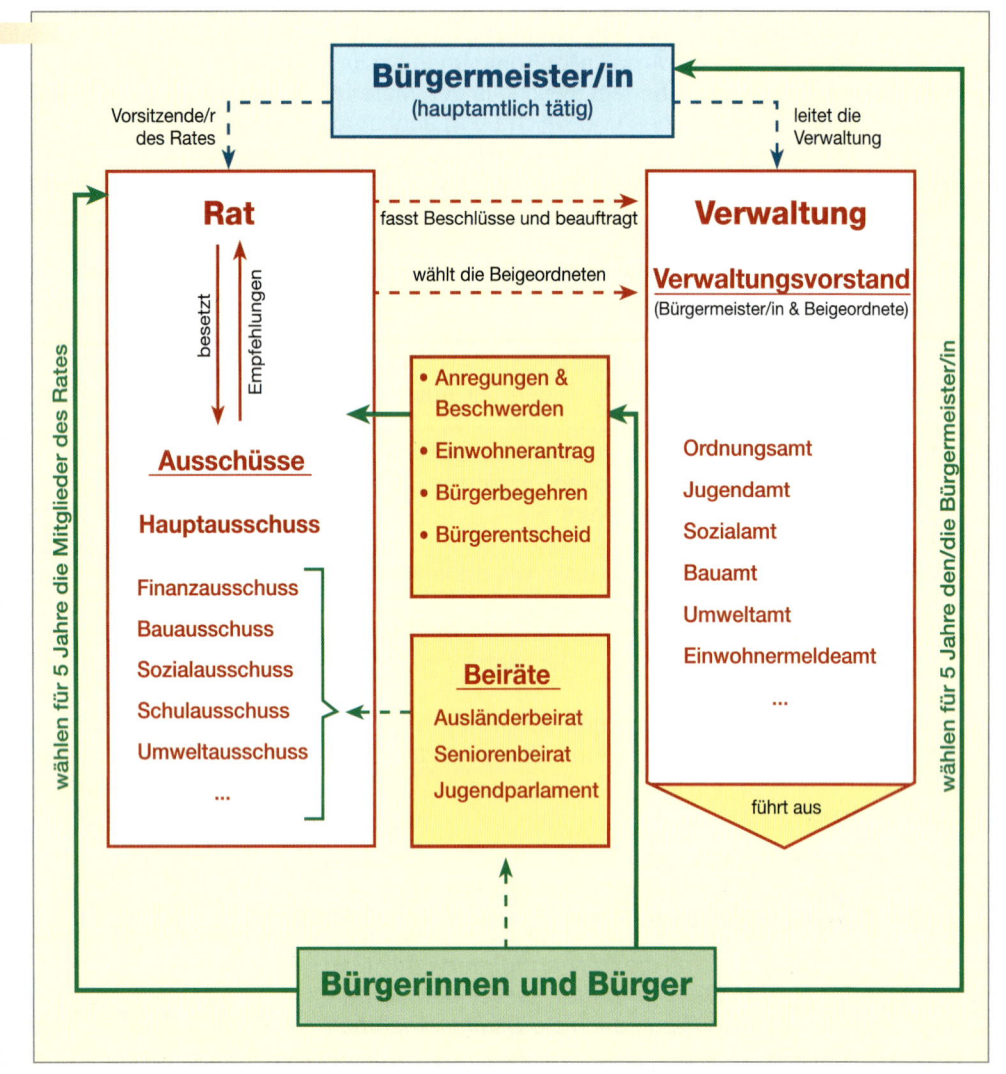

Bürgermeister/in (hauptamtlich tätig)
- Vorsitzende/r des Rates
- leitet die Verwaltung

Rat
- fasst Beschlüsse und beauftragt
- wählt die Beigeordneten
- besetzt / Empfehlungen

Ausschüsse
- Hauptausschuss
- Finanzausschuss
- Bauausschuss
- Sozialausschuss
- Schulausschuss
- Umweltausschuss
- ...

Verwaltung
Verwaltungsvorstand (Bürgermeister/in & Beigeordnete)
- Ordnungsamt
- Jugendamt
- Sozialamt
- Bauamt
- Umweltamt
- Einwohnermeldeamt
- ...

führt aus

- Anregungen & Beschwerden
- Einwohnerantrag
- Bürgerbegehren
- Bürgerentscheid

Beiräte
- Ausländerbeirat
- Seniorenbeirat
- Jugendparlament

Bürgerinnen und Bürger

wählen für 5 Jahre die Mitglieder des Rates | wählen für 5 Jahre den/die Bürgermeister/in

Erkundungsprojekt „Politik in unserer Gemeinde"

M 12
Sitzverteilung und Mitglieder des Rates der Stadt Spenge (nach den Kommunalwahlen 1999)

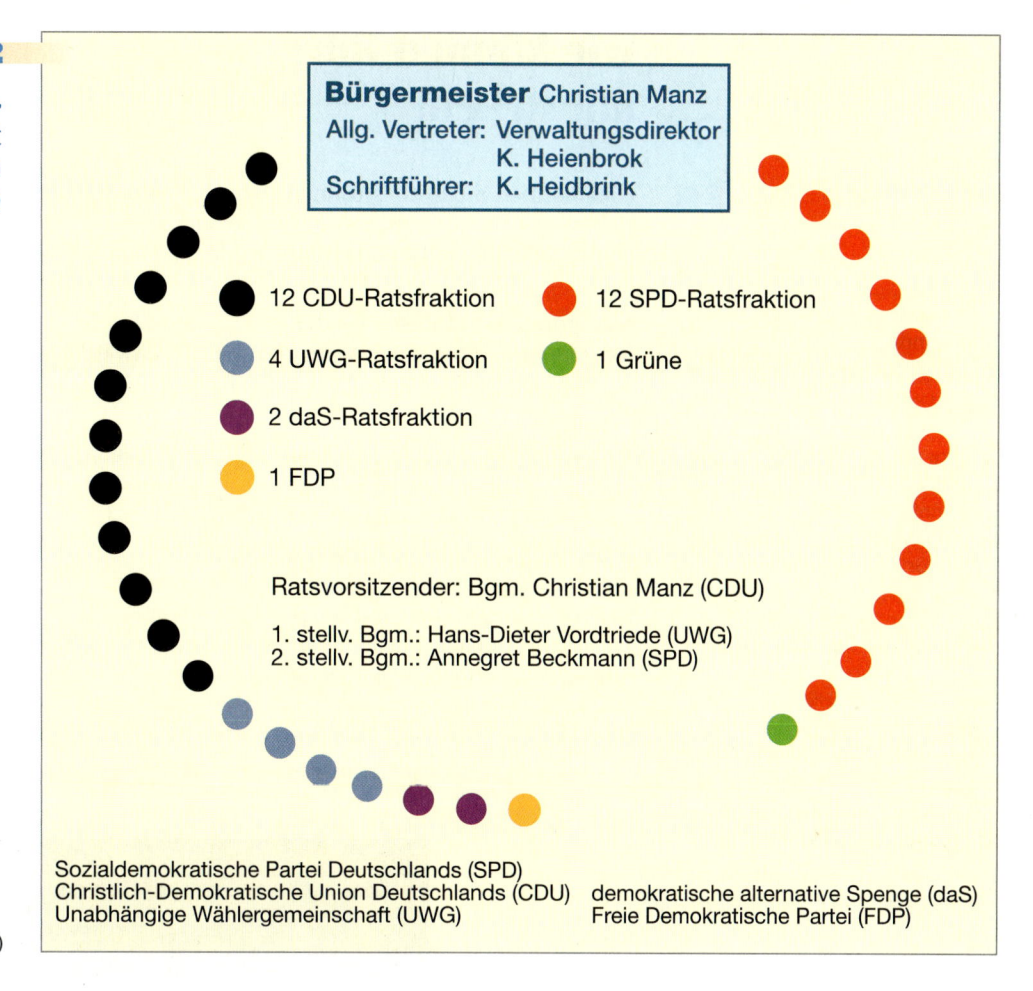

Bürgermeister Christian Manz
Allg. Vertreter: Verwaltungsdirektor K. Heienbrok
Schriftführer: K. Heidbrink

- 12 CDU-Ratsfraktion
- 12 SPD-Ratsfraktion
- 4 UWG-Ratsfraktion
- 1 Grüne
- 2 daS-Ratsfraktion
- 1 FDP

Ratsvorsitzender: Bgm. Christian Manz (CDU)
1. stellv. Bgm.: Hans-Dieter Vordtriede (UWG)
2. stellv. Bgm.: Annegret Beckmann (SPD)

Sozialdemokratische Partei Deutschlands (SPD)
Christlich-Demokratische Union Deutschlands (CDU)
Unabhängige Wählergemeinschaft (UWG)
demokratische alternative Spenge (daS)
Freie Demokratische Partei (FDP)

(eigene Grafik)

M 13 NRW: Informationen zu den Kommunalwahlen [...]

Wer darf wählen, wer kann gewählt werden?

Durch [...] Veränderungen des Kommunalwahlgesetzes wurde das aktive Wahlalter von 18 auf 16 Jahre herabgesetzt und das Wahlrecht für Personen eingeführt, die die Staatsangehörigkeit eines Mitgliedstaates der Europäischen Gemeinschaft besitzen (sog. Unionsbürger). Wahlberechtigt sind demnach bei [...] Kommunalwahlen [...] alle Deutschen sowie alle Unionsbürger, die das sechzehnte Lebensjahr vollendet haben und seit mindestens drei Monaten im Wahlgebiet ihre Wohnung, bei mehreren Wohnungen ihre Hauptwohnung haben.
Alle Wahlberechtigten, die das 18. Lebensjahr vollendet haben, besitzen bei den Gemeinderats- und Kreistagswahlen das passive Wahlrecht. Eigenständige Regelungen gelten für die Bürgermeister- und Landratswahlen.
Wählbar ist hier, wer am Wahltag Deutsche(r) oder in Deutschland wohnhafte(r) Unionsbürger(in) ist, das 23. Lebensjahr vollendet hat, nicht vom Wahlrecht ausgeschlossen wurde und außerdem die Gewähr dafür bietet, dass er/sie jederzeit für die freiheitliche demokratische Grundordnung im Sinne des Grundgesetzes eintritt.

(Wahl-Server des Landesamtes für Datenverarbeitung und Statistik NRW, URL: http://www.wahlen.nrw.de/)

8 Was soll der Gemeinderat tun? – Kommunalpolitik in der Klemme

Wie können Bürgerinnen und Bürger mitwirken?

M 14
Lokal aktiv

Hier können Sie mitbestimmen: Garantierte Mitsprachemöglichkeiten
Neben den Bürgermeister- und Gemeinderatswahlen können Sie an der politischen Willensbildung und an Entscheidungen teilnehmen:
[…]

Anregungen und Beschwerden
Jeder kann sich mit einer Anregung oder Beschwerde schriftlich an den Rat der Gemeinde wenden. Der Rat oder ein Ausschuss muss den Antrag behandeln und beantworten. […]

Einwohnerantrag
Mit einem Einwohnerantrag können Sie beantragen, dass sich der Gemeinderat mit einem Thema befasst, das Ihnen wichtig ist. Für einen Einwohnerantrag werden die Unterschriften mehrerer Bürgerinnen und Bürger gebraucht. […]

Bürgerbegehren und Bürgerentscheid
Ein direktes und abschließendes Entscheidungsrecht für wichtige Fragen der Gemeinde wird den Bürgerinnen und Bürgern durch den Bürgerentscheid gegeben. Hiermit ist es sogar möglich, einen Ratsbeschluss außer Kraft zu setzen. […]
Genauere Informationen über den Charakter, die Voraussetzungen und den vorgeschriebenen Ablauf von Bürgerbegehren und Bürgerentscheid (in den einzelnen Bundesländern) findet man leicht unter der Internet-Adresse www.buergerbegehren.de.
(Auszüge aus der Broschüre „Lokal aktiv. Informationen und Anregungen für Bürgerinnen und Bürger", hg. vom Innenministerium des Landes Nordrhein-Westfalen, März 2000)

> **Informationspflicht der Gemeinde**
> Generell ist die Gemeinde verpflichtet, Sie über alle wichtigen Entwicklungen und Planungen zu unterrichten. Die Information muss so rechtzeitig und umfassend erfolgen, dass Sie Gelegenheit zur „Äußerung und Erörterung" haben. […]
> Vielen Bürgerinnen und Bürgern ist die Flächennutzung der Gemeinde besonders wichtig: Wo sollen neue Wohngebiete entstehen, wo verläuft die neue Umgehungsstraße? Für solche Fragen besteht eine besondere Informationspflicht. […]

Bürgerbegehren
Wir lassen uns nicht verkaufen: Münsteraner Bürger präsentieren die bisher gesammelten 9558 Unterschriften für den Erhalt der Stadtwerke Münster.
(Foto: Boris Felgner)

Bürgerinformation
Information der Bürger über Flächennutzung – Bürgerbeteiligung ist angelaufen
(Foto: Ulrike Kindermann)

Viele Städte und Gemeinden bieten darüber hinaus unterschiedliche Möglichkeiten für eine aktive Beteiligung der Einwohner an der örtlichen Politik an, zum Beispiel Orts-/Stadtteilgespräche, Einwohnerfragestunden, Bürgermeister-Sprechstunden, Ideen-Werkstätten, Zukunftskonferenzen und Projekte.
(Autorentext)

Wie können Bürgerinnen und Bürger mitwirken? **189**

M 15

Das DO-Forum der Stadt Dortmund

Ihr sollt mitreden und mitbestimmen, eure Meinung zählt!

Hallo junge Leute,

ihr wollt

- Ideen verwirklichen
- Vorschläge machen
- Probleme ansprechen
- Anregungen geben
- Fragen stellen
- oder wollt ihr meckern?!

Fordert Antworten zu Themen wie

- Freizeitgestaltung
- Sport und Spiel
- Wohn- und Umfeldgestaltung
- Ausbildung und Beruf
- Verkehrsplanung
- Jugendkultur
- Beratung.

Jetzt habt ihr die Gelegenheit, eure Meinung kundzutun, nämlich im DO-Forum!

Wer kann mitmachen?

Seid ihr eine Kinder- oder Jugendgruppe oder eine Schulklasse oder eine Gruppe von Freundinnen und Freunden oder wollt ihr individuell mitreden?

Ganz egal! Mitmachen kann jeder im Alter von 6-18 Jahren.

Übrigens: Alle eingehenden Zuschriften werden bearbeitet und beantwortet, daher *bitte den Absender und die Altersangabe nicht vergessen!*

(http://g2.www.dortmund.de/beteiligung_deutsch.htm)

(Stadt Dortmund, Jugendamt, Fachbereich Kinder- und Jugendförderung, Internet:http://www.dortmund.de [Gesundheit/Soziales – Jugend und Familie – DO-Forum])

M 16

KIJUPA Herne – Das Herner Kinder- und Jugendparlament

Das KiJuPa wurde 1992 [...] gegründet und ist als jugendpolitisches Forum der „offizielle" Ansprechpartner der Stadt Herne für die Interessen der Kinder und Jugendlichen.

Das wichtigste Ziel:

Kinder und Jugendliche sollen ihre Ideen und Wünsche in das öffentliche Leben der Stadt einbringen können. Wer sich etwa über fehlende Freizeitmöglichkeiten, dreckige Spielplätze oder Schulhöfe ärgert, hat durch dieses „Gremium" die Möglichkeit und das ausdrückliche Recht, bei kommunalpolitischen Planungen und Entscheidungen aktiv mitzubestimmen.

5

8 Was soll der Gemeinderat tun? – Kommunalpolitik in der Klemme

Wie funktioniert und arbeitet das Kinder- und Jugendparlament?

Jede der 59 Herner Schulen wählt in das Kinder- und Jugendparlament ab der 4. (bis zur 12.) Klasse einen Delegierten plus Stellvertreter als Vertreter seiner Mitschüler. Die Mitglieder sind so zwischen 9 und 18 Jahre alt.

Das KiJuPa gliedert sich in vier Arbeitskreise (AK's), wobei jeder für einen der vier Herner Stadtbezirke zuständig ist. Ein- bis zweimal im Monat finden Sitzungen der einzelnen AK's statt, in denen die Delegierten gemeinsam Verbesserungsvorschläge für ihre Schulen, ihren Stadtteil und ihr Wohnumfeld diskutieren. Die Vorschläge sprechen die Kids dann bei Verwaltungsstellen der Stadt und anderen Organisationen an. Außerdem planen sie eigenständig verschiedene Aktionen, durch die sie ihre Ideen selbst umsetzen und Missstände beheben wollen. […]

(Zusammengestellt aus http://www.markt-herne.de/opencms/scripts/service/stadt/kijupa1.html und http://www.kinderpolitik.de/landkarte/content/projekte/109.htm)

M 17

Die Kinderpolitische Landkarte

(http://www.kinderpolitik.de/landkarte/content/l.htm)

Mit Hilfe des voranstehenden Internetangebotes könnt ihr nähere Informationen zu den zahlreichen Einrichtungen einholen, die es in eurem jeweiligen Bundesland in zahlreichen Städten und Gemeinden zur Beteiligung von Kindern und Jugendlichen an der Gemeindepolitik gibt (z.B. Kinderbüros, Kinderbeauftragte, Kinder- und Jugendparlamente und -räte, Beteiligungsprojekte).

9 Was bedeutet Demokratie? – Die politische Ordnung der Bundesrepublik Deutschland

9 Was bedeutet Demokratie? – Die politische Ordnung der Bundesrepublik Deutschland

Zur Orientierung

Die politische Ordnung in der Bundesrepublik Deutschland wird als „Demokratie" bezeichnet. Der Begriff „Demokratie" kommt aus dem Griechischen und heißt wörtlich übersetzt „Herrschaft des Volkes". Nicht ein Einzelner oder wenige sollen in einer Demokratie die politischen Entscheidungen treffen, sondern das Volk, d.h. die Gesamtheit der Bürger eines Staates.

In diesem Kapitel könnt ihr die Grundgedanken der Demokratie auch im Vergleich mit nicht demokratischen politischen Ordnungen kennen lernen. Es soll dabei deutlich werden, warum Demokratie in der Bundesrepublik Deutschland als eine politische Ordnung betrachtet wird, die es zu bewahren und auszubauen gilt. In Kapitel 10 wird es dann darum gehen, wie die Bürgerinnen und Bürger über Wahlen ihren Einfluss geltend machen können und wie wichtige politische Institutionen in unserer Demokratie arbeiten.

Was heißt demokratisch? – Ansprüche an unsere politische Ordnung

Methode   **M 1**   Clustering – Was verbinden wir mit dem Begriff „Demokratie"?

Den Begriff Demokratie kennt ihr alle. Nur, was er genau bedeutet, ist nicht so einfach zu erklären. Wir möchten euch anregen, euer bisheriges Wissen zu ordnen und euch eurer Fragen bewusst zu werden. Dafür gibt es ein Verfahren, das die Zusammenstellung des Wissens und der Fragen erleichtert. Man nennt es in Übernahme eines englischen Begriffes „Clustering". Clustering bedeutet, dass man einen Begriff (hier: „Demokratie") in die Mitte eines Blattes (einer Wandzeitung, der Tafel) schreibt und einen Kreis darum malt. Dann schreibt man weitere Begriffe, die einem im Zusammenhang mit dem Ausgangsbegriff einfallen, um diesen herum in weitere Kreise, die man mit dem Kern oder einem vorher gefundenen Begriff mit einem Strich verbindet. So kann man sich Zusammenhänge und offene Fragen bewusst machen. Die Darstellung links zeigt eine solche Gedankenlandkarte. In der Mitte steht der Grundbegriff Demokratie. An ihn sollten sich Begriffe anschließen, die grundlegende Merkmale oder Elemente von Demokratie bezeichnen. Diese können wieder durch weitere Begriffe näher aufgeschlüsselt werden. Das entstehende Bild mit den miteinander verbundenen Kreisen nennt man ein Cluster. Die Bilder auf der Auftaktseite zu diesem Kapitel und die Materialien M 1 bis M 3 haben alle damit zu tun und können euch Anregungen geben.

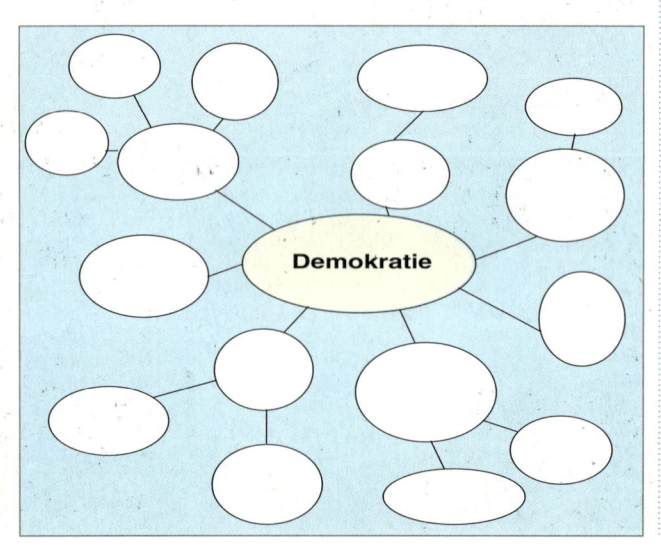

Neben dieser Sammlung von Begriffen kann man ein Cluster auch zur Arbeitsplanung benutzen, indem man die Begriffe oder Teile der Karte, zu denen der größte Informationsbedarf besteht, durch Farben oder Unterstreichungen kennzeichnet. Ihr könnt einen solchen Cluster an der Tafel erstellen und dann in euer Heft übertragen oder auf eine größere Wandzeitung auftragen und sie während der Arbeit mit dem Thema in eurem Klassenzimmer aufhängen.

(Autorentext)

Was heißt demokratisch? – Ansprüche an unsere politische Ordnung

M 2
Gesichter

(Fotos: Bundesbildstelle Bonn [7]; dpa [5]; ZB-Fotoreport [2]; CDU; Bundesbildstelle Berlin/Stutterheim)

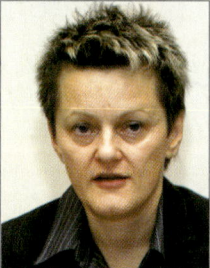

M 3
„Logos" (Symbole) von Verbänden und Parteien

Allgemeiner Deutscher Automobil-Club e.V.
Bundesverband der Deutschen Industrie
Christlich-Demokratische Union Deutschlands
Christlicher Gewerkschaftsbund Deutschlands
Deutscher Beamtenbund
Deutscher Gewerkschaftsbund
BÜNDNIS 90 / DIE GRÜNEN
Freie Demokratische Partei
Greenpeace e.V. (Verein für den Schutz und die Bewahrung der Natur und des menschlichen Lebens)
IG Metall
Industriegewerkschaft Bauen – Agrar – Umwelt
Sozialdemokratische Partei Deutschlands
Sozialverband VdK Deutschland e.V.
Vereinte Dienstleistungsgewerkschaft e.V.

(Zusammenstellung durch die Autoren)

9 Was bedeutet Demokratie? – Die politische Ordnung der Bundesrepublik Deutschland

M 4

Die deutschen Länder – ein Quiz

Die deutschen Länder

Einwohner insgesamt: 82,2 Millionen

Bundesländer:	Hauptstädte:
1. Baden-Württemberg	A Berlin
2. Bayern	B Bremen
3. Berlin	C Dresden
4. Brandenburg	D Düsseldorf
5. Bremen	E Erfurt
6. Hamburg	F Hamburg
7. Hessen	G Hannover
8. Mecklenburg-Vorpommern	H Kiel
9. Niedersachsen	I Magdeburg
10. Nordrhein-Westfalen	J Mainz
11. Rheinland-Pfalz	K München
12. Saarland	L Potsdam
13. Sachsen	M Saarbrücken
14. Sachsen-Anhalt	N Schwerin
15. Schleswig-Holstein	O Stuttgart
16. Thüringen	P Wiesbaden

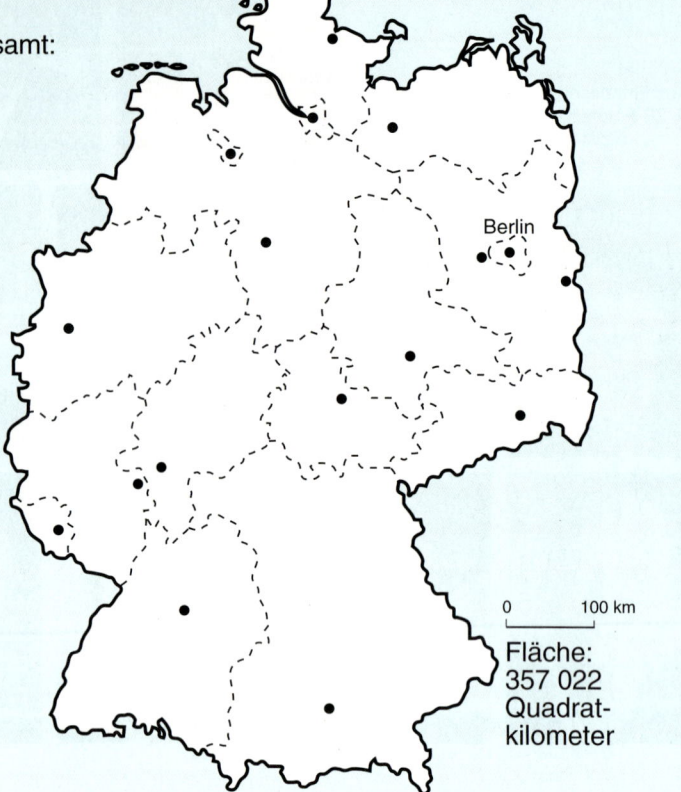

Fläche: 357 022 Quadratkilometer

(Nach: Wolfgang Mattes u.a., Politik erleben, Schöningh, Paderborn 1991, S. 229)

1. Beschreibt die Bilder der Auftaktseite. Was haben sie mit Demokratie zu tun?

2. Kennt ihr die Namen der in M 2 abgebildeten Personen? Was wisst ihr über sie und die politischen Ämter, die sie bekleiden?

3. Ordnet die Symbole und Embleme den aufgelisteten Parteien und Organisationen zu (M 3). Was wisst ihr über sie?

4. Prüft euer Wissen über die Lage der deutschen Bundesländer und ihre Hauptstädte, indem ihr in eine vergrößerte Kopie von M 4 die entsprechenden Eintragungen macht. Eine Auflösung findet ihr in M 6c.

Unsere politische Ordnung: Wer bestimmt, was im Staat geschieht?

Das Zusammenleben der Menschen, die in einem bestimmten Gebiet leben, kann in unterschiedlichen Formen geregelt werden. Dies nennt man die politische Ordnung; den politischen Verband, der zur Regelung des Zusammenlebens geschaffen wird, nennt man einen Staat. Ein Staat hat also ein Staatsgebiet und ein Staatsvolk. Bei der politischen Ordnung geht es vor allem darum, wie bestimmt wird, was in dem Staat geschieht, oder anders ausgedrückt, wer die Staatsgewalt innehat und welche Regeln für die Ausübung der Staatsgewalt gelten. In den folgenden Materialien lernt ihr die Grundzüge der politischen Ordnung in der Bundesrepublik Deutschland kennen und zunächst zum Vergleich die politische Ordnung in Deutschland während der Zeit des Nationalsozialismus.

M 5 **Die politische Ordnung in Deutschland zur Zeit des Nationalsozialismus (1933–1945)**

M 5a

Der Nationalsozialismus

Nationalsozialismus war der Name einer politischen Bewegung, die in Deutschland nach dem 1. Weltkrieg entstand. In seinem Buch „Mein Kampf" verkündete ihr Führer Adolf Hitler 1923 die Ziele des Nationalsozialismus. Das deutsche Volk sollte nach dem „Führerprinzip" geführt werden. An der Spitze des Deutschen Reiches sollte ein Führer mit unumschränkten Vollmachten und unbeschränkter Befehlsgewalt stehen, der die nächstniederen Führer wieder mit unumschränkter Gewalt in ihrem jeweiligen Bereich bestimmt usw. (siehe ergänzend M 5b).

Hitler unterschied zwischen höher- und minderwertigen Menschenrassen. Das deutsche Volk gehörte für ihn einer Herrenrasse an, dazu bestimmt, über minderwertige Völker zu herrschen. Dazu zählte er u.a. die Slawen (Polen, Russen u.a.) und vor allem die Juden, die nicht mehr als deutsche Staatsbürger anerkannt werden sollten. Er machte sie für alle Missstände verantwortlich. Alle Deutschen in Europa sollten in einem großdeutschen Reich vereint werden. Deutschland sollte Weltmacht werden und durch eine Ausdehnung seines Gebietes neuen „Lebensraum" in Osteuropa gewinnen. Die neu erworbenen Gebiete sollten durch Vertreibung der dort lebenden Bevölkerung „germanisiert" (eingedeutscht) werden. Zur Durchsetzung dieser Ziele diente die NSDAP, die Nationalsozialistische Deutsche Arbeiterpartei.

Aus einer Fibel für Leseanfänger in der Zeit des Nationalsozialismus

Vom Jahre 1929 an erhielt die NSDAP im Zusammenhang mit einer großen Weltwirtschaftskrise, die in Deutschland zu einer Massenarbeitslosigkeit führte, bei den Wahlen zum Parlament, dem Reichstag, immer mehr Zulauf und wurde 1932 stärkste Partei. Am 30. Januar 1933 ernannte das Staatsoberhaupt des damaligen Deutschen Reiches, Reichspräsident von Hindenburg, Hitler zum Reichskanzler (Leiter der Reichsregierung). Die Nationalsozialisten feierten die Ernennung Hitlers als „Machtergreifung". Bei Neuwahlen zum Reichstag im März 1933 errang die NSDAP zusammen mit verbündeten Parteien eine knappe Mehrheit. In dem so genannten „Ermächtigungsgesetz" (1933) übertrug das Parlament der Regierung unter Hitler weit reichende Vollmachten.

Mit Hilfe der Parteigruppen SA* (Sturmabteilung) und SS* (Schutzstaffel) festigten die Nationalsozialisten ihre Macht in Deutschland. Politische Gegner, vor allem die Mitglieder der sozialdemokratischen und kommunistischen Parteien, wurden von der Gestapo, der Geheimen Staatspolizei, verfolgt. Ohne Gerichtsurteil konnten sie in Konzentrationslagern* eingesperrt werden. Tausende von politischen Gegnern und Millionen von Juden wurden (vor allem vom Jahr 1942 an) ermordet.

Alle Parteien wurden verboten, die NSDAP wurde die einzige Partei im Staat. Nach dem Tod des Reichspräsidenten von Hindenburg wurde das Amt des Reichspräsidenten abgeschafft. Hitler übernahm seine Befugnisse und bezeichnete sich als „Führer und Reichskanzler".

Ab 1938 bedrohte Hitler die Nachbarstaaten Deutschlands. 1939 löste er den 2. Weltkrieg* aus, in dem Großbritannien, Frankreich, die USA und die Sowjetunion als Hauptgegner des Nationalsozialismus Verbündete (Alliierte) gegen Deutschland waren. Nach anfänglichen Erfolgen wurde Deutschland 1945 von den Alliierten vollständig besiegt. Kurz vor dem Ende des Krieges beging Hitler Selbstmord. Die Wehrmacht kapitulierte, das heißt ergab sich bedingungslos. Die nationalsozialistische Regierung wurde von den Siegern aufgelöst, die NSDAP verboten. Einige führende Nationalsozialisten kamen wegen Kriegsverbrechen und Verbrechen gegen die Menschlichkeit vor Gerichte der Siegerstaaten.

(Autorentext)

M 5b
Das nationalsozialistische Führerprinzip

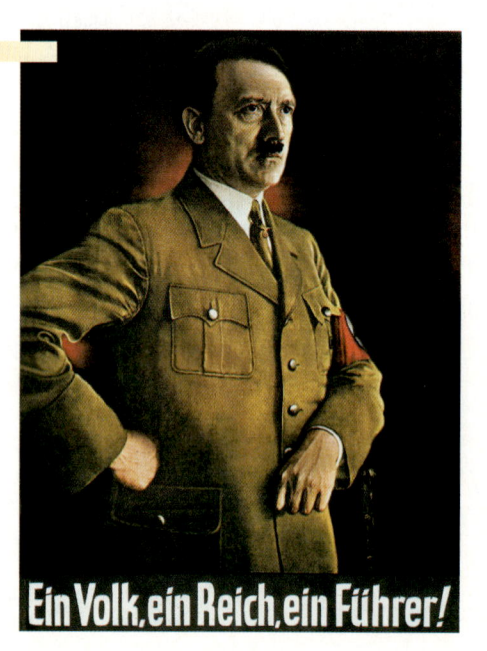

(Foto: AKG, Berlin)

Nach der Vereinigung der beiden höchsten Staatsämter Reichskanzler und Reichspräsident am 1. August 1934 vereinigte Adolf Hitler als „Führer und Reichskanzler" nach nationalsozialistischer Darstellung „alle hoheitliche Gewalt des Reiches" in seiner Person. Nicht mehr von Staatsgewalt, sondern von „Führergewalt" sollte gesprochen werden: „Die Führergewalt ist umfassend und total; sie vereinigt in sich alle Mittel der politischen Gestaltung; sie erstreckt sich auf alle Sachgebiete des völkischen Lebens; sie erfasst alle Volksgenossen, die dem Führer zu Treue und Gehorsam verpflichtet sind. Die Führergewalt ist nicht durch ... Kontrollen ... gehemmt, sondern ist frei und unabhängig, ausschließlich und unbeschränkt."

(Autorentext; Zitate aus: Ernst Rudolf Huber, Verfassungsrecht des Großdeutschen Reiches, 2. Aufl. 1939, S. 213 und 220)

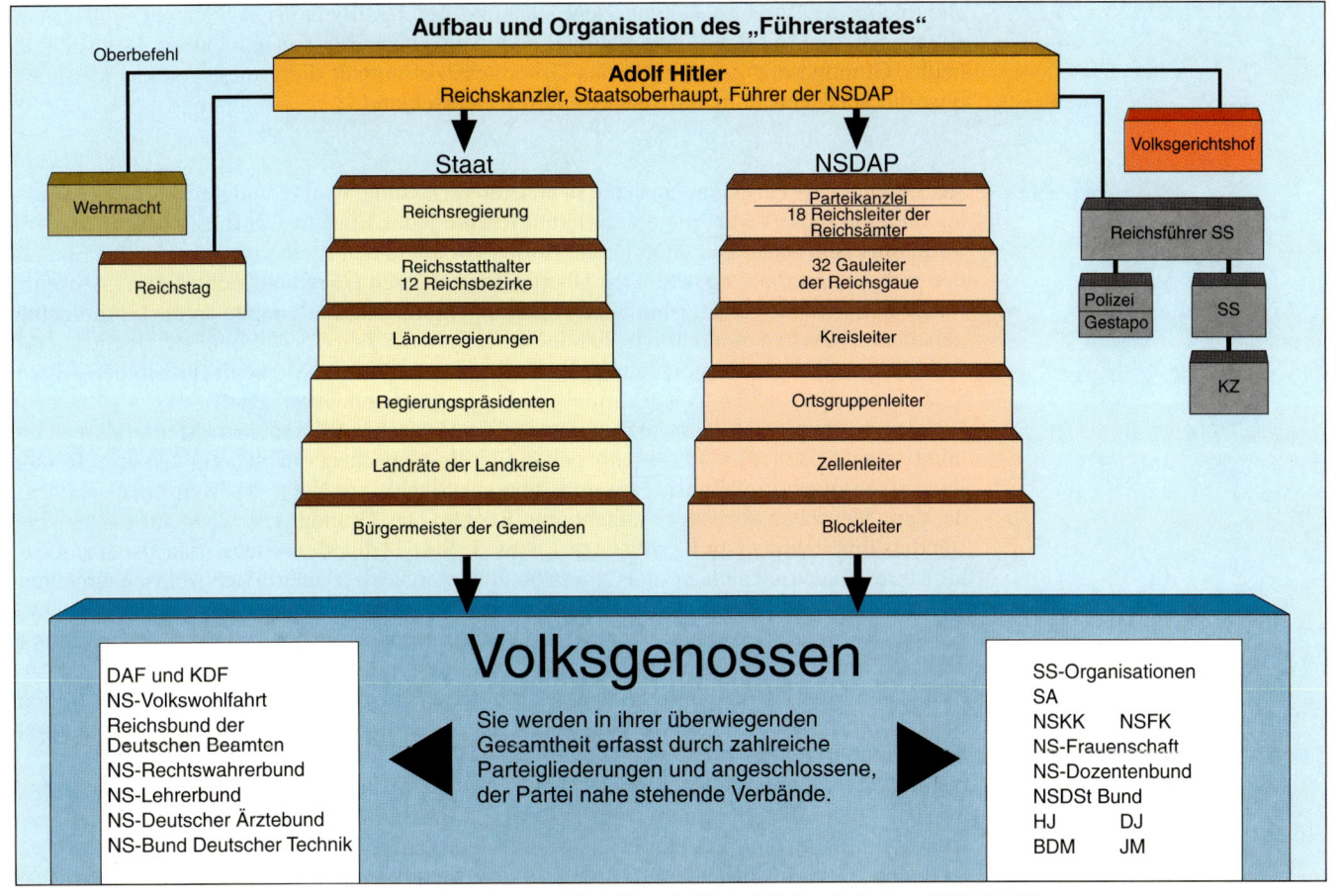

Unsere politische Ordnung: Wer bestimmt, was im Staat geschieht?

Aufbau und Organisation des „Führerstaates"

Oberbefehl

Adolf Hitler
Reichskanzler, Staatsoberhaupt, Führer der NSDAP

- Wehrmacht
- Reichstag
- Volksgerichtshof

Staat
- Reichsregierung
- Reichsstatthalter / 12 Reichsbezirke
- Länderregierungen
- Regierungspräsidenten
- Landräte der Landkreise
- Bürgermeister der Gemeinden

NSDAP
- Parteikanzlei / 18 Reichsleiter der Reichsämter
- 32 Gauleiter der Reichsgaue
- Kreisleiter
- Ortsgruppenleiter
- Zellenleiter
- Blockleiter

Reichsführer SS
- Polizei / Gestapo
- SS
- KZ

Volksgenossen

Sie werden in ihrer überwiegenden Gesamtheit erfasst durch zahlreiche Parteigliederungen und angeschlossene, der Partei nahe stehende Verbände.

- DAF und KDF
- NS-Volkswohlfahrt
- Reichsbund der Deutschen Beamten
- NS-Rechtswahrerbund
- NS-Lehrerbund
- NS-Deutscher Ärztebund
- NS-Bund Deutscher Technik

- SS-Organisationen
- SA
- NSKK   NSFK
- NS-Frauenschaft
- NS-Dozentenbund
- NSDSt Bund
- HJ   DJ
- BDM   JM

(Geschichte und Gegenwart, Band 3, hg. von H.-J. Lendzian und C. A. Marx, Schöningh Verlag, Paderborn 2001, S. 144)

---

1. Untersucht, welche innen- und außenpolitischen Ziele der Nationalsozialismus hatte und wie er sie umsetzte (M 5a). Das wiedergegebene Bild Adolf Hitlers (M 5b) hing als großformatiges Porträt ab 1938 in vielen Amtsstuben und Schulräumen. – Welche Wirkung sollte mit dem Bild beim Betrachter erzeugt werden?

2. Beschreibt mit Hilfe von M 5b das „Führerprinzip" des Nationalsozialismus. Erklärt das Schema des „Führerstaates" mit Hilfe des Textes. Was sind die wesentlichen Merkmale der vom Führerprinzip bestimmten politischen Ordnung im nationalsozialistischen Deutschland?

M 6 Demokratie: die politische Ordnung der Bundesrepublik Deutschland

M 6a Verfassung

Verfassung nennt man das grundlegende Gesetz eines Staates, in dem die Grundzüge der politischen Ordnung festgelegt sind. Eine Verfassung enthält u.a. Bestimmungen darüber, welche Aufgaben und Befugnisse das Parlament, die Regierung und die Gerichte haben, wie ein Parlament gewählt wird und wie eine Regierung in ihr Amt kommt. Sie bestimmt auch, wel-

(Autorentext)

che Rechte der Bürger gegenüber dem Staat und welche Pflichten der Staat gegenüber dem Bürger hat. Die seit dem Jahre 1949 geltende Verfassung der Bundesrepublik Deutschland heißt „Grundgesetz". Artikel 20 des Grundgesetzes enthält die grundlegenden Aussagen über die Staatsgewalt in der Bundesrepublik Deutschland.

M 6b Grundrechte

Als *Grundrechte* bezeichnet man die in unserer Verfassung, dem Grundgesetz*, niedergelegten und durch die Verfassung garantierten Rechte jedes Einzelnen insbesondere in seinem Verhältnis zum Staat. Die Grundrechte sollen vor allem den Freiheitsspielraum des Einzelnen sichern und ihn vor staatlichen Übergriffen schützen („Freiheitsrechte" und „Abwehrrechte"). Die Staatsgewalt ist in allen Handlungen und Entscheidungen an die Grundrechte gebunden. Wie die geschichtliche Erfahrung, z.B. in der Zeit des Nationalsozialismus (s. M 5a/b) zeigt, sind die Grundrechte nichts Selbstverständliches. Sie beeinflussen den Alltag jedes Einzelnen und das Zusammenleben aller in Staat und Gesellschaft.

Bei den Grundrechten kann man unterscheiden zwischen allgemeinen Menschenrechten und Bürgerrechten. *Menschenrechte* gelten für alle Menschen, unabhängig von ihrer Rasse, ihrer Staatsangehörigkeit usw.; sie sind „überstaatliche", zur Natur des Menschen gehörende, dem Menschen sozusagen angeborene Rechte. Das Grundgesetz weist auf dieses Verständnis hin, indem es zu Beginn (Art. 1, Abs. 1, Satz 1) die Menschenwürde als „unantastbar" bezeichnet und sich zu den „unverletzlichen und unveräußerlichen Menschenrechten als Grundlage jeder menschlichen Gemeinschaft" bekennt. Wichtige Menschenrechte sind z.B. das Recht auf Leben und körperliche Unversehrtheit, das Recht auf die freie Entfaltung der Persönlichkeit, die Glaubensfreiheit und die Meinungsfreiheit.

Neben den Menschenrechten enthält das Grundgesetz auch Grundrechte, die nur deutschen Staatsbürgern zustehen und die daher auch als *Bürgerrechte* bezeichnet werden; während die Formulierung der Menschenrechte mit den Worten beginnt: „Jeder hat das Recht …", beginnt die Nennung der Bürgerrechte mit den Worten „Alle Deutschen haben das Recht …". Die Bürgerrechte werden in Artikel 8 (Versammlungsfreiheit), 9 (Vereinigungsfreiheit), 11 (Freizügigkeit) und 12 (Berufsfreiheit) aufgeführt.

Über den „Grundrechtskatalog" (Art. 1–19 GG) hinaus enthält das Grundgesetz als weitere Grundrechte noch das Widerstandsrecht (Art. 20 Abs. 4), das Wahlrecht (Art. 38) und bestimmte Rechte im Rahmen der Rechtsprechung und des Gerichtswesens (Art. 101, 103, 104).

(Autorentext)

Auszüge aus dem Grundgesetz: Wichtige Grundrechte

Artikel 2 (Allgemeines Freiheitsrecht)

(2) Jeder hat das Recht auf Leben und körperliche Unversehrtheit. Die Freiheit der Person ist unverletzlich. In diese Rechte darf nur auf Grund eines Gesetzes eingegriffen werden.

Artikel 3 (Gleichheit vor dem Gesetz)

(1) Alle Menschen sind vor dem Gesetz gleich.
(2) Männer und Frauen sind gleichberechtigt. Der Staat fördert die tatsächliche Durchsetzung der Gleichberechtigung von Frauen und Männern und wirkt auf die Beseitigung bestehender Nachteile hin.
(3) Niemand darf wegen seines Geschlechtes, seiner Abstammung, seiner Rasse, seiner Sprache, seiner Heimat und Herkunft, seines Glaubens, seiner religiösen oder politischen An-

schauungen benachteiligt oder bevorzugt werden. Niemand darf wegen seiner Behinderung benachteiligt werden.

Artikel 4 (Glaubens- und Gewissensfreiheit)

(1) Die Freiheit des Glaubens, des Gewissens und die Freiheit des religiösen und weltanschaulichen Bekenntnisses sind unverletzlich.
(2) Die ungestörte Religionsausübung wird gewährleistet.

Artikel 5 (Meinungsfreiheit)

(1) Jeder hat das Recht, seine Meinung in Wort, Schrift und Bild frei zu äußern und zu verbreiten und sich aus allgemein zugänglichen Quellen zu unterrichten. Die Pressefreiheit und die Freiheit der Berichterstattung durch Rundfunk und Film werden gewährleistet. Eine Zensur findet nicht statt.
(2) Diese Rechte finden ihre Schranken in den Vorschriften der allgemeinen Gesetze, den gesetzlichen Bestimmungen zum Schutze der Jugend und in dem Recht der persönlichen Ehre.

Artikel 8 (Versammlungsfreiheit)

(1) Alle Deutschen haben das Recht, sich ohne Anmeldung oder Erlaubnis friedlich und ohne Waffen zu versammeln.
(2) Für Versammlungen unter freiem Himmel kann dieses Recht durch Gesetz oder auf Grund eines Gesetzes beschränkt werden.

Artikel 9 (Vereinigungs- und Koalitionsfreiheit)

(1) Alle Deutschen haben das Recht, Vereine und Gesellschaften zu bilden.
(2) Vereinigungen, deren Zwecke oder deren Tätigkeit den Strafgesetzen zuwiderlaufen oder die sich gegen die verfassungsmäßige Ordnung oder gegen den Gedanken der Völkerverständigung richten, sind verboten.

Artikel 11 (Freizügigkeit)

(1) Alle Deutsche genießen Freizügigkeit im gesamten Bundesgebiet.

Artikel 12 (Berufsfreiheit)

(1) Alle Deutsche haben das Recht, Beruf, Arbeitsplatz und Ausbildungsstätte frei zu wählen.

M 6c Aus dem Grundgesetz: Verfassungsgrundsätze

Grundsätze für die Ausgestaltung der politischen Ordnung in Deutschland

Art 20 GG

1. Die Bundesrepublik Deutschland ist ein demokratischer und sozialer Bundesstaat.
2. Alle Staatsgewalt geht vom Volk aus. Sie wird vom Volk in Wahlen und Abstimmungen und durch besondere Organe der Gesetzgebung, der vollziehenden Gewalt und der Rechtsprechung ausgeübt.
3. Die Gesetzgebung ist an die verfassungsmäßige Ordnung, die vollziehende Gewalt und die Rechtsprechung sind an Gesetz und Recht gebunden.

9 Was bedeutet Demokratie? – Die politische Ordnung der Bundesrepublik Deutschland

Das Reichstagsgebäude
Sitz des Deutschen Bundestages

Begehbare Kuppel über dem Plenarsaal
Grundriss 1. Obergeschoss
Erbaut 1884-94 nach Plänen von Paul Wallot
1961-72: Wiederherstellung und Umbau durch Paul Baumgarten
1995-99: Grundlegende Umgestaltung nach Entwürfen von Norman Foster
Plenarsaal
DEM DEUTSCHEN VOLKE
(Inschrift über dem Westportal, 1916)
© Erich Schmidt Verlag
ZAHLENBILDER 88 795

Wir sind eine Demokratie

Demokratie bedeutet Volksherrschaft. Das heißt: Die Staatsgewalt baut sich von unten nach oben auf; ohne Legitimation* durch das Volk gibt es keine Staatsgewalt. Das Volk übt diese Staatsgewalt in Wahlen aus. Die Volksherrschaft ist also mittelbar, sie erfolgt durch gewählte Vertreter des Volkes. Man nennt das auch repräsentative* Demokratie, im Gegensatz zur unmittelbaren, „direkten" Demokratie, in der z.B. die Gesetze nicht durch gewählte Abgeordnete, sondern durch unmittelbare Stimmabgabe des Volkes beschlossen werden.

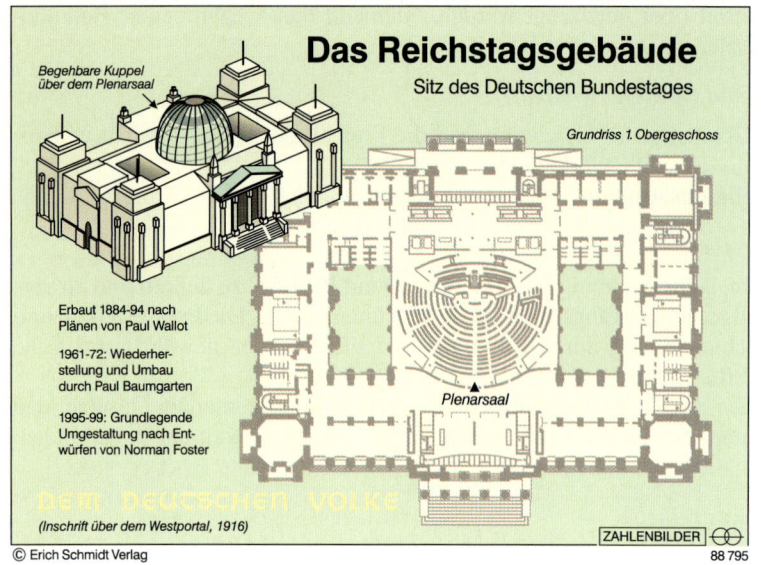

Wir sind ein Bundesstaat

Die Bundesrepublik Deutschland wird von Ländern gebildet (s. Abb.), die eigene Regierungen und Kompetenzen haben. Der Bund ist allein zuständig u.a. für die Außenpolitik, die Verteidigungspolitik und die Währungspolitik. Gemeinsam mit den Ländern ist er zuständig u.a. für die Wirtschafts-, Sozial-, Verkehrs-, Umwelt- und Wohnungspolitik. Die Länder können hier jedoch nur so weit tätig werden, als es die Gesetzgebung des Bundes erlaubt. Die Befugnisse der Länder berühren das tägliche Leben der Bürger unmittelbar. Die Länder haben ihre eigenen Verfassungen und Parlamente (Landtage), sie bestimmen nach eigenen Gesetzen über das Schulwesen oder über das Polizeirecht und haben eine eigene Verwaltung. Dazu verfügen die Länder über beträchtliche Einnahmen. In die Länderkassen fließen u.a. Kraftfahrzeugsteuer und Grunderwerbssteuer*. Von der Lohn- und Einkommensteuer* und der Mehrwertsteuer* erhalten sie Anteile.

(Harenberg Kommunikation Verlags- und Medien GmbH & Co. KG, Dortmund 2002: Aktuell 2003, S. 621)

Wir sind ein Sozialstaat

Unser Staat ist nach dem Grundgesetz verpflichtet, für eine gerechte Sozialordnung zu sorgen. Der Staat verpflichtet sich, die Lebensbedingungen der Menschen zu sichern und zu verbessern sowie zu große Unterschiede in den Lebensverhältnissen ein Stück weit auszugleichen (soziale Sicherung* und sozialer Ausgleich). Für sozial Schwache ergibt sich daraus ein Anspruch auf staatliche Hilfen. Das schließt allerdings eigene Mitwirkung und zumut-

Unsere politische Ordnung: Wer bestimmt, was im Staat geschieht?

bare Gegenleistung nicht aus. Soziale Gerechtigkeit ist Ziel und Maßstab, nicht immer und in jedem Fall konkrete Wirklichkeit. Die Sozialpolitik* umfasst heute alle Lebensbereiche: z.B. Mutterschutz, Sozialhilfe*, Wohngeld*.

Wir sind ein Rechtsstaat

Der Gedanke, dass man in einem Staat die Gesetzgebung, die vollziehende Gewalt und die Rechtsprechung voneinander trennen müsse, ist allen modernen demokratischen Verfassungen gemeinsam. Man nennt dies *Gewaltenteilung* (s. M 6d). Darüber hinaus gehört zu einem Rechtsstaat, dass Gesetze mit der Verfassung vereinbar sein müssen und Staatsorgane, wie z.B. die Bundesregierung, die Landesregierung, die Polizei oder die Richter, sich an Gesetz und Recht halten müssen. Ebenfalls gehört dazu, dass staatliche Maßnahmen durch unabhängige Gerichte überprüft werden können. Zu weiteren Merkmalen des Rechtsstaates s. M 18 in Kap. 11, S. 257f.

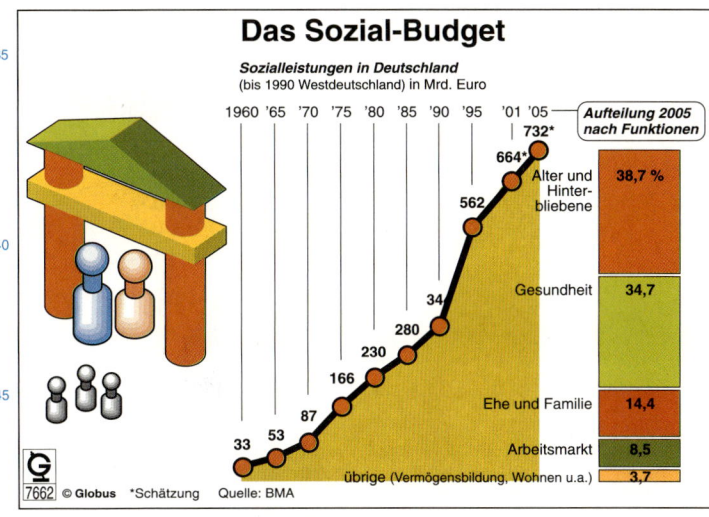

(Nach: P wie Politik, hg. von Xaver Fiederle, Band 3, Schöningh, Paderborn 1995, S. 157)

(Foto: © dpa/Witschel)

Begriffe, die in der Grafik fehlen:
1. Gewaltenteilung
2. Schutz von Ehe und Familie
3. Meinungsfreiheit
4. Freiheitssicherung
5. Staatliche Hoheit des Bundes und der Länder
6. Gleichberechtigung von Mann und Frau
7. Mitwirkung der Länder an der Gesetzgebung des Bundes
8. Alle Staatsgewalt geht vom Volke aus.

Wohin gehören die Begriffe?

(Xaver Fiederle [Hg.], P wie Politik, Band 3, Schöningh, Paderborn 2001, S. 198)

Das Sozial-Budget
Sozialleistungen in Deutschland (bis 1990 Westdeutschland) in Mrd. Euro

Aufteilung 2005 nach Funktionen:
- Alter und Hinterbliebene: 38,7 %
- Gesundheit: 34,7
- Ehe und Familie: 14,4
- Arbeitsmarkt: 8,5
- übrige (Vermögensbildung, Wohnen u.a.): 3,7

© Globus 7662 *Schätzung Quelle: BMA

Grundsätze der Verfassung

Demokratie	Bundesstaat	Sozialstaat	Rechtsstaat
?????	?????	• Schutz der Menschenwürde	• Gesetzlichkeit
• Mittelbare repräsentative Volksvertretung	• Verteilung der Kompetenzen in Gesetzgebung, Verwaltung und Rechtsprechung auf Bund und Länder	• ?????	• ?????
• Allgemeine, unmittelbare, freie, gleiche und geheime Wahlen	• ?????	• ?????	• Rechtsgleichheit
• ?????		• Sozialpflichtigkeit des Eigentums	• ?????
• Versammlungsfreiheit		• Schutz vor den großen sozialen Risiken durch Sozialversicherung, soziale Versorgung, Sozialhilfe	
• Vereins- und Vereinigungsfreiheit			

M 6d
Die Teilung der Staatsgewalt

Man unterscheidet drei Formen der Staatsgewalt:
- die gesetzgebende Gewalt (Legislative),
- die vollziehende Gewalt (Exekutive) und
- die rechtsprechende Gewalt (Judikative).

Für die Ausübung dieser drei Gewalten gilt der Grundsatz der *Gewaltenteilung*, d.h. die drei Gewalten dürfen nicht in einer Hand liegen. Die heute noch maßgebliche Begründung dafür ist bereits im Jahre 1748 von dem französischen Philosophen Charles de Montesquieu entwickelt worden:

„Wenn die Ausübung der legislativen und der exekutiven Gewalt einer einzigen Person oder einer einzigen Behörde zusteht, so gibt es keine Freiheit, weil zu befürchten ist, dass alsdann der betreffende Alleinherrscher oder die betreffende Behörde nach Willkür Gesetze geben, die sie auch willkürlich vollziehen können.

Es gibt auch keine Freiheit, wo die richterliche Gewalt nicht von der legislativen und von der exekutiven Gewalt getrennt ist. Wäre sie mit der legislativen vereinigt, so käme dies der Aufrichtung einer schrankenlosen Macht über Leben und Freiheit der Bürger gleich; denn der Richter könnte selbst die Gesetze aufstellen. Wäre sie mit der exekutiven Gewalt vereinigt, so könnte der Richter seine Entscheidungen mit der Zwangsgewalt eines Unterdrückers durchsetzen […]

Es wäre das allgemeine Verderben, wenn ein einzelner Mensch […] alle drei Gewalten ausüben würde und dadurch Macht bekäme, sowohl Gesetze zu schaffen als auch die Beschlüsse auszuführen und über Verbrechen und Zwistigkeiten richterliche Entscheidungen zu treffen."

(Autorentext; Zeichnung: Steffen Zamaltoupis)

M 6e
Gewaltenteilung in der Bundesrepublik Deutschland

Die Ausübung staatlicher Gewalt hat das Grundgesetz besonderen Organen, nämlich:
- der Gesetzgebung (= Legislative)
- der vollziehenden Gewalt (= Exekutive) und
- der Rechtsprechung (= Judikative) anvertraut.

In ihrer Gesamtheit verkörpern diese Organe die rechtsstaatliche, demokratische und bundesstaatliche Ordnung des Grundgesetzes (vgl. M 6c).

Legislative: Oberstes gesetzgebendes Organ ist der **Deutsche Bundestag**, dessen Abgeordnete alle vier Jahre in allgemeiner, freier, gleicher und geheimer Wahl unmittelbar vom Volk gewählt werden. Durch den *Bundesrat*, der das *föderative** Element im Staatsaufbau verkörpert, wirken die Länder an der Gesetzgebung mit. Im Gesetzgebungsverfahren ist je nach Art des Gesetzes seine Zustimmung erforderlich oder zumindest sein Einspruch möglich.

Exekutive: Die völkerrechtliche Vertretung des Bundes liegt beim *Bundespräsidenten,* der von der *Bundesversammlung* mit absoluter Mehrheit auf fünf Jahre gewählt wird. Die Bundesversammlung besteht aus den Bundestagsabgeordneten und einer gleichen Anzahl von Mitgliedern, die von den Landesparlamenten gewählt werden. [Die Führung der laufenden politischen Geschäfte und die Ausführung der Gesetze ist Aufgabe der **Bundesregierung**,

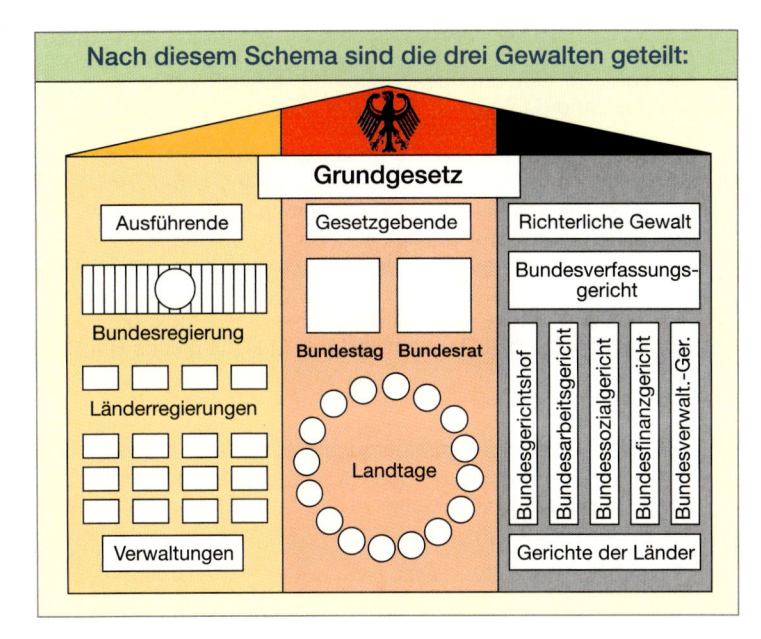

Unsere politische Ordnung: Wer bestimmt, was im Staat geschieht?

Nach diesem Schema sind die drei Gewalten geteilt:

- **Ausführende**: Bundesregierung, Länderregierungen, Verwaltungen
- **Gesetzgebende**: Bundestag, Bundesrat, Landtage
- **Richterliche Gewalt**: Bundesverfassungsgericht, Bundesgerichtshof, Bundesarbeitsgericht, Bundessozialgericht, Bundesfinanzgericht, Bundesverwalt.-Ger., Gerichte der Länder
- Überdacht vom **Grundgesetz**

die aus dem Bundeskanzler und den Bundesministern besteht.]

Auf Vorschlag des Bundespräsidenten wählt der Bundestag mit den Stimmen der Mehrheit seiner Mitglieder den *Bundeskanzler*. Die vom Bundeskanzler ausgewählten Mitglieder der Bundesregierung werden auf seinen Vorschlag vom Bundespräsidenten ernannt oder entlassen. Der Bundeskanzler bestimmt die Richtlinien der Politik. Er kann nur durch ein so genanntes [konstruktives] Misstrauensvotum abgewählt werden, dann nämlich, wenn der Bundestag mit der erforderlichen Mehrheit einen neuen Bundeskanzler wählt.

Judikative: Die Ausübung der rechtsprechenden Gewalt liegt beim *Bundesverfassungsgericht*, den *Bundesgerichten* und den *Gerichten der Länder*. Das Bundesverfassungsgericht als Hüter des Grundgesetzes besteht aus zwei Senaten mit je acht Richtern. Sie werden je zur Hälfte vom Bundestag und vom Bundesrat gewählt.

(Bundeszentrale für politische Bildung [Hg.], Thema im Unterricht: Grundgesetz für Einsteiger und Fortgeschrittene, Bonn 2002, S. 13)

M 6f Regierungssystem und Staatsorgane im Schaubild

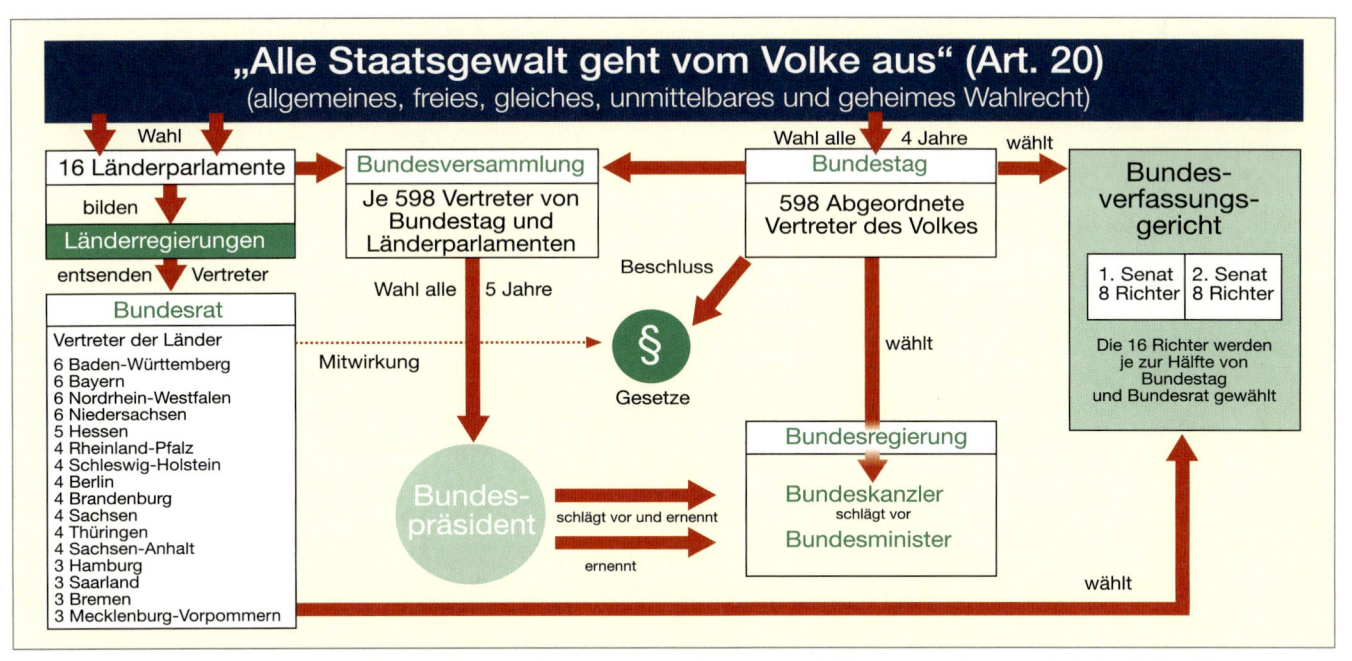

„Alle Staatsgewalt geht vom Volke aus" (Art. 20)
(allgemeines, freies, gleiches, unmittelbares und geheimes Wahlrecht)

- **16 Länderparlamente** (Wahl) bilden **Länderregierungen**, entsenden Vertreter in den **Bundesrat** (Vertreter der Länder):
  - 6 Baden-Württemberg
  - 6 Bayern
  - 6 Nordrhein-Westfalen
  - 6 Niedersachsen
  - 5 Hessen
  - 4 Rheinland-Pfalz
  - 4 Schleswig-Holstein
  - 4 Berlin
  - 4 Brandenburg
  - 4 Sachsen
  - 4 Thüringen
  - 4 Sachsen-Anhalt
  - 3 Hamburg
  - 3 Saarland
  - 3 Bremen
  - 3 Mecklenburg-Vorpommern

- **Bundesversammlung**: Je 598 Vertreter von Bundestag und Länderparlamenten, Wahl alle 5 Jahre
- **Bundestag**: 598 Abgeordnete Vertreter des Volkes, Wahl alle 4 Jahre
- **Bundespräsident**: schlägt vor und ernennt
- **Bundesregierung**: Bundeskanzler schlägt vor, Bundesminister (ernennt)
- **Bundesverfassungsgericht**: 1. Senat 8 Richter | 2. Senat 8 Richter. Die 16 Richter werden je zur Hälfte von Bundestag und Bundesrat gewählt.
- **Gesetze** (§): Beschluss vom Bundestag, Mitwirkung des Bundesrats

Durch Gesetz vom 27.4.2001 wurde die Zahl der Bundestagswahlkreise von bisher 328 auf 299 und die Zahl der Abgeordneten von bisher 656 auf 598 verringert.

1. Beschreibt die Bedeutung einer Verfassung für eine Demokratie (M 6a).

2. Erklärt, was man unter Grundrechten, Menschenrechten und Bürgerrechten versteht (M 6b). Sucht Beispiele für die Nutzung von Grundrechten im Alltagsleben.

3. Untersucht die Erläuterungen zu den Verfassungsgrundsätzen in M 6c. Zur Erklärung einzelner Begriffe könnt ihr auf das Glossar zurückgreifen. Bei einigen sehr schwierigen Punkten wird eine Hilfe durch euren Lehrer/eure Lehrerin unumgänglich sein. Stellt aus dem Text wesentliche Merkmale von Demokratie, Sozialstaat, Bundesstaat, Rechtsstaat in einer Tabelle zusammen. Benennt die Stellen in Artikel 20 GG, in denen die Verfassungsgrundsätze verankert sind, und klärt die Zuordnung der Begriffe in der Grafik S. 201 u.

4. Begründet, warum man in einer Demokratie die Gewaltenteilung als grundlegendes Prinzip der Demokratie versteht (M 6d) und beschreibt die Gewaltenteilung in Deutschland (M 6e).

5. In M 12 in Kapitel 1 (S. 19f.) wird ein Planspiel beschrieben, in dem eine Schulklasse, die mit einem Flugzeug abgestürzt ist, ihr Zusammenleben auf einer einsamen Insel regeln muss. Dort geht es u.a. um die Art, wie Entscheidungen getroffen werden, ein Anführer gewählt wird, seine Macht kontrolliert wird und Konflikte geregelt werden. Wendet die Informationen über die Demokratie in der Bundesrepublik Deutschland aus M 6 auf dieses Beispiel an. Wie müsste das Zusammenleben auf der Insel nach demokratischen Grundsätzen geregelt werden?

6. Stellt die Informationen zusammen, die das Schaubild über die Staatsorgane der Bundesrepublik enthält (M 6f). Ihr könnt dazu die folgende kleine Tabelle ins Heft übertragen und ausfüllen.

Staatsorgan	Wie ist das Staatsorgan zusammengesetzt?	Wie wird das Staatsorgan besetzt?
Bundespräsident	entfällt	
Bundesregierung		
Bundestag		
Bundesrat		
Bundesversammlung		

7. Überprüft, gegen welche Merkmale unserer Demokratie in der Zeit des Nationalsozialismus verstoßen wurde (M 5 a/b im Vergleich mit M 6 a – d).

M 7

Grundrechtsfälle

1. Familie Öcalan geht zum Freitagsgebet in die Moschee des Ortes.

2. Michael schreibt mit anderen Klassenkameraden in einer Schülerzeitung über seine Schule.

3. Mehrere Schüler nehmen in ihrer Freizeit an einer Demonstration gegen Tierversuche teil.

4. Nach der Schulzeit bestimmt der Staat den Ausbildungsplatz.

5. Unternehmer Müller weist seine Mitarbeiterinnen und Mitarbeiter an, aus der Gewerkschaft auszutreten.

6. Wir können jederzeit umziehen.

7. Ein unverheiratet zusammenlebendes Paar wird bestraft.

8. Der Bürgermeister eines Dorfes, das sich an dem Wettbewerb „Unser Dorf soll schöner werden!" beteiligt, verbietet den Bewohnern die Anbringung einer Satellitenantenne.

9. Bis zu einem Urteil des Bundesverfassungsgerichts aus dem Jahre 1978 mussten Frauen bei der Eheschließung den Namen ihres Ehemannes annehmen.

(Autorentext)

Unsere politische Ordnung: Wer bestimmt, was im Staat geschieht? **205**

M 8

„Bundes ..." – Was gehört zusammen?

(Foto: © dpa-Fotoreport/ Wolfgang Kamm)

① (Foto: Bundesbildstelle Bonn)

② (Foto: © ZB-Fotoreport/ Peer Grimm)

③

④ (Foto: © dpa-Fotoreport/Stephanie Pilick)

⑤ (Foto: © dpa-Fotoreport/ Uli Deck)

⑥ (Foto: © dpa-Fotoreport/Michael Jung)

BUNDES
– tag
– rat
– regierung
– verfassungsgericht
– versammlung
– präsident

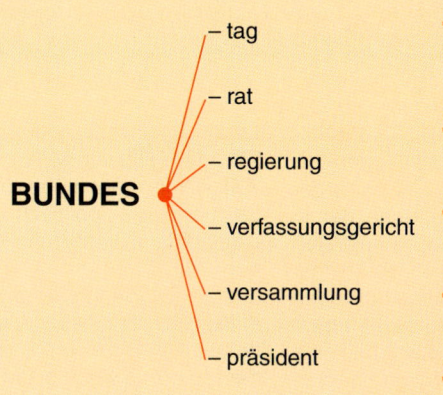

Verbinde die Verfassungsorgane mit den dazugehörigen Umschreibungen und ordne die Fotos zu!

- Hüter des Grundgesetzes
- Bundesorgan, durch das die Bundesländer bei der Gesetzgebung und Verwaltung des Bundes mitwirken
- Staatsoberhaupt der Bundesrepublik Deutschland
- Wahlgremium, das das Staatsoberhaupt wählt
- Volksvertretung der Bundesrepublik Deutschland
- Das mit der Leitung des Staates beauftragte Verfassungsorgan

(Nach: Bundeszentrale für politische Bildung [Hg.], Thema im Unterricht: Grundgesetz für Einsteiger und Fortgeschrittene, Bonn, 11. Aufl. 2002, S. 14)

M 9 Ja oder nein? – Aussagen zur demokratischen Ordnung zur Überprüfung

10 + 10 JA ODER NEIN?

ja		nein
?	1. Jeder Bürger ist verpflichtet zu wählen.	?
	2. Die Rechtsprechung richtet sich nach der jeweiligen politischen Mehrheit im Bundestag bzw. nach der Regierung.	
?	3. Die Justiz ist unabhängig von der Verwaltung und von der Gesetzgebung.	?
	4. Die Regierungen der einzelnen Bundesländer sind der Bundesregierung unterstellt.	
	5. Die Staatsgewalt liegt allein bei der Regierung.	
?	6. Menschen- und Freiheitsrechte sind die Grundlage des Rechtsstaates.	?
	7. Der Regierungschef ist im Rechtsstaat auch zugleich der höchste Richter.	
	8. Der Bundeskanzler wird von der Mehrheit der Abgeordneten gewählt.	
?	9. Der Staat ist gegenüber den Bürgern zu sozialen Leistungen (Sozialhilfe/Kindergeld usw.) verpflichtet.	?
	10. Auch Minderheiten dürfen nicht von der politischen Mitwirkung ausgeschlossen werden.	
?	11. Polizei und Verwaltung müssen sich an die bestehenden Gesetze halten.	?
	12. Die Anzahl der Parteien kann begrenzt werden.	
?	13. In einer Demokratie geht alle politische Gewalt vom Volke aus.	?
	14. Der Staat kann von den Kirchen ein Wohlverhalten gegenüber politischen Maßnahmen verlangen.	
?	15. Die Regierung entscheidet, welche Parteien an Land- und Bundestagswahlen teilnehmen dürfen.	?
	16. Die Länder wirken bei der Gesetzgebung des Bundes mit.	
?	17. Die Rechtsprechung ist ausschließlich den Richtern vorbehalten.	?
	18. Alle Deutschen haben das Recht, Vereine und Gesellschaften zu gründen.	
	19. Terroristen haben keinen Anspruch auf ein ordentliches Gerichtsverfahren.	
?	20. Arbeitslose und Sozialhilfeempfänger dürfen nicht bei Gericht Klage gegen den Staat erheben.	?

(P wie Politik, hg. von Xaver Fiederle, Band 3, Schöningh, Paderborn 1995, S. 158)

1. Mit Hilfe von M 7, M 8 und M 9 könnt ihr euer aus M 6 erworbenes Wissen über die politische Ordnung der Demokratie überprüfen. Untersucht dazu, welche der in M 6b aufgeführten Grundrechte in den Grundrechtsfällen in M 7 angesprochen werden. Bei M 8 müssen die Verfassungsorgane mit den dazu gehörigen Umschreibungen verbunden und die Fotos zugeordnet werden. Bei M 9 geht es um eine Entscheidung zwischen Ja und Nein. Einige Aussagen in M 8 und M 9 verweisen schon auf das nächste Kapitel.

2. Mit Hilfe von M 16 in Kapitel 10 könnt ihr zu einer vertieften Information über die politische Ordnung Kurzvorträge über die politische Ordnung der Bundesrepublik Deutschland vorbereiten und halten. Nähere Informationen über Aufgaben und Arbeit von Bundestag und Bundesrat, Bundesregierung und Bundespräsident enthalten in Kap. 10 für den Bundestag und den Bundesrat die Materialien M 17 bis M 25 sowie M 30 und M 31, für die Bundesregierung M 26 bis M 29 und für den Bundespräsidenten M 32 und M 33.

10 Wie funktioniert unser demokratisches System? – Von der Wahl bis zur Arbeit unserer Staatsorgane

Das Parlaments- und Regierungsviertel in Berlin:

1. Inneres
2. Wirtschaft
3. Verkehr
4. Bildung und Wissenschaft*
5. Umwelt*
6. Verbraucherschutz*
7. Familie, Senioren, Frauen und Jugend
8. Auswärtiges Amt
9. Arbeit
10. Gesundheit*
11. Justiz
12. Verteidigung*
13. wirtschaftliche Zusammenarbeit*
14. Finanzen
15. Bundespräsidialamt
16. Kanzleramt
17. Bundestagsverwaltung, Abgeordnetenbüros, Fraktionen
18. Presse- und Informationsamt
19. Bundestag
20. Bundesrat

*nur zweiter Dienstsitz in Berlin, Hauptsitz ist in Bonn

Zur Orientierung

Im Kapitel 9 habt ihr die Grundgedanken der Demokratie auch im Vergleich mit nicht demokratischen politischen Ordnungen kennen gelernt. In diesem Kapitel könnt ihr nun genauer nachvollziehen, wie unsere Demokratie im Einzelnen funktioniert. Dabei geht es zunächst um die Wahlen zum deutschen Bundestag und damit um eine der wichtigsten Formen der politischen Beteiligung aller Bürgerinnen und Bürger. Im zweiten Abschnitt geht es um die Arbeit des Parlaments, der Regierung und des Staatsoberhauptes der Bundesrepublik Deutschland. Es soll vor allem deutlich werden, was die Aufgaben dieser Staatsorgane sind und wie sie arbeiten.

Welche Bedeutung haben die Wahlen zum Bundestag? – Beteiligung in der Demokratie konkret

M 1

Wählen ist nicht selbstverständlich

Wählen ist nicht selbstverständlich. Das zeigt das Beispiel der Herrschaft des Nationalsozialismus in Deutschland (siehe M 5 in Kapitel 9) und die Situation in vielen Ländern der Welt heute oder in der jüngsten Vergangenheit. Drei Beispiele sollen das verdeutlichen:

1. In der Schweiz wurde auf Bundesebene erst im Jahre 1971 durch eine Volksabstimmung das Frauenwahlrecht eingeführt. Im Kanton* Appenzell-Außerrhoden lehnten die stimmberechtigten Männer des Kantons noch im Jahre 1984 in einer Volksabstimmung die Einführung des kantonalen Frauenstimm- und Wahlrechtes ab. Erst im Jahre 1989 fand sich eine Mehrheit dafür.

2. In Südafrika fand am 29.4.1994 die erste vollständig demokratische Wahl in der Geschichte des Landes statt, bei der Schwarze und Weiße gleichermaßen eine Stimme hatten. Ein demokratisch gewähltes Parlament löste das rassistische* Regime der Apartheid* ab, in dem eine weiße Minderheit die schwarze Mehrheit der Bevölkerung unterdrückt und politisch entrechtet hatte. Der südafrikanische Bi-

Mit Plakaten werben Frauen des Aktionskomitees „Ein Ja für die Frau" am 5. 2. 1971 für das Frauenstimmrecht in der Schweiz.
(Foto: © dpa-Bildarchiv/Keystone)

(Foto: © dpa/Anna Zieminski)

Welche Bedeutung haben die Wahlen zum Bundestag? – Beteiligung in der Demokratie konkret

schof und Friedensnobelpreisträger Desmond Tutu (s. Foto S. 208) sprach vom Beginn eines neuen Zeitalters. Zusätzlich sagte er: „Wählen gehen, das ist, wie wenn man sich zum ersten Mal verliebt. Ich bin glücklich und fühle mich wie auf einer Wolke."

3. Im Frühjahr 2002 fanden Präsidentenwahlen in dem afrikanische Staat Simbabwe statt. Es kandidierten der seit 22 Jahren amtierende Präsident Mugabe und als Vertreter der Opposition Morgan Tsvangirai. Wahlbeobachter berichteten von Übergriffen, massiven Einschüchterungen und Unregelmäßigkeiten: „Mal eröffneten falsche Wahllokale ihre Türen, um Wähler anzulocken, die dann zu spät ins richtige Wahllokal kamen. Mal verschwanden ganze Wahllokale, um dann am nächsten Morgen an einer völlig anderen Stelle wieder zu öffnen. Mal wurden Wahlhelfer entführt, mal festgenommen. Die Aktionen der Milizen von Mugabes Regierungspartei ZANU-PF konzentrierten sich dabei offenbar auf die ländlichen Wahlbezirke. Dort ließen sie keine Oppositionellen als Wahlhelfer zu. Das Ergebnis: sprunghaft angestiegene Registrierungen von Pro-Mugabe-Wählern. In der Hauptstadt Harare und in anderen großen Städten hingegen, in denen die MDC, die Partei des Oppositionsführers Tsvangirai, ihre Anhänger hat, kamen zahlreiche Wähler gar nicht erst zum Zuge. Die Regierung hatte die Zahl der Wahllokale stark verringert. In Harares Stadtviertel Glen Norah standen am Montagabend noch etwa 600 Menschen in der Schlange. „Wir wollen wählen", forderten sie, doch die Polizei vertrieb sie mit Tränengas und Schlagstöcken. Der amtierende Präsident Mugabe gewann die Wahlen mit knappem Vorsprung.

(Foto: AP Photo)

(Autorentext; Zitat aus: Spiegel-Online vom 12.3.2002)

M 2 Aufgaben und Grundsätze einer demokratischen Wahl

M 2a Aufgaben der Wahl

Die grundlegende Aufgabe der Wahlen in einer Demokratie besteht darin, die Herrschaft des Volkes zu verwirklichen. Nach dem Grundgesetz (siehe Artikel 20 Absatz 2 in M 6c in Kapitel 9) kann dies auch durch Volksabstimmungen geschehen. Diese sind aber nach den geltenden Bestimmungen auf Bundesebene nur für den seltenen Fall der Neugliederung des Bundesgebietes durch Bundesländer vorgesehen. Auf der Ebene der Länder und der Kommunen gibt es aber die Möglichkeit, mit Volksabstimmungen Einfluss auch auf konkrete politische Entscheidungen zu nehmen.

Im Einzelnen soll durch die Wahl u. a.

- die personelle Zusammensetzung des Parlaments bestimmt werden *(Personenauswahl)*,
- die Vertretung der unterschiedlichen Meinungen und Interessen im Parlament erreicht werden *(Repräsentation*)*,
- die Richtung der Politik für eine begrenzte Zeit bestimmt werden *(Richtungsbestimmung)* und
- die Ausübung der politischen Macht durch das Parlament und eine von ihm bestellte Regierung als berechtigt anerkannt werden *(Legitimation*)*.

Parlament und Regierung treffen in einer modernen Gesellschaft, in der sehr viele Menschen zusammenleben, ständig Entscheidungen, die das Leben der Menschen beeinflussen und auch gegen ihren Willen bestimmen, ohne dass alle an diesen Entscheidungen beteiligt sind. In einer Demokratie kann die Ausübung von Macht nicht selbstverständlich sein.

10 Wie funktioniert unser demokratisches System? – Von der Wahl bis zur Arbeit unserer Staatsorgane

Die Berechtigung einer solchen Ausübung von Macht darf auch nicht aus einer göttlichen Einsetzung („König von Gottes Gnaden") oder der Verfügung über militärische Mittel („Die Macht kommt aus den Gewehrläufen") hergeleitet werden, sondern muss vom Volk durch regelmäßige Wahlen („Herrschaft auf Zeit") übertragen werden. Wenn die Ausübung von Macht so legitimiert* wird, kann von allen Mitgliedern dieser Gesellschaft erwartet werden, dass sie die Entscheidungen des Parlaments und der Regierung respektieren, auch wenn sie sie im Einzelfall für falsch halten. Die genannten vier Aufgaben können Wahlen nur erfüllen, wenn sie bestimmten Grundsätzen entsprechen. Sie müssen allgemein, unmittelbar, frei, geheim und gleich sein (s. M 2b).

(Autorentext)

M 2b – Grundsätze einer demokratischen Wahl

Hier werden die fünf Grundsätze für eine demokratische Wahl noch einmal etwas anders erläutert als in dem nebenstehenden Schaubild. Ordnet die Begriffe zu.

- Niemand darf daran gehindert oder dazu gezwungen werden zu wählen. Außerdem müssen die Bürger zwischen verschiedenen Parteien wählen können; es muss gleiche Chancen für alle antretenden Parteien geben; die Wahl ist …

- Jeder Bürger, der die Voraussetzungen erfüllt, kann an der Wahl teilnehmen; die Wahl ist …

- Jeder muss seinen Stimmzettel unbeobachtet kennzeichnen können und anschließend in einem verschlossenen Briefumschlag in eine Wahlurne werfen; die Wahl ist …

- Alle Wahlberechtigten haben gleiches Stimmrecht. Jede Stimme zählt gleich viel, die Wahl ist …

- Jeder muss seine Stimme für einen bestimmten Kandidaten oder eine bestimmte Partei unmittelbar abgeben können, ohne Zwischenschaltung von Wahlmännern; die Wahl ist …

(P wie Politik, hg. von Xaver Fiederle, Band 3, Schöningh, Paderborn 1995, S. 163; ergänzt)

Die Wahlgrundsätze … und was sie bedeuten

Art. 28 GG: „In den Ländern, Kreisen und Gemeinden muss das Volk eine Vertretung haben, die aus allgemeinen, unmittelbaren, freien, gleichen und geheimen Wahlen hervorgegangen ist."

Art. 38 GG: „Die Abgeordneten des Deutschen Bundestages werden in allgemeiner, unmittelbarer, freier, gleicher und geheimer Wahl gewählt."

- **allgemein**: Alle Bürger sind wahlberechtigt, soweit sie die allgemeinen Voraussetzungen dafür erfüllen. Keine Gruppe ist aus sozialen, politischen oder wirtschaftlichen Gründen von der Wahl ausgeschlossen.
- **unmittelbar**: Die Wählerstimmen werden direkt für die Zuteilung der Abgeordnetensitze verwertet. Es gibt keine Zwischeninstanz wie z.B. Wahlmänner.
- **frei**: Die Stimme kann frei von staatlichem Zwang oder sonstiger unzulässiger Beeinflussung abgegeben werden. Niemand wird wegen seiner Wahlentscheidung benachteiligt.
- **gleich**: Alle Wahlberechtigten haben gleich viele Stimmen zu vergeben. Alle Stimmen haben gleiches Gewicht. Eine Ausnahme von dieser Regel macht die 5%-Sperrklausel.
- **geheim**: Es darf nicht feststellbar sein, wer der einzelne Bürger gewählt hat.

© Erich Schmidt Verlag / ZAHLENBILDER 86 030

M 3 – Was läuft hier falsch? – Verstöße gegen die Grundsätze einer demokratischen Wahl

Im Land Sanlakia finden Wahlen zum Parlament des Landes statt. Ausländische Wahlbeobachter, die sich an den Grundsätzen einer demokratischen Wahl (M 2 b) orientieren, beobachten folgende Ereignisse und nehmen Anstoß.

a) Frau Schulze wird von einer Gruppe von Analphabeten beauftragt, für sie ihre Stimme abzugeben.
b) Nur Partei XYZ wird es gestattet, Wahlspots im Radio zu senden.
c) Bei Jungwählern ist zur Wahl nur zugelassen, wer eine mindestens ausreichende Leistung im Fach Politik im letzten Zeugnis nachweisen kann oder eine entsprechende Prüfung abgelegt hat.
d) Auf dem Wahlzettel stehen nur Kandidaten der Partei X, da sonst keine anderen Parteien zur Wahl zugelassen waren.
e) Hans Gleiwitz wird wegen einer Beschwerde des örtlichen Abgeordneten über einen polemischen Leserbrief nicht zur Wahl zugelassen.

Welche Bedeutung haben die Wahlen zum Bundestag? – Beteiligung in der Demokratie konkret

f) Der Handwerksmeister Landfried verspricht allen seinen Mitarbeitern eine Lohnerhöhung, wenn sie die Partei Y wählen.
g) Einige Wählerinnen und Wähler verzichten auf eine Stimmabgabe in der Wahlkabine und geben den Wartenden bekannt, für wen sie gestimmt haben.
h) Weil der Unternehmer Müller viel mehr Steuern zahlt als alle anderen Bürger der Stadt, zählt seine Stimme bei der Wahl doppelt.
i) Die Abgeordneten für den Wahlkreis, der die Stadt Schneefeld umfasst, werden auf Lebenszeit gewählt.
j) In den Wahllokalen muss jeder Wähler vor der Stimmabgabe zunächst den Beratungsstand einer Partei aufsuchen, um eine ungültige Stimmabgabe zu verhindern.

(Autorentext)

---

1. Untersucht die in M 1 enthaltenen Beispiele von „Wahlen". Warum liegt den Betroffenen so viel daran, wählen zu können? Warum macht den südafrikanischen Bischof Tutu die Möglichkeit, an einer Wahl teilnehmen zu können, so glücklich?

2. Erklärt die Aufgaben der Wahlen in einem parlamentarischen System und erläutert die Grundsätze einer demokratischen Wahl und ihre Bedeutung (M 2 a/b).

3. Untersucht die in M 3 beschriebenen Ereignisse. Warum nehmen die ausländischen Wahlbeobachter Anstoß? Schreibt einen Bericht aus Sicht der Wahlbeobachter.

M 4

Aktives und passives Wahlrecht zum deutschen Bundestag

Aktives Wahlrecht

Wahlberechtigt sind alle Deutschen im Sinne des Artikels 116 Abs. 1 des Grundgesetzes, die am Wahltag das **18. Lebensjahr** vollendet haben und seit mindestens **3 Monaten** eine Wohnung oder ihren gewöhnlichen Aufenthalt im Wahlgebiet haben.

Auch Deutsche im Ausland sind unter bestimmten Voraussetzungen wahlberechtigt.

Passives Wahlrecht

Wählbar sind alle Deutschen im Sinne des Artikels 116 Abs. 1 des Grundgesetzes, die am Wahltag das **18. Lebensjahr** vollendet haben.

Rechtsgrundlagen: Art. 38 GG, Bundeswahlgesetz

© Erich Schmidt Verlag — ZAHLENBILDER 86 020

M 5

Das Wahlsystem der Bundesrepublik Deutschland

Das Verfahren zur Wahl des Deutschen Bundestags ist im Bundeswahlgesetz geregelt. Nach § 1 Abs. 1 sollen die Vorteile der Mehrheitswahl mit denen der Verhältniswahl verbunden werden: die direkte Wahl eines Kandidaten im Wahlkreis (personenbezogene Wahl nach dem Grundsatz der *Mehrheitswahl**) und die Berücksichtigung der Stimmanteile, die alle Parteien bei der Wahl insgesamt erreichen (Grundsatz der *Verhältniswahl**).
Jede(r) Wahlberechtigte (d. h. jede(r) Deutsche ab dem 18. Lebensjahr) hat deshalb zwei Stimmen. Ihre *Erststimme* geben sie einem Kandidaten bzw. einer Kandidatin des Wahlkreises. Mit einer weiteren Stimme, der *Zweitstimme*, wird eine Partei gewählt, die auf der Landesliste (jeweils für ein Bundesland) weitere Kandidatinnen und Kandidaten vorschlägt.

Diese Zweitstimme beeinflusst die endgültige Verteilung der Sitze im Deutschen Bundestag, denn nach dem Verhältnis der von den Parteien erzielten Zweitstimmen werden ihre Mandate errechnet (s. M 7).

Von diesen Mandaten, die auf jede Partei entfallen, werden zuerst diejenigen zugeteilt, die schon durch die Erststimmen in den Wahlkreisen direkt gewählt wurden, die *Direktmandate*. Die restlichen Sitze werden entsprechend der Reihenfolge ihrer Nennung an die Kandidaten vergeben, die auf der *Landesliste* kandidierten und kein Direktmandat errungen haben. Mit den Erst- und Zweitstimmen werden somit alle 598 Abgeordneten des Deutschen Bundestags ermittelt.

Zu *Überhangmandaten* (mehr als 598 Mandate) kommt es, wenn eine Partei mehr Direktmandate errungen hat, als ihr aufgrund ihres Anteils an Zweitstimmen zustünden.

Eine Partei, die bei der Wahl zum Deutschen Bundestag weniger als fünf Prozent aller im Bundesgebiet abgegebenen Zweitstimmen oder weniger als drei Direktmandate erhalten hat, kann nicht in das Parlament einziehen. Erhalten z. B. die Vertreter einer Partei drei Direktmandate, ihre Partei aber nur 3,5 Prozent der Stimmen, so werden diese 3,5 Prozent Wählerstimmen ebenfalls in Mandate umgerechnet. Erhält aber eine Partei nur 2 Sitze, so entfallen die 3,5 Prozent Zweitstimmen; die zwei direkt gewählten Kandidaten ziehen selbstverständlich in den Bundestag ein. Diese *„Fünfprozentklausel"*, die in § 6 Abs. 4 des Bundeswahlgesetzes formuliert ist, soll verhindern, dass viele kleine Splitterparteien mit wenigen Abgeordneten in das Parlament einziehen. Dadurch könnte die Bildung einer arbeitsfähigen Regierungsmehrheit erschwert oder gar verhindert werden.

(Horst Becker/Jürgen Feick/Herbert Uhl, Leitfragen Politik, Klett, Stuttgart 1999, S. 303ff.; leicht verändert)

Hinweis: Die Lücken in der Spalte für die Erststimme ergeben sich daraus, dass Parteien, die mit Landeslisten antreten, nicht in allen Wahlkreisen Wahlkreiskandidaten aufstellen und dass auch Einzelbewerber kandidieren können.

M 6 Stimmzettel der Bundestagswahl 2002

Welche Bedeutung haben die Wahlen zum Bundestag? – Beteiligung in der Demokratie konkret

M 7

Auf die Zweitstimme kommt es an

Allein die Zweitstimme entscheidet – mit dieser Botschaft mühen sich seit Beginn des Bundestagswahlkampfs Politiker, Parteien und Medien um „Aufklärung" des mündigen Bürgers. Denn vielfach wird – fälschlich – die Erststimme für „erstrangig", die Zweitstimme für „zweitklassig" gehalten. Tatsache ist: Welche Partei gewinnt oder verliert, bemisst sich ausschließlich anhand der Zweitstimmen. Die Formel für die Stärkeverhältnisse der einzelnen Fraktionen im Bundestag lautet: je mehr Zweitstimmen, desto mehr Abgeordnete. Die so genannte Erststimme entscheidet dagegen nur darüber, welche Politiker einer Partei *aus den einzelnen Wahlkreisen* ins Parlament ziehen, nicht aber wie viele insgesamt. Anders ausgedrückt: Alle über die Erststimmen direkt ins Parlament gewählten Kandidaten (dies sind 50 Prozent aller Abgeordneten) machen rein zahlenmäßig ihre Fraktionen nicht stärker, als sie ohnehin würden. Denn die Gesamtzahl der auf diesem Wege errungenen Mandate wird bei der Zweitstimmen-Zählung sogleich wieder abgezogen. Beispiel: Stehen einer Partei aufgrund der Zweitstimmen 100 Mandate zu und hat diese Partei bereits 30 Mandate mithilfe der Erststimmen errungen, so bekommt sie nur noch 70 Mandate zugeteilt. Ob mit oder ohne erfolgreiche Erststimmen-Kandidaten: Die betreffende Partei erhält 100 Abgeordnete – nicht mehr und nicht weniger. Nur in ganz seltenen Ausnahmen entfallen auf eine Partei mehr Direktmandate, als ihr aufgrund der Zweitstimme eigentlich zustehen. Dann ziehen für diese Partei die „überzähligen" Direktkandidaten zusätzlich in den Bundestag ein. Wahlentscheidend waren solche „Überhangmandate" jedoch noch nie.

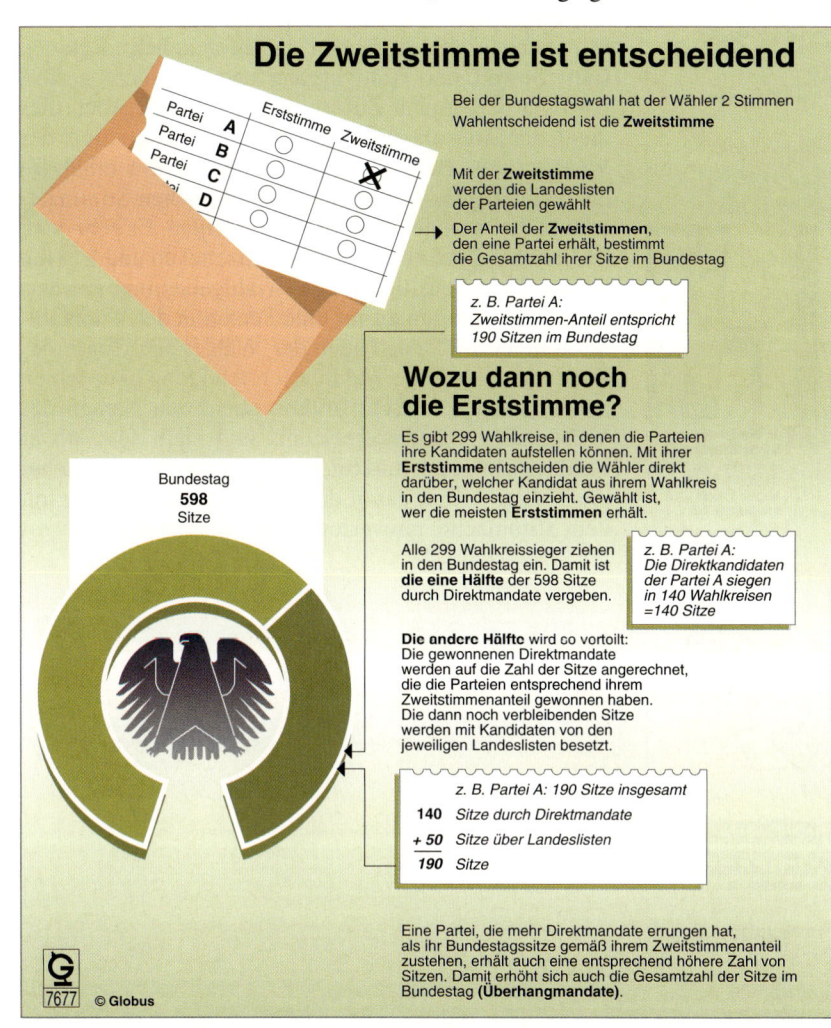

(Stuttgarter Nachrichten v. 5.3.1983; Verfasser: Bernd Stadelmann)

Die Zweitstimme ist entscheidend

Bei der Bundestagswahl hat der Wähler 2 Stimmen. Wahlentscheidend ist die **Zweitstimme**.

Mit der **Zweitstimme** werden die Landeslisten der Parteien gewählt.

Der Anteil der **Zweitstimmen**, den eine Partei erhält, bestimmt die Gesamtzahl ihrer Sitze im Bundestag.

z. B. Partei A: Zweitstimmen-Anteil entspricht 190 Sitzen im Bundestag

Wozu dann noch die Erststimme?

Es gibt 299 Wahlkreise, in denen die Parteien ihre Kandidaten aufstellen können. Mit ihrer **Erststimme** entscheiden die Wähler direkt darüber, welcher Kandidat aus ihrem Wahlkreis in den Bundestag einzieht. Gewählt ist, wer die meisten **Erststimmen** erhält.

Alle 299 Wahlkreissieger ziehen in den Bundestag ein. Damit ist **die eine Hälfte** der 598 Sitze durch Direktmandate vergeben.

z. B. Partei A: Die Direktkandidaten der Partei A siegen in 140 Wahlkreisen =140 Sitze

Die andere Hälfte wird so verteilt: Die gewonnenen Direktmandate werden auf die Zahl der Sitze angerechnet, die die Parteien entsprechend ihrem Zweitstimmenanteil gewonnen haben. Die dann noch verbleibenden Sitze werden mit Kandidaten von den jeweiligen Landeslisten besetzt.

Bundestag **598** Sitze

z. B. Partei A: 190 Sitze insgesamt
140	Sitze durch Direktmandate
+ 50	Sitze über Landeslisten
190	Sitze

Eine Partei, die mehr Direktmandate errungen hat, als ihr Bundestagssitze gemäß ihrem Zweitstimmenanteil zustehen, erhält auch eine entsprechend höhere Zahl von Sitzen. Damit erhöht sich auch die Gesamtzahl der Sitze im Bundestag (**Überhangmandate**).

7677 © Globus

M 8

Der Ablauf der Wahl

Für jeden Wahlbezirk stellen die Gemeindebehörden ein Wählerverzeichnis auf. […] Die Wahlberechtigten, die ins Wählerverzeichnis eingetragen sind, erhalten spätestens zum 21. Tag vor der Wahl eine Wahlbenachrichtigung. Die Wahlbenachrichtigung informiert über den Wahlraum und die Zeit, in der das Wahllokal zur Stimmabgabe geöffnet ist; sie weist außerdem auf die Möglichkeit der Briefwahl hin und enthält auch gleich ein Formular, mit dem der dafür erforderliche Wahlschein und die Briefwahlunterlagen beantragt werden können. […] Das Wahllokal befindet sich meist in einem öffentlichen Gebäude (Rathaus, Schule usw.). In und an diesem Gebäude ist während der Wahlzeit jede Wahlreklame oder sonstige Wählerbeeinflussung verboten. Zur Einrichtung des Wahlraums gehören der Wahl-

So wählen Sie

Die Bürgerinnen und Bürger, die im Verzeichnis der Wahlberechtigten ihres Wahlbezirks aufgeführt sind, erhalten rechtzeitig vor dem Wahltermin eine **Wahlbenachrichtigung**. Darin werden sie auch auf die Möglichkeit der Briefwahl hingewiesen. (Wer aus wichtigem Grund – z.B. wegen Krankheit, Abwesenheit, beruflichen Verpflichtungen am Wahltag – per Briefwahl wählen möchte, muss einen Wahlschein beantragen.)

Wahlbenachrichtigung für die Wahl zum Deutschen Bundestag
Wahltag: Sonntag, den ...
Wahlzeit: 8.00 bis 18.00 Uhr
Bringen Sie diese Benachrichtigung zur Wahl mit und halten Sie Ihren Personalausweis oder Reisepass bereit.
Wahlbezirk: 52
Wählerverzeichnis Nr.: 234
Wahlraum: ABC-Schule Zi. 256

Stimmzettel – Sie haben 2 Stimmen
hier 1 Stimme für die Wahl eines/einer Wahlkreisabgeordneten
hier 1 Stimme für die Wahl einer Landesliste (Partei)
Erststimme — Zweitstimme

1. Der Wähler/die Wählerin bekommt einen leeren Stimmzettel ausgehändigt, geht in die Wahlkabine, ...
2. ... kreuzt den Stimmzettel an und faltet ihn so, dass die Stimmabgabe nicht erkennbar ist.
3. Der Schriftführer nimmt die Wahlbenachrichtigung entgegen und überprüft, ob der Wähler/die Wählerin wahlberechtigt ist.
4. Dann wird die Wahlurne zur Stimmabgabe freigegeben. Der Wähler/die Wählerin wirft den Stimmzettel ein.

tisch, an dem der Wahlvorstand Platz nimmt, eine oder mehrere mit Tischen ausgestattete Wahlzellen (Wahlkabinen), in denen die Wählerinnen und Wähler unbeobachtet ihren Stimmzettel ankreuzen können, und die Wahlurne. Die Wahlhandlung und die nachfolgende Stimmenauszählung finden in öffentlichem Rahmen statt: Soweit der Wahlvorgang dadurch nicht gestört wird, hat jedermann Zutritt zum Wahlraum. Auch dies dient der Transparenz der Wahlorganisation und des Wahlverlaufs. Beim Betreten des Wahlraums erhält jeder Wähler (jede Wählerin) einen amtlichen Stimmzettel und den dazugehörigen Wahlumschlag. Er geht dann in die Wahlzelle, kreuzt den Stimmzettel an und legt ihn in den Umschlag. Damit das Wahlgeheimnis gewahrt wird, darf sich immer nur eine Person in der Wahlkabine aufhalten. Danach legt der Wähler am Tisch des Wahlvorstands seine Wahlbenachrichtigung bzw. seinen Ausweis vor. Der Schriftführer sucht den Namen des Wählers im Wählerverzeichnis und stellt fest, ob er wahlberechtigt ist; anschließend gibt der Wahlvorsteher die Wahlurne frei, damit der Wähler den Umschlag mit dem Stimmzettel einwerfen kann.

(Schmidt-Zahlenbilder)

---

1. Stellt fest, wer wählen darf und wer gewählt werden darf (M 4).

2. Untersucht den Stimmzettel der Bundestagswahl (M 6). Welche Informationen gibt er? Welche Fragen wirft er auf? Nähere Informationen zum Verständnis des Stimmzettels geben die Materialien M 4 und M 5.

3. Beschreibt das Wahlsystem der Bundesrepublik Deutschland und den Ablauf der Wahl (M 5, M 7, M 8). Erklärt den Unterschied zwischen Direkt- und Listenmandat, die Bedeutung von Erst- und Zweitstimme und was ein Überhangmandat ist.

4. Erklärt, wie die Grundsätze einer demokratischen Wahl (M 2b) bei den Vorschriften zum Ablauf der Bundestagswahl (M 8) berücksichtigt wurden. Vergleicht dazu auch M 9 und Arbeitshinweis 1., S. 216.

Welche Bedeutung haben die Wahlen zum Bundestag? – Beteiligung in der Demokratie konkret

M 9
Ein schöner Wahltag

Am Mittwoch war Bundestagswahl. Herr und Frau Sangmann hatten einen Familienstimmzettel. Nachdem sie am Eingang die Wahlgebühr von 5,- Euro bezahlt hatten, suchten sie sich eine schöne blaue Wahlkabine, die war nämlich für die Wähler der „Blauen" vorgesehen. Dann überlegten sie lange, welche Namen sie eintragen sollten. Frau Sangmann behauptete zwar, sie dürften nur ein Kreuzchen machen, aber Herr Sangmann sagte, Kreuzchen seien für Analphabeten. Der Wahlleiter kontrollierte den Stimmzettel, ob sie auch alles richtig gemacht hatten, und dann durften sie den Zettel in einen großen Papierkorb werfen, auf dem das Wort „URNE" stand. Der Wahlleiter bat sie, Frau Müller im 1. Stock Bescheid zu sagen, dass sie als Einzige im Haus noch nicht gewählt habe. Der Heimweg war sehr kurz, weil sie mit dem Taxi fahren konnten; das kostete sie keinen Cent, weil die Partei für alle, die sie gewählt hatten, die Taxigebühr bis 5,- Euro bezahlte. Herr Sangmann erklärte Frau Sangmann, das sei die berühmte 5%-Klausel. Ein schöner Wahltag war zu Ende.

(Xaver Fiederle [Hg.], P wie Politik, RS 10, Schöningh, Paderborn 1989, S. 58; leicht verändert)

M 10
Wahl zum „Bundestag" vom **.**.**** (konstruiertes Beispiel) – Ermittlung der Zusammensetzung des „Bundestages"

Das folgende konstruierte Beispiel wurde gegenüber der Wirklichkeit stark vereinfacht: Statt 598 Mandaten nur 20, statt 299 Wahlkreisen nur 10, nur je 10 Namen auf den Kandidatenlisten (vgl. M 5, M 6). Auch das Verfahren der Berechnung der Sitzverteilung wurde vereinfacht. Bei den wirklichen Bundestagswahlen werden die Sitze nach einem bestimmten mathematischen Verfahren aufgrund der Zahl abgegebener Stimmen berechnet. In diesem Beispiel könnt ihr euch mit der einfachen Formel begnügen, dass der Anteil der Mandate genau dem Anteil an den abgegebenen Stimmen (50% der Stimmen = 50% der Mandate) entspricht. Zu wählen: 20 Abgeordnete insgesamt, bei Überhangmandaten (siehe M 7) kann sich diese Zahl erhöhen, 10 Direktkandidaten in 10 Wahlkreisen.

Das Wahlergebnis

I. Erststimmenergebnis (Wahlkreisergebnisse in % der Stimmen):

1. Wahlkreis				5. Wahlkreis			
Willi Stolper	(Partei A)	=	7%	Carola Fuchs	(Partei A)	=	6%
Ruth Fischer	(Partei B)	=	34%	Friedrich Hesse	(Partei B)	=	38%
Richard Hinde	(Partei C)	=	27%	Michael Conrad	(Partei C)	=	16%
Hans-Gerd Klös	(Partei D)	=	32%	Heiner Lichtenstein	(Partei D)	=	40%
2. Wahlkreis				**6. Wahlkreis**			
Andre Zaubermann	(Partei A)	=	27%	Uli Birkenholz	(Partei A)	=	2%
Ulrich von Gersdorff	(Partei B)	=	26%	Ulrich Hoffmann	(Partei B)	=	57%
Theodor Herrann	(Partei C)	=	26%	Heinrich Schulze	(Partei C)	=	15%
Alwin Napp-Peters	(Partei D)	=	21%	Beate Mackensen	(Partei D)	=	26%
3. Wahlkreis				**7. Wahlkreis**			
Heidrun Brest	(Partei A)	=	11%	Gustav Wende	(Partei A)	=	1%
Ingrid Brentano	(Partei B)	=	26%	Herbert Feist	(Partei B)	=	35%
Konrad Eder	(Partei C)	=	23%	Willi Glatzer	(Partei C)	=	17%
Friedrich Weinert	(Partei D)	=	58%	Bruno Zaster	(Partei D)	=	47%
4. Wahlkreis				**8. Wahlkreis**			
Waltraud Bröll	(Partei A)	=	4%	Karl Pritzel	(Partei A)	=	44%
Rebecca Jochimsen	(Partei B)	=	48%	Werner Köllmann	(Partei B)	=	43%
Gotthard Wiswede	(Partei C)	=	27%	Rudolf Ulich	(Partei C)	=	8%
Jutta Grenzel	(Partei D)	=	21%	Hans Jürgens	(Partei D)	=	5%

9. Wahlkreis		
Rainer Schmidt	(Partei A) =	9%
Willi Vogt	(Partei B) =	31%
Andreas Becker	(Partei C) =	23%
Gerhard Schumacher	(Partei D) =	37%

10. Wahlkreis		
Gudrun Lampert	(Partei A) =	13%
Karl Bettelheim	(Partei B) =	29%
Bernd Hölldobler	(Partei C) =	16%
Sissy Vehrenkamp	(Partei D) =	42%

II. Zweitstimmenergebnis:

Auf die Kandidatenlisten der Parteien entfielen:

Partei A: 5% der Stimmen
Partei B: 40% der Stimmen
Partei C: 20% der Stimmen
Partei D: 35% der Stimmen

Die Kandidatenlisten der Parteien

Kandidatenliste Partei A:	Kandidatenliste Partei B:	Kandidatenliste Partei C:	Kandidatenliste Partei D:
1. Heidrun Brest	1. Willi Vogt	1. Konrad Eder	1. Hans-Gerd Klös
2. Uli Birkenholz	2. Rebecca Jochimsen	2. Heinrich Schulze	2. Bruno Zaster
3. Rainer Schmidt	3. Ulrich von Gersdorff	3. Rudolf Ulich	3. Jutta Grenzel
4. Gustav Wende	4. Herbert Feist	4. Gotthard Wiswede	4. Heiner Lichtenstein
5. Carola Fuchs	5. Karl Bettelheim	5. Richard Hinde	5. Beate Mackensen
6. Karl Pritzel	6. Ruth Fischer	6. Bernd Hölldobler	6. Hans Jürgens
7. Willi Stolper	7. Ingrid Brentano	7. Michael Conrad	7. Gerhard Schuhmacher
8. Gudrun Lampert	8. Friedrich Hesse	8. Andreas Becker	8. Sissy Vehrenkamp
9. Andre Zaubermann	9. Werner Kollmann	9. Willi Glatzer	9. Alwin Napp-Peters
10. Waltraud Bröll	10. Ulrich Hoffmann	10. Theodor Herrmann	10. Friedrich Weinert

(Autorentext)

1. Überprüft die Erzählung von dem „schönen Wahltag" (M 9) und stellt in einer Tabelle die Fehler und die notwendigen Korrekturen gegenüber.

2. M 10 enthält in vereinfachter Form das Ergebnis einer „Bundestagswahl", die es natürlich in dieser Form nie gegeben hat und auch nie geben wird. Mit Hilfe der in M 5 und M 7 enthaltenen Informationen könnt ihr die Zusammensetzung dieses „Bundestages" namentlich ermitteln. Gegenüber der Wirklichkeit von Bundestagswahlen ist in diesem Beispiel auch das Verfahren der Berechnung der Sitze vereinfacht worden.

M 11 Artikel 21

Das Grundgesetz über die Parteien

Die Parteien wirken bei der politischen Willensbildung des Volkes mit. Ihre Gründung ist frei. Ihre innere Ordnung muss demokratischen Grundsätzen entsprechen. Sie müssen über die Herkunft ihrer Mittel öffentlich Rechenschaft geben.

Welche Bedeutung haben die Wahlen zum Bundestag? – Beteiligung in der Demokratie konkret

M 12
Was ist eine Partei?

In einer Partei finden sich Menschen mit gleichen Interessen und gemeinsamen politischen Absichten zusammen: Sie wollen die Ordnung ihres Staates beeinflussen oder bestimmen. Ihre Ziele und Absichten geben sie in ihren *Parteiprogrammen* bekannt. Jede Partei versucht, so groß und einflussreich wie möglich zu werden, um allein oder in Zusammenarbeit mit anderen Parteien ihre Ziele durchzusetzen. In fast allen Staaten wird der Aufbau des Staates und seine Politik von den Parteien beeinflusst. Auch in der Bundesrepublik Deutschland wirken die Parteien an der *politischen Willensbildung* des Volkes mit, das bedeutet, sie geben den Bürgern die Möglichkeit, ihre Interessen und ihren Willen durchzusetzen. In der Regel werden Mitglieder von Parteien als Abgeordnete für das Parlament gewählt: Sie beschließen stellvertretend für das Volk die Gesetze.

Die größte Versammlung jeder Partei ist der *Parteitag:* Er findet in der Regel einmal im Jahr statt und dauert mehrere Tage. Teilnehmer sind gewählte Delegierte, das heißt Abgesandte aus allen Teilen des Landes. Diese Vertreter der so genannten unteren Gruppen sind unter anderem bevollmächtigt, die Mitglieder für den Vorstand der Partei zu wählen, der die wichtigsten Aufgaben der Partei übernimmt.

Je reger die Mitarbeit in den unteren Gruppierungen einer Partei ist, umso geringer ist die Gefahr, dass der *Parteivorstand* allein über die Ziele und Maßnahmen seiner Partei entscheidet.

Die *Ausgaben* der Parteien, zum Beispiel für Mitarbeiter, Büros, Werbung und Wahlkämpfe, werden zum größten Teil aus Mitgliedsbeiträgen und Spenden bezahlt. In der Bundesrepublik Deutschland wird ein Teil der Ausgaben für die Wahlkämpfe aus Steuermitteln ersetzt. In der Bundesrepublik Deutschland gibt es […] etwa 60 Millionen wahlberechtigte Staatsbürger, knapp 2 Millionen davon sind Mitglieder der verschiedenen Parteien.

(Hilde Kammer/Elisabeth Bartsch, Jugendlexikon Politik, Rowohlt, 30. Auflage, Reinbek 2001, S. 150f.)

M 13
Zwei Parteienpuzzle

In einer repräsentativen* Befragung im Rahmen der Shell-Jugendstudie konnten im Jahre 1997 nur 30 Prozent der Jugendlichen im Alter zwischen 15 und 17 Jahren die Namen der im Deutschen Bundestag vertretenen Parteien richtig benennen. Mit Hilfe der folgenden Puzzleteile könnt ihr in einem ersten Schritt euer Wissen überprüfen. Wenn ihr fertig seid, müssen alle Puzzleteile verbraucht sein. In einem zweiten Schritt könnt ihr euch vergewissern, was ihr über die Bedeutung der Bezeichnungen der Parteien wisst.

Bestandteile der Namen der im Bundestag vertretenen Parteien

Bündnis	Demokratischen	Grünen	Soziale
Christlich	Des	Neunzig	Sozialdemokratische
Christlich	Deutschlands	Partei	Sozialismus
Demokratische	Die	Partei	Union
Demokratische	Freie	Partei	Union

Sechs Begriffe und sechs Erklärungen

1. demokratisch	2. frei	3. Union	4. sozial	5. grün	6. sozialistisch

a) bedeutet gemeinschaftsorientiert, gemeinschaftsfördernd. Man will eine Politik machen, die mitmenschlich ist, und hat dabei insbesondere die Schwachen bzw. Benachteiligten im Blick.

b) bedeutet „Vereinigung", „Bündnis". Gemeint ist, dass sich Parteien mit diesem Begriff im Namen als ein Bündnis für Menschen und Gruppen aus allen Schichten des Volkes und mit verschiedenen religiösen Überzeugungen verstehen.

c) bedeutet, dass sich die Partei zur Herrschaft des Volkes, damit zur Legitimation aller staatlichen Entscheidungen durch das Volk sowie zur Sicherung wichtiger Voraussetzungen dafür (wie die Geltung von Grundrechten) bekennt.

d) steht für eine politische Ausrichtung, die sich in besonderer Weise der individuellen Eigenständigkeit des Einzelnen gegenüber dem Staat und seiner persönlichen Verantwortung für sein Wohlergehen verpflichtet fühlt.

e) Der Begriff drückt eine besondere Verpflichtung gegenüber der Natur und dem Schutz der Umwelt aus.

f) steht für die Idee von einer Gesellschaft, die im Interesse sozialer Gerechtigkeit allen Menschen die gleichen Voraussetzungen zum Leben verschaffen will und deshalb der Gleichheit Vorrang vor der individuellen Freiheit gibt.

(Autorentext)

M 14

Die im Bundestag vertretenen Parteien der Bundesrepublik Deutschland

Angela Merkel
Vorsitzende der CDU seit 1999

Edmund Stoiber
Vorsitzender der CSU seit 1999

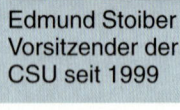

Gerhard Schröder
Vorsitzender der SPD seit 1999

(Fotos: Bundesbildstelle Bonn)

(Foto: © ZB-Fotoreport/Peer Grimm)

Die Geschicke der Bundesrepublik Deutschland werden entscheidend durch die einzelnen Parteien und Parteienbündnisse *(Koalitionen)* bestimmt. Von der Gründung der Bundesrepublik 1949 bis zum Jahre 1966 stellten CDU und CSU als führende Regierungsparteien meistens zusammen mit der FDP die Bundesregierung. Von 1966 bis 1969 bestand eine „große Koalition" von CDU/CSU und SPD. Von 1969 bis 1982 war die SPD in einem Bündnis mit der FDP die führende Regierungspartei (sozialliberale Koalition). Von 1982 bis 1998 regieren wieder CDU/CSU und FDP. Seit 1998 regiert die SPD in einer Koalition mit Bündnis 90/Die Grünen.

Die **Christlich-Demokratische Union (CDU)** und die **Christlich-Soziale Union (CSU)** wurden 1945 als christlich orientierte Parteien von Bürgern katholischen *und* evangelischen Glaubens (deshalb: Union) gegründet. CDU und CSU sind „Schwesterparteien", d.h., die CSU beschränkt ihr Wirkungsgebiet ausschließlich auf Bayern, während die CDU im übrigen Bundesgebiet arbeitet. CDU/CSU verstehen sich als alle Schichten und Gruppen des Volkes umfassende, soziale*, liberale* und konservative* Strömungen vereinende demokratische Volksparteien*, deren Politik auf dem christlichen Verständnis vom Menschen und seiner Verantwortung vor Gott beruht.

Die Anfänge der **Sozialdemokratischen Partei Deutschlands (SPD)** gehen bis in das Jahr 1863 zurück. Lange war die SPD eine reine Arbeiterpartei, bis sie sich nach dem 2. Weltkrieg in der Bundesrepublik Deutschland zu einer „linken Volkspartei" entwickelte, die auch andere Schichten und Gruppen der Bevölkerung vertritt. Gerechte und gleiche Lebensbedingungen für jeden sollen im Rahmen der Demokratie und mit Zustimmung der Mehrheit der Bevölkerung erreicht werden.

Welche Bedeutung haben die Wahlen zum Bundestag? – Beteiligung in der Demokratie konkret 219

Guido Westerwelle Vorsitzender der FDP seit 2001
(Foto: Bundesbildstelle Bonn)

Angelika Beer und Reinhard Bütikofer, seit 2002 Parteivorsitzende von Bündnis 90/Die Grünen
(Fotos: dpa)

Gabi Zimmer Vorsitzende der PDS seit 2001
(Foto: dpa/Klaus Franke)

Die 1945 gegründete **Freie Demokratische Partei (FDP)** versteht sich als Partei des Liberalismus, d. h., die Freiheit des einzelnen Menschen und deren Sicherung ist für sie vorrangiges Ziel. Grundsatz der Partei ist, dass es ohne Bildung und ohne Eigentum jedes einzelnen Menschen auf die Dauer auch keine Freiheit und kein Wohlergehen für die Gemeinschaft geben kann.

Die *Grünen* wurden als Bundespartei 1980 gegründet. Sie entstanden aus Bürgerinitiativen zum Schutz der Umwelt und insbesondere zur Verhinderung von Kernkraftwerken. Sie setzen sich vor allem für einen besseren Umweltschutz und für mehr direkte Demokratie und eine bessere Beteiligung aller unmittelbar Betroffenen an staatlichen Entscheidungen ein. Bei der Bundestagswahl 1990 verfehlten die Grünen den Einzug in den Bundestag, in dem sie seit 1983 vertreten waren. Im Herbst 1992 schlossen sie sich mit Bürgerrechtsgruppen aus den neuen Bundesländern (der ehemaligen DDR), die seit 1990 als „Grüne/Bündnis 90" mit einer kleinen Gruppe von acht Abgeordneten im Bundestag vertreten waren, zu einer neuen Partei **„Bündnis 90/Die Grünen"** zusammen. Diese neue Partei ist seitdem im Bundestag und den meisten Landesparlamenten vertreten.

Die **Partei des Demokratischen Sozialismus (PDS)** ist im Dezember 1989 aus der SED*, der ehemaligen Staatspartei der DDR*, hervorgegangen. Sie hat sich von ihrer Vergangenheit als Partei eines diktatorischen, bürokratischen Sozialismus* losgesagt und versteht sich heute als Sammelbecken aller linken, sozialistisch* orientierten Kräfte und mobilisiert vor allem Wähler in Ostdeutschland, die sich zu den Verlierern der deutschen Einheit zählen.
(Autorentext)

M 15 Die Parteien in Bundestag und Bundesrat

M 15a Die Wahlen zum Bundestag 1949 – 2002

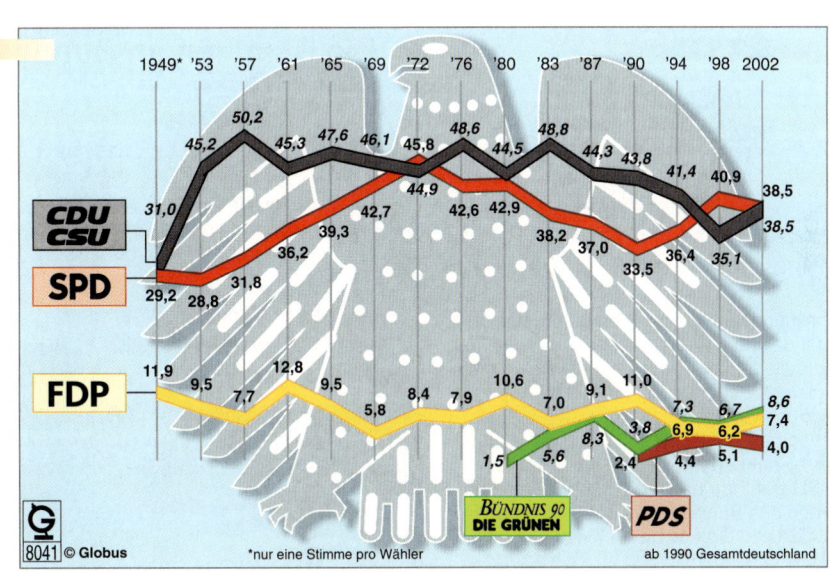

Stimmenanteile in % (Zweitstimmen)

Jahr	CDU/CSU	SPD	FDP	Bündnis 90/Die Grünen	PDS
1949*	31,0	29,2	11,9		
'53	45,2	28,8	9,5		
'57	50,2	31,8	7,7		
'61	45,3	36,2	12,8		
'65	47,6	39,3	9,5		
'69	46,1	42,7	5,8		
'72	44,9	45,8	8,4		
'76	48,6	42,6	7,9		
'80	44,5	42,9	10,6	1,5	
'83	48,8	38,2	7,0	5,6	
'87	44,3	37,0	9,1	8,3	
'90	43,8	33,5	11,0	3,8	2,4
'94	41,4	36,4	6,9	7,3	4,4
'98	35,1	40,9	6,2	6,7	5,1
2002	38,5	38,5	7,4	8,6	4,0

*nur eine Stimme pro Wähler   ab 1990 Gesamtdeutschland
© Globus 8041

M 15b

Sitzverteilung im 15. Deutschen Bundestag (2002–2006)

SPD: 251 Sitze
CDU/CSU: 248
Grüne: 55
FDP: 47
PDS: 2

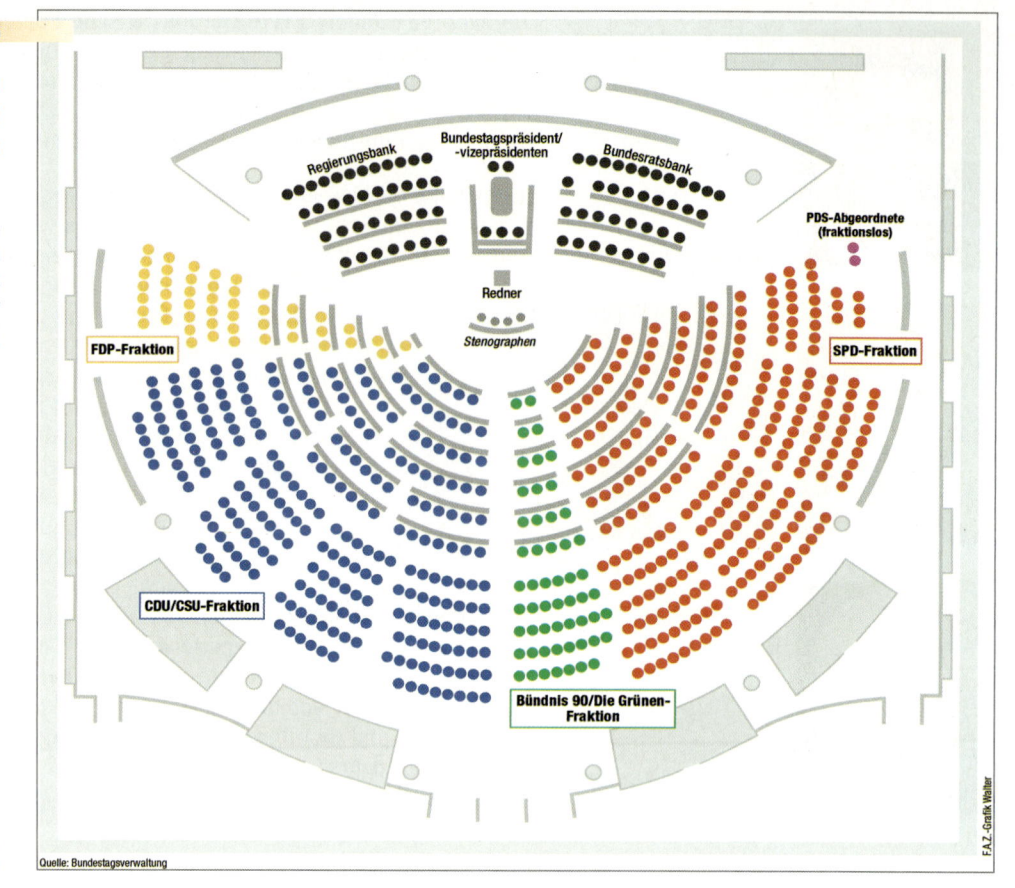

(Grafik: Stefan Walter; Quelle: Frankfurter Allgemeine Zeitung v. 17.10.2002, S. 5)

M 15c

Sitzverteilung im Bundesrat

(Stand: April 2003)

Nächste Landtagswahlen:
Bremen: 25.5.2003
Bayern: 21.9.2003

Das „Patt" im Vermittlungsausschuss (des Bundestages) bezieht sich darauf, dass die Regierungsparteien (SPD/Grüne) einerseits und die Oppositionsparteien andererseits über die gleiche Stimmenzahl (16) im 32-köpfigen Vermittlungsausschuss verfügen:
Von den 16 Stimmen des Bundesrates (1 Stimme je Bundesland) entfallen 7 Stimmen auf SPD-geführte Länder und 9 auf CDU/CSU-geführte Länder.
Von den 16 Stimmen des Bundestages gehören 9 den Regierungsparteien (SPD: 8, Grüne: 1) und 7 den Oppositionsparteien (CDU: 7, CSU: 6, FDP: 1).

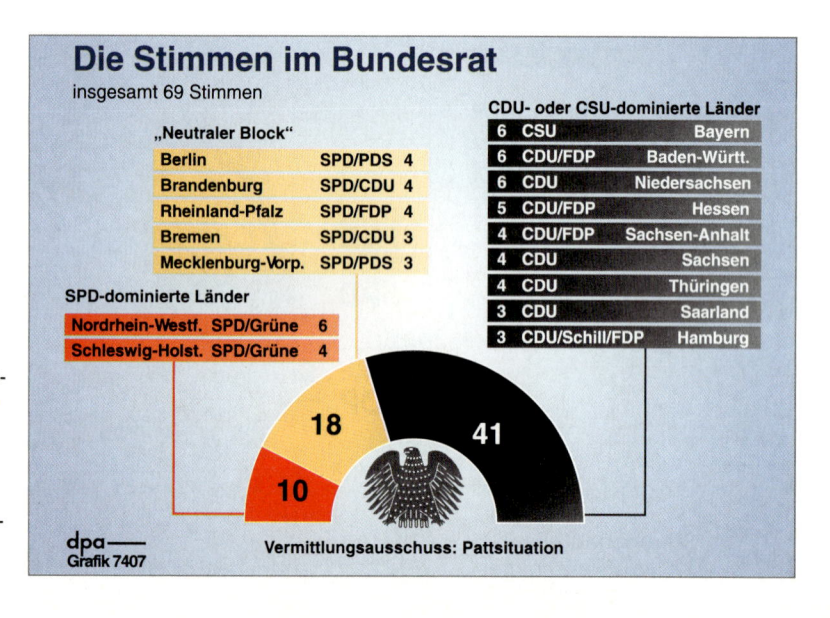

Die Stimmen im Bundesrat
insgesamt 69 Stimmen

„Neutraler Block"

Land	Regierung	Stimmen
Berlin	SPD/PDS	4
Brandenburg	SPD/CDU	4
Rheinland-Pfalz	SPD/FDP	4
Bremen	SPD/CDU	3
Mecklenburg-Vorp.	SPD/PDS	3

SPD-dominierte Länder

Land	Regierung	Stimmen
Nordrhein-Westf.	SPD/Grüne	6
Schleswig-Holst.	SPD/Grüne	4

CDU- oder CSU-dominierte Länder

Stimmen	Regierung	Land
6	CSU	Bayern
6	CDU/FDP	Baden-Württ.
6	CDU	Niedersachsen
5	CDU/FDP	Hessen
4	CDU/FDP	Sachsen-Anhalt
4	CDU	Sachsen
4	CDU	Thüringen
3	CDU	Saarland
3	CDU/Schill/FDP	Hamburg

18 | 41 | 10

Vermittlungsausschuss: Pattsituation

dpa Grafik 7407

Wie arbeiten die Staatsorgane? – Bundestag, Bundesregierung und Bundespräsident in Aktion

1. Untersucht, wie das Grundgesetz die Rolle der Parteien bestimmt (M 11), welche Aufgaben und Ziele eine Partei hat und wie sie organisiert ist (M 12).

2. Löst das Parteienpuzzle und ordnet die richtigen Begriffe den Parteien zu (M 13). Die Darstellung in M 14 kann dazu eine Hilfe sein.

3. Beschreibt die großen Parteien in der Bundesrepublik. Worin unterscheiden sie sich (M 14)?

4. Untersucht, wie sich die Stimmenanteile der Parteien seit 1949 entwickelt haben (M 15a). Welche Parteienbündnisse haben die Politik in der Bundesrepublik Deutschland bestimmt (M 14)?

5. Untersucht die derzeitige Vertretung der Parteien in Bundestag und Bundesrat (M 15b und c). Vergleicht die Mehrheitsverhältnisse im Bundesrat. Wodurch können sie sich ändern?

Wie arbeiten die Staatsorgane? – Bundestag, Bundesregierung und Bundespräsident in Aktion

In M 6 in Kapitel 9 habt ihr bereits die Grundzüge unserer politischen Ordnung und die Staatsorgane, die man wegen ihrer Verankerung im Grundgesetz auch Verfassungsorgane nennt, kennen gelernt. In den folgenden Materialien erhaltet ihr ergänzende Informationen zu den Aufgaben und der Arbeitsweise von Bundestag, Bundesregierung und Bundespräsident. Dabei soll es vor allem darum gehen, die Aufgaben und die Arbeitsweise dieser Staatsorgane genauer zu verstehen. Ein gutes Verfahren dazu ist die arbeitsteilige Erarbeitung der Informationen zu den einzelnen Staatsorganen. Deshalb findet ihr am Anfang dieses Abschnitts eine Anleitung zur Erarbeitung und Präsentation eines Kurzvortrags.

Methode M 16 Wie hält man einen guten Vortrag? – Kurzvortrag nach Stichwortzetteln

Die einzelnen Themen dieses Abschnittes können in Form von Kurzvorträgen bearbeitet werden. Dies kann einzeln oder in Gruppen geschehen. Der Vorteil: Man teilt sich die Arbeit auf und übt die Präsentation von Inhalten vor einem Publikum. Das ist eine wichtige Qualifikation, die in der Schule, im Beruf, im Vereinsleben und natürlich auch beim Mitmachen in der Politik von grundlegender Bedeutung ist. Die Fähigkeit zur Vorbereitung und zur Präsentation eines Kurzvortrages lässt sich üben, will aber auch geübt sein, wenn man mit seinem Vortrag „ankommen" möchte.

(Foto: Günter Schlottmann/Verlagsarchiv Schöningh)

Worauf kommt es bei einem Vortrag an?

Bei einem Vortrag geht es darum, Informationen, die man sich alleine oder in einer Gruppe erarbeitet hat, einer Zielgruppe zu vermitteln. Ein guter Vortrag zeichnet sich besonders durch zwei Merkmale aus: 1. Verständlichkeit (Das betrifft den Inhalt des Vortrags.), 2. Anschaulichkeit (Das betrifft die Art der Darstellung.).

Vorschläge für Vortragsthemen aus dem Kapitel 10 „Wie funktioniert unsere Demokratie? – Von der Wahl bis zur Arbeit der Staatsorgane":

- Gesetzgebung – Wie entsteht ein Gesetz?(M 18 – M 20)
- Ein anspruchsvoller Job – Was machen die Bundestagsabgeordneten? (M 21 – M 25)
- Regieren, was ist das? – Die Aufgaben der Bundesregierung (M 27 – M 29)
- Demokratie bedeutet Kontrolle – Wie kontrolliert das Parlament die Bundesregierung? (M 30 – M 31)
- Unser Staatsoberhaupt – der Bundespräsident (M 32 – M 33)

Die Vorbereitung des Kurzvortrages

Nach der Entscheidung für ein Thema könnt ihr euch an der folgenden Checkliste orientieren:

Checkliste
1. Lesen des Materials, jeder für sich und in Ruhe
2. Bearbeiten des Materials (Schlüsselbegriffe herausschreiben, wichtige Informationen sammeln und notieren, Unbekanntes klären)
3. Eventuell weiteres Material hinzuziehen (zum Beispiel aus Lexika, Fachbüchern, aus dem Internet – die Schulbibliothek nutzen!)
4. Informationen zum Thema gezielt sammeln
5. Voraussetzungen der Zuhörer einschätzen
6. Aus der Sammlung die Informationen auswählen, die zum Verständnis des Themas für den vorgesehenen Zuhörerkreis unverzichtbar sind
7. Informationen gliedern
8. Vortrag in Einleitung, Hauptteil und Schluss einteilen
9. Einen Stichwortzettel erstellen
10. Zeitlichen Umfang festlegen und abschätzen
11. Über Unterstützung durch Präsentationsmedien (z.B. Folie) entscheiden
12. Vortrag einmal üben (zum Beispiel in einer Gruppe)
13. Eventuell kürzen und noch einmal überarbeiten

Die Präsentation des Kurzvortrages

Es gibt viele verschiedene Arten, wie man einen Vortrag vor einer Gruppe halten kann. Jeder sollte die Art finden, die zur eigenen Person am besten passt. Darüber hinaus gibt es Regeln, die erlernbar sind und die immer dabei helfen, dass man seine Vortragsziele erreicht.

Wichtig ist, dass die Vortragenden gut vorbereitet sind, weil das Publikum sehr schnell merkt, ob jemand von der Sache, über die gesprochen wird, etwas versteht. Darüber hinaus sollte der Vortrag gut verständlich sein, lebendig gestaltet werden und möglichst mit zusätzlichen Medien, wie einer Folie, einem Plakat, einem Schaubild, einem Tafelanschrieb, einer Mindmap usw., optisch unterstützt werden.

Stichwortzettel

1. Einleitung
Thema klar formulieren
Bedeutung des Themas deutlich machen

2. Hauptteil
Überblick über die einzelnen Punkte geben

Information 1	Folie
Information 2	Plakat
Information 3	Mindmap
Information 4	Tafel

3. Schlussteil
kurze Zusammenfassung geben
Vortrag mit einem interessanten Gedanken beenden

Die vier Interessantmacher:

1. gute Vorbereitung   3. Lebendigkeit
2. Verständlichkeit   4. Anschaulichkeit

Egal, ob ihr alleine oder im Team einen Vortrag haltet: Achtet stets auf die Einhaltung der folgenden fünf Präsentationsregeln!

Fünf Schritte für eine gelungene Präsentation

(Zeichnung: Reinhild Kassing/Verlagsarchiv Schöningh)

1. Die Aufmerksamkeit des Publikums herstellen

Nicht in die Unruhe der Klasse hinein mit dem Vortrag beginnen, Ruhe abwarten, Blickkontakt herstellen, interessanten Einstieg wählen, ggf. um Aufmerksamkeit bitten.

2. Deutlich und verständlich sprechen

Ein guter Vortrag sollte nicht abgelesen werden, auf keinen Fall das Vorbereitete herunterleiern!

3. Die Verbindung zum Publikum halten

Immer wieder Blickkontakt zum Publikum herstellen, nicht nur auf die Lehrperson schauen oder auf eine Wand, auf der sich ein Plakat befindet oder das Bild des Overheadprojektors, zum Schluss den Zuhörern für ihre Aufmerksamkeit danken.

4. Die wichtigsten Ergebnisse besonders herausstellen

Im Schlussteil das Gesagte in wenigen Worten zusammenfassen; einen Merktext formulieren, ggf. ein Papier oder eine Folie vorbereiten und verteilen, das die wichtigsten Informationen enthält.

5. Überprüfen, wie der Vortrag beim Publikum angekommen ist

Fragen zum Verständnis des Vortrags an das Publikum richten, Fragen zulassen

Tipp: Die Aufregung der Vortragenden wird geringer, wenn ihr euch dazu verpflichtet, fair miteinander umzugehen. Jeder Vortrag sollte besprochen werden: Was war gut? Was kann verbessert werden? Wie stand es um die Verständlichkeit und die Anschaulichkeit?

(Politik erleben – Sozialkunde, hg. von Wolfgang Mattes, Schöningh, Paderborn 2001, S. 200f; ergänzt)

M 17

Aufgaben des Bundestages

In dem vorhergehenden Abschnitt ist deutlich geworden, dass das Parlament, die Volksvertretung, eine zentrale Rolle in einer parlamentarischen Demokratie spielt. Im Einzelnen kann man folgende Aufgaben oder Funktionen des Bundestages unterscheiden:
1. Wahl des Bundeskanzlers als Grundlage der Regierungsbildung (Wahlfunktion),
2. Beratung und Beschluss von Gesetzen als den allgemeinverbindlichen Regelungen für das Gemeinwesen (Gesetzgebungsfunktion),
3. Vertretung der Bevölkerung mit einer angemessenen Berücksichtigung ihrer vielschichtigen, teilweise einander widerstreitenden Interessen und Einstellungen (Repräsentations- bzw. Artikulationsfunktion*),
4. Kontrolle der Regierung und der ihr unterstellten Behörden (Kontrollfunktion).
Die folgenden Materialien beschäftigen sich vor allem mit der Gesetzgebungsfunktion und der Kontrollfunktion des Bundestages.

(Autorentext)

M 18 Wie kommt es zu einem Gesetz?

[…] Das Gesetzgebungsverfahren beginnt mit der *Vorlage eines Gesetzentwurfes*. […] Gesetzesvorlagen können nach Artikel 76 GG nur eingebracht werden
- von der Bundesregierung,
- aus der Mitte des Bundestages oder
- vom Bundesrat.

Gesetzesvorlagen […] kommen durch die unterschiedlichsten Anstöße zustande. Einzelne Bürger oder Gruppen von Bürgern, Gewerkschaften oder Wirtschaftsverbände […] fordern neue Regelungen oder die Verbesserung bestehender Vorschriften. Von den Behörden, die Gesetze auszuführen haben, kommen Anregungen zu Änderungen, wenn Mängel bei der Ausführung aufgetreten sind. Politische Parteien, Fraktionen oder einzelne Abgeordnete drängen auf Verwirklichung von Programmen oder Ankündigungen. Internationale Verträge bedürfen der Form eines Bundesgesetzes […] In allen diesen Fällen kann es schließlich zur Vorlage eines Gesetzentwurfes kommen. Zuvor muss der *Gesetzentwurf* erarbeitet werden. Am häufigsten geschieht dies in den Bundesministerien. Deshalb werden die meisten Gesetzesvorlagen von der Bundesregierung im Bundestag eingebracht. Entwürfe für Bundesgesetze werden auch von Landesministerien erarbeitet. Sie werden dann von der Landesregierung dem Bundesrat zugeleitet, damit dieser von seinem Initiativrecht* Gebrauch macht. Gesetzesvorlagen kommen auch aus der Mitte des Bundestages […].

Für die Erarbeitung eines Gesetzentwurfes sind zahlreiche Überlegungen über die Folgen der beabsichtigten Regelungen erforderlich sowie viele Besprechungen mit Fachleuten, mit Verbänden von Betroffenen und mit Behörden, die die Regelungen auszuführen hätten. Entwürfe eines federführenden Ministeriums werden dem Bundeskabinett vorgelegt und müssen von diesem beschlossen werden, um als „Regierungsvorlage" beim Bundestag eingebracht werden zu können.

(Klaus Friedrich Arndt/Wolfgang Heyde/Gebhard Ziller, Legislative, Exekutive, Rechtsprechung; Bund, Länder, Kommunen; Dümmler's Verlag, Bonn 1993, S. 25)

M 19 Ein Gesetz entsteht: das Beispiel Tierschutzgesetz

M 19a Worum geht es beim Tierschutz?

Logo der Tierschutz-Jugend-Gruppe im Tierschutzverein Bamberg e.V., Rothofer Weg 30, 96049 Bamberg-Gaustadt

Unter Tierschutz werden alle Maßnahmen und Einrichtungen zum Schutz des Lebens und des Wohlbefindens von Tieren verstanden. Tierschutz umfasst die Haltung, den Transport, den Handel, das Töten und Versuche mit Tieren. Wie in vielen anderen Staaten auch gilt Tierschutz in Deutschland als eine Aufgabe von großem öffentlichen Interesse. Daher ist das Parlament aufgefordert, gesetzliche Regelungen zu schaffen, die für alle Bürgerinnen und Bürger verbindlich sind.

(Politik erleben – Sozialkunde, hg. von Wolfgang Mattes, Schöningh, Paderborn 2001, S. 227)

M 19b Der Anlass für ein neues Tierschutzgesetz

Herbst 1996: Eine Gruppe von Tierärzten deckt einen Tiertransportskandal auf. 717 Rinder wurden in Nord- und Ostdeutschland in Lastwagen eingepfercht und – überwiegend ohne Pausen, Wasser und Futter – nach Italien gebracht. Von dort aus wurden sie auf Schiffe verladen. Nach fünftägiger Fahrt erreichte lediglich die Hälfte der Rinder lebend den Schlachthof im türkischen Istanbul. Zahlreiche Bürgerinnen und Bürger forderten nun – vielfach un-

Wie arbeiten die Staatsorgane? – Bundestag, Bundesregierung und Bundespräsident in Aktion 225

Aus einem Flugblatt der „Menschen für Tierrechte – Bundesverband der Tierversuchsgegner e.V."

terstützt von den Medien – ein gesetzliches Verbot solcher Art von Tiertransporten über lange Strecken.
Die Europäische Union verabschiedete kurze Zeit später eine Richtlinie, die vorsieht, dass Tiere auf Transporten angemessen versorgt werden, Ruhezeiten erhalten und in regelmäßigen Abständen auf Krankheiten untersucht werden. Verabschiedet die Union der Europäischen Staaten eine Richtlinie, so muss diese in allen Parlamenten der Mitgliedstaaten in ein nationales Gesetz umgewandelt werden. Das machte in Deutschland eine Neufassung des geltenden Tierschutzgesetzes notwendig. Aus diesem Anlass wurde nicht nur die Frage der Tiertransporte neu geregelt, sondern das Tierschutzgesetz grundlegend überarbeitet.

(Politik erleben – Sozialkunde, hg. von Wolfgang Mattes, Schöningh, Paderborn 2001, S. 228; ergänzt)

M 19c
Das neue Tierschutzgesetz von 1998

Im Frühjahr 1998 hat der Bundestag mit der Zustimmung des Bundesrates ein neues Gesetz zum Schutz der Tiere verabschiedet. Es schreibt vor, dass jemand, der sich einen Hund, eine Katze oder ein anderes Wirbeltier kaufen möchte, mindestens 16 Jahre alt sein muss. Vorher konnte man schon mit 14 ein solches Haustier erwerben. Es verbietet Tierversuche zu kosmetischen Zwecken und es legt fest, dass niemand einem Tier Schmerzen, Leid oder Schaden zufügen darf, wenn dies zu vermeiden ist.
Die Entstehung des neuen Tierschutzgesetzes war von heftigen Auseinandersetzungen begleitet. Während zum Beispiel engagierte Gruppen von Tierschützern ein völliges Transportverbot für Nutztiere forderten und immer noch fordern, traten andere, zum Beispiel Ver- und Einkäufer von Fleisch, für weniger strenge gesetzliche Regelungen ein, weil – ihrer Meinung nach – die Nachfrage nach billigem Fleisch sonst nicht befriedigt werden könne.

> **Tierschutzgesetz (TierschG) in der Fassung der Bekanntmachung vom 25. Mai 1998 (BGBl. I S. 1105, 1818)**
> **§ 2**
> Wer ein Tier hält, betreut oder zu betreuen hat,
> ● muss das Tier seiner Art und seinen Bedürfnissen entsprechend angemessen ernähren, pflegen und verhaltensgerecht unterbringen,
> ● darf die Möglichkeit des Tieres zu artgemäßer Bewegung nicht so einschränken, dass ihm Schmerzen oder vermeidbare Leiden oder Schäden zugefügt werden,
> ● muss über die für eine angemessene Ernährung, Pflege und verhaltensgerechte Unterbringung des Tieres erforderlichen Kenntnisse und Fähigkeiten verfügen.

(Politik erleben – Sozialkunde, hg. von Wolfgang Mattes, Schöningh, Paderborn 2001, S. 227)

M 19d
Beispiele für Verstöße gegen das Tierschutzgesetz und ihre Ahndung

Tiertransporte
● Bei einem Tiertransporter mit 230 Schlachtschweinen wurde die zulässige Ladedichte um 29,3 % und somit erheblich überschritten (Verstoß gegen § 18 Abs. 1 Nr. 1 Tierschutzgesetz i.V. mit § 2), Bußgeld 750 Euro.
● Transport von Kälbern im Alter von weniger als 14 Tagen (Verstoß gegen § 18 Abs. 1 Nr. 3a Tierschutzgesetz mit § 42 Nr. 1 Tierschutztransport-VO), Bußgeld 150 Euro.

- Ein niederländischer Transportzug mit Schlachtschweinen war zu 25 % überladen (Ordnungswidrigkeit nach § 18 Abs. 1 Nr. 1 Tierschutzgesetz), Bußgeld 1000 Euro.
- Ein niederländischer Kraftfahrer hatte mit einem Sattelzug 36 lebende Bullen aus Ungarn transportiert, obwohl die Widerristhöhe nicht ausreichte (Ordnungswidrigkeit nach § 18 Abs. 1 Nr. 1 Tierschutzgesetz), Bußgeld 1000 Euro.

Aussetzen von Tieren
Pressemeldung des Bundes gegen den Missbrauch von Tieren vom 30.6.2002:
Aussetzen von Tieren steht unter Strafe – Bund gegen Missbrauch mahnt zu Beginn der Hauptreisezeit besondere Verantwortung der Tierhalter an und hält Informationsbroschüre bereit.
Tausende von Hunden, Katzen und Kleintieren werden zu Beginn der Reisezeit von ihren Besitzern ausgesetzt. In Pappkartons vor den Tierheimen abgelegt, an der Straße, auf dem Rastplatz oder im Wald angebunden. Der Bund gegen Missbrauch der Tiere weist darauf hin, dass dies ein Verstoß gegen das Tierschutzgesetz ist, der mit 25.000 Euro Bußgeld geahndet wird.

Schüsse auf Katzen
Eine Meldung aus dem Kreis Steinfurt (Nordrhein-Westfalen) im Sommer 2002:
Die Rheinenser Polizei hat nach einem Verstoß gegen das Tierschutzgesetz Ermittlungen aufgenommen. Eine bislang unbekannte Person hat im Bereich Kleestraße mit einem Gewehr auf zwei Katzen geschossen und die Tiere dabei erheblich verletzt. Der Eigentümer der Katzen hatte am 22. Juli mehrere Schusswunden im Kopf- und Brustbereich der beiden Tiere festgestellt.
Beide Katzen wurden zu einem Tierarzt gebracht und dort notärztlich versorgt. Es wurde festgestellt, dass bei einem Tier noch ein Projektil im Körper steckte. Den Untersuchungen zufolge sind die Haustiere von mehreren Schüssen vermutlich aus einem Luftgewehr getroffen worden.

(Animals' Angels e.V., Bismarckallee 22, D-79098 Freiburg, Bund gegen den Missbrauch von Tieren 2002, Internet-Magazin st-regio.de der region neWMedia GmbH, Buchenweg 43, 48282 Emsdetten)

M 20 Das Gesetzgebungsverfahren

Im zuständigen Ministerium arbeiten Beamte eine Gesetzesvorlage aus (s. M 18). Im Falle des Tierschutzes war das damalige Landwirtschafts- und heutige Verbraucherschutzministerium zuständig. Der Vorschlag zur Änderung des Bundestierschutzgesetzes muss die Auflagen der EU-Richtlinien* erfüllen. Der Gesetzesvorschlag wird zunächst dem *Bundesrat* zugeleitet, der innerhalb von sechs Wochen dazu Stellung nimmt. Über den Bundesrat wirken die 16 Bundesländer mit. Gesetzesvorschläge, die in einem Ministerium der Bundesregierung ausgearbeitet wurden, werden im Kabinett vom Bundeskanzler und seinen Ministerinnen und Ministern verabschiedet und dann dem **Bundestag** vorgelegt. Gesetzesvorschläge aus der Opposition werden direkt dem Präsidium des Bundestages zugeleitet.
Die Gesetzesvorschläge werden in mehreren „Lesungen" genannten Beratungen im Bundestag behandelt. Für jedes Bundesgesetz muss es drei Lesungen geben. Die erste Lesung dient einer ersten umfassenden öffentlichen Auseinandersetzung über das Gesetz. Die Regierungs- und Oppositionsparteien nutzen die Gelegenheit, die Öffentlichkeit über Fernsehen, Hörfunk und Presse über ihre unterschiedlichen Standpunkte zu informieren.
Nach der **ersten Lesung** wird das Gesetz – um geprüft und verbessert zu werden – an einen der zahlreichen **Fachausschüsse** des Bundestages überwiesen. Ihnen gehören Abgeordnete aller im Parlament vertretenen Parteien an. Die Ausschüsse werden entsprechend der Fraktionsstärken besetzt. Von den Fraktionen* werden Fachleute in die Ausschüsse entsandt. Die Ausschüsse können auch von sich aus Sachverständige, die nicht Mitglieder des Bundestages sind, zur Beratung hinzuziehen.

Wie arbeiten die Staatsorgane? – Bundestag, Bundesregierung und Bundespräsident in Aktion

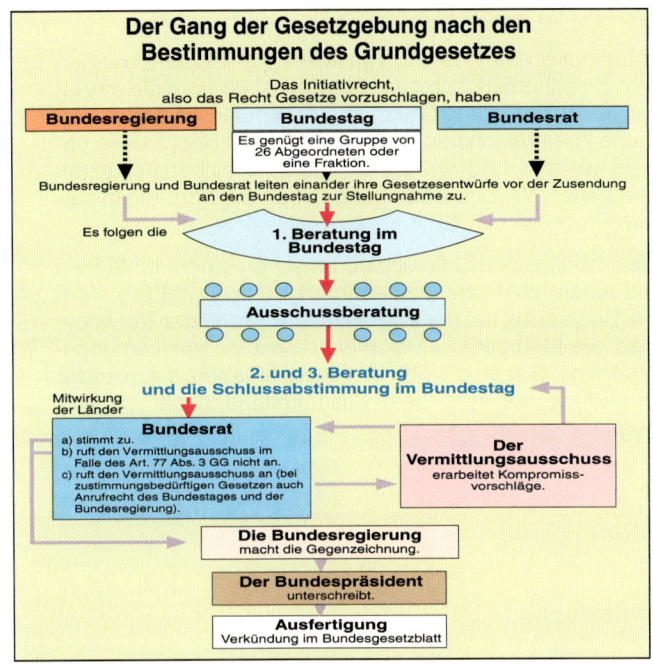

Der Gang der Gesetzgebung nach den Bestimmungen des Grundgesetzes

(Wolfgang Mattes u.a., Politik erleben, Schöningh, Paderborn 2001, S. 227)

Die ständigen Ausschüsse des 15. Bundestags

Die Ausschüsse tagen in der Regel nicht öffentlich; sie können jedoch in Ausnahmefällen die Öffentlichkeit zulassen und öffentliche **Anhörungen** *von Sachverständigen oder Interessenvertretern* durchführen. In den Ausschüssen fallen in den meisten Fällen die eigentlichen Entscheidungen, weil die Abgeordneten der einzelnen Fraktionen sich in der Regel der Meinung der aus ihrer Fraktion in die einzelnen Ausschüsse entsandten Fachleute anschließen. Die Ausschüsse erstatten über ihre Arbeit einen *Bericht,* der allen Bundestagsabgeordneten zugeleitet wird und Gegenstand der weiteren Beratung im Plenum ist. Eine Übersicht über die Ausschüsse des 2002 gewählten 15. Bundestages gibt euch das Schaubild.

Sind die Beratungen in den Ausschüssen abgeschlossen, wird das Gesetz dem Bundestag zur **zweiten Lesung** vorgelegt. Die Opposition im Parlament hat hier noch einmal die Möglichkeit, ihre Kritik und ihre Änderungswünsche vor der Öffentlichkeit vorzutragen. Es folgt die dritte Lesung und danach die *Abstimmung* im Deutschen Bundestag.

Anschließend wird der Gesetzentwurf dem **Bundesrat** zugeleitet. Bei den so genannten „einfachen" Bundesgesetzen kann der Bundesrat nur einen Einspruch erheben, der bei einer erneuten Behandlung im Bundestag „überstimmt" werden kann, woraufhin das Gesetz in Kraft tritt.

Anders ist es bei **„zustimmungsbedürftigen"** Gesetzen. Bei diesen Gesetzen kann ein Beschluss des Bundestages nur Gesetz werden, wenn der Bundesrat ihm ausdrücklich zugestimmt hat. Der Bundesrat kann, wenn seine Änderungswünsche im Vermittlungsverfahren nicht berücksichtigt werden, das Gesetz durch seinen Einspruch endgültig zu Fall bringen. Zustimmungsbedürftige Gesetze sind alle Gesetze, bei denen die Einnahmen und Ausgaben der Länder berührt werden oder die von den Ländern und ihren Verwaltungen mit durchgeführt werden müssen. Da das in der Regel der Fall ist, sind fast alle wichtigen Gesetze von der Zustimmung des Bundesrates abhängig. Das galt auch für das Tierschutzgesetz (siehe Kasten).

Jedes neue Bundesgesetz muss vom Bundespräsidenten unterschrieben werden und kann erst in Kraft treten, wenn es im Bundesgesetzblatt veröffentlicht ist. Das geänderte Tierschutzgesetz trat am 1.6.1998 in Kraft.

(Autorentext unter Verwendung von Passagen aus: Politik erleben – Sozialkunde, hg. von Wolfgang Mattes, Schöningh, Paderborn 2001, S. 227)

Pressemitteilung des Bundesrates vom 25. März 1998:

Einigung im Vermittlungsausschuss zum Tierschutzgesetz: Der Vermittlungsausschuss von Bundestag und Bundesrat hat sich in seiner heutigen Sitzung zum Gesetz zur Änderung des Tierschutzgesetzes auf einen Einigungsvorschlag verständigt, der u.a. vorsieht, dass in das Gesetz ein Verbot der so genannten Aggressionsdressur aufgenommen wird. Der Bundesrat hatte in seinem Anrufungsbeschluss vom 19. Dezember 1997 ein entsprechendes Verbot gefordert. Die jetzt vom Vermittlungsausschuss vorgeschlagene Formulierung sieht vor, dass es verboten sein soll, ein Tier zu … aggressivem Verhalten auszubilden und abzurichten.

10 Wie funktioniert unser demokratisches System? – Von der Wahl bis zur Arbeit unserer Staatsorgane

1. Erkläre, wie es zur Erarbeitung eines Gesetzentwurfes kommt (M 18). Was geschieht, bevor der Gesetzentwurf ins Parlament eingebracht wird? Am Ende von M 18 wird von einer „Regierungsvorlage" ausgegangen, also von einem von der Bundesregierung eingebrachten Gesetzesvorschlag. Ein Gesetzentwurf kann jedoch auch vom Bundesrat oder aus dem Bundestag eingebracht werden. Siehe dazu M 20.

2. Untersuche, wie es zu dem neuen Tierschutzgesetz von 1998 gekommen ist und auf welche Problemlage das Gesetz reagieren wollte. Über die Problematik des Tierschutzes allgemein könnt ihr euch gut mit Hilfe einer Internetrecherche informieren. (M 19 d)

3. Beschreibe anhand des Textes (M 19) und des zugehörigen Schemas in M 20 die einzelnen Schritte bei der Entstehung des Tierschutzgesetzes. Untersuche, wer an dem Entscheidungsprozess beteiligt ist und wie die einzelnen Institutionen und Gruppen aufeinander reagieren. Versuche zu unterscheiden, wo die formellen Beschlüsse gefasst werden und wo die zentralen Weichenstellungen geschehen. Welche Bedeutung haben die Parteien in diesem Prozess? (M 20)

4. Erkläre den Unterschied zwischen einem einfachen und einem zustimmungsbedürftigen Gesetz (M 20). Welche Bedeutung hat der Bundesrat auf Grund der Tatsache, dass die Mehrzahl der wichtigen Gesetze zustimmungsbedürftige Gesetze sind? Welche Aufgaben und welche Bedeutung hat in diesem Zusammenhang der Vermittlungsausschuss?

M 21 Kritik an der Arbeit des Bundestages

M 21a „Skandal"

(Auszug aus der Titelseite der BILD-Zeitung vom 23.4.1993, S. 1; Foto: dpa/Popp)

Skandal: Nur 6 Abgeordnete im Bundestag
Blamabel: Bei der Umweltdebatte saßen gestern Nachmittag so wenig Abgeordnete im Bundestag, dass Vizepräsident Hans Klein (CSU) die Sitzung abbrach!
Nur 6 von 662 Parlamentariern interessierten sich fürs Thema. Bei Sitzungsbeginn waren noch 50 Parlamentarier da.

M 21b Karikaturen zur Arbeit des Bundestags

(Zeichnungen: Horst Haitzinger/CCC, www.c5.net)

„Kippen wir's halt in den Rhein, da kommts nicht mehr drauf an!"

Wie arbeiten die Staatsorgane? – Bundestag, Bundesregierung und Bundespräsident in Aktion

M 22
Ein Bundestagspräsident fasst die Kritik am Bundestag zusammen

(Abschiedsansprache des damaligen Bundestagspräsidenten Carl Carstens nach seiner Wahl zum Bundespräsidenten am 31.5.1979 im Bundestag, zit. nach: Das Parlament Nr. 23 v. 9.6.1979, S. 11)

Kein Thema hat mich und uns alle, was die Arbeitsweise des Bundestages anlangt, so stark beschäftigt wie die Gestaltung unserer Plenarsitzungen. Aus der Bevölkerung wird mancherlei Kritik an uns geübt, übrigens, möchte ich sagen, durchweg Kritik, die aus einer positiven Grundeinstellung zum Deutschen Bundestag herrührt. Unsere Bürger identifizieren sich sehr wohl mit dem Deutschen Bundestag als ihrer Volksvertretung, aber sie üben Kritik an mancherlei Erscheinungsformen, die wir bieten. Sie meinen – und ich glaube, darin haben sie sogar Recht –, dass viele unserer Sitzungen, auch unserer wichtigen Sitzungen, zu schwach von Kolleginnen und Kollegen des Hauses besucht sind. Sie meinen, dass die Reden, die hier gehalten werden, zu lang seien. Sie meinen, dass zu viele Reden abgelesen werden. Dass manche Reden zu schwer verständlich seien, sagen auch manche Bürger, und schließlich […] stört es manche Bürger, dass die Reden hier oft oder gelegentlich sehr scharf werden.

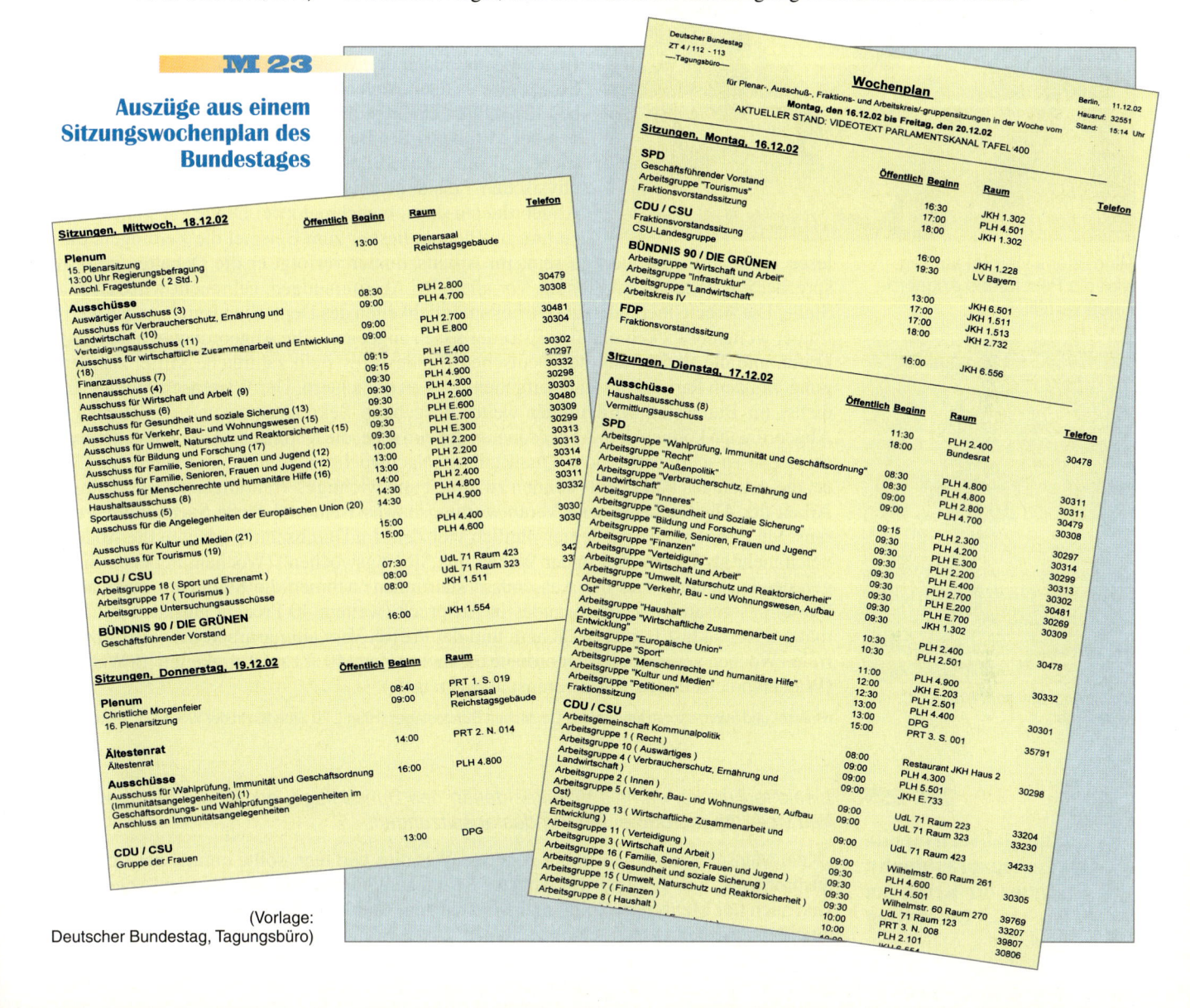

M 23
Auszüge aus einem Sitzungswochenplan des Bundestages

(Vorlage: Deutscher Bundestag, Tagungsbüro)

M 24

Der deutsche Bundestag stellt die Arbeit seiner Abgeordneten dar

Mindestens viermal am Tag wird die Post für die Abgeordneten verteilt.

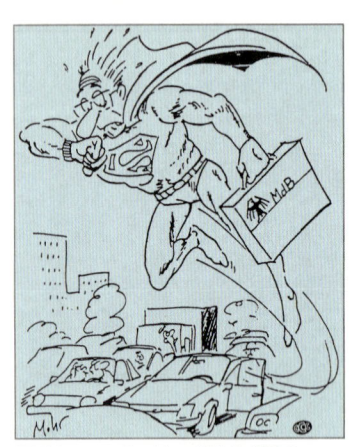

(Zeichnung: Burkhard Mohr/CCC, www.c5.net)

Die Arbeit eines Abgeordneten beginnt morgens mit dem Abholen und der Durchsicht der Post: ein bis zwei Kilo Papiere, die durchgearbeitet werden müssen. Ab neun Uhr stehen Arbeitssitzungen auf dem Terminkalender. Das Plenum tagt oder Ausschüsse oder Arbeitskreise der Fraktionen und besondere Arbeitsgruppen.

Nach kurzer Unterbrechung in der Mittagszeit geht es weiter. Der Abgeordnete sitzt am Schreibtisch in seinem Zimmer zwischen Aktenbergen. Er empfängt Besucher, führt Telefongespräche, informiert sich, erledigt Post. Er verhandelt in den Ministerien, weil es zum Beispiel um den Straßenbau in seinem Wahlkreis geht oder um ein Gesetz, für das er der Sachverständige seiner Fraktion ist. An Wochenenden und in der sitzungsfreien Zeit arbeitet er im Wahlkreis oder wieder am Schreibtisch. Er spricht auf Veranstaltungen, diskutiert mit Bürgern, schreibt Artikel, bereitet Reden vor, berichtet den Wählern von seiner Arbeit.

Sicher gibt es auch Abgeordnete, die nicht so viel zu tun haben. Im Allgemeinen ist dieser Tätigkeitsbericht über die Arbeit der Mitglieder des Bundestages aber eher unter- als übertrieben. Viele Abgeordnete stehen an der Grenze ihrer physischen Leistungsfähigkeit. Diese Belastung zwingt den Abgeordneten dazu, manchmal zwei Dinge zur gleichen Zeit zu tun. Im Plenum liest er zum Beispiel die Zeitungen, die er lesen muss, um informiert zu sein; im Arbeitszimmer verfolgt er die Debatten am Lautsprecher mit. Wenn er im Plenum, vor allem bei Abstimmungen, gebraucht wird, ist er zur Stelle. Die Arbeitsmethoden und Arbeitsmöglichkeiten des Deutschen Bundestages werden immer weiterentwickelt und den Erfordernissen angepasst. Die Abgeordneten haben Hilfskräfte, und die Verwaltung des Deutschen Bundestages stellt zahlreiche Mittel zur Verfügung, um dem Parlament seine Aufgaben [...] zu erleichtern. Der Wissenschaftliche Hilfsdienst im Bundestag wird immer weiter ausgebaut. Sekretärinnen und Assistenten der Abgeordneten können dem Abgeordneten die einfache, die technische Arbeit abnehmen, die seine Zeit zu sehr beansprucht. Qualifizierter Nachwuchs bekommt damit auch eine Chance, die Arbeit des Parlaments kennen zu lernen und wichtige Erfahrungen zu sammeln. Die Arbeit der Abgeordneten setzt Verantwortungsbewusstsein und große Sachkenntnisse voraus. Sie erfordert auch außergewöhnlich viel Zeit. Im Durchschnitt arbeiten die Abgeordneten mehr als 70 Stunden in der Woche. In „Sitzungswochen" (Wochen, in denen Sitzungen des Parlaments und der Ausschüsse stattfinden) nehmen die Sitzungen mehr als ein Drittel des gesamten Zeitaufwandes in Anspruch (weitere 40 Prozent entfallen auf Information, Kontakte z.B. mit Besuchern und der Presse, Verwaltungsarbeit usw.). In sitzungsfreien Wochen verwenden Abgeordnete die meiste Zeit (40 %) auf Tätigkeiten im Wahlkreis (Wählersprechstunden, Parteiveranstaltungen usw.).

(Presse- und Informationszentrum des Deutschen Bundestages [Hrsg.], 70 Stunden in der Woche [...], Bonn o. J.)

M 25

Eine stellvertretende Bundestagspräsidentin über die Kritik am Bundestag

Liselotte Funcke, damals Vizepräsidentin des Bundestags, erklärt die Nichtanwesenheit vieler Abgeordneter bei Bundestagssitzungen:

„Kein Mensch kann stundenlang zuhören. Wer dies verlangt, sollte einmal bei sich selbst ausprobieren, wie viel und wie lange er Reden aufzunehmen in der Lage ist. Abgeordnete sind auch nur Menschen. Sollte man sie zwingen, stundenlang anwesend zu sein, wäre das eine Zeitvergeudung letztlich ohne Sinn.

Wie arbeiten die Staatsorgane? – Bundestag, Bundesregierung und Bundespräsident in Aktion

(Zeichnung: Burkhard Mohr/CCC, www.c5.net)

(Liselotte Funcke als Vizepräsidentin des Deutschen Bundestages, in: Deutsche Zeitung Nr. 8 v. 16.2.1979)

Politik ist heute Team-Work. Es kann nicht ein Abgeordneter in allen politischen Gebieten zu Hause sein. Jeder hat Schwerpunktgebiete, in die er sich verstärkt einarbeiten muss, dafür kann er andere in den Einzelheiten seinen Kollegen überlassen. Ein stundenlanges Anhören von Reden in fremden politischen Bereichen nimmt Zeit und Konzentration für das eigene Schwerpunktgebiet fort.

Die Meinungsbildung der Abgeordneten vollzieht sich nicht im Plenum des Bundestages, sondern in Ausschüssen, Fraktionssitzungen, Parteitagen, Kommissionen. Die Plenarsitzung dient der Unterrichtung der Öffentlichkeit. In einer freien Demokratie soll die Bevölkerung am Entstehen eines Gesetzes oder an der Kontrolle der Regierung durch das Parlament teilhaben können. Sie soll erfahren, warum ein Gesetzentwurf vorgelegt wird, was er enthält, wie Koalition und Opposition darüber denken und welche Alternativen es gibt. Für diese Informationen der Öffentlichkeit bedarf es keines vollen Plenarsaals, sondern informativer Reden, aufmerksamer Berichterstatter bei den Medien und ausreichend großer Besuchertribünen.

Die Arbeitswoche eines Abgeordneten in Bonn ist randvoll gefüllt mit Fraktions-, Ausschuss- und Kommissionssitzungen, Besprechungsterminen, Betreuung von Besuchern aus dem Wahlkreis, Vorbereitungen im eigenen Fachgebiet, Briefwechsel, Informationsgesprächen, Fachlektüre, Zeitungsauswertung. Es müssten wichtige Arbeiten unerledigt bleiben, wenn 1 ½ Tage in der Woche allein der Anwesenheit im Plenum vorbehalten bleiben müssten. Der Öffentlichkeit kann aber schwerlich an unzureichender Sachvorbereitung, unerledigter Korrespondenz, mangelndem Kontakt mit der Bevölkerung und versäumten Fachgesprächen des Abgeordneten gelegen sein.

Aus diesen Gründen ist in allen traditionellen freien Parlamenten der Welt die Anwesenheit im Plenum begrenzt. Nur dort, wo die Abgeordneten nicht viel zu sagen haben, weil die Politik anderswo gemacht wird, gibt es volle Häuser. Möchte das nicht zu denken geben?"

---

1. Beschreibt, wie der Zeitungsbericht (M 21a) und die Karikaturen (M 21b) auf euch wirken. Welchen Eindruck von der Arbeit des Bundestages kann man daraus bekommen?

2. Stellt die Kritikpunkte an der Arbeit des Bundestages zusammen, die M 22 nennt. Welche Punkte sind in M 21a und M 21b angesprochen?

3. Beschreibt das Bild, das sich aus dem Sitzungswochenplan des Bundestages (M 23) von der Arbeit des Bundestages ergibt. M 24 beschreibt im Einzelnen die Arbeit der Abgeordneten in Berlin und in ihrem Wahlkreis. Welche unterschiedlichen Erwartungen an die Aktivität der Abgeordneten werden deutlich? Auf welche Hilfen müssen sie zurückgreifen, um den Ansprüchen gerecht zu werden?

4. Erklärt, wie in M 25 das Fehlen vieler Abgeordneter bei Bundestagsdebatten begründet wird. Was ist mit der Aussage gemeint, nur dort, wo die Abgeordneten nicht viel zu sagen haben, gebe es volle Häuser?

10 Wie funktioniert unser demokratisches System? – Von der Wahl bis zur Arbeit unserer Staatsorgane

M 26
Die Bundesregierung

Die Bundesregierung

Bundeskanzler Gerhard Schröder (SPD)

(Chef des Kanzleramts) Frank-Walter Steinmeier

Auswärtiges / Vizekanzler: Joschka Fischer
Inneres: Otto Schily
Justiz: Brigitte Zypries
Finanzen: Hans Eichel
Wirtschaft und Arbeit: Wolfgang Clement
Verbraucherschutz, Ernährung und Landwirtschaft: Renate Künast
Verteidigung: Peter Struck

Wirtschaftliche Zusammenarbeit und Entwicklung: Heidemarie Wieczorek-Zeul
Bildung und Forschung: Edelgard Bulmahn
Umwelt, Naturschutz und Reaktorsicherheit: Jürgen Trittin
Verkehr, Bau- und Wohnungswesen: Manfred Stolpe
Gesundheit und Soziale Sicherung: Ulla Schmidt
Familie, Senioren, Frauen und Jugend: Renate Schmidt

13 Bundesminister und -ministerinnen

Durch den Bundespräsidenten ernannt am 22.10.2002

© Erich Schmidt Verlag — ZAHLENBILDER 67 251

M 27
Die Bundeskanzler der Bundesrepublik Deutschland seit 1949

Konrad Adenauer (CDU) 15.9.1949 – 15.10.1963

Prof. Dr. Ludwig Erhard (CDU) 16.10.1963 – 1.12.1966

Kurt Georg Kiesinger (CDU) 1.12.1966 – 21.10.1969

Willy Brandt (SPD) 21.10.1969 – 6.5.1974

Helmut Schmidt (SPD) 6.5.1974 – 1.10.1982

Dr. Helmut Kohl (CDU) 1.10.1982 – 27.10.1998

Gerhard Schröder (SPD) 27.10.1998

(Fotos: Bundesbildstelle Bonn [6]; ZB-Fotoreport/Peer Grimm)

Wie arbeiten die Staatsorgane? – Bundestag, Bundesregierung und Bundespräsident in Aktion

M 28

Aufgaben der Bundesregierung

Die Bundesregierung hat die Aufgabe der *politischen Führung*. Sie soll den politischen Willen der parlamentarischen Mehrheit in praktische Politik umsetzen und die inneren Verhältnisse und die auswärtigen Beziehungen der Bundesrepublik Deutschland gestalten. Sie hat außerdem die Verantwortung für die *Ausführung der Gesetze* durch die Bundesbehörden.

Die Bundesregierung besteht aus dem Bundeskanzler und den Bundesministern, die zusammen das *Kabinett* bilden. Der Bundeskanzler wird auf Vorschlag des Bundespräsidenten vom Bundestag gewählt. Die Bundesminister werden auf Vorschlag des Bundeskanzlers vom Bundespräsidenten ernannt.

In der politischen Praxis geht die *Regierungsbildung* der Wahl des Bundeskanzlers voraus. Der designierte (vorgesehene) Kanzler, bisher immer Führer der stärksten Fraktion, handelt zusammen mit den an der Regierung teilnehmenden Parteien (Koalitionspartnern) das Regierungsprogramm aus und legt Anzahl und Zuständigkeitsbereiche der Bundesminister fest. Er überlässt ihnen bestimmte Kabinettssitze und deren personelle Besetzung. Ebenso muss er darauf achten, dass wichtige Gruppen und Strömungen seiner eigenen Partei, starke Landesverbände und Frauen bei der Verteilung der Ministerposten angemessen berücksichtigt werden.

Verantwortung und Zuständigkeiten innerhalb der Bundesregierung legt das Grundgesetz fest:

Artikel 65 Grundgesetz

Der Bundeskanzler bestimmt die Richtlinien der Politik und trägt dafür die Verantwortung: Innerhalb dieser Richtlinien leitet jeder Bundesminister seinen Geschäftsbereich selbstständig und unter eigener Verantwortung. Über Meinungsverschiedenheiten zwischen den Bundesministern entscheidet die Bundesregierung.

Der Artikel enthält die drei Prinzipien, die für die Arbeit der Bundesregierung bestimmend sind: das *Kanzlerprinzip*, das *Ressortprinzip*, das *Kollegialprinzip*. Der Bundeskanzler hat in der Bundesregierung eine herausragende Stellung *(Kanzlerprinzip)*. Sie zeigt sich darin, dass er

● als einziges Mitglied der Bundesregierung vom Bundestag gewählt ist und damit über eine besondere demokratische Legitimation verfügt;

● allein den Antrag stellen kann, der Bundestag möge ihm das Vertrauen aussprechen; bei Ablehnung der Vertrauensfrage kann er Neuwahlen herbeiführen;

● allein durch ein Misstrauensvotum zu stürzen ist, wobei auch alle seine Minister ihr Amt verlieren;

● das Recht hat, Minister zur Ernennung und Entlassung vorzuschlagen (Art. 64), während der Bundestag keinen Minister zum Rücktritt zwingen kann;

● die Richtlinien der Politik bestimmt und für sie die alleinige Verantwortung trägt.

Die *Richtlinienkompetenz* ist die wichtigste Befugnis des Kanzlers. Sie weist ihm die Führungsrolle im Kabinett zu (Art. 65). Er kann von einer Mehrheit im Kabinett nicht überstimmt werden.

Die Verfassung gibt dem Kanzler die Möglichkeit, sein Kabinett straff zu führen. Wie er sie nutzt, hängt ab von seiner Persönlichkeit, von seinem Rückhalt in seiner Partei und Fraktion sowie vom Gewicht seiner Koalitionspartner.

Dem Kabinett gehören (2003) 14 Bundesminister an (13 Ressortminister und der Kanzleramtsminister).

(Foto: © dpa-Fotoreport/ Stephanie Pilick)

10 Wie funktioniert unser demokratisches System? – Von der Wahl bis zur Arbeit unserer Staatsorgane

Jeder Minister leitet innerhalb der vom Bundeskanzler bestimmten Richtlinien für die gesamte Regierungspolitik seinen Geschäftsbereich selbstständig und in eigener Verantwortung (Ressortprinzip).
Bei Meinungsverschiedenheiten zwischen Ministern entscheidet durch Mehrheitsbeschluss die Bundesregierung. Damit ist gesagt, dass das Kabinett ein Kollegium gleichberechtigter Minister ist (Kollegialprinzip). Das Kabinett berät auch alle wichtigen politischen Fragen, es kann aber den Bundeskanzler nie überstimmen. Ein Minister ist verpflichtet, Entscheidungen des Kabinetts auch dann zu vertreten, wenn er ihnen nicht zugestimmt hat (Kabinettsdisziplin).

(Horst Pötzsch, Die deutsche Demokratie, Landeszentrale für politische Bildung Nordrhein-Westfalen, Bonn 2001, S. 82ff.)

M 29 Bundeskanzlersilbenrätsel

Silben:
AMT – AMTS – BUN – BUN – BUNDES – CHEF – DENT – DES – DES – EID – FRAK – FÜHRER – GE – GRUND – KANZ – KANZ – KOA – LER – LER – LINIEN – LITION – MI – NISTER – OPPO – PRÄ – RAT – REGIER – REGIER – RICHT – SCHMIDT – SETZ – SI – SI – TAG – TION – TIONS – UNGS – UNGS – VIZE

Stellvertreter des Bundeskanzlers
„Gegenspieler" des Bundeskanzlers
Wählt den Bundeskanzler
Anderer Begriff für Bundeskanzler
Formel bei der Amtsübernahme des Bundeskanzlers
An der Bundesgesetzgebung beteiligtes Organ
Zusammenschluss von Abgeordneten der gleichen Partei
Name eines früheren Bundeskanzlers
Der Kanzler bestimmt die politischen …
Vom Kanzler dem Präsidenten zur Ernennung vorgeschlagen
Zusammenschluss von Parteien im Parlament, um regieren zu können
Verbindliche Aussagen über das Amt des Kanzlers befinden sich im …
Vorschlagsberechtigter für das Amt des Kanzlers gegenüber dem Bundestag
Den Kanzler zur Erledigung seiner Aufgaben unterstützende Behörde

Hinweis: Ein Teil – aber nicht alle – der richtigen Begriffe kommt auch in den vorhergehenden Materialien vor.

Die Lösung ergibt den Vor- und Nachnamen des ersten Bundeskanzlers:

? ? ? ? ? ?   ? ? ? ? ? ? ?

(P wie Politik, RS 10, hg. von Xaver Fiederle und Franz Filser, Schöningh, Paderborn 1989, S. 68; Verf.: Werner Schnatterbeck)

Wie arbeiten die Staatsorgane? – Bundestag, Bundesregierung und Bundespräsident in Aktion

1. M 26 beschreibt die Zusammensetzung der Bundesregierung nach dem Stand von Anfang 2003. Ermittelt z.B. mithilfe des Internet (http://www.bundesregierung.de) die aktuelle Zusammensetzung der Bundesregierung.

2. Untersucht mit Hilfe von M 28 die Aufgaben der Bundesregierung und das Verhältnis von Bundeskanzler und Bundesministern. Erklärt die drei zentralen Begriffe Kanzlerprinzip, Ressortprinzip und Kollegialprinzip.

3. Eine spielerische Möglichkeit der Überprüfung eures Wissens über Amt und Aufgaben des Bundeskanzlers findet ihr in M 29.

M 30 Kontrolle der Regierung durch das Parlament

M 30a Kleines Lexikon der parlamentarischen Kontrolle

Wer hat sich nicht schon einmal über irgendwelche Missstände in unserer Gesellschaft erregt? Manche ärgern sich über die Schulferientermine, andere über die Tatsache, dass auf deutschen Autobahnen immer noch kein Tempolimit gilt. Manche werden misstrauisch, wenn sie hören, dass Regierungsmitglieder auf Kosten der Industrie verreisen. In einer parlamentarischen Demokratie gibt es einige Möglichkeiten, um seinem Unmut Luft zu verschaffen und vielleicht sogar etwas zu ändern. Sowohl die Bürger als auch die Abgeordneten, die die Bürger vertreten sollen, tragen mit ihren Fragen, Anregungen und ihrer Kritik dazu bei, dass Missstände beseitigt werden können und Machtmissbrauch der Regierung und Verwaltung verhindert wird. Im Folgenden werden einige Mittel der *parlamentarischen Kontrolle* beschrieben.

Welcher der folgenden Begriffe gehört zu welchem Text?
1. Kleine Anfrage
2. Petitionsausschuss
3. Untersuchungsausschuss
4. Antrag
5. Große Anfrage
6. Mündliche Anfrage
7. Aktuelle Debatte

A Sie sind ein gebräuchliches Mittel des Parlaments, um auf das Handeln der Regierung Einfluss zu nehmen. Sie können darauf abzielen, die Regierung um bestimmte Maßnahmen zu ersuchen, z. B., dass sie außenpolitisch in einer Sache aktiver wird. Dieses Mittel kann nur eingesetzt werden, wenn die Zahl der unterstützenden Abgeordneten Fraktionsstärke (5% der Abgeordneten) hat.

B Sie kann zu aktuellen politischen Themen oder eventuell nach der Stellungnahme der Regierung zu einer Großen Anfrage von einer Fraktion beantragt werden. Sie dauert in der Regel eine Stunde und ist in freier Rede zu führen.

C Jeder Abgeordnete kann sie in einer Fragestunde vor dem Plenum an die Regierung richten. Sie wird von einem Regierungsmitglied kurz mündlich beantwortet.

D Die Zahl der Abgeordneten muss Fraktionsstärke haben, wenn sie einen größeren Fragenkatalog der Regierung schriftlich zur Beantwortung vorlegen. Dadurch soll die Regierung zur Stellungnahme zu bedeutsamen politischen Themen gezwungen werden. Die Beantwortung muss innerhalb von sechs Wochen erfolgen und schließt in der Regel mit einer Debatte im Plenum ab.

E Sie werden von Abgeordneten schriftlich eingebracht und müssen von der Regierung innerhalb von zwei Wochen schriftlich beantwortet werden.

F Er kann von einem Viertel der Abgeordneten eingesetzt werden und hat die Aufgabe, vermeintliche Missstände (z. B. politisch umstrittene oder eventuell rechtswidrige Handlungen von Regierungs-, Verwaltungs- und Landtagsangehörigen oder anderer öffentlicher Einrichtungen) zu untersuchen. Dazu werden z. B. Akten geprüft und Zeugen vernommen. Ein Abschlussbericht geht mit entsprechenden Empfehlungen dem Parlament zu.

G An ihn kann sich jeder Bürger mit Bitten und Beschwerden wenden, wenn er sich durch z. B. die Verwaltung ungerecht behandelt fühlt. Zur Klärung des Sachverhalts werden Akten eingesehen, Auskünfte eingeholt, Sachverständige gehört und Amtshilfe beansprucht. Auf jeden Fall wird eine schriftliche Stellungnahme der Regierung eingeholt. Zu seinen Ergebnissen gibt er dem Landtag eine Empfehlung, ob und wie der Bitte oder Beschwerde abgeholfen werden kann.

(Xaver Fiederle [Hg.], P wie Politik, Band 3, Schöningh, Paderborn 1995, S. 197)

M 30b Gewaltenteilung und Regierungskontrolle

Artikel 20 des Grundgesetzes unterscheidet in Anlehnung an die klassische Lehre von der Gewaltenteilung die drei Staatsgewalten gesetzgebende Gewalt, ausführende Gewalt und rechtsprechende Gewalt (s. M 6d und M 6e in Kap. 9, S. 202f.).

Der ursprüngliche Gedanke der Gewaltenteilung, wie er von Montesquieu entwickelt wurde, sah drei voneinander unabhängige Gewalten (gesetzgebende, ausführende und rechtsprechende Gewalt) vor, die sich zum Schutz der Freiheit und zur Vermeidung von Machtmissbrauch gegenseitig im Gleichgewicht halten und kontrollieren sollten. In dieser ursprünglichen Form der Kontrolle der Regierung durch das Parlament steht das Parlament als Ganzes einer von ihm unabhängigen, z.B. durch einen Fürsten eingesetzten Regierung gegenüber.

Diese Form von Gewaltenteilung und Regierungskontrolle besteht in der Bundesrepublik nicht mehr. Die Regierung geht aus der Mehrheit des Parlaments hervor. Der Regierungschef ist häufig Vorsitzender seiner Partei und zugleich Abgeordneter im Parlament. Auch die anderen Mitglieder der Regierung sind in der Regel zugleich Abgeordnete. Sie sind also Mitglied zweier Gewalten, der gesetzgebenden Gewalt und der ausführenden Gewalt. Sie sitzen im Bundestag auf der Regierungsbank und stimmen gleichzeitig als Abgeordnete mit ab; die Trennung der politischen Gewalten ist verwischt. Daraus folgt eine neue Form der Kontrolle: Regierung und Regierungsfraktionen (Parlamentsmehrheit) gehören zusammen und werden durch die Opposition kontrolliert, während die Kontrolle der Regierung durch die Regierungsparteien wegen der engen Verbindung eingeschränkt ist. Aber auch die Regierungsparteien kontrollieren die Regierung.

(Autorentext)

M 31 Die Rolle der Opposition

Im parlamentarischen Regierungssystem ist es Aufgabe der Opposition zu kritisieren. Kritisieren im echten Sinne des Wortes kann nur derjenige, der über Vorgänge Bescheid weiß. Bescheid weiß nur derjenige, der kontrolliert. Die vornehmste Aufgabe der Opposition im parlamentarischen Regierungssystem ist daher die Kontrolle. Ihr ist es aufgegeben, alle Handlungen der Regierung zu überprüfen, offen zu legen, zu kritisieren. Eine Opposition, die diese Aufgabe nicht wahrnimmt, verdient den Namen Opposition nicht. Ihre Kritiktätigkeit muss die Opposition aber auch beflügeln, es besser machen zu wollen als die anderen, als die augenblicklich Regierenden. Sie muss selbst zur Macht streben, um die von ihr kritisierten Maßnahmen durch bessere ersetzen zu können. Aber auch nur diese; denn Opposition im parlamentarischen Regierungssystem heißt eben, noch einmal wiederholt, nicht „Opposition um der Opposition willen", sondern bedeutet tätige Teilnahme am Staat. Verantwortung in diesem Staat tragen meint auch, der Regierungsmehrheit dort zuzustimmen, wo die eigene Einsicht dies verlangt.

(Heinz Rausch, Bundestag und Bundesregierung – eine Institutionenkunde, Beck, München 1976, S. 24f.)

Wie arbeiten die Staatsorgane? – Bundestag, Bundesregierung und Bundespräsident in Aktion 237

1. Beschreibt die Instrumente der Kontrolle der Regierung durch das Parlament (M 30a). Wie wirken die einzelnen Instrumente? Welche erscheinen am wirkungsvollsten? Beispiele für den Gebrauch der Instrumente findest du regelmäßig in der Tagespresse.

2. Erkläre den Unterschied zwischen der ursprünglichen und der neuen Form der Gewaltenteilung und der Regierungskontrolle (M 30b). Inwieweit kann man heute von einer Kontrolle der Regierung durch das Parlament sprechen?

3. Erklärt die Aufgabe der Opposition in einer parlamentarischen Demokratie (M 31). Warum spricht man von den „harten Bänken der Opposition"?

M 32 Bilder zur Arbeit des Bundespräsidenten

(Foto: Bundesbildstelle Bonn)

a)

(Foto: Bundesbildstelle Berlin/Bernd Kühler)

b)

(Foto: © dpa-Fotoreport/Ralf Hirschberger)

c)

(Foto: © dpa-Fotoreport/Andrea Bienert)

(Foto: © dpa-Fotoreport/Andreas Altweier)

d)

(Foto: Bundesbildstelle Berlin/Andrea Bienert)

e)

f)

g)

(Foto: © dpa-Fotoreport/Ralf Hirschberger)

h)

(Foto: Bundesbildstelle Bonn)

i)

(Foto: © dpa-Fotoreport/Ralf Hirschberger)

M 33

Der Bundespräsident

- Er repräsentiert mit seiner Person den Staat.
- Er nimmt an Staatsakten und Staatsbegräbnissen teil.
- Er hält oft Ansprachen, in denen sich unterschiedliche gesellschaftliche Gruppen wiederfinden sollen.
- Durch seine Anwesenheit erhalten Veranstaltungen oft eine besondere Bedeutung.
- Er übernimmt Schirmherrschaften für besondere Aktionen und Veranstaltungen, bei denen der Staat ein besonderes Interesse zum Ausdruck bringt.
- Wenn er dabei ist, wird oft die Nationalhymne gespielt.

- Er empfängt und besucht ausländische Politiker, Staats- und Regierungschefs. Er führt politische Gespräche.
- Er unterschreibt Verträge, die zwischen Deutschland und anderen Staaten geschlossen werden.
- Er beglaubigt deutsche Botschafter, die Deutschland im Ausland vertreten.
- Er empfängt Botschafter anderer Staaten, die in Deutschland Vertretungen haben.
- Wenn er im Ausland Besuche macht, wird er oft mit militärischen Ehren empfangen, eine besondere Auszeichnung aufgrund seines hohen Amtes.

- Er verleiht Orden an die Menschen, die dafür vorgeschlagen wurden: den Verdienstorden der Bundesrepublik Deutschland und das Silberne Lorbeerblatt.
- Er gratuliert Ehejubilaren (auf Vorschlag von Städten und Gemeinden) und Altersjubilaren zum 100. Geburtstag.
- Er übernimmt – auf Antrag der Eltern – die Ehrenpatenschaft für das siebte Kind einer Familie. Das Patenkind muss Deutsche(r) sein. Die Ehrenpatenschaft hat einen symbolischen Charakter: Sie soll die besondere Bedeutung von Familie und Kindern in der Gesellschaft herausstellen.

- Er ist der erste Mann im Staate.
- Er ist überparteilich und soll alle Strömungen und Gruppen der Gesellschaft vereinen.
- Er ernennt den Bundeskanzler.
- Er ernennt und entlässt – auf Vorschlag des Bundeskanzlers – die Bundesminister.
- Er übt auf Bundesebene das Gnadenrecht aus.
- Er muss bei Gesetzen mit seiner Unterschrift gegenzeichnen – neben dem Bundeskanzler und dem entsprechenden Bundesminister.

Zu mächtig sollte der Bundespräsident nach den Erfahrungen der Weimarer Republik nicht sein. Damals war ein mächtiger Reichspräsident eine der Ursachen für die Schwäche von Regierung und Parlament.

Also, keine Direktwahl durch das Volk, sondern Wahl durch die *Bundesversammlung,* die nur zu diesem Zweck zusammenkommt (s. M 6f. in Kapitel 9, S. 203). Er wird auf fünf Jahre gewählt, eine Wiederwahl ist nur einmal möglich. Für die Wahl zum Bundespräsidenten ist die absolute Mehrheit der Stimmen erforderlich. Wird diese Mehrheit in zwei Wahlgängen nicht erreicht, dann genügt im dritten die einfache Mehrheit.

Er soll das gemeinsame Ganze vertreten und neutral über Parteien, Interessen und gesellschaftlichen Gruppen stehen. Durch sein Auftreten bestimmt er das Bild der Bundesrepublik im In- und Ausland wesentlich mit. Immer haben Bundespräsidenten auch versucht aktuelle oder grundsätzliche politische Fragen anzusprechen und an die Grundsätze der Demokratie zu erinnern.

Außerdem hat der Bundespräsident ganz konkrete Mitwirkungsmöglichkeiten. Bundesgesetze und Verträge beispielsweise brauchen seine Unterschrift, damit sie wirksam werden (Gegenzeichnung). Dabei kann er Gesetze auf ihre Übereinstimmung mit dem Grundgesetz prüfen.

(P wie Politik, Band 3, hg. von Xaver Fiederle, Schöningh, Paderborn 2001, S. 206f.; Verf.: Jutta Dieterle)

Wie arbeiten die Staatsorgane? – Bundestag, Bundesregierung und Bundespräsident in Aktion

1. Ordnet die folgenden Begriffe den in M 32 enthaltenen Bildern zu: Besuch einer Gedenkstätte, Erhalt der Ehrendoktorwürde, Ernennung von Ministern, Förderung von Initiativen und Wettbewerben, Gesetzesausfertigung, Kontakt zu wichtigen gesellschaftlichen Gruppen, Ordensverleihung, Politische Grundsatzrede, Staatsbesuch.

2. Beschreibt die Aufgaben des Bundespräsidenten und kennzeichnet seine Rolle in der politischen Ordnung in der Bundesrepublik (M 33). Findet Überschriften für die vier Abschnitte, in welche die Übersicht über Aufgaben des Bundespräsidenten eingeteilt ist.

M 34 Das weiß doch jede(r)!? – Quiz zur Überprüfung des Grundwissens

5-mal A plus 5-mal B plus 5-mal C

1. Staatsoberhaupt der Bundesrepublik Deutschland ist
(A) der Bundeskanzler.
(B) der Bundespräsident.
(C) der Bundestagspräsident.

2. Die gewählte Volksvertretung der Bürgerinnen und Bürger in Deutschland ist
(A) der Bundestag.
(B) der Bundesrat.
(C) der Landtag.

3. Nach Artikel 63 GG wird der deutsche Bundeskanzler
(A) vom Volk direkt gewählt.
(B) vom Bundestag gewählt.
(C) vom Bundespräsidenten bestimmt.

4. Nach dem Artikel 38 GG gehört folgendes Merkmal nicht unbedingt zu einer demokratischen Wahl:
(A) Wahlen sind frei.
(B) Wahlen sind geheim.
(C) Es besteht Wahlpflicht.

5. Der Bundesrat setzt sich zusammen aus
(A) den Vertretern der Regierungen der Bundesländer.
(B) den Vertretern der Parlamente der Bundesländer (Landtage).
(C) den Vertretern der Fraktionen des Bundestages.

6. Nach Artikel 38 GG sind die Abgeordneten des Deutschen Bundestages
(A) verpflichtet, sich strikt an die Beschlüsse der Partei zu halten.
(B) an die Aufträge und Weisungen ihrer Wähler gebunden.
(C) nur ihrem Gewissen unterworfen.

7. Wahlen zum Deutschen Bundestag finden
(A) alle vier Jahre,
(B) alle fünf Jahre,
(C) alle sechs Jahre statt.

8. Die Partei oder die Parteien, die in einem Parlament in der Minderheit sind, bilden
(A) die Fraktion.
(B) die Opposition.
(C) die Exekutive.

9. Im Artikel 21 GG ist als wichtigste Aufgabe der politischen Parteien festgelegt:
(A) Die Parteien arbeiten daran, die Zahl ihrer Wählerinnen und Wähler zu vergrößern.
(B) Die Parteien legen in Parteiprogrammen fest, welche politischen Ziele sie verwirklichen wollen.
(C) Die Parteien wirken an der politischen Willensbildung des Volkes mit.

10. Eine vom Bundestag verabschiedete Regelung, an die alle Staatsbürger sich halten müssen, nennt man
(A) ein Gesetz.
(B) einen Regierungsbeschluss.
(C) eine Verordnung.

11. Die Bundesregierung besteht aus
(A) dem Bundeskanzler und den Ministerpräsidenten der Länder.
(B) dem Bundespräsidenten, dem Bundeskanzler und den Ministern.
(C) dem Bundeskanzler und den Ministern.

12. Nach Artikel 50 GG wirken die 16 Bundesländer an der Gesetzgebung des Bundes mit
(A) durch den Bundespräsidenten.
(B) durch den Bundesrat.
(C) durch die Landesregierungen.

13. Nach Artikel 54 GG wird alle fünf Jahre der Bundespräsident gewählt
(A) vom Volk.
(B) vom Bundestag.
(C) von der Bundesversammlung.

14. Einen Zusammenschluss von zwei oder mehr Parteien in einem Parlament mit dem Ziel, eine regierungsfähige Mehrheit zu bilden, nennt man
(A) eine Fraktion.
(B) eine Koalition.
(C) eine Opposition.

15. Zur Staatsform der demokratischen Republik gehört auf keinen Fall, dass
(A) das Staatsoberhaupt ein König oder eine Königin ist.
(B) das Volk in regelmäßigen Abständen das Parlament wählt.
(C) alle Staatsgewalt vom Volk ausgeht.

Das Quiz ist richtig gelöst, wenn die Antworten A, B und C jeweils fünfmal vorkommen.

(Wolfgang Mattes u.a., Team, Band 3, Schöningh, Paderborn 1999, S. 158; leicht verändert)

Wird die Jugend immer krimineller? – Jugendliche und Rechtsordnung

(AJS Forum Nr. 2/1998, S. 1)

Starker Anstieg bei Kinderkriminalität

Brave Bürger suchen Schutz vor kriminellen Jungen und Mädchen

Kinderkriminalität: „Gesellschaft muss sofort umdenken"

436 000 Kinder in Deutschland sind kriminell

Kinder- und Jugendkriminalität in Deutschland nimmt weiter zu

Viele Kinder als Ladendiebe ertappt

Zur Orientierung

Schlagzeilen und Berichte zur steigenden Kinder- und Jugendkriminalität in Zeitungen und Zeitschriften (s. S. 240) erscheinen seit Jahren, stoßen auf großes Interesse in der Öffentlichkeit und rufen nicht selten Empörung und Ratlosigkeit bei den Bürgerinnen und Bürgern hervor. Im ersten Abschnitt dieses Kapitels (M 1 – M 8) wollen wir zunächst klären, was man unter **Kriminalität** zu verstehen hat, und dann genauer untersuchen, inwieweit man wirklich davon sprechen kann, dass immer mehr **Kinder und Jugendliche** kriminell werden.

Ausgehend vom viel diskutierten Beispiel des **Ladendiebstahls** gehen wir im zweiten Abschnitt (M 9 – M 15) der Frage nach, aus welchen Gründen Jugendliche straffällig werden und was man insbesondere gegen Ladendiebstahl tun kann. Dazu machen wir euch Vorschläge für ein **Projekt**, mit dem ihr den Stand des Problems Ladendiebstahl in eurer Gemeinde erkunden könnt.

Warum wir überhaupt eine **Rechtsordnung** und einen **Rechtsstaat** brauchen und welche **Rechte und Pflichten** sich daraus für Jugendliche ergeben, stellen wir im dritten Abschnitt (M 16 – M 22) übersichtlich dar. Der letzte Abschnitt informiert darüber, welche **Maßnahmen** die Rechtsordnung für jugendliche Straftäter vorsieht, und bietet Informationen und weitere Hilfen für den Besuch einer entsprechenden **Gerichtsverhandlung**, den wir euch als wichtige Ergänzung der Arbeit an diesem Kapitel vorschlagen möchten.

Nimmt die Kinder- und Jugendkriminalität zu?

M 1

Sind wir kriminell?

(Grafik: Frankfurter Rundschau v. 16.1.2002, S. 20)

Eine Schülervertreterin und die Schulleiterin der Gesamtschule-Mitte (GSM) in Bremen antworten auf die Umfrage „Sind wir kriminell?":

„Ausprobieren gehört dazu"

„Kriminell? Nein, würde ich nicht sagen. Nur weil fast jeder schon mal seine ‚Fahrkarte vergessen' oder Alkohol sowie ‚Gras' ausprobiert hat, werden wir nicht gleich ‚richtige' Straftäter. Ich denke, ab einem gewissen Alter gehört es dazu, an Grenzen zu stoßen, auszuprobieren und somit auch zu ‚Minikriminellen' zu werden. Unsere Gesellschaft ist (leider?) so ausgelegt. Ich denke trotzdem, dass der Spaß bei so genannten harten Drogen oder beim Erpressen anderer aufhört."

Marieke Wede, Schülervertreterin des zehnten Jahrgangs an der Gesamtschule-Mitte Bremen (GMS)

„Meistens geht es um den Kick"

„Wann ist denn ein Mensch oder eine Gruppe kriminell? Wenn wir es am Beispiel ‚Schwarzfahren' untersuchen, so bin ich der Meinung, dass eine große Gruppe es als Kavaliersdelikt ansieht, sicher nicht zu vergleichen mit Diebstahl (Abziehen!) oder Erpressung. Durch die

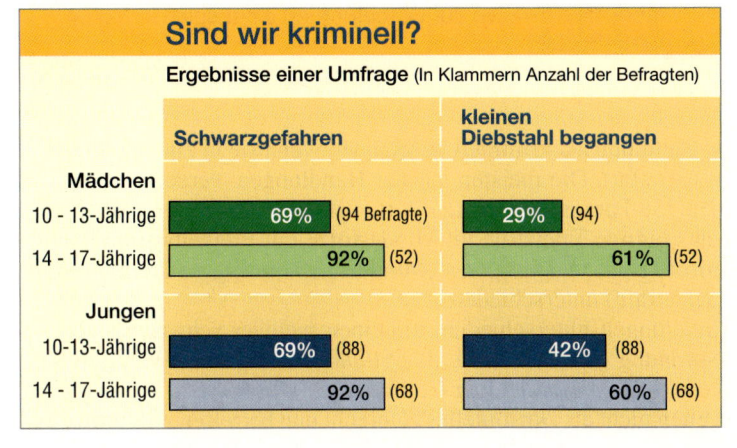

Sind wir kriminell?
Ergebnisse einer Umfrage (In Klammern Anzahl der Befragten)

	Schwarzgefahren	kleinen Diebstahl begangen
Mädchen		
10 - 13-Jährige	69% (94 Befragte)	29% (94)
14 - 17-Jährige	92% (52)	61% (52)
Jungen		
10 - 13-Jährige	69% (88)	42% (88)
14 - 17-Jährige	92% (68)	60% (68)

Schwarzfahrer und vor allem die Schäden, die durch sie entstehen, wird die Bahn letztlich gezwungen, die Fahrpreise zu erhöhen, um diese Schäden wieder auszugleichen. So gesehen schaden sich die Schwarzfahrer im Endeffekt selbst. Zu den Diebstählen kann ich nur sagen, dass ich denke, dass es den meisten nicht um die geklauten Dinge geht, sondern um den Kick."

Jutta Fernholz, Schulleiterin der GSM

(Frankfurter Rundschau [Zeitung in der Schule] v. 16.1.2002, S. 20)

M 2

„Hast du schon einmal ...?"

- Jemanden mit einer Waffe (Messer, Schlagring usw.) bedroht ( )
- Den Unterricht erheblich gestört ( )
- Einen Lehrer belogen, um nicht aufzufallen oder um nicht bestraft zu werden ( )
- Bei Klassenarbeiten erheblich gemogelt ( )
- Hausaufgaben von anderen abgeschrieben und als eigene vorgelegt ( )
- Eine Schlägerei mitgemacht und dabei jemanden zusammengeschlagen oder arg zugerichtet ( )
- Noch nach 24 Uhr in Diskotheken oder Gaststätten gewesen ( )
- Gegenstände oder Geld im Wert von weniger als 5 Euro entwendet (z. B. aus einem Kaufhaus) ( )
- Andere Gegenstände oder Geld im Wert von mehr als 5 Euro entwendet ( )
- Einen Automaten aufgebrochen oder „geleert" ( )
- Fremdes (auch öffentliches) Eigentum mit Absicht zerstört oder erheblich beschädigt ( )
- Ohne einen gültigen Fahrausweis öffentliche Verkehrsmittel (Bahn, Bus usw.) benutzt ( )
- In der Öffentlichkeit geraucht ( )

(Neue Anstöße für den Politik- und Sozialkundeunterricht, Band 2, Ernst Klett Schulbuchverlag, Leipzig 2001, S. 55)

Bielefelder Fragebogen zur Delinquenzbelastung, nach: H. Steuber: Jugendverwahrlosung und Jugendkriminalität, Stuttgart u. a. 1998, S. 45, leicht bearbeitet und gekürzt; Verf.: Manfred Brusten

---

1. M 1 zeigt die Ergebnisse einer Umfrage, die von Schülerinnen und Schülern einer Bremer Gesamtschule durchgeführt wurde. Analysiert dazu die Stellungnahmen der Schülervertreterin und der Schulleiterin im Hinblick auf die Beurteilung, auf Bemerkungen zu den Ursachen und Folgen. Lassen sich Unterschiede zwischen beiden Stellungnahmen feststellen? Nehmt selbst Stellung zu den Befragungsergebnissen.

2. Vielleicht findet ihr es interessant, in eurer eigenen Umgebung (Mitschüler/innen, befreundete oder bekannte Jugendliche) eine ähnliche (anonyme!) Befragung durchzuführen und dabei den Fragenkatalog gegenüber M 1 zu erweitern. M 2 enthält Beispiele für weitere mögliche Fragen zu Tatbeständen, die von sehr unterschiedlichem Gewicht sind (nicht alle sind „kriminell", vgl. M 3). Beachtet dabei die Hinweise zur Durchführung einer solchen Befragung (S. 320f.).

M 3

Kriminalität, Ordnungswidrigkeit, abweichendes Verhalten

Im Allgemeinen wird eine Handlung als kriminell bezeichnet, wenn sie in einem Gesetzestext mit Strafe bedroht ist (Straftat). Die meisten solcher Handlungen werden im Strafgesetzbuch (StGB) mit seinen 358 Paragraphen aufgeführt (vgl. M 5a/b, M 20). Dabei wird zwischen *Verbrechen* (rechtswidrige Taten, die im Mindestmaß mit Freiheitsstrafe von einem Jahr oder darüber bedroht sind) und *Vergehen* (Mindestmaß: geringere Freiheitsstrafe als von einem Jahr oder Geldstrafe) unterschieden.

Von Straftaten werden Handlungen unterschieden, die einen weniger schwer wiegenden Verstoß gegen die Rechtsordnung darstellen und als *Ordnungswidrigkeiten* von den Verwaltungsbehörden (nicht von Gerichten) mit einer Geldbuße (im Unterschied zur Geldstrafe) geahndet werden; sie gelten nicht als „kriminelles" Unrecht und betreffen z.B. große Bereiche des Straßenverkehrsrechtes. Nähere Bestimmungen dazu enthält das Gesetz über Ordnungswidrigkeiten (OWiG). Von diesen beiden Bereichen (Verstößen gegen die Rechtsordnung) grundsätzlich zu unterscheiden sind *andere Formen „abweichenden Verhaltens"*, d.h. Verhaltensformen, die allgemein anerkannten gesellschaftlichen Erwartungen (Normen*) nicht entsprechen. Der Soziologe Max Weber hat dabei zwischen einer „milderen" Form von Verhaltenserwartungen (Brauch, Sitte, Mode) und solchen unterschieden, die er als „Konventionen" (Vereinbarungen, Spielregeln) bezeichnet. Der Unterschied liegt vor allem darin, dass man beim Verstoß gegen Konventionen mit bestimmten Formen gesellschaftlicher Missbilligung und manchmal auch Benachteiligung (Sanktionen*) zu rechnen hat. Hält man sich z.B. nicht an den Brauch, beim Opernbesuch etwas „feierlicher" gekleidet zu sein, wird man kaum mit spürbaren Formen der Missbilligung zu rechnen haben. Geht man z.B. zu einem feierlichen Empfang im Rathaus, betrinkt sich dabei und führt sich entsprechend auf, wird man Sanktionen zu spüren bekommen (man wird vielleicht aus dem Saal gedrängt, bei weiteren Einladungen nicht mehr berücksichtigt, gerät ins Gerede und wird gemieden).

(Autorentext)

M 4

Ist das kriminell?

Bewertet die folgenden 10 Aussagen:

A Das ist eindeutig kriminell.

B Da bin ich nicht so sicher, aber man sollte es nicht machen.

C Das ist erlaubt und in Ordnung.

???

1. Die Graffitikünstler „wild kids" verschönern die hässlichen Wände einer städtischen Unterführung.
2. Ein Reiseleiter beobachtet, wie ein Mitglied seiner Gruppe im Hotel ein Duschtuch mitgehen lässt. Er schweigt, um Ärger zu vermeiden.
3. Um Geld zu sparen kopiert Monika S. die Noten für den Klavierunterricht ihres Sohnes aus einem Lehrbuch.
4. Auf dem Schulhof findet der Schüler Sven R. durch einen Zufall das Notizbuch seiner Lehrerin. Aus Neugierde liest er darin.
5. Die Auszubildende Johanna plant ein verlängertes Ski-Wochenende in den Alpen. Da sie befürchtet, von ihrem Chef nicht frei zu bekommen, meldet sie sich am Freitag krank.
6. Die Putzfrau Sabine G. nimmt von ihrem Arbeitsplatz eine Flasche Allzweckreiniger mit nach Hause.
7. Der Schüler Markus T. hat seine Geldbörse zu Hause vergessen. Er löst in der Straßenbahn keinen Fahrschein.
8. Kirsten und Meike quälen und hänseln ihre Mitschülerin Anna so lange, bis diese sich vor Angst nicht mehr in die Schule traut.
9. Kai und Mick treffen sich am Samstagabend mit ihrer Clique in der Disko. Gemeinsam ziehen sie über den ebenfalls anwesenden, spastisch gelähmten Lars her. Sie fordern den Geschäftsführer auf, ihn vor die Tür zu setzen, da sein „Gehampele" ihnen die Stimmung verderbe.
10. Die Rentnerin Christine S. liebt Katzen über alles. Aus Mitleid hat sie inzwischen über 20 Tiere in ihre Wohnung aufgenommen – mehr als ihre Kräfte erlauben. Einige Tiere sind völlig verwahrlost und dem Hungertod nahe.

(Wolfgang Mattes u.a., Politik erleben – Sozialkunde, Schöningh Verlag, Paderborn 1995, S. 131)

11 Wird die Jugend immer krimineller? – Jugendliche und Rechtsordnung

1. Dass Diebstahl eine Straftat ist, weiß sicherlich jede(r). Aber ist auch „Schwarzfahren" „kriminell"? Informiert euch anhand von M 3 über die verschiedenen Formen „abweichenden Verhaltens" und ihre Bezeichnungen. Worin liegt der entscheidende Unterschied zwischen „kriminellem" und „ordnungswidrigem" Verhalten einerseits und anderen „Regelverstößen" andererseits?

2. „Unwissenheit schützt nicht vor Strafe." Untersucht euer Wissen über den jeweiligen Charakter der in M 4 aufgezählten „Fälle". Fragt dazu ggf. auch eure Lehrerin/euren Lehrer.

M 5a Die Polizeiliche Kriminalstatistik

Alles, was die Polizeien der Bundesländer, der Bundesgrenzschutz und der Zoll an Kriminalität und strafrechtlichen Sachverhalten zur Kenntnis nehmen, von den Bürgern angezeigt bekommen oder selbst ermitteln, wird in der vom Bundeskriminalamt erstellten Polizeilichen Kriminalstatistik (PKS) zusammengefasst. In nüchternen Zahlen wird dargestellt,
- wie viele und welche Vergehen und Verbrechen polizeilich bekannt wurden,
- wie viele Straftaten aufgeklärt wurden,
- wie viele Tatverdächtige ermittelt wurden,
- welches Geschlecht, Alter und welche Staatszugehörigkeit die Tatverdächtigen haben,
- wer Opfer von Kriminalität wurde und
- welche Schäden die Kriminalität verursachte.

Die Grundlage für kriminalpolizeiliches Handeln und für die Kriminalstatistik findet sich hauptsächlich im *Strafgesetzbuch (StGB)*. Darin ist festgelegt, welches Verhalten als kriminell verstanden wird und welche Strafen bei Verstößen von den Gerichten verhängt werden können. Aber auch in anderen Gesetzen, zum Beispiel dem Betäubungsmittelgesetz, den Wirtschaftsstrafgesetzen, dem Ausländergesetz und vielen anderen, werden Straftatbestände festgelegt und die Strafrahmen benannt.

In der Polizeilichen Kriminalstatistik nicht enthalten sind beispielsweise Ordnungswidrigkeiten (rechtswidrige Handlungen, die mit einer Geldbuße geahndet werden) sowie Verkehrsdelikte.

(WOCHENSCHAU I Nr. 2 März/April 2002, S. 58f; Verf.: Bernhard Frevel)

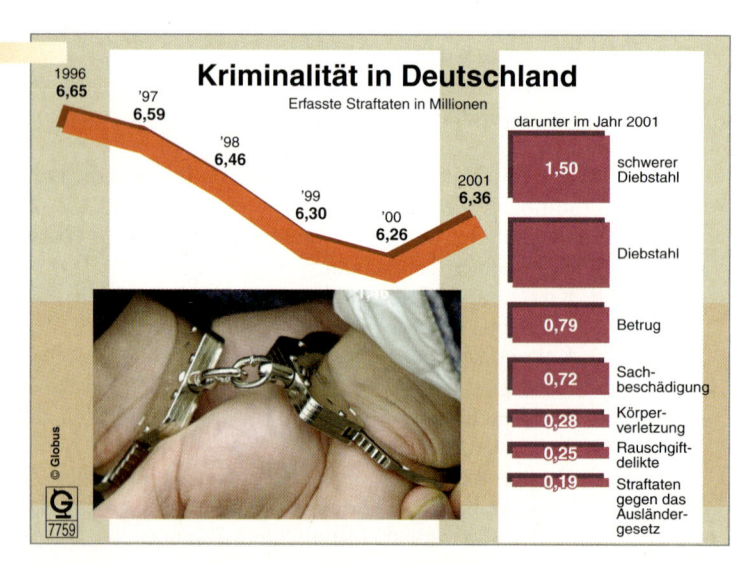

M 5b

Kriminalität in Deutschland
Erfasste Straftaten in Millionen

- 1996: 6,65
- '97: 6,59
- '98: 6,46
- '99: 6,30
- '00: 6,26
- 2001: 6,36

darunter im Jahr 2001:
- schwerer Diebstahl: 1,50
- Diebstahl: (Wert nicht angegeben)
- Betrug: 0,79
- Sachbeschädigung: 0,72
- Körperverletzung: 0,28
- Rauschgiftdelikte: 0,25
- Straftaten gegen das Ausländergesetz: 0,19

Nimmt die Kinder- und Jugendkriminalität zu?

M 6 Alters- und Geschlechtsstruktur der Tatverdächtigen

Altersgruppe	Bevölke-rungsanteil	Tatverdächtige		
		Verteilung in %	männlich	weiblich
Kinder	14,6	6,3	71,8	28,2
bis unter 6	5,7	0,1	74,3	25,7
6 bis unter 8	2,0	0,2	77,6	22,4
8 bis unter 10	2,2	0,6	78,8	21,2
10 bis unter 12	2,3	1,6	75,2	24,8
12 bis unter 14	2,3	3,8	68,9	31,1
Jugendliche	4,4	13,1	75,3	24,7
14 bis unter 16	2,2	6,3	71,4	28,6
16 bis unter 18	2,2	6,8	78,8	21,2
Heranwachsende (18 bis unter 21)	3,4	10,8	80,9	19,1
Erwachsene	77,6	69,8	76,9	23,1
21 bis unter 23	2,2	6,1	80,6	19,4
23 bis unter 25	2,2	5,2	80,3	19,7
25 bis unter 30	6,3	10,9	79,6	20,4
30 bis unter 40	17,1	20,4	78,1	21,9
40 bis unter 50	14,4	13,6	75,8	24,2
50 bis unter 60	12,2	7,6	74,2	25,8
60 und älter	23,0	6,0	67,5	32,5
Tatverdächtige insgesamt		100,0	76,8	23,2

Zahl der Tatverdächtigen insgesamt: 2 280 611. Bevölkerung: 82 339 000
(Bundesministerium des Innern [Hg.], Polizeiliche Kriminalstatistik 2001, S. 26)

Hinweise zur Auswertung der Tabelle:
– Wie verhalten sich die normal gedruckten zu den fett gedruckten Zahlen?
– Welche Zahlen addieren sich zu Hundert?
– Bei welchen Altersgruppen ist die Zahl der Tatverdächtigen im Verhältnis zum Bevölkerungsanteil besonders hoch oder niedrig?
– Bei welchen Altersgruppen sind die Unterschiede zwischen „männlich" und „weiblich" am größten?

Die „**Tatverdächtigenbelastungszahl**" (Tatverdächtige auf je 100 000 Einwohner der betr. Altersgruppe) betrug 2001
für **Kinder** (8- bis unter 14-Jährige) **2292** (1998: 2518) und
für **Jugendliche** (14- bis unter 18-Jährige) **7416** (1998: 7288).
Für **Heranwachsende** (18- bis unter 21-Jährige) betrug sie **7440** (1998: 7271),
für **Erwachsene** ab 21: **1980** (1998: 1985).

M 7

Jugendkriminalität

Zahl der von der Polizei ermittelten Tatverdächtigen in Deutschland in 1 000

Jugendliche (14 bis unter 18 Jahren) | **Kinder** (bis unter 14 Jahren)

Jahr	Jugendliche	Kinder
1993	208	88
1994	224	100
1995	254	117
1996	277	131
1997	293	144
1998	302	153
1999	297	151
2000	294	146

Quelle: Polizeiliche Kriminalstatistik © Globus 7358

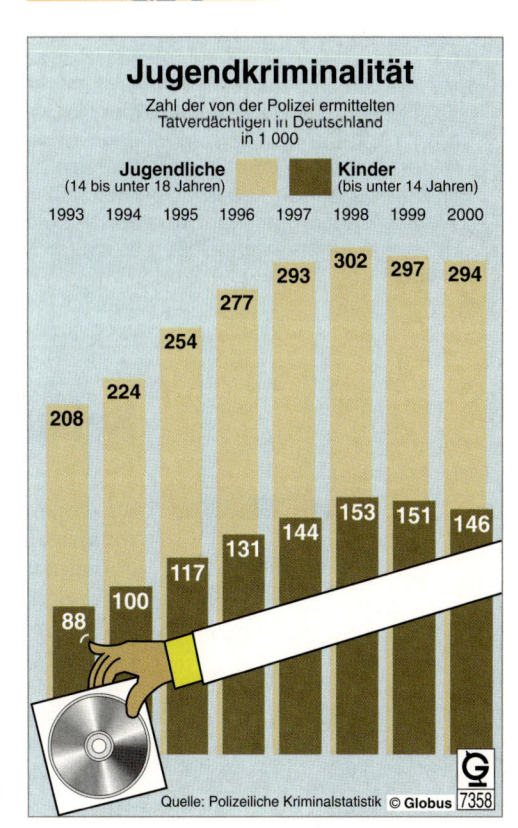

Zahlen für 2001:
Jugendliche 290 Tsd., Kinder 143 Tsd.

11 Wird die Jugend immer krimineller? – Jugendliche und Rechtsordnung

M 8
Hat die Jugendkriminalität seit 1975 zugenommen?

Linke Grafik:
(Quelle: Bundeskriminalamt Wiesbaden, Polizeiliche Kriminalstatistik, Berichtsjahr 1975)

Rechte Grafik:
(Quelle: Bundeskriminalamt Wiesbaden, Polizeiliche Kriminalstatistik, Berichtsjahr 2001, www.bka.de)

Tatverdächtigenanteile der Altersgruppen 1975 bei den Straftaten insgesamt (alte Bundesrepublik Deutschland)
- Kinder 6,2%
- Jugendliche 13,5%
- Heranwachsende 12,8%
- Erwachsene 67,5%

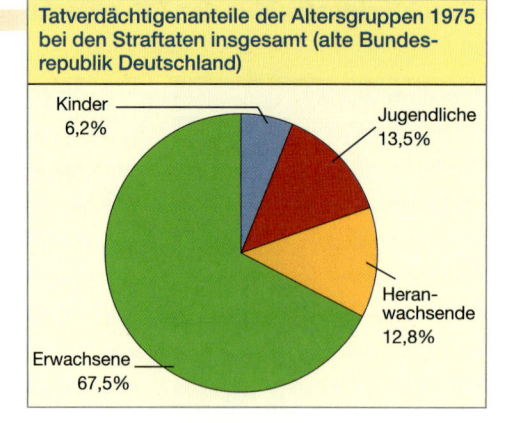

Tatverdächtigenanteile 2001
- Kinder 6,3%
- Jugendliche 13,1%
- Heranwachsende 10,8%
- Erwachsene 69,9%

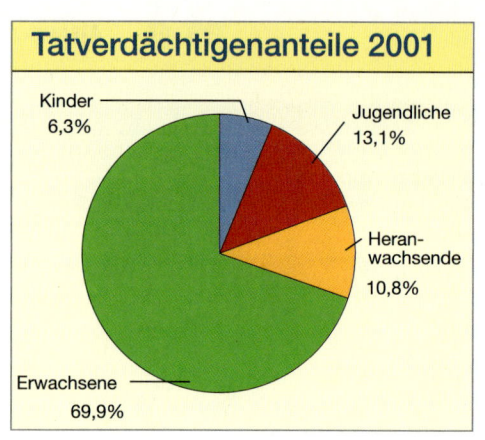

1. Beschreibt, was es mit der „Polizeilichen Kriminalstatistik" auf sich hat und wie sich die Kriminalität insgesamt in den letzten Jahren entwickelt hat (M 5a/b).

2. Für die Beantwortung der Titelfrage dieses Abschnitts sind die Materialien M 6 und M 8 von entscheidender Bedeutung. Analysiert zunächst die Tabelle M 6, die zeigt, in welchem Ausmaß die einzelnen Altersgruppen an der Gesamtzahl der Tatverdächtigen beteiligt sind (2001). Was lässt sich danach über die „Kriminalitätsbelastung" (Anteil an den Tatverdächtigen im Verhältnis zum Anteil an der Bevölkerung) von Kindern, Jugendlichen und Heranwachsenden sagen? Überraschen euch die Daten? Welche Erklärungen habt ihr dafür? – Zu den Ursachen für die hohe Jugendkriminalität gibt später M 12 einige Hinweise.

3. In M 8 geht es um die Entwicklung der Kriminalitätsbelastung in den Altersgruppen von 1975 bis 2001 und um die Überprüfung der Aussage: „Die Jugendkriminalität nimmt ständig zu". Eure Aufgabe liegt in der Beantwortung der folgenden Frage: „2001 waren die Jugendlichen mit 13,1% an der Zahl der Tatverdächtigen beteiligt, 1975 mit 13,5 % (s. Grafiken). 1975 betrug der Anteil der Jugendlichen an der Bevölkerung 6,2 %, 2001 waren es 4,4 %. Hat unter Berücksichtigung dieser Zahlen die Kriminalitätsbelastung Jugendlicher zugenommen oder abgenommen oder ist sie gleich geblieben?"

4. In ähnlicher Weise könntet ihr mit Hilfe der Daten (M 6, M 8) auch die Entwicklung bei den anderen Altersgruppen untersuchen (Bevölkerungsanteile 1975: Kinder 19,6%, Jugendliche 6,2%, Heranwachsende 4,2%, Erwachsene 70%).

Beispiel: Ladendiebstahl

M 9a
„Kein Grund zur Entwarnung"

Im vergangenen Jahr (2001) wurden 549.314 Ladendiebstähle erfasst. Das sind 2,4 Prozent weniger als im Jahr 2000, so die Polizeiliche Kriminalstatistik 2001. „Für den Einzelhandel ist dies aber kein Grund zur Entwarnung, denn die Dunkelziffer der nicht entdeckten, nicht angezeigten und somit auch nicht registrierten Ladendiebstähle liegt nach wie vor bei über 90 Prozent", erklärte Stefan Schneider, stellvertretender Hauptgeschäftsführer des Hauptverbandes des Deutschen Einzelhandels (HDE).
„Wegen der hohen *Dunkelziffer* müssen wir den durch Ladendiebstahl verursachten Gesamtschaden im Einzelhandel unverändert mit rund 2,5 Milliarden Euro ansetzen. Ein weiterer Grund dafür ist der prozentual gleichbleibend hohe Wert der gestohlenen Waren", so Schneider. Die Zahl der Diebstähle, bei denen Artikel im Wert von mehr als 100 Euro gestohlen wurden, habe sich im Vergleich zum Jahr 2000 um ein weiteres Prozent erhöht. Das zeigen aktu-

Beispiel: Ladendiebstahl

„Langfinger" im Einzelhandel
Angezeigte Ladendiebstähle in 1 000

- 1995: 614
- 1996: 656
- 1997: 670
- 1998: 655
- 1999: 596
- 2000: 563
- 2001: 549

Die am häufigsten gestohlenen Waren (Angaben in Prozent)

- Elektroartikel: 21
- Kosmetik: 13
- Lebensmittel: 9
- Drogerieartikel: 8
- Tabakwaren: 6
- Textilien: 5
- Werkzeug, Eisenwaren: 3
- Spielwaren: 3
- Spirituosen: 3
- Computer(zubehör): 3
- Fahrrad-/Autozubehör: 3

Stand 2001   Mehrfachnennungen   Quelle: HDE   © Globus 7771

elle Zahlen der Detektei Krupp. Außerdem würden danach 40 Prozent aller Ladendiebe drei oder mehr Artikel pro Diebeszug klauen (2000: 33 Prozent). Schneider machte deutlich: „Der statistische Rückgang bei Ladendiebstählen ist dem immer größeren und ausgefeilteren Einsatz von Präventionsmaßnahmen im Einzelhandel zu danken. Videokameras, elektronische Artikelsicherung und Schulung der Mitarbeiter sind in vielen Geschäften an der Tagesordnung."
(http://www.einzelhandel.de)

Inventurdifferenzen* – mit diesem recht harmlosen Wort beschreibt der deutsche Einzelhandel den Unterschied zwischen dem, was da sein sollte, und dem, was da ist. Jedes Jahr summiert sich dieser Fehlbetrag auf rund 1,2 Prozent des Umsatzes oder den stolzen Betrag von 4,5 bis 5 Milliarden Euro.
Rund 40 Prozent der Verluste durch Diebstahl gehen auf das Konto derjenigen, die die Schwachstellen der Unternehmen besonders gut kennen: Mitarbeiter oder Lieferanten. Weitere 15 Prozent führen die Einzelhändler auf organisatorische Lücken zurück. Die übrigen rund 45 Prozent resultieren aus dem klassischen Ladendiebstahl. […]
Nach Angaben des Hauptverbandes des Deutschen Einzelhandels ist der Ladendiebstahl das Delikt, unter dem die Geschäfte am meisten leiden. Über 90 Prozent der Betriebe haben in den vergangenen beiden Jahren damit zu tun gehabt. An zweiter Stelle rangiert der Einbruch (36 Prozent). […]
Kaum noch zu halten ist jedenfalls die weit verbreitete Vorstellung, die Diebe würden ihre Beute nur aus Not an der Kasse vorbeischmuggeln. Denn bei denen, die erwischt werden, stellt die Polizei immer wieder fest: Die meisten haben genug Geld dabei, um die Ware zu bezahlen. Klau als Wohlstandsdelikt, diese These bestätigt auch die Hitliste der begehrten Artikel. Auf den ersten Plätzen finden sich nur Dinge, die nicht unbedingt zum Überleben notwendig sind (Grafik).
Zudem begnügen sich viele Klauer längst nicht mehr mit No-name-Produkten, sondern strecken ihre langen Finger ganz gezielt nach Markenartikeln aus. Die eignen sich nämlich besonders gut zum Weiterverkauf, ein Motiv, das zunehmend an Bedeutung gewinnt.

Tatverdächtigenbelastung der Deutschen bei „einfachem" Ladendiebstahl

*) Tatverdächtige pro 100.000 Einwohner der jeweiligen Altersgruppe

(Quelle: Bundeskriminalamt Wiesbaden, Polizeiliche Kriminalstatistik, Berichtsjahr 2001, www.bka.de)

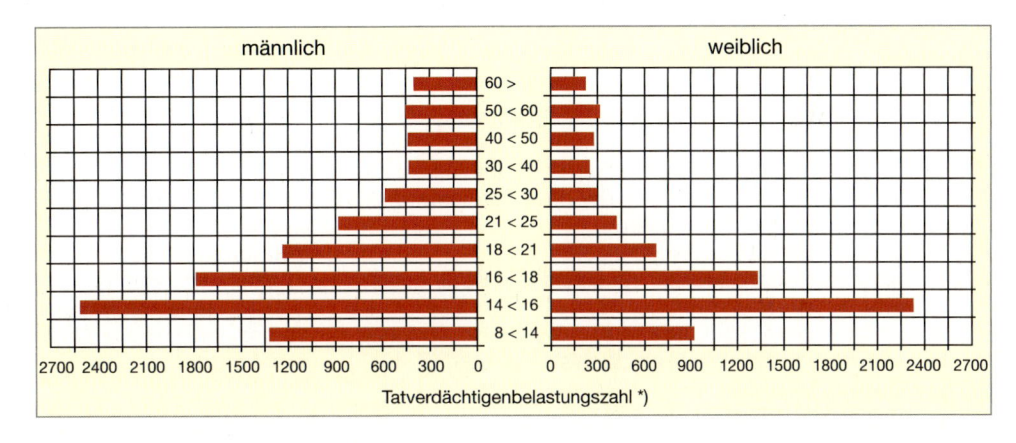

Ein Kapitel für sich sind die Täterprofile. Tendenz: immer jünger. Schon 17 Prozent der Ladendiebstähle gingen 1997 auf das Konto von Kindern, gegenüber 1994 ist das ein Zuwachs um 6,2 Punkte. […]

Dagegen ging der Anteil der „erwachsenen" Diebe binnen drei Jahren von knapp 66 auf rund 60 Prozent zurück.

Auch wann und wo geklaut wird, ist keine Frage des Zufalls. Die beliebteste Zeit sind die Monate Oktober, November und Dezember, wenn also Weihnachten vor der Tür steht und die Läden besonders voll sind.

Dass bestimmte Geschäfte mehr betroffen sind als andere, liegt zum einen an der Begehrlichkeit der Diebe. Weil sie vor allem Non-food-Produkte bevorzugen, wird in Drogerien und Baumärkten zum Teil doppelt so häufig gestohlen wie in Supermärkten und Discountern. Zum anderen verlagert sich die Klautour immer mehr in kleinere Geschäfte – denn die großen haben sich inzwischen auf die Langfinger eingestellt und moderne Sicherheitsanlagen installiert.

(iwd Nr. 14 v. 2.4.1998, S. 7)

M 9b
„Keine Selbstjustiz"! Was der Einzelhandelsverband den Geschäften empfiehlt

Der Dieb ist zwar verpflichtet, das gestohlene Gut unverzüglich dem Eigentümer zurückzugeben, Taschenkontrollen sind jedoch nur mit Zustimmung des Diebes möglich. Auch körperliche Durchsuchungen dürfen nur von der Polizei vorgenommen werden. Wenn der Diebstahl zugegeben wird, sollten Sie entweder ein Protokoll anfertigen (Personalien, Tatbestand, Zeugenaussage etc.) oder – falls beim zuständigen Amtsgericht das Beschleunigte Strafverfahren angewendet wird – die Polizei zur Aufnahme der Strafanzeige und Mitnahme des Täters einschalten. Lassen Sie sich im Protokoll den Diebstahl ausdrücklich anerkennen. Üben Sie jedoch keine Selbstjustiz, indem Sie den Dieb für den Fall, dass er kein Schuldanerkenntnis abgibt oder nicht „freiwillig" eine Fangprämie zahlt, mit der Strafanzeige erpressen. Schalten Sie die Polizei ein, wenn der Dieb sich nicht eindeutig ausweisen kann oder will, er sich renitent verhält oder offensichtlich lügt, es sich um einen Wiederholungstäter handelt, eine Hausdurchsuchung angebracht erscheint und / oder der Wert des Diebesguts verhältnismäßig hoch ist. Stellen Sie auf jeden Fall einen Strafantrag und erteilen Sie zu Ihrem eigenen Schutz ein Hausverbot. Fordern Sie von dem Dieb Ersatz für den entstandenen Schaden. Auf eine Ergreifungsprämie haben Sie nur Anspruch, wenn Sie diese vorher ausgelobt und auch ausbezahlt haben.

Bei strafunmündigen Kindern unter 14 Jahren sollten die Eltern informiert und gebeten werden, das Kind im Geschäft abzuholen. Falls dies nicht möglich ist, sollte das Jugendamt informiert werden.

(http://www.einzelhandel.de)

---

1. Fasst aus M 9a die wichtigsten Informationen zusammen zu
- Ausmaß und aktueller Entwicklung des Ladendiebstahls,
- Begriff der „Dunkelziffer" und der „Inventurdifferenz",
- bevorzugten Diebstahlsgütern,
- Altersstruktur der Tatverdächtigen,
- rechtlichen Konsequenzen für Diebe und Kaufhäuser.

2. Warum bezeichnet der Verband des deutschen Einzelhandels den Ladendiebstahl als „Wohlstandsdelikt" (Z. 40)?

3. Vergleicht die Verteilung der tatverdächtigen Jugendlichen auf Jungen und Mädchen beim Ladendiebstahl (Grafik S. 247 u.) mit den entsprechenden Zahlen zur gesamten Jugendkriminalität (s. M 7).

4. Informiert euch über die Regeln, welche die Geschäfte nach Empfehlung des Einzelhandelsverbandes beim Umgang mit Ladendieben beachten sollen (M 9b). Warum darf nur die Polizei körperliche Durchsuchungen vornehmen?

Beispiel: Ladendiebstahl **249**

M 10

Warum Jugendliche klauen – Motive und Ursachen

a) Der Reiz des Stehlens

Um zu erfahren, was junge Menschen dazu treibt, in die Regale zu fassen und sich dann ohne Bezahlung aus dem Staub zu machen, hatte die Geschäftsleitung eines Kaufhauses die Schulklassen 8b und 9a des Kölner Schiller-Gymnasiums, deren Lehrer, eine Staatsanwältin und einen Amtsrichter eingeladen.
Als ein Lehrer wissen wollte: „Was macht am Klauen so viel Spaß?", brachte es eine Schülerin auf den Punkt: Es sei wahrscheinlich der „Reiz des Verbotenen", vermutete sie. Wenn man in einem Geschäft stehle, sei das eben „ganz was Verbotenes" und nicht zu vergleichen mit anderen Übertretungen, wie zum Beispiel „seine Eltern zu belügen". Vorausgesetzt, man wird nicht erwischt, spiele wahrscheinlich auch das Gefühl eine Rolle: „Ich habe es geschafft", sagte ein Mitschüler. Ein Mitarbeiter eines Kaufhauses bestätigte, dass Diebstahl eine Art Volkssport geworden sei: „Klauen gilt heute bei den Jugendlichen etwas. Wer das tut, ist eben ein cooler Hecht in den Augen der anderen." Offenbar seien heute die Wertvorstellungen verdreht.

(Kölner Stadtanzeiger v. 31.10.1997, gekürzt)

b) „Das ist doch im Preis drin"

Martin, ein fünfzehnjähriger Ladendieb erzählt: „…da sind wir ins Kaufhaus. Der Hans-Jörg, die Bettina, die Hacki und ich. Und da haben die anderen gemeint, wir checken mal so ein bisschen, mal sehen, wer sich traut, was zu klauen. Eija, die haben halt alle was geklaut – das war ganz witzig. Die Hacki hat eine knallrote Birne gekriegt, geleuchtet wie 100 Watt. Und dabei hat sie ein Gesicht gemacht, so als wenn nichts wäre. Das hat doch gar nicht zusammengepasst, das hat doch jeder gesehen, dass mit der was nicht stimmt. Und der Hans-Jörg, ne, ganz klar. Der geht hin, sucht sich was aus, checkt mal kurz, ob einer was merkt, ne, nimmt den Kassettenrekorder unter den Arm und geht raus. Verstehste? So, als wenn er den schon immer gehabt hätte, sau-cool, echt!
Was hättest du denn gemacht an meiner Stelle? Die haben mich sowieso nachher ausgelacht, weil ich die Reißzwecken geklaut hatte, weil ich mich was Richtiges nicht getraut hatte. Außerdem ist das in den Kaufhäusern sowieso im Preis drin. Da wird so viel geklaut …"

(Nach: Siegward Roth, Die Kriminalität der Braven, Beck, München 1991, S. 64f.)

c)

„Also ich versteh' nicht, warum hier so viel geklaut wird."

(Zeichnung: Volker Ernsting)

M 11

Nicht nur Jugendliche klauen

Diebesbande reiste quer durch die Republik

München. Endlich gefasst wurde eine Diebesbande, die bereits seit einem halben Jahr die Innenstädte unsicher machte. Das Trio suchte gezielt exklusive Boutiquen aus und griff mit Vorliebe bei sündhaft teuren Designermodellen zu. Es arbeitete eng mit einem Hehler zusammen, der die „heiße" Ware sofort weitervermittelte.

Obdachloser hatte Hunger

Hamburg. Rudolf R. ging es schon seit längerer Zeit ziemlich dreckig. Er ist drogensüchtig – und daher ständig in Geldnöten. Als ihn wieder einmal der Hunger plagte, bediente er sich kurzerhand im Supermarkt: Er ließ Brot, Aufschnitt und etwas Obst mitgehen. Dabei wurde er von einer Angestellten beobachtet.

Gertrud S.: „Ich kann einfach nicht anders"

Leipzig. Zum wiederholten Male wurde die Rentnerin Gertrud S. beim Ladendiebstahl ertappt. Dieses Mal fand die Polizei in ihrer Tasche mehrere Dosen Allzweckcreme, Zahnbürsten und Kosmetika. Wie sich bei einer Hausdurchsuchung herausstellte, hortete die Rentnerin in ihrer Wohnung regelrecht Körperpflegeprodukte – mehr, als sie in ihrem Leben je verbrauchen kann.

(Wolfgang Mattes u.a., Team, Band 2, Schöningh Verlag, Paderborn 1997, S. 128)

---

1. M 10a und M 10b verweisen auf zwei immer wieder genannte Motive jugendlicher Ladendiebe: der „Reiz des Verbotenen" und die „Mutprobe". Welchen Stellenwert haben diese beiden Motive aus eurer Sicht? Wie kann es dazu kommen, dass Straftaten zur Steigerung des Selbstbewusstseins beitragen?

2. Sind Kaufhäuser z.T. selbst „schuld" am Ausmaß des Ladendiebstahls? Setzt euch mit der Aussageabsicht der Karikatur M 10c auseinander.

3. Erläutert, welche drei anderen (als die jugendlichen) Tätergruppen am Ladendiebstahl beteiligt sind (M 11). Stellt fest, welchen Anteil Erwachsene insgesamt am Ladendiebstahl haben (M 9a). Wird darüber in den Medien eurer Meinung nach angemessen berichtet?

M 12

„Kriminalitätstheorien"

In den Sozialwissenschaften gibt es verschiedene Theorien zu den Ursachen von Kriminalität bzw. von Jugendkriminalität. Sehr vereinfacht handelt es sich um folgende Erklärungsansätze:

● Die hohe Kriminalitätsbelastung von Jugendlichen und jungen Erwachsenen (s. M 6) mit leichteren und mittleren Straftaten wird damit erklärt, dass sich junge Menschen noch in der Entwicklungsphase befinden, in der sie – wie vieles andere auch – die gesellschaftlichen Normen* erst noch erlernen und in die Rechtsordnung hineinwachsen müssen *(„Entwicklungstheorie")*. Bei vielen Jugendlichen sind Verstöße gegen die Rechtsordnung nicht der Anfang einer „kriminellen Karriere".

● Mit dieser Theorie in Zusammenhang steht die Auffassung, dass kriminelles Verhalten von Jugendlichen auf Fehler und Defizite in der familiären Erziehung zurückzuführen ist *(„Sozialisationstheorie")*, wenn z.B. keine feste Bezugsperson vorhanden ist, das Gewissen (Bewusstsein von Recht und Unrecht) nicht ausreichend ausgebildet wird, falsche (zu harte oder keinerlei Grenzen setzende) Erziehungsmethoden angewandt werden usw.

Beispiel: Ladendiebstahl **251**

● Andere Theorien betonen, dass Kriminalität „gelernt", d.h. durch die Nachahmung von „Vorbildern" entwickelt wird *(„Lerntheorien")*, wenn z.B. die eigenen Eltern oder bekannte Persönlichkeiten sich nicht an die Rechtsordnung halten, wenn in Jugendgruppen und Cliquen Regelverstöße und Straftaten als „Mutproben" erwartet werden, wenn in den Medien (Film, Fernsehen, Videos, Computerspiele) kriminelles Verhalten, insbesondere Gewalttätigkeit, als „normale" Form der Konfliktlösung dargestellt wird.

(Autorentext)

M 13 Standpunkte

Wir Erwachsenen geben den Jugendlichen viel zu wenig Möglichkeiten, etwas Sinnvolles in eigener Regie zu machen. Wir sollten uns dann nicht wundern, wenn die Jugendlichen sich in ihrer Freizeit etwas suchen, was ihnen Spaß macht – aber uns nicht gefällt!

Ich finde, dass z.B. die Kaufhäuser eine Mitschuld haben, dass so viel geklaut wird. Erst werben sie um die Jugendlichen und wecken ihre Bedürfnisse, dann bauen sie ihre Regale noch so selbstbedienungsfreundlich auf – und später wundern sie sich, dass die Jugendlichen den Verlockungen nicht widerstehen können.

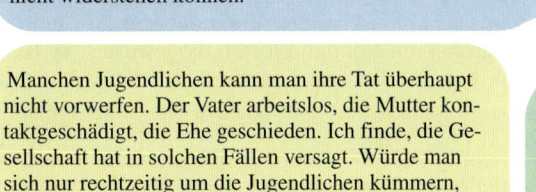

Manchen Jugendlichen kann man ihre Tat überhaupt nicht vorwerfen. Der Vater arbeitslos, die Mutter kontaktgeschädigt, die Ehe geschieden. Ich finde, die Gesellschaft hat in solchen Fällen versagt. Würde man sich nur rechtzeitig um die Jugendlichen kümmern, würde so manches nicht passieren.

Man sollte die Schuld nicht immer bei den anderen suchen. Viele denken einfach „hoppla, jetzt komm ich, was macht mir Spaß, wozu habe ich Lust – und was kümmern mich die anderen"! Wenn das Verantwortungsbewusstsein so verkümmert ist, wird auch nicht mehr nach Recht und Unrecht gefragt.

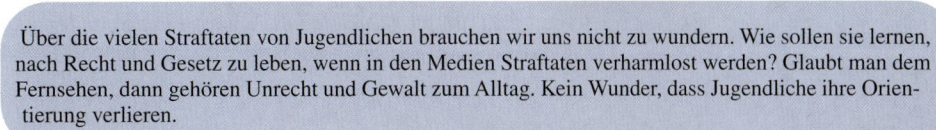

Die wahren Versager sind Gerichte und Polizei. Sie sind dazu da, um uns vor Straftätern zu schützen. Aber was passiert: Bewährung statt strenger Strafen, Verharmlosung statt Abschreckung!

Über die vielen Straftaten von Jugendlichen brauchen wir uns nicht zu wundern. Wie sollen sie lernen, nach Recht und Gesetz zu leben, wenn in den Medien Straftaten verharmlost werden? Glaubt man dem Fernsehen, dann gehören Unrecht und Gewalt zum Alltag. Kein Wunder, dass Jugendliche ihre Orientierung verlieren.

Jugendliche haben viele Konflikte: mit den Eltern, der Schule, der Sexualität usw. Daraus entsteht Unsicherheit und die Suche nach Vorbildern. Aber was bieten wir ihnen? „Helden" im Fernsehen, die ihre Konflikte mit Brutalität lösen, eine Welt, in der nur Besitz und Konsum zählen und keiner mehr recht Zeit für den anderen hat.

11 Wird die Jugend immer krimineller? – Jugendliche und Rechtsordnung

„Jeder Mensch will schließlich anerkannt werden, und gerade für Jugendliche sind die Freunde, die Clique sehr wichtig. Aber wenn es dann die falschen Freunde sind, dann will man kein Feigling sein oder kein Spielverderber und macht lieber mal eine krumme Sache mit, als die Freunde zu verlieren."

„Kriminalität ist nicht angeboren. Oft sind die Eltern schuld, die bei der Erziehung zu unsicher waren. Sind sie zu streng, dann wehren sich die Kinder mit Gewalt gegen das enge Korsett. Sprechen sie nie Verbote aus, dann können sich die Kinder gar nicht orientieren, wo notwendige Grenzen sind."

(Xaver Fiederle [Hg.], P wie Politik, Band 2, Schöningh, Paderborn 1994, S. 46; Verf.: Hansjörg Kaiser/Michael Nopper; ergänzt; Fotos: Günter Schlottmann/Verlagsarchiv Schöningh)

1. Für Jugendkriminalität allgemein sind in den Sozialwissenschaften seit langem unterschiedliche Ursachentheorien und Erklärungsansätze entwickelt worden, deren wesentliche Merkmale wir in M 12 kurz zusammengefasst haben. Erläutert möglichst mit eigenen Worten die jeweilige besondere Sicht, aus der die betr. Theorie Jugendkriminalität erklärt.

2. Keine der Theorien erhebt einen alleinigen Geltungsanspruch. Welche haltet ihr aus eurer Sicht für besonders wichtig? Welche Maßnahmen zur Bekämpfung von Jugendkriminalität müssten aus der Sicht der jeweiligen Theorie ergriffen werden?

3. In M 13 haben wir eine Reihe von Meinungen zur Erklärung von Jugendkriminalität zusammengestellt, wie man sie im Alltag immer wieder hören kann. Untersucht sie auch unter folgenden Gesichtspunkten:
● Nimmt die jeweilige Äußerung (ausdrücklich oder unausdrücklich) auf eine oder mehrere der in M 12 dargestellten wissenschaftlichen Theorien Bezug?
● Neigt der (die) betr. Sprecher(in) insgesamt eher dazu, der „Gesellschaft" die „Schuld" zu geben oder dem (der) einzelnen Täter(in) selbst?
● Welchen Äußerungen stimmt ihr (nicht) zu?

M 14a
Ladendiebe härter bestrafen?

(Süddeutsche Zeitung Nr. 188/2000, S. 6)

Die Gewerkschaft der Polizei (GdP) hat Pläne [...] begrüßt, Ladendiebe künftig schneller und härter zu bestrafen. [...] Künftig sollen Ladendiebe [...] von der Polizei einen Bescheid über ein Strafgeld in Höhe von rund 50 Euro zugeschickt bekommen. Wer zahlt, für den ist die Sache erledigt – andernfalls geht die Angelegenheit an die Staatsanwaltschaft. [...] Der Vorsitzende der Gewerkschaft begrüßte auch andere Möglichkeiten der Strafe wie gemeinnützige Arbeit, um an der Gesellschaft begangenen Schaden sichtbar wieder gutzumachen. Hervorragende Vorschläge seien auch die „Reinigung von Parkanlagen oder Tierheimen".

M 14b
Was sollte man gegen Ladendiebstahl unternehmen?

Frank Günther, Paderborn:

„Man kennt die Situation der Ladendiebe nicht, ob sie aus Geldmangel oder Passion klauen gehen. Man sollte in erster Linie auf die elektronische Sicherung setzen, zu viele Detektive machen das Einkaufen unangenehm."

Jörg Dunjohann, Paderborn:

„Ladendiebstahl ist ein wenig mehr als nur ein Kavaliersdelikt*. Aus Sicht der Geschäfte kann man durch elektronische Absicherung oder durch die Arbeit von Detektiven nicht mehr viel machen. Ich denke, man sollte das Problem ein wenig hinterfragen und sich das soziale Umfeld potenzieller Ladendiebe ansehen, um aus dieser Richtung heraus dem Problem beizukommen."

Manfred Schmidt, Paderborn:

„Ladendiebstahl ist zwar kein Kavaliersdelikt, doch ist mehr Sozialpolitik* notwendig, um dem vorzubeugen. Anzeigen sorgen nur für kriminelle Karrieren. Man sollte Kleinigkeiten nicht kriminalisieren, sondern den Leuten helfen."

Eduard Hilger, Bad Lippspringe:

„Vielleicht sollte man Kameras in den Umkleidekabinen installieren, mich würde das nicht stören. Ladendiebstahl ist alles andere als eine Bagatelle, es sollte härter bestraft werden. Schließlich werden die Waren ja dadurch teurer."

Ilse Page, Bad Lippspringe:

„Ladendiebstahl ist bestimmt kein Kavaliersdelikt. Bereits Kindern sollte man beibringen, dass Diebstahl ein schlimmes Vergehen ist."

Marie-Theresia Linneweber, Wewelsburg:

„Diebstahl ist eine richtige Seuche geworden. Ich bin zu Pflichtgefühl und Ehrlichkeit erzogen worden, das ist wohl sehr selten geworden, heutzutage. Früher hätten wir uns für eine solche Tat furchtbar geschämt. Es fehlt das Moralgefühl. Bauern dürfen nicht einmal mehr ihre Mistgabel am Acker lassen, sie wird sofort gestohlen. Aber es gibt auch viele Menschen, die nicht das Nötigste zum Leben haben. Die Deutschen sind statistisch gesehen vielleicht reich, aber die Realität sieht ganz anders aus."

Gudrun Hilker, Bad Driburg:

„Die Urteile gegen Ladendiebe sind noch viel zu milde, es müsste viel härter bestraft werden, denn wir, die ehrlichen Verbraucher, zahlen doch die Zeche."

Marianne Lengeling, Paderborn:

„Es sollten mehr Detektive eingestellt werden, um den Ladendieben das Handwerk zu legen. Wir bezahlen doch die Verluste mit. Der Überfluss, in dem wir leben, scheint das Unrechtsbewusstsein untergraben zu haben. Aus Not wird nicht mehr gestohlen. Das habe ich schon oft selbst beobachtet."

Christa Schütte, Hövelhof:

„Ladendiebstahl ist ein Unding, das man gar nicht hart genug bestrafen kann. Aber Süßwaren, in Kassennähe in Reichweite von Kindern platziert, haben dort nichts zu suchen. Man sollte keine unnötigen Versuchungen provozieren."

(Paderborn EXTRA v. 22.4.1993)

M 14 a/b enthalten Vorschläge der Polizeigewerkschaft und Meinungsäußerungen von Bürgern zu Maßnahmen gegen Ladendiebstahl, die bei einer Umfrage der Zeitung „Paderborn extra" gesammelt wurden. Untersucht sie auch unter dem Gesichtspunkt, ob hinter den jeweiligen Vorschlägen bestimmte Vorstellungen von den Ursachen der Ladendiebstahlskriminalität (s. M 10 und M 12) stehen, und nehmt jeweils Stellung. Welche Vorschläge habt ihr selber, um das Ausmaß des Ladendiebstahls zu verringern?

Methode — M 15 — Erkundungsprojekt: Wie ist die Situation in unserer Gemeinde?

*Der folgende Text berichtet über das Projekt einer 9. Klasse einer Limburger Schule, das ihr ggf. zum Anlass nehmen könnt, in ähnlicher Weise und auf dem Hintergrund eurer Kenntnisse aus der Arbeit an den vorangehenden Materialien das Problem des Ladendiebstahls in eurer Gemeinde zu erkunden und vielleicht zu dokumentieren. Der Bericht kann euch dabei helfen, ein solches Projekt zu planen und zu organisieren. Im Mittelpunkt müssten **Befragungen** stehen, die ihr in Gruppen bei Jugendlichen, bei der Polizei, beim Jugendamt und bei Gericht sowie in Kaufhäusern und Supermärkten vornehmen könnt. Der zweite Schwerpunkt wäre dann die **Sammlung** und Auswertung der Ergebnisse, ihre **Darstellung** und Deutung sowie die Schlüsse, die man aus eurer Sicht daraus ziehen sollte.*

Ist der Ladendiebstahl auch in Limburg ein Problem? Inwieweit sind Kinder und Jugendliche betroffen? Damit befasste sich die Klasse 9b H der Lahntalschule Limburg im Rahmen des Sozialkundeunterrichts. In Gruppen aufgeteilt wurden die Ermittlungsgruppe des Polizeikommissariats Limburg, der Jugendstaatsanwalt des Amtsgerichts Limburg, der zuständige Sachbearbeiter des Jugendamtes des Landkreises Limburg-Weilburg und die Hausdetektive eines großen Limburger Kaufhauses und eines großen Verbrauchermarktes besucht und nach ihren Erfahrungen mit diesem Thema befragt. Doch die Klasse wollte nicht nur die Meinung der Erwachsenen erforschen. Deshalb startete sie eine große Umfrage unter Limburger Schülern, bei der 677 Schülerinnen aus allen Schulformen (Haupt-, Real-, Berufsschule und Gymnasium) einen für diese Problematik entworfenen Fragebogen ausfüllen sollten.

201 von 677 befragten Jugendlichen (29,7%) haben zugegeben, schon einmal gestohlen zu haben:

Mädchen:	81	40,3 %
Jungen:	120	59,3 %
bis 12 J.:	28	13,9 %
12 bis 14 J.:	48	23,9 %
14 bis 16 J.:	83	41,3 %
16 bis 18 J.:	42	20,9 %

Die Hälfte der Jugendlichen, die einen Diebstahl zugegeben haben, gab an, nur einmal gestohlen zu haben. Auch liegt der Wert der gestohlenen Waren in 60,2 % der Diebstähle unter 2,50 Euro. In 50,2 % der Fälle stehlen die Jugendlichen alleine oder mit Freunden (43,3 %). Der Anteil der Jugendlichen, die es in einer Jugendbande tun, liegt bei 6,5 %. Der größte Teil der jugendlichen Diebe stiehlt in erster Linie für sich selbst (76,1 %), aber 10 % gaben an, das Diebesgut zu verkaufen, um sich somit ihr Taschengeld aufzubessern.

Die Dunkelziffer* bei Jugendlichen ist nach dieser Untersuchung nicht ganz so hoch, wie es die Polizei für den gesamten Ladendiebstahl angibt; denn 30,3 % derjenigen, die einen Ladendiebstahl zugegeben haben, wurden schon einmal erwischt.

Die Schülerinnen und Schüler dachten, die Ladendiebe kämen hauptsächlich aus finanziell schwach gestellten Familien. Dies ist aber nicht der Fall. Die Täter kommen aus allen Bevölkerungskreisen, auch aus der so genannten Oberschicht. Dies teilten den Schülern und Schülerinnen Polizei, Staatsanwalt und Jugendamt mit.

Besonders interessierte die Klasse, warum Kinder und Jugendliche stehlen. Hier gab es eine Reihe von Übereinstimmungen zwischen den Informationen der einzelnen Ämter und den Ergebnissen der Schülerumfrage. Bei der Polizei gaben die erwischten Jugendlichen meistens an: „Habe einen Black-Out gehabt; weiß nicht warum; habe zu wenig Taschengeld; will auch haben, was andere besitzen; nur mal so, bei anderen hat es ja auch geklappt!". Bei der Umfrage wurde „günstige Gelegenheit; Lust dazu gehabt; nur mal so, als Sport" mit 60,7% am häufigsten genannt, bei 17,9% spielte das geringe Taschengeld eine Rolle und 9,0% wurden von Freunden angestiftet.

„Das Stehlen ist schon fast zum Volkssport geworden", meinten ein Kaufhausdetektiv und auch der Vertreter des Jugendamtes. Als weitere Gründe wurden von den Ämtern Modeerscheinung und Angeberei genannt.

(RAAbits Sozialkunde/Politik, Januar 1993, Raabe Verlag, Bonn 1993)

Rechtsordnung und Rechtsstaat

(Mensch und Politik, Sek. I, Schroedel Verlag, Hannover 1997, S. 7)

M 16

Recht auf eigene Faust?

Im Autohaus Brandt quellen Glückwünsche aus ganz Deutschland aus dem einzigen Faxgerät in Körbelitz bei Magdeburg. „Tolle Tat", schreibt ein Gardinenvertreter. „Fanal der Selbsthilfe", lobt ein Werkzeughändler. Ein Ingenieur aus Osnabrück grüßt „in Gleichgesinntheit" und fordert neue Rechtsmaßstäbe, die sich am „Alten Testament und den USA" orientieren. […]
Eckhard Brandt, 45, besitzt ein Citroen-Autohaus mit Werkstatt und Tankstelle, wo es bereits 30 Einbrüche und Diebstähle gab, und gilt seit wenigen Tagen als Held. Er hat einen vermeintlichen Autoknacker für knapp zwei Stunden öffentlich an den Pranger gestellt. Zuletzt war ein alter VW Santana vom Hof geklaut worden. Am Tag darauf erfuhr Brandt über „gute Drähte zur Polizei", dass ein „berüchtigter Spitzbube" aus dem eigenen 560-Seelen-Dorf mit im Auto gesessen habe.

11 Wird die Jugend immer krimineller? – Jugendliche und Rechtsordnung

Der 100-Kilo-Mann Brandt stürmte mit fünf Mechanikern das Haus. Sie schnappten sich E., warfen den 20-Jährigen in einen Transporter und rumpelten los. „Ich habe aus Nase und Ohren geblutet", sagt E. später. Vor dem Autohaus kam er an den Schandpfahl. Seine Hände wurden mit Klebeband an einen Mast gefesselt, die Beine ebenfalls, ein Strick um den Bauch verhinderte, dass er zusammensackte. Im Schatten der Tankstelle versammelte sich das halbe Dorf, Videokameras surrten, eine Zeitung wurde informiert. Aber keiner half dem Burschen am Pranger. […]
Für den Autohändler stand E.s Schuld sofort fest, obwohl bis heute nichts bewiesen ist. „Mitgefangen, mitgehangen – der hat genug auf dem Kerbholz", sagt er, und: „Wenn ich sehe, was mit den Autoknackern passiert, habe ich keine Angst vor der deutschen Justiz." Die Staatsanwaltschaft Stendal ermittelt inzwischen gegen Brandt wegen Freiheitsberaubung.

Hände und Beine mit Klebeband gefesselt, wird E. für knapp zwei Stunden am Fahnenmast präsentiert

(Foto: S. Heiland)

(Holger Witzel, An den Pranger gestellt, Stern Nr. 19/1996, S. 156)

M 17
Wozu brauchen wir eine Rechtsordnung?

Wie oft wird auf die Paragraphen, auf die Bestimmungen, die das äußere Zusammenleben der Menschen regeln, gescholten! Da ärgert sich der Autofahrer: Er hat ein Strafmandat bekommen wegen Überschreitung der 50-km-Begrenzung, die im Stadtverkehr vorgeschrieben ist. Herr Müller findet es lächerlich, dass ihn Herr Meier angezeigt hat, nur weil er sich ein paar Mauersteine mitgenommen hat, die Herr Meier auf seinem Grundstück gelagert hatte. Die Kinder ärgern sich, weil ihnen verboten wird, die Garagentür von Herrn Lehmann mit Inschriften zu versehen. Alle Erwachsenen sind mit dem Staat unzufrieden, der ihnen Steuern abnimmt. Aber nun sehen wir uns die Angelegenheit einmal von der anderen Seite an! Da sind die Fußgänger, Mütter mit kleinen Kindern, Schulkinder, alte, gehbehinderte Leute: Sie kommen im Straßenverkehr in Gefahr, weil der Autofahrer ohne Beachtung der 50-km-Begrenzung durch die Straßen rast. Herr Meier hat viel Geld für die Mauersteine ausgegeben und sie mühsam herangekarrt – nun nimmt sie ihm Herr Müller einfach fort. Herrn Lehmanns Garagentür muss wegen der „Inschriften" neu gestrichen werden. Der Staat hat, wenn er auf die Steuern verzichtet, kein Geld mehr für die Dinge, die wir alle haben wollen: gute Schulen, moderne Krankenhäuser, neue Straßen. Wir sehen, es stehen sich hier zwei ganz verschiedene Seiten gegenüber: Die einen möchten etwas ganz Bestimmtes tun, so schnell fahren, wie sie wollen; sich nehmen, was sie gerade brauchen. Die anderen wollen sich das nicht gefallen lassen: Sie wollen nicht durch die Autofahrer gefährdet werden; sie wollen ihre Garagentür, ihr Haus nicht beschädigen lassen. Jochen Schneider findet es heute vielleicht nicht der Rede wert, wenn er mit seinem Fahrrad den Kotflügel vom Auto der Frau Müller zerkratzt hat; am nächsten Tag ist er empört, weil ihm ein Klassenkamerad die Speichen seines Fahrrades verbogen hat. Nun stellen wir uns einmal vor, wie es wäre, wenn nicht geregelt wäre, was man tun darf und was verboten ist: Der Stärkere, der Klügere, der Mächtigere könnte sich nehmen, was er wollte. Er nähme dem Schwächeren das neue Moped fort, er besorgte sich von allem das Beste. Der Schwächere könnte sich oh-

Rechtsordnung und Rechtsstaat

ne Hilfe nicht wehren, er wäre dem Stärkeren hilflos ausgeliefert. Dass das nicht geht, müssen selbst die einsehen, die sich heute noch stark und den Schwächeren überlegen vorkommen. Auch sie können durch Krankheit, durch Unglücksfall, durch Alter eines Tages zu den Schwächeren gehören. Der Staat hat daher eine Ordnung geschaffen, durch die das Zusammenleben der Menschen weitgehend geregelt wird. Diese Ordnung nennen wir die Rechtsordnung.

(Ilse Staff, Rechtskunde für junge Menschen, Diesterweg, Frankfurt a. M. 1979, S. 7f.)

---

1. Beschreibt das Vorgehen des Autohausbesitzers gegen einen vermeintlichen Autodieb. Vorausgesetzt, der Mann war wirklich schuldig: Warum hat sich Herr Brandt trotzdem strafbar gemacht? Was würde passieren, wenn sich jeder sein Recht „auf eigene Faust" verschaffen würde? (M 16)

2. M 17 zeigt an Beispielen, warum wir Bestimmungen benötigen, die das äußere Zusammenleben der Menschen regeln. Erklärt mit eigenen Worten, warum eine solche staatliche „Rechtsordnung" notwendig ist.

M 18 Rechtsordnung und Rechtsstaat

Warum brauchen wir Gesetze?

Überall, wo Menschen zusammenleben, benötigen sie Regeln, die für alle Menschen in dieser Gemeinschaft gelten. Sonst würden die Stärkeren ihre Interessen rücksichtslos auf Kosten der Schwächeren durchsetzen. Die Gesamtheit aller Regeln und Gesetze bezeichnet man als Rechtsordnung. Grundlage der Rechtsordnung in Deutschland ist das Grundgesetz. Niemand würde sich allerdings an Gesetze halten, wenn Gesetzesüberschreitungen ohne Folgen blieben. Deswegen haben die Polizei und die Gerichte den Auftrag, Verstöße gegen Gesetze zu verfolgen und zu bestrafen. Nur der Staat hat das Recht, die Befolgung von Gesetzen notfalls zu erzwingen (Gewaltmonopol des Staates).

Was ist ein Rechtsstaat?

Wir leben in einem Rechtsstaat. Das bedeutet, dass jeder Bürger, aber auch jede staatliche Einrichtung sich dem Recht unterordnen und in seinem Handeln die Gesetze beachten muss. Deswegen spricht man auch von der Herrschaft der Gesetze im Rechtsstaat im Gegensatz zur Willkürherrschaft in Diktaturen. Weitere Merkmale eines Rechtsstaates sind:

→ *Rechtsgleichheit:* Die Gesetze gelten für alle Bürger gleich. Es darf in der Rechtsprechung keine Rolle spielen, wie reich oder einflussreich jemand ist; auch der Ärmste soll die Chance haben zu seinem Recht zu kommen.

→ *Rechtssicherheit:* Gesetze müssen veröffentlicht werden, damit jeder Bürger sich darüber informieren kann, welche Folgen ein Verstoß haben kann. Außerdem dürfen Gesetze nicht rückwirkend gelten. Niemand darf also für eine Tat bestraft werden, die zu diesem Zeitpunkt nicht verboten war.

Justitia war die römische Göttin der Gerechtigkeit. Von ihr leitet sich der Begriff „Justiz" ab. Könnt ihr euch vorstellen, warum sie mit einer Waage, einem Schwert und oft mit verbundenen Augen dargestellt wird?

(Zeichnung: Susanne Kuhlendahl/ Verlagsarchiv Schöningh)

11 Wird die Jugend immer krimineller? – Jugendliche und Rechtsordnung

Rechtsordnung

(Wolfgang Mattes u.a., Politik erleben, Schöningh Verlag, Paderborn 2001, S. 244; Verf.: Karin Herzig)

→ **Bindung der Gesetzgebung an das Grundgesetz:** Die Gesetze werden von den Abgeordneten des Deutschen Bundestages und – in manchen Fällen – von den Vertretern der Bundesländer gemacht. Doch die Abgeordneten dürfen nicht einfach Gesetze formulieren, die ihnen gerade passen. Sie müssen sich an das Grundgesetz halten. Kein Gesetz darf gegen die Menschenwürde verstoßen. So können die Abgeordneten auch nicht einfach mit einem Gesetz die Todesstrafe einführen, denn das wäre mit dem Grundgesetz nicht vereinbar.

→ **Rechtswegegarantie:** Jeder Bürger, der sich in seinen Rechten verletzt sieht, kann ein Gericht anrufen.

→ **Unabhängigkeit der Richter:** Richter und Gerichte sind in ihren Entscheidungen nur an die Gesetze gebunden. Keine staatliche Behörde, kein Politiker darf ihnen Weisungen erteilen oder versuchen Einfluss auf den Ausgang eines Prozesses zu nehmen.

M 19 „So ist das im Rechtsstaat"

● Das ist, wenn der Staat seine Autos kauft wie jeder Bürger und sie nicht einfach einzieht. Wenn Polizisten nicht einfach rumballern dürfen, sondern ein Verfahren an den Hals kriegen, wenn sie die Vorschriften verletzen.

● Es darf kein Gesetz gemacht werden, wonach Menschen mit blauen Augen weniger Steuern zahlen müssen als Menschen mit grauen. […] Unwahrscheinlich, so ein Fall? Gab es leider schon mal. Nur ging es da nicht um die Augenfarbe, sondern um die Rassenzugehörigkeit. Und auch nicht um Steuern, sondern um Leben und Tod.

● Manche Gesetze passen nicht präzise auf den Fall, den es zu entscheiden gilt. Aber dann darf der Richter nicht einfach sagen: „Das Gesetz führt hier zu ungerechten Ergebnissen, deshalb wende ich es nicht an."

● Auf Verlangen des Rektors müssen Polizisten einen Schüler, der dauernd schwänzt, zu Hause abholen und zur Schule bringen. Aber – das dürfen sie nicht mit gezogener Pistole. Und sie dürfen ihm auch nicht Handschellen anlegen. […] Da muss es der Staat sogar hinnehmen, wenn so ein wendiges Kerlchen seinen Abholern entwischt.

● So ist es früher einmal passiert, als der elektrische Strom frisch entdeckt war: Da klaute jemand Strom, das heißt, er klemmte seinen Draht vor dem Zähler an. Das war aber kein Diebstahl im Sinne des Gesetzes. Weil damals nur der Diebstahl von „Sachen" bestraft wurde und Strom eine Energie, aber keine Sache ist. Der Mann musste freigesprochen werden. So ist das im Rechtsstaat. […]

● Wenn der neue Bürgermeister feststellt, dass für Hunde in der Gemeinde noch keine Steuern bezahlt werden, kann er nicht einfach den „Struppi"- und „Flocki"-Besitzern Hundesteuerbescheide ins Haus schicken. Erst muss der Gemeinderat das durch eine Satzung – das ist so eine Art Gemeindegesetz – beschließen. Und die Bürger müssen diese Satzung im Gemeindeblatt oder am „Schwarzen Brett" im Gemeinderathaus lesen können.

(Der Rechtsstaat ist für alle da; in: PZ Nr. 15/1978, Hg. Bundeszentrale für politische Bildung, Bonn, S. 7ff.)

---

1. Erklärt, inwiefern sich aus der Rechtsordnung (M 17; vgl. M 16) der „Rechtsstaat" ergibt und was mit dem Begriff „Gewaltmonopol des Staates" gemeint ist (M 18; vgl. M 16).

2. Erläutert die fünf Merkmale eines Rechtsstaates und stellt fest, welchem Prinzip die in M 19 aufgeführten Beispiele jeweils zugeordnet werden können (das vierte Beispiel bezieht sich auf ein in M 18 nicht genanntes Prinzip: das Gebot der Verhältnismäßigkeit („Übermaßverbot")).

M 20

Wichtige Verstöße gegen die Rechtsordnung – Verbrechen und Vergehen: Welches Tatmerkmal und welches Fallbeispiel gehören zu welchem Delikt?

Delikt	Tatmerkmale	Fallbeispiel
1. Betrug § 263 StGB	A) Eindringen in ein Gebäude oder Aufbrechen eines Behälters zum Zwecke des Diebstahls	a) Hans bekommt eine mangelhafte Deutscharbeit zurück. Aus Angst vor den Eltern unterschreibt er die Arbeit selbst und gibt das Heft so dem Lehrer ab.
2. Diebstahl § 242	B) Erzwingen einer Handlung unter Anwendung unrechtmäßiger Mittel	b) Gerd droht seinem Klassenkameraden Bernd, dessen Moped zu beschädigen, wenn er nicht sofort den Kontakt zu Margret, einer gemeinsamen Freundin, abbricht.
3. Einbruch (schwerer Diebstahl) § 243	C) Gewaltsames Entwenden einer Sache	c) Bernd nimmt Peter in den Schwitzkasten und verlangt drei Euro.
4. Erpressung § 253	D) Versehentliches Verursachen des Todes eines anderen, wenn diese Folge bei der Handlung vorhersehbar war	d) Walter klettert durch das Kellerfenster in ein Haus und entwendet Würstchen und Bier. Anschließend bricht er einen Automaten auf und nimmt Zigaretten mit.
5. Räuberische Erpressung § 255	E) Beschädigen fremden Eigentums	e) Maria beobachtet, dass Gabi bei der Klassenarbeit pfuscht. Sie droht, den Vorgang dem Lehrer zu melden, wenn Gabi ihr nicht die Zehnerkarte fürs Schwimmbad gibt.
6. Körperverletzung fahrlässige K. § 230	F) Wegnehmen und Behalten eines Gegenstandes, der einem anderen gehört	f) Gertrud stellt Thomas ein Beinchen, der in der Schule über den Flur zur Treppe rennt. Thomas stürzt die Treppe herunter und stirbt auf dem Weg ins Krankenhaus an seiner Schädelverletzung.
7. Vorsätzliche Körperverletzung § 223-226	G) Besitz oder Handel mit verbotenen Drogen	g) Willi meldet dem Schulleiter, dass sein abgeschlossenes Fahrrad vom Schulhof gestohlen worden ist, und er verlangt Schadensregulierung über die Versicherung. In Wirklichkeit ist er an diesem Tag ohne Fahrrad in die Schule gekommen.
8. Nötigung § 240	H) Erzwingen einer Handlung durch Anwenden von Gewalt, um sich einen Vermögensvorteil zu verschaffen	h) Rolf und Rainer lauern Markus auf, der sie beim Lehrer verpetzt hat. Rainer will Markus mit dem Taschenmesser einschüchtern. Dabei sticht er so zu, dass Markus eine gefährliche Leberverletzung erleidet.

11 Wird die Jugend immer krimineller? – Jugendliche und Rechtsordnung

9. **Raub** § 249	I) Verhalten, durch das mit Vorbedacht eine Verletzung des anderen herbeigeführt wird	i) Mohammed hat sich eine Karte fürs Popkonzert gekauft. Während er sie noch in der Hand hält, wird er von Günter angerempelt. Dabei reißt Günter ihm die Karte aus der Hand. Dann rennt Günter weg.
10. **Sachbeschädigung** § 303	J) Erzwingen einer Handlung durch Androhung von Gewalt oder eines anderen Nachteils, um sich einen Vermögensvorteil zu verschaffen	j) Herbert hat Wut auf seine Eltern. Er zielt mit Steinen auf die Straßenlaternen. Einige Lampen zersplittern.
11. **Tötungsdelikt** (fahrlässige Tötung) § 222	K) Vortäuschen falscher Tatsachen oder Verschweigen wahrer Tatsachen zum Nachteil eines anderen, um sich zu bereichern bzw. sich einen rechtswidrigen Vermögensvorteil zu verschaffen	k) Gerd und Ingo haben Streit. Sie werden handgreiflich. Ingo stürzt und bricht sich das Nasenbein.
12. **Urkundenfälschung** § 267	L) Verhalten, durch das ein anderer versehentlich verletzt wird, wenn das vorhersehbar war	l) Franz lässt sich von einem Bekannten mehrere Gramm Haschisch geben, die er an Freunde im Jugendheim weiterverkauft.
13. **Verstoß gegen das Betäubungsmittelgesetz** §§ 29, 30 BTMG	M) Zur Täuschung von anderen eine falsche Urkunde herstellen oder durch Veränderung eine echte Urkunde verfälschen	m) Ferdi nimmt Josef die Geldbörse aus dem Parka, der vor der Turnhalle abgelegt ist.

(RAAbits Sozialkunde/Politik Januar 1993, Raabe Verlag, Bonn)

Ein wichtiger Bestandteil der Rechtsordnung ist das Strafgesetzbuch, in dem die schwerwiegendsten Verstöße gegen die Rechtsordnung aufgeführt sind (vgl. M 3). In M 20 haben wir einige davon ausgewählt, die euch vielleicht zum großen Teil bekannt sind. Aber was genau bedeutet „Nötigung" oder „Erpressung" ? Untersucht die aufgeführten Tatmerkmale und Fallbeispiele und ordnet sie den entsprechenden Delikten und Paragraphen des Strafgesetzbuches (StGB) zu (Lösungsbeispiel: 6 – L – k). Wenn ihr den genauen Wortlaut der Paragraphen nachlesen und feststellen wollt, welche Strafen jeweils vorgesehen sind, könnt ihr euch im Internet (http://dejure.org/gesetze/StGB oder http://lawww.de/Library/stgb/inh.htm) informieren.

M 21
Ich wünschte, ich wäre 18... – Rechte und Pflichten

Schon **von Geburt an** ist ein Kind rechtsfähig und damit Träger von Rechten und Pflichten (§ 1 BGB). Als Wesen mit eigener Menschenwürde hat es einen grundsätzlichen Anspruch auf Entfaltung seiner Persönlichkeit und auf den Schutz der staatlichen Gemeinschaft (Art 1 GG). Es kann im Übrigen Rechtsgeschäfte wahrnehmen. Gesetzliche Vertreter des minderjährigen Kindes sind die Eltern oder ein Elternteil allein oder ein Vormund, dem das Sorgerecht übertragen wurde (§ 1629 BGB).

Rechtsordnung und Rechtsstaat

Mit vollendetem **6. Lebensjahr** beginnt nach den Landesschulgesetzen die *Schulpflicht*. Der Besuch eines *Kinos* ist Kindern ab 6 Jahre bis 20 Uhr gestattet – vorausgesetzt, der Film ist für ihre Altersstufe freigegeben (§ 6 JSchÖG).

Vom vollendeten **7. Lebensjahr** an ist ein Kind *beschränkt geschäftsfähig*. Es kann nun ohne Zustimmung seiner Eltern Schenkungen annehmen und im Rahmen seines Taschengeldes selbstständig kleinere Kaufgeschäfte abschließen (§ 110 BGB – „Taschengeldparagraph"). Gibt ein Minderjähriger darüber hinaus aber Willenserklärungen ab, die ihm nicht nur rechtliche Vorteile bringen, so sind sie erst rechtsgültig, wenn die Eltern zustimmen. Vom 7. bis zum 17. Lebensjahr sind Kinder und Jugendliche zivilrechtlich nur bedingt *deliktsfähig* und damit für die von ihnen verursachten Schäden nicht verantwortlich, wenn ihnen die Einsicht in ihre Verantwortlichkeit fehlte (§ 828 BGB).

Nach dem Gesetz über die religiöse Kindererziehung darf ein Kind von **12 Jahren** nicht gegen seinen Willen in einem anderen Bekenntnis als bisher erzogen werden. Mit **14 Jahren** kann der Minderjährige über seine *Religionszugehörigkeit* selbst frei entscheiden. Vom gleichen Alter an haben Jugendliche ein Anhörungs- bzw. *Mitentscheidungsrecht* in familien- und sorgerechtlichen Entscheidungen, die sie selbst betreffen. So wird ihr Wille berücksichtigt, wenn es darum geht, welchem Elternteil nach einer Scheidung das Sorgerecht übertragen werden soll (§ 50b FGG).

Ebenfalls ab 14 Jahren ist ein Jugendlicher *bedingt strafmündig*, d.h. er ist strafrechtlich verantwortlich, wenn er zur Zeit der Tat nach seiner sittlichen und geistigen Entwicklung reif genug war, das Unrecht der Tat einzusehen und danach zu handeln (§ 3 JGG).

Mit dem **15. Lebensjahr** endet die allgemeine Schulpflicht. Jugendliche können von diesem Alter an berufsmäßig beschäftigt werden (§ 7 JArbSchG). Die Arbeitszeit ist auf täglich 8 Stunden und wöchentlich 40 Stunden begrenzt.

(Schmidt-Zahlenbilder)

Mit jedem Jahr, um das sie älter werden, wachsen die Jugendlichen in neue Rechte und Pflichten hinein, bis sie als junge Erwachsene schließlich uneingeschränkt und voll verantwortlich am Rechtsleben teilnehmen.

Vom vollendeten **16. Lebensjahr** an müssen Jugendliche, die nun auch der allgemeinen Meldepflicht unterliegen, einen *Personalausweis* besitzen (§ 1 PersAuswG). Sie sind (beschränkt) testierfähig und damit in der Lage, in bestimmter Form selbstständig ein Testament zu errichten (§§ 2229, 2233 BGB). Vor Gericht können sie in Zivil- und Strafsachen als *Zeugen* vernommen und vereidigt werden (§ 455 ZPO, § 60 StPO).

Eine *Ehe* einzugehen ist frühestens mit 16 Jahren möglich. Vorausgesetzt ist die Zustimmung des Vormundschaftsgerichts und in der Regel auch die Einwilligung der Eltern. Der künftige Ehepartner muss volljährig sein (§ 1 EheG).

Nach dem Jugendschutzgesetz ist Jugendlichen ab 16 Jahren der Besuch von öffentlichen *Tanzveranstaltungen* und der Aufenthalt in *Gaststätten* ohne Begleitung eines Erziehungsberechtigten bis 24 Uhr gestattet. Auch *Kinobesuche* dürfen bis 24 Uhr dauern. Ferner ist es ihnen erlaubt, *alkoholische Getränke* (außer Branntwein) zu sich zu nehmen und in der Öffentlichkeit zu *rauchen*. Der Führerschein der Klasse 4 oder 5 kann erworben werden (§ 7 StVZO).

Mit vollendetem **18. Lebensjahr** werden Jugendliche volljährig (§ 2 BGB). Sie sind nun voll geschäftsfähig, prozessfähig und sowohl zivilrechtlich als auch strafrechtlich verantwortlich (d.h. *deliktsfähig* und *strafmündig*). Allerdings können die Bestimmungen des Jugendstrafrechts noch angewandt werden, wenn ein Heranwachsender zum Zeitpunkt seiner Tat erst die Reife eines Jugendlichen hatte (§ 105 JGG).

Zwölf Jahre nach Schuleintritt endet die Pflicht zum Besuch einer (Teilzeit-)Schule. Das Sorgerecht der Eltern, die Pflegschaft oder Vormundschaft für Jugendliche erlischt mit deren Volljährigkeit. Statt dessen können sie nun selbst zum Vormund oder Pfleger bestellt werden.

EheG = Ehegesetz; GG = Grundgesetz; JÖSchG = Gesetz zum Schutz der Jugend in der Öffentlichkeit („Jugendschutzgesetz"); BGB = Bürgerliches Gesetzbuch; FGG = Familiengerichtsgesetz; JArbSchG = Jugendarbeitsschutzgesetz; JGG = Jugendgerichtsgesetz; SchG = Schulgesetz; StPO = Strafprozessordnung; StVZO = Straßenverkehrszulassungsordnung; WPflG = Wehrpflichtgesetz; ZPO = Zivilprozessordnung

11 Wird die Jugend immer krimineller? – Jugendliche und Rechtsordnung

(Schmidt-Zahlenbilder)

Bundesbürger erhalten nach Art. 38 des Grundgesetzes mit 18 Jahren das *aktive und passive Wahlrecht*. Für Männer beginnt die *Wehrpflicht* (§ 1 WPflG). Der *Führerschein* der Klasse 1 oder 3 kann erworben werden (§ 7 StVZO).

---

1. Zur Rechtsordnung gehören nicht nur Pflichten, sondern auch Rechte. Bis zur „Volljährigkeit" (unbeschränkte „Rechtsfähigkeit"), die in Deutschland mit 18 Jahren festgelegt ist, wächst man stufenweise in diese Rechtsordnung hinein. Aus der ausführlichen Darstellung M 21 könnt ihr entnehmen, wozu man in der jeweiligen Altersstufe verpflichtet ist und was man darf. Erstellt dazu eine tabellarische Übersicht, in der ihr den genannten Altersstufen jeweils stichwortartig die entsprechenden Rechte und Pflichten zuordnet.

2. Anhand von M 22a und b könnt ihr an konkreten Beispielen, aus denen ihr ggf. die für eure Altersstufe zutreffenden auswählen könnt, eure Kenntnisse zur „Rechtsfähigkeit" überprüfen. Bei den Ziffern 2, 3, 4, 5, 6, 17, 18 geht es um das Jugendschutzgesetz, dessen Text (Neufassung Juli 2002) ihr unter der Internetadresse www.kindex.de/html/material/juschg.html nachschlagen könnt.

M 22a Wer kennt sich aus?

	Stimmt	Stimmt nicht
1. Kind im Sinne des Gesetzes ist, wer noch nicht 14 Jahre alt ist.		
2. Der Aufenthalt von Kindern in Gaststätten ist grundsätzlich verboten.		
3. Ein 13-jähriges Mädchen möchte einen ab 12 Jahren freigegebenen Film um 20.00 Uhr besuchen. Sie wird nicht eingelassen. Das ist gesetzlich richtig.		
4. In Videoshops dürfen im Schaufenster Kassetten ausgestellt werden, die ab 18 Jahren freigegeben sind.		
5. Die Anwesenheit von Kindern und Jugendlichen in öffentlichen Spielhallen ist in Begleitung Erziehungsberechtigter erlaubt.		
6. Kinder können mit Zustimmung von Erziehungsberechtigten in einer Gaststätte rauchen.		
7. Kinder unter 14 Jahren können für eine strafbare Handlung vom Staat nicht bestraft werden.		
8. Ein 13-jähriger Junge kann für einen angerichteten Schaden haftbar gemacht werden.		
9. Ein 12 Jahre altes Kind kann sich ohne Einwilligung der Eltern von seinem Taschengeld ein Fahrrad kaufen.		
10. Kinder, die bei ihren Eltern leben, sind verpflichtet, ihnen im Haushalt oder Geschäft zu helfen.		
11. Markus ist zehn Jahre alt. Soll die Religionszugehörigkeit gewechselt werden, muss Markus damit einverstanden sein.		
12. Stefanie erhält zu Hause häufig Prügel. Als ihre Eltern darauf angesprochen werden, antworten sie, das ginge nur sie etwas an.		
13. Ein 14-jähriger Schüler, der ständig die Schule schwänzt, kann zwangsweise durch die Polizei zur Schule gebracht werden.		
14. Die körperliche Züchtigung (Schläge) ist in der Schule in Ausnahmefällen erlaubt.		
15. Jugendlicher ist, wer 14, aber noch nicht 18 Jahre alt ist.		
16. Ein Jugendlicher, der das Eigentum eines anderen widerrechtlich verletzt oder beschädigt, ist in jedem Falle verpflichtet, den entstandenen Schaden zu ersetzen.		
17. Der Kreisjugendring einer Gemeinde richtet eine Tanzveranstaltung aus. Um 22.00 Uhr werden die Jugendlichen unter 16 Jahren aufgefordert, nach Hause zu gehen. Ilona (15) möchte noch bis 24.00 Uhr bleiben. Sie darf bleiben.		
18. Das Jugendschutzgesetz gilt nicht für verheiratete Jugendliche.		

(Ulrich Manz, in: Politik und Unterricht, Nr. 4/1994, Neckar-Verlag, Villingen-Schwenningen 1994)

"Strafe muss sein" – Gerichte entscheiden

M 22b

Das ist doch nicht erlaubt, oder?

Findet heraus, welche Tätigkeiten das Gesetz verbietet oder erlaubt, und stellt die Lösungen in der Klasse vor.

	erlaubt	nicht erlaubt
1. Stefan (19 Jahre) lässt sich als Kandidat für die nächste Gemeinderatswahl aufstellen.		
2. Caroline (13 Jahre) nimmt in den Sommerferien einen Ferienjob an.		
3. Uli (14 Jahre) geht von der Schule ab, weil er lieber arbeiten möchte.		
4. Timo (17 Jahre) genießt am Samstagabend in der Disko sein Bierchen.		
5. Verena (21) hat keine Lust babyzusitten und schickt deswegen die kleine Nachbarstochter (4 Jahre) zusammen mit einer Freundin ins Kino.		
6. Steffi (18 Jahre) nimmt ohne Wissen ihrer Eltern einen Kredit über 2000 Euro auf, um eine Urlaubsreise zu finanzieren.		
7. Meike (17 Jahre) kauft sich ein Fahrrad für 1200 Euro und vereinbart mit dem Händler, es in monatlichen Raten von 80 Euro abzubezahlen.		
8. Ann-Kathrin (12 Jahre) will gegen den Willen ihrer Eltern aus der Kirche austreten.		
9. Anja (12 Jahre) wird wegen wiederholtem Ladendiebstahl zu einem Jahr Jugendgefängnis verurteilt.		
10. Bettina vererbt ihrer Nichte Katharina (2 Jahre) ein Haus.		
11. Nicki (5 Jahre) verkauft ohne Wissen ihrer Eltern ihren wertvollen Steiff-Teddy an Markus (9 Jahre).		
12. Christopher (17 Jahre) leiht von seinem Freund Ulf (19 Jahre) dessen Auto für eine kurze Spritztour.		

(Wolfgang Mattes u.a., Politik erleben, Schöningh Verlag, Paderborn 2001, S. 248; Verf.: Karin Herzig; Fotos oben und Mitte: Günter Schlottmann/ Verlagsarchiv Schöningh)

„Strafe muss sein" – Gerichte entscheiden

Im Mittelpunkt der Arbeit an diesem Abschnitt könnte die Vorbereitung und Durchführung des Besuchs einer Gerichtsverhandlung stehen. Dazu geben wir in M 28 einige praktische Hinweise. Die folgenden Materialien sind darauf abgestellt, die notwendigen Kenntnisse zu vermitteln, über die man verfügen muss, wenn man den Ablauf einer Gerichtsverhandlung verstehen will. Dazu gehören insbesondere Grundkenntnisse über das Jugendstrafrecht und die Organisation des Gerichtswesens.

11 Wird die Jugend immer krimineller? – Jugendliche und Rechtsordnung

M 23

Mögliche Maßnahmen bei einem jugendlichen Straftäter

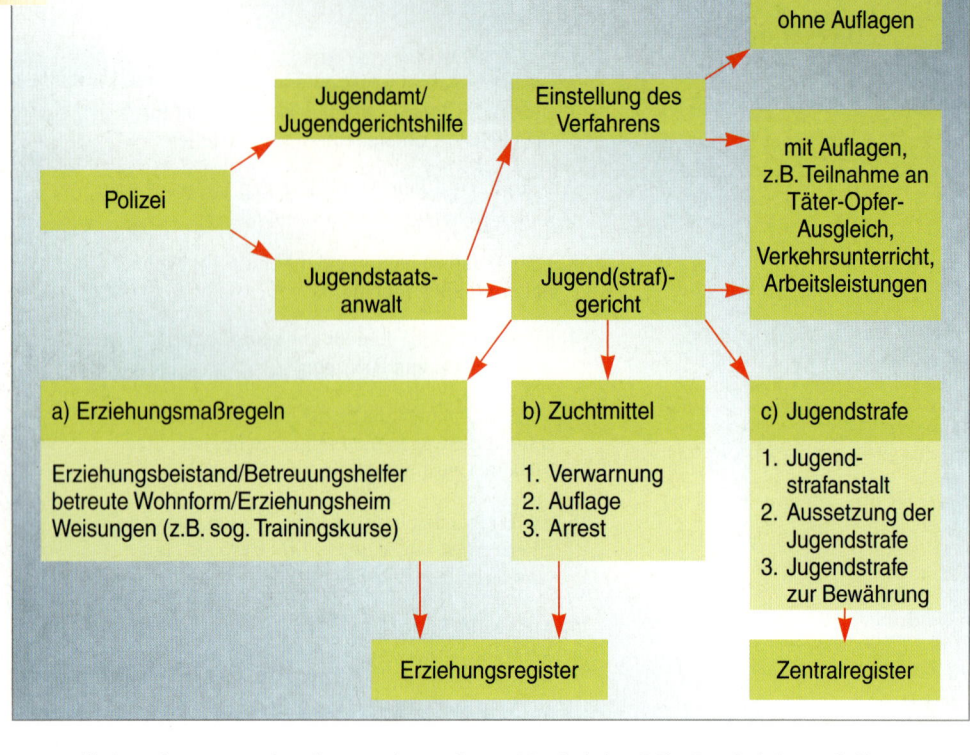

```
Polizei → Jugendamt/Jugendgerichtshilfe → Einstellung des Verfahrens → ohne Auflagen
                                                                    → mit Auflagen, z.B. Teilnahme an Täter-Opfer-Ausgleich, Verkehrsunterricht, Arbeitsleistungen
Polizei → Jugendstaatsanwalt → Jugend(straf-)gericht

Jugend(straf-)gericht →
a) Erziehungsmaßregeln: Erziehungsbeistand/Betreuungshelfer, betreute Wohnform/Erziehungsheim, Weisungen (z.B. sog. Trainingskurse) → Erziehungsregister
b) Zuchtmittel: 1. Verwarnung 2. Auflage 3. Arrest → Erziehungsregister
c) Jugendstrafe: 1. Jugendstrafanstalt 2. Aussetzung der Jugendstrafe 3. Jugendstrafe zur Bewährung → Zentralregister
```

(Jugendkriminalität – Wir diskutieren, 8. aktualisierte Auflage, Köln 2002, S. 180; © AJS – Arbeitsgemeinschaft Kinder- und Jugendschutz, Landesstelle NRW e.V.)

Die Justizministerkonferenz der Bundesländer setzte sich 2002 mit Mehrheitsbeschluss für eine Verschärfung des Jugendstrafrechts ein. Für schwere Verbrechen soll in Zukunft eine Jugendstrafe von 15 Jahren statt bisher 10 Jahren verhängt werden können. Außerdem sollten künftig 18- bis 21-Jährige in der Regel nach Erwachsenenstrafrecht und nicht nach dem milderen Jugendstrafrecht abgeurteilt werden.

Jugendlichen begegnet der Staat mit größerer Nachsicht. Mit Rücksicht auf dieses Entwicklungsstadium wurde ein spezielles *Jugendstrafrecht* geschaffen, das für Jugendliche (14- bis 17-Jährige einschließlich) und Heranwachsende (18- bis 20-Jährige einschließlich) gilt. Dies ist im Jugendgerichtsgesetz (JGG) geregelt.
Trotz der (zivilrechtlichen) Volljährigkeit ab 18 Jahren kommen alle Angeklagten, die zum Tatzeitpunkt noch keine 21 Jahre alt waren, vor ein *Jugendgericht*. Dieses muss dann entscheiden, ob bei Heranwachsenden jugendstrafrechtliche Sanktionen (Strafen) oder das Erwachsenenstrafrecht zur Anwendung kommen. Das Jugendstrafrecht wird angewandt, wenn der Täter nach seiner sittlichen und geistigen Entwicklung zur Tatzeit einem Jugendlichen entsprach oder die Tat als eine „Jugendverfehlung" eingeordnet werden kann.
„Das Jugendstrafrecht misst der Erziehung eine zentrale Bedeutung bei, da die Straftaten junger Menschen meist entwicklungsbedingt sind und oft aus Konfliktsituationen ihres Alters resultieren." So lautete die Begründung des ersten JGG-Änderungsgesetzentwurfs 1989. […]

Erziehungsmaßregeln, Zuchtmittel, Jugendstrafe

Das Jugendstrafrecht sieht im Unterschied zum Erwachsenenstrafrecht spezielle Sanktionen* vor, mit denen erzieherisch auf jugendliche Straffällige eingewirkt werden soll. Um Jugendliche durch das Hauptverfahren möglichst wenig zu belasten, hat der Gesetzgeber die *Einstellungsmöglichkeiten* vor der Hauptverhandlung erweitert. Dies gilt insbesondere, wenn die Taten Bagatellcharakter* haben und erzieherische Maßnahmen von anderer Seite bereits eingeleitet wurden. Zusätzlich kann das Verfahren in der Hauptverhandlung ohne eine Verurteilung eingestellt werden.

§ 17. *Form und Voraussetzungen.* (1) Die Jugendstrafe ist Freiheitsentzug in einer Jugendstrafanstalt.
(2) Der Richter verhängt Jugendstrafe, wenn wegen der schädlichen Neigungen des Jugendlichen, die in der Tat hervorgetreten sind, Erziehungsmaßregeln oder Zuchtmittel zur Erziehung nicht ausreichen oder wenn wegen der Schwere der Schuld Strafe erforderlich ist.
§ 18. *Dauer der Jugendstrafe.* (1) Das Mindestmaß der Jugendstrafe beträgt sechs Monate, das Höchstmaß fünf Jahre. Handelt es sich bei der Tat um ein Verbrechen, für das nach dem allgemeinen Strafrecht eine Höchststrafe von mehr als zehn Jahren Freiheitsstrafe angedroht ist, so ist das Höchstmaß zehn Jahre. Die Strafrahmen des allgemeinen Strafrechts gelten nicht.
(2) Die Jugendstrafe ist so zu bemessen, dass die erforderliche erzieherische Einwirkung möglich ist.
§ 21. *Strafaussetzung.* (1) Bei der Verurteilung zu einer Jugendstrafe von nicht mehr als einem Jahr setzt der Richter die Vollstreckung der Strafe zur Bewährung aus, wenn zu erwarten ist, dass der Jugendliche sich schon die Verurteilung zur Warnung dienen lassen und auch ohne die Einwirkung des Strafvollzugs unter der erzieherischen Einwirkung in der Bewährungszeit künftig einen rechtschaffenen Lebenswandel führen wird. Dabei sind namentlich die Persönlichkeit des Jugendlichen, sein Vorleben, die Umstände seiner Tat, sein Verhalten nach der Tat, seine Lebensverhältnisse und die Wirkungen zu berücksichtigen, die von der Aussetzung für ihn zu erwarten sind.
§ 22. *Bewährungszeit.* (1) Der Richter bestimmt die Dauer der Bewährungszeit. Sie darf drei Jahre nicht überschreiten und zwei Jahre nicht unterschreiten.
§ 23. *Weisungen und Auflagen.* (1) Der Richter soll für die Dauer der Bewährungszeit die Lebensführung des Jugendlichen durch Weisungen erzieherisch beeinflussen. Er kann dem Jugendlichen auch Auflagen erteilen.
§ 24. *Bewährungshilfe.* (1) Der Richter unterstellt den Jugendlichen in der Bewährungszeit für höchstens zwei Jahre der Aufsicht und Leitung eines hauptamtlichen Bewährungshelfers.
(3) Der Bewährungshelfer steht dem Jugendlichen helfend und betreuend zur Seite. Er überwacht im Einvernehmen mit dem Richter die Erfüllung der Weisungen, Auflagen, Zusagen und Anerbieten. Der Bewährungshelfer soll die Erziehung des Jugendlichen fördern und möglichst mit dem Erziehungsberechtigten und dem gesetzlichen Vertreter vertrauensvoll zusammenwirken. Er hat bei der Ausübung seines Amtes das Recht auf Zutritt zu den Jugendlichen. Er kann von den Erziehungsberechtigten, dem gesetzlichen Vertreter, der Schule, dem Ausbildenden Auskunft über die Lebensführung des Jugendlichen verlangen.
(Jugendgerichtsgesetz [JGG])

In erster Linie soll auf eine „Jugendstraftat" mit Erziehungsmaßregeln reagiert werden. Dazu gehören die *Weisungen.* Weisungen sind Gebote und Verbote, welche die Lebensführung des Jugendlichen regeln und dadurch seine Erziehung fördern und sichern sollen. Die am häufigsten angeordneten Weisungen eines Richters sind:

- an einem sozialen Trainigskurs teilzunehmen;
- sich zu bemühen, einen Ausgleich mit dem Geschädigten zu erreichen;
- an einem Verkehrsunterricht teilzunehmen;
- Annahme einer Lehr- oder Arbeitsstelle;
- Verbot des Besuchs bestimmter Gaststätten;
- Leistung von sinnvollen gemeinnützigen Arbeiten.

Das Gericht kann auch *Erziehungsbeistandschaft* durch einen Helfer des Jugendamtes oder die *Unterbringung in einem Heim* anordnen.
Erst wenn Erziehungsmaßregeln nicht ausreichen, können so genannte *Zuchtmittel* angewendet werden. Zuchtmittel sind insbesondere die Auflage der Schadenswiedergutmachung und die Zahlung einer Geldbuße. Daneben kann ein Arrest, das heißt Freiheitsentzug in einer besonderen Arrestanstalt von einem Wochenende bis maximal vier Wochen angeordnet werden. Die *Jugendstrafe* ist die eigentliche Kriminalstrafe im Sinne des Jugendstrafrechts und bedeutet Freiheitsentzug in einer Jugendstrafanstalt (s. Kasten).

(Informationen zur politischen Bildung, Nr. 248, Kriminalität und Strafrecht, 3. Quartal 1995, hg. von der Bundeszentrale für politische Bildung, Bonn 1995, S. 37ff.; Verf.: Heribert Ostendorf)

M 24
Wie verläuft ein Strafprozess?

Die Zeichnung zeigt die typische Sitzordnung bei einem Verfahren vor dem *Jugendschöffengericht* eines *Amtsgerichts**. Den Vorsitz führen ein Jugendrichter und zwei Schöffen. Bei weniger schweren Straftaten entscheidet ein Jugendrichter allein; bei besonders schweren Delikten findet die Verhandlung vor der *Jugendstrafkammer* (drei Richter und zwei Schöffen; s. Foto in M 26) des Landgerichts* statt.
Links sitzen der jugendliche Straftäter und sein *Rechtsanwalt,* auf der rechten Seite der

Staatsanwalt als Vertreter der Anklage. Vor dem Richtertisch sitzen eine *Zeugin* und der Gerichtsprotokollant.

Der typische *Verhandlungsablauf:* Eröffnung und Befragung des Angeklagten zur Person durch den Richter – Verlesung der Anklageschrift durch den Staatsanwalt – Stellungnahme des Angeklagten – Zeugenvernehmung (alle Prozessbeteiligten können Fragen stellen) – Schlussansprache (Plädoyer) des Staatsanwaltes und des Verteidigers, Schlusswort des Angeklagten – Urteilsberatung (Richter und Schöffen) – Urteilsverkündigung.

(Autorentext; Zeichnung: Reinhild Kassing/Verlagsarchiv Schöningh)

---

1. Erläutert anhand des Textes die schematische Übersicht zu möglichen Maßnahmen im Rahmen des Jugendstrafrechts (M 23).

● Inwiefern begegnet der Staat Jugendlichen „mit größerer Nachsicht"? In welchen Fällen werden auch Erwachsene (bis 21 Jahre) vor Gericht wie Jugendliche behandelt? Wie steht ihr zu einer Verschärfung des Jugendstrafrechts?

● Wodurch unterscheiden sich „Erziehungsmaßnahmen" von „Zuchtmitteln" und diese von „Jugendstrafe"?

2. Stellt heraus, welche drei Gerichte bei Jugendstrafsachen zuständig sein können und wonach sich die jeweilige Zuständigkeit richtet. Beschreibt die typische Sitzordnung und den Verfahrensablauf.

M 25a
Das Jugendgericht tagt: Der Fall Peter K.

Der 16-jährige Realschüler Peter K., als ältestes Kind einer Witwe in der Kleinstadt W. aufgewachsen, ist bisher mit dem Gesetz noch nie in Konflikt gekommen. Im Frühsommer stellt er fest, dass er das Klassenziel nicht erreichen wird. Hierüber ist er bestürzt, wagt es aber nicht, sich mit seinen Angehörigen auszusprechen. Er reißt von zu Hause aus und fährt per Anhalter in die Großstadt X. Nach eintägigem Herumstreichen ist sein Taschengeld verbraucht und er überlegt, wie er zu Geld kommen kann. Auf einem Spaziergang in einem Waldgebiet sieht er eine 40-jährige Spaziergängerin, die eine Handtasche mit sich führt. Er entschließt sich, die Handtasche an sich zu bringen. Da er mit Widerstand seines Opfers rechnet, bewaffnet er sich mit einem handfesten Stock. Er schleicht sich an die Fußgängerin heran, schlägt sie mit dem Stock zweimal auf den Kopf. Sie stürzt zu Boden, er entreißt ihr die Tasche und entflieht. Das Opfer erwacht nach einer Viertelstunde aus der Bewusstlosigkeit mit leichten Verletzungen. Zwei Stunden später wird Peter K. festgenommen. Er befindet sich bis zu der 6 Wochen nach der Tat stattfindenden Hauptverhandlung in Untersuchungshaft.

(Xaver Fiederle [Hg.], P wie Politik, Bd. 2, Schöningh, Paderborn 1994, S. 50; Verf.: Hansjörg Kaiser/Michael Nopper)

M 25b
Wie würdest du entscheiden? – Vorschriften und Paragraphen

Im Folgenden drucken wir die für den Fall Peter K. relevanten Vorschriften aus dem Strafgesetzbuch ab. Das Urteil, das in diesem Fall ergangen ist, haben wir in Spiegelschrift abgedruckt (M 12c). Denn ihr sollt nach dem Motto „Wie würdest du entscheiden?" den Fall selbst bearbeiten und dazu ein Urteil formulieren, ohne euch von dem ergangenen Urteil beeinflussen zu lassen. Beachtet die Arbeitshinweise nach M 12c.

§ 52. Tateinheit. (1) Verletzt dieselbe Handlung mehrere Strafgesetze oder dasselbe Strafgesetz mehrmals, so wird nur auf eine Strafe erkannt.

§ 223a. Gefährliche Körperverletzung. (1) Ist die Körperverletzung mittels einer Waffe, insbesondere eines Messers oder eines anderen gefährlichen Werkzeugs, oder mittels eines hinterlistigen Überfalls oder von mehreren gemeinschaftlich oder mittels einer das Leben gefährdenden Behandlung begangen, so ist die Strafe Freiheitsstrafe von drei Monaten bis zu fünf Jahren.

(2) Der Versuch ist strafbar.

§ 249. Raub. (1) Wer mit Gewalt gegen eine Person oder unter Anwendung von Drohungen mit gegenwärtiger Gefahr für Leib oder Leben eine fremde bewegliche Sache einem anderen in der Absicht wegnimmt, sich dieselbe rechtswidrig zuzueignen, wird mit Freiheitsstrafe nicht unter einem Jahr bestraft.

(2) In minder schweren Fällen ist die Strafe Freiheitsstrafe von sechs Monaten bis zu fünf Jahren.

§ 250. Schwerer Raub. (1) Auf Freiheitsstrafe nicht unter fünf Jahren ist zu erkennen, wenn
1. der Täter oder ein anderer Beteiligter am Raub eine Schusswaffe bei sich führt,
2. der Täter oder ein anderer Beteiligter am Raub eine Waffe oder sonst ein Werkzeug oder Mittel bei sich führt, um den Widerstand eines anderen durch Gewalt oder Drohung mit Gewalt zu verhindern oder zu überwinden,
3. der Täter oder ein anderer Beteiligter am Raub durch die Tat einen anderen in die Gefahr des Todes oder einer schweren Körperverletzung (§ 224) bringt oder
4. der Täter den Raub als Mitglied einer Bande, die sich zur fortgesetzten Begehung von Raub oder Diebstahl verbunden hat, unter Mitwirkung eines anderen Bandenmitglieds begeht.

(2) In minder schweren Fällen ist die Strafe Freiheitsstrafe von einem Jahr bis zu fünf Jahren.

---

1. Bildet mehrere Arbeitsgruppen, beratet in diesen Gruppen über den geschilderten Fall und formuliert jeweils ein begründetes Urteil. Die Grundlagen dafür bilden die in M 25b abgedruckten Vorschriften sowie M 23.

2. Vergleicht die verschiedenen von euch gefällten Urteile miteinander und auch mit dem Urteil, das in M 25c abgedruckt ist.

M 25c

„Im Namen des Volkes!"

Das Urteil für Peter K.

„Im Namen des Volkes!"

Peter K. ist eines Verbrechens des schweren Raubes in Tateinheit begangen mit einem Vergehen der gefährlichen Körperverletzung schuldig. Gegen ihn wird eine Jugendstrafe von einem Jahr verhängt. Die Vollstreckung wird zur Bewährung ausgesetzt. Die Kosten des Verfahrens werden von der Staatskasse übernommen.

Angewandte Vorschriften: §§ 249, 250 Abs. 1, Ziff. 2 223a, 52/1 StGB; 1, 3 JGG.

Beschluss:
1. Die Bewährungszeit beträgt zwei Jahre.
2. Peter K. wird der Aufsicht des Bewährungshelfers XX unterstellt.
3. Peter K. hat folgende Auflagen zu erfüllen:
a) Er hat sich bei der Geschädigten innerhalb von zwei Wochen zu entschuldigen und ihr als Ersatz für die Beschädigung der Tasche 15 Euro zu zahlen;
b) er hat innerhalb von 8 Monaten 80 Stunden gemeinnützige Arbeit in einem Krankenhaus unentgeltlich zu verrichten;
c) er hat den Schulbesuch fortzusetzen;
d) ohne Zustimmung des Bewährungshelfers darf er seine Wohnung bei seiner Mutter nicht aufgeben.

(Autorentext)

Methode — M 26 — Besuch einer Gerichtsverhandlung

Vorbereitung, Verhaltensregeln, Auswertung

Thema: Strafprozess

(Foto: © foto present, Essen)

Gerichtsverhandlungen sind bis auf wenige Ausnahmen öffentlich, können also auch von Schulklassen besucht werden. Bei einem solchen Besuch könnt ihr selbst beobachten, wie ein Strafprozess abläuft, wie sich die Beteiligten vor Gericht verhalten und mit welchem Urteil der Prozess endet. Das kann für Zuschauer sehr eindrucksvoll, aber auch beklemmend sein. Anders als im Fernsehen handelt es hierbei nicht um ein inszeniertes Schauspiel, sondern das Gericht muss über Schuld und Unschuld eines Angeklagten urteilen, muss häufig Entscheidungen treffen, die das ganze weitere Leben des Angeklagten beeinflussen.

1. Wie könnt ihr den Besuch vorbereiten?

Nicht jede Gerichtsverhandlung ist für euch interessant. Informiert euch daher zuvor bei den Gerichten über die Tagesordnung. Die Termine hängen öffentlich aus. Besser: Fragt bei Gericht nach einer für euch geeigneten Verhandlung. Günstig ist es auch, wenn der gewählte Termin vor einer Pause oder am Ende eines Verhandlungstages liegt. Dann kann der Richter nach der Verhandlung noch eure Fragen beantworten.
Überlegt, auf welche Punkte ihr bei Gericht besonders achten wollt. Sinnvoll ist es, am Computer einen Beobachtungsbogen zu entwerfen, der allen Schülern zur Verfügung gestellt wird. Ihr könnt euch z. B. fragen:

- Welche Personen sind an diesem Verfahren beteiligt?
- Was hat der Angeklagte verbrochen?
- Hat der Angeklagte einen Verteidiger?
- Wie verhält sich der Angeklagte? Verweigert er die Aussage?
- Welche Argumente trägt der Staatsanwalt vor, welche der Verteidiger?
- Welche Fragen werden an die Zeugen gestellt?
- Welche Anträge stellen Staatsanwalt und Verteidiger?
- Macht der Angeklagte von seinem Recht auf das „letzte Wort" Gebrauch?
- Wie fällt das Urteil aus?
- Welche Reaktion zeigen der Angeklagte und ggf. das Publikum und die Pressevertreter?

Ihr könnt euch auch darauf einigen, dass jeweils eine Gruppe von Schülern nur eine Person, z. B. Staatsanwalt, Richter usw. während des Prozesses beobachtet und ihre Ergebnisse schriftlich für die anderen Schüler festhält.

2. Wie verhaltet ihr euch während der Verhandlung?

Vielleicht habt ihr schon Fernsehsendungen wie „Ehen vor Gericht" oder auch „Richterin Salesch" gesehen und euch daraus eine Vorstellung gebildet, wie eine Gerichtsverhandlung verläuft. Möglicherweise seid ihr erstaunt, wie unspektakulär es dabei vor Gericht zugeht. Nicht immer sind bei einem Prozess Zuschauer anwesend. Wenn dann gleich eine ganze Schulklasse als Beobachter anwesend ist, könnte das natürlich Unruhe in den Gerichtssaal bringen. Bemüht euch daher, euch ruhig zu verhalten.

3. Wie wertet ihr den Besuch aus?

Wertet den Besuch anhand eurer Beobachtungsbögen aus. Redet auch darüber, wie die Atmosphäre bei Gericht auf euch wirkte. Hat die Gerichtsverhandlung euren Vorstellungen entsprochen? Oder war es ganz anders, als ihr euch vorgestellt habt?

(Wolfgang Mattes u.a., Politik erleben, Schöningh Verlag, Paderborn 2001, S. 261; Verf.: Karin Herzig)

12 Miteinander leben! – Nachbarn in Osteuropa auf dem Wege in die Europäische Union

(Ursula A.J. Becher, Włodimierz Borodziej, Robert Maier [Hrsg.]: Deutschland und Polen im zwanzigsten Jahrhundert, © Georg-Eckert-Institut für internationale Schulbuchforschung, Hannover 2001: Verlag Hahnsche Buchhandlung [Collage von Robert Maier])

Zur Orientierung

In diesem Kapitel wollen wir den Blick über die Grenzen der Bundesrepublik Deutschland hinaus auf unsere Nachbarn in Europa richten, insbesondere auf Polen als den größten und wichtigsten Nachbarn im Osten, der zusammen mit anderen Ländern Osteuropas dabei ist, Mitglied der Europäischen Union zu werden. Wenn ihr genau hinseht, könnt ihr erkennen, dass die auf der vorigen Seite wiedergegebenen Briefmarken aus Deutschland und Polen stammen und z.T. auf geschichtliche Ereignisse hinweisen, die Deutschland und Polen in manchmal schrecklicher Weise miteinander verbunden haben. Darauf wollen wir – nach einem einleitenden kurzen Abschnitt über die Geografie und die jüngere Geschichte Europas – im zweiten Abschnitt etwas näher eingehen. Sodann zeigen wir auf, welche Ziele und Probleme mit der so genannten „Ost-Erweiterung" der Europäischen Union verbunden sind und was sie vor allem für die Menschen in Polen und Deutschland bedeutet. Der letzte Abschnitt informiert schließlich über die Europäische Union selbst, ihre Organisation und die Vorteile, die sie für die Menschen in Europa mit sich bringt. Die Behandlung dieses Abschnitts könnt ihr, wenn es euch sinnvoll erscheint, auch vorziehen.

Viele interessante Informationen zum gesamten Thema dieses Kapitels enthält die Nummer 4 (September 2002) der von der Bundeszentrale für politische Bildung herausgegebenen Zeitschrift „fluter" mit dem Titel „Mehr Europa – Das Beispiel Polen". Sie kann kostenlos bezogen werden (Universum Verlagsanstalt, Taunusstr. 34, 65183 Wiesbaden, Fax: 0611-9030-277) und ist auch im Internet (www.fluter.de) verfügbar.

Was ist Europa?

(Foto: AKG, Berlin)

Ein griechischer Mythos (Legende) erzählt, dass der Name Europa auf die gleichnamige Tochter des Königs Agenor von Tyros (an der asiatischen Mittelmeerküste, im heutigen Libanon) zurückgeht, in die sich der griechische Götterkönig Zeus verliebte. Er verwandelte sich in einen friedlichen Stier und entführte Europa auf seinem Rücken über das Meer auf die griechische Insel Kreta, wo er sich ihr zu erkennen gab, sich mit ihr vereinigte und entschied, dass der Erdteil, zu dem Griechenland gehört, nach ihr Europa genannte wurde.

(Autorentext)

Was ist Europa?

M 1
Europa ist ...

- westlicher Teil Eurasiens zwischen Atlantik und Ural;
- vielfältig gegliedert in Halbinseln, Inseln, Ebenen, Täler, Hügel-, Berg- und Gebirgslandschaften; es besitzt kalte, gemäßigte und subtropische Klimazonen;
- ein Erdteil mit 11 Millionen km² (vgl. Asien mit 44 Millionen km²) und 700 Millionen Einwohnern (einschließlich Russland mit 150 Millionen Einwohnern); Asien hat 3 000 Millionen Einwohner, das sind 55 Prozent der Weltbevölkerung gegenüber 13 Prozent Europas; die Bevölkerungsdichte bewegt sich zwischen 2 Einwohnern/km² in Island und 360 Einwohnern/km² in den Niederlanden; der Durchschnitt beträgt 100 Einwohner/km²;
- ein Raum, in dem etwa 70 Sprachen gesprochen werden: 35 Prozent der Europäer sprechen slawische, 30 Prozent germanische und 27 Prozent romanische Sprachen; in allen Sprachen gibt es viele Lehn- und Fremdwörter;
- in hohem Maß und differenziert politisch gegliedert in 41 Staaten, davon 6 mit über 50 Millionen Einwohnern und 7 mit weniger als 1 Million Einwohnern;
- jahrtausendelang geprägt durch verschiedene, vor allem christliche Religionsgemeinschaften (römisch-katholische, evangelische und orthodoxe), daneben auch durch Judentum und Islam.

(Zusammengestellt nach: Meyers Großes Taschenlexikon. In 24 Bänden. Hg. v. Meyers Lexikonredaktion, Bd. 6, Mannheim u.a. 1992 [B.I. Taschenbuchverlag.], S. 244-256; in: RAAbits Sozialkunde/Politik, Die europäische Einigung – zwischen Interessen, Nationalismus und Utopie; Klett, Stuttgart 1996, M 3, S. 6)

M 2
Europakarte

Portugal	– P
Spanien	– E
Frankreich	– F
Großbritannien	– GB
Irland	– IRL
Luxemburg	– L
Belgien	– B
Niederlande	– NL
Deutschland	– D
Dänemark	– DK
Norwegen	– N
Schweden	– S
Finnland	– FN
Schweiz	– CH
Österreich	– A
Italien	– I
Tschechien	– CZ
Ungarn	– H
Bulgarien	– BG
Slowakei	– SK
Polen	– PL
Slowenien	– SLO
Kroatien	– HR
Bosnien/Herzegowina	– BIH
Jugoslawien	– YU
Albanien	– AL
Griechenland	– GR
Litauen	– LT
Lettland	– LV
Estland	– EW

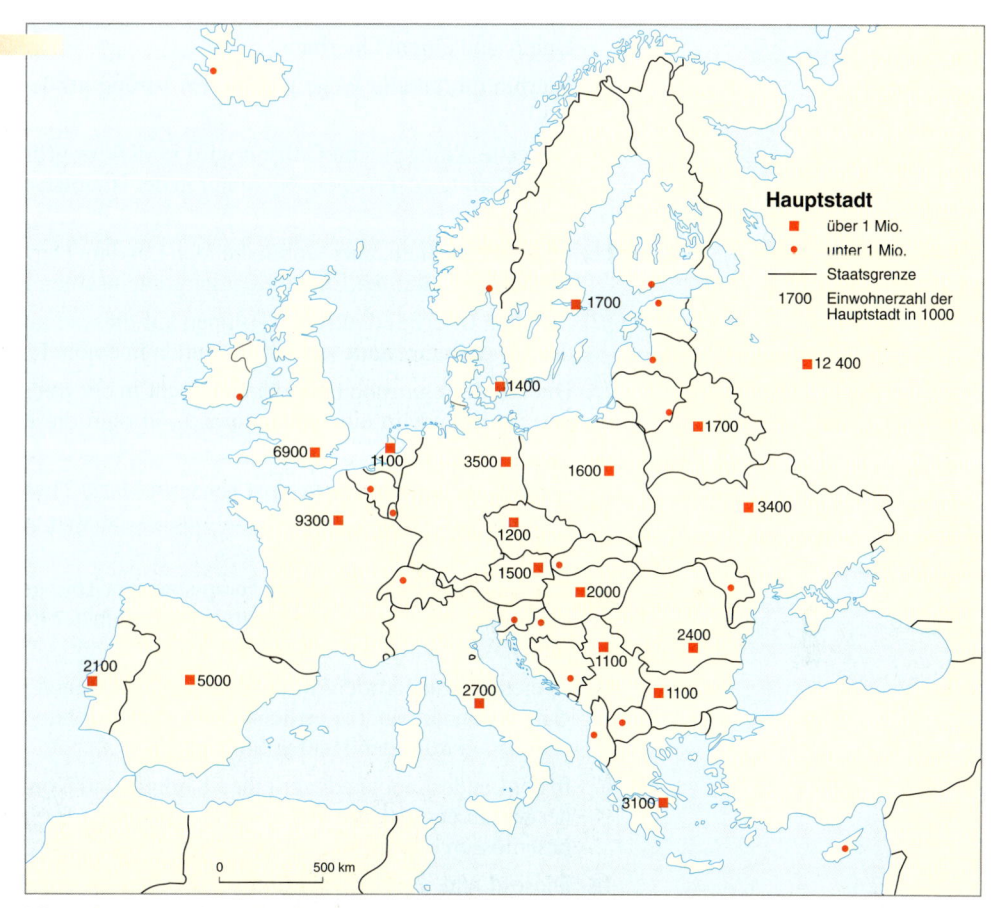

Hinzu kommen: Andorra, Island, Liechtenstein, Mazedonien, Malta, Moldavien (Moldova), Monaco, San Marino, Ukraine, Weißrussland, Vatikanstadt.

M 3

Welches Land ist gemeint? Kurzsteckbriefe für 18 Länder

Hauptstädte der 30 in M 2 (Rand) aufgeführten Länder in alphabetischer Reihenfolge:

Amsterdam
Athen
Belgrad
Berlin
Bern
Bratislava
Brüssel
Budapest
Dublin
Helsinki
Kopenhagen
Lissabon
Ljubljana
Luxemburg
London
Madrid
Oslo
Paris
Prag
Riga
Rom
Sarajevo
Sofia
Stockholm
Tallin
Tirana
Vilnius
Warschau
Wien
Zagreb

(Wolfgang Mattes u.a., Politik erleben, Schöningh Verlag, Paderborn 2001, S. 283)

1. Der Europäische Ministerrat, die Europäische Kommission und zahlreiche andere Einrichtungen der EU haben in dieser so genannten Hauptstadt Europas ihren Sitz.

2. Von den gut fünf Millionen Einwohnern dieses nordischen Landes gehören 179 als gewählte Abgeordnete dem Parlament Folketing an, in einer Stadt, deren Wahrzeichen eine kleine Meerjungfrau ist.

3. In seiner jüngsten Geschichte hat dieses Land die Hauptstadt gewechselt und eine Teilung überwunden.

4. Die Stadt liegt an einem „Meerbusen" in einem kühlen Land, in dem man 35000 Seen zählt.

5. In diesem Gebirgsland mit kleiner Hauptstadt und großem Wohlstand sind die Eidgenossen stolz auf ihre Unabhängigkeit und ihren Helden Wilhelm Tell.

6. Viele Menschen möchten in dieser Weltstadt leben, aber einen König mussten die Menschen in einer großen Revolution dazu zwingen.

7. Dieses Land hat vor 2500 Jahren die europäische Kultur geprägt. Seine Hauptstadt gilt als „Wiege der Demokratie".

8. Das Parlament in der Hauptstadt des traditionsreichen Königreiches besteht aus einem Unter- und einem Oberhaus.

9. Hierhin führen alle Wege und die Eroberung großer Teile Europas ging einst von hier aus.

10. Die erste Amtssprache Gälisch wird in diesem grünen Land nur von fünf Prozent der Bevölkerung gesprochen. Nicht nur in der Hauptstadt sprechen fast alle Menschen englisch.

11. In diesem kleinen, aber wohlhabenden Land im Herzen Europas wacht der Europäische Gerichtshof über die Einhaltung der gemeinsamen Rechtsvorschriften in der EU.

12. Mit dem Überfall deutscher Truppen auf dieses Land begann der Zweite Weltkrieg. In der Landeshauptstadt wurden die Juden in einem Getto zusammengepfercht.

13. Die Landesregierung befindet sich nicht in der mit so genannten Grachten durchzogenen Hauptstadt in einem Königreich, in dem die Menschen als sehr freiheitlich und weltoffen gelten.

14. In der Hauptstadt regierte einst Kaiserin Maria Theresia, Mutter von 16 Kindern, in einem Land, das 1938 von den Nationalsozialisten an Deutschland angeschlossen worden war.

15. Das Land im Westen mit der Hauptstadt am Tejo galt einst als eines der Armenhäuser in Europa und hat seit seiner Mitgliedschaft in der EU (1986) einen erheblichen Anstieg seiner Wirtschaftskraft erlebt.

16. In diesem von Fjorden durchzogenen Land freuen sich der König und die Einwohner ganz besonders über sportliche Erfolge im Wintersport. Das Parlamentsgebäude in der Hauptstadt trägt den Namen Storting.

17. In der Landeshauptstadt verleihen Königin und König regelmäßig den Nobelpreis in einer parlamentarischen Demokratie im Norden Europas, die sich erst 1995 der EU angeschlossen hat.

18. Dieses Land, von dem die Entdeckung Amerikas ausging, war noch bis 1975 eine Diktatur. Mit Unterstützung des reformfreudigen Königs Juan Carlos hat es sich rasch zu einer modernen Demokratie entwickelt.

Was ist Europa? 273

1. Bis heute wird Europa bildlich (vor allem in zahlreichen Karikaturen) als junge Frau auf dem Rücken eines Stieres dargestellt. Erklärt, worauf diese Darstellung zurückzuführen ist (S. 270).

2. Macht euch anhand der Aussagen in M 1 bewusst, was mit Europa gemeint ist. Welche der hier gegebenen Informationen sind euch vertraut, welche sind euch weniger bekannt?

3. Übertragt in eine vergrößerte Kopie der Europakarte (M 2) die Abkürzungen der Ländernamen und nennt nach Möglichkeit auch die Namen der (markierten) Hauptstädte (vgl. M 3, Rand).

4. Findet ggf. in Gruppenarbeit heraus, auf welche Länder und welche Hauptstädte sich die Kurzbeschreibungen in M 3 beziehen. Welche dieser Städte habt ihr schon einmal besucht?

M 4a Europa früher und heute

Europa früher, das war vor allem eine andauernde Abfolge von Kriegen: hundertjähriger, dreißigjähriger, siebenjähriger Krieg … Brandschatzung, Folter, Hungersnöte, Seuchen im Mittelalter … Danach: Eroberungskriege, Ausrottung und Versklavung fremder Völker, Kampf der Nationen um die Vorherrschaft in Europa und dann im Ersten und im Zweiten Weltkrieg*: sinnlose Schlachten, Massenvernichtung unschuldiger Menschen.

Nach 1945 entwickelten sich in der Mehrzahl der westeuropäischen Staaten parlamentarisch*-freiheitliche Demokratien, während die Staaten Osteuropas unter die Herrschaft kommunistischer* Diktaturen gerieten. 44 Jahre lang zog sich in der Folgezeit ein Riss quer durch Europa, der den Namen „Eiserner Vorhang" trug und der den Kontinent in Ost und West spaltete (s. Karte, dicke rote Linie). Weltweit war das Verhältnis zwischen „Westblock" und „Ostblock" von Rivalität, Angst und Misstrauen geprägt. Man sprach von der Zeit des „Kalten Krieges". Seine Kälte und Menschenverachtung zeigte sich am brutalsten in der Todesgrenze quer durch Deutschland und an der Mauer mitten durch Berlin (vgl. M 4b). Unerwartet kam für viele Menschen die Überwindung der deutschen Teilung im Schicksalsjahr 1989.

(Nach: Zeitlupe Nr. 27: Europa, Bundeszentrale für politische Bildung, Bonn 1991, S. 3; Verf.: Eckart Thurich)

Grenzen der Länder in der Bundesrepublik Deutschland
Grenzen der Bezirke in der DDR (seit 1952)
Deutsche Ostgrenze vom 31.12.1937

274 12 Miteinander leben! – Nachbarn in Osteuropa auf dem Wege in die Europäische Union

Schema der Grenzanlagen der DDR

1 Beobachtungsbunker
2 Hundelaufanlage
3 „Schutzzaun" mit elektronischen und akustischen Sicherungsanlagen
4 Hundefreilaufanlage
5 Durchlasstor mit Signaldrähten
6 Betonsperrmauer
7 abgeholzter, geräumter Geländestreifen
8 Metallgitterzaun (3,20 m)
9 Spurensicherungsstreifen (2 bzw. 6 m)
10 Fahrweg für Grenzposten
11 Grenzbeleuchtung
12 Beobachtungstürme
13 5-km-Sperrzone (nur mit Sondergenehmigung zu betreten, galt auch für Bewohner)

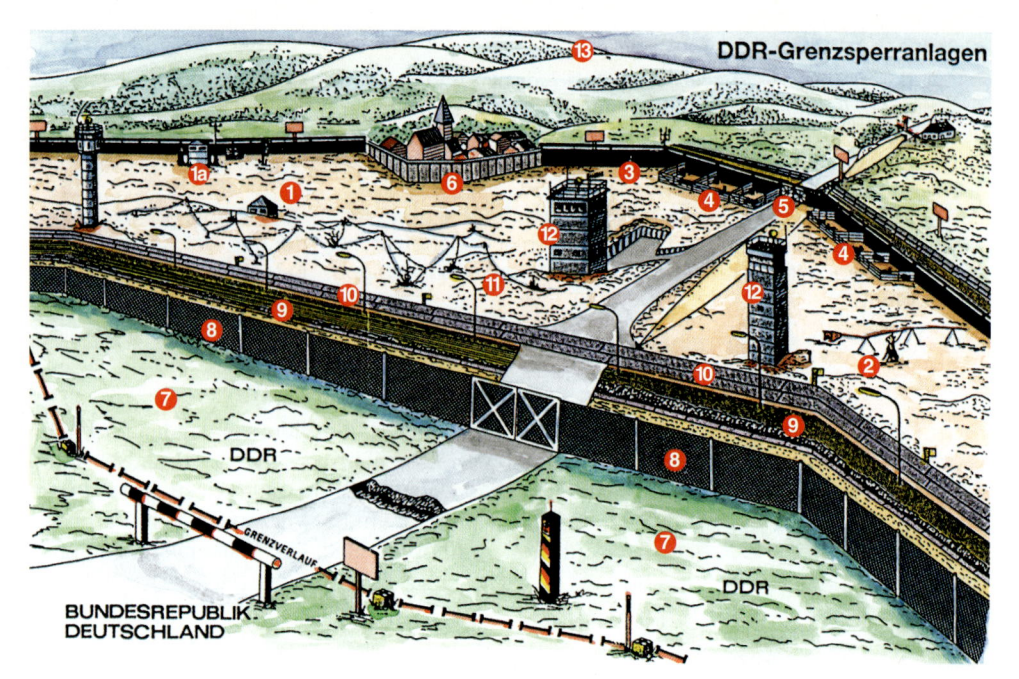

(Hans Jürgen Lendzian/Christoph Andreas Marx [Hg.], Geschichte und Gegenwart, Band 3, Schöningh Verlag, Paderborn 2001, S. 306)

M 4b
Berlin gestern und heute

An keinem anderen Ort in Berlin wurde die Teilung der Stadt schmerzhafter empfunden als am Brandenburger Tor.

(Foto: © Jürgens Ost- und Europa-Photo)

Das Brandenburger Tor wird nun wieder – in Anlehnung an die alte Bebauung – von neuen Bauten eingerahmt.

(Foto: © dpa-Fotoreport/Tom Maelsa)

Deutschlands Nachbar Polen – Neue Partnerschaft nach den Schrecken der Vergangenheit

Erläutert anhand von M 4a, wie es nach dem Zweiten Weltkrieg zur Zweiteilung Deutschlands und zum weltweiten Ost-West-Gegensatz („Kalter Krieg*") kam. Welche Bedeutung hatte die Grenze zwischen der Bundesrepublik Deutschland und der ehemaligen DDR (bis 1989/90)? Vergleicht dazu auch die Darstellung der Grenzanlagen und die Fotos in M 4b, die die besondere Situation Berlins veranschaulichen. Vielleicht könnt ihr aufgrund eures Vorwissens den Text (M 4a) und die Fotos (M 4b) durch weitere Informationen ergänzen und näher erläutern.

Deutschlands Nachbar Polen – Neue Partnerschaft nach den Schrecken der Vergangenheit

M 5

1939 – 1945: Blutiger Terror durch Nazi-Deutschland in Polen

1943 treiben Nationalsozialisten Juden aus dem Warschauer Getto zum Abtransport in ein Konzentrationslager, wo sie in den Gaskammern den Tod finden werden.

(Foto: AKG, Berlin)

Der September 1939

Am 1. September begann der deutsche Angriff auf Polen. Großbritannien und Frankreich erklärten Deutschland am 3. September den Krieg, kamen jedoch Polen nicht zu Hilfe. Am 17. September marschierte die Rote Armee* in Ostpolen ein. Warschau kapitulierte vor den deutschen Truppen am 28. September, am selben Tag unterzeichneten Berlin und Moskau einen Grenz- und Freundschaftsvertrag, in dessen Folge die westliche Hälfte Polens Deutschland, die östliche der Sowjetunion zufiel. Dennoch hörte der polnische Staat nicht auf, völkerrechtlich zu existieren. In Frankreich bildete sich eine polnische Exilregierung. Ihr Sitz wurde 1940 nach London verlegt.

Das besetzte Polen

Beide Besatzungsregime im besetzten Polen waren von Anfang an von extremer Brutalität und Menschenverachtung gezeichnet. Auf nationalsozialistischer* Seite stellte der Rassismus* das Grundmotiv der Behandlung der Bevölkerung dar. Die Sowjets waren bestrebt, die annektierten Gebiete sofort mit dem übrigen Sowjetstaat „gleichzuschalten". Besitz wurde enteignet, Menschen ihrer grundsätzlichen Bürgerrechte beraubt, Hunderttausende kamen in Gefängnisse und Lager, ebenfalls Hunderttausende wurde aus ihren Häusern und Wohnungen vertrieben und einerseits aus den in das Deutsche Reich eingegliederten Gebieten in das sog. Generalgouvernement*, andererseits aus Ostpolen in den fernen Osten und die asiatischen Republiken der Sowjetunion verschleppt. Diese Komplizenschaft der totalitären Mächte dauerte bis zum Überfall Deutschlands auf die Sowjetunion am 22. Juni 1941. Danach standen bis Anfang 1944 alle vormals polnischen Gebiete unter deutscher Besatzung. Durch die Besatzungspolitik verloren zwischen 5 und 6 Millionen polnische Staatsbürger ihr Leben, darunter ca. 3 Millionen polnische Juden. Die Vernichtung des polnischen Judentums (nur etwa 10 Prozent überlebten) war ausschließlich das

(Ursula A.J. Becher/Włodzimierz Borodziej/Robert Maier [Hrsg.], Deutschland und Polen im zwanzigsten Jahrhundert – Analysen, Quellen, didaktische Hinweise, Verlag Hahnsche Buchhandlung, Hannover 2001, S. 29f.)

Werk der NS-Besatzungspolitik, in deren Rahmen Juden von Anfang an als gesonderte Bevölkerungsgruppe behandelt, in Gettos isoliert und schließlich getötet wurden. Die Vernichtungslager im besetzten Polen waren auch der Ort der mit industriellen Methoden betriebenen Massenvernichtung anderer europäischer Juden („Endlösung"). Ein Zeichen für die steigende Verzweiflung und den Widerstandswillen war u. a. der Aufstand der Warschauer Getto-Bewohner 1943.

M 6

Folgen des Krieges: Flucht, Vertreibung, Umsiedlung

Plakat aus dem Jahr 1945: Sonderbefehl für die deutsche Bevölkerung der Stadt Bad Salzbrunn

Sonderbefehl
für die deutsche Bevölkerung der Stadt Bad Salzbrunn einschliesslich Ortsteil Sandberg.

Laut Befehl der Polnischen Regierung wird befohlen:

1. Am 14. Juli 1945 ab 6 bis 9 Uhr wird eine Umsiedlung der deutschen Bevölkerung stattfinden.
2. Die deutsche Bevölkerung wird in das Gebiet westlich des Flusses Neisse umgesiedelt.
3. Jeder Deutsche darf höchstens 20 kg Reisegepäck mitnehmen.
4. Kein Transport (Wagen, Ochsen, Pferde, Kühe usw.) wird erlaubt.
5. Das ganze lebendige und tote Inventar in unbeschädigtem Zustande bleibt als Eigentum der Polnischen Regierung.
6. Die letzte Umsiedlungsfrist läuft am 14. Juli 10 Uhr ab.
7. Nichtausführung des Befehls wird mit schärfsten Strafen verfolgt, einschließlich Waffengebrauch.
8. Auch mit Waffengebrauch wird verhindert Sabotage u. Plünderung.
9. Sammelplatz an der Straße Bhf. Bad Salzbrunn-Adelsbacher Weg in einer Marschkolonne zu 4 Personen. Spitze der Kolonne 20 Meter vor der Ortschaft Adelsbach.
10. Diejenigen Deutschen, die im Besitz der Nichtevakuierungsbescheinigungen sind, dürfen die Wohnung mit ihren Angehörigen in der Zeit von 5 bis 14 Uhr nicht verlassen.
11. Alle Wohnungen in der Stadt müssen offen bleiben, die Wohnungs- und Hausschlüssel müssen nach außen gesteckt werden.

Bad Salzbrunn, 14. Juli 1945, 6 Uhr.

Abschnittskommandant
(-) Zinkowski
Oberstleutnant.

Quelle: Friedrich Arnold (Hrsg.): Anschläge. Politische Plakate in Deutschland 1900 – 1970, Frankfurt u. a. 1972, S. 130
(© 1985 Langewiesche-Brandt, Ebenhausen)

Die Potsdamer Konferenz* (17. Juli – 2. August 1945) unterstellte die deutschen Ostgebiete jenseits der Oder und Lausitzer Neiße (s. Karten S. 273 und 277) sowie das südliche Ostpreußen und Danzig (103 000 Quadratkilometer) polnischer Verwaltung. Dafür musste Polen auf 180 000 Quadratkilometer östlich der Curzon-Linie* zugunsten der Sowjetunion verzichten.
Die Folgen der Neuordnung waren Flucht, Vertreibung und Umsiedlung von Millionen Deutschen aus den Ostprovinzen östlich der Oder und Lausitzer Neiße und von rund 1,5 Millionen Polen aus den sowjetisch gewordenen polnischen Ostgebieten. Nach einer Berechnung von 1950 waren sieben Millionen Vertriebene aus den ehemaligen Ostgebieten in der Bundesrepublik und in der DDR* registriert. Innerhalb der folgenden 50 Jahre kamen, nach Berechnungen des Bundesverwaltungsamtes Köln und des Aussiedlerbeauftragten aus dem Jahr 2000, rund 1,5 Millionen weitere Umsiedler aus Polen nach. Im Zuge der Vertreibung hatten etwa 1,6 Millionen deutsche Einwohner der Gebiete östlich von Oder und Neiße ihr Leben verloren. Die genaue Zahl der Vertriebenen lässt sich bis heute nicht ermitteln und wird in der Literatur unterschiedlich angegeben. In jedem Fall gehörten Vertreibung und Flucht zu den größten erzwungenen „Bevölkerungsverschiebungen" des 20. Jahrhunderts, die für die Betroffenen ungeheuere Opfer und unermessliches Leid bedeuteten.

(Informationen zur politischen Bildung Nr. 273: Polen, Bundeszentrale für politische Bildung, Bonn 2001, S. 8f; Verf.: Dieter Bingen)

Deutschlands Nachbar Polen – Neue Partnerschaft nach den Schrecken der Vergangenheit

Ost- und Westgrenze Polens 1919 – 1939
Ost- und Westgrenze Polens seit 1945
Sonstige Ländergrenzen entsprechen dem Stand seit 1991
Ingenieurbüro für Kartographie J. Zwick, Gießen

Das heutige Polen umfasst eine Fläche von 312 Tsd. qkm (Deutschland 357 qkm) und hat 38,6 Mio Einwohner (Deutschland 82,2 Mio). Die größten Städte sind Warszawa (Warschau) mit 1,6 Mio Einwohnern, Lodz (0,81 Mio), Krakow (Krakau; 0,74 Mio), Wroclaw (Breslau; 0,64 Mio), Poznan (Posen; 0,58 Mio) und Gdansk (Danzig; 0,46 Mio).

(Grafik: Joachim Zwick, aus: Informationen zur politischen Bildung Nr. 273: Polen, Bundeszentrale für politische Bildung, Bonn 2001, S. 8f.)

(Hans Jürgen Lendzian/Christoph Andreas Marx [Hg.], Geschichte und Gegenwart, Band 3, Schöningh Verlag, Paderborn 2001, S. 345)

Einige Daten zum Verständnis polnischer Geschichte

● Nach der Überlieferung wurde Polen im Jahr 966 n. Chr. gegründet.

● Zwischen dem 14. und dem 17. Jahrhundert kann das Reich seine starke Stellung in Europa sichern und festigen.

● Geschwächt von den Türkenkriegen wird Polen in der zweiten Hälfte des 18. Jahrhunderts zum Spielball zwischen Preußen, Österreich und Russland.

● 1772 und 1793 geteilt, verschwindet der Staat 1775 für mehr als hundert Jahre völlig von der Landkarte.

● Nach dem Ersten Weltkrieg wird Polen 1918 Republik.

● Am 1. September 1939 überfallen Hitlers Truppen Polen und löschen den Staat ein zweites Mal aus (vgl. M 5).

● 1945 werden Polens Grenzen wieder neu bestimmt. Der gesamte Staat wird nach Westen verschoben (s. Karte). Russland erhält die Ostgebiete. Die Polen werden dafür im Westen mit ehemals deutschen Gebieten entschädigt (vgl. M 5).

● Unter dem Führungsanspruch der Sowjetunion wird Polen ein sozialistischer* Staat.

● Zwischen 1989 und 1990 erkämpfen die Polen unter der Führung der Gewerkschaft Solidarność das Ende des Kommunismus.*

Der größte und wichtigste östliche Nachbar Deutschlands und der Europäischen Union (EU) ist Polen. Auch im Hinblick auf die (im nächsten Abschnitt kurz beschriebene) „Ost-Erweiterung" der EU ist es wichtig und notwendig, die wichtigsten Aspekte der Beziehungen zwischen Deutschland und Polen seit Beginn des Zweiten Weltkriegs, insbesondere die furchtbaren Ereignisse in der Zeit von 1939 bis 1946, zu kennen. Erarbeitet dazu die Materialien M 5 und M 6. Gliederungspunkte können dabei folgende Stichworte sein: deutscher Angriff auf Polen – Besetzung Ostpolens durch die Sowjetunion – deutsche Besetzung ganz Polens nach dem Überfall auf die Sowjetunion – Terror und Massenvernichtung – „Westverschiebung" Polens nach dem Ende des 2. Weltkriegs – Flucht und Vertreibung der deutschen Bevölkerung aus den deutschen Ostgebieten und Umsiedlung der Polen aus den polnischen Ostgebieten.

M 7
Deutsch-polnische Beziehungen in der Zeit nach dem 2. Weltkrieg

Die Beziehungen zwischen der Bundesrepublik Deutschland und Polen wurden in den ersten Jahrzehnten nach dem 2. Weltkrieg* durch die historischen Belastungen aus der Zeit der deutschen Besetzung Polens im 2. Weltkrieg und der ersten Nachkriegszeit (siehe M 5, M 6) sowie das ungelöste Problem der polnischen Westgrenze bzw. deutschen Ostgrenze bestimmt. Die östlich von Oder und Neiße gelegenen ehemaligen deutschen Gebiete waren 1945 von den Siegermächten des 2. Weltkrieges (USA, Großbritannien, Frankreich und Sowjetunion) unter polnische Verwaltung gestellt worden (s. Karte S. 273). Die endgültige Festlegung der deutsch-polnischen Grenze wurde jedoch vertagt.

Polen betrachtete die Oder-Neiße-Linie als endgültige Grenze, auch die DDR* erkannte sie an, während die Bundesrepublik Deutschland die Vorläufigkeit dieser Grenze betonte. Im Jahre 1970 entschloss sich eine von SPD und FDP gestellte Bundesregierung unter Bundeskanzler Willy Brandt (SPD), schon vor einer endgültigen Regelung in einem Friedensvertrag die Unverletzlichkeit der Oder-Neiße-Grenze als polnische Westgrenze anzuerkennen und den Verzicht auf Gebietsansprüche an Polen auszusprechen. Im Dezember 1970 wurde ein entsprechender Vertrag zwischen Polen und der Bundesrepublik Deutschland geschlossen. Bundeskanzler Willy Brandt besuchte Warschau und ehrte bei einer Kranzniederlegung die Opfer der nationalsozialistischen Gewaltherrschaft durch Niederknien. Diese Geste der Versöhnung fand weltweit Beachtung (siehe Foto).

Als nach dem Zusammenbruch der kommunistischen* Herrschaft in der DDR* im Jahre 1990 die Wiedervereinigung Deutschlands vorbereitet wurde, machten die Siegermächte des Zweiten Weltkriegs und Polen die endgültige Anerkennung der Oder-Neiße-Grenze zur Bedingung für ihre Zustimmung zur Wiedervereinigung. In einem deutsch-polnischen Grenzvertrag vom November 1990 wurde diese endgültige Anerkennung vereinbart. Im Juni 1991 folgte ein Vertrag über „Gute Nachbarschaft und freundschaftliche Zusammenarbeit" zwischen Deutschland und Polen.

Bundeskanzler Brandt vor dem Denkmal der Gefallenen des Getto-Aufstandes in Warschau
(Foto: Sven Simon, Essen)

(Autorentext)

M 8
„Aus Grenzen sollen Brücken werden"

Ansprache des damaligen deutschen Bundespräsidenten Richard von Weizsäcker am 2.5.1990 in Warschau [Auszug]

[…] Im Mittelpunkt eines europäischen Friedens steht die Verpflichtung für alle Völker, nie mehr den unseligen Kampf um Grenzen und Gebiete aufzunehmen. Wir Deutsche wissen, was dies für uns den Polen gegenüber bedeutet. Polen kann ohne Vorbehalt darauf vertrauen, dass die Grenzfragen zwischen uns in ihrer Substanz unwiderruflich geklärt sind. […] Die heutige Westgrenze Polens bleibt unangetastet. Wir respektieren sie und haben jetzt und in Zukunft keinerlei Gebietsansprüche gegenüber Polen oder irgendeinem anderen Nachbarn. Wir Deutschen sagen dies nicht, um menschlich erlittenes Unrecht zu legitimieren*; wir sagen es in bleibender Verbundenheit mit dem schweren Los unserer Landsleute, die Haus und Hof, Dorf und Heimat verloren haben. Wir wissen, wie viele Polen ein solches Schicksal aus eigener bitterer Erfahrung kennen lernen mussten, und ebenso wissen wir, dass es gewiss nicht die polnische Bevölkerung war, die am Ende des Krieges die Verlagerung des polnischen Territoriums nach Westen veranlasst und durchgesetzt hat. Es geht zwi-

Deutschlands Nachbar Polen – Neue Partnerschaft nach den Schrecken der Vergangenheit

Altlasten

(Zeichnung: Robert Szecówka, in: „Nachbarn", hg. von Walter Keim und Dieter Burkamp, Kerber Verlag, Bielefeld 2001)

(Hans-Adolf Jacobsen/Mieczyslaw Tomala [Hg.], Bonn – Warschau 1945 – 1991. Die deutsch-polnischen Beziehungen. Analyse und Dokumentation, Verlag Wissenschaft und Politik, Köln 1992, S. 528f.)

schen Polen und Deutschen, wie in ganz Europa, aber nicht um das Ziel, Grenzen anzuerkennen, damit sie uns besser gegeneinander abgrenzen. Ganz im Gegenteil: Grenzen sollen ihren trennenden Charakter verlieren. Aus Grenzen sollen Brücken werden. […] Wenn wir solche Brücken bauen wollen, dann sollten wir uns nicht einem Überschwang der Gefühle hingeben, sondern Hindernisse nüchtern wahrnehmen und Chancen rücksichtsvoll nutzen. Wir kennen ja nicht nur die herzliche Gastfreundschaft der Menschen untereinander, sondern wir wissen, dass es auch noch Ängste und Abwehrreaktionen gibt. […]
Wir sollten aufpassen, dass die erstrittene Befreiung vom Zwang der Diktatur nicht alte Gegensätze neu freisetzt. Das gilt überall in Europa. Es wäre ein schrecklicher Anachronismus* in den unseligen, feindlichen Nationalismus* früherer Zeiten zurückzufallen. Vielmehr können und wollen wir gerade im Zeichen der Freiheit gemeinsam der Fremdenfurcht und dem Fremdenhass entgegentreten.

1. Beschreibt die Entwicklung der Beziehungen zwischen Deutschland und Polen nach dem Zweiten Weltkrieg (M 7). Welche Rolle spielte dabei die sog. Oder-Neiße-Linie (auch im Hinblick auf die deutsche Wiedervereinigung 1990)?

2. Auf welche Geschehnisse aus der Zeit von 1939 bis 1945 nimmt der deutsche Bundespräsident Bezug (M 8)? Welche Ziele und Aufgaben beschreibt er für die Gegenwart und die Zukunft?

M 9

„Gute Nachbarschaft und freundschaftliche Beziehungen"

DEUTSCH-POLNISCHES JUGENDWERK
Friedhofsgasse 2
14473 Potsdam
Postfach 600516
14405 Potsdam
Tel.: 03 31 / 2 75 25 i 2 75 26
Fax: 03 31 / 2 75 27
Deutsche Bank AG Potsdam
BLZ: 12 070 000 Kto.: 3 127 099

POLSKO-NIEMIECKA WSPOLPRACA MLODZIEZY
ul. Alzacka 18
03-972 Warszawa
Tel./Fax: 0 22 / 17 04 48
Pko S. A. I oW-wa 501 044-20 008 967-2701-2-1110-1

www.dfjw.org

Über die Zukunft des Verhältnisses zwischen Polen und Deutschland schreibt der Journalist Ulrich Scharlack in einem Zeitungskommentar 1999:

„Die deutsch-polnischen Beziehungen haben in den vergangenen zehn Jahren einen guten Stand erreicht. […] Außenpolitisch gibt es in den Grundfragen keine Dissonanzen. Die Bundesrepublik unterstützt den Beitritt Polens in die EU. […] Realität ist bereits die Mitgliedschaft Polens in der NATO* geworden. Auch den Umzug der deutschen Regierung und des Parlaments nach Berlin sehen die Polen gelassen, mitunter erhoffen sie sich sogar neue Impulse für das deutsch-polnische Verhältnis. […] Die wirtschaftlichen Beziehungen haben sich ebenfalls positiv

12 Miteinander leben! – Nachbarn in Osteuropa auf dem Wege in die Europäische Union

entwickelt. Deutsche Unternehmen sind in Polen die Investoren* Nummer eins. Deutschland ist auch der größte Handelspartner geworden. Dennoch ist Polen für viele Deutsche noch ein weitgehend unbekanntes Land."

(Ulrich Scharlack, Deutschland und Polen auf dem besten Wege; in: Trierischer Volksfreund vom 28./29.8.1999, S. 4)

Am 60. Jahrestag gedenken die Präsidentenehepaare Deutschlands und Polens (Rau und Kwasniewski) des deutschen Überfalls auf Polen am 1. September 1939.
(Foto: dpa, Frankfurt)

(fluter, hg. von der Bundeszentrale für politische Bildung, Bonn, Nr. 4 v. Sep. 2002, S. 3; © Europa-Zentrum im Haus der Deutsch-Polnischen Zusammenarbeit)

1. Erläutert, inwiefern sich die deutsch-polnischen Beziehungen seit 1990 günstig entwickelt haben (M 9).

2. „Für viele Deutsche ist Polen noch ein weitgehend unbekanntes Land", heißt es in M 9. Vielleicht habt ihr die Möglichkeit, an einem Schüleraustausch oder an einer privaten Reise nach Polen teilzunehmen, um unseren größten Nachbarn im Osten näher kennen zu lernen.

Die Nachbarn im Osten auf dem Weg in die Europäische Union

15 Länder haben sich zur Europäischen Union (EU) zusammengeschlossen. Sie haben einen gemeinsamen Markt geschaffen und treffen gemeinsam viele politische Entscheidungen, die jeden einzelnen ihrer heute rd. 350 Millionen Bürger betreffen.
Den letzten Abschnitt dieses Kapitels (M 14 ff., S. 286 ff.), in dem über die Organisation der EU informiert wird, könnt ihr, wenn es euch sinnvoll erscheint, auch zuerst behandeln und euch dann der „Ost-Erweiterung" (M 10 ff.) zuwenden.

M 10
Die Ost-Erweiterung der EU: Gründe, Beitrittsländer und Beitrittsbedingungen

Die Europäische Union wird in den nächsten Jahren wachsen, 20 oder mehr Mitgliedstaaten umfassen und schließlich eine Bevölkerung von rund einer halben Milliarde Menschen haben. Welche Vorteile versprechen sich die Fachleute von einer Erweiterung der EU?
● Die Erweiterung schafft mehr Sicherheit und Stabilität in ganz Europa. Die verhängnisvolle Teilung Europas wird endgültig überwunden.

Die Nachbarn im Osten auf dem Weg in die Europäische Union

(Zeichnung: Walter Hanel/CCC, www.c5.net)

- Die EU wird an Wirtschaftskraft, kultureller Vielfalt und internationaler Bedeutung gewinnen.
- Die Erweiterung wird den Außenhandel und damit das Wirtschaftswachstum der EU und besonders Deutschlands steigern.
- Unsere östlichen Bundesländer können sich aus ihrer schwierigen Randlage in der EU befreien.

Erweiterung bedeutet aber auch Umstellung. Die EU muss sich auf diese Aufgaben vorbereiten und sich dafür fit machen. Sie muss ihre Politik, die Zusammenarbeit ihrer Organe (Institutionen) und ihre Finanzierung diesen Aufgaben anpassen.

Wer wird Mitglied?

Die Mitgliedschaft in der Europäischen Union kann jeder europäische Staat beantragen, der die Grundsätze achtet, die allen EU-Staaten gemeinsam sind.
Der Europäische Rat* hat 1993 in Kopenhagen jedoch weitere Voraussetzungen genannt, die ein Staat für den EU-Beitritt erfüllen muss (man nennt sie „Kopenhagen-Kriterien").
- Politische Kriterien: Stabile staatliche Institutionen als Garantie für demokratische und rechtsstaatliche Ordnung, für die Wahrung der Menschenrechte und den Schutz von Minderheiten.
- Wirtschaftliche Kriterien: Eine funktionsfähige Marktwirtschaft, die in der Lage ist, dem Wettbewerbsdruck im Binnenmarkt standzuhalten.
- Sonstige Kriterien: Der Staat muss alle Verpflichtungen einer EU-Mitgliedschaft übernehmen und sich die Ziele der politischen Union und der Wirtschafts- und Währungsunion zu eigen machen.

(Presse- und Informationsamt der Bundesregierung [Hg.], Europa 2002 – Die Europäische Union wird größer, Berlin 2000, S. 6f.)

Mit sechs Staaten hatten 1998 Verhandlungen über den Beitritt begonnen: Estland, Polen, Tschechische Republik, Slowenien, Ungarn und Zypern. Mit sechs weiteren Staaten begannen Beitrittsverhandlungen im Jahr 2000: Litauen, Lettland, Malta, Slowakische Republik, Bulgarien, Rumänien. Für 10 Länder (die aufgeführten ohne Bulgarien und Rumänien) wurde im Dezember 2002 in Kopenhagen der Beitritt beschlossen; die Beitrittsverträge wurden am 16.4.2003 in Athen feierlich unterzeichnet. Die Beitritte werden zum 1.5.2004 wirksam, wenn sie durch Volksabstimmungen und Parlamentsbeschlüsse in den Beitrittsländern „ratifiziert" (bestätigt) werden. Für Bulgarien und Rumänien wurde der Beitritt ab 2007 in Aussicht genommen.

(Autorentext)

M 11 Daten der Europäischen Union

Land	Fläche in 1000 qkm	Einwohner in Mio. 1.1.2002	Land	Fläche in 1000 qkm	Einwohner in Mio. 1.1.2002
Belgien	30,2	10,3	Italien	301,3	58,0
Dänemark	43,1	5,4	Luxemburg	2,6	0,4
Deutschland	356,9	82,4	Niederlande	41,5	16,1
Finnland	338,0	5,2	Österreich	83,9	8,1
Frankreich	544,0	59,3	Portugal	91,9	10,3
Griechenland	132,0	10,6	Schweden	450,0	8,9
Großbritannien	244,1	60,1	Spanien	505,0	40,4
Irland	70,3	3,9	EU	3.234,8	379,4

12 Miteinander leben! – Nachbarn in Osteuropa auf dem Wege in die Europäische Union

Daten der Beitrittskandidaten

Land	Fläche in 1000 qkm	Einwohner in Mio. 1.1.2002
Bulgarien	111,0	8,1
Estland	45,2	1,4
Lettland	64,6	2,4
Litauen	65,3	3,7
Malta	0,3	0,4
Polen	312,7	38,6
Rumänien	238,4	22,4

Land	Fläche in 1000 qkm	Einwohner in Mio. 1.1.2002
Slowak. Republik	49,0	5,4
Slowenien	20,3	2,0
Tschechische Republik	78,9	10,3
Ungarn	93,0	10,0
Zypern	9,3	0,7
EU + Beitrittskandidaten	4.322,8	484,8

(Europäisches Parlament, Informationsbüro für Deutschland [Hrsg.], Europa 2002, Berlin 2002, S. 19)

Europäische Union: Mitgliedstaaten und Beitrittskandidaten

Staaten mit Beitrittsantrag
- 1987: Türkei
- 1990: Zypern, Malta
- 1994: Ungarn, Polen
- 1995: Bulgarien, Estland, Lettland, Litauen, Rumänien, Slowakei
- 1996: Tschechische Republik, Slowenien

Für die Türkei hat die EU noch keinen festen Termin für den Beginn der Beitrittsverhandlungen gesetzt, weil das Land nach dem Urteil der EU trotz einer Reihe von Reformen vor allem den politischen Beitrittskriterien (s. S. 281, Z. 22ff.) noch nicht hinreichend gerecht wird.

(Aktuell 2002, © Harenberg Lexikon Verlag in der Harenberg Kommunikation Verlags- und Medien GmbH & Co. KG, Dortmund 2001, S. 178)

Die Nachbarn im Osten auf dem Weg in die Europäische Union

M 12

Probleme der Ost-Erweiterung – Befürchtungen auf beiden Seiten

Im März 1999 beschloss die EU in Berlin ihr Konzept für die Ost-Erweiterung. Es trägt die Bezeichnung „Agenda 2000: Eine stärkere und erweiterte Union" und enthält u.a. die Regelungen zum Aufnahmeverfahren (s. M 10) und einen Plan für die Finanzierung des Beitritts. Seitdem werden die Probleme, die mit der Erweiterung verbunden sind, umso deutlicher gesehen, je näher der geplante Termin (1.5.2004) für den Beitritt der Länder rückt:

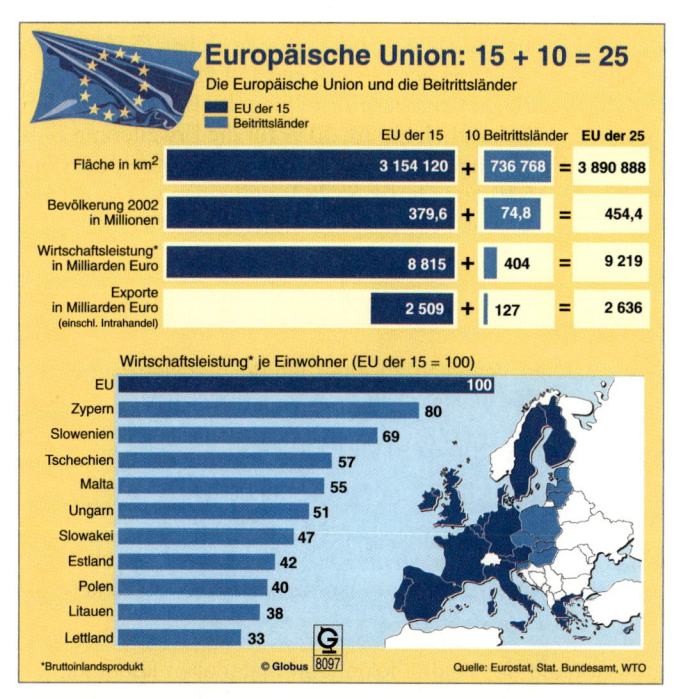

● Mit dem Beitritt von 12 Ländern (außer der Türkei) würde die Bevölkerung der gesamten EU um 28 % auf ca. 484 Millionen anwachsen und das Unionsgebiet um 34 % zunehmen (s. die Daten in M 11; die nebenstehende Grafik bezieht sich auf 10 Länder); wegen des z.T. großen wirtschaftlichen Rückstandes in den Beitrittsländern würde aber die *Wirtschaftsleistung* der gesamten EU (das „Bruttoinlandsprodukt"*) nur um 7 % ansteigen; die schon heute bestehenden Unterschiede und Interessengegensätze zwischen „armen" und „reichen" Ländern würden zunehmen. Die EU müsste ihre *Fördermittel* für wirtschaftlich schwache Regionen („Strukturhilfen") auf mehr Länder verteilen, d.h. die bisherigen EU-Länder würden weniger Fördermittel erhalten als bisher.

● Besondere Probleme ergeben sich in diesem Zusammenhang daraus, dass die *Landwirtschaft* in den meisten Beitrittsländern eine weit größere Rolle spielt als in den bisherigen EU-Ländern, aber vergleichsweise längst nicht so modern und produktiv organisiert ist. So arbeiten z.B. in Polen ca. 19 % der Beschäftigten in der Landwirtschaft (in der EU durchschnittlich 5,2 %, in Deutschland 2 %), aber ihr Beitrag zur gesamten Wirtschaftsleistung ist vergleichsweise gering. Vor allem von Polen erwartete zusätzliche Mittel für die Landwirtschaft („Direktbeihilfen") hatte die EU in ihrer Finanzplanung der „Agenda 2000" nicht vorgesehen.

● Aber auch die Beitrittsländer weisen zu Recht auf erhebliche *Kostenbelastungen* durch die Erfüllung der wirtschaftlichen Beitrittsbedingungen (s. M 10) hin (u.a. Investitionen* für Umweltschutzmaßnahmen wie z.B. den Bau von Kläranlagen, für den Straßenbau, für die Sicherheit von Atomkraftwerken, für die Modernisierung der Kohle- und Stahlindustrie zur Herstellung der Wettbewerbsfähigkeit). So mussten z.B. in Polen bereits in den letzten Jahren viele Unternehmen, die sich nicht wettbewerbsfähig machen konnten, aufgeben. Zahlreiche Arbeitsplätze gingen verloren.

● Hinzu kommen *Ängste und Sorgen in der Bevölkerung* auf beiden Seiten: Im „Westen", insbesondere in Deutschland, befürchtet man, dass nach der Öffnung der Grenzen eine Masseneinwanderung billiger Arbeitskräfte einsetzen könnte bzw. dass Unternehmen in den bisherigen EU-Ländern aus Kostengründen vermehrt ihre Produktion (und damit Arbeitsplätze) in die Beitrittsländer verlegen könnten. Im „Osten", insbesondere in Polen, regt sich Widerstand gegen den befürchteten „Ausverkauf" von landwirtschaftlichen Flächen und Immobilien* an finanzstarke Westeuropäer und Spekulanten (in Polen sind die Bodenpreise sehr niedrig). Die EU hat, um die Sorgen auf beiden Seiten zu verringern, mehrjährige „Übergangsfristen" beschlossen, innerhalb derer sowohl die

Europäische Union: 15 + 10 = 25
Die Europäische Union und die Beitrittsländer

	EU der 15	10 Beitrittsländer	EU der 25
Fläche in km²	3 154 120	+ 736 768	= 3 890 888
Bevölkerung 2002 in Millionen	379,6	+ 74,8	= 454,4
Wirtschaftsleistung* in Milliarden Euro	8 815	+ 404	= 9 219
Exporte in Milliarden Euro (einschl. Intrahandel)	2 509	+ 127	= 2 636

Wirtschaftsleistung* je Einwohner (EU der 15 = 100)

EU	100
Zypern	80
Slowenien	69
Tschechien	57
Malta	55
Ungarn	51
Slowakei	47
Estland	42
Polen	40
Litauen	38
Lettland	33

*Bruttoinlandsprodukt © Globus 8097 Quelle: Eurostat, Stat. Bundesamt, WTO

Brüsseler Verhandlungen
(Zeichnung: Klaus Stuttmann/CCC, www.c5.net)

Freizügigkeit für Arbeitnehmer als auch der Erwerb von Grundstücken noch nicht zugelassen werden sollen.

All das hat dazu geführt, dass die Zustimmung der Bevölkerung zur Ost-Erweiterung, die in allen Beitrittsländern (bis auf Zypern) durch Volksabstimmungen eingeholt werden muss, in einigen Kandidatenländern in den letzten Jahren deutlich geringer geworden ist. In Polen lag sie laut Meinungsumfragen 2002 nur noch bei rd. 60 % (1996 lag sie noch bei 75 %) und in Tschechien liegt sie noch deutlich darunter. Auch in den bisherigen EU-Ländern gibt es eine erhebliche Diskrepanz zwischen den Regierungen und der Einstellung der Bevölkerung (bei einer Umfrage im Herbst 2002 waren durchschnittlich nur rd. 50 % für die Erweiterung. Trotz aller Schwierigkeiten gehen die Regierungen auf beiden Seiten davon aus, dass am 1.5.2004 der Beitritt von 10 Ländern (s. M 10 und Grafik S. 283) vollzogen werden kann, wenn die Volksabstimmungen und die Parlamentsbeschlüsse in diesen Ländern eine Mehrheit für den Beitritt erbringen.

(Autorentext)

1. Über die „Ost-Erweiterung" der Europäischen Union können wir im Rahmen dieses Kapitels nur kurze Informationen geben. Erläutert zunächst die in M 10 aufgeführten Gründe für dieses bedeutsame Projekt. Durch welche Entwicklungen seit 1989 (vgl. M 4 und M 7) ist diese Maßnahme überhaupt erst denkbar geworden?

2. Damit ein Zusammenleben und eine gemeinsame Politik in einem größeren vereinigten Europa (s. M 11) möglich werden, müssen die neuen Beitrittsländer sich an die organisatorischen, wirtschaftlichen und politischen Regelungen anpassen, die in der heute bestehenden EU gelten. Erläutert dazu die drei Bedingungen (Kriterien), die sie erfüllen müssen (M 10). Inwiefern stellen „Demokratie" und „Marktwirtschaft" für diese Länder erst eine relativ neue Errungenschaft dar (im Vergleich zu einer langen Tradition dieser Ordnungsprinzipien in den westlichen EU-Ländern)?

3. Erläutert und erörtert im Gespräch mit eurer Lehrerin/eurem Lehrer die Probleme der Ost-Erweiterung, über die in M 12 knapp berichtet wird. Zieht auch den einen oder anderen aktuellen Zeitungsbericht hinzu (die Presse berichtet sehr häufig über die genannten Probleme) und stellt fest, ob sich der Erweiterungsprozess in der geplanten Form und zum geplanten Zeitpunkt vollzieht.

4. Anhand der beiden folgenden Materialien könnt ihr euer Wissen über die Ost-Erweiterung der EU überprüfen und festigen.

M 13a

Die EU, ihre Mitglieder und die Ost-Erweiterung – richtige oder falsche Aussagen?

	Richtig	Falsch
1. Das Konzept der Agenda 2000 wurde von der UNO entwickelt.	?	?
2. Die Beitrittskandidaten für die EU kommen vor allem aus Südostasien.	?	?
3. Schweden ist Mitglied der Europäischen Union.	?	?
4. Die Agrarpolitik ist ein heftig diskutiertes Politikfeld in der EU.	?	?
5. Lappland will der Europäischen Union beitreten.	?	?

Die Nachbarn im Osten auf dem Weg in die Europäische Union

	Richtig	Falsch
6. Die Ost-Erweiterung der EU bedeutet eine große Herausforderung für die Gemeinschaft.	?	?
7. In Mittel- und Osteuropa lebt fast ein Viertel der Menschen hauptsächlich von der Landwirtschaft.	?	?
8. In Osteuropa sind die Lohnkosten sehr hoch.	?	?
9. Wegen der Ost-Erweiterung kommen auf die EU höhere Kosten zu als geplant.	?	?
10. Ungarn, Polen, Estland, Tschechien, Slowenien, Zypern, Malta, Rumänien, Slowakei, Litauen, Lettland und Bulgarien sind Beitrittskandidaten für die EU.	?	?
11. Zurzeit hat die EU 15 Mitglieder.	?	?
12. Die Schweiz ist Mitglied der EU.	?	?

(Die Europäische Union und die Ost-Erweiterung, in: RAAbits Sozialkunde/Politik Nr. 4/2000, November 2000, Raabe Verlag, Stuttgart, M 7; Verf.: Stefanie Gerlach; gekürzt)

M 13b

Die Ost-Erweiterung der Europäischen Union

Wörter zum Einsetzen in den Lückentext (vorher kopieren!):

Agrarpolitik – Reformen – Markts – Staatenbunds – mittel- und osteuropäischen – stabilisiert – Wohlstand – wirtschaftlichen – Absatzmarkts

Nach dem Ende des Kalten Krieges* ist das größte politische Hindernis für einen Anschluss der _____ Staaten an die westliche Welt weggefallen.

Wegen der erfolgreichen Entwicklung der Europäischen Union und des gemeinsamen _____ möchten viele dieser ehemaligen kommunistischen Staaten gerne Mitglieder dieses _____ werden.

Eine solche Erweiterung der EU hätte viele Vorteile. Sie _____ die jungen Demokratien der neuen Beitrittsländer und trägt zur Erhaltung des Friedens in Europa bei.

Neben den politischen Argumenten sind auch die _____ wichtig. Die Ost-Erweiterung bedeutet schon jetzt eine Ausdehnung des europäischen _____, was vielen europäischen Staaten, besonders Deutschland, wirtschaftliche Vorteile bringt.

Neben den Vorteilen bringt die Ost-Erweiterung aber noch einige Probleme mit sich. Um wirklich erweiterungsfähig zu sein, muss die EU noch einschneidende _____ ihrer Organisation durchführen. Eine Einigung über die notwendigen Maßnahmen und deren Durchführung fällt jedoch den Mitgliedstaaten ziemlich schwer.

Besonders umstritten bei der Ost-Erweiterung ist die gemeinsame _____.

Eine Umverteilung der Struktur- und Fördermittel würde für viele EU-Mitgliedsländer eine Reduzierung der Hilfen bedeuten.

Eine erfolgreiche Ost-Erweiterung kann jedoch nur gelingen, wenn diese Probleme gelöst werden und alle Mitglieder in diesem Schritt eine Chance zur Sicherung des Friedens in Europa sehen. Der Frieden ist eine wichtige Voraussetzung für den von allen Ländern gewünschten _____ in der Europäischen Union.

(Die Europäische Union und die Ost-Erweiterung, in: RAAbits Sozialkunde/Politik Nr. 4/2000, November 2000, Raabe Verlag, Stuttgart, M 9; Verf.: Stefanie Gerlach)

Wie funktioniert die Europäische Union?

Im letzten Abschnitt war im Zusammenhang mit der „Ost-Erweiterung" immer schon von der Europäischen Union (EU) als einem Zusammenschluss der Länder Europas die Rede. Im Folgenden wollen wir euch einige wenige Informationen darüber geben, was genauer darunter zu verstehen ist. Dass die EU in ihrem Aufbau ein ziemlich kompliziertes Gebilde ist, wird verständlich, wenn man sich vergegenwärtigt, dass sich in dieser Organisation bisher 15 selbstständige demokratische Staaten in einer bestimmten Form zusammengeschlossen und besondere Institutionen gegründet haben, die für eine gemeinsame Politik in bestimmten Bereichen sorgen sollen. Da Entscheidungen, die „auf europäischer Ebene" getroffen werden, immer zahlreicher und für unser alltägliches Leben immer wichtiger werden, sollte man wenigstens die wichtigsten Institutionen und Zusammenhänge sowie die Gründe kennen, die zur Europäischen Einigung geführt haben. – „Alles Wissenswerte über die Europäische Union" enthält eine Broschüre mit dem Titel „Europa 2002", die ihr kostenlos (auch im Klassensatz) beziehen könnt vom Informationsbüro des Europäischen Parlaments (Unter den Linden 78, 10117 Berlin, Fax 030-2280-1111; epberlin@europarl.eu.int).

(Quelle: Europäisches Parlament, Informationsbüro für Deutschland)

M 14
Was ist das eigentlich: die Europäische Union?

Die Europäische Union ist kein Staat. Deshalb ist in der Union vieles anders als in ihren Mitgliedstaaten. Sie hat keine Hauptstadt und keine Regierung, und doch haben 166 Staaten der Welt diplomatische Beziehungen zu ihr. Sie erlässt Gesetze und hat ein Parlament, das alle fünf Jahre direkt von den Völkern der EU gewählt wird. Sie erhebt keine Steuern, stellt aber einen Milliarden-Haushalt auf. Ihre Mitgliedstaaten sind enger miteinander verbunden als in jedem anderen Bündnis von Staaten dieser Welt. Was also ist das für ein Gebilde, die Europäische Union?

Die Europäische Union ist heute ein Verbund von 15 Staaten, die miteinander Folgendes vertraglich vereinbart haben:

● Die *Regierungen aller Mitgliedstaaten handeln in einigen Politikbereichen gemeinschaftlich,* fassen also Beschlüsse gemeinsam, die für alle so verbindlich sind, als wären es ihre eigenen Gesetze.
Dafür wurden gemeinsame „europäische" *Organe* geschaffen: eine *Kommission,* die Vorschläge für alle Beschlüsse macht, ein *Parlament,* das an den Beschlussfassungen beteiligt ist, ein *Gerichtshof,* ein *Rechnungshof.*
Die Regierungen sind an den Beschlüssen durch ihre zuständigen Minister im *Ministerrat* beteiligt.

● *In anderen Politikbereichen arbeiten die Regierungen eng zusammen* und beschließen Wichtiges gemeinsam, ansonsten aber entscheiden sie nach wie vor allein, verfolgen dabei aber gemeinsame Ziele und stimmen ihr Handeln weitgehend aufeinander ab.

● *In allen übrigen Bereichen der Politik entscheidet jede Regierung weiterhin allein,* nimmt dabei jedoch auf die Interessen der anderen Mitgliedstaaten Rücksicht.

Am Beginn der Gemeinschaft haben die Staaten nur in wenigen Bereichen ihrer Politik gemeinsame Beschlüsse gefasst. Im Laufe der Zeit kamen weitere Bereiche hinzu. Dafür wurden jedes Mal die Verträge geändert, zum Beispiel durch den Maastrichter Vertrag (1992) und den Vertrag von Amsterdam (1997). Die Europäische Union ist aber immer noch kein fertiges Gebilde. Sie wird sich weiterentwickeln zu einem immer engeren Bund der Völker Europas. Welche Gestalt dieser Bund einmal haben wird, ist noch offen.

(Presse- und Informationsamt der Bundesregierung [Hg.], Europa 2002 – Die Europäische Union wird größer, Berlin 2000, S. 22f.)

Wie funktioniert die Europäische Union?

M 15
Gründe für die Europäische Union

Unser Alltag
Sozialer Ausgleich
Sicherung des Friedens
Hilfe für die Welt
Schonung der Umwelt
Entwicklung der Wirtschaft

(Hans Jürgen Lendzian/Christoph Andreas Marx [Hg.], Geschichte und Gegenwart, Band 3, Schöningh Verlag, Paderborn 2001, S. 354)

1. In Europa gibt es arme Regionen neben reichen. Den armen Regionen muss geholfen werden, aber das ist nur mithilfe der reichen Regionen, also mit gemeinsamer Politik aller EU-Staaten möglich. Die EU stellt z.B. seit 1991 Milliarden für den Aufbau in den neuen deutschen Bundesländern zur Verfügung. […]
2. Die Staaten der heutigen EU haben früher viele Kriege gegeneinander geführt, nahezu jeder gegen jeden. […] Ein Krieg Deutschland gegen Frankreich oder England ist seit Gründung der Europäischen Gemeinschaft undenkbar geworden. Einigung schafft Frieden. […] Die Einbringung Deutschlands in die EU hat es unseren Nachbarstaaten erleichtert, der Vereinigung beider deutscher Staaten zuzustimmen.
3. Schadstoffe in Luft und Wasser machen an den Grenzen nicht Halt. Unsere Zukunft hängt davon ab, ob die Umweltschäden zunehmen oder allmählich abgebaut werden. Wirksame Umweltpolitik in Europa ist national nicht mehr möglich.
4. Deutschland ist ein Industrieland, das auf Export angewiesen ist. Seit deutsche Waren zollfrei in europäische Länder gelangen, hat unser Export stark zugenommen. Das hat Millionen von Arbeitsplätzen gesichert und viele neue geschaffen.
5. Alle EU-Bürger können in der Regel ohne Grenzkontrolle frei innerhalb der EU reisen, vom Polarkreis bis Teneriffa, können sich an beliebigen Orten niederlassen, überall eine Arbeit annehmen oder ein Geschäft eröffnen, können sich fern der Heimat […] zur Ruhe setzen.
6. Nur bei wachsender Gemeinsamkeit können die EU-Staaten mehr als bisher zur Lösung von Konflikten und Kriegen anderswo in Europa oder in der Welt beitragen. Gemeinsam können sie den Entwicklungsländern wirksamer helfen, Probleme zu lösen.

---

1. Versucht zu erklären, inwiefern die Europäische Union „kein Staat", aber doch ein „Verbund von 15 Staaten" ist (M 14). Welche Merkmale eines Staates treffen für die EU nicht zu?

2. Dass die EU kein Staat ist, zeigt sich insbesondere auch darin, dass nicht über *alle* Bereiche der Politik zentral und gemeinsam entschieden wird. Erläutert die drei unterschiedlichen Ebenen der Politik, die man auch mit den Stichworten „gemeinsame/gemeinschaftliche Politik" (z.B. für die Bereiche Landwirtschaft und Verkehr), „Zusammenarbeit/Kooperation" (z.B. für den Bereich des Umweltschutzes) und „gegenseitige Abstimmung/Koordinierung" (z.B. für die Bereiche Familienpolitik und Steuerpolitik) bezeichnen kann. Ausführliche Informationen zu allen anderen Bereichen enthält die auf S. 286 angegebene Broschüre „Europa 2002".

3. Die in M 14 genannten Institutionen, die in M 16 ff. näher vorgestellt werden, sind vor allem für die erste der drei Ebenen geschaffen worden. Inwiefern handelt die EU nur auf dieser Ebene tatsächlich „wie ein Staat"?

4. Wozu gibt es überhaupt die EU? In M 15 werden sechs Gründe genannt, warum man schon bald nach dem Zweiten Weltkrieg* mit der Europäischen Einigung begonnen hat. Ordnet die kurzen Texte den Stichworten (Rand) zu und erläutert möglichst mit eigenen Worten, welche sechs Ziele die EU verfolgt. Welche Ziele haltet ihr aus eurer Sicht für die wichtigsten?

M 16
So funktioniert die EU

Im **Europäischen Rat** treffen sich die *Staats- und Regierungschefs* der Mitgliedstaaten. Auf diesen „EU-Gipfeln" werden die *Leitlinien* der Unionspolitik festgelegt. Die Beschlüsse des Europäischen Rates sind oft Aufträge an das *wichtigste gesetzgebende Organ,* den **Rat der Europäischen Union** *(Ministerrat).* Hier treffen sich die *nationalen Fachminister* und beschließen die „europäischen Gesetze". Die Vorschläge für die „Unionsgesetze" werden von der **Europäischen Kommission,** der europäischen Verwaltung („Regierung") erarbeitet

12 Miteinander leben! – Nachbarn in Osteuropa auf dem Wege in die Europäische Union

So funktioniert die EU

Europäischer Rat – Grundsatzentscheidungen der 15 Regierungschefs

Kommission
„Regierung" (Exekutive)
20 Kommissare
je 2 aus D, E, F, GB, I
je 1 aus den übrigen Ländern

·······► Vorschläge ·······►
◄······· Entscheidungen ·······

Ministerrat
„Oberhaus"
der Legislative
(Gesetzgebung)
15 Mitglieder
je 1 pro Mitgliedsland

Beratung: Wirtschafts- und Sozialausschuss | Ausschuss der Regionen

„Wächter" über die Verträge: Europäischer Gerichtshof | Ausgabenkontrolle: Europäischer Rechnungshof

Anfragen, Kontrolle, Vertrauens- u. Misstrauensvotum, Zustimmung zur Besetzung der Kommission

Haushaltsbeschlüsse, Anhörung, Mitentscheidung

Europäisches Parlament
„Unterhaus" der Legislative — 626 Abgeordnete

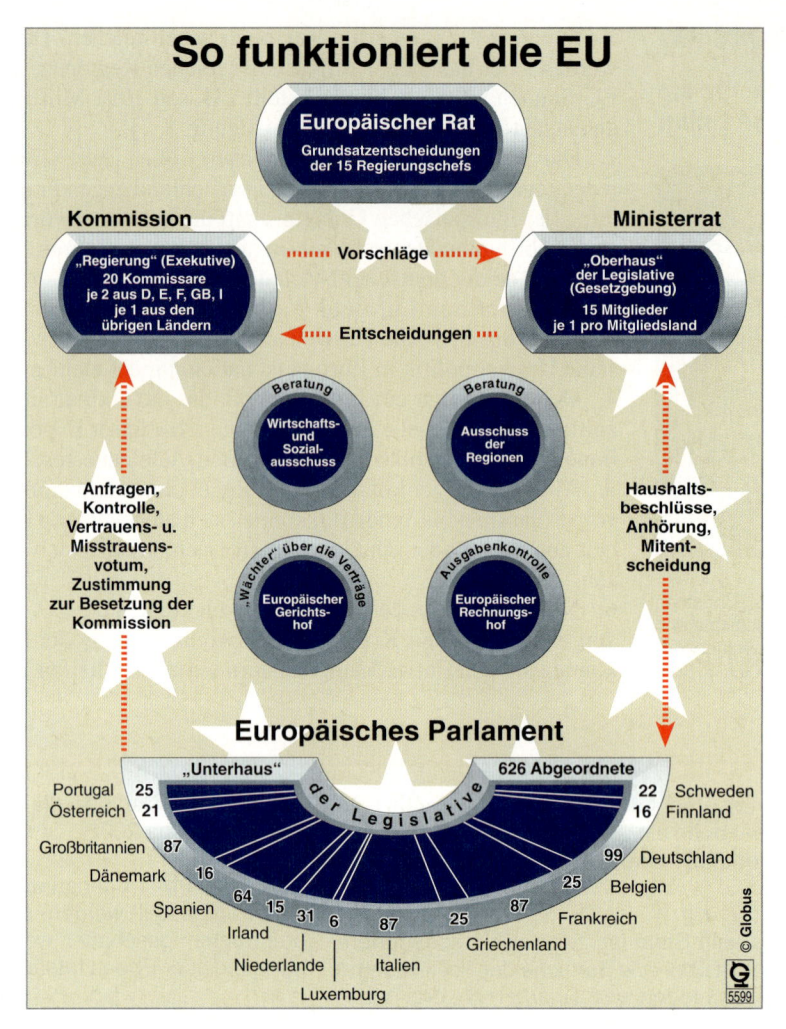

Portugal 25 | Schweden 22
Österreich 21 | Finnland 16
Großbritannien 87 | Deutschland 99
Dänemark 16 | Belgien 25
Spanien 64 | Frankreich 87
Irland 15 | Griechenland 25
Niederlande 31 | Italien 87
Luxemburg 6

© Globus 5599

und dem Ministerrat vorgelegt. Das **Europäische Parlament** beteiligt sich an der Ausarbeitung der Rechtsakte der Union. Es entscheidet in vielen Bereichen mit, hat allerdings noch nicht die gleichen Einflussmöglichkeiten wie nationale Parlamente. Der **Europäische Gerichtshof** sorgt dafür, dass EU-Recht auch eingehalten wird. Klagen können sowohl die Mitgliedstaaten und EU-Organe als auch Bürger oder Unternehmen.

(Presse- und Informationsamt der Bundesregierung [Hg.], Europa in 100 Stichworten, Berlin 2000, S. 107)

M 17 **Buchstabensalat: Die Institutionen der Europäischen Union**

Aufgabe (vorher kopieren!):

Ordne den folgenden Beschreibungen fünf wichtige europäische Institutionen zu. Die Institutionen setzen sich aus den folgenden Wortteilen zusammen:

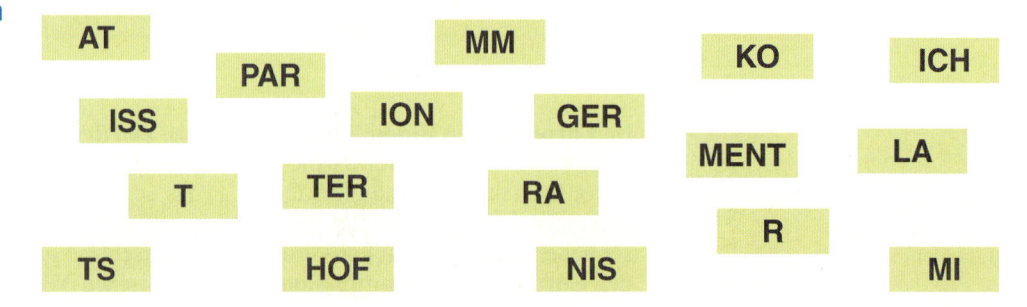

AT | PAR | MM | KO | ICH
ISS | ION | GER | MENT | LA
T | TER | RA | R
TS | HOF | NIS | MI

Wie funktioniert die Europäische Union?

1. Er entscheidet bei Streitigkeiten zwischen den EU-Mitgliedern.

    Europäischer __ __ __ __ __ __ __ __ __ __

2. Dieses Gremium setzt sich aus den Staats- und Regierungschefs der Europäischen Union zusammen. Es legt die wichtigen Schritte der EU fest. Zusammen kommen die Regierungschefs mindestens zweimal im Jahr.

    Europäischer __ __ __

3. Sie wird als die „Hüterin der Verträge" bezeichnet und hat das Initiativrecht für Gesetze in der EU. Insgesamt sitzen 20 Vertreter und Vertreterinnen aus allen EU-Mitgliedsländern in dieser Institution, die man als eine Art „Regierung" der EU bezeichnen kann.

    Europäische __ __ __ __ __ __ __ __ __

4. Hier werden Kompromisse ausgehandelt und Gesetze auf den Weg gebracht. Alle Länder vertreten hier ihre Interessen. Die Präsidentschaft wechselt alle sechs Monate. Das Gremium hat 15 Mitglieder.

    __ __ __ __ __ __ __ __ __ __

5. Alle fünf Jahre wird es direkt vom Volk gewählt. Es hat seinen Sitz in Straßburg, Brüssel und Luxemburg. Es besitzt das Recht, den Haushalt der EU anzunehmen oder abzulehnen. Außerdem kann es die Kommissare stürzen. Deutschland entsendet 99 Vertreter und Vertreterinnen dorthin.

    __ __ __ __ __ __ __ __ der Europäischen Union

(RAAbits Sozialkunde/Politik November 2000, Raabe Verlag, Bonn)

M 18

Welche Institutionen sind hier zu sehen?

a)

G. Verheugen

M. Schreyer

Michaele Schreyer (Finanzen) und Günter Verheugen (Ost-Erweiterung) sind die deutschen Mitglieder in diesem von Romano Prodi (Italien, Mitte, am Mikrofon) geleiteten 20-köpfigen Gremium, dessen Sitz in Brüssel ist.

12 Miteinander leben! – Nachbarn in Osteuropa auf dem Wege in die Europäische Union

b) Köln, 3.–4. Juni 1999

Zu einer Tagung dieses Gremiums konnte Bundeskanzler Schröder seine Kollegen im Juni 1999 in Köln begrüßen.

c) Diese Tagung fand in Berlin statt; je nach Beratungsgegenstand wechseln die 15 Personen, die hier mit ihren jeweiligen Beratern an einem großen Verhandlungstisch sitzen.

d) Das Gebäude, in dem dieses Gremium tagt, steht in Straßburg.

(Fotos: Bundesbildstelle Bonn; © dpa-Fotoreport/Oliver Multhaup; Europäische Kommission [CE]; Europäisches Parlament; © ZB-Fotoreport/Klaus Franke [2])

Um das Institutionengefüge der EU zu verstehen, bedarf es einer gewissen Anstrengung. Mit Hilfe der Materialien M 16 – M 18 könnt ihr aber relativ leicht klären, welche Aufgaben die fünf wichtigsten Institutionen haben und wie sie an den Entscheidungen über die gemeinsame Europa-Politik beteiligt sind.

1. Analysiert zunächst das Schaubild M 16 und bearbeitet danach M 17. Welche Institutionen auf den Fotos (M 18) zu sehen sind, werdet ihr dann leicht herausfinden.

2. Sieht man vom Europäischen Gerichtshof und vom Europäischen Rat, der die allgemeine Richtung der Europapolitik vorgibt, ab, so kann man für die Entscheidungen über konkrete politische Maßnahmen und „Gesetze" (in der Sprache der EU: Richtlinien) von einem „Entscheidungsdreieck" sprechen: Eine Institution macht die Vorschläge, die beiden anderen sind an der Beschlussfassung beteiligt. Zeichnet ein solches Dreieck mit drei durch Pfeile verbundenen Kästchen, in die ihr die Namen dieser drei Institutionen eintragt.

3. In der deutschen Demokratie beschließt das Parlament (der Bundestag) die Gesetze und die Regierung (der Bundeskanzler und die Minister) führt sie aus. In der EU ist das etwas anders: Das Parlament ist zwar an der Gesetzgebung wesentlich beteiligt, aber ein noch stärkeres Gewicht hat dabei ein anderes Gremium. Welches?

4. Welches Gremium stellt so etwas wie die „Regierung" der EU dar, die nicht nur Vorschläge macht, sondern auch für die gesamte Durchführung der EU-Politik verantwortlich ist?

M 19 Was geht uns Europa eigentlich an?

M 19a
Europäischer Alltag

„ICH LEBE HIER IN MEINER HEIMAT. EUROPA IST FÜR MICH WEIT WEG."

Unser europäischer Alltag beginnt morgens im Bad, denn wie sauber unser *Leitungswasser* sein muss, damit es als hygienisch einwandfrei gilt, ist durch europäisches Recht für alle Staaten der EU verbindlich festgelegt. 1980 beschloss die EU eine Trinkwasserverordnung, um dieses lebensnotwendige Gut besonders zu schützen. Die EU-Richtlinie* legt die zulässigen Höchstgrenzen für den Pestizid- und Nitratgehalt im Trink- 5 wasser fest. Die Bundesrepublik Deutschland wurde 1990 von der Brüsseler EU-Kommission vor dem Europäischen Gerichtshof in Luxemburg verklagt, weil bis dahin rund drei Millionen Bundesbürger ein Wasser trinken mussten, das der Qualität der EU-Vorschrift nicht entsprach. Steht an einem Fluss oder an einem See das Schild „Baden verboten", so beruht auch das auf 10 europäischem Recht. Die EU-Badegewässerverordnung legt fest, bei welcher Gewässergüte Schwimmen als unbedenklich gilt und bei welcher nicht mehr. Öffnen wir morgens den *Kühlschrank,* begegnen wir Europa. Unser Kühlaggregat hat in Fragen der Sicherheit und des Umweltschutzes dem europäischen Standard zu entsprechen. Völlig europäisch wird es angesichts der *Lebensmittel* im Kühlschrank. Käse aus Frankreich, Toma- 15 ten aus Holland, Orangensaft aus Portugal, Fischkonserven aus Dänemark und seit 1995 auch Butter aus Österreich gehören für uns alle wie selbstverständlich zum täglichen Warenangebot. Da es im europäischen *Binnenmarkt** keine Handelshemmnisse und keine zeitlichen Verzögerungen an 20 den Grenzen gibt, dauert es oft nur 24 Stunden, bis Waren aus allen Ländern der Union hier frisch angeboten werden können. Hat man Glück, kann man zum Beispiel frischen Spargel kaufen, den ein Bauer in Thessalo- 25 niki erst am Vortag geerntet hat. Der un-

„SO VIELE VERSCHIEDENE LÄNDERINTERESSEN UNTER EINEN HUT ZU BEKOMMEN, DAS IST VIEL ZU SCHWIERIG. SOLL DOCH JEDER SEINE EIGENEN SACHEN MACHEN."

292
12 Miteinander leben! – Nachbarn in Osteuropa auf dem Wege in die Europäische Union

„EUROPA – DAS IST EIN THEMA FÜR DIE POLITIKER. WIR KLEINEN LEUTE HABEN DAMIT NICHTS ZU TUN."

komplizierte Warenverkehr wirkt sich auf die Preise aus. Musste zum Beispiel ein Kunde 1994 in einem Supermarkt in Köln, Leipzig oder Frankfurt 5,30 DM (2,71 Euro) für Obst und Gemüse bezahlen, so hätte er, nach Berechnungen der Europäischen Kommission, im Nicht-EU-Land Schweiz für die gleiche Menge wahrscheinlich stolze 10,80 DM (5,52 Euro) zahlen müssen. Wer *Auto* fährt, fährt europäisch. Seit 1988 verpflichtet europäisches Recht die Automobilproduzenten zum Katalysatoreinbau und aus den Zapfsäulen der EU muss seit 1989 bleifreies Benzin fließen. Nach dem Jahr 2000 müssen die Automobilhersteller Altautos kostenfrei zurücknehmen und recyceln. So hat es die EU für alle Mitgliedstaaten beschlossen.

(Wolfgang Mattes u. a., Politik erleben, Schöningh Verlag, Paderborn 2001, S. 288; Zeichnungen: Susanne Kuhlendahl/Verlagsarchiv Schöningh)

M 19b
Der Euro – gemeinsame Währung für 300 Millionen Menschen

Die „Geburt des Euro"

(Zeichnung: Reiner Schwalme/ CCC, www.c5.net)

Die Euro-Zone

Ihr Anteil am …	Welt-BIP	Welt-export	Bevölkerung (Mio)
🇪🇺	15,9 %	29,2 %	305
zum Vergleich:			
🇺🇸 USA	21,4 %	12,6 %	279
🇯🇵 Japan	7,6 %	7,1 %	127

Quelle: Europäische Kommission, Eurostat, Weltbank

Stand: 2000 (Bevölkerung: 2002); BIP in Kaufkraftparitäten; Exporte einschl. Warenaustausch innerhalb der Eurozone

Euro-Teilnehmer / übrige EU-Mitglieder

© Erich Schmidt Verlag

M 20
Comenius – ein EU-Programm für die Schule

Die Europäische Union unterstützt und fördert den Schüleraustausch. Dem Gesamtprogramm gab man den klangvollen Namen SOKRATES. Ein Unterprogramm speziell für Schulen wurde COMENIUS genannt. Jan Amos Comenius war ein tschechischer Theologe und Pädagoge, der im 17. Jahrhundert recht modern anmutende pädagogische Auffassungen vertrat und in halb Europa wirkte.

Wie funktioniert die Europäische Union?

Surf-Tipps: COMENIUS
www.sokrates-leonardo.de
→ den Link „SOKRATES" anklicken
www.kmk.org und
www.cdg.de
→ Infos zu COMENIUS, SOKRATES und pädagogischem Austausch
http://comenius.eun.org
→ die „COMENIUS Space Web Site"

Surf-Tipps: Schüleraustausch
www.ausgetauscht.de
→ viele Infos, gutes Forum
www.austauschjahr.de
→ interessante Erfahrungsberichte
www.highschool-box.de
→ Service zum Thema „Fernweh"
www.bildungsserver.de
→ jede Menge Links
www.fdsv.de
→ Fachverband Deutscher Sprachreiseveranstalter

(Leben, lernen, arbeiten ... in Europa. Ein Heft für die Schule, Herausgeber: Arbeitsgemeinschaft Jugend & Bildung e.V., Taunusstr 24, 65183 Wiesbaden, in Zusammenarbeit mit dem Bundesministerium für Arbeit und Sozialordnung und dem Europäischen Sozialfonds; Universum Verlagsanstalt, Wiesbaden 2001/02, S. 17)

Was sind die Ziele?
- Zusammenarbeit von Bildungsinstitutionen aus mindestens drei teilnehmenden Staaten.
- Fächerübergreifende Arbeit an längerfristigen Projekten mit europäischer Dimension, die in das Schulleben integriert sind.
- Gemeinsame Gestaltung der Projekte durch die Zusammenarbeit von Lehrkräften und Schülern.

Wer kann teilnehmen?
- Öffentliche Schulen sowie staatlich anerkannte und geförderte Schulen aller Schulformen und -stufen, aber auch Betriebe, Kammern und Bildungsträger können Anträge einreichen.

Welche Zuschüsse sind möglich?
- Die jeweiligen Partner erhalten pauschale Projektzuschüsse für höchstens drei Jahre;
- für den Partner, der die Koordinierungsarbeit übernimmt, bis zu 3.000 EUR pro Jahr;
- für die übrigen Projektpartner bis zu 2.000 EUR pro Jahr.

COMENIUS-Projekte sollen Partnerschaften zwischen Schulen und Aus- und Weiterbildungsinstitutionen vertiefen. Mindestens drei Partner aus verschiedenen Ländern arbeiten an einem gemeinsamen Thema. Ein COMENIUS-Projekt ist zum Beispiel beim Gymnasium Kerpen angesiedelt. Die Schule arbeitet mit ihren Partnerschulen in Frankreich, Großbritannien (Batley Grammar School), Polen (Spoleczne Liceum Ogolnoksztalcace in Oswiecim) und Schweden (Friaborgsskolan in Simrishamn) an dem Thema „Untersuchungen zur Lebensqualität europäischer Jugendlicher". Die Schule berichtet auf ihrer Homepage:
„Ein ganzes Jahr lang haben Schülergruppen unserer Partnerschulen und Schüler aus Kerpen insgesamt 17 Unterthemen bearbeitet. So gab es Untersuchungen zum Thema Lifestyle und Ernährung; Fotoromane zeigten Tagesabläufe von Schülern der einzelnen Partnerschulen; andere Gruppen beschäftigten sich mit den Themen Energieverwendung, Asyl oder auch Märchen. Daneben bereiteten Chor, Bigband, Aerobic- und Jazzdancegruppe und eine Theatergruppe gemeinsame Aufführungen vor. Diese Beispiele zeigen, dass jede Altersgruppe angesprochen war. Neben der Arbeit an den einzelnen Unterthemen war auch das EUROPA CAMP KERPEN '98 ein ganzes Jahr lang in allen Einzelheiten vorbereitet worden. Und dann war es so weit: 120 Schüler und etwa 20 Lehrer aus unseren Partnerschulen waren da, das CAMP konnte beginnen."

Gymnasium Kerpen: www.gymnasium-kerpen.de/comunten.htm

---

1. Vielleicht habt ihr, was in den Sprechblasen in M 19 geäußert wird, auch selbst schon gehört oder gesagt. Der Text zeigt an einigen wenigen Beispielen aus den Bereichen des Umweltschutzes und des Warenkonsums, wie unberechtigt solche Äußerungen sind. Erklärt, welche Vorteile für die Menschen gemeinsame Regelungen für ganz Europa haben.

2. Eins der spektakulärsten Ergebnisse der bisherigen EU-Politik war die Einführung einer gemeinsamen Währung in 12 der 15 EU-Länder mit Beginn des Jahres 2002. Vielleicht könnt ihr selbst sagen, welche Vorteile für Privatleute und für die Wirtschaftsunternehmen sich ergeben, wenn für nunmehr über 300 Millionen Menschen in Europa dieselbe Währung gilt. Inwiefern kann man sagen, dass die Währungsunion auch das Gemeinschaftsgefühl der Menschen in Europa verstärkt?

3. Für Schüler und Studenten hält die EU eine Reihe von Förderprogrammen bereit, über die ihr euch über die in M 20 angegebenen Internetadressen näher informieren könnt. M 20 weist insbesondere auf das COMENIUS-Programm zur Förderung des Schüleraustausches hin und berichtet über das Beispiel des Gymnasiums Kerpen. Vielleicht könnt ihr für eure Schule etwas Ähnliches in Gang setzen.

13 Fragen kann doch jeder!? – Möglichkeiten und Probleme der Befragungsmethode und der Internetrecherche

Befragung von Spielern an Geldautomaten
Jeder Dritte zahlt täglich 50 Euro

Studie: Jeder dritte Käufer im Einzelhandel mit der Behandlung unzufrieden
Servicewüste Deutschland

Jeder vierte deutsche Apfel reift im Alten Land

Emnid: Hohe Preise und Wetter oft als häufigste Mängel genannt
Urlaubsstimmung oft verdorben

Uni-Projekt: Schüler flächendeckend befragt
Jeder dritte Viertklässler in Bielefeld ist Allergiker

Test: Aufgedruckte Füllmengen oft unterschritten
Viele Mogelpackungen

Kanzler im Umfrage-Tief

Leichter Umsatzrückgang, starke Gewinneinbußen
Einzelhandelskonzern AVA sieht kein Ende der Konsumflaute

Studie: Deutsche Verbraucher wollen freundliche Beratung
Einkaufen soll ein Erlebnis sein

Immer mehr Dauercamper und Zelttouristen
Sie geben 3,5 Mill. Euro aus/140 Mill. Übernachtungen

Wer richtig fragt ...

M 1

KidsVerbraucherAnalyse 2002: Kaufkraft der 6- bis 13-Jährigen erreicht neuen Spitzenwert von 5,12 Milliarden Euro

Im Rahmen der KidsVerbraucherAnalyse 2002 wurden im April 2002 insgesamt 1.957 Kids im Alter von 6 bis 13 Jahren und deren Eltern befragt, um das Konsum- und Medienverhalten der jungen Zielgruppe repräsentativ darzustellen. Die in den Vorjahren ebenfalls untersuchte Altersgruppe der 14- bis 17-Jährigen (in der KVA 2001 bis 19 Jahren) wurde in diesem Jahr nicht erhoben – sie wird aber im nächsten Jahr wieder fester Bestandteil der Grundgesamtheit sein. Nach dem Ausscheiden der Verlagsgruppe Lübbe als einer der drei durchführenden Verlage hat der Egmont Ehapa Verlag deren Rechte als Trägerverlag und damit die Federführung der KVA in Kooperation mit dem Axel Springer Verlag und der Bauer Verlagsgruppe übernommen. Olaf Hansen, Anzeigenleitung Egmont Ehapa Verlag: „Die KidsVA liefert auch in diesem Jahr wieder umfangreiches Datenmaterial: Mit Untersuchungen zur Produktverwendung für 437 Marken, dem Besitz und Besitzwunsch für 42 Produktbereiche, den Finanzen der Kids, ihrem Einfluss auf die Markenwahl und ihren PC-/Internet- und anderen Freizeittätigkeiten bietet die Markt-Media-Studie umfassende Transparenz im Bereich der jungen Zielgruppe."

Rund 90 Prozent der Kids geben an, zumindest einen Teil ihres Geldes zu sparen. Als Sparform dient hierbei in erster Linie das konventionelle Sparbuch (84%), gefolgt vom Taschengeld-Konto (9%) und dem Girokonto (5%). Auf den Sparbüchern der Kids liegen durchschnittlich 485 Euro. Über die größte Summe verfügen die 10-13-jährigen Mädchen mit durchschnittlich 561 Euro (Jungen 547 Euro). Hochgerechnet auf die 6,37 Mio. Kids im Alter von 6 bis 13 Jahren ergibt sich somit ein Sparguthaben von 3,09 Mrd. Euro.

Zwar verfügen die Kids von heute über so viel Geld wie nie zuvor. Dennoch hat Konsum nicht den größten Stellenwert in ihrem Leben: Am wichtigsten ist es ihnen, mit Freunden zusammen zu sein (99%). Entgegen verbreiteter Klischees belegt die KidsVerbraucherAnalyse 2002, dass sich das Leseverhalten der 6- bis 13-Jährigen weiter positiv entwickelt hat. Im Vergleich zum Vorjahr hat sich die Nettoreichweite der 26 erhobenen Titel sogar deutlich auf insgesamt 72,7 Prozent gesteigert.

Mit materiellen Gütern sind die Kids von heute zwar gut ausgestattet, dennoch haben sie noch viele offene Wünsche. Der Wunsch nach einem Handy (41%) ist nach wie vor hoch, besonders bei den 10- bis 13-Jährigen (47%). Einen Fotoapparat wünschen sich fast 20 Prozent der 6- bis 13-Jährigen, bei den Jungen und Mädchen ist dieser Wunsch gleichermaßen ausgeprägt. Auch im Bereich Computer und Unterhaltungselektronik haben die Kids noch viele Wünsche: 42 Prozent aller Kids wünschen sich einen Fernsehapparat, 35 Prozent einen PC und 27 Prozent einen Videorekorder (s. M 8b, S. 45).

Die Verwendung von eigenen Körperpflege-Produkten/-Marken ist bei den Kids in den letzten Jahren deutlich angestiegen. Zwei Drittel der Befragten geben an, dass ihre eigene Zahnpasta im Badezimmer steht. Auch das eigene Haarshampoo (44%), der eigene Duschzusatz (33%) und das eigene Deomittel (21%) gehören für die Kids von heute einfach dazu.

Das Markenbewusstsein der 6- bis 13-Jährigen zeigt sich vor allem bei Sportschuhen, Taschen, Ranzen, Rucksäcken, Jeans und Schulsachen. Die Eltern geben an, dass sie die Markenwünsche ihrer Kinder meistens erfüllen, die große Ausnahme stellt das Handy dar, denn hier sind nur 12 Prozent bereit, die Lieblingsmarke zu kaufen.

Ingeborg Glas, Marktforscherin aus der Bauer Verlagsgruppe: „Die Kids von heute leben in einer vielschichtigen Warenwelt, in der die Marke einfache und beliebte Orientierung bietet. Zahlreiche Marken haben Kultcharakter, sind Statussymbol und dienen dazu, in der Clique mitzuhalten und die eigene Individualität auszudrücken."

Dies zeigt sich bereits bei der Auswahl bestimmter Food-Marken. Die junge Zielgruppe kennt sich bei Lebensmittelmarken hervorragend aus und hat klare Markenpräferenzen. Dies gilt vor allem für süße Brotaufstriche (48%) und Ketchup (37%), aber selbst bei Nudeln ist die Marke für immerhin 14 Prozent wichtig.

Entscheidend für die Entwicklung bestimmter Marken ist auch, dass bereits 30 Prozent der 10- bis 13-Jährigen selbst Lebensmittel für den Haushalt einkaufen. Dabei können die meisten frei wählen, welches Produkt sie nach Hause bringen.

Die parallele Befragung der Eltern zeigt auf der anderen Seite, dass Mutter und Vater auch in hohem Maße bereit sind, die Markenwünsche ihrer Kinder zu erfüllen. Dies gilt insbesondere bei Joghurt (50%), bei Cornflakes (45%), selbst bei Streichwurst (16%) und Fertigsuppen (9%).

(www.bauermedia.com/presse/september2002/kidsVa2002.php; Verf.: Ingeborg Glas)

1. Stellt fest, wie die in M 1 wiedergegebenen Befragungsergebnisse zustande gekommen sind. Welche Interessen haben dabei eine wesentliche Rolle gespielt (s. auch die Information am Rand)?

2. Stellt fest, inwieweit die Befragungsergebnisse euren eigenen Verhaltensweisen und Erfahrungen der letzten Jahre entsprechen. Enthält der Bericht neben den Befragungsergebnissen auch Deutungen dieser Ergebnisse?

3. Warum wurden auch die Eltern befragt?

Ihr könnt die Probleme und Schwierigkeiten, die mit einer Befragung verbunden sind, am besten erkennen und einschätzen, wenn ihr selbst eine kleine **Befragung plant, durchführt und auswertet.**
Bei der Erstellung des Fragebogens und erst recht bei der späteren Auswertung soll der **Computer als Hilfsmittel** *eingesetzt werden.*
Das soll aber nicht heißen, dass die modernen IuK-Technologien (Informations- und Kommunikationstechnologien) **alles** *selbstständig erledigen können. Bevor ein Fragebogen z. B. fertig erstellt ist und ausgefüllt werden kann, muss man viele wichtige Einzelschritte beachten und ausführen. Etliche Fehler können beim Erstellen des Fragebogens auftreten, die dann u. U. die spätere Auswertung entscheidend beeinflussen oder gar verfälschen. Diese Unterrichtsreihe soll euch das notwendige Grundwissen dazu vermitteln.*

Themenbeispiele für eine Befragung in der Schule
- Jugend und Freizeit
- Lesegewohnheiten von Schülerinnen/Schülern
- Taschengeld
- Mädchen und Jungen im Umgang mit dem Computer
- Gewalt in der Schule
- Gleichberechtigung von Jungen und Mädchen
- Umwelt
- Ernährung
- Umgang mit Fernsehen/Musik
- …

(Autorentext)

(Zeichnung: Reinhild Kassing/ Verlagsarchiv Schöningh)

Wir erstellen einen Fragebogen
oder:
Wer richtig fragt, bekommt gute Antworten

Was ist eine Befragung?

Mit einer Befragung sammelt man aktuelle Informationen über Verhaltensweisen von Menschen, über deren Ansichten, Erfahrungen und Meinungen. Es reicht aber nicht, nur eine oder zwei Personen zu befragen. Je mehr Menschen es sind, desto zutreffender wird euer Ergebnis sein. Die Auswahl der Personen oder Schulklassen, die ihr befragen wollt, muss gut überlegt sein.

Die Erstellung und Auswertung eines Fragebogens durchläuft verschiedene Phasen:

1. Vorbereitung
2. Planung/Fragebogenaufbau
3. Probelauf
4. Durchführung
5. Auswertung
6. Präsentation

Wer richtig fragt ...

Phase 1: Vorbereitung	**Arbeitshinweise:**
	1. Legt fest, zu **welchen Themen** eine Befragung durchgeführt werden soll.
	2. Was wollt ihr herausfinden? Zu **welchem Gesichtspunkt** eines Themas wollt ihr etwas erfahren?
	3. Bildet Gruppen (4 – 6 Personen), die zu dem gewählten Thema Fragen formulieren, die beantwortet werden sollen.
	4. Macht euch klar, warum ihr die jeweilige Frage stellt. Welche Antworten erwartet ihr? Welche Vermutungen wollt ihr überprüfen?
	5. Schreibt jede Frage gesondert auf eine Karteikarte (DIN A 5) und heftet sie an die Tafel bzw. Wand.
	6. **Sortiert die Fragen** nach Typen (siehe M 2 und M 3).
	7. Schreibt Antworten zu den einzelnen Fragen (Fragetypen) auf, die voraussichtlich gegeben werden. Lassen sich zum Zweck der Informationsverdichtung die Antworten in Gruppen zusammenfassen?
	8. Lassen sich die Fragen sprachlich noch geschickter formulieren, damit man verschiedene Antworten zu einer komplexeren zusammenfassen kann?
	9. Überprüft, ob Antworten gestrichen werden müssen, die in anderen schon teilweise enthalten sind.
(Autorentext)	10. Tauchen Fragen auf, die nicht sinnvoll oder zu „exotisch" sind? (Diese streichen.)

M 2

Übersicht über die wichtigsten Fragetypen im Fragebogen

1. **Auswahlfrage mit nur einer möglichen Antwort (Einfachauswahl)**

   Gehst du in deiner Freizeit ins Kino? (Bitte nur **eine** Antwort ankreuzen)

   ① regelmäßig   ② manchmal   ③ nie

2. **Auswahlfragen mit möglicher Mehrfachantwort**

   Wofür gibst du dein Taschengeld aus? (Mehrfachantwort möglich)

   ① Süßigkeiten   ③ CDs   ⑤ Bücher

   ② Computerspiele   ④ Textilien   ⑥ ...

3. **Skalenfragen**

   Bist du mit der Höhe deines Taschengeldes zufrieden?

   Bin sehr zufrieden (1)   ① ② ③ ④ ⑤   Bin sehr unzufrieden (5)

4. **Maßzahlfrage**

   Wie viele CDs kaufst du im Monat von deinem Taschengeld?

   _____ Stück

5. **Frage mit freier Antwort (Offene Frage)**

   (Autorentext)   Was fällt dir zum Wort „sparen" ein? _____

M 3

Tipps zum Formulieren der Fragen

- Die Fragen sollen möglichst kurz sein.
- Die Fragen sollen möglichst klar und einfach formuliert sein.
- Es darf nichts gefragt werden, was über den Kenntnisstand der Befragten von vornherein hinausgeht.
- Die Fragen sollen nicht einseitig formuliert sein.

(Soester Landesinstitut [Hg.]: Buch oder Video? Eine Handreichung zum Lernbereich Textverarbeitung, Dateiverwaltung, Kalkulation, Soest 1994, S. 22)

Phase 2: Planung/ Fragebogenaufbau	**Arbeitshinweise:**
	1. Wer soll befragt werden? Der Personenkreis (z. B. Schüler, Erwachsene), in dem die Umfrage durchgeführt werden soll, muss gut überlegt werden, da die Fragen genau auf diesen Personenkreis zugeschnitten werden müssen.
	2. Wie muss der Fragebogen aufgebaut sein, damit genau die Tatbestände erfasst werden, die ihr erfassen wollt?
	3. Überprüft, ob z. B. möglichst unbeabsichtigt falsche und bewusst falsche Antworten ausgeschlossen werden.
	4. Finden sich die Befragten in den Antwortmöglichkeiten wieder?
	5. Ist der Fragebogen strategisch günstig aufgebaut, d.h. kann er möglichst bequem beantwortet werden?
	6. Welche Fragen sollen an welcher Stelle im Fragebogen stehen? (Siehe M 4)
(Autorentext)	7. Erstellt einen ersten Entwurf des Fragebogens.

M 4
Die Reihenfolge der Fragen im Fragebogen

Hinweise:
Vor den Fragen stehen Informationen darüber, wer die Befragung durchführt und wozu sie dienen soll (s. M 5), sowie ein Hinweis auf die Genehmigung der Befragung durch die Schulleitung (die Hinweise im Anhang S. 321 müssen unbedingt beachtet werden).

- Am Anfang des Fragebogens stehen einfach zu beantwortende Fragen. Hiermit wird die Gesprächsbereitschaft geweckt.
- Die persönlichen und heiklen Fragen stehen am Ende des Fragebogens. Solche Fragen am Anfang könnten zur Ablehnung der gesamten Befragung führen.
- Fragen zur Person bilden den letzten Teil des Fragebogens,
- Die schwierigsten Fragen gehören in die Mitte des Fragebogens, weil dort die Aufmerksamkeit am größten ist.
- Allgemeine Fragen stehen vor den besonderen, um in das Thema einzuführen.
- Einfache Fragen stehen vor komplizierten. Damit wird der Einstieg in den Fragenkomplex erreicht.
- Die Befragungszeit darf (bei Erwachsenen) eine Stunde nicht überschreiten. Bei Schülerinnen und Schülern dürfte eine Unterrichtsstunde eben noch zumutbar sein.

(Soester Landesinstitut [Hg.]: Buch oder Video? Eine Handreichung zum Lernbereich Textverarbeitung, Dateiverwaltung, Kalkulation, Soest 1994, S. 23 [gekürzt])

Phase 3: Probelauf	**Arbeitshinweise:**
	1. Übt die Befragung im Rollenspiel ein.
	2. Befragt mit dem vorläufigen Fragebogen in einer Voruntersuchung Freunde, Bekannte oder eine Schulklasse. Prüft, ob eure Fragen verstanden werden und ob sie zur Überprüfung eurer Vermutungen (Hypothesen) geeignet sind.
	3. Wertet die Fragebögen per Hand aus (Strichlisten für die einzelnen Fragen) und setzt die Daten grafisch um (Balkendiagramme, Kreisdiagramme u. Ä., siehe M 7).
	4. Erfahrungsaustausch über den Zeitaufwand (Auszählen der Bögen per Hand; Zeichnen der Diagramme).
	5. Diskutiert darüber, welche Probleme sich bei der Verarbeitung größerer Datensätze ergeben.
	6. Stellt Vor- und Nachteile einer Auswertung der Fragebögen per Computer zusammen.
	7. Tragt nach der Testphase alle Schwachstellen zusammen und überarbeitet noch einmal den Fragebogen. Evtl. müssen die Fragen und Antworten noch einmal präzisiert werden.
	8. Erstellt mit Hilfe dieser Ergebnisse nun den endgültigen Fragebogen am Computer.
(Autorentext)	9. M 5 zeigt ein Beispiel für einen möglichen Fragebogen.

M 5

Beispielfragebogen

Wir Schülerinnen und Schüler der Klasse 8 B haben im Politikunterricht einen Fragebogen erstellt zum Thema: „Freizeit und Taschengeld", der von allen Mitgliedern unserer Jahrgangsstufe beantwortet werden soll. Anschließend wollen wir ihn per Computer auswerten. Die Umfrage ist von der Schulleitung genehmigt! Alle Angaben sind anonym und werden nur im Unterricht verwendet.

Füllt den Fragebogen ehrlich und sorgfältig aus, damit unser Vorhaben gelingt.

Vielen Dank! (Die Klasse 8 B)

5

1. Wie viel Freizeit hast du durchschnittlich am Tag?

Werktags (Mo–Fr)
☐ 30 – 60 Min.
☐ 60 – 120 Min.
☐ 120 – 180 Min.
☐ 180 – 240 Min.
☐ 240 – 300 Min.

Samstags
☐ 60 – 120 Min.
☐ 120 – 180 Min.
☐ 180 – 240 Min.
☐ mehr

Sonntags
☐ 180 – 240 Min.
☐ 240 – 300 Min.
☐ 300 – 360 Min.
☐ mehr

2. Was tust du am liebsten in deiner Freizeit? (bis zu drei Möglichkeiten ankreuzen)
☐ Sport treiben   ☐ fernsehen
☐ Musik machen   ☐ Hobbys nachgehen
☐ Musik hören   ☐ faulenzen
☐ am Computer spielen

3. Nehmen die unter Frage 2 genannten Aktivitäten einen Großteil deiner Freizeit ein?
☐ Ja   ☐ Nein

4. Wie viel Zeit verwendest du werktags für die unter Frage 2 genannten Aktivitäten im Durchschnitt?
☐ unter 1 Stunde
☐ 1 – 2 Stunden
☐ 2 – 4 Stunden
☐ mehr als 4 Stunden

5. Bist du aktiv (mehr):
☐ in einer Freizeitgruppe (z. B. Clique)?
☐ in einem Klub/Verein?
☐ in keinem von beiden?

6. Wie viel Taschengeld bekommt du im Monat?
☐ unter 10 Euro   ☐ mehr als 20 Euro
☐ 10 – 20 Euro   ☐ nichts

7. Wie viel gibst du davon pro Monat für deine Aktivitäten in der Freizeit aus?
☐ unter 10 Euro   ☐ über 20 Euro
☐ 10 – 15 Euro   ☐ gar nichts
☐ 15 – 20 Euro

8. Wie beurteilst du nach deinen Kenntnissen das Angebot an Freizeitmöglichkeiten in … ?
sehr gut ① ② ③ ④ ⑤ mangelhaft

9. Welche Freizeitmöglichkeiten fehlen dir in…? (Mehrfachnennungen möglich)
_____
_____

Alter: _____ Jahre

Geschlecht:
○ männlich
○ weiblich

Klasse: _____

(Autorentext)

Phase 4: Durchführung

Arbeitshinweise:
1. Bereitet entsprechend viele Fragebögen für die Erhebung in den Klassen vor.
2. Informiert euch vorab über den Stundenplan der zu befragenden Klassen und sucht geeignete Stunden heraus.
3. Unterrichtet vorab die betroffenen Lehrerinnen/Lehrer in den jeweiligen Klassen über euer Vorhaben.
4. Informiert die Schülerinnen/Schüler vor der **Ausgabe der Fragebögen** mündlich darüber, dass die Befragung freiwillig ist. Verweist auch auf die Informationen im Kopf des Fragebogens.

(Autorentext)

Phase 5: Auswertung (I)

Arbeitshinweise und Überlegungen:
Achtet darauf, dass die Datensätze der einzelnen Fragebögen möglichst **fehlerfrei** eingegeben werden, wertet sie aus und stellt fest, welche der folgenden Hinweise und Überlegungen für das vorliegende Ergebnis von Bedeutung sind.

1. Diskutiert darüber, welche Ergebnisse der Umfrage wichtig/überraschend/merkwürdig sind.
2. Bestätigen oder widerlegen die Ergebnisse eure Vermutungen (Hypothesen) bzw. Erfahrungen?
3. Sind genügend Daten vorhanden, die Informationen über die Befragten enthalten (z. B. Alter, Geschlecht, Klassenverteilung etc.)?
4. Ergeben sich Auffälligkeiten im Datenmaterial vielleicht dadurch, dass die falschen Personen befragt worden sind (das Problem der „Repräsentativität*" von Umfragen)?
5. Welche Annahmen müssen ggf. aufgrund der Diskrepanz (Widersprüchlichkeit) zwischen eigenen Erfahrungen und den Ergebnissen der Umfrage revidiert werden?

(Zeichnung: Susanne Kuhlendahl/ Verlagsarchiv Schöningh)

(Autorentext)

6. Lassen sich die Diskrepanzen mit dem Zufall erklären?
7. Beziehen sich die Umfrageergebnisse nur auf den Kreis der befragten Personen oder haben sie Allgemeingültigkeit?
8. Hängen die Umfrageergebnisse möglicherweise von der Zusammensetzung der befragten Gruppe ab?
9. Bei Unstimmigkeiten bzw. Differenzen ist nach der Fehlerquelle zu suchen.
10. Überprüft zum Verhältnis der Fragen untereinander auch folgende Gesichtspunkte:
    – Welche Angaben sollen einander gegenübergestellt werden?
    – Welche Aussagen lassen sich verknüpfen, welche nicht?
    – Sind die Fragen trennscharf genug?
    – Achtet darauf, ob sich Unterschiede zwischen Einstellungen und tatsächlichem Verhalten ergeben (z. B.: Vergleich der Freizeitwünsche und der wirklichen Freizeitaktivitäten).
    – Welche Schlüsse kann man aus diesen Informationen ziehen?

Phase 5: Auswertung (II)

Schlussfolgerungen und Kritik
1. Ist mit den Ergebnissen der Umfrage das ursprünglich gesteckte Ziel erreicht worden?
2. Kann man mit den Aussagen, die sich aus der Zusammensetzung des Datenbestandes ergeben, zufrieden sein? An welcher Stelle nicht, warum nicht?
3. An welchen Stellen müssten Ergebnisse hinterfragt, interpretiert und/oder kommentiert werden?
4. Wo müsste die Fragestellung verfeinert werden? Wo müssten zusätzliche Fragen aufgenommen werden?

Hinweise zur grafischen Darstellung der Daten

A. Daten ordnen und sichten
1. Überlegt (Gruppenarbeit), wie ihr die verschiedenen Daten und Merkmale ordnen und sichten könnt.
2. Überlegt (Gruppenarbeit), wie ihr die verschiedenen Daten in irgendeiner Form messbar machen bzw. in Kategorien gruppieren könnt. (s. M 6)
3. Wo tauchen qualitative, wo quantitative Merkmale (Daten) auf? (s. M 6)
4. Formuliert Aussagen, mit denen ihr allgemeine Trends und Besonderheiten in den Ergebnissen beschreibt.

B. Daten grafisch darstellen
1. Überlegt (Gruppenarbeit), wie man die erhobenen Daten grafisch so optimal darstellen kann, dass sie ein möglichst hohes Maß an Aussagekraft erhalten.
2. Welche Art von Diagrammen bietet sich an (Vorteile/Nachteile der Darstellung)? (s. M 7)
3. Welche Probleme ergeben sich bei Darstellungen mit besonders extremen Ausprägungen?
4. Wie wirkt reines Zahlenmaterial auf den Betrachter, wie grafische Darstellungen? Tragt eure Beobachtungen zusammen.
5. Wie wirken Strichlisten auf euch, wie die grafischen Darstellungen?
6. Wie kommt es zu den unterschiedlichen Eindrücken? Tragt Gründe dafür zusammen.
7. Warum bietet die grafische Darstellung einen ganz anderen, eigenen Zugang zum Sachverhalt als das Datenmaterial?
8. Auf welche Weise fördert die grafische Darstellung statistischer Daten euren Erkenntnisprozess?
9. Warum verleitet die unterschiedliche grafische Darstellung von ein und demselben Datenmaterial möglicherweise zu unterschiedlichen Aussagen (vgl. z. B. Kreisdiagramm mit Säulendiagramm)?
10. Welchen Einfluss haben unterschiedliche Farbgebungen der Diagramme auf die Interpretation?

(Autorentext)

Unterschiedliche Formen grafischer Darstellung

M 6

Wie stellt man die Ergebnisse der Umfrage dar? – Die beschreibende Statistik

1. Statistische Merkmale

Bei einer Umfrage kommt eine große Menge verschiedenartiger Daten oder Merkmale zusammen, die es zu ordnen und zu sichten gilt. Dabei kann man nicht alle berücksichtigen, man konzentriert sich auf ganz bestimmte Merkmale. Ein Problem ist, dass die zu beobachtenden Merkmale in irgendeiner Form messbar bzw. in Kategorien gruppierbar sein müssen.
Die Art der Messbarkeit bzw. Gruppierbarkeit bildet die Grundlage der beschreibenden Statistik. Im Wesentlichen unterscheidet man nach *qualitativen* und *quantitativen* Merkmalen.

a) Qualitative Merkmale

Ein Merkmal heißt „qualitativ", wenn es eine Eigenschaft, „Qualität" bzw. Beschaffenheit der untersuchten Objekte bezeichnet wie Religion, Geschlecht, Beruf, Haarfarbe, Automarke, Staatsangehörigkeit, Wohnort etc.
Typische Ausprägungen solcher qualitativer Variablen sind z. B. evangelisch, katholisch, männlich, weiblich, Lehrer, Angestellter, Student.

b) Quantitative Merkmale

Ein Merkmal heißt „quantitativ", wenn seine Ausprägungen „echte" Messwerte, d.h. addier-, subtrahier- und multiplizierbar sind.
Beispiele für quantitative Merkmale sind: Körpergröße, Gewicht, Alter, Einkommen, Vermögen, Länge, Breite, Höhe, Tiefe, Fläche etc.

2. Häufigkeitsverteilungen

Aufgabe der beschreibenden Statistik ist es nun, die verschiedenen Merkmale der untersuchten Einheiten (z.B. Fragebögen) zu gruppieren und darzustellen. Die einfachsten Darstellungsformen bilden die so genannten *Häufigkeitsverteilungen mittels Grafiken oder Tabellen*.
Beispiel: In einer Jahrgangsstufe mit 50 Schülern wurden in einer Mathematikarbeit folgende Ergebnisse erzielt:

Quantitative Merkmale sind solche, deren Werte sich addieren und subtrahieren lassen. Sie heißen oft auch „metrisch".

Qualitative Merkmale sind solche, deren Werte sich nicht sinnvoll addieren und subtrahieren lassen.

a) Darstellung in grafischer Form (Stabdiagramm)

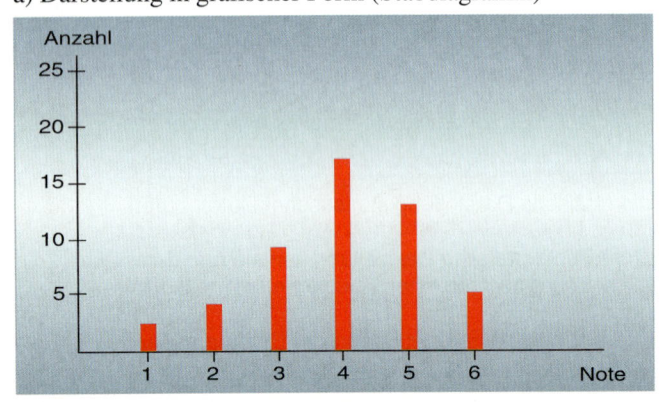

b) Darstellung in Tabellenform

Beobachtungswerte (Notenskala)	Anzahl der Beobachtungswerte (Häufigkeit)	
	absolut	in %
6	5	10
5	13	26
4	17	34
3	9	18
2	4	8
1	2	4
n	**50**	**100**

Unterschiedliche Formen grafischer Darstellung 303

Bei vielen Themen ist nun aber nicht diese Gesamtverteilung von Interesse, sondern man sucht vielmehr nach bestimmten *charakteristischen Größen*. Die wichtigsten dieser Maßzahlen, welche *charakteristische Eigenschaften* von Häufigkeiten ausdrücken, sind vor allem die *Mittelwerte*.

Beim *Mittelwert* handelt es sich um jenen Wert, um den herum sich die Einzelbeobachtungen gruppieren. Man unterscheidet insbesondere zwischen dem *Modus,* dem *Median* und dem *arithmetischen Mittel.*

Das arithmetische Mittel (der „Durchschnitt") ist die Summe der mit ihrer Häufigkeit multiplizierten Merkmalswerte (wenn im Notenbeispiel die Zensur 3 neunmal vorkommt, ergibt sich für diesen Merkmalswert 3 x 9 = 27), geteilt durch die Zahl der Merkmalswerte (im Notenbeispiel die Zahl der erteilten Zensuren, also 50).

a) *Modus (= häufigster Wert):* Es ist der in der Häufigkeitsverteilung am meisten vorkommende Wert. Bei unserem Notenbeispiel handelt es sich also um die Note 4.

b) *Median (= Zentralwert):* Das ist jener Wert, welcher die Häufigkeitsverteilung in zwei gleiche Hälften teilt (d.h. links und rechts des Medians befinden sich gleich viele Beobachtungswerte). In unserem Beispiel befindet sich der Median ebenfalls bei der Notengruppe 4.

c) *Arithmetisches Mittel:* Es ist identisch mit dem Begriff des „Durchschnitts" in der Alltagssprache. Das arithmetische Mittel entspricht dem Schwerpunkt der Verteilung.

(Zusammengestellt aus: Peter Atteslander, Methoden der empirischen Sozialforschung, de Gruyter, Berlin 1974, S. 195–197 [gekürzt], und Walter Krämer, Statistik verstehen, Campus, Frankfurt/M. 1994, S. 13, 14, 24 [gekürzt])

Beispiele:
Das arithmetische Mittel von 1 und 3 ist also (1 + 3) : 2 = 2.
Das arithmetische Mittel von 10, 20 und 60 ist (10 + 20 + 60) : 3 = 30.
Das arithmetische Mittel in unserem Notenbeispiel (S. 302 u.) ist: 4. Wie kommt es rechnerisch zustande?
Für viele praktische Probleme reicht dieses gewöhnliche arithmetische Mittel völlig aus, denn die meisten Durchschnitte, die uns heute im Alltag begegnen, sind genau von dieser Art.

M 7

Überblick über die häufigsten Formen grafischer Darstellung für statistisch aufbereitetes Datenmaterial

Grafische Darstellungen (Schaubilder, Diagramme) sollen *statistische Tabellen* nicht ersetzen, sondern in sinnvoller Weise ergänzen. Wachsende Bedeutung kommt der *Computergrafik* zu, bei der die Ausgabe der gewünschten Schaubilder durch bestimmte Steuerungsbefehle bzw. Auswahl aus einem Menü eines entsprechenden statistischen Programmpakets veranlasst werden kann. Wichtige Formen dieser so genannten *„business graphics"* sind *Kurven-, Streifen- und Kreisdiagramme* (Beispiele S. 304).
Die einzelnen Darstellungsformen werden höchst unterschiedlich eingesetzt. So verwendet man:

● *Kurvendiagramme* zur Abbildung von Entwicklungen innerhalb bestimmter Zeiträume,
● *Streifendiagramme (z. B. Balken- oder Säulendiagramme)* zur Gegenüberstellung und zum Vergleich von Mengen und Werten.

Streifendiagramme eignen sich zur Darstellung von absoluten oder relativen Häufigkeiten von Merkmalsausprägungen. Sie können qualitative und quantitative Daten repräsentieren. Die Reihenfolge der Merkmalsausprägungen ist beliebig. Die Höhen der Streifen entsprechen den absoluten bzw. relativen Häufigkeiten der jeweiligen Merkmalsausprägungen. Unterschiede kommen hier in den verschiedenen Höhen der Streifen (Blöcke, Säulen, Rechtecke), also grafisch in den Abständen der oberen Begrenzung zum Ausdruck, die leicht vom Auge erfasst werden.
Anstelle der Streifen können auch lediglich Strecken abgetragen werden. Eine solche Darstellung heißt *Stabdiagramm*.

13 Fragen kann doch jeder!? – Möglichkeiten u. Probleme der Befragungsmethode u. der Internetrecherche

(Autorentext)

● *Kreis- oder Tortendiagramme* zur Darstellung prozentualer Anteile.
Je nach Softwarepaket stehen dann weitere Möglichkeiten, etwa verschiedene Linien, Schraffuren, Farben, zur Verfügung, um die Diagramme entsprechend den jeweiligen individuellen Anforderungen zu gestalten. Die Schaubilder können darüber hinaus um Daten und Texte – Überschriften, Untertitel, Achsenbeschriftungen und Legenden – ergänzt werden.

25

Beispiele für die häufigsten Formen grafischer Darstellung für statistisch aufbereitetes Datenmaterial:

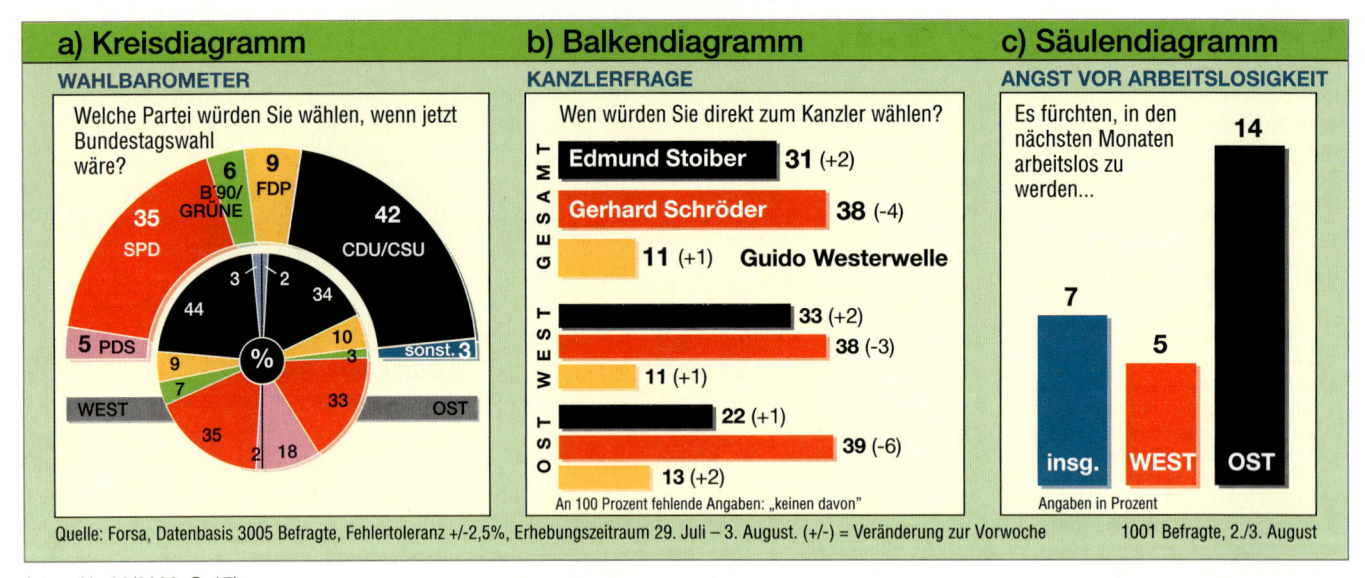

a) Kreisdiagramm
WAHLBAROMETER
Welche Partei würden Sie wählen, wenn jetzt Bundestagswahl wäre?

- CDU/CSU 42
- SPD 35
- B'90/GRÜNE 6
- FDP 9
- PDS 5
- sonst. 3

WEST: SPD 35, CDU/CSU 34, GRÜNE 7, FDP 10, PDS 2, sonst. 3
OST: SPD 33, CDU/CSU 44, GRÜNE 3, FDP 2, PDS 18, sonst. 9

Quelle: Forsa, Datenbasis 3005 Befragte, Fehlertoleranz +/-2,5%, Erhebungszeitraum 29. Juli – 3. August. (+/-) = Veränderung zur Vorwoche

(stern Nr. 33/2002, S. 17)

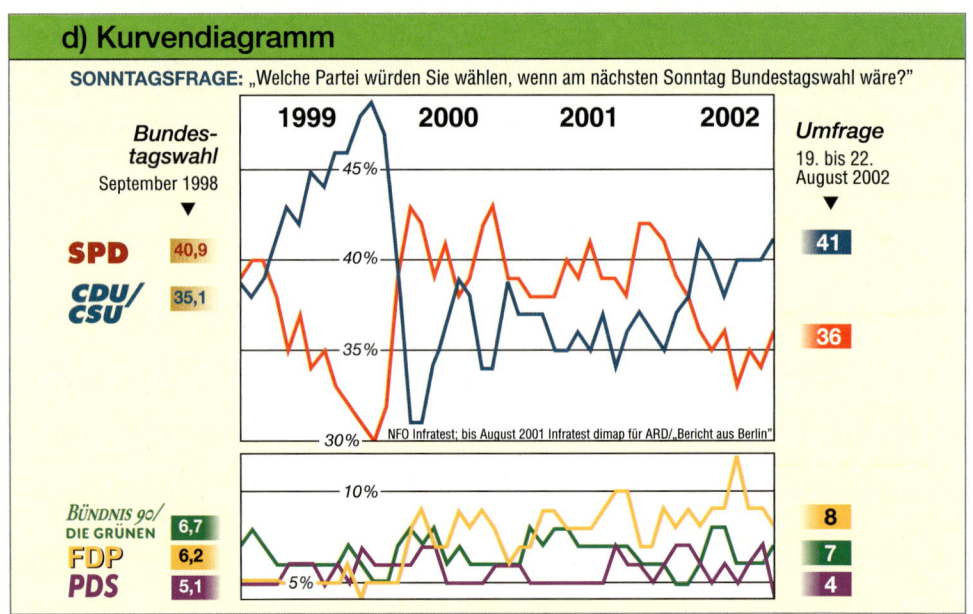

b) Balkendiagramm
KANZLERFRAGE
Wen würden Sie direkt zum Kanzler wählen?

GESAMT:
- Edmund Stoiber 31 (+2)
- Gerhard Schröder 38 (-4)
- Guido Westerwelle 11 (+1)

WEST:
- 33 (+2)
- 38 (-3)
- 11 (+1)

OST:
- 22 (+1)
- 39 (-6)
- 13 (+2)

An 100 Prozent fehlende Angaben: „keinen davon"

c) Säulendiagramm
ANGST VOR ARBEITSLOSIGKEIT
Es fürchten, in den nächsten Monaten arbeitslos zu werden...

- insg. 7
- WEST 5
- OST 14

Angaben in Prozent
1001 Befragte, 2./3. August

d) Kurvendiagramm
SONNTAGSFRAGE: „Welche Partei würden Sie wählen, wenn am nächsten Sonntag Bundestagswahl wäre?"

Bundestagswahl September 1998:
- SPD 40,9
- CDU/CSU 35,1
- BÜNDNIS 90/DIE GRÜNEN 6,7
- FDP 6,2
- PDS 5,1

Umfrage 19. bis 22. August 2002:
- SPD 41
- CDU/CSU 36
- GRÜNE 8
- FDP 7
- PDS 4

NFO Infratest; bis August 2001 Infratest dimap für ARD/„Bericht aus Berlin"

(© DER SPIEGEL Nr. 35/2002, S. 33, und NFO Infratest)

Grafiken und Manipulation

Gewollte oder ungewollte Informationssteuerung oder: Wie man mit Grafiken „manipulieren" kann

Arbeitsblatt 1

Mit diesen Grafiken wird gezeigt, wie sich eine Geldanlage aufgrund der zu erwartenden Zinseinnahmen* entwickelt. Die zu erwartende Entwicklung von 10.000 Euro über den Zeitraum von 10 Jahren ist in den Diagrammen dargestellt. Welche Grafik zeigt offensichtlich (auf den ersten Blick) das beste Angebot einer Bank an den Kunden?

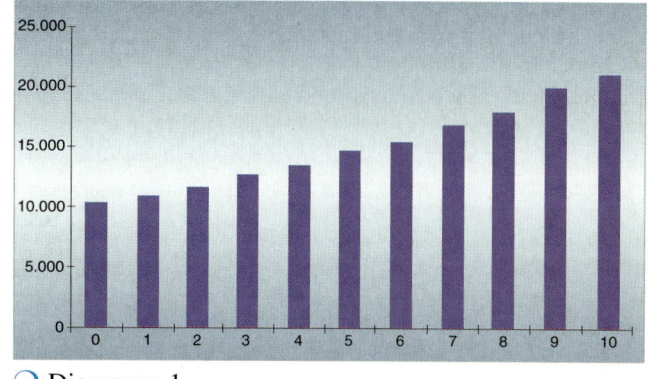

○ Diagramm 1

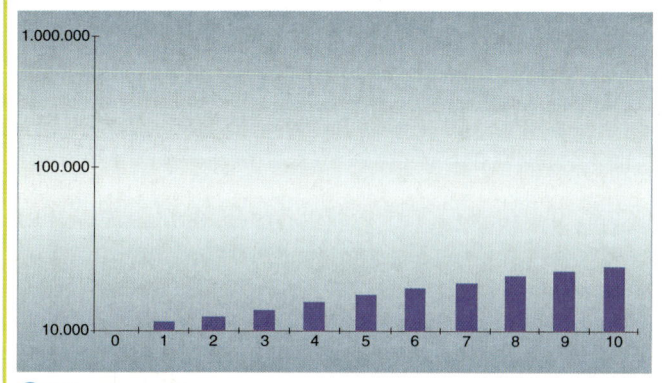

○ Diagramm 2

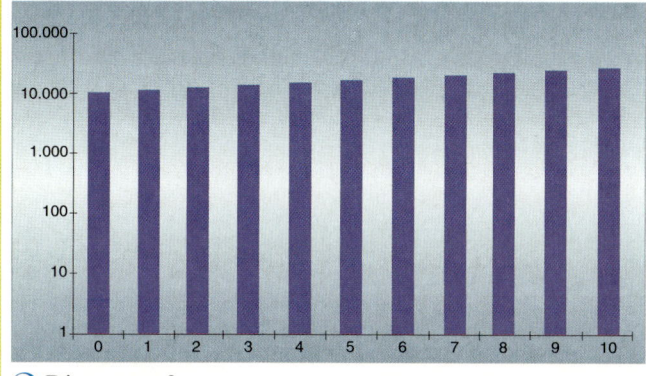

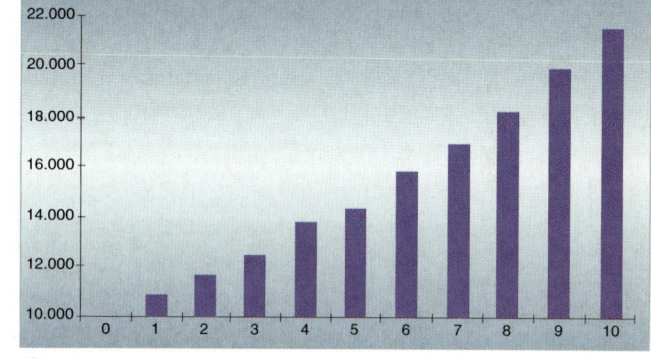

○ Diagramm 3

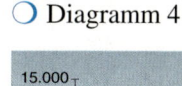

○ Diagramm 4

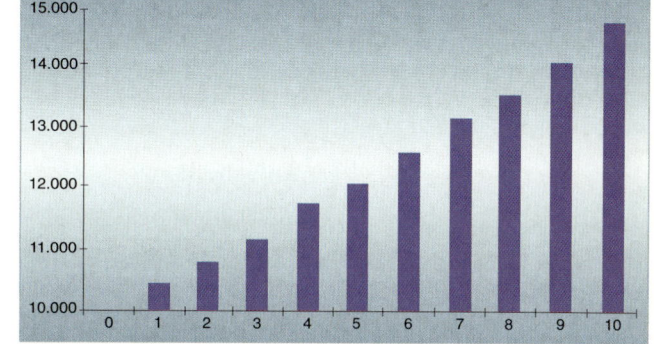

○ Diagramm 5

Arbeitsblatt 2

Aufgabe 1:
Den Diagrammen 1 bis 4 im Arbeitsblatt 1 liegen die gleichen Zahlen zugrunde. Sie entsprechen genau der hier abgebildeten Tabelle. Bei allen vier Diagrammen ist deshalb der Gewinn gleich hoch. Keines der ersten vier Angebote ist besser als das andere. Trotzdem wirken die Diagramme auf den Betrachter sehr unterschiedlich. Wie lässt sich das erklären?

Jahr	Jahreszinsen in Euro bei 8 % Zinssatz	Kapitalstand (in Euro)
0		10.000,00
1	800,00	10.800,00
2	864,00	11.664,00
3	933,12	12.597,12
4	1.007,77	13.604,89
5	1.088,39	14.693,28
6	1.175,46	15.868,74
7	1.269,50	17.138,24
8	1.371,06	18.509,30
9	1.480,74	19.990,05
10	1.599,20	21.589,25

Aufgabe 2:
Unten sind noch einmal die Diagramme 3 und 5 zu sehen. Beim fünften Diagramm wurde der Zinssatz halbiert von 8 auf 4%. Die Endsumme verringert sich dadurch von 21.589,25 Euro auf 14.802,44 Euro. Wer sein Geld so angelegt hat, bekommt also 6.786,81 Euro weniger! Trotzdem scheint das Diagramm einen höheren Gewinn zu versprechen als z. B. das Diagramm 3. Kannst du dir das erklären?

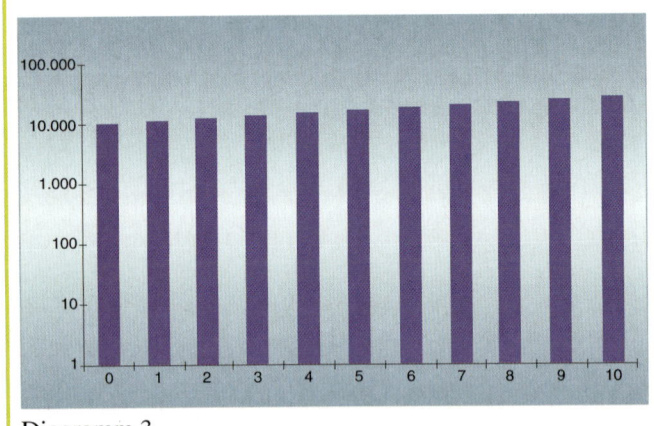

Diagramm 3

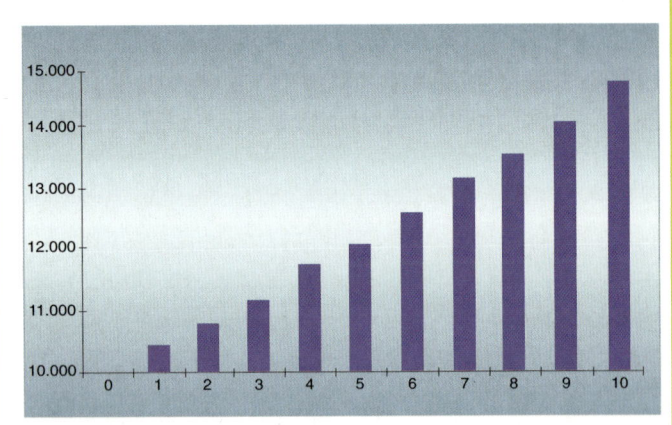

Diagramm 5

Aufgabe 3:
Wenn du inzwischen hinter die Tricks gekommen bist, mit denen Diagramme „geschönt" werden können, kannst du sie hier beschreiben.

(Computer + Unterricht 16/1994, Friedrich Vlg., Seelze, 1994, S. 48f; Verf.: Peter Muttersbach)

Grafiken und Manipulation 307

Arbeitsblatt 3

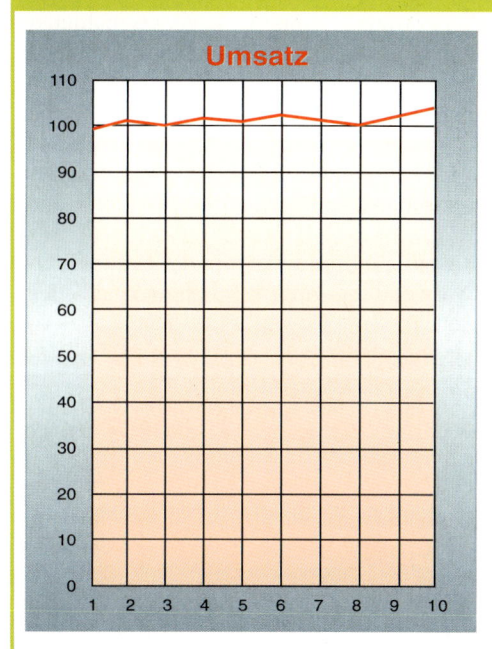

Niemand kann von sich behaupten, dass er nicht manipulierbar* ist. Der Mensch lässt sich leicht von dem beeindrucken, was er sehen kann. Unseren Augen trauen wir am meisten und doch liegt hier die größte Manipulationsgefahr, wenn wir nicht genau genug hinschauen.

Dazu ein Beispiel:

Ein Unternehmen möchte den Umsatz* (in Millionen Euro) der letzten 10 Monate grafisch präsentieren. Folgende Umsätze sind getätigt worden:

100; 101; 100,5; 102; 101,5; 103; 102,5; 101,5; 103; 105

Das Schaubild links stellt dies optisch korrekt dar. Man erkennt schnell, dass das Geschäft eher ruhig verlaufen ist. Es sind keine besonderen Umsatzspitzen, aber auch keine gravierenden Einbrüche zu erkennen.

Soll der Verlauf des Umsatzes aber in einer Werbebroschüre erscheinen, so muss in die Sache „mehr Dynamik" gebracht werden.
Zunächst wird von der senkrechten Achse (Abszisse) nur ein Teilabschnitt dargestellt. Ferner werden die Abstände auf der waagerechten Achse (Ordinate) doppelt so groß wie auf der Abszisse gewählt:

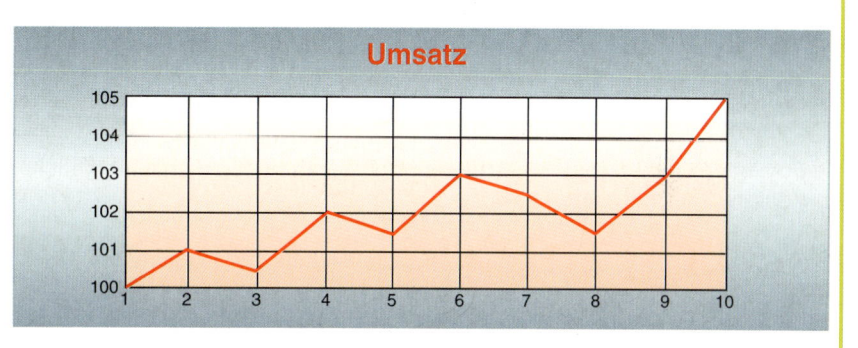

Reicht die Dynamik immer noch nicht aus, so werden die Abstände auf der Abszisse verdoppelt und die auf der Ordinate verkürzt. Die Dynamik des Umsatzes springt sofort ins Auge (Schaubild links unten).

Fazit:

Die Wahl des Maßstabverhältnisses zwischen Ordinate und Abszisse kann entscheidend beeinflussen, wie steil oder wie flach eine Kurve ansteigt. Alle drei Grafiken basieren auf denselben Ausgangsdaten und liefern dennoch verschiedene Bilder.
Die Wahl der Maßstabverhältnisse beeinflusst zugleich aber auch die damit beabsichtigte Aussage nachhaltig. Mit wenigen Handgriffen hat sich z. B. eine träge Umsatzentwicklung zu einer sehr dynamischen entwickelt.

(Zusammenstellung nach: Walter Krämer: So lügt man mit Statistik, Campus, Frankfurt a. M. 1995, S. 31–34)

Arbeitsblatt 4

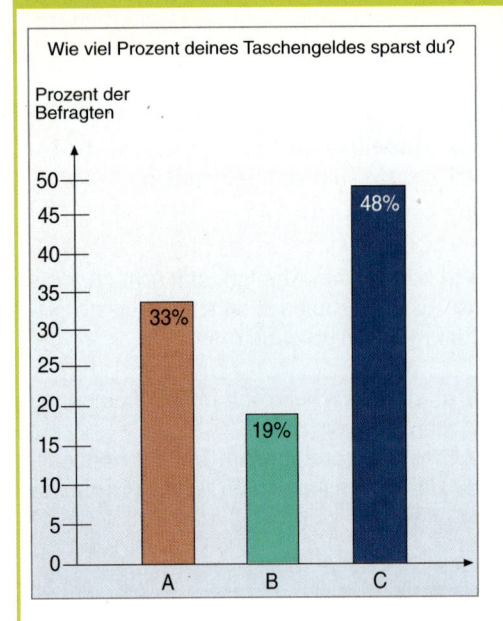

Wie viel Prozent deines Taschengeldes sparst du?

Prozent der Befragten

- A: 33%
- B: 19%
- C: 48%

Die Aussagen von Diagrammen werden nicht nur durch die grafische Darstellungsweise beeinflusst, sondern auch durch die Art und Weise des Kommentars. Gelangen Diagramme auf den Tisch eines Redakteurs, so entscheidet er darüber, wie die Überschrift für die entsprechende Grafik lauten soll. Das ist nicht immer leicht, zumal dann nicht, wenn man das vorliegende Datenmaterial unterschiedlich interpretieren kann. Und: Durch die Überschrift oder/und den erläuternden Text kann man die Aussage einer grafischen Darstellung in unterschiedlicher Weise akzentuieren; man kann den Leser bei seinem Verständnis und seiner Deutung der statistischen Daten in einer bestimmten Richtung beeinflussen.

Dazu ein einfaches Beispiel: Das Säulendiagramm links gibt das Ergebnis einer Umfrage bei Jugendlichen zur Verwendung ihres Taschengeldes wieder. Und zwar wollten die Befrager wissen, wie viel Prozent ihres Taschengeldes Jugendliche sparen (nicht unmittelbar ausgeben).

A: Gespart wird 0 % – 24 % des Taschengeldes.
B: Gespart wird 25 – 49 % des Taschengeldes.
C: Gespart wird 50 – 100 % des Taschengeldes.

Überlegt, welche der folgenden drei Überschriften die Aussage des Diagramms eurer Meinung nach am besten wiedergibt. Versuchen die Überschriften die Aussage zu „manipulieren*"? Formuliert und diskutiert weitere Überschriften.

1. Jugendliche sind sparsam: Jeder Zweite spart den Löwenanteil des Taschengeldes.
2. Verschwenderischer Umgang mit Taschengeld: Jeder dritte Jugendliche gibt fast alles aus.
3. Die meisten Jugendlichen sparen weniger als die Hälfte des Taschengeldes.

(Autorentext)

Recherchieren im Internet

1. Wer „klug" sucht, findet fast alles im Internet

Wer hat von euch folgende Situation nicht schon selbst erlebt: Ihr habt euch für ein Referat gemeldet und stellt bei der Vorbereitung fest, dass die Bücher, die euch zur Verfügung stehen, nicht genügend Material liefern oder nicht das geeignete Material oder sogar veraltete Informationen enthalten.

Wie soll man nun an die erforderlichen Informationen kommen, damit das Referat aktuell und für alle ansprechend wird? Natürlich über das Internet, werdet ihr sagen. Das Internet kann euch auf vielfache Weise dabei behilflich sein, die Informationen zu finden, die z.B. in Schulbüchern nicht zu finden sind.

Was auf den ersten Blick vorteilhaft aussieht, kann sich aber schnell zu einem scheinbar unüberwindlichen Hindernis entwickeln. Wo soll man mit der Suche anfangen? Wie kann man einen Überblick über die unendlich vielen Informationen im Internet erlangen? Wie kann man nützliche Informationen von unbrauchbaren unterscheiden? Diese und weitere Fragen sollen in dem folgenden kleinen Ratgeber aufgegriffen und erläutert werden.

2. Bookmarks anlegen und verwalten

Lesezeichensammlungen (Bookmarks) sind das wichtigste für euch, wenn ihr viel im Internet unterwegs seid. Niemand kann sich die Namen all der interessanten Seiten merken, auf die er im Laufe seiner Nachforschungen stößt.
Das Informationsangebot im Internet ist nahezu unendlich und vollkommen unstrukturiert, deshalb müsst ihr es selbst strukturieren.
Die Adresse jeder Seite, auf der ihr auch nur einen Augenblick verweilt und die eure Aufmerksamkeit erregt hat, solltest ihr erst einmal speichern. Dazu müsst ihr nur „*Lesezeichen hinzufügen*" anwählen, während euer Browser die Seite anzeigt (Menü: „Communicator / Lesezeichen" bzw. „Favoriten / Zu Favoriten hinzufügen" beim Explorer).
Damit ist die URL (uniform resource locator; vollständige Internetadresse) gespeichert und steht euch später wieder zur Verfügung.
Nach einer Internetsitzung solltet ihr dann allerdings eure Lesezeichen strukturieren. „*Lesezeichen bearbeiten*" öffnet ein Fenster, in dem ihr wie gewohnt Ordner erstellen und Einträge löschen und verschieben könnt. Die Arbeit lohnt sich, denn um später eine Seite wieder aufzurufen, müsst ihr nur den ensprechenden Eintrag unter *Lesezeichen* anklicken und der Browser stellt die Verbindung wieder her. Das erspart euch langes Suchen und damit viel Geld.
(Autorentext)

3. Wichtige Internetdienste für die Recherche

- *Das WWW (world wide web)*

Durch seine grafische Oberfläche hat sich das WWW zur attraktivsten Plattform gemausert, sowohl für Nutzer als auch für Werber. Hier findet ihr die meisten Informationen, entweder direkt oder als Hinweis. Schnittstellen zu Datenbanken und anderen Programmen vereinfachen euch den Zugriff. Das WWW ist für die meisten Suchanfragen die erste und wichtigste Anlaufstation.

- *E-Mail*

Sie bietet die Möglichkeit zur direkten Kontaktaufnahme mit Experten rund um die Welt. Auch hier läuft der Zugang über das WWW, da auf vielen Webseiten die E-Mail-Adressen der zuständigen Experten einfach angeklickt werden können.
Eure Anfragen werden elektronisch gestellt, aber von Menschen beantwortet. Daher solltet ihr höflich anfragen, präzise formulieren und den Zweck der Anfrage angeben. Vergesst nicht, euren Namen und eure Adresse anzugeben und zu erklären, wo die E-Mail-Adresse gefunden wurde.

- *Mailing-Listen*

Nach dem Einschreiben in eine Mailing-Liste kann man selber E-Mails an alle anderen Teilnehmer versenden oder die Beiträge der anderen lesen. Mailing-Listen dienen z. B. dem Erfahrungsaustausch unter Schülern, dem regelmäßigen Austausch zu einem gemeinsamen

(© Markt & Technik Buch- und Software Verlag GmbH)

Interessensgebiet oder zur Ankündigung zum Erhalt von Nachrichten (Pressemitteilungen, Spielpläne, Neuerscheinungen etc.).
Die Kommunikation verläuft zwar per E-Mail, häufig sind Mailing-Listenarchive aber über das WWW einsehbar, so dass man sich vorher entscheiden kann, ob man sich einschreiben lassen soll oder nicht.
Vorteil: Man bleibt ständig zu einem bestimmten Thema auf dem Laufenden, ohne weiterhin aktiv werden zu müssen. Außerdem können sich wichtige Kontakte zu Leute ergeben, die man sonst nie kennen gelernt hätte.
Nachteil: Durch unachtsames Einschreiben in alle möglichen Listen kann man schnell sein Postfach mit uninteressanten Mitteilungen zumüllen.

- *Newsgruppen*

Newsgruppen sind öffentliche Foren, in denen Teilnehmer aus aller Welt Themen direkt diskutieren. Sie funktionieren wie schwarze Bretter. Im Unterschied zu den Mailing-Listen gibt es keinen festen Teilnehmerstamm und die Mitteilungen sind unverbindlicher und relativ anonym.

Natürlich könnt ihr auch auf die Medienarchive großer Tages- und Wochenzeitungen zurückgreifen, aber auch Rundfunk- und Fernsehsender bieten zusätzliche Informationen im Web. Selbst Regionalzeitungen haben zum überwiegenden Teil Webseiten, auf denen zusätzliche Informationen für die Besucher zu finden sind.
Sicherlich findet ihr die Zeitung eurer Stadt oder eurer Region im Internet.

Eine vollständige Übersicht über alle in der Bundesrepublik erscheinenden Zeitungen findet ihr unter folgenden Adressen:
www.paperball.de
www.allesklar.de

Medienarchive (Auswahl)

Tageszeitungen	
taz	www.taz.de
Die Welt	www.welt.de
Frankfurter Allgemeine Zeitung	www.faz.de
Der Tagesspiegel	www.tagesspiegel-berlin.de
Süddeutsche Zeitung	www.sueddeutsche.de
Handelsblatt	www.handelsblatt.com
Wochenzeitung	
Die Zeit	www.zeit.de
Magazine	
Der Spiegel	www.spiegel.de
Focus	www.focus.de
Stern	www.stern.de
Sendeanstalten	
ARD	www.ard.de
ZDF	www.zdf.de
WDR	www.wdr.de

(Autorentext)

Recherchieren im Internet

4. Suchmaschinen und thematische Verzeichnisse

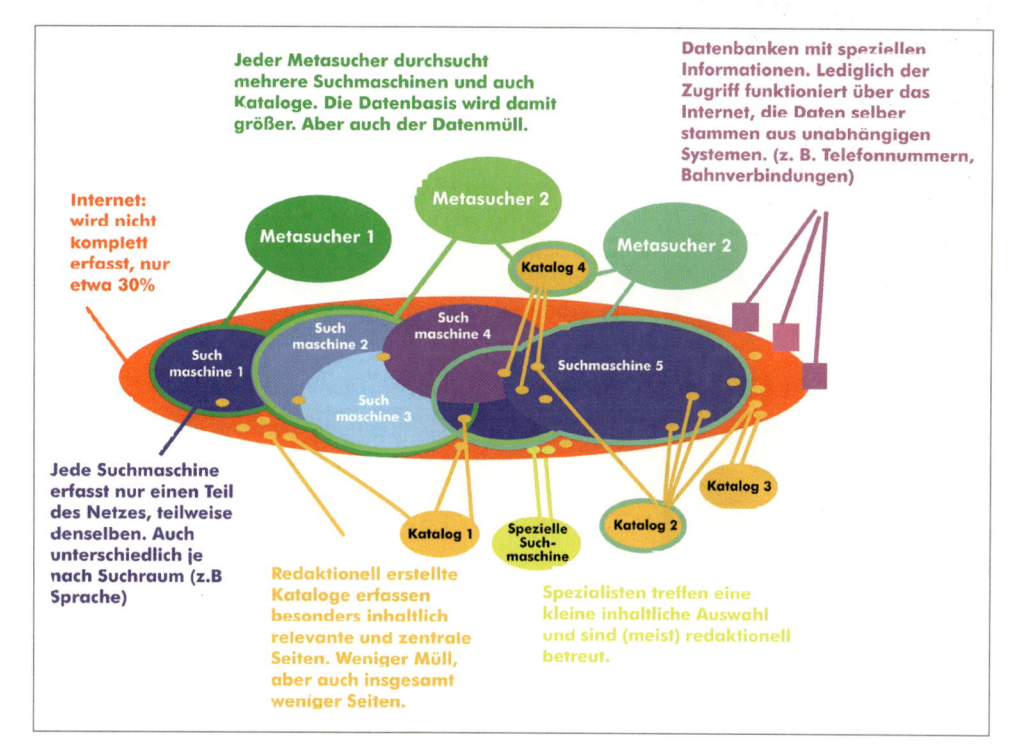

Jeder Metasucher durchsucht mehrere Suchmaschinen und auch Kataloge. Die Datenbasis wird damit größer. Aber auch der Datenmüll.

Datenbanken mit speziellen Informationen. Lediglich der Zugriff funktioniert über das Internet, die Daten selber stammen aus unabhängigen Systemen. (z. B. Telefonnummern, Bahnverbindungen)

Internet: wird nicht komplett erfasst, nur etwa 30%

Jede Suchmaschine erfasst nur einen Teil des Netzes, teilweise denselben. Auch unterschiedlich je nach Suchraum (z.B Sprache)

Redaktionell erstellte Kataloge erfassen besonders inhaltlich relevante und zentrale Seiten. Weniger Müll, aber auch insgesamt weniger Seiten.

Spezialisten treffen eine kleine inhaltliche Auswahl und sind (meist) redaktionell betreut.

(Stefan Karzaunikat: Die Suchfibel; Ernst Klett Schulbuchverlag Leipzig, 3. [akt.] Aufl. 2002, S. 27)

Suchmaschinen

Suchmaschinen durchsuchen mit Hilfe von automatisierten Verfahren und massiver Computerunterstützung den Volltext der existierenden WWW-Seiten nach Wörtern und Wortkombinationen.

Die thematischen Verzeichnisse (Kataloge) bieten eine nach Themen sortierte Übersicht von Internetquellen an. Sie erfassen nicht einzelne Seiten, sondern nur größere zusammengehörige Einheiten. Die Themen werden „intelligent" von Menschen vergeben.

● *Meta-Suchmaschinen*

Es gibt Suchmaschinen, die versuchen, möglichst vollständige Datenbanken aller im Internet verfügbaren Dokumente zusammenzustellen, andere beschränken sich auf bestimmte Sprachräume oder Themengebiete. Auch die Qualität der Ergebnisse ist sehr unterschiedlich, da einige die Texte nicht voll, sondern nur die erste Zeile oder gar nur die URL (Adresse) erfassen.

● *Deutsche Suchmaschinen*

Fast alle internationalen Suchmaschinen bieten auch eine deutsche Benutzerschnittstelle, was besonders bei Hilfetexten nützlich ist. Bei der Einschränkung auf deutsche Seiten muss beachtet werden, dass hier nur nach der Domain unterschieden wird (.de, .at oder .ch), com-Adressen deutscher Firmen bleiben unberücksichtigt.

Durch die Beschränkung auf deutschsprachige Seiten erschließen diese Verzeichnisse die Angebote wesentlich besser als die internationalen mit meist angloamerikanischen Schwerpunkten.

Suchmaschinen eignen sich,
- um schnell herauszufinden, ob es überhaupt ein Angebot zu einem Thema gibt;
- um konkrete Informationen, Produkte oder Personen zu lokalisieren;
- um Dinge zu finden, von denen man gehört hat, dass sie irgendwo im Internet zu finden sind.

Thematische Verzeichnisse (Web-Kataloge)

Unter thematischen Verzeichnissen versteht man Dienste, die andere Internetquellen in einem Katalog zusammenfassen und nach Themengebieten ordnen. Die Kataloge sind hierarchisch* strukturiert, vergleichbar mit den Gelben Seiten. Man klickt sich durch verschiedene Kategorien vom Allgemeinen zum Speziellen. Diese Vorgehensweise bietet sich an, wenn man selber nicht genau weiß, was man sucht, sondern sich nur einen Überblick über die Angebote zu einem Themenkomplex verschaffen will.

Thematische Verzeichnisse eignen sich,
- um sich einen generellen Überblick über die vielfältigen Angebote zu verschaffen;
- um sich zu Beginn einer Recherche einen Überblick zu verschaffen;
- um Informationen in einem größeren Zusammenhang zu suchen, z.B. zum Vergleich verschiedener Anbieter einer Sparte.

Verzeichnis der gängigen Suchmaschinen (Auswahl)

(© Böhlau Verlag, Wien)

Deutschsprachige Suchmaschinen (Auswahl)

www.altavista.de
www.fireball.de
www.google.de
www.infoseek.de
www.intersearch.de
www.lycos.de
www.excite.de
www.greenseek.de

Internationale Suchmaschinen (Auswahl)

www.alltheweb.com
www.Altavista.com
www.excite.com
www.google.com
www.hotbot.com
www.infoseek.go.com
www.lycos.com
www.webcrawler.com
www.yahoo.com

Meta-Suchmaschinen (Auswahl)

www.metacrawler.de
www.metager.de
www.metalook.de
www.metaspinner.de
www.suchen.de
www.klugsuchen.de
www.suchlexikon.de

Web-Kataloge (Auswahl)

www.allesklar.de
www.dino-online.de
www.web.de
www.yahoo.de
www.paperball.de
www.linkmonster.de

(Autorentext)

(Andreas Bormann/Rainer Gerdzen, Recherchieren – aber richtig, in: Praxis Deutsch, Nr. 167/2001, S. 10f.)

5. Recherchestrategien

Ich finde nichts im WWW!

1. Habe ich den falschen Suchdienst genutzt?
2. Die Suchbegriffe sind falsch getippt.
3. Statt Umlauten in deutschen Wörtern sollte die Schreibung mit ae, oe, ue eingegeben werden.
4. Sind Unterstriche in der Adresse korrekt eingegeben? Es gibt keine Leerzeichen in URLs!
5. Andere Schreibweisen bei zusammengesetzten Wörtern eingeben: *Radiotheorie – Radio-Theorie – Radio Theorie*
6. Unterschiedliche deutsche Schreibweisen bedenken, zum Beispiel *schliessen* für .ch-Domänen und *schließen* für .de-Domänen.
7. Alte und neue Rechtschreibung ausprobieren: *Schiffahrt* und *Schifffahrt*.
8. Namen werden in anderen Sprachen unterschiedlich geschrieben: *Odysseus* und *Ulysses*.
9. Verändere die Sprachebene der Suchbegriffe; also *Literatur* statt *Buch* (oder umgekehrt), *Kuh* statt *Paarhufer*. Im Zweifel hilft ein Wörterbuch oder Synonymlexikon.

Tipps für die Recherche

1. Der Weg führt vom Überblick über das zu bearbeitende Thema zur Formulierung genauer Fragen.
2. Nachschlagewerke (in Buchform oder als thematisches online-Verzeichnis) helfen euch bei der ersten Orientierung am besten.

3. Notiert alle im Zusammenhang mit dem Thema genannten Fachbegriffe, um die Frageformulierungen präzise zu gestalten. Viele Suchbegriffe sind besser als wenige.
4. Je mehr wichtige Suchbegriffe ihr verwendet, desto brauchbarer sind eure Ergebnisse. Das Ziel der Recherche ist es, eine überschaubare Anzahl von Dokumenten zu erhalten, die für die Fragestellung von Bedeutung sind. Wenige Treffer sind besser als sehr viele.
5. Mithilfe eines Synonymen-Lexikons* – auch in digitaler Form als Thesaurus – könnt ihr sinn- und sachverwandte Begriffe finden.
6. Nutzt das der Fragestellung angemessene Suchwerkzeug. Es ist keineswegs automatisch das Internet.
7. Erwartet im Internet keine Informationen, die älter als fünf bis zehn Jahre sind.
8. Fragt euch fortwährend, ob die gefundenen Dokumente mit der Fragestellung zu tun haben – oder ob sie nur interessant sind. Verliert euch nicht im Hyperspace oder in Nachschlagewerken.
9. Vergleicht und ergänzt die gefundenen Inhalte anhand anderer Quellen.
10. Zitiert genau.
11. Archiviert die gefundenen Dokumente, Zitate etc.; zu diesem Zweck könnt ihr sie exzerpieren, kopieren, ausdrucken, speichern. Entwickelt dabei nach und nach eine inhaltliche Systematik.

(Nach: Bormann/Gerdzen, a.a.O., S. 10f. [überarbeitet])

6. Suchoperationen im Internet

Suchoperationen und Such-Verknüpfungen bei Suchmaschinen

Die Suchverknüpfungen bei den Suchmaschinen sind nicht einheitlich. Manche Angebote lassen eine umfangreiche Verknüpfung zu, andere verknüpfen Suchbegriffe ausschließlich mit „Oder". Hier eine Auswahl der Eingabemöglichkeiten:

Mehrere Wörter ohne Zwischenzeichen, z.B. Fische Aquarium:
findet: das Wort „Fische" *oder* das Wort „Aquarium" *oder* beide

Pluszeichen (+), z.B. Fische + Aquarium:
findet: Das Wort „Fische" *soll,* das Wort „Aquarium" *muss* vorkommen.

Minuszeichen (–), z.B. Fische-Aquarium:
findet: Das Wort „Fische" *soll,* das Wort „Aquarium" *darf nicht* vorkommen.

Anführungszeichen („"), Phrase, z. B. „Fische im Aquarium":
findet: Die Phrase „Fische im Aquarium" *muss* vorkommen.

Trunkierungszeichen (*), z.B. fisch*:
findet: Alle Wörter, die die Silbe fisch- im Wort führen (Fischfabrik).

Weitere Operationen

title, z.B. title:fisch:
findet: Alle Seiten, die das Wort „fisch" im Titel des HTML-Dokumentes haben.

url, z.B. url:fisch:
findet: Alle Dokumente, die das Wort „fisch" in der URL tragen.

site, z.B. site:http://www.fisch.de:
findet: Alle Seiten, die auf dem Server von *www.fisch.de* liegen.

link, z.B. link:http://www.fisch.de:
findet: Alle Seiten, auf denen es Verweise auf die Seite *www.fisch.de* gibt.

(erschienen 2000 im Arena Verlag GmbH, Würzburg)

(Netpublisher.de-InfoBote.de 2000/01)

Methodischer Anhang

Vorbemerkung

Der Einsatz handlungsorientierter Methoden des politischen Unterrichts kann sinnvoll nur im konkreten, thematisch strukturierten Unterrichtszusammenhang erfolgen. Dabei ist eine differenzierte, auf das jeweilige Beispiel bezogene Anleitung im Sinne einer effektiven Unterrichtsarbeit sehr hilfreich. Das vorliegende Arbeitsbuch enthält daher ausführliche Hinweise zur Durchführung folgender Methoden im thematischen Zusammenhang:

- *„Graffitti"* zum Thema Musik (S. 9)
- *Simulationsspiel:* Wie Robinson auf der Insel (S. 19)
- *Befragung* zum Thema Jugend und Politik (S. 23)
- *Schreibgespräch* zur Bedeutung der Familie (S. 67)
- Untersuchung eines Tagesablaufs *(Zeitprotokoll;* S. 95)
- Projekt *Zeitungsvergleich* (vergleichende Inhaltsanalyse; S. 129)
- *Erkundungsprojekt* zur „Politik in unserer Gemeinde" (S. 184f.)
- *„Clustering"* (zum Begriff „Demokratie"; S. 192)
- *Kurzvortrag* nach Stichwortzetteln (S. 221)
- *Erkundungsprojekt* zum Problem des Ladendiebstahls (S. 254)
- *Besuch einer Gerichtsverhandlung* (S. 268)

Daneben enthalten die einzelnen Kapitel zahlreiche Materialien, die der Übung bzw. der Wiederholung oder der Lernkontrolle dienen können (z.B. Quiz, Zuordnungsaufgaben, Puzzle, Falllösungen etc.). Auf die vielfältigen und ausführlichen Hilfen, die in *Kapitel 13* zur *Internetrecherche,* zur Erstellung und Auswertung von *Fragebögen* sowie zur Interpretation von *Grafiken* im IKG-Unterricht gegeben werden, sei besonders hingewiesen. Die auf den folgenden Seiten gegebenen methodischen Hinweise dienen der Ergänzung und Vertiefung.

Ergänzung:

- Die Materialanalyse nimmt einen wesentlichen Teil der Unterrichtsarbeit in Anspruch. Es erscheint daher sinnvoll, zu zwei wichtigen Arten von Unterrichtsmaterialien **(Statistiken und Karikaturen)** praxisbezogene Analysehilfen anzubieten (S. 317ff. und S. 321ff.). Sie können – je nach Bedarf und an konkreten Beispielen – systematisch erarbeitet werden, um die methodische Sicherheit der Schülerinnen und Schüler zu fördern.
- Die **Expertenbefragung** ist eine gute und zumeist nicht allzu aufwändige Möglichkeit, den Unterricht für ganz spezifische Informationen „von außen" ein Stück weit zu „öffnen", ohne den Lernort zu verlagern (S. 316f.).
- Über den Kurzvortrag zur Präsentation von Arbeitsergebnissen im Unterricht (s. S. 221ff.) hinaus geht das **Kurzreferat.** Dazu geben wir wichtige Hinweise und Empfehlungen für Schüler (S. 323ff.).

Vertiefung:

Die **Befragung** ist sicherlich die am leichtesten im Unterricht einsetzbare Methode der empirischen Sozialwissenschaft. Ihrer Beliebtheit entspricht nicht immer der Qualitätsstandard ihrer Planung, Durchführung und Auswertung. Auf die Praxis bezogene Hinweise dazu (zum Nachschlagen oder zur systematischen Erarbeitung) erscheinen daher sinnvoll und notwendig (S. 320f.; zum IKG-Unterricht enthält Kapitel 13 spezifische Hinweise und Materialien).

Hinweise zur Unterrichtsmethode der Expertenbefragung

Ein Experte ist ein Sachverständiger, also eine Person, die über einen bestimmten Sachverhalt aus eigenem Erleben und/oder intensiver Beschäftigung genaue Kenntnisse hat. Ein Experte kann häufig Sachverhalte genauer und anschaulicher darstellen, als das z. B. in Texten möglich ist; er hat zudem häufig Informationen, die in Büchern (noch) nicht vorhanden sind.

Hauptzweck von Expertenvortrag und Expertenbefragung ist die *Informationsgewinnung*. Der Unterschied zu einer politischen Diskussion, in der es zentral um Meinungsbildung, Meinungsaustausch und ggf. Entscheidungsfindung geht, darf nicht verwischt werden. Das schließt nicht aus, dass eine Expertenbefragung nach einer gewissen Zeit in eine politische Diskussion übergeht.

Jeder Experte hat aber neben Kenntnissen auch *Meinungen* zu den Gegenständen oder Sachverhalten, mit denen er sich beschäftigt. Wertungen und Meinungen, die sich ein Experte bei der Auseinandersetzung mit dem Gegenstand gebildet hat, können eine wertvolle Anregung für die eigene Meinungsbildung sein. Voraussetzung dafür ist jedoch, dass der Experte und seine Zuhörer zwischen Informationen und Wertungen so weit wie möglich trennen. Der Experte ist dann nicht mehr sachliche Autorität, sondern grundsätzlich gleichberechtigter Gesprächspartner.

Eine *Expertenbefragung* hat gegenüber einem Experten*vortrag* den Vorzug, dass die zu übermittelnden Informationen genau auf die Bedürfnisse der Zuhörer abgestimmt werden können und dass die Zuhörer Verlauf und Ergebnis der Veranstaltung aktiv mitgestalten können. Deshalb konzentrieren sich die folgenden Hinweise auf die Expertenbefragung. Bei der Vorbereitung und Durchführung einer solchen Befragung sollte Folgendes beachtet werden:

1. Auswahl des Themas für eine Expertenbefragung

Nicht jedes Thema eignet sich für eine Expertenbefragung. Da eine Expertenbefragung einen nicht unerheblichen *Aufwand* für den Experten und seine Zuhörer bedeutet, sollte sie nur veranstaltet werden, wenn die gewünschten Informationen nicht oder nur erheblich schlechter auf anderem Weg beschafft werden können.

2. Auswahl des Experten

Der Experte muss so ausgewählt werden, dass er für das gewählte Thema über den bisherigen Kenntnisstand der Zuhörer hinaus tatsächlich Neues vermitteln kann. Das muss vorher eventuell durch ein *Vorgespräch* mit dem Experten ermittelt werden.

3. Organisatorische und inhaltliche Vorbereitung

Ort, Zeitpunkt und Dauer der Befragung sollten frühzeitig vereinbart, Sitzordnung, Gesprächsleitung und die Form des Festhaltens der Ergebnisse (Protokollführung) vorher abgeklärt werden.

Gezieltes Fragen setzt eine gewisse Kenntnis des Gegenstandes voraus. Die Zuhörer müssen also bereits in das Thema der Befragung eingearbeitet sein. Fragenbereiche und Einzelfragen sollten auf der Grundlage der bisherigen Beschäftigung mit dem Gegenstand genau *vorbereitet* sein. Im Regelfall sind auch vorherige Vereinbarungen darüber, wer welche Fragen zu welchem Zeitpunkt stellt, unumgänglich. Der Experte sollte rechtzeitig über die an ihn gerichteten Erwartungen informiert werden, damit er sich – falls notwendig – gezielt auf die Befragung vorbereiten kann.

4. Durchführung der Befragung

Eine Expertenbefragung kann nur gelingen, wenn alle Beteiligten (Experte, Frager und Zuhörer, Gesprächsleiter) sich an die am Anfang formulierten *Regeln* halten. In besonderer Weise ist dafür der Gesprächsleiter verantwortlich. Er muss z.B. darauf achten, dass die vorbereiteten Themenbereiche zur Sprache kommen, dass der Experte und

Hinweis zur Analyse von Statistiken **317**

5. Auswertung der Befragung

(Autorentext)

die Fragenden nicht abschweifen, dass der Unterschied zu einer politischen Diskussion erhalten bleibt bzw. der Übergang zu einer solchen Diskussion deutlich markiert wird.

Jede Expertenbefragung sollte zu einem späteren Zeitpunkt ohne den Experten *ausgewertet* werden. Der sachliche Ertrag sollte klar bestimmt werden. Dieses Ergebnis sollte daraufhin überprüft werden, welche neuen Informationen gewonnen wurden und inwieweit das Ziel der Befragung erreicht wurde. Auch Vorbereitung, Organisation und das Verfahren sollten im Hinblick auf weitere Befragungen kritisch überprüft werden.

Hinweise zur Analyse von Statistiken

Statistische Daten spielen im Politik-Unterricht bei der Behandlung vieler Themen eine wichtige Rolle. Das ist schon deshalb so, weil man zur Beurteilung einzelner konkreter Fälle und Fakten wissen muss, wie es „im Ganzen" oder „im Durchschnitt" aussieht. Statistiken sind in einer „Sprache" abgefasst, die sich auf wenige Begriffe, auf Zahlen und grafische Zeichen beschränkt und die auf diese Weise eine Vielzahl und Vielfalt von Fakten unter ganz bestimmten Gesichtspunkten ordnet und zusammenfasst. Um diese „Sprache" richtig verstehen und „übersetzen" zu können, muss man beim Lesen bestimmte *Regeln* beachten und anwenden. Das ist auch deshalb wichtig, weil Statistiken oft den Anschein vollkommener Objektivität und unbezweifelbarer Richtigkeit erwecken, obwohl sie z.B. Wesentliches verschweigen und den Leser u.U. in einer bestimmten Richtung beeinflussen, ihn „manipulieren" können. Die folgenden Hinweise sollen euch helfen, die Fähigkeit zu erwerben, Statistiken schnell und sicher lesen, erläutern und kritisch beurteilen zu können.

„Wie leicht doch bildet man sich eine falsche Meinung, geblendet von dem Glanz der äußeren Erscheinung."
(Molière)

A. Arten von Statistiken

Statistiken (statistische Daten) lassen sich grob unterteilen in *Tabellen* (zahlenmäßige Übersichten) und *Grafiken* (Veranschaulichung von Zahlenwerten und Größenverhältnissen mit Hilfe grafischer Elemente). Grafische Darstellungen gibt es in vielfältiger Form. Neben *Schaubildern,* die durch die Verwendung figürlicher Darstellungen gekennzeichnet sind, sind *Diagramme* aller Art sehr gebräuchlich (s. dazu S. 303f.).

Die häufigste Form stellen aber wohl *Tabellen* dar. Deshalb sei ihr Aufbau hier kurz erläutert.

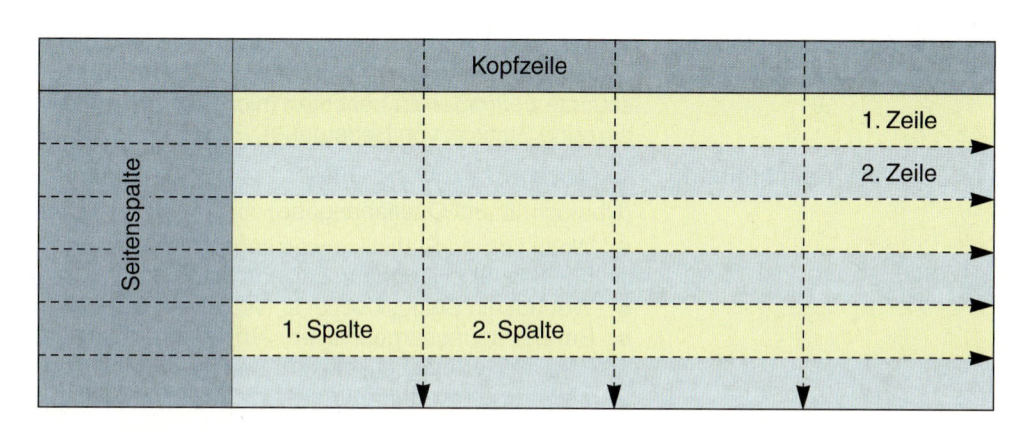

Die tabellarische Anordnung beruht im Allgemeinen darauf, dass zwei Aspekte (Kategorien) eines (in der Überschrift genannten) Sachbereichs miteinander in Beziehung gesetzt werden. Das geschieht in der Weise, dass der eine Aspekt im Kopf der Tabelle *(Kopfzeile)* bezeichnet wird, der andere in der *Seitenspalte* (Vorspalte). Auf diese Weise ergeben sich in einer Tabelle (horizontale) *Zeilen* und (vertikale) *Spalten,* die dann mit Zahlenwerten gefüllt werden können (s. Skizze S. 317 u.).

Wenn eine Tabelle etwa – um ein einfaches Beispiel zu wählen – die Stimmenanteile der zurzeit im Bundestag vertretenen Parteien bei den letzten neun Bundestagswahlen darstellen will, kann sie in der Kopfzeile die Namen dieser Parteien auflisten und in der Seitenspalte die neun Wahljahre. Die Stimmenanteile werden in Prozent der abgegebenen gültigen Stimmen angegeben (vgl. M 15 a, S. 219).

Parteien / Wahljahr	CDU/CSU	SPD	FDP	Die Grünen
1972	44,9	45,8	8,4	–
1976	48,6	42,6	7,9	–
1980	44,5	42,9	10,6	1,5
1983	48,8	38,2	7,0	5,6
1987	44,3	37,0	9,1	8,3
1990	43,8	33,5	11,0	5,0[1]
1994	41,4	36,4	6,9	7,3
1998	35,2	40,9	6,2	6,7
2002	38,5	38,5	7,4	8,6

[1] Ab 1990: Bündnis 90/Die Grünen

Diese Form der tabellarischen Anordnung ermöglicht es in unserem Beispiel, sozusagen „auf einen Blick" nicht nur die Anteile der Parteien im jeweiligen Wahljahr miteinander zu vergleichen (in den *Zeilen*), sondern auch die Entwicklung der Anteile für jede einzelne Partei über 30 Jahre hin zu überblicken (in den *Spalten*).

B. Arbeitsschritte bei der Analyse von Statistiken

Um eine exakte Erarbeitung zu gewährleisten, ist es notwendig, *Beschreibung* und *Interpretation* (Auswertung und kritische Beurteilung) deutlich zu trennen und dabei bestimmte *Leitfragen* zu beachten (nicht alle Fragen des folgenden Katalogs sind für jede einzelne Statistik von Bedeutung).

1. Beschreibung

a) *Aussagebereich und Quelle*
(Überschrift und Quellenangabe)
- Wozu soll die Statistik etwas sagen? Welche Frage will sie beantworten?
- Für welche Zeit und für welchen Raum soll sie gelten?
- Wer hat die Statistik verfasst (verfassen lassen)? Auf welchen Quellen beruht sie?
- Bei Befragungsergebnissen: Auf welche Frage hatten die Befragten zu antworten? Welche Antwortmöglichkeiten hatten sie? – Vgl. hierzu die „Hinweise zur Planung und Durchführung von Befragungen" (S. 320 f.).

b) Darstellungsform, Kategorien und Zahlen

- Welche Form der Darstellung wurde gewählt?
- Welche Kategorien (Begriffe) werden miteinander in Beziehung gesetzt? (z.B. bei Tabellen: Was steht in der Kopfzeile/Tabellenkopf, was in der Seitenspalte/Vorspalte?) Was bedeuten diese Begriffe genau?
- Welche Zahlenarten (absolute Zahlen, Prozentzahlen, Index*-Zahlen) werden verwendet? Auf welche Gesamtzahl (Basiszahl, Bezugsgröße) beziehen sich ggf. die Prozentzahlen?
- Welche Informationen lassen sich der Statistik entnehmen? (Was bedeutet z. B. eine bestimmte Zahl in der Tabelle, ein bestimmter Punkt auf der Kurve des Diagrammes usw.?)

Hinweis: Insbesondere bei Vergleichen zwischen *Prozentzahlen* muss man darauf achten, ob die Gesamtzahl angegeben ist. So kann z. B. der Vergleich zweier Zeitungsverlage, von denen der eine seine Auflage von 500.000 auf 1 Million (also um 100%) gesteigert, der andere seine Auflage von 2 Millionen auf 3 Millionen (also um 50%) erhöht hat, einen ganz unterschiedlichen Eindruck hervorrufen, je nachdem, ob man diesen Vergleich in absoluten Zahlen (500.000 im Vergleich zu 1 Million) oder in Prozentzahlen (100% im Vergleich zu 50%) formuliert.

Auch der Unterschied zwischen einer Veränderung in *Prozent* und in *Prozentpunkten* ist bei der Beschreibung zu beachten (s. Glossar s.v. prozentuale Veränderung).

„Zehn von hundert Menschen haben Ahnung vom Prozentrechnen. Das sind über 17 Prozent."
(aus einem Zeitungskommentar)

2. Interpretation

a) Auswertung

- Welche Aussagen (Antworten auf die Fragestellung) lassen sich formulieren?
- Welche Aussagen (Beziehungen, Entwicklungen) sind besonders wichtig? Lassen sich bestimmte Schwerpunkte (Maxima, Minima), regelhafte Verläufe, besondere Verhältnisse und Entsprechungen feststellen?
- Wie lässt sich die Aussage zusammenfassend formulieren?

b) Kritik

- Gibt es Unklarheiten im Hinblick auf die Angaben zur Quelle, zur Fragestellung, zum Zeitpunkt usw.? – Enthält die Statistik offensichtliche Mängel und Fehler (z.B. in der Berechnung, Benennung, grafischen Anlage usw.)?
- Zu welchem Bereich der Fragestellung macht die Statistik keine Angaben? Was müsste man wissen, um die Daten und ihren Stellenwert im größeren Zusammenhang beurteilen zu können?
- Lässt sich ein bestimmtes Interesse an der Veröffentlichung erkennen? Könnte sie jemandem nutzen oder schaden?

„Mit der ganzen Algebra ist man oftmals nur ein Narr, wenn man nicht noch etwas anderes weiß."
(Friedrich der Große)

Hinweis: Ausführliche, mit vielen Beispielen und mit Humor aufbereitete Informationen zur Analyse von Statistiken enthalten die beiden Bücher von Walter Krämer: „Statistik verstehen – Eine Gebrauchsanweisung" (1998) und „So lügt man mit Statistik" (1997); beide sind erschienen im Campus-Verlag, Frankfurt a. M. Ihnen sind die Zitate am Textrand entnommen.

(Autorentext)

Hinweise zur Planung und Durchführung von Befragungen

1. Thema der Befragung

Zunächst solltet ihr euch darüber klar werden, zu welchem Thema die Befragung stattfinden soll, zu welchen einzelnen *Gesichtspunkten* des Themas ihr etwas erfahren wollt. Falls ihr eure Ergebnisse mit solchen vergleichen wollt, die im Buch dargestellt werden, wäre es natürlich zweckmäßig, wenn die gleichen Gesichtspunkte auch in eurer Befragung berücksichtigt würden.

2. Form der Befragung

Sodann gilt es zu überlegen, ob ihr die Befragung *schriftlich* (anhand eines Fragebogens) durchführen wollt oder ob ihr eure Fragen *mündlich* stellen und die Antworten z.B. mit einem Kassettenrekorder aufnehmen wollt („Interview"). Bei der Entscheidung über diese Frage ist auch Folgendes zu bedenken: Eine Fragebogenaktion ist immer dann sinnvoll, wenn ihr eine *größere Zahl* von Personen befragen und die Ergebnisse in einer Statistik darstellen wollt. Die Befragten können dann die Fragebogen auch ausfüllen, wenn ihr nicht dabei seid. Ihr braucht sie dann nur wieder einzusammeln und könnt sie im Unterricht auswerten. Ein „Interview" ist immer dann sinnvoll, wenn ihr etwas ausführlichere Stellungnahmen von (nicht allzu vielen) Personen zu bestimmten Problemen und Fragen erfahren wollt. Die Befragten haben dabei ja die Möglichkeit, sich auf eure Fragen frei (also z.B. auch mit „zwar…, aber…") zu äußern. Das bedeutet allerdings auch, dass sich die Ergebnisse solcher Interviews nicht so leicht auswerten und übersichtlich darstellen lassen.

3. Gestaltung des Fragebogens

Nun könnt ihr daran gehen, die *Zahl* der Fragen und ihre genaue *Formulierung* festzulegen. Das ist nicht dasselbe wie die Überlegung zu 1 (Thema). Es kommt jetzt darauf an, das, was man wissen will, in einzelnen, möglichst einfach zu beantwortenden Fragen *genau zu erfassen* (unsere Hinweise beziehen sich von jetzt an hauptsächlich auf die Fragebogen-Methode). Achtet auf folgende Punkte:

- Die Fragen müssen *klar* und *leicht verständlich* (nicht zu lang und nicht zu kompliziert) formuliert sein.
- Sie müssen so gestellt werden, dass eine *eindeutige, aussagekräftige* und nach Möglichkeit leicht auszuwertende *Antwort* erfolgen kann. Beispiel: Die Frage „Gehst du oft ins Kino?" mit der Antwortmöglichkeit „ja" oder „nein" führt zu keinem aussagekräftigen Ergebnis, weil man nicht weiß, was der einzelne Befragte unter „oft" versteht. Besser wäre z.B. die Frage „Wie oft gehst du durchschnittlich ins Kino?" mit den Antwortmöglichkeiten „weniger als einmal im Monat", „1 – 2 mal im Monat", „mehr als zweimal im Monat".
- Der leichteren Auswertung und Ergebnisdarstellung wegen sollte der Fragebogen überwiegend *geschlossene* Fragen enthalten, d.h. solche, zu denen die anzukreuzenden Antwortmöglichkeiten vorgegeben werden (im Gegensatz zu *offenen* Fragen, zu denen die Befragten ihre Antwort frei formulieren können).
- Besonders solche Fragen, die nicht auf Tatsachen, sondern auf *Meinungen* und *Urteile* zielen, müssen so „neutral" formuliert werden, dass sie nicht von vornherein eine bestimmte Antwort schon nahe legen. Statt „Findest du nicht auch, dass unsere Schülervertretung nichts Vernünftiges leistet?" müsste es etwa heißen: „Bist du mit der Arbeit unserer SV zufrieden, oder hast du etwas Wichtiges daran auszusetzen?" – Bei solchen und ähnlichen Fragen sollte man sich dann nicht auf die Antwortmöglichkeiten „ja" und „nein" beschränken, sondern die Antwort „teils-teils" anbieten und ggf. die Möglichkeit geben, konkrete Punkte zu nennen.

- Die *Zahl* der Fragen sollte nicht zu groß sein, und auch ihre *Reihenfolge* sollte überlegt sein. Allgemeinere Fragen sollten vor Fragen stehen, die sich auf bestimmte Einzelheiten beziehen; Fragen, die wahrscheinlich auf starkes Interesse der Befragten stoßen, sollten schon deshalb am Anfang stehen, weil die Befragten dann eher bereit sein dürften, auch die übrigen, sie vielleicht nicht so interessierenden Fragen zu beantworten.

4. Was bei der Durchführung der Befragung zu beachten ist

Bei der *Durchführung* der Befragung müsst ihr unbedingt auch einige *rechtliche* Gesichtspunkte beachten. Die wichtigsten sind:
- Die Teilnahme an der Befragung muss für die Befragten *freiwillig* sein.
- Es muss gewährleistet sein (besonders bei der Auswertung und der Ergebnisdarstellung), dass die Befragten *anonym* bleiben, d.h. es darf auf keinen Fall erkennbar sein, welche Personen welche Antworten gegeben haben.
- Wenn ihr eure Befragung nur in eurer Klasse durchführt und/oder euch nur an eure persönlichen Bekannten wendet (als freiwillige Hausaufgabe), trägt *euer Fachlehrer/eure Fachlehrerin* die Verantwortung. Wollt ihr euch darüber hinaus an Schüler/innen anderer Klassen und/oder an Passanten wenden, müsst ihr vorher die Zustimmung eures *Schulleiters/eurer Schulleiterin* einholen. Sollen Schüler mehrerer Schulen befragt werden, bedarf es der Zustimmung der Schulleiter/innen aller betroffenen Schulen.
- Ihr dürft die Ergebnisse eurer Befragung nur in eurem Unterricht und innerhalb eurer Schule verwenden. Wenn ihr Ergebnisse über den Rahmen der Schule hinaus *veröffentlichen* wollt, braucht ihr dazu die Genehmigung der Schulaufsichtsbehörde, die ihr ggf. über euren Schulleiter/eure Schulleiterin einholen könnt.

(Autorentext)

Hinweise zur Arbeit mit Karikaturen

Karikaturen haben ihren Platz seit eh und je in den politischen Teilen von Zeitungen und Zeitschriften. In fast jeder Zeitung werdet ihr heute nahezu täglich mindestens eine Karikatur finden. Seit Jahren finden sich Karikaturen zunehmend auch in Schulbüchern verschiedener Fächer, insbesondere in Politik-Büchern. Es erscheint daher sinnvoll, einige kurze Hinweise zu geben auf das Wesen politischer Karikaturen und auf einige Punkte, die beim Umgang mit ihnen zu beachten sind.

I. Merkmale der Karikatur

Der Journalist Otto Köhler hat einmal gesagt: „Karikaturen spitzen ein Problem zu; dabei kommentieren sie wohlwollend oder bösartig, verkürzen, unter- oder übertreiben. In jedem Fall sind sie anregend, da sie Meinung machen, ja provozieren wollen" (in: Spiegel Nr. 49, 1967, S. 42). Diese Bemerkung fasst die beiden wichtigsten Wesenszüge von Karikaturen gut zusammen.

1. Bewusste Übertreibung

Eine karikaturistische Zeichnung will ihren Gegenstand (das Verhalten einer Person, ein Ereignis, eine Situation, ein Problem) bewusst nicht genau so wiedergeben, wie es der Realität entsprechen würde. Der literarischen Form der Satire vergleichbar, *übertreibt* sie in ihrer Darstellung *absichtlich,* was ihr wichtig erscheint (z.B. die lange Nase oder sonstige Besonderheiten des Aussehens oder Verhaltens von Politikern, z.B. die Folgen einer bestimmten politischen Maßnahme usw.). Sie versucht auf diese Weise, bestimmte *typische Merkmale* eines Verhaltens (einer Situation usw.) sichtbar zu machen und zu „entlarven", Widersprüche aufzudecken zu dem, was eigentlich (aus der Sicht des Kari-

karikaturisten) wünschenswert wäre. Häufig werden dabei Personen und Vorgänge in *Bildern* wiedergegeben (z.B. der Deutsche als „deutscher Michel" mit der Zipfelmütze, die militärische Rüstung als großer Drachen, Europa – entsprechend dem griechischen Mythos – als Frau, die auf einem Stier sitzt). Mit der übertreibenden, oft einseitig verkürzten und häufig auf bekannte Bildvorstellungen anspielenden Darstellung hängt es zusammen, dass man beim Betrachten einer Karikatur nicht selten lachen oder schmunzeln muss. Diese Reaktion ist zumeist Ausdruck des Wiedererkennens: Man erkennt auf einen Blick, was gemeint ist.

2. Kritik und Kommentar

Damit ist der zweite Wesenszug einer Karikatur bereits angedeutet: Karikaturen wollen einen politischen Sachverhalt nicht einfach darstellen, sie wollen ihn *„kommentieren"*, wollen Stellung dazu beziehen, Kritik daran üben. Verglichen mit den Textsorten einer Zeitung, handelt es sich nicht um eine „Meldung", sondern um einen meinungsbildenden „Kommentar". Das Verständnis einer Karikatur setzt also in jedem Fall voraus, dass man den *Sachverhalt,* auf den sie sich bezieht, *schon kennt.* Gute Karikaturen sind fast so etwas wie eine kurze Geschichte: Sie nehmen Bezug auf Geschehenes, legen seine „Struktur" bloß, beleuchten es aus einer bestimmten Perspektive, regen dazu an zu fragen, was wohl die Gründe für die dargestellte Situation sein könnten und wie es weitergehen könnte.

Wichtig ist: Karikaturen zu verstehen heißt zu *erkennen, was der Zeichner „sagen", was er zum Ausdruck bringen will,* welches Ziel er verfolgt, für wen er Partei ergreift. Verstandene Karikaturen fordern daher ihren Betrachter immer zur Auseinandersetzung, zur eigenen Stellungnahme heraus.

3. Grenzen der Karikatur

Trotz ihrer Vorzüge darf man gewisse *Grenzen und Gefahren* bei der Arbeit mit Karikaturen nicht übersehen. Die Stärke der Karikatur – ihre subjektiv geprägte und zugespitzte Hervorhebung bestimmter Aspekte (Probleme, Widersprüche, Missstände) – ist oft auch ihre Schwäche: Andere wichtige Aspekte eines Zusammenhangs werden ausgeblendet oder einseitig verkürzt; eine umfassende Information kann (und will) die Karikatur nicht geben. Karikaturen können andere Materialien nicht ersetzen. „Karikaturisten […] sind […] schreckliche Vereinfacher – allerdings nicht aus […] Mangel an Einsicht und Differenzierungsvermögen, sondern mit bestem Wissen und Gewissen: Sie wollen ja nicht erläutern, sondern läutern – die Praxis der kritischen Vernunft nämlich." (J. Eberle, Im Trüben gefischt; Karikaturen der Stuttgarter Zeitung, Stuttgart 1970).

II. Umgang mit Karikaturen – Ein Beispiel

Es empfiehlt sich, beim Umgang mit Karikaturen im Unterricht drei einfache Schritte zu beachten, die hier an einem konkreten Beispiel (s. Abb. S. 323) kurz erläutert werden sollen.

1. Genau beschreiben, was zu sehen und ggf. zu lesen ist

Ein Transparent, auf dem in riesiger Schrift der Grundgesetzartikel über die Gleichberechtigung von Männern und Frauen zu lesen ist, wird auf der einen Seite von einem Mann, offenbar dem Familienvater, getragen. Er hält das Transparent mit beiden Händen hoch und bringt in seiner ganzen Haltung zum Ausdruck, dass er bewusst und entschlossen für die Gleichberechtigung demonstrieren will. Seine Frau, die auf der anderen Seite das Transparent zu tragen hat, kann es kaum festhalten, da sie „alle Hände voll zu tun" hat. Gebeugt unter der Last schwerer Einkaufsgegenstände, die sie sich unter die Arme geklemmt hat, schiebt sie mit der rechten Hand den Kinderwagen mit dem darin liegenden Baby; an der linken Hand, die eine schwere Tasche hält, muss sie auch ihren kleinen Sohn noch mitziehen.

2. Erkennen, was die Karikatur zum Ausdruck bringen, was sie kritisieren will

Was der Karikaturist mit dieser Zeichnung sagen will, lässt sich leicht erkennen: Der Ehemann tritt zwar mit großen Worten nach außen für die Gleichberechtigung von Mann und Frau in der Familie ein, lässt in der Praxis aber seine Frau die gesamte Arbeit für den Familienhaushalt (hier: Einkaufen und Betreuung der Kinder) allein leisten. Allgemein gesagt: Ehemänner setzen sich zwar mit Worten lauthals für die Gleichberechtigung in der Familie ein, in der Realität aber tun sie nichts dafür, dass es zu einer wirklichen Gleichverteilung der Belastung kommt, die durch die Arbeit für den gemeinsamen Familienhaushalt entsteht.

(Zeichnung: Peter Leger; © Stiftung Haus der Geschichte, Bonn)

3. Stellungnehmen zur Aussage der Karikatur

Vordergründig könnte man zunächst sagen, dass die dargestellte Situation, die der Zeichner ja bewusst „unwirklich" gestaltet hat, auch im Hinblick auf das Verhalten der beiden Ehepartner im Alltag kaum zu beobachten ist. Helfen Männer nicht gern ihren Frauen beim Tragen von Einkaufsgegenständen? Nehmen sie nicht gern ihre Kinder an die Hand? Handelt es sich nicht um eine falsche Übertreibung? Dem Karikaturisten kam es aber gerade darauf an, durch die „unwirkliche" Übertreibung einer Einzelsituation auf das *allgemeine Problem* der Rollenverteilung und der Arbeitsteilung in der Familie drastisch hinzuweisen. Er will kritisieren, dass verheiratete Frauen die Arbeit im Haushalt noch immer weitgehend allein, ohne die Hilfe ihrer Männer, leisten müssen. Wie weitgehend diese Kritik berechtigt ist, wie es heute „im Durchschnitt" der Familien aussieht, lässt sich der Karikatur nicht entnehmen. Insofern stellt sie nur den Anstoß für den Betrachter dar, über die Rollenverteilung in der eigenen Familie nachzudenken, sich ggf. über wissenschaftliche Untersuchungsergebnisse zu diesem Problem zu informieren, über Möglichkeiten zur Änderung der geschlechtsspezifischen Arbeitsteilung zu diskutieren usw.

(Autorentext)

Hinweise zur Vorbereitung eines Kurzreferates

Ein Referat ist ein mündlicher Vortrag über ein deutlich markiertes Thema. Es dient dazu, einer Zuhörerschaft neue Informationen über ein bestimmtes Thema zu vermitteln, die sie ohne erheblichen Aufwand sonst nicht bekommen würde. Für den Referenten/die

Referentin gibt es die Möglichkeit, sich darin zu üben, Sachverhalte in zusammenhängender, geordneter Form vorzutragen.

Für die **Vorbereitung** ist Folgendes zu beachten:

● Das *Thema* muss klar bezeichnet und eingegrenzt werden. Eine solche klare Fragestellung hilft bei der Stofferarbeitung und erleichtert später beim Vortrag das Zuhören.
● Das in der Vorbereitung zu erarbeitende *Material* sollte – eventuell nach einer Phase der Materialsuche – genau eingegrenzt werden. Unüberschaubares Material führt zur Verzettelung und oberflächlichen Bearbeitung.
● Der Referent sollte sich bei der Vorbereitung an einen Arbeitsplan mit folgenden *Arbeitsphasen* halten:
– Materialsuche (falls nicht vorgegeben),
– Auswertung des Materials (Lesen, Unterstreichen, Notizenmachen),
– Erstellung einer Gliederung,
– Ausarbeitung des Referates in Stichworten (kein Aufsatz),
– Vorbereitung von unterstützenden Materialien für den Vortrag (evtl. Folie oder vervielfältigte Übersicht).

Für die **Durchführung** des Referates sollten folgende Grundsätze beachtet werden:

● Ein Referat sollte *klar gegliedert* sein. Nach einer Einleitung, die das Thema sowie die Materialgrundlage nennt und versucht, die Zuhörer für das Thema zu interessieren, folgt ein unter Umständen noch einmal unterteilter Hauptteil mit den Informationen und Gedanken, die der Referent vermitteln will. Am Ende steht eine knappe Zusammenfassung, in der unter Umständen auch offene Fragen und Möglichkeiten der Weiterarbeit benannt werden.
● Ein Referat soll auf die Fähigkeit der Zuhörer, konzentriert zuzuhören, ausgerichtet sein. Die *Länge* des Referates muss deshalb genau überlegt werden.
● Ein Referat sollte nach Stichworten *frei vorgetragen* und nicht abgelesen werden, da der Vortrag so lebendiger wird.
● Der Referent sollte den Zuhörern zu Beginn mitteilen, wie er sich *Rückfragen* vorstellt (Zwischenfragen während des Referates oder Fragen nach der Beendigung des Vortrags). Solche vereinbarten Regeln geben Referent und Zuhörer Sicherheit.
● In vielen Fällen ist es sinnvoll, den mündlichen Vortrag durch kurze Skizzen, Schemata und Zusammenfassungen zu unterstützen. Ihre Präsentation auf einer *Folie,* auf die der Referent laufend Bezug nimmt, konzentriert die Aufmerksamkeit der Zuhörer auf den Vortrag. Schriftliche Zusammenfassungen in vervielfältigter Form sollten deshalb im Regelfall erst am Ende des Vortrags ausgegeben werden.

Für ein aktives und wirksames *Zuhören* bei Referaten sollte Folgendes beachtet werden:

● Wichtiger als die Erfassung aller Einzelheiten ist es, den „roten Faden" des Referenten zu verfolgen. Dabei ist es hilfreich, auf Einleitungssätze, Überleitungen und Zusammenfassungen besonders zu achten.
● Ein Versuch, möglichst viel möglichst genau mitzuschreiben, behindert eher bei der Aufnahme der Informationen. Insbesondere, wenn eine schriftliche Zusammenfassung angekündigt wird, ist es besser, sich nur die grobe Struktur des Vortrags und ggf. Stichworte zu Rückfragen oder Diskussionsbeiträgen zu notieren.

(Autorentext)

Glossar

Amtsgericht. s. → Landgericht.
Anachronismus. Bezeichnung für die Verlegung einer Sache, einer Erscheinung usw. in eine Zeit, in die sie nicht hineingehört; auch für ein Verhalten, das dem fortgeschrittenen Stand der Entwicklung nicht mehr entspricht (nicht mehr in die Zeit passt).
Anthroposophen. Anhänger der Lehre Rudolf Steiners (1866–1925), nach der der Mensch höhere seelische Fähigkeiten entwickeln und dadurch übersinnliche Erkenntnisse erreichen kann (Anthroposophie – Weisheitslehre vom Menschen).
Apartheid. Form der Rassentrennung und → Rassendiskriminierung in Südafrika (1948–1993) zur Sicherung der Herrschaft der weißen Minderheit über die farbige Bevölkerung.
Arbeitsmarkt. Markt (Angebot und Nachfrage) für Arbeitskräfte, auf dem die Arbeitnehmer eine Beschäftigung, einen Arbeitsplatz suchen (ihre Arbeitskraft anbieten), die Arbeitgeber Arbeitsplätze anbieten (Arbeitskraft nachfragen). Wenn weniger Arbeitsplätze angeboten als gesucht werden, herrscht Arbeitslosigkeit.
Artikulationsfunktion. Eine der Aufgaben der Volksvertretung (des Parlaments): Sie soll die in der Bevölkerung vorhandenen Meinungen und Interessen öffentlich „zur Sprache bringen" (artikulieren); daher auch: Öffentlichkeitsfunktion.
asketisch. Sich enthaltend, verzichtend.
AWO. Arbeiterwohlfahrt; Organisation, die sich der Hilfe für alte Menschen und Behinderte, der Familien-, Kinder- und Jugendfürsorge und der Unterstützung ausländischer Mitbürger widmet.

Bagatelle. Etwas Unwichtiges, Nebensächliches.
Bagatellcharakter. Eine Handlung, ein Regelverstoß usw. hat Bagatellcharakter, wenn es sich um eine geringfügige, unbedeutende Kleinigkeit (Bagatelle) handelt, an deren Verfolgung kein öffentliches Interesse besteht.
Bagatellisierungsversuch. Die Bemühung, ein Problem oder eine Angelegenheit als bedeutungslose Kleinigkeit abzutun.
Betriebswirtschaftslehre. Teil der Wirtschaftswissenschaften, der sich mit den wirtschaftlichen Entscheidungen in Betrieben und Unternehmen befasst (Finanzierung, Produktion, Absatz usw.), im Unterschied zur Volkswirtschaftslehre, welche die wirtschaftlichen Zusammenhänge und Probleme der Gesamtwirtschaft eines Landes zum Gegenstand hat.
Binnenmarkt. Der für alle Länder der EU geltende „Gemeinsame Markt" bedeutet, dass es beim Handel zwischen den einzelnen Ländern keine Zölle und keine Warengrenzkontrollen mehr gibt, dass die Waren und → Dienstleistungen eines EU-Landes in allen anderen EU-Ländern frei verkauft werden können, dass die für die Anfertigung der Waren geltenden Vorschriften (Größen, technische Merkmale usw.) angeglichen werden (ein Netzstecker passt in der EU in alle Steckdosen), dass EU-Bürger in allen EU-Ländern arbeiten und sich niederlassen können, dass es zwischen den Ländern keine Personenkontrollen an den Grenzen mehr gibt usw. Der EU-Binnenmarkt ist mit über 370 Millionen Verbrauchern und einer Wirtschaftsleistung (→ Bruttoinlandsprodukt) von ca. 6 Billionen Euro seit 1993 der größte einheitliche Markt der industrialisierten Welt.
Boden. Als → Produktionsfaktor dient Boden als Standort für Betriebe, als Anbaugebiet (Landwirtschaft) und als Quelle für Roh- und Energiestoffe (Erz, Kohle, Erdöl, Steine).
Boulevardisierung. Tendenz zu einer Entwicklung in Richtung des (niedrigen) Niveaus von Boulevardzeitungen (Oberflächlichkeit, Sensationsgier, Klatsch).
Bruttoinlandsprodukt (BIP). Der in Geld ausgedrückte Wert aller Sachgüter und → Dienstleistungen, die in einer Volkswirtschaft innerhalb eines Jahres geschaffen werden.

Bundesverfassungsgericht. Das höchste Gericht der Bundesrepublik, gleichzeitig ein Staatsorgan (wie Bundestag oder Bundesrat). Es entscheidet über Streitigkeiten zwischen anderen Staatsorganen und über die Beschwerden von Bürgern, die sich in ihren Grundrechten verletzt fühlen. Es kontrolliert die Übereinstimmung der Gesetze mit der Verfassung.

Curzon-Linie. Von dem britischen Außenminister Curzon 1920 zur Beendigung des Krieges zwischen Polen und Russland vorgeschlagene Grenzlinie, die aber nicht zum Tragen kam. 1945 machte sie die Sowjetunion auf der → Potsdamer Konferenz zur Grundlage ihrer Grenze zu Polen.

DDR. Deutsche Demokratische Republik. 1949 gegründeter „zweiter" deutscher Staat, der nach den Prinzipien des → Sozialismus aufgebaut und von der SED gelenkt wurde; Teil des Ostblocks (Zusammenschluss → kommunistischer Staaten unter der Führung der → Sowjetunion). 1989/90 brach das DDR-System aufgrund der friedlichen Revolution des Volkes zusammen. Am 3.10.1990 erfolgte die Vereinigung mit der Bundesrepublik Deutschland.
Deliktsbereiche. In der Kriminalstatistik werden die Straftaten in einzelne Gruppen/Arten von Straftaten/Delikten (Deliktsbereiche) eingeteilt (z.B. Diebstahl, Tötung).
demographisch. Als demographische Entwicklung wird die Entwicklung der Bevölkerung bezeichnet, die Zu- und Abnahme der Bevölkerung, die Zu- und Abnahme älterer und jüngerer Jahrgänge, der Geburtenzahlen usw. Weil in Deutschland zu wenig Kinder geboren werden, um die Zahl der Sterbenden auszugleichen und den Bevölkerungsstand zu erhalten, nimmt die Bevölkerung in den nächsten Jahrzehnten stark ab.
demonstrativ. So wird ein Verhalten bezeichnet, das eine bestimmte Auffassung, einen bestimmten Standpunkt, eine bestimmte Haltung deutlich bzw.

überdeutlich nach außen hin bekunden (anderen Menschen mitteilen) will.

Dienstleistungen. Sammelbegriff für alle Tätigkeiten, die nicht der Herstellung von Sachgütern dienen, sondern in persönlichen Leistungen bestehen, z.B. im Handel, bei Banken und Versicherungen, bei Bahn und Post und in vielen anderen Dienstleistungsberufen (z.B Ärzte, Friseure, Taxifahrer).

digitale Kluft. Dieser Begriff bezeichnet die Tatsache, dass die modernen Kommunikationstechnologien (Internet) von Bevölkerungsschichten, die über einen hohen Bildungsabschluss verfügen, deutlich stärker genutzt werden als von solchen mit einem niedrigen Bildungsabschluss. Diese „digitale Kluft" besteht auch zwischen den Bevölkerungen von Industrie- und Entwicklungsländern.

Diktatur. Gewaltherrschaft: zumeist Herrschaft eines Einzelnen (Diktators).

Dilemma. Zwangslage, Schwierigkeit der Wahl zwischen zwei unangenehmen Möglichkeiten.

Drittes Reich. Als Drittes Reich bezeichnet man die Zeit zwischen 1933 und 1945, in der Deutschland von den Nationalsozialisten (→ Nationalsozialismus) beherrscht wurde.

Duales System. Im Fernsehbereich das Nebeneinander von → öffentlich-rechtlichen und privaten Fernsehanstalten (→ Privatfernsehen).

Dunkelziffer. Zahl der Straftaten, die der Polizei nicht bekannt werden und die man daher nur schätzen kann.

Durchschnittswert. Er gibt bei einer Summe aus unterschiedlichen Werten an, wie hoch der Wert für jeden Einzelnen bei völlig gleicher Verteilung wäre; er sagt nichts über die tatsächliche Verteilung aus.

Edutainment. Wortverbindung aus engl. *education* (Erziehung, Bildung) und *entertainment* (Unterhaltung, Spiel).

Einkommensteuer. Steuer, die vom Einkommen (Lohn, Gehalt, sonstige Einnahmen, z.B. Zinsen aus Sparanlagen) eines Steuerpflichtigen erhoben wird. Sie wird im Allgemeinen als Lohnsteuer vom Lohn/Gehalt abgezogen; Steuerpflichtige, deren Einkommen bestimmte Grenzen überschreitet, die mehrere Einkommen beziehen oder eine Wohnung/ein Haus besitzen, müssen zusätzlich für das zurückliegende Jahr eine Einkommensteuererklärung abgeben. Die Einkommensteuer von Unternehmen, die nicht Personengesellschaften, sondern Aktiengesellschaften sind, nennt man Körperschaftssteuer.

empirisch. Erfahrungsgemäß; die Wirklichkeit mit Methoden erforschend, die nachvollziehbar und nachprüfbar sind.

Erziehungsgeld. Erziehungsgeld erhalten Vater oder Mütter, die nicht oder nur geringfügig (bis zu 19 Wochenstunden) erwerbstätig sind, für die Erziehung und Betreuung ihres Kindes bis zu dessen 2. Geburtstag; es beträgt maximal 307 € monatlich (Wegfall bzw. Kürzungen, sofern das Einkommen beider Eltern bestimmte Grenzen überschreitet; Erhöhung auf 460 € monatlich, wenn sich die Eltern auf ein Jahr Elternzeit beschränken).

Erziehungshilfe. Eine Art öffentlicher Ersatzerziehung (in einem Heim oder in einer geeigneten Familie) auf Antrag der Sorgeberechtigten, wenn die Entwicklung der betr. Jugendlichen gefährdet erscheint; sie endet mit der Volljährigkeit.

EU-Richtlinien. Die von der Europäischen Union beschlossenen „Gesetze" heißen „Verordnungen", wenn sie unmittelbar in allen Mitgliedstaaten verbindlich gelten und über dem Recht des jeweiligen Staates stehen. Daneben beschließt die EU „Richtlinien", d.h. Weisungen an die Mitgliedstaaten, ihre nationalen Gesetze oder Vorschriften so zu ändern, dass das in der „Richtlinie" enthaltene Ziel erreicht wird (Umsetzung der Richtlinie in nationales Recht).

Europäischer Gerichtshof. Höchstes Gericht der Europäischen Union mit Sitz in Den Haag.

Europäischer Rat. In der Europäischen Union die Versammlung der Regierungschefs der Mitgliedsländer; im Unterschied zum Ministerrat (Rat der Europäischen Union), der Versammlung der Fachminister (z.B. für Landwirtschaft) der einzelnen Länderregierungen.

Exekutive. s. → Gewaltenteilung.

Existenzminimum. Mindesteinkommen, das für den Lebensunterhalt ausreicht; wird ggf. durch → Sozialhilfe gesichert.

Familienlastenausgleich. Finanzielle Leistungen des Staates, insbesondere durch eine Entlastung bei der → Einkommensteuer, an die Familien zum Ausgleich ihrer wirtschaftlichen Belastungen durch Kinder.

föderativ. Nach dem Bündnisprinzip geordnet (z.B. sind die einzelnen Bundesländer mit weitgehender Selbstverwaltung in der Bundesrepublik in einem Bundesstaat zusammengeschlossen).

Fraktion. Vereinigung der Parlamentsabgeordneten einer Partei zum Zwecke der gemeinsamen Willensbildung und der gemeinsamen Durchführung der parlamentarischen Arbeit; CDU und CSU bilden im Bundestag eine gemeinsame Fraktion.

Funktion. Aufgabe, die eine Person, eine Gruppe oder eine Institution für eine größere Gemeinschaft oder für die Gesamtgesellschaft zu erfüllen hat.

Gebietskörperschaften. Sammelbezeichnung für staatliche Einheiten, die sich auf ein bestimmtes Gebiet und dessen Einwohner erstrecken: → Gemeinden, Landkreise, Länder (Bundesländer), Bund.

Geburtenrate. Sie gibt an, wie hoch der Anteil der Lebendgeborenen an 1000 Einwohnern innerhalb eines Jahres ist.

Gemeinde. Nach § 1 der Gemeindeordnung von NRW sind die Gemeinden die Grundlage des demokratischen Staatsaufbaus. Sie sollen das Wohl ihrer Einwohner in freier Selbstverwaltung durch ihre von der Bürgerschaft gewählten Organe fördern. Die Gemeinden sind auf ihrem Gebiet die Träger der öffentlichen Verwaltung. Juristisch gesehen handelt es sich um → Gebietskörperschaften.

gemeinnützig. So werden Einrichtungen genannt, die nicht auf Gewinn und ihren eigenen Vorteil ausgerichtet sind, sondern Leistungen zum Wohle der Allgemeinheit erbringen und daher auch von der Steuer befreit sind (z.B. Heimatpflege, Caritas, Fördervereine in Schulen).

Generalgouvernement. Nach dem Überfall der deutschen Wehrmacht auf Polen (1.9.1939) wurden die besetzten polnischen Gebiete im Oktober 1939 zu einem „Generalgouvernement" zusammengefasst und von Hitler einem Generalgouverneur unterstellt, der in der Person Hans Franks eine brutale Besatzungspolitik einleitete (Terrormaßnahmen, Ausschaltung und Vernichtung der polnischen Intelligenz).

Gesetzmäßigkeit der Verwaltung. Der Grundsatz, dass alle Organe der staatlichen Verwaltung (Polizei, Finanzämter usw.) an die geltenden Gesetze gebunden sind.

Gewaltenteilung. Bedeutsamer demokratischer Grundsatz, der besagt, dass bei den Staatsfunktionen Exekutive (vollziehende Gewalt), Legislative (gesetzgebende Gewalt) und judikative (rechtsprechende Gewalt) unterschieden und voneinander unabhängigen Staatsorganen (Regierung, Parlament, Gerichte) zugewiesen werden. Durch die Gewaltenteilung soll Machtmissbrauch verhindert werden.

Gewerbesteuer. Steuer auf den Ertrag von Unternehmen; unter dem (Gewerbe-) Ertrag versteht man die Einnahmen, die ein Unternehmen aus dem Verkauf aller Sachgüter oder → Dienstleistungen, erzielt hat, die innerhalb einer bestimmten Zeit (z.B. eines Jahres) erstellt (produziert) wurden (nicht zu verwechseln mit dem Gewinn, der sich ergibt, wenn der Ertrag höher liegt als der für die Produktion getätigte Kostenaufwand). Die Höhe der Gewerbesteuer, der Haupteinnahmequelle der Gemeinden, hängt also davon ab, ob viel oder wenig produziert wird (ob die „Konjunktur" gut oder schlecht „läuft"). Die Gewerbesteuer wird zusätzlich zur Steuer auf den Gewinn (→ Einkommen- und Körperschaftsteuer) erhoben.

GfK. Gesellschaft für Konsumforschung; sie untersucht z. B. die → Reichweite von Fernsehprogrammen.

Grunderwerbssteuer. Steuer, die beim Kauf eines Grundstücks zu leisten ist.

Grundgesetz. Die staatliche Ordnung beruht in demokratischen Staaten auf einer „Verfassung", in der die allgemeinen Grundsätze festgelegt werden für das Zusammenleben der Menschen (ihre Rechte und Pflichten gegenüber dem Staat) und für die Aufgaben der einzelnen Staatsorgane (Parlament, Regierung usw.). Diese Verfassung heißt in Deutschland „Grundgesetz"; es wurde im Mai 1945 beschlossen; seine Bestimmungen können nur durch das Parlament (den Bundestag) mit Zweidrittelmehrheit geändert werden.

Grundsteuer. Sie wird von jedem Besitzer eines Grundstückes erhoben.

Haushalt. Eine zusammenwohnende und wirtschaftende Gruppe (zumeist eine Familie); es gibt auch „Einzelhaushalte" (Single-Haushalte).

Haushalt der Gemeinde, des Staates. Jede Gemeinde, jeder Kreis usw. (auch eine Fernsehanstalt) muss jährlich einen Haushalt (Etat) vorlegen, der Auskunft über die Einnahmen und Ausgaben gibt.

Identität. Dem Wortsinn nach besagt Identität die vollständige Übereinstimmung von zwei Dingen. In der Erziehungswissenschaft meint man mit Identität das Bewusstsein und die Vorstellung, die eine Person (insbesondere eine heranwachsende, sich entwickelnde Person) von sich selbst entwickelt oder besitzt (von dem, was sie als ihr eigenes, unverwechselbares „Selbst" empfindet; was sie persönlich im Unterschied zu allen anderen ausmacht, z.B. im Hinblick auf ihre Eigenschaften, ihre Interessen, ihre Lebenseinstellung, ihre Wünsche usw.).

Immobilien. Unbeweglicher Besitz: Grundstücke, Gebäude.

Index. „Anzeiger"; in der Statistik eine Messzahl, die das Verhältnis mehrerer Zahlen zueinander angibt; dabei wird die Zahl einer bestimmten Basisgröße (z. B. eines bestimmten Jahres) = 100 gesetzt und die Veränderungen der absoluten Zahlen in Prozentpunkte umgerechnet. Beispiel: Wenn es im Basisjahr (Index: 100) z.B. 624 Zeitungsverlage gab und in einem Bezugsjahr nur noch 535 (also 89 = 14% weniger), dann lautet der Index für das Bezugsjahr 86 (100–14).

Individualisierung. Bezeichnung für eine gesellschaftliche Entwicklung, die dadurch gekennzeichnet ist, dass die einzelnen Menschen sich immer mehr aus gemeinsamen Lebensformen, Bindungen und Organisationen (Familie, Kirche) herauslösen, um ein „eigenes" (individuelles), von der Beeinflussung durch andere unabhängiges Leben führen zu können (Streben nach Unabhängigkeit und „Selbstverwirklichung"). Individualisierung führt zu einer größeren Vielfalt unterschiedlicher, nebeneinander bestehender Lebensformen, Einstellungen, Überzeugungen („Pluralisierung").

Infotainment. Verbindung, Mischung von Information und Unterhaltung (Entertainment) bei Rundfunk- und Fernsehsendungen.

Initiativrecht. In der Politik: die Befugnis, Gesetzesvorlagen in das Parlament einzubringen.

Input. Bezeichnung für den Einsatz von → Produktionsfaktoren in den Produktionsprozess (die eingesetzte Menge an Gütern), im Unterschied zum Output, dem Ergebnis dieses Prozesses (die erzeugte Menge an Gütern).

Integrationsfunktion. Integration bedeutet die Einbeziehung Einzelner in eine Gruppe oder eine größere Gemeinschaft; integriert ist man, wenn man fühlt, dass man „dazugehört", dass man kein Außenseiter ist. Das Fernsehen kann z.B. die Aufgabe haben (die Funktion erfüllen), dass die Zuschauer im Umgang und in Gesprächen mit anderen Menschen mitreden können, weil sie eine gemeinsame Informationsgrundlage haben.

Inventurdifferenz. Unterschied zwischen rechnerischem und tatsächlich festgestelltem Bestand an Waren bei einer Inventur (Bestandsaufnahme in einem Geschäft).

Investition. Verwendung von Geldmitteln zur Erhaltung und Beschaffung von Produktionsmitteln in Form von Maschinen, Gebäuden usw.

Investoren. Einzelpersonen oder (hauptsächlich) Firmen/Unternehmen, die eine → Investition vornehmen oder sich an ihr beteiligen (ihr Geld/Kapital einsetzen zur Schaffung neuer Wirtschaftsanlagen).

Jugendamt. Bei Städten und Kreisen errichtete Behörde, die für die Jugendpflege (Angebote von Sport, Musik, internationale Begegnungen usw. außerhalb der Schule) und die Jugendfürsorge (Schutz einzelner gefährdeter oder benachteiligter Jugendlicher in Pflegestellen, Heimen usw.) zuständig ist. Auf überörtlicher Ebene gibt es Landesjugendämter.

Kalter Krieg. Der Begriff bezeichnet die nach dem Zweiten Weltkrieg entstandene Auseinandersetzung zwischen den USA und der ehemaligen → Sowjetunion und ihren Bündnissystemen. Eine direkte militärische Auseinandersetzung konnte trotz mehrerer Krisen (Berlin 1948 u. 1958, Kuba 1962), die einen „heißen Krieg" hätten herbeiführen können, vermieden werden. Während des Kalten Krieges versuchten beide Staaten ihre eigene Position durch Aufrüstung, Paktsysteme, Wirtschaftshilfe, Propaganda, Unterstützung von Staatsstreichen, Revolutionen und Stellvertreterkriegen in der Dritten Welt zu stärken bzw. zur Verhinderung eines Dritten Weltkrieges die jeweils andere Seite abzuschrecken. Noch während dieser Epoche wurde aber auch eine Entspannungspolitik entworfen und erfolgreich abgeschlossen.

Kanton. Verwaltungsbezirk in der Schweiz, der in seiner Stellung ungefähr einem Bundesland in Deutschland entspricht.

Kapital. Geld- und Sachwerte (Geldkapital und Sachkapital), die eingesetzt werden, um weiteren Nutzen zu erwirtschaften (Güter herzustellen oder Zinsen zu erbringen). Als → Produktionsfaktor versteht man unter Kapital alle Mittel, mit denen Güter hergestellt werden: Maschinen, Werkzeuge, Fabrikanlagen usw.

Kavaliersdelikt. Strafbare Handlung, die von der Gesellschaft als nicht ehrenrührig / nicht schlimm angesehen wird.

Kernfamilie. Sie besteht aus den Eltern und ihren minderjährigen Kindern und wird häufig – als der heute fast ausschließlich bestehende Familientyp – auch als Kleinfamilie bezeichnet (bei zumeist geringer Kinderzahl); die Großfamilie besteht aus einer Kernfamilie, die mit einer oder mehreren anderen Kernfamilien oder auch mit verwandten Erwachsenen zusammenwohnt.

Kindergeld. Staatliche Leistung an Familien mit Kindern (154 € für das 1., 2. und 3. Kind, 179 € für jedes weitere Kind).

Körperschaft. Im Unterschied zur natürlichen eine „juristische" Person, d.h. ein Gremium, eine Gruppe, eine Institution.

Kommerz. Bereich der Wirtschaft, des Geldes, des Handels, der Werbung etc.

Kommerzialisierung. Entwicklung, die einen Bereich oder eine Institution von wirtschaftlichen Interessen und Bedingungen abhängig macht.

kommerziell. Auf wirtschaftliche Vorteile (Gewinn) ausgerichtet.

Kommunismus. Höchste Stufe des → Sozialismus, auf der die völlige Gleichheit aller Gesellschaftsmitglieder hergestellt sein soll.

kommunistisch. Sich an der Zielvorstellung des → Sozialismus und → Kommunismus orientierend; Name für politische Systeme, die durch die Alleinherrschaft einer an der Ideologie des Marxismus orientierten Partei gekennzeichnet sind (China, Nordkorea, Cuba).

konservativ. Bezeichnung für eine politische Haltung, die dem Bestehenden und der Bewahrung aus der Vergangenheit überkommener Zustände den Vorrang vor einer raschen Veränderung gibt.

Konzentrationslager. In Konzentrationslagern wurden in den Jahren 1933 – 1945 im → nationalsozialistischen Deutschland Juden und andere rassisch Verfolgte, politische Gegner, Kriminelle und Homosexuelle eingewiesen. Sie mussten vielfach Zwangsarbeit unter unmenschlichen Bedingungen verrichten. Außerdem wurden grausame medizinische Versuche an vielen Gefangenen durchgeführt. Millionen von Insassen, vor allem Juden, wurden in Konzentrationslagern getötet (Vernichtungslager).

Landgericht. Während private Streitigkeiten („Zivilsachen"), bei denen es um einen Wert bis zu 5000 Euro geht, sowie Vergehen und leichtere Verbrechen vor dem → Amtsgericht verhandelt werden, ist für größere Zivilsachen und schwerere Verbrechen die nächst höhere Ebene der Gerichtsbarkeit, das Landgericht eines Bezirkes, zuständig. Es ist auch zuständig, wenn eine Prozesspartei in einem Amtsgerichtsverfahren „Berufung" einlegt (dann ist das Landgericht die „zweite Instanz" gegenüber der „ersten Instanz" des Amtsgerichts).

legal. Mit den Gesetzen übereinstimmend, den Vorschriften entsprechend.

Legalität. Gesetzmäßigkeit, Übereinstimmung mit den geltenden Gesetzen.

legitim. Gerechtfertigt; s. → Legitimität.

Legitimation. Rechtfertigung, Begründung für die Ausübung der Staatsgewalt oder allgemein für eine Handlung, ein Anliegen usw.

legitimieren. Etwas als rechtmäßig / berechtigt begründen (vgl. → Legitimation).

Legitimität. Rechtfertigung, Übereinstimmung nicht nur mit dem Wortlaut der Gesetze (Legalität), sondern auch mit der Idee der Gerechtigkeit, dem „Geist der Gesetze".

liberal. Freiheitlich gesinnt, für die Rechte des Einzelnen eintretend, vorurteilslos (vor allem in politischer und religiöser Beziehung).

Lizenz. Behördliche Erlaubnis, Genehmigung, z.B. zur Nutzung bestimmter Rechte.

Lohnsteuer. Steuer, die direkt vom Lohn eines Arbeitnehmers abgezogen wird; vgl. → Einkommensteuer.

Manipulation. Manipulation bezeichnet die Anwendung von Mitteln, mit denen versucht wird, andere Menschen in einer bestimmten Richtung so zu beeinflus-

sen, dass sie es selbst möglichst gar nicht merken.
manipulativ. Mit den Mitteln der → Manipulation arbeiten.
manipulierbar. Jemand ist manipulierbar, wenn man ihn mit bestimmten Mitteln in eine bestimmte Richtung lenken, ihn beeinflussen kann, ohne dass ihm das bewusst wird.
manipulieren. s. → Manipulation.
Marketing. Bezeichnung für alle Maßnahmen, die eine Firma ergreift, um den Verkauf ihrer Produkte zu fördern (z.B. Werbung, Gestaltung der Produkte, Gestaltung der Preise, Erforschung des Marktes).
Marketing-Experte. Fachmann für → Marketing.
Marketingwissenschaftler. s. → Marketing.
Marktwirtschaft. Wirtschaftsordnung, in der jeder Einzelne unabhängig wirtschaftliche Entscheidungen trifft und das wirtschaftliche Geschehen durch den Markt gesteuert wird, so dass sich die Preise frei aus dem Verhalten der Anbieter und Nachfrager ergeben. Wichtigste Voraussetzung ist der Wettbewerb. In einer Marktwirtschaft ist das Privateigentum, auch das an Produktionsmitteln, gewährleistet. Die Wirtschaftsordnung der Bundesrepublik Deutschland wird als Soziale Marktwirtschaft bezeichnet, da der Staat hier ergänzend zur Steuerung durch den Markt in das wirtschaftliche Geschehen eingreift, insbesondere zum Schutz und zur Versorgung sozial schwächerer Menschen.
marktwirtschaftlich. → Marktwirtschaft.
Massenexekutionen. Massenhinrichtungen, Massentötungen.
Medienpsychologe. Wissenschaftler, der sich vor allem mit den Wirkungen des Fernsehkonsums, insbesondere von Gewaltdarstellungen, auf den Zuschauer beschäftigt.
Mehrheitswahl. Wahlsystem, bei dem nur die in den einzelnen Wahlkreisen direkt gewählten Kandidaten in das Parlament einziehen. Beim einfachen Mehrheitswahlsystem ist gewählt, wer die meisten Stimmen erhalten hat (relative Mehrheit). Die für die übrigen Kandidaten abgegebenen Stimmen werden nicht berücksichtigt. Daneben gibt es (z.B. in Frankreich) ein Mehrheitswahlsystem, bei dem direkt gewählt ist, wer die absolute Mehrheit (mehr als 50%) der Stimmen erreicht. Erreicht keiner der Kandidaten die absolute Mehrheit, wird entweder in einer Stichwahl (zwischen den beiden Kandidaten mit den meisten Stimmen) oder in einer Nachwahl entschieden, bei der dann die relative Mehrheit (des Kandidaten mit den meisten Stimmen) ausreicht. Die für die unterlegenen Parteien/Kandidaten abgegebenen Stimmen werden nicht berücksichtigt.
Mehrwertsteuer. Verbrauchssteuer, Form der Umsatzsteuer, sie wird vom Verbraucher (Käufer) gezahlt und vom Verkäufer (Händler) an den Staat abgeführt. Der Mehrwertsteuersatz beträgt seit 1.4.1998 16% (auf Waren des täglichen Verbrauchs 7%).
Mikrozensus. Stichprobe von 1 % aller Haushalte der Bundesrepublik (das sind ca. 350 000 Haushalte mit 800 000 Personen), mit der das Statistische Bundesamt Informationen über die wirtschaftliche und soziale Lage der Bevölkerung (Einkommen, Berufstätigkeit usw.) sammelt (auf dem Wege der Befragung).
Monopol. Marktform, bei der auf der Seite des Angebots oder der Nachfrage jeweils nur ein Käufer oder Verkäufer vorhanden ist, der dadurch eine große Machtstellung besitzt. Im weiteren Sinne wird der Begriff auch für alleinige Verfügungsgewalt gebraucht.
Nationalismus. Einstellung (Ideologie), die den besonderen Wert und Charakter des eigenen Volkes stark betont und oft mit Sendungsbewusstsein und Geringschätzung anderer Völker verbunden ist.
nationalistisch. s. → Nationalismus.
Nationalsozialismus. → Rechtsextremistische Ideologie (Hauptkennzeichen: → Rassismus, → Nationalismus); Bezeichnung für die Zeit der → totalitären Herrschaftsordnung (Diktatur) in Deutschland 1933-1945 unter der Führung Adolf Hitlers und seiner Partei (NSDAP).
nationalsozialistisch. Bezeichnung für die Zeit von 1933 bis 1945 in Deutschland, die durch die Diktatur der → NSDAP (Nationalsozialistische Deutsche Arbeiterpartei) gekennzeichnet war („Nazi-Zeit" unter Führung Adolf Hitlers).
NATO. Abkürzung für *Northern Atlantic Treaty Organization* (Nordatlantischer Sicherheitspakt); 1949 gegründetes Verteidigungsbündnis zwischen den USA und 11 westeuropäischen Ländern, dem später (1952) Griechenland und die Türkei sowie Deutschland (1955) beitraten. Nach dem Ende des → Kalten Krieges und des West-Ost-Konflikts erweiterte die NATO ihre Aufgabenstellung, nahm an Sicherheits- und Friedenseinsätzen der Vereinten Nationen (UN) teil und nahm auch osteuropäische Staaten in das Bündnis auf (inzwischen 19 Mitglieder).
Nazis. Umgangssprachliche Bezeichnung für Anhänger oder Parteimitglieder der → NSDAP im → Dritten Reich.
Neonazis. s. → Neonazismus.
Neonazismus. Bezeichnung für alle politischen Bestrebungen in denen in der Gegenwart Vorstellungen des → Nationalsozialismus wieder aufleben.
Normen. In jeder Gesellschaft gibt es grundlegende Wertvorstellungen, die von ihren Mitgliedern mehr oder weniger anerkannt werden (z. B. Gerechtigkeit, Freiheit, Solidarität, Frieden). Aus diesen Werten lassen sich Normen, d.h. bestimmte Vorschriften ableiten, an denen sich das Verhalten unmittelbar orientieren soll (z.B. ergibt sich aus der Wertvorstellung Gerechtigkeit für Lehrer die Norm, Schülerarbeiten gerecht zu bewerten).
NSDAP. Nationalsozialistische Deutsche Arbeiterpartei. Die NSDAP unter der Führung von Adolf Hitler war von 1933 bis 1945 die einzige zugelassene Partei. Alle anderen Parteien waren verboten (vgl. → Nationalsozialismus).

Öffentlich-rechtliches Fernsehen. In manchen Staaten gehören die Fernsehanstalten privaten Firmen (z.B. in den USA), in anderen dem Staat (z.B. z.T. in Frankreich). In der Bundesrepublik sind die Anstalten der ARD und des ZDF eine Einrichtung der Gesellschaft, d. h. aller Gruppen von Menschen, die in unserem Land leben. Die wichtigsten Gruppen – Arbeitnehmer, Arbeitgeber, Parteien, Kirchen, Sportorganisationen, Schulen, Berufsgruppen usw. – entsenden ihre Vertreter in den „Fernsehrat" (ZDF) bzw. in die „Rundfunkräte" (ARD); dort werden dann die Leute gewählt, die über die Besetzung des Intendantenpostens entscheiden und die über die Arbeit der Fernsehanstalten, die sich im Übrigen selbst verwalten, eine gewisse Kontrolle ausüben. Dieser Einfluss der Gesellschaft, der „Öffentlichkeit", ist rechtlich, d. h. durch Gesetze festgelegt. Deswegen nennt man die Form, in der diese Rundfunk- und Fernsehanstalten organisiert sind, „öffentlich-rechtlich". Daneben gibt es aber seit 1985 auch private Fernsehanstalten (→ Privatfernsehen). Die Kosten des öffentlich-rechtlichen Fernsehens werden überwiegend durch Gebühren und im Übrigen durch Werbung gedeckt. Diese Anstalten dürfen allerdings pro Tag nur 20 Min. auf Werbesendungen verwenden, nach 20 Uhr und an Sonn- und Feiertagen ist Werbung verboten.

parlamentarisch. Bezeichnung für eine Form der („indirekten") Demokratie, in der die politische Entscheidungsgewalt bei einem vom Volk gewählten Parlament (Volksvertretung) liegt.

Planspiel. In einem Planspiel werden (z.B. im Unterricht) bestimmte, in der Realität vorkommende Situationen/Entwicklungen/Entscheidungen in der Form eines Spiels nachgestellt („simuliert"); die einzelnen Spieler verkörpern dabei jeweils bestimmte Personen oder Institutionen, die in der Realität an der Situation beteiligt sind. Auf diese Weise kann man verdeutlichen, wie (durch welche unterschiedlichen Interessen, Standpunkte, Zuständigkeiten, Machtpositionen) bestimmte Entwicklungen und Entscheidungen zustande kommen.

Potsdamer Konferenz. Konferenz der Repräsentanten der drei Siegermächte des → Zweiten Weltkriegs (Stalin/Sowjetunion, Truman/USA, Churchill/Großbritannien) in Potsdam (17.7.- 2.8.1945). Hauptinhalt des „Potsdamer Abkommens" war die Anerkennung der von Stalin vollzogenen Übergabe der deutschen Ostgebiete bis zur Oder-Neiße-Linie an Polen (als Ersatz für die von ihm in Besitz genommenen polnischen Ostgebiete). Neben der Oder-Neiße-Linie erkannten die Westmächte auch die bereits begonnene Vertreibung der deutschen Bevölkerung aus diesen Gebieten an.

Privatfernsehen. Seit der Einführung des Kabelfernsehens 1984 (Kabelnetz) gibt es in der Bundesrepublik neben den → öffentlich-rechtlichen Fernsehsendern (ARD und ZDF) private Fernsehsender, die sich im Besitz verschiedener Firmen befinden. Die wichtigsten von ihnen sind RTL, SAT 1, PRO 7, VOX, ntv und DSF. Das Privatfernsehen versucht seine Kosten ausschließlich durch Werbung zu decken. Hier darf die Werbezeit ca. 20% des Gesamtprogramms umfassen (auch abends und an Sonn- und Feiertagen).

Produktionsfaktoren. Mittel, mit denen Güter hergestellt (produziert) werden. Die Volkswirtschaftslehre unterscheidet im Allgemeinen drei Produktionsfaktoren: 1. → Boden bzw. Natur (Land und Wasser, mit allen darin enthaltenen Bodenschätzen und Energiequellen); 2. Arbeit (körperliche und geistige menschliche Arbeit; 3. → Kapital (außer → Boden und Arbeit alle sonstigen Mittel, die für die Produktion verwendet und selber erst hergestellt werden müssen: Maschinen, Werkzeuge, Gebäude usw.).

prozentuale Veränderung. Veränderung einer Größe innerhalb eines bestimmten Zeitraumes, ausgedrückt in Prozenten. Dabei muss unterschieden werden zwischen der Veränderung in *Prozenten* und in *Prozentpunkten*. Vermehrt z.B. eine Partei ihren Stimmanteil bei Wahlen von 8% auf 10 %, bedeutet das eine Steigerung von 2 Prozentpunkten, aber um 25 Prozent.

Rabatt. Preisnachlass (Barzahlungsrabatt, Mengenrabatt, Sonderrabatt).

rassendiskriminierend. Angehörige einer anderen Rasse als minderwertig darstellend oder behandelnd.

Rassismus. Einstellung und Ideologie, die die Angehörigen anderer Rassen als minderwertig und die eigene Rasse als höherwertig ansieht; Rassismus führt zu Rassendiskriminierung (in der Zeit des Nationalsozialismus in letzter Konsequenz sogar zur Vernichtung von ca. 6 Millionen Juden).

rassistisch. s. → Rassismus.

rechtsextrem. s. → Rechtsextremismus.

Rechtsextremismus. Bezeichnung für Parteien, Organisationen und Gruppierungen, die die wesentlichen Prinzipien des demokratischen Verfassungsstaates ablehnen und ein System propagieren, das durch → Rassismus und übertriebenen → Nationalismus sowie durch das Führungsprinzip gekennzeichnet ist.

Rechtsstaat. Grundprinzip des politischen Systems der Bundesrepublik. Es besagt u. a. die Bindung aller staatlichen Gewalt an das Recht, die Wahrung der Menschenrechte, die Gewaltenteilung und das Gebot der Rechtssicherheit (d.h., staatliche Handlungen müssen für den Bürger berechenbar sein).

Rechtsweg. Möglichkeit, vor einem staatlichen Gericht die Durchsetzung seines Rechts (Rechtsschutz) zu erreichen; gegen rechtswidrige Akte der staatlichen Gewalt ist der Rechtsweg durch Art. 19 Abs. 4 GG gewährleistet.

Regenbogenpresse. Sammelbezeichnung für Zeitschriften, die im Wesentlichen über das Leben, Leiden und Lieben prominenter Persönlichkeiten (Film- und Musikstars, Mitglieder von Königs- und Adelsfamilien) berichten.

Reichweite. Maßstab für den Umfang, in dem bestimmte Gruppen (Zielgruppen) von einer Fernsehsendung oder einer Zeitschrift usw. erreicht werden. Es wird z. B. festgestellt, wie viele Kinder eine bestimmte Kindersendung gesehen haben. Vgl. → GfK.

Rendite. „Einkünfte, Gewinn"; jährlicher Zinsgewinn, den man erzielt, wenn man sein Geld (→ Kapital) in Wertpapieren anlegt.

Rentenversicherung. Gesetzliche Versicherung (Zwangsversicherung) für alle

Arbeiter und Angestellten zur Sicherung des Lebensunterhalts im Alter. Die Finanzierung erfolgt in der Weise, dass die arbeitende Generation Beiträge abführt, → Sozialabgaben, aus denen die Bezüge der Rentner gezahlt werden (der Beitrag zur Rentenversicherung macht mit 10,15% des Bruttoverdienstes fast die Hälfte aller Sozialversicherungsbeiträge aus; s. → Sozialversicherung).

Repräsentation. Vertretung einer größeren Zahl von Personen in politischen Angelegenheiten durch gewählte Vertreter (Repräsentanten). Die Repräsentanten können mehr oder weniger stark an den Willen der von ihnen vertretenen Personen gebunden sein.

repräsentativ. Stellvertretend; Bezeichnung für eine Teilgröße, die nach ihrer Zusammensetzung und nach sonstigen Merkmalen stellvertretend für eine Gesamtheit steht (verkleinertes Modell der Gesamtgröße). Beispielsweise bei Befragungen kann u. a. aus Kostengründen nur ein Teil der Personengesamtheit, für die die Untersuchung gelten soll, befragt werden. Dieser Teil muss so ausgewählt werden, dass er stellvertretend für die untersuchte Personengesamtheit stehen kann, also repräsentativ ist. Die Zufallsstichprobe ist hierbei das am häufigsten verwendete Verfahren.

Republik. Bezeichnung für alle Staaten, die nicht von Alleinherrschern (Monarchen) regiert werden.

Rote Armee. Bezeichnung für die Armee der → Sowjetunion (seit 1918).

SA. „Sturmabteilung"; in der Zeit des → Nationalsozialismus (besonders in den ersten Jahren) eine uniformierte („Braunhemden") Kampf- und Propagandatruppe.

Sanktion. Belohnung (positive Sanktion) oder Strafe (negative Sanktion) für ein entsprechendes (erwartungsgemäßes oder regelwidriges) Verhalten.

Sanktionsmöglichkeit. Möglichkeit, Fähigkeit, → Sanktionen anzuwenden.

Sowjetunion. Bis Ende 1991 bestehende „Union der Sozialistischen Sowjetrepubliken" (UdSSR). Nach der Auflösung dieses Staatswesens durch den Zusammenbruch des → kommunistischen Systems schlossen sich zehn der ehemaligen Sowjetrepubliken zu einer lockeren „Gemeinschaft unabhängiger Staaten" (GUS) zusammen; mit Abstand größter der neuen Staaten ist Russland (die russische Föderation).

sozial. Allgemein: gesellschaftlich, gemeinschaftlich; im politischen Sinn bezeichnet „sozial" ein Denken und Handeln, das die Verantwortung gegenüber den Schwächeren in der Gesellschaft betont und sich für Hilfen zum Ausgleich großer sozialer Unterschiede einsetzt.

Sozialabgaben. Beiträge der Arbeitnehmer (Arbeiter, Angestellte) und Arbeitgeber zur Renten-, Kranken- und Arbeitslosenversicherung. Die Beiträge werden je zur Hälfte von den Arbeitnehmern und Arbeitgebern gezahlt.

soziales Netz. Gesamtheit der Maßnahmen, die der → sozialen Sicherung dienen.

soziale Sicherung. Sicherung der wirtschaftlichen Existenz der Gesellschaftsmitglieder durch staatliche Instanzen im Falle bestimmter Risiken (Krankheit, Unfall, Alter, Pflegebedürftigkeit, Arbeitslosigkeit etc.) auf der Grundlage von Gesetzen, also nicht in Form von Almosen. Zur sozialen Sicherung gehört vor allem die → Sozialversicherung.

Sozialhilfe. Teil der → sozialen Sicherung, der dazu dienen soll, in Not geratenen Menschen ein menschenwürdiges Leben (→ Existenzminimum) zu ermöglichen. Auf Sozialhilfe besteht ein gesetzlicher Anspruch, wenn der Bedürftige sich nicht selbst helfen oder die erforderliche Hilfe nicht von anderen erhalten kann.

Sozialhilfequote. Prozentualer Anteil der Empfänger von Sozialhilfe an der Bevölkerung.

Sozialismus. Im frühen 19. Jahrhundert entstandene Lehre und politische Bewegung, die dem Prinzip der Gleichheit den Vorrang vor dem der Freiheit gibt und die Verfügung über die Produktionsmittel in die Hand der Gesellschaft bzw. des Staates legen will (im Gegensatz zum „Kapitalismus", in dem die Produktionsmittel privaten Eigentümern gehören).

sozialistisch. Bezeichnung für eine Gesellschaft oder eine Theorie, die die Grundprinzipien des → Sozialismus (kein Privatbesitz an Produktionsmitteln, Vorrang des Prinzips der Gleichheit vor dem der Freiheit, Ausübung der Macht durch eine Einheitspartei) verwirklicht bzw. zu verwirklichen versucht.

Sozialpolitik. Zusammenfassender Begriff für eine Politik, deren Aufgabe es ist, die wirtschaftlichen und sozialen Lebensbedingungen Einzelner oder von Gruppen zu gestalten bzw. zu verbessern.

Sozialstaat. Eines der vier Grundprinzipien des politischen Systems der Bundesrepublik (neben Demokratie, Rechtsstaat, Bundesstaat). Es zielt auf die Verpflichtung des Staates, die Bürger gegen soziale Risiken (Krankheit, Arbeitslosigkeit, Erwerbslosigkeit) weitgehend abzusichern sowie soziale Ungleichheit und soziale Gegensätze weitgehend auszugleichen. Vgl. → Sozialpolitik.

Sozialversicherung. Alle Angestellten und Arbeiter sind verpflichtet, monatliche Beiträge an vier Versicherungen zu leisten, die zusammenfassend als Sozialversicherung bezeichnet werden. Die Krankenversicherung übernimmt die Kosten für die medizinische Betreuung im Krankheitsfall; die Arbeitslosenversicherung zahlt Arbeitslosengeld und Arbeitslosenhilfe, wenn man arbeitslos wird; die Rentenversicherung zahlt die monatliche Rente, wenn man aus Altersgründen aus dem Erwerbsleben ausgeschieden ist; die Pflegeversicherung leistet Zahlungen, wenn Menschen, vor allem ältere Menschen, zu Pflegefällen werden. Die Beiträge zu allen vier Versicherungen machten 2003 für die Arbeitnehmer rd. 21 % ihres monatlichen Bruttoeinkommens aus; weitere 21% werden von den Arbeitgebern in die Versicherungskassen gezahlt.

Sozialversicherungsbeiträge. s. → Sozialabgaben.

SS. „Schutzstaffel"; in der Zeit des → Nationalsozialismus unter ihrem Führer Heinrich Himmler innenpolitischer und militärischer Kampfverband; die SS-Totenkopfverbände (so genannt wegen eines Totenkopfabzeichens an der schwarzen Uniorm) waren für die → Konzentrationslager zuständig. Die „Waffen-SS" trat neben die Wehrmacht. Die SS wurde beim „Nürnberger Prozess", bei dem die Hauptverantwortlichen des NS-Systems von den Siegermächten verurteilt wurden (überwiegend zum Tode), als „verbrecherische Organisation" eingestuft.

Steuerfreibetrag. Teil des Einkommens, für den keine Einkommensteuer zu bezahlen ist (Minderung des steuerpflichtigen Einkommens).

Steuertarif. Wie viel Lohn- und Einkommensteuer man bezahlen muss, richtet sich nach einem bestimmten, in den Steuergesetzen festgesetzten Prozentsatz vom Einkommen. Dieser Prozentsatz (Tarif) liegt bei höherem Einkommen höher als bei geringerem Einkommen (wer mehr verdient, soll – auch prozentual – mehr Steuern zahlen).

Synonymen-Lexikon. Synonyme sind Wörter, die etwas Ähnliches bedeuten wie ein bestimmtes anderes Wort, das man gerade gebraucht (sinnverwandte Wörter, z.B. „eilen" und „rennen" für „laufen"); ein Lexikon, in dem jeweils solche sinnverwandten Wörter aufgeführt werden, heißt Synonymen-Lexikon.

Tilgung. Leiht man sich bei einer Bank Geld (Kredit, Darlehen), muss man bis zu einem vereinbarten Zeitpunkt sowohl das Darlehen zurückzahlen als auch dafür Zinsen bezahlen. Die Rückzahlung, die auch in Teilbeträgen (Raten) erfolgen kann, nennt man Tilgung.

totalitär. So wird ein Herrschaftssystem genannt, bei dem nicht nur der staatliche Bereich, sondern auch alle sonstigen Lebensbereiche des Menschen und der Gesellschaft von der Macht eines Alleinherrschers bzw. einer einzigen Partei kontrolliert werden (wie in Deutschland zur Zeit des → Nationalsozialismus); es herrscht keine Meinungs- und Pressefreiheit.

Umsatz. Gesamtheit aller Güter, die ein Unternehmen oder ein Geschäft an Kunden verkauft, entweder in Mengeneinheiten oder in Geldwerteinheiten gemessen. Der Umsatz sagt noch nichts über den Gewinn aus, der dabei zustande kommen kann; dazu müssen die Kosten berücksichtigt werden, die sich bei der Herstellung oder beim Einkauf der Güter ergeben haben.

Urheberrecht. Gesetzliche Bestimmung, die dem Urheber (Verfasser, Autor) eines Werkes der Literatur, Musik, Kunst oder Fotografie das Verfügungsrecht über sein geistiges Eigentum sichert. Ohne Zustimmung des Urhebers dürfen solche Werke nicht verwertet (gedruckt, aufgeführt usw.) werden; vgl. S. 63.

Verhältniswahl. Wahlsystem, bei dem die Zahl der Mandate (Parlamentssitze) genau entsprechend dem prozentualen Stimmenanteil der Parteien verteilt wird (im Unterschied zur → Mehrheitswahl).

Volkspartei. Bezeichnung für große Parteien, die sich in ihrem Programm darauf ausrichten, alle Bevölkerungsschichten (nicht nur bestimmte Gruppen) anzusprechen.

Wohngeld. Mietzuschuss, den Familien und Haushalte mit geringem Einkommen vom Staat erhalten.

Zinseinnahmen. Wenn man sein erspartes Geld z.B. bei einer Bank „anlegt" (es der Bank für eine bestimmte Zeit zur Verfügung stellt), erhält man dafür Zinsen (d.h eine Vergütung dafür, dass man der Bank das Geld leiht). Zinseinnahmen sind ein Teil des Einkommens und müssen versteuert werden.

Zufallsstichprobe. Bei Meinungsumfragen befragt man nicht alle Bürger (oder alle Mitglieder einer Gruppe, deren Meinung man erkunden will), sondern nur einen bestimmten kleinen Teil (eine Stichprobe), die stellvertretend (→ repräsentativ) für die Gesamtheit steht. Diese Stichprobe wird häufig nach dem Zufallsprinzip ausgewählt (z.B. anhand des Telefonbuches).

Zuweisungen. Geldübertragungen zwischen den → Gebietskörperschaften (Bund, Länder, Gemeinden); zumeist von der höheren Ebene an die untere Ebene, also z.B. vom Land an die Gemeinde.

Zweiter Weltkrieg. Von Deutschland unter der Herrschaft des → Nationalsozialismus begonnener Krieg (1939) mit dem Ziel der Eroberung von „Lebensraum im Osten", der sich (gegen Russland, England, Frankreich, USA) über einen großen Teil Europas hin ausdehnte und mehr als 55 Mio. Tote (davon 30 Mio. unter der Zivilbevölkerung) zur Folge hatte.

Register

Abgeordnete (Bundestag) 229ff., 235
Allgemeine Geschäftsbedingungen 165ff.
Armut (Kinderarmut) 86

Befragung 23f., 295ff., 320f.
Berlin 274
Bevölkerungsentwicklung 73
Bezugsgruppe 38ff.
Bündnis 90/Die Grünen 219
Bürgerliches Gesetzbuch (BGB) 159ff., 162f.
Bürgermeister 173ff., 186f.
Bundeskanzler 203, 232, 234
Bundesländer 194
Bundesminister 207
Bundespräsident 203, 205, 207, 237ff.
Bundesrat 207, 220
Bundesregierung 203, 205, 232ff.
Bundesstaat 200
Bundestag 200, 202, 205, 207, 219f., 223ff., 228ff.
Bundestagsausschüsse 227
Bundestagswahlen 211ff., 215f.
Bundesverfassungsgericht 192, 203, 205
Bundesversammlung 203, 205

CDU 218
CSU 218

DDR 274, 276
Demokratie 192 – 206
– Begriff, Bedeutung 192, 197ff., 200
– demokratische Ordnung der Bundesrepublik 197ff.
Diagramme 303ff.

Eheschließungen, Ehescheidungen 74f.
Erziehung in der Familie 79ff.
Erziehungsziele 80ff.
Europa 270 – 274
– Länder 271f.
– Geschichte 273f.
Europäische Union (EU) 280 – 293
– Ost-Erweiterung 280 – 285
– Institutionen 286, 288ff.
– Gründe 287
– Binnenmarkt 291f.
– Euro 292
– Jugendprogramme 292f.
Expertenbefragung 316f.

Familie 66 – 89
– Bedeutung, Begriff 69f.
– Aufgaben, Funktionen 67f.
– Formen 70ff.
– Wandel, Geburtenentwicklung 72
– Ehescheidungen 74f.
– Konflikte 76ff.
– Rollenverteilung 77f.
– Erziehung 79ff.
– Einkommen 82ff.
– Familienlastenausgleich 85f., 87ff.
Familienpolitik 84ff., 89
FDP 219
Fernsehen 96ff., 113
– Konsum, Nutzung 96, 100f.
– Bedeutung 98ff.
– Programme 112ff.
– öffentlich-rechtliches/privates 102ff., 107, 112ff.
– Einschaltquoten, Marktanteile 106ff., 109
Fernsehnachrichten 108ff.
Fernsehwerbung 104ff.
Fragebogen 24f., 61ff., 296ff.
Freizeit 8ff., 93ff., 143f., 299f.
„Fünfprozentklausel" 212

Geburtenentwicklung, -defizit 72
Gemeinde s. Kommunalpolitik
Generationenvertrag 73
Gerichte 203, 263 – 266, 268
Gerichtsverhandlung 268
Gesetzgebung 224ff.
Gewährleistungsanspruch 162ff.
Gewaltenteilung 202ff., 236
grafische Darstellungen 302ff.
Grundrechte 198ff., 204f.
Gruppe der Gleichaltrigen 38ff.

Handy 140ff., 149ff.
Haushalte 50f.

Internet 144ff., 150f., 308ff.
– Recherchieren 308ff.
– Suchmaschinen 311ff.

Journalisten 116ff.
Judenverfolgung 275f.
Jugendforum 30f.
Jugendgericht 263ff., 266f.
Jugendkriminalität 241 – 254
Jugendliche 8 – 32, 43ff.
– Freizeit, Musik 8ff., 43ff.
– Zukunftsvorstellungen 13ff.
– Interesse an Politik 16ff., 23ff.
– Vertrauen in Institutionen 26
– Mitwirkungsmöglichkeiten 27ff.
– Konsum, Kaufkraft 42ff., 148ff.
– Jugendzeitschriften 58f.
– Rechtsstellung, Jugendschutz 260ff.
Jugendstrafrecht 264ff.

Karikaturen 321ff.
Kaufvertrag 153ff., 162ff.
Kindergeld 87
Kommunalpolitik 172 – 190
– Aufgaben der Gemeinde 180f., 183ff.
– Kommunalverfassung, Gemeindeordnung 173f., 186f.
– Finanznot 175ff., 178ff.
– Haushalt der Gemeinde 178ff.
– Wahlen 185 – 187
– Mitwirkungsmöglichkeiten 88ff.
– Erkundungsprojekt Heimatgemeinde 184ff.
Kommunikation 139ff.
Konsum 146ff.
Kriminalität 241 - 245
Kurzreferat 323f.
Kurzvortrag 221f.

Ladendiebstahl 246ff.
- Ausmaß, Entwicklung 246f.
- Täter 247f.
- Ursachen, Motive 249ff.
- Maßnahmen 252f.
- Strafen 252f.
Lebensformen 71

Manipulation 126ff., 305ff.
Markt, Märkte 45 – 51
Massenmedien s. Medien
Medien 91ff., 116f.
– Nutzung 92, 94
– Besitz 45, 93, 146ff.
– Bedeutung 116f.
– Aufgaben 131ff.
Meinungsführer 39ff.
Meinungsfreiheit 130f.
Menschenrechte 198f.

Register

Modelle, ökonomische 50
Musik 9ff., 34 – 65
– Musikstars 19ff., 34ff., 56f.
– Musikmarkt 45ff., 56f., 65
– Musikindustrie 61, 64f.
– Musik-CDs 44, 61ff., 150
– Musikvideos 60
– Musikzeitschriften 58f.

Nachrichtenagenturen 118f.
Nationalsozialismus 195ff., 275f.
Neue Medien 139ff.

Opposition 236f.

Parlamentarische Kontrolle 235f.
Parteien 216ff.
PDS 219
Polen 275ff.
– Geschichte 275, 277, 278
Politik
– Begriff 21ff.
– Interesse 22ff.
Pressefreiheit 130ff.
Presserat, Pressekodex 135ff.

Rechtsordnung 255ff.
Rechtsstaat 201, 257ff.
Rechtsstellung (Kinder, Jugendliche) 260ff.
Regierungskontrolle 235

Sozialhilfe 85
Sozialversicherung 200f.
Sozialstaat 200f.
SPD 218
Staatsorgane 200f., 205, 221ff.
Statistiken 317ff.
Strafgesetzbuch 244, 259ff., 266f.
Strafprozess 265ff., 268

Taschengeld 42f.
Tierschutzgesetz 224ff.

Umtausch von Waren 162ff.
Unternehmen 50f., 53ff.
Urheberrecht, Kopierschutz 63ff., 150

Verbraucherzentralen 168ff.
Verbraucherrecht, Verbraucherschutz 153 – 171
Verfassung 197ff., 201

Verkaufsstrategien 53ff.
Vertrauen in Institutionen 24, 26
Vertreibung 275ff.

Wahlen 208ff.
– Bedeutung, Aufgaben 208ff.
– Grundsätze 210f.
– Bundestagswahl 212f., 215, 219
– Kommunalwahlen 185 – 187
Wahlrecht 211
Wahlsystem 211 – 216
Warentest, Stiftung 170f.
Werbung 53ff., 104ff.
Wirtschaftskreislauf 49 – 53

Zeitungen 114 – 137
– Typen 123ff., 129
– Nachrichtenauswahl 118ff.
– Manipulationsmöglichkeiten 126 – 129, 132
– „Bild"-Zeitung 125f., 134f.
– Pressefreiheit 130ff.
– Persönlichkeitsrecht 133ff.
– Presserat, Pressekodex 135f.
Zeitungsvergleich 129
Zweiter Weltkrieg 275 – 278